사회보장론

제도와 역사

김진구 저

Social Security Policies in Korea

학지사

이 책은 사회보장론 교재로 계획되었다. 그러나 쓰다 보니 교재로 쓰기에는 비현실적인 분량이 되어 버렸다. 이는 그만큼 한국 사회보장제도가 확장되었다는 것을 의미한다. 처음 사회보장론을 강의하기 시작한 것은 대학원 박사과정을 갓 수료한 1996년 가을이었다. 당시만 해도 우리나라의 사회보장제도는 일천하기 짝이 없었다. 1960년대 산업화 이후 한국 사회는 유례없는 고도성장을 이룩하였고, 별다른 고용정책 없이도 완전고용에 가까운 고용수준을 유지하였다. 안정적인 고용의 유지는 별다른 재분배정책 없이도 꾸준히 분배 상태를 개선시켰다. 낙수효과(trickle-down effect)에 흠뻑 취한 한국 사회는 사회보장제도의 확충을 등한시하였다. 처음 강의를 시작한 1996년은 이제 막 고용보험이 실시되면서 가까스로 4대 사회보험 체제가 완성된 시점이었다. 4대 사회보험과 생활보호제도를 수업하고 나면 강의는 여유로웠다. 1급 사회복지사 시험도 없었던 시절이었다. 간단하게 한국 사회보장제도를 수업하고 남은 시간은 다양한 이론적 논의와 외국의 사례들로 채워지곤 하였다.

그러나 1997년 말부터 한국 사회를 강타한 외환위기는 상황을 완전히 바꾸어 놓았다. 외환위기는 대량실업을 발생시켰고 실업자들과 노숙자들이 온 거리를 메웠지만, 한국 사회에는 이들을 보호할 안전장치가 전혀 없었다. 고용보험은 이제 막 시작한 단계였으며, 생활보호제도는 근로능력이 없는 취약계층만을 대상으로 할 뿐이었다. 거리로 쏟아져 나온 실업자들은 속절없이 빈곤층으로 전락하였다. 가족은 해체되었고 거처를 잃은 노숙자들은 전국의 역사와 공원을 메웠다. 외환위기를 계기로 부실한 사회적 안전망이 민낯을 드러내자, 사회보장제도는 빠르게 확대되었다. 지난 25년간 한국 사회에서 사회보장제도는 인상적인 발전을 이룩하였고, 많은 새로운 제도가 도입되었다. 기초연금과 장애인연금, 노인장기요양보험, 근로장려세제와 자녀장려세제, 아동수당과 양육수당, 한국형 실업부조제도인 국민취업지원제도와 자활사업 등이 도입되어 사회적 안전망의 빈 곳을 메웠다. 나아가 기존의 사회보험들도 적용의 보편성을 달성하였으며, 보장성을 크게 확대하였다. 전근대적인 생활보호제도를 대체한 국민기초생활보장제도는 현대적인 공공부조체계를 구축하였다. 이제 한 학기 수업만으로는 이러한 변화를 담기 부족한 상황이 되었다.

외환위기 이후 한국 사회보장제도는 크게 확충되었지만, 새로운 사회적 위험에 따른 불안정성은 오히려 가중되고 있다. 비정규직 고용의 증가는 한국 사회의 불평등을 악화시켰을 뿐만 아니라 일자리의 질을 저해하여 신규고용층의 삶의 질을 악화시키고 있다. 나아가 정규직 고용을 전제로 구축된 사회보험제도의 안정성을 위협하여 제도의 실효성을 떨어뜨리고 있다. 저출산·고령화가 심화되면서 국민연금, 건강보험, 기초연금, 노인장기요양보험 등의 지출이 크게 증가하였고, 이는 제도의 지속가능성을 위협하고 있다. 이에 대응하기 위한 사회보장제도의 노력은 계속될 것이며, 제도의 변화는 더욱 빠르게 진행될 것으로 예상된다.

최근 사회보장제도의 빠른 변화로 인하여 사회보장제도의 전 영역을 다루는 것이 쉽지 않아졌다. 그래서 상당수의 교재가 주요 제도들을 누락하고 있는 상황이다. 하지만 이 책은 지난 25년간 크게 확장된 한국 사회보장제도의 모든 영역을 충실하게 소개하기 위한 목적으로 계획되었다. 나아가 이 책은 개별 제도들의 역사적 전개과정을 소개하는 데 상당한 비중을 두었다. 사회보장제도는 역사적 산물이며, 기존 정책은 정책의 속성과 변화의 방향을 규정한다. 따라서 제도의 발전 경로를 이해하는 것은 현 제도를 이해하는 데 필수적이며, 이에 대한 이해의 부족은 피상적인 접근에 그치기 쉽다. 사회복지발달사라는 과목을 통해 역사적 이해를 보충할 수도 있지만, 대다수의 사회복지발달사 과목은 특정 시기 복지체제의 성격이나 특정한 사건에 주목할 뿐, 개별 사회보장제도의 전개과정을 다루지 않는다. 따라서 개별 사회보장제도의 발달과정은 사회복지학 체계에서 공백으로 남았으며, 이는 개별 사회보장제도에 대한 심도 높은 이해를 저해하였다. 이에 이 책은 되도록이면 소개되는 모든 제도의 역사적 전개과정을 정리함으로써, 현 제도가 어떤 과정을 통해 현재의 모습으로 정착되었는지에 대해 구체적인 이해를 제공하고자 노력하였다.

이 책은 총 5부로 구성된다. 제1부에서는 사회보장의 기초적인 개념, 유형, 목적, 역사적 발달과정에 대해 간략하게 소개하였다. 개별 사회보장제도에 집중하기 위해 사회복지정책론과 중복되는 이론적 논의들은 생략하였고, 최소한의 기초적인 논의로 압축하였다. 제2부에서는 공적연금을 다루었다. 제3장에서는 공적연금제도의 역사적 고찰을 통해 빈민법 이후 서구에서 공적연금제도가 성립되어 오늘날 구조개혁에 이르는 과정과 우리나라 국민연금제도의 발전과정을 정리하였다. 아울러 제4장과 제5장에서는 우리나라의 국민연금제도와 기초연금제도를 소개하였다. 하지만 우리나라 노후보장체계에서 중요한 역할을 담당하고 있는 특수직역연금과 퇴직연금은 공백으로 남겨 놓았다는 점에서 한계를 갖는다. 제3부는 의료보장을 다루었다. 제6장에서는 1883년 독일의 질병보험 도입 이후부터 오늘날 오바마케어에 이르는 서구 국가들의 역사적 발전과정과 우리나라 건강보험제도의 발전과정을 정리하였다. 제7장과 제8장은 한국의 건강보험제도와 노인장기요양보험제도를 다루고 있다. 제4부에서는 근로능력이 있는 노동자들을 대상으로 한 사회보장체계를 다루었다. 제9장과 제10장은 산재보험을 소개하였다. 제9장에서는 19세기 「고용주책임법」 성립 이후 산재보상제도의 일반적인 발전과정과 한국의 산재보험제도의 전개과정을 다루었으며, 제10장에서는 우리나라 산재보험제도를 구체적으로 소개하였다. 제11장과 제12장에서는 실업보험제도 및 고용보험제도를 소개하였는데, 산재보험과 마찬가지로 제11장에서는 역사적인 과정을, 제12장에서는 우리나라 고용보험제도를 다루었다. 제13장과 제14장에서는 각각 최근 도입된 국민취업지원제도(실업부조)와 환급형 세액공제제도인 근로장려세제와 자녀장려세제를 분석하였다. 마지막 제5부에서는 공공부조와 범주형 수당제도를 다루었다. 제15장에서는 빈민법 이후 최근의 복지개혁에 이르는 서구 공공부조의 전개과정과 우리나라 국민기초생활보장제도의 발전과정을 소개하였으며, 제16장에서는 국민기초생활보장제도를 분석하였다. 제17장에서는 아동수당과 양육수당을 중심으로 아동과 관련된 우리나라의 수당제도를 소개하며, 제18장에서는 장애인과 관련된 수당제도를 다루었다.

교수 초년시절 죽음의 문턱까지 가는 고난을 겪었다. 긴 투병 과정에도 불구하고 이해와 배려를 아끼지 않은 가족과 김향초 교수님, 이근홍 교수님, 성정현 교수님,

신원우 교수님, 양희택 교수님, 김희주 교수님, 김지혜 교수님, 김진원 교수님 등 협성대학교 동료 교수님들에게 고마움을 전한다. 부담스러운 분량에도 불구하고 흔쾌히 출판을 허락해 주신 학지사 김진환 사장님과 한승희 부장님, 그리고 서투른 원고를 최선을 다해 교정하고 편집해 주신 박선민 대리님과 학지사 편집부 직원분들에게도 감사를 드린다.

2022년 8월
저자 김진구

차례

사회보장의 기초

1. 사회보장의 개념

사회보장(social security)은 소득보장제도와 의료보장제도를 의미한다(Gordon, 1988: 2). 여기에 동의하지 않는 사람들도 있을 것이다. 사회보장의 개념을 논의할 때 자주 제기되는 주장 중 하나는 사회보장의 개념이 다양하고 때로는 논쟁적이어서 일치된 견해를 찾기 어렵다는 것이다(유광호, 1985: 1-2; 신수식, 1986: 4-8; 김태성, 김진수, 2004: 16-18). 이러한 주장은 대체로 사실에 가깝다. 그렇다고 해서 '사회보장'이 합의를 도출하지 못할 정도로 고난도의 개념은 아니며, 어느정도 국제적으로 통용되는 정의도 존재한다. '사회보장'은 어떤 논리적인 이론이나 규범적인 이념형에서 도출된 개념이 아니다. 사회보장은 제도가 시행되었던 구체적인 상황 속에서 만들어진 개념이기 때문에 역사적, 사회적 맥락의 영향을 받을 수밖에 없다. 따라서 '사회보장'이라는 용어가 처음 공식적으로 사용된 시점부터 역사적으로 어떻게 사용되어 왔는가를 살펴보는 것이 사회보장의 개념을 이해하는데 유용할 수 있다.

1) 정치적 목표로서의 사회보장

사회보장(social security)이라는 용어가 공식적으로 처음 사용된 것은 1935년 미국 「사회보장법(Social Security Act of 1935)」의 제정이라고 알려져 있다(Stack, 1941, 113-114; ILO, 1984: 3; 유광호, 1985: 3). 하지만 이 당시 사회보장이라는 용어는 지금처럼 제도적 맥락에서 사용된 것이 아니라 정치적인 목표를 상징하는 용어로 사용되었다. 「사회보장법」은 1929년 대공황에 대한 대응책이었으며, 루스벨트(Franklin D. Roosevelt) 정부가 추진했던 뉴딜정책의 일환으로 입안되었다. 이 법은 실업과 빈곤에 허덕이던 미국인들의 보장성(security)을 높이기 위해 만들어졌다. 하지만 1935년 「사회보장법」은 사회보장이라는 용어에 대해 특별한 개념정의를 제공하지 않았으며, 제도적 의미도 부여하지 않았다. 1935년 「사회보장법」에서 사회보장이라는 용어가 처음 사용된 것은 사실이지만, '사회'보다는 '보장'에 초점이 맞춰져 있었으며, 달성해야 할 정치적 목표의 맥락으로 용어가 사용되었다. 여기서 보장(security)의 의미는 통상적인 보통명사로서의 의미, 즉 '위험이 없는 편안한 상태' 정도의 의미였다. 대공황기라는 당시의 상황을 고려하면, '실업이나 빈곤의 위험이 없는 편안한 상태'를 의미했던 것이다.

1934년 6월 8일 의회에 보낸 교서에서 루스벨트 대통령은 처음으로 「사회보장법」의 제정을 예고하였다. 교서에서 루스벨트는 "이번 겨울 미국 정부는 시민들과 그 가족의 보장성을 향상(furthering the security)시키기 위해 사회보험제도를 중심으로 한 위대한 과업에 들어갈 것이다(Roosevelt, 1934: 6)."라고 선언하였다. 나아가 루스벨트는 사회보험의 기본 방향도 밝혔는데, 이를 요약하면 다음과 같다. 즉, ① 여러 가지 사회보험제도를 하나 하나 부분적으로 도입하지 않고, 한꺼번에 도입할 것이며, 특히 실업과 노령이 포함될 것이다. ② 주정부와 연방정부의 협조하에 도입될 것이다. ③ 일반조세보다는 보험료로 재원을 조달할 것이다. ④ 연방정부가 주도하여 전국단위로 실시할 것이다(Roosevelt, 1934: 7-8).

이 교서에서 루스벨트는 위대한 과업, 즉 「사회보장법」의 목적이 '시민들과 그 가족의 보장성을 향상시키는 것'이라는 점을 분명히 했으며, 나아가 사회보험, 특히 실업보험과 노령연금이 핵심적인 수단이 될 것임을 명시적으로 밝혔다. 많은 사람은 루스벨트가 이 교서를 통해 「사회보장법」의 제정을 공식적으로 예고한 것으로 평가하고 있다. 그런데 흥미로운 것은 정작 이 교서에서는 사회보장이라는 용어는 고사하고 경제보장(economic security)이라는 용어조차 사용되지 않았다는 것이다.[1] 대신에 아무런 수식어가 붙지 않은 '보장'이란 단어가 자주 사용되었다. 즉, 루스벨트가 강조하려고 했던 용어는 '보장'이었으며, 앞의 수식어는 중요하지 않았던 것이다. 1935년 3월 1일 경제보장법안(the Economic Security Bill)에 대한 하원의 논의 과정에서 프랭크 벅(Frank Buck) 하원의원은 경제보장법의 명칭을 사회보장법으로 변경할 것을 제안하였다. 이때 하원에서는 별다른 논란 없이 구두투표를 통해 명칭을 사회보장법안으로 변경하였다(Sarenski, 2020: 12). 이러한 사실로 볼 때 루스벨트 정부는 앞에 어떤 수식어가 붙는가에 대해 크게 개의치 않았던 것으로 보인다. 방점은 '보장'에 찍혀 있었기 때문이었다.

'보장'이라는 용어가 중요시되었던 이유는 매우 자명한데, 그것은 당시 시대가 원체 불안정하고 불확실했기 때문이었다(유광호, 1985: 7). 많은 사람들이 실업과 빈곤으로부터 고통받던 대공황 시기에 '보장'은 누구나 소망하는 바람이었고 확실히 대중들에게 깊은 감정적 호소력을 갖는 단어였을 것이다. 따라서 정치적 목표를 상징하는 용어로서 충분한 자격이 있었고, 1935년 루스벨트 행정부는 앞에 사회적(social)이란 수식어를 붙여 그러한 용도로 차용했던 것이다.

다시 1934년 6월 8일 교서를 보면, 교서에는 사회보험, 특히 실업보험과 노령연금에 대한 강조가 두드러짐을 발견할 수 있다. 이러한 강조 때문에 당시 언론과 시민들은 위대한 과업을 사회보험의 도입으로 받아들였다. 특히 대량실업이 가장 큰 사회문제였기 때문에 대중의 관심은 실업보험에 집중되었다(배영수, 1983: 262). 하지만 1935년 1월 17일 의회에 제출된 경제보장법안은 사회보험의 범위를 훨씬 뛰어넘는 것이었다. 1935년 8월 14일 루스벨트의 서명을 통해 정식 입법된 「사회보장법」에는 실업보험과 노령연금을 포함해서 총 9개의 프로그램들이 담겨 있었다. 그중 사회보험은 실업보험과 노령연금뿐이었으며, 3개는 공공부조 프로그램이었고 4개는 사회복지서비스 프로그램이었다(Cohen, 1984: 380-382). 1940년 7월 1일 사회보장청(Social Security Board)이 발간한 홍보 팸플릿에서는 사회보장제도를 다음과 같이 소

---

1) 루스벨트가 이 교서에서 사회보장이라는 용어를 처음 사용하였다고 설명하는 연구들이 있으나, 착오가 있는 것으로 보인다.

개하고 있다(Stack, 1941: 114).

사회보장의 목적은 실업·노령·시력장애·사망으로 근로소득이 끊길 때, 아동이 부양자 없이 남겨졌거나 필수적인 보호를 제공받지 못할 때, 지역사회의 건강이 제대로 보호받지 못할 때, 닥쳐올 불행을 예방하고 구제하는 것이다. 미래의 역경을 예방하고 노동자와 그 가족의 보장성을 높이기 위해 「사회보장법」은 사회보험을 제공한다. 이를 통해 임금소득자가 실업·노령·사망 등으로 근로소득이 중단된 시기에 소득을 제공할 것이다.

나아가 사회보장은 사회보험으로부터 욕구가 충족되지 못한 사람들을 보호하고 역경을 구제하기 위해 다양한 보호조치들을 제공한다. 요보호 노인, 피부양 아동, 요보호 맹인에게 사회보장은 매달 지급되는 현금수당을 의미한다. 모자가정에게는 특화된 보건복지서비스를 의미하며, 장애노동자들에게는 재취업을 위한 직업훈련을 의미한다. 일반인들에게는 미국 전역에서 시행되는 공중보건서비스를 의미한다.

이 팸플릿에 의하면 1935년 「사회보장법」은 사회보험, 공공부조, 사회복지서비스, 의료서비스 등이 총 망라된 보호조치들의 종합세트였다. 대공황 당시 연방정부는 시민들의 보장성을 높이기 위해 평소에 지원이 필요하다고 판단했던 모든 프로그램들을 「사회보장법」이라는 우산 속에 모은 것이다. 따라서 1934년 6월 8일 교서에서 루스벨트가 사회보험을 특별히 강조했던 이유는 사회보장을 사회보험제도로 이해했기 때문이 아니라, 단지 당시 시민들의 열망이 실업보험과 노령연금에 집중되어 있었기 때문에 두 프로그램의 시행을 교서에서 특별히 강조했을 뿐인 것으로 보인다.

결국 대공황 시기에 '보장'은 누구나 소망하는 바람이었으며 감정적 호소력을 가진 단어였고, 정치인들은 정치적인 수사(political rhetoric)로 '사회보장'이라는 용어를 선택했던 것이다. 따라서 「사회보장법」에는 사회보험뿐만 아니라 정부가 시민들의 보장성을 높이기 위해 필요하다고 판단했던 모든 프로그램이 망라되어 있었다. 「사회보장법」은 '사회보장제도에 관한 법'이 아니라 '사회보장을 달성하기 위한 법'이었다. 미국의 「사회보장법」과 똑같은 이름의 법률이 1938년 뉴질랜드에서 만들어졌다. 뉴질랜드의 「사회보장법」은 광범위한 공공부조와 무상의료, 그리고 보편적인 기초연금을 제공하였다. 프로그램의 구성면에서는 미국과 완전히 달랐지만 '사회보장'이라는 용어를 구체적으로 정의하지 않았다는 점은 미국과 마찬가지였다.

　1939년 제2차 세계대전이 발발하면서 사람들의 삶은 더 불안정해졌다. 실업과 빈곤에 이어 전쟁까지 더해진 것이었다. 이에 따라 사람들의 '보장'에 대한 갈망은 더욱 더 커졌으며, 정치인들 사이에서 정치적 수사로서의 '사회보장'은 더욱 더 위력을 발휘하였다. 1940년 11월 20일 영국 전시연립내각의 노동부 장관이었던 베빈(Ernest Bevin)은 지역사회 중심의 경영체제로 산업들을 재조직화할 것을 주장하면서 "그것은 모든 이윤과 잉여를 사라지게 하는 것이 아니다. 경제, 금융, 조직, 과학 등 모든 것들이 사회보장(social security)을 지향하도록 하는 것이다. 소수의 중산층이나 자산 소유자 따위를 위한 것이 아니라 지역사회 전체를 위한 것이다."라고 하였다. 전시내각의 외무부 장관이었던 이든(Anthony Eden) 역시 1941년 6월 29일 연설에서 "사회보장(social security)은 궁핍으로부터의 자유다. …… 우리는 사회보장(social security)이 전후 국내정책의 첫 번째 목표가 되어야 한다고 말해 왔다. 나아가 사회보장(social security)은 전후 해외정책의 목표도 될 것이다. 전쟁 이후 굶주림과 통화체계의 무질서를 예방하고 지난 20년간 고통을 초래한 실업, 시장, 물가의 요동을 막기 위하여 우방국들과 협력하는 것이 우리의 바람이다."라고 주장하였다(Stack, 1941: 115). 나아가 1941년 8월 14일 루스벨트와 영국의 처칠(Winston Churchill) 수상이 서명한 대서양헌장(Atlantic Charter) 제5항은 "양국은 경제 분야에서 근로조건의 개선, 경제 발전 및 사회보장(social security)이라는 우선적인 목표를 달성하기 위해 모든 국가들과 최대한 협력할 것을 희망한다."라고 표현하였다.

　정치적 수사로 사용된 사회보장의 의미를 그때그때 해석할 필요는 없다. 정치적 용어는 해당 시기 많은 사람들에게 감정적인 호소력을 가지면서도 사람에 따라 다양하게 해석될 여지가 높은 모호성을 특징으로 한다(Stack, 1941: 113). 그래야만 다양한 생각과 열정을 가진 사람들을 하나의 우산 속에 모으는 데 유리하며, 정치인들은 의도적으로 이러한 모호성을 추구한다. 해당 용어를 주창한 정치인의 열혈 지지자가 아니라면, 이러한 모호성을 진지하게 분석할 필요는 없을 것이다. 1935년 「사회보장법」의 제정을 계기로 확산된 사회보장이라는 용어는 정치적으로 달성해야 할 목표를 상징하는 용어로 사용되었다. 하지만 사회보장은 1942년 베버리지(William Beveridge)에 의해 구체적인 제도로서의 의미를 부여받게 된다.

2) 소득보장제도로서의 사회보장

전후 복지국가의 남침반 역할을 했던 그의 보고서에서 베버리지는 사회보장을 다음과 같이 정의하였다.

> 이 보고서에서 사용되는 '사회보장'이라는 용어는 소득보장(securing of an income)을 의미한다. 사회보장은 실업 · 질병 · 재해로 인해 중단된 근로소득을 대체하고, 부양자의 사망으로 지원이 끊긴 사람들과 고령의 퇴직자에게 제공된다. 나아가 출산 · 결혼 · 사망으로 인해 발생하는 예외적인 지출을 충족시킨다. 사회보장은 주로 최저 수준까지 소득을 보장하는 것을 의미하지만, 가능한 한 근로소득의 중단을 없애려는 조치들과도 연관되어야 한다(Beveridge, 1942: 120).

베버리지는 사회보장을 빈곤퇴치의 주요 전략으로 설정하였다. 베버리지에 의하면, 사회보장은 세 가지 제도로 구성된다. 첫째, 기본적 필요를 충족시키기 위한 사회보험. 둘째, 예외적 사례들을 위한 국민부조. 마지막으로, 기본적 급여에 추가적으로 지급되는 임의가입보험(voluntary insurance)이다(Beveridge, 1942: 120). 그러나 임의가입보험은 개인의 선택에 의해 추가되는 보충적인 성격을 갖기 때문에 국가의 책임영역이 아니다. 따라서 사회보장이란 결국 사회보험과 공공부조를 의미했다.

베버리지는 사회적 위험으로 인해 소득이 중단되었을 때뿐만 아니라 예외적인 지출이 필요한 경우까지 소득보장이 필요하다고 보았지만, 예외적인 지출은 일시적인 것이라고 생각하였다. 따라서 13주간 제공하는 출산급여(maternity benefit)를 제외하고 나머지 출산, 결혼, 사망에 대한 지원은 모두 일회성 보조금(grant)으로 지급할 것을 권고하였다(Beveridge, 1942: 123, 132). 결국 사회적 위험에 대처할 수 있는 사회보험이 사회보장제도의 핵심이며, 사회보험으로부터 보호되지 못하는 예외적인 사례들을 위한 공공부조가 보완적인 역할을 한다. 베버리지에게 사회보장이란 사회보험제도과 공공부조제도를 의미하였으며, 소득보장을 내용으로 하였다. 추상적인 정치적 용어였던 사회보장은 이제 베버리지에 의해 사회보험과 공공부조를 의미하는 구체적인 제도로 전환되었다.

하지만 베버리지와 같이 현금성 소득보장제도를 사회보장으로 정의하게 되면,

오늘날 핵심적인 사회보장제도로 인식되고 있는 의료보장제도는 사회보장의 범주에서 제외된다. 실제 베버리지는 포괄적인 의료서비스와 재활서비스를 사회보장제도로 생각하지 않았다. 베버리지보고서의 원래 제목, '사회보험과 관련 서비스(Social Insurance and Allied Services)'를 통해 표현하면, 의료보장제도는 '관련 서비스(allied services)'에 해당된다고 본 것이다. 즉, 의료서비스는 사회보장이 아닌 사회정책으로 간주되었고 3대 전제조건 중 하나로 다루어졌다. 이는 아동수당도 마찬가지였다. 아동수당은 현금성 소득지원이며 빈곤 퇴치의 핵심적인 수단이었지만, 베버리지는 사회적 위험이나 예외적 지출을 대비하는 성격이 아니라고 생각했던 것으로 보인다.

　의료보장을 사회보장에서 분리시킨 베버리지의 개념은 오늘날 영국의 용어 사용에 그대로 반영되어 있다. 애틀리(Clement Attlee) 정부는 베버리지의 권고대로 영국의 복지체계를 의료서비스를 담당하는 보건부와 소득보장을 담당하는 사회보장부로 이원화하였다. 이러한 전통은 오늘날까지 이어져 오고 있으며, '사회보장은 곧 소득보장'이라는 영국식 사고를 강화시켰다. 이에 따라 영국의 학자들은 사회보장을 소득보장이라는 제한적인 의미로 사용하는 경우가 많다. 영국의 경제학자 앳킨슨(Anthony B. Atkinson)은 "이 책에서 사회보장은 현금이전(cash transfer) 프로그램이다. 이는 세 범주로 구성되는데, 빈곤구제를 위한 자산조사형 사회부조, 소득을 생애에 걸쳐 평탄화시켜 안정성을 증진시키는 사회보험, 그리고 특정 집단 간의 재분배를 목표로 하는 범주형 이전이다."라고 사회보장을 정의하였으며(Atkinson, 1989: 99-100), 티트머스(Richard Titmuss)도 역시 "이제 노령, 배우자의 상실, 질병, 실업 및 기타 의존적 상황과 관련된 소득보장제도의 재분배효과를 다룰 것이다. 일반적으로 이러한 제도는 사회보장제도로 알려져 있다(Titmuss, 1974, 87)."고 하여 사회보장은 곧 소득보장으로 인식되고 있음을 보여 주고 있다. 나아가 스피커(Paul Spicker)는 노골적으로 사회보장은 돈을 주는 것이라고 주장하였다. 즉, "사회보장은 그 형태에 상관없이 재정적 지원(financial assistance)을 의미한다. 사회보장은 본성상 현물(goods)이 아니라 돈(money)을 지급하는 것이고, 사람들은 그것으로 현물을 구매할 수 있다(Spicker, 1993: 71)." 대체로 영국인들은 사회보장을 소득보장으로 인식하며, 이는 베버리지와 영국의 복지체제의 영향을 반영한 것이다.

　베버리지는 추상적인 정치적 용어였던 사회보장을 제도적 의미로 구체화시켰다는 점에서 의의를 갖는다. 나아가 사회적 위험에 따른 소득의 상실과 비정상적인 부담의 증가를 불안정의 원인으로 설정함으로써, 사회보장의 영역을 구체화할 수 있는 단초를 제공하였다. 하지만 사회보장을 소득보장으로 제한함으로써, 의료보장제도를 포괄하지 못하였으며, 최근 들어 확산되고 있는 돌봄서비스와 같은 급여형태를 담아내기에는 개념이 협소하다는 한계를 갖는다.

3) ILO와 사회보장 개념의 확장

베버리지보고서는 추상적인 정치적 용어에 머물던 사회보장을 제도적 차원으로 구체화시켰지만, 사회보험과 공공부조로 범위를 제한시켰다. 그러나 전후 다양한 형태의 복지국가 프로그램들이 실시되면서, 사회보장의 개념은 확장되었다. 사회보장제도가 노동자의 권익에 중요한 영향을 미친다는 것을 인식한 국제노동기구(International Labour Organization: ILO)는 전후 본격적으로 사회보장제도의 국제적 전파와 개념 확장에 나섰다. 1919년 국제연맹의 산하기구로 출범한 ILO는 1946년 새롭게 출범한 국제연합(United Nations: UN)의 전문기구로 재정립되었고, 세계 각국의 노동권 신장을 위한 활발한 활동을 전개하여 오늘날 노동문제와 관련된 독보적인 국제기구로 자리매김하였다.

ILO는 때마침 출범한 복지국가에 발맞춰 사회보장제도에 깊은 관심을 보였으며, 관련된 많은 협약과 권고를 채택하여 사회보장제도의 국제적 확산에 크게 기여하였다(이인재 외, 2010: 34). 1952년 ILO는 '사회보장 최저기준에 관한 협약(Social Security [Minimum Standards] Convention [No. 102])'을 발표했는데, 여기에는 아홉 가지의 사회보장제도에 대한 최저기준이 제시되어 있다. 즉, ① 의료서비스(medical care), ② 상병급여(sickness benefit), ③ 실업급여(unemployment benefit), ④ 노령급여(old-age benefit), ⑤ 산업재해급여(employment injury benefit), ⑥ 가족급여(family benefit), ⑦ 출산급여(maternity benefit), ⑧ 장애급여(invalidity benefit), ⑨ 유족급여(Survivors' Benefit)가 그것이다. 여기에는 베버리지가 사회보장의 범주에 포함시키지 않았던 의료서비스와 가족급여가 들어 있다. 이에 따라 ILO는 1958년 초판이 발간된 사회보장 소개서에서 다음과 같이 사회보장을 정의하였다.

> 질병 · 출산 · 산업재해 · 실업 · 장애 · 노령 · 사망으로 근로소득이 중단되거나 현격
> 하게 감소하여 경제사회적 곤경에 처했을 때를 대처하기 위한 일련의 공공대책들과, 의료
> 서비스(Medical Care), 그리고 아동수당의 지급을 통해 사회가 구성원들에게 제공하는
> 보호조치(ILO, 1984: 3)

　베버리지의 개념과 비교하면 사회적 위험에 '장애'가 추가되었지만, 베버리지보고서의 사회보험 개혁안에도 장애급여가 포함되어 있기 때문에 크게 의미를 부여하기는 힘들다. 베버리지보고서와 ILO의 큰 차이는 사회보험과 공공부조에 더해 의료서비스와 아동수당이라는 보편적 복지(universal program)가 추가된 것이다. 이러한 프로그램의 추가는 개념의 논리적인 확장에 따른 것이 아니라, 전후 의료서비스의 비중이 크게 증가하고 아동수당의 도입이 확대됨에 따라 ILO가 두 프로그램을 사회보장에 포함시켜야 하는 상황적 측면이 반영된 것으로 보인다.

　20세기 초반까지만 해도 의료보장제도에서 의료서비스의 비중은 상병급여(sickness benefit)에 비해 매우 낮았다. 현대적인 의료체계가 확립되기 전이었기 때문에 의료서비스의 수준이 상대적으로 낮았고, 그나마도 빈곤에 시달리던 노동자 계급이 쉽게 이용할 만한 대상은 아니었다. 의료서비스의 이용이 적은 대신 질환자들의 와병 기간은 길었고, 의료비 부담보다는 소득 중단이 더 큰 문제였다. 따라서 최초의 사회보험인 1883년 독일의 질병보험을 비롯해 초기에 만들어진 건강보험들은 상병급여(sickness benefit) 중심으로 운영되었다. 베버리지도 질병을 예외적인 지출 요인이 아니라 소득의 중단을 초래하는 사회적 위험으로 설정하였다.

　하지만 양차 세계대전을 거치면서 의료기술, 의료인력, 의료장비, 의료시설, 의약품 등 제반 의료영역에서 전문화와 고가화가 진행되었고 전쟁 이전에는 상상할 수도 없었던 의료비용의 증가가 나타났다. 의료보장제도에서 상병급여와 의료서비스의 역전이 나타났으며(Gordon, 1988: 204-205), 그 격차는 시간이 갈수록 확대되었다. 오늘날 의료보장은 곧 의료서비스의 보장으로 이해되고 있으며, 의료서비스는 공적연금과 함께 복지국가의 양대 축으로 확고히 자리잡았다. ILO가 전후 크게 확대된 의료서비스를 사회보장에 포함시킨 것은 당연한 것이었다.

　아동수당 역시 전후 빠르게 확산되었다. 제2차 세계대전이 발발하기 전에 아동수당을 지급하고 있던 국가는 7개국에 불과하였다. 하지만 제2차 세계대전이 끝난 후

아동수당은 빠르게 확산되어 1950년대 초반에 이르면서 미국을 제외한 대부분의 선진 자본주의 국가에서 아동수당을 도입하였다(Gordon, 1988: 283). 나아가 전후 나타난 베이비붐은 1945년부터 약 20년간 출산율의 급증을 가져왔고, 늘어난 양육 부담만큼 아동수당의 중요성도 높아졌다. ILO가 주요 가족지원 프로그램으로 자리 잡은 아동수당을 사회보장에 포함시킨 것은 당연한 것이었다.

하지만 의료서비스와 아동수당은 근로소득의 중단에 대응한 제도가 아니기 때문에, ILO의 개념에서는 일련의 공공대책(a series of public measures)에 포함되기 어려웠다. 따라서 ILO의 개념정의는 장황하게 설명된 공공대책들 뒤에 의료서비스와 아동수당을 짤막하게 한 단어로 추가하는 불균형적인 형태로 나타났다.

2003년 새로운 개념정의에는 약간의 변화가 있었다. 즉, 아동수당을 소득보장에 포함시키는 데 방해가 되었던 '근로소득의 중단'이라는 표현을 빼 버리고 모호한 표현으로 대체한 것이다. 이렇게 함으로서 사회보장은 '소득보장과 의료보장'으로 정리되었다.

> 사회보장은 의료서비스(health care)에 대한 접근성을 보장하고 노령 · 실업 · 질병 · 장애 · 산업재해 · 출산 · 주소득자의 상실(loss of a breadwinner)과 같은 상황에서(in cases of) 소득보장을 보증하기 위해 사회가 개인과 가족에게 제공하는 보호조치이다(ILO, 2003: 1).

이러한 ILO의 접근법은 폭넓은 동의를 받았다. 국제사회보장협회(International Social Security Association: ISSA)도 인터넷 홈페이지에서 "사회보장은 노령 · 가장의 상실(survivorship) · 장애(incapacity or disability) · 실업 · 아동 양육과 같은 사태에 직면한 개인들에게 일정 정도 소득보장을 제공하는 법정 사회보호 프로그램으로 규정할 수 있다. 여기에는 치료적, 예방적 의료서비스에 대한 접근도 포함된다."고 게시하여, ILO와 같이 사회보장은 소득보장과 의료보장이라는 입장을 나타내고 있다. 사회보장 관련 학계에서도 ILO의 정의는 널리 통용된다. 예컨대, 고든(Margaret S. Gordon)은 "오늘날 사회보장은 통상적으로 모든 유형의 소득보장 프로그램과 건강급여(health benefit) 프로그램으로 이해되며, 건강급여는 건강보험이든 무상의료서비스이든 상관없다(Gordon, 1988: 2)."라고 썼으며, 레자(George E. Redja) 역시 "널리 인정받고 있는 사회보장의 특성은, 첫째, 정부의 법률로 만들어졌으며, 둘째, 노령·장애·사망·질병·출산·실업·산업재해로 인한 소득 손실을 대체하는 현금급여를 제공하며, 셋째, 가족수당과 의료서비스도 사회보장 프로그램에 포함된다(Redja, 1994: 12)."고 서술하였다. 림링거(Gaston V. Rimlinger)도 "사회보장은 보통 사회보험, 공공부조, 가족수당 그리고 국민건강서비스를 포함한다. 그러나 여기에는 교육, 주택, 직업훈련, 아동복지, 사회사업과 연관된 사회적 권리는 포함되지 않는다(Rimlinger, 1971: 17)."고 서술하여 ILO와 같은 입장을 견지하고 있다.

사회보장을 소득보장으로 제한하는 영국식 용어사용이 아니라면,[2] 사회보장을 소득보장과 의료보장으로 규정하는 ILO의 정의는 현재 가장 널리 받아들여지는 방식이다. 사회보장이라는 보편성으로부터 소득보장과 의료보장이 어떻게 도출되었는가를 따지면 답은 없다. 사회보장은 논리적 과정을 통해 도출된 개념이 아니라, 사회보장이라는 이름으로 시행되고 있는 제도 중 많은 사람들이 공통적으로 인정하는 제도들을 경험적으로 정리한 것이기 때문에 비체계적일 수 있다.

사회보장의 개념이 경험적인 측면을 기초로 한 것이라면, 사회의 변화에 따라 개념은 얼마든지 바뀔 수 있다는 것을 의미한다. 새로운 사회적 위험이 나타나고 새로운 유형의 제도가 나타난다면 사회보장의 개념도 진화할 것이다. 사회보장을 가장 간단하게 요약하면, '사회적 위험(social risks)으로 위협받고 있는 개인과 가족에 대한 사회의 보호조치(protection)'라고 할 수 있고, 이때 열거되는 사회적 위험과 보호조치에 따라 사회보장의 개념은 바뀔 수 있다(Pieter, 1994, 2). 최근 '새로운 사회적 위험(new social risk)'에 대한 논의가 활발한데, 이는 사회보장의 개념과 영역이 확장될 가능성을 열어 두는 것이다.

4) 사회적 위험

18세기 말부터 진행된 산업혁명과 자본주의적 생산방식의 확대는 전통적인 농업사회를 해체하였고 새로운 산업사회를 등장시켰다. 이 과정에서 전통사회에서는

---

2) 영국에서 사회보장은 소득보장을 의미하지만, 미국에서는 사회보장을 미국의 공적연금인 OASDI(제정 당시엔 OAB)와 동일시한다(김태성, 김진수, 2004: 18).

문제가 되지 않았거나 보기 힘들었던 새로운 사회문제들이 대량으로 발생하기 시작하였다. 자본주의적 고용관계가 확산되면서 새롭게 형성된 노동자 계급은 질병, 고령, 장애 등으로 인한 일자리의 상실과 경기순환에 의한 대량실업으로부터 끊임없이 위협을 받아야 했다. 나아가 산업화 초기 별다른 사회적 통제를 받지 않았던 자본가들은 노동자들을 과잉 착취하였고, 이에 따라 저임금, 장시간 노동, 열악한 근로환경, 산업재해 등의 노동문제들이 발생하였다. 이는 노동자들의 빈곤과 영양부족, 주거문제 등을 파생시켰다. 농촌의 노동력이 도시로 떠나면서 대가족이 해체되었고, 핵가족이 지배적인 가족형태로 자리 잡음에 따라 노인들의 부양 문제가 사회문제로 부각되었다. 인구의 도시 집중은 비위생적인 환경, 부적절한 주거, 범죄의 증가 등과 같은 도시문제를 발생시켰다.

하지만 이러한 사회문제들이 모두 사회적 위험(social risks)은 아니며, 나아가 사회보장의 대상이 되는 것도 아니다. 사회문제가 사회적 위험으로 성립되기 위해서는 기본생활에 대한 위협(threat to basic living)을 초래해야 한다(Lee, 2012: 6). 자본주의체제는 개인의 생존에 대해 다음과 같은 정형화된 생활상을 가정하고 있다(전광석, 1999: 6-7). 첫째, 모든 개인은 성인이 되면 노동을 제공하고, 노동시장에서 임금을 취득한다. 둘째, 그 임금은 본인뿐만 아니라 가족의 재생산에 충분한 수준이다. 즉, '고용'과 '충분한 임금수준'이라는 두 조건을 충족시킬 때 개인은 생활위험에 빠지지 않고 원활한 생활을 유지할 수 있다. 그러나 불행히도 자본주의체제에서 이 두 조건은 자동적으로 보장되지 않는다. 산업화가 초래한 사회문제 중 상당수, 예컨대, 질병, 고령, 장애, 산업재해, 경기변동 등은 이 전제들을 위협함으로써 기본생활을 파괴할 수 있는데, 이러한 위험요인을 사회적 위험이라고 할 수 있다.[3]

사회적 위험의 또 다른 성립요건은 그러한 위험이 사회구조적 특성에 의해 발생한다는 것이다. 생산체제나 제도적 속성에 의해 발생되기 때문에 사회적 위험에 대한 통제는 개인의 능력범위를 넘어서게 되고(Lee, 2012: 6), 누구의 책임인지를 따지기도 힘들어진다(김상균, 1987: 21). 개인의 기본생활을 위협하더라도 범죄나 교통사고처럼 개인 책임의 성격이 강하고 특정 개인을 책임주체로 확정하기 쉽다면, 굳이 사회보장이라는 사회적 해결책을 동원할 필요는 없다. 하지만 경기순환에 의한 대

---

3) 전광석 교수는 생활위험이라는 용어를 사용한다(전광석, 1999: 2).

량실업사태, 작업시스템의 변화에 따른 산업재해와 직업병, 정년퇴직 제도의 확산으로 인한 은퇴 등은 개인의 기본생활을 위협하지만 누구에게 책임이 있는지 확정하기 어렵다. 개인을 넘어선 사회의 집합적인 대처가 요구되는 것이다. 요컨대, 사회적 위험은 산업사회의 도래로 인해 대량으로 발생한 사회문제들 중에서 사회구조적 차원에서 발생하여 개인의 기본생활을 위협하는 위험으로 이해될 수 있으며, 사회보장에 대한 ILO의 개념정의에서 이미 살펴봤듯이 노령, 실업, 질병, 장애, 산업재해, 출산, 주소득자의 상실(loss of a breadwinner) 등이 대표적인 사회적 위험으로 거론되고 있다.

　1990년대 말부터 사회정책이나 복지국가 연구에서 '새로운 사회적 위험(new social risk)'에 대한 논의가 주목을 받기 시작하였다(Lee, 2012: 2). 새로운 사회적 위험이란 사회가 후기산업사회로 이행하면서 나타난 사회경제적 변화로 인하여 사람들이 생애경로에서 새롭게 직면하게 된 위험들을 의미한다(김영순 외, 2007: 48). 김영순 등(2007: 49)은 새로운 사회적 위험을 세 가지로 제시하였다.

　첫째, 출산율 저하와 사망률 감소로 인한 인구고령화이다. 충분한 연금이나 필요한 보살핌을 확보하지 못한 채 길어진 노년을 살아가야 하는 것, 혹은 그런 노인을 보살펴야 하는 것은 고령화시대에 새롭게 대두한 사회적 위험이다. 둘째, 노동시장의 변화이다. 서비스 중심의 탈산업사회로의 이행으로 인하여 대부분의 나라에서 고용률이 낮아졌다. 또한 고용형태는 유연화, 다양화되었고, 일자리의 상당수는 저임금과 낮은 고용안정성, 그리고 낮은 사회적 보호를 특징으로 하는 취약한 일자리였다. 따라서 일을 하면서도 가난한 근로빈곤층(working poor)이 될 가능성 역시 매우 높아졌다는 것이다. 셋째, 가족의 변화이다. 여성의 경제활동참가의 증대는 여성들이 전통적으로 가족 내에서 담당했던 아동, 노인, 장애인에 대한 돌봄노동의 공백을 가져왔고, 이러한 돌봄 문제는 점차 사회화된 형태로 해결될 것을 요구한다(김영순 외, 2007: 49). 이러한 요구에 대한 대응은 전통적인 사회적 위험과는 다른 방식의 대응전략을 필요로 한다. 전통적인 사회적 위험에 대한 복지국가의 대응전략은 현금급여 방식의 소득보장정책이었다. 이에 비해 새로운 사회위험에 대한 대응전략은 현금급여 방식이 아닌 보편적인 사회서비스 정책이어야 한다(서정희, 2013: 650).

　이와 같은 새로운 사회적 위험에 대한 논의는 사회보장에 대한 ILO의 개념이 노동빈곤층의 문제와 여성의 경제활동 참가에 따른 돌봄 공백의 문제를 포괄하는

데 한계가 있을 수 있음을 암시한다. 베버리지는 일을 하면서도 빈곤한 노동 빈곤층의 존재를 가정하지 않았다. 베버리지의 시대에는 비정규직 고용이 흔하지 않았기 때문이다. 베버리지는 사회보험제도가 모든 국민을 포괄해야 하지만 국민들의 상이한 생활방식을 고려하여 6개의 범주로 나누어 접근해야 한다고 주장하였다 (Beveridge, 1942: 122). 하지만 베버리지의 6개 범주는 소득자와 비소득자로 이분화되어 있을 뿐이며, 소득자이지만 빈곤한 계층은 존재하지 않았다. 즉, 6개 범주는 피고용자와 자영업자를 의미하는 소득자와 전업주부, 아동, 노인, 비취업 노동가능인구를 의미하는 비소득자로 구분되어 있을 뿐이다. 베버리지는 피고용자와 자영업자도 빈곤에 빠질 수 있지만, 이는 실업으로 일자리를 상실한 경우에 해당될 뿐이며, 계속 일을 하고 있는 경우에는 빈곤에 빠지지 않는 것으로 암묵적으로 가정하였다(Purdy, 1988: 202). 따라서 그의 사회보장 개념이나 그를 기초로 한 ILO의 개념은 완전 소득상실 상태를 가정하고 있을 뿐, 노동 빈곤층과 같이 소득이 불충분한 상황을 고려하지 않는다.

하지만 최근 노동빈곤층이 확산되면서, 저임금노동자를 지원하는 프로그램들이 나타나기 시작하였다. 대표적인 예로 근로장려세제(EITC)를 들 수 있다. EITC를 처음 도입한 미국은 공공부조제도를 대체하기 위한 목적으로 도입하였지만, 적어도 노무현 정부는 노동빈곤층을 지원하기 위한 제도로 근로장려세제를 기획하였다. 하지만 EITC나 자녀장려세제(CTC)와 같은 환급형 세액공제제도들은 완전 소득상실 상태를 가정하고 있는 사회보험이나 공공부조에 정확히 부합하지 않는다. 사회보장의 개념을 확장할 필요가 있는 것이다.

인구고령화 자체는 전혀 새로운 사회적 위험이 아니며, 19세기 말부터 진행된 아주 오래된 사회적 위험이다. 프랑스, 영국, 독일, 스웨덴 등 유럽국가들은 이미 1930년대 이전에 고령화 사회로 진입하였고(Myles, 1984: 33), 이러한 이유로 각국은 20세기 초부터 연금제도를 앞다투어 도입하였다. 하지만 노인들의 소득보장 문제가 아닌 돌봄 문제는 새로운 사회적 위험인데, 이 문제는 인구고령화 자체보다는 여성들의 사회적 진출의 증가했기 때문에 새롭게 부각된 사회적 위험이다. 제2차 세계대전 이전까지는 여성의 경제활동 참여는 매우 적었고 주로 가족 돌봄 기능을 담당했기 때문에, 노인, 아동, 장애인 등의 돌봄 공백이 크게 사회적 위험으로 부각되지 않았다. 하지만 오늘날 OECD 주요 국가들에서 여성의 경제활동 참여율은 70~80%

를 기록하고 있다. 그 결과, 여성들이 담당했던 돌봄 기능의 공백이 가시화되었지만 전통적인 소득보장으로 대응하기는 쉽지 않았다. 이에 따라 복지국가의 재편에 따른 전반적인 복지 축소의 분위기 속에서도 노인과 장애인에 대한 장기요양서비스 (long-term care)나 아동 양육지원에 대한 예산 지원은 크게 증가하였다. 이러한 돌봄 서비스에 대한 재정 지출의 확대는 사회보장 개념이 소득보장의 범위를 넘어 서비스 지원을 포괄하는 방향으로 확장될 필요가 있음을 시사한다.

5) 우리나라 실정법상의 사회보장

지금까지의 논의 결과, '사회보장'은 소득보장과 의료보장의 의미로 사용되며, 불완전 고용층의 확대에 따른 노동빈곤층의 문제와 여성의 경제활동 참여의 증가로 인한 돌봄서비스의 공백 문제를 포괄하는 방향으로 개념이 확대될 필요가 있음을 확인하였다. 하지만 이러한 통상적인 의미와는 별개로 일부 국가들은 자국의 사회보장제도를 규율하는 법률을 갖고 있으며, 이러한 법률을 통해 자체적으로 '사회보장'을 정의하고 있다.

우리나라도 1963년부터 실정법을 통해 사회보장을 정의하고 있다. 1963년 제정된 「사회보장에 관한 법률」은 우리나라 최초로 사회보장을 정의한 법률이다. 1962년 12월 17일 제정된 제3공화국 「헌법」은 우리나라 최초로 '인간다운 생활을 할 권리'를 규정하였다.

> 제30조 ① 모든 국민은 인간다운 생활을 할 권리를 가진다.
> ② 국가는 사회보장의 증진에 노력하여야 한다.
> ③ 생활능력이 없는 국민은 법률이 정하는 바에 의하여 국가의 보호를 받는다.

1963년 11월 5일 군사정부는 「헌법」 제30조 1항과 2항을 기초하여 「사회보장에 관한 법률」을 제정하였는데, 「사회보장에 관한 법률」 제2조는 사회보장을 다음과 같이 짤막하게 정의하였다.

> 제2조 (사회보장의 정의) 이 법에서 '사회보장'이라 함은 사회보험에 의한 제 급여와 무상
> 으로 행하는 공적부조를 말한다.

이 개념은 사회보장을 제도들의 결합으로 보고 사회보험과 공적부조를 의미한다
고 정의한 것이다. 짐작하겠지만 사회보장을 소득보장으로 인식한 베버리지보고서
를 참조한 것이었다(손준규, 1983: 85; 신수식, 1986: 4). 이러한 정의는 사회보장의 목
적을 달성하기 위한 수단을 나열한 것에 불과하였지만(전광석, 1999: 62), 생활보호
제도가 거의 유일한 사회보장제도였던 당시 상황에서 더 이상의 논의를 덧붙이기
는 힘들었을 것으로 판단된다.

하지만 산재보험을 시작으로 사회보장제도는 빠르게 도입되었고, 1993년 12월
「고용보험법」이 제정되면서 우리나라는 4대 사회보험 체계를 완성하였다. 이에 보
건사회부는 사회보장에 대한 기본 이념을 재정립하고 사회보장제도의 공통사항 등
을 다시 정하기 위해 1995년 「사회보장기본법」을 제정하였다. 「사회보장기본법」 제
3조 1호는 사회보장의 개념을 다음과 같이 정의하였다.

> '사회보장'이라 함은 질병·장애·노령·실업·사망 등의 사회적 위험으로부터 모든
> 국민을 보호하고 빈곤을 해소하며 국민생활의 질을 향상시키기 위하여 제공되는 사회보
> 험·공공부조·사회복지서비스 및 관련복지제도를 말한다.

나아가 「사회보장기본법」은 2012년 1월 26일 새누리당 박근혜 의원의 발의에 의
해 전면 개정되었으며, 2012년 개정법은 현재 시행되고 있는 현행법이다. 개정 「사
회보장기본법」 제3조 1호는 다음과 같이 사회보장에 대한 정의를 변경하였다.

> '사회보장'이란 출산, 양육, 실업, 노령, 장애, 질병, 빈곤 및 사망 등의 사회적 위험으로
> 부터 모든 국민을 보호하고 국민 삶의 질을 향상시키는 데 필요한 소득·서비스를 보장하
> 는 사회보험, 공공부조, 사회서비스를 말한다.

1995년의 법과 2012년의 현행법은 모두 사회적 위험들을 열거한 뒤 보호조치를
덧붙이는 ILO나 ISSA 등의 정의 방식을 따르고 있다. 하지만 '소득보장'이나 '의료보

장'과 같은 포괄적인 범주를 사용하지 않고, 사회보험, 공공부조, 사회서비스와 같이 구체적인 제도 유형을 확정하여 열거하였다. 이렇게 정의하면 어떤 법률이 「사회보장기본법」의 규율대상인가를 명확히 할 수 있는 이점이 있지만, 새로운 유형의 제도가 도입될 때마다 개념정의를 갱신해야 하는 번거로움이 생길 수밖에 없다. 이에 따라 2018년 도입된 아동수당이나 2022년 도입된 영아수당은 사회보험, 공공부조, 사회서비스 중 어디에도 속하지 않기 때문에 사회보장의 범주에 포함시키기 어려운 문제를 갖게 되었다(이정우, 2020). 나아가 근로장려세제나 자녀장려세제와 같은 환급형 세액공제제도들도 동일한 문제를 갖는다. 따라서 구체적인 제도유형을 나열하기 보다는 '소득보장' '서비스보장' '의료보장'과 같은 포괄적인 용어를 사용하는 것이 적절해 보인다.

나아가 1995년의 법과 2012년의 현행법은 통상적인 쓰임새보다 넓게 사회보장을 정의하고 있음을 볼 수 있다. 우리는 지금까지의 논의 결과, 사회보장이라는 용어가 소득보장과 의료보장의 의미로 사용되고 있음을 확인하였다. 그러나 1995년의 법과 2012년의 현행법은 사회보장제도로 잘 인식되지 않는 사회복지서비스 내지 사회서비스를 사회보장에 포함시키고 있다. 이렇게 넓게 정의하게 되면 사회보장은 '사회복지'라는 개념과 구분되지 않는다. 사회복지의 개념을 '인간의 기본적인 필요를 해결하는 제반 시책'으로 정의하고 물질적, 비물질적 서비스를 모두 포함하는 개념으로 이해한다면(김태성, 2018: 22), 현행법의 '사회보장' 개념은 정확하게 사회복지를 의미한다.

이와 같이 사회보장을 사회복지의 의미로 넓게 정의한 이유는 처음부터 보건사회부가 「사회보장기본법」을 제반 사회복지제도들을 총괄하는 넓은 의미의 입법으로 기획했기 때문이다(윤찬영, 2018). 그렇다면 왜 '사회복지기본법'이라는 이름으로 법률을 제정하지 않고 '사회보장기본법'이라는 이름으로 제정한 것일까? 이는 보건사회부가 사회보장을 광의로 해석하는 법학 쪽의 경향을 고려하여 명칭을 정했기 때문이다. 우리나라의 법학은 일본과 독일의 영향을 많이 받았는데, 보통 독일에서는 '사회복지'란 용어가 잘 사용되지 않으며, 사용하는 경우에도 사회복지서비스를 지칭하는 좁은 의미로 사용한다. 따라서 사회보장법을 광의의 체계로 보고 사회복지를 그 하위범주로 보는데, 이러한 독일법의 관행이 명칭에 반영된 것이다(윤찬영, 2018). 하지만 이는 ILO나 ISSA와 같은 국제단체들의 정의에서 확인했듯이 국제적인 용어 사용에서 어긋나는 것이다. 국제적으로 통용되는 보편적인 개념 대신 일개 국가의 관행이 반영되었고, 덕분에 우리나라의 실정법은 국제적, 학술적으로 통용 되는 개념과 동떨어진 개념을 사용하게 되었다. 처음부터 사회복지제도들을 총괄 하는 기본법으로 기획했다면 「사회보장기본법」은 '사회복지기본법'으로 제정되었 어야 했다(윤찬영, 2018).

하지만 「사회보장기본법」의 개념정의에 단점만 있는 것은 아니다. 현행법은 서비 스보장을 소득보장과 동일한 위상을 부여하여 강조하고 있다. 이에 따라 현행법의 가장 적극적인 의의는 전통적인 소득보장을 넘어 서비스보장으로 사회보장의 범위 를 확장했다는 것이다. 여성의 경제활동 참여가 증가되면서 돌봄 공백이 증가하였 고, 이는 핵심적인 새로운 사회적 위험으로 인식되고 있다. 이에 따라 기존의 의료 서비스 이외에도 장기요양서비스나 아동보육과 같은 서비스 형태의 급여가 증가하 고 있다. 현행법은 이러한 변화를 반영하고 있다는 면에서 긍정적인 의의를 갖는다.

6) 사회보장의 정의

사회보장이라는 용어는 1935년 미국 「사회보장법」의 제정과정에서 처음 사용되 었으며, 처음에는 주로 정치인들에 의해 정치적으로 달성해야 할 추상적인 목표를 지칭하는 개념으로 사용되었다. 그러나 1942년 발간된 베버리지보고서는 사회보장 이라는 정치적 수사에 제도적 의미를 부여하였으며, 사회보장은 사회보험과 공공 부조를 의미하는 소득보장제도로 새롭게 정립되었다. 복지국가 출범 이후 새로운 사회보장제도들이 확산되면서, ILO는 베버리지의 개념을 확장하여 사회보장을 '소 득보장과 의료보장'의 의미로 사용하였고, 이러한 ILO의 개념정의는 오늘날 가장 널리 통용되고 있다. 비록 우리나라의 「사회보장기본법」이 국제적인 용례를 벗어나 폭넓게 정의하고 하고 있지만, 일단 사회보장을 '사회적 위험으로부터 국민들을 보호하 기 위한 소득보장제도와 의료보장제도'로 정의하는 것이 국제적, 학술적인 용어 사용에 부합한다. 이에 따라 이 책은 소득보장제도와 의료보장제도를 중심으로 사회보장 제도를 고찰할 것이다.

2. 사회보장제도의 유형

사회보장제도의 유형에는 일찍이 베버리지가 제시하였던 사회보험과 공공부조가 있다. 나아가 복지국가 출범 이후에는 보편적 복지(universal program)도 크게 확대되고 있다.

1) 사회보험

사회보험은 사회적 위험에 대해 위험분산(risk pooling)이라는 보험의 원리를 적용하여 대처하는 사회보장제도이다. 따라서 사회보험은 사회적 위험으로 인해 빈곤이 발생된 뒤 개입하는 사후적 방식이 아니라 소득활동기간 동안 일정한 보험료를 적립하여 사회적 위험을 대비하는 사전예방적 성격을 갖는다. 민간보험과 마찬가지로 위험분산의 원리에 기초하지만, 사회보험은 강제가입방식으로 운영된다는 점에서 차이가 있다. 위험분산은 가입자가 많을수록 효과적이기 때문에 사회보험은 전 국민, 또는 전 피고용자를 적용대상으로 하는 것이 일반적이다. 공적연금(국민연금), 건강보험, 실업보험(고용보험), 산재보험이 흔히 4대 사회보험이라고 일컬어지는 대표적인 사회보험제도들이며, 우리나라와 독일, 일본에서는 노인장기요양보험도 사회보험방식으로 운영된다.

사회보험에 있어 가장 중요한 수급요건은 공동체에 일정하게 부과되는 보험료를 납부해야 한다는 것이다. 보험료는 고용주나 국가에 의해 공동부담되기도 하지만, 보험료를 납부하지 못하면 수급권도 부여되지 않는다. 보험료 납부에 의해 수급권이 발생하기 때문에 다른 사회보장제도들에 비해 사회보험급여는 '권리'로 인식되는 경향이 강하다. 자산조사를 기초로 한 공공부조제도는 수급자들에게 스티그마를 부여하여 수급자들을 사회적 멸시와 냉대의 대상이 되도록 하였지만, 사회보험은 보험료 납부라는 기여(contribution)를 기초로 급여를 제공하기 때문에 이러한 측면을 없앴다. 따라서 사회보험은 국가의 시혜로 인식되어 왔던 사회복지의 성격을 시민의 사회적 권리로 전환시키는 데 크게 기여하였다. 하지만 사회보험은 보험료를 납부할 능력이 없는 저소득층을 제외시키기 때문에, 모든 국민에게 보편주의적으로 적용하기에는 한계를 가질 수밖에 없다. 나아가 보험료를 납부했다고 해서 모두 사회보험 급여를 수급하는 것은 아니다. 각각의 사회보험제도들이 대상 위험으로 하는 노령, 장애, 사망, 질병, 출산, 실업, 업무상 재해 등의 사회적 위험이 발생해야만 급여를 받을 수 있다. 요컨대, 사회보험 급여의 수급요건은 보험료 납부와 사회적 위험의 발생이라는 두 가지 요건을 충족하는 것이다.

사회보험은 급여를 제공함에 있어 개개인의 구체적인 상황을 고려하지 않는다. 즉, 사전에 법률로 정해진 급여만 제공한다. 예컨대, 우리나라 고용보험의 구직급여는 원칙적으로 평균임금의 60%를 제공하며 누구에게나 동일하게 적용된다. 개인의 재산이 많아서 이 급여액이 필요 없는 사람도 있고, 가족 수가 많아서 이 급여액이 턱없이 부족한 사람도 있을 것이다. 하지만 고용보험은 이러한 개별적인 상황들을 고려하지 않는다. 그럼에도 불구하고 고용보험은 구직급여의 지급을 통해 실업으로 인한 곤란이 극복되었다고 가정한다. 이는 사회보험 급여가 개인의 구체적인 욕구에 기초하여 제공되지 않고, 추상적인 욕구에 기초하여 제공되기 때문이다(전광석, 1999: 69). 즉, 실업 시 평균임금의 60%를 제공하면 평균적으로 생계보장이 가능할 것이라는 가정을 기초로 하고 있는 것이다.

사회보험의 급여는 정액급여 방식으로 운영되기도 하지만, 대부분 보험료 납부액에 비례하여 급여수준이 결정된다. 이에 따라 소득비례방식으로 운영되는 경우가 보통이며, 소득수준이 높고 보험료 납부기간이 길수록 급여수준도 증가한다. 따라서 사회보험은 사회적 적절성보다는 개별적 형평성(individual equity)의 원리를 더 강조하는 사회보장제도이다. 즉, 보험료를 많이 납부하여 기여가 높은 사람이 급여도 많이 받는 시스템인 것이다. 이에 따라 사회보험제도는 과거 소득의 불평등이 소득 상실 이후에도 그대로 이전되며, 소득재분배 효과는 거의 없다. 이를 보완하기 위하여 많은 국가들은 최저급여수준을 보장하는 장치들을 마련하고 있지만, 조정의 폭은 제한적일 수밖에 없다. 만약 지나친 평등의 원리를 적용하여 보험료를 많이 납부한 고소득층의 급여수준이 저소득층보다 적어진다면, 고소득층은 사회보험제도를 수용하지 않을 것이다. 따라서 보험료로 운영되는 보험방식에서 형평의 원리는 불가피하며, 이러한 측면 때문에 사회보험제도의 재분배효과는 매우 제한적일 수밖에 없다(김태성, 2018: 174-175).

하지만 이러한 특성은 역으로 고소득층의 사회보험제도에 대한 거부감을 누그러

뜨릴 수 있다. 이는 고소득층으로 하여금 큰 저항없이 사회보험료 부담을 수용하도
록 만든다. 이에 따라 국가는 사회보험을 통해 가입자에게 사회보장 비용을 전가시
키거나 공동부담하게 함으로써, 막대한 재정을 동원하지 않고도 단기간에 제도를
시행할 수 있다는 장점을 갖는다. 이러한 재정 동원의 용이성은 사회보장제도가 도
입될 때마다 정치인들이 사회보험 방식을 선택하는 주요 요인이 되었다.

　사회보험은 위험분산이라는 민간보험의 원리를 차용하기 때문에 민간보험과 공
통점을 갖기도 하지만, 사회보장제도이기 때문에 상당한 차이점을 갖는다. 일단 레
자(Rejda, 1994: 40)는 사회보험과 민간보험의 공통점을 다음과 같이 정리하였다.

① 두 보험은 모두 위험의 이전을 기초로 하는 광범위한 위험분산의 원리를 기반으로 한다.
② 두 보험은 모두 보험의 적용범위, 제공급여, 재정운영에 관한 모든 사항들을 구체적이
　고 완벽하게 제공한다.
③ 두 보험은 모두 급여의 수급자과 지급규모에 대한 정확한 수리적 계산을 필요로 한다.
④ 두 보험은 모두 프로그램의 운영과 관련 비용을 충당할 수 있는 충분한 수준의 보험료
　납부를 필요로 한다.
⑤ 두 보험은 모두 개개인의 구체적인 욕구를 기초로 하지 않고 사전에 결정된 급여를 제
　공한다.
⑥ 두 보험은 모두 사회 전체에 경제적인 안정을 제공한다.

　반면 사회보험과 민간보험은 〈표 1-1〉과 같은 차이를 갖는다(Rejda, 1994: 41).
첫째, 사회보험은 강제가입방식으로 운영되며, 임의가입방식으로 운영되는 민간보
험과 결정적인 차이를 갖는다.
　둘째, 사회보험은 강제보험가입방식으로 운영되기 때문에, 모든 가입자들이 가
입에 동의하는 것이 아니다. 따라서 급여의 수준을 무리하게 높이기 힘들며, 보통
사회의 최저수준을 보장하는 선에서 급여수준을 결정한다. 반면 민간보험의 급여
수준은 개인의 희망과 보험료 지불능력에 의해 결정된다.
　셋째, 사회보험은 보험방식으로 운영되지만, 사회보장제도이기 때문에 가입자들
의 기본생활 보장을 외면할 수 없다. 따라서 대부분의 국가에서 사회보험은 사회적
적절성을 유지하기 위해 최저급여수준을 보장하는 장치를 제한된 범위에서 운영하

표 1-1 사회보험과 민간보험의 비교

사회보험	민간보험
강제적용방식	임의적용방식
최저수준의 소득보장	개인의 희망과 지불능력에 따라 결정
사회적 적절성(social adequacy)을 강조	개별적 형평성(individual equity)을 강조
가변적인 법적 권리	절대적인 계약적 권리
정부독점	자유경쟁
지출비용의 예측이 어려움	지출비용의 예측이 용이함
충분한 기금적립이 불필요	충분한 적립금이 필요
자격적부심사(underwriting) 불필요	자격적부심사 필요
목표와 결과에 대한 이견이 존재	목표와 결과에 대해 의견이 일치
정부중심의 기금 운용	민간 금융사를 통한 기금 운용
인플레이션에 대응하기 용이함	인플레이션에 치명적인 약점을 가짐

출처: Rejda (1994: 41).

고 있다. 반면 민간보험은 개별적 형평성의 원리에 기초하여 철저하게 보험료 납부액에 비례하여 보험금을 지급하고 있다.

넷째, 사회보험 급여는 법률에 의해 규정되어 있다. 따라서 사회보험 급여는 보험료 납부에 따라 발생한 획득권의 성격도 갖지만, 동시에 법적 권리의 성격도 갖는다. 이에 따라 사회보험 급여는 절대적이지 않으며 가변적이라는 특징을 갖는다. 법률의 개정을 통해 사회보험 급여의 내용이 얼마든지 바뀔 수 있기 때문이다. 반면 계약권에 기초한 민간보험은 계약 당사자 간의 합의에 의하지 않는 한 계약의 파기가 쉽지 않으며, 절대적인 특성을 갖는다.

다섯째, 민간보험은 치열한 경쟁 속에서 운영되는 반면, 사회보험은 보통 정부가 독점적으로 운영한다. 이를 통해 사회보험은 막대한 판촉비용을 절감할 수 있고, 절감분은 가입자들의 급여로 지급되어 가입자들의 편익을 증진시킬 수 있다.

여섯째, 민간보험은 계약된 보험금만 지급하기 때문에 위험발생률만 제대로 예측하면 지출비용을 추정하는 데 어려움이 없다. 하지만 사회보험 급여는 보통 지급사유가 유지되는 한 무제한으로 지급된다. 따라서 사회보험 급여의 지출비용은 출생, 사망, 결혼, 고용, 실업, 장애, 퇴직, 임금수준, 이자율 등 수많은 사회적, 경제적, 인구학적 변수의 영향을 받기 때문에 정확하게 예측하기 어렵다.

일곱째, 하지만 다행히도 사회보험은 회기연도 재정지출에 필요한 적립금을 반드시 조달할 필요는 없다. 사회보험은 강제가입방식이기 때문에 신규가입자들로부터의 보험료 수입은 끊임없이 유입된다. 따라서 회기연도에 적자가 나더라도 향후 조정할 여지는 충분하다. 하지만 민간보험은 회기연도 급여지출에 필요한 적립금을 조성하지 못하면 파산하기 때문에 반드시 충분한 적립금을 마련해야 한다.

여덟째, 민간보험은 안정적인 재정운영을 위해 건강이 나쁜 사람, 위험한 직업에 종사하는 사람, 해고될 가능성이 높은 사람 등 위험발생 가능성이 높은 사람이 보험에 유입되는 것을 막아야 하며, 이를 위해 자격적부심사(underwriting)를 필요로 한다(권문일, 2004). 하지만 사회적 위험으로부터 모든 국민들을 보호하는 것을 목적으로 하는 사회보험에서는 자격적부심사가 불필요하다.

아홉째, 사회보험에서는 보험료 운영, 급여의 수준, 급여의 지급요건, 급여지급기간, 정부의 역할 등에 대해 가입자들 간에 심각한 이견이 존재하지만, 민간보험에서는 이러한 이견이 적다.

열째, 사회보험 기금의 투자는 정부에 의해 이루어지며, 정부가 설정해 놓은 요건들에 의해 제약을 받는다. 반면, 민간보험은 민간의 금융회사들에 의해 자유롭게 투자된다.

열한째, 장기간 지급되는 사회보험 급여는 대부분 물가상승을 조정하는 장치를 갖고 있기 때문에 인플레이션의 위험을 대비할 수 있지만, 민간보험의 상품들은 주로 사전에 확정된 보험금을 지급하기 때문에 물가상승에 취약하다.

2) 공공부조

공공부조는 소득조사나 자산조사를 통해 대상자를 선별하여 급여를 제공하는 제도이다. 기본적으로 빈곤상태에 있는 사람들을 선별하기 위해 소득/자산조사를 실시하지만, 우리나라의 기초연금이나 호주, 뉴질랜드의 공공부조 프로그램들처럼 수급의 필요성이 떨어지는 고소득층을 선별하기 위하여 소득/자산조사를 실시하는 경우도 있다. 나아가 공공부조는 일반적 공공부조와 범주적 공공부조로 구분된다. 일반적 공공부조(general public assistance)는 일정한 소득수준이나 자산수준 이하인 모든 사람들에게 급여를 제공한다. 반면 범주적 공공부조(categorical public assistance)는 일정한 소득수준이나 자산수준 이하이면서 동시에 특정한 인구집단에 속하는 사람에게만 급여를 제공한다(김태성, 김진수, 2004: 21). 예컨대, 우리나라의 국민기초생활보장제도에서 지급하는 생계급여, 의료급여, 주거급여 등은 일반적 공공부조에 속하며, 기초연금, 장애인연금, 장애수당, 한부모가족 아동양육비 등은 범주적 공공부조로 분류된다.

공공부조제도는 사회보장제도들 중에서 가장 역사가 깊다. 일반적으로 1601년 엘리자베스 빈민법을 공식적인 공공부조의 출발로 보지만, 대부분의 국가에서 빈민법적 조치들은 그 이전부터 시작되었다. 하지만 공공부조제도는 시혜적 성격이 강하기 때문에 가장 낙후된 제도로 평가되며, 복지국가 출범 이후 사회보장제도에서 차지하는 비중이 낮아지고 있다(김태성, 2018: 378-379). 공공부조는 주로 저소득층을 지원하기 위한 제도이기 때문에 일반조세로 재원을 마련할 수밖에 없다. 이에 따라 공공부조제도의 부담자와 수급자가 불일치하게 되고, 부담자와 수급자의 이해관계는 상충된다. 공공부조를 늘리기 위해 세금을 증가시키면 납세자들이 반발하고, 반대로 감세를 위해 공공부조를 축소시키면 수급자들이 반발한다.

이러한 납세자와 수급자 간의 이해 균열과 공공부조의 시혜적 성격은 공공부조 수급자를 적대시하고 스티그마를 부여하는 사회 분위기를 조성한다. 빈민을 위한 나라는 없다. 빈민에게 호의적인 시선을 보내는 나라는 없으며, 공공부조 수급자를 존중하는 나라도 없다. 대부분의 국가에서 빈민은 실패자로 취급받으며, 특히 노동능력이 있는 빈민들은 게으르면서도 부끄러워할 줄 모르는 후안무치한 기생충으로 취급받기 일쑤이다. 나아가 개인의 자조를 신봉하는 자유주의적 전통이 강한 나라에서는 상상하기 힘든 사회적 멸시와 냉대가 쏟아진다. 공공부조 담당 공무원들은 수급자를 잠재적인 범죄인으로 취급하며, 인권침해적인 소득/자산조사를 통해 수급자의 수치심을 자극하고 인간의 존엄성을 훼손한다. 이와 같이 공공부조제도는 수급자들을 사회적으로 배제시킴으로써, 사회통합을 저해하는 부정적인 결과를 발생시킨다.

공공부조는 사회보험과 반대로 추상적 요구에 기반하지 않으며, 개인의 구체적인 욕구, 즉 드러난 욕구(demonstrated need)를 소득/자산조사를 통해 측정하여 대상자를 선별하고 급여수준에 반영시킨다. 공공부조는 최저보장기준에서 개인의 소득/자산 수준이 미달하는 양만큼만 보완해 주는 보충급여방식을 주로 사용한다. 이에 따라 수급자 개개인이 받는 공공부조의 급여수준은 개개인의 소득/자산에 따라 모두 다르다. 하지만 이러한 특성 때문에 공공부조는 근로동기를 약화시킬 가능성이 높아진다. 개인의 근로소득이 증가하더라도 보충급여 방식에 의해 급여수준이 그만큼 차감되기 때문에 최종소득에는 변화가 없다. 군이 힘들게 일할 동기가 없는 것이다. 나아가 공공부조 수급자들은 저학력, 미숙련인 사람들이 많기 때문에 노동시장에 참여하더라도 저임금 일자리에 취업할 가능성이 높다. 이때 임금 수준이 공공부조 급여액과 크게 차이가 나지 않는다면, 근로를 포기할 가능성이 높다. 이른바 빈곤의 덫(poverty trap) 현상이 나타날 가능성이 높으며, 이는 공공부조 수급자들에 대한 부정적인 인식을 더욱 강화하여 납세자와 수급자의 분리를 심화시킨다.

공공부조의 이러한 문제점에도 불구하고 영미권 국가들에서는 여전히 공공부조제도에 대한 높은 선호도를 나타내고 있다. 공공부조를 선호하는 가장 큰 이유는 효율성(efficiency)이 높기 때문이다. 공공부조제도는 사회에서 가장 가난한 순서대로 대상자를 선정함으로써 상대적으로 욕구가 큰 빈민들에게 자원을 집중시킬 수 있을 뿐만 아니라 도움의 필요성이 적은 사람들에게 자원이 낭비되는 것을 막을 수 있다. 이에 따라 복지 예산을 최소화할 수 있기 때문에 최고의 목표효율성(target efficiency)을 이룰 수 있다. 따라서 공공부조는 사회통합보다 효율성을 중요시하는 사회에서 선호된다. 하지만 소득과 자산을 조사하는 데는 많은 행정비용이 요구된다. 낮은 운영효율성(administrative efficiency)은 목표효율성을 상쇄하기 때문에 공공부조제도가 반드시 효율적인 제도라고 단언할 수는 없다. 특히 소득/자산조사는 수급자에게만 해당되는 것이 아니라 잠재적인 수급자 모두에게 적용되어야 하기 때문에, 수급 배제 인원 수와 상관없이 선별비용의 크기는 고정적이며 조사 대상자 규모에 비례해서 증가한다. 따라서 수급기준인 소득/자산액이 높을수록, 즉 배제되는 대상자 수가 적을수록 기대할 수 있는 선별지급의 편익은 제한적일 수밖에 없다 (고재이, 2018: 17-18). 예컨대, 2018년 제정된 「아동수당법」처럼 상위 10%의 소득가구만을 배재한다면, 배제로 인해 절감되는 지출감소분과 소득/자산조사 비용의 차이가 거의 없기 때문에 효율성은 제한된다.

3) 보편적 복지

보편적 복지(universal program)는 사용자에 따라 사회수당, 데모그란트(demogrant), 보편적 수당, 보편적 서비스, 무상 서비스 등 다양한 명칭으로 불려지며, '사회보험'이나 '공공부조'처럼 법적으로 정해진 용어나 확고한 권위를 확보한 용어는 없다. 대체로 아동수당과 같이 현금급여제도를 설명할 때는 사회수당이나 데모그란트 같은 용어가 주로 사용되며, 영국의 NHS와 같은 보편적 의료서비스를 언급할 때는 보편적 서비스라는 용어가 사용되었지만, 보편적인 현금급여와 서비스급여를 아우를 수 있는 적당한 용어가 없는 상황이다. 최근 재난소득을 둘러싼 논쟁에서 언론들은 '보편적 복지'라는 용어를 자주 사용하였는데, '보편적 복지'는 무상급식, 무상보육, 재난소득 등 현급성 급여와 서비스를 모두 포괄하는 용어로 사용되었다. 이에 이 책은 보편적인 현금급여와 서비스급여를 포괄하는 적절한 용어라고 판단하여 '보편적 복지'라는 용어를 사용할 것이다. 다만, '보편적 복지'는 널리 통용되고 권위를 확보한 용어가 아니며, 이 책에도 문맥에 따라 불가피할 경우 다른 용어를 사용할 수도 있다.

보편적 복지는 보험료 납부와 같은 기여 여부와 상관없이, 그리고 소득과 자산이 많고 적음에 상관없이 모든 사람들에게 보편적으로 수급권을 부여하는 제도를 의미한다. 특정 인구학적 범주에 속할 것을 요구할 수 있지만, 그 범주에 속하면 다른 조건은 부과되지 않는다. 대표적인 제도로 2018년부터 우리나라에 도입된 아동수당제도, 캐나다의 노령연금(OAS), 호주나 뉴질랜드의 기초연금(superannuation), 영국이나 스웨덴 등의 보편적 의료서비스제도 등이 있다. 규모가 작긴 하지만 노인과 장애인들을 대상으로 한 지하철 무료 이용, 고궁 무료 입장 같은 프로그램도 보편적 복지에 해당된다고 볼 수 있다. 단, 보편적 의료서비스가 반드시 무상의료를 의미하는 것은 아니다. 영국, 캐나다, 뉴질랜드와 같은 국가들은 기본적으로 무상의료를 지향하지만, 노르웨이와 스웨덴처럼 일반의의 기초진료에 대해 소액의 본인부담금을 부과하는 경우도 있다.

보편적 복지는 그 숫자가 제한적이기 때문에 전체 사회복지지출에서 차지하는 비중은 크지 않지만, 사회보장제도 중에서 가장 발전된 형태라고 평가받는다. 이는 보편적 복지가 한 나라의 국민이면 누구나 사회복지 급여를 수급할 수 있는 권리,

즉 사회권(social right)을 가장 크게 반영한 유형이라고 할 수 있기 때문이다(김태성, 2018: 363). 빈부에 상관없이, 재벌이든 노숙자든 누구나 똑같이 국민의 한 사람으로서 인정받고 동일한 급여를 받는다는 점에서 상당한 사회연대감의 상승효과를 가질 수 있다. 따라서 보편적 복지의 가장 큰 장점은 사회통합 내지 사회의 연대감을 높일 수 있다는 것이다. 국민의 한 사람으로서 모든 국민이 똑같이 받는 급여이기 때문에 수치심을 가질 필요도 없으며, 인간의 존엄성이 훼손될 일도 없다.

보편적 복지는 일반조세로 운영되지만 모든 계층이 대상자가 되기 때문에 납세자와 수급자의 반목현상은 크지 않다. 즉, 공공부조와 같이 납세자와 수급자가 분리되는 현상은 나타나지 않는다. 하지만 사회보험과 마찬가지로 개개인의 구체적인 여건을 고려하지 않고 추상적인 욕구를 기초로 하기 때문에, 욕구가 적은 사람에게도 급여가 지급된다는 점에서 목표효율성이 떨어지는 낭비적인 측면를 가질 수 있다. 또한 모든 사람들에게 제공되므로 상당한 예산의 지출이 필요하지만, 정작 개인이 받은 급여수준은 높지 않기 때문에 기본적인 욕구를 충족시키기에는 부족한 경우가 많다. 이러한 특징은 효율성을 중시하는 사회나 사람들이 보편적 복지에 대해 거부감을 갖게 만드는 중요한 원인이 된다.

3. 사회보장의 목적

사회보장제도의 목적으로는 경제적 보장의 제공과 빈곤 퇴치가 주로 거론된다(Gilbert & Terrell, 2005: 77-78; Rejda, 1994: 44-45). 나아가 평등 추구는 사회보장제도의 목적을 논의할 때마다 지속적으로 쟁점이 되어 왔다.

1) 경제적 보장

경제적 보장(economic security)이란 사회적 위험으로 인해 소득을 상실하여 정상적인 삶을 영위할 수 없게 되었을 때 경제적인 지원을 제공하는 것을 의미한다(Gilbert & Terrell, 2005: 77). 즉, 경제적 보장은 실업, 노령, 장애, 질병, 산업재해 등 사회적 위험의 발생으로 소득이 중단되더라도 사람들의 생활수준이 급격하게 하락하는 것을 방지하며, 과거 생활수준을 어느 정도 유지하도록 하는 기능을 나타내는 것이다. 이러한 목적을 달성하는 데 가장 적합한 사회보장제도는 소득비례방식으로 운영되는 사회보험이다.

대체로 사회보험의 수급요건은 가난한 사람으로 국한되지 않는다. 사회보험의 수급요건은 빈곤 여부에 상관없이 개인이 취업을 통해 벌고 있던 소득이 상실되었는지 여부이다(Gilbert & Terrell, 2005: 77). 보험료를 납부한 사람이라면 누구나 소득을 상실했을 때 사회보험 급여를 받을 수 있다. 사회보험은 소득계층에 상관없이 모든 국민들에게 경제적 보장을 제공하기 때문에 비용이 많이 드는 제도이다. 오늘날 대부분의 국가에서 사회보험은 사회보장제도 중 가장 큰 비중을 차지하는 중심적인 제도로 자리 잡았다.

2) 기본생활의 보장: 빈곤퇴치

기본생활의 보장 또는 최저생활의 보장은 베버리지보고서 이후 사회보장제도의 가장 중요한 목적이 되었다. 베버리지는 사회보장제도의 목적을 빈곤퇴치(attack on want)로 보았으며, 베버리지에게 빈곤퇴치란 모든 국민들에게 국민최저수준(national minimum)을 보장하는 것이었다. 베버리지보고서를 통해 많은 사람들은 사회보장의 목적을 국민들의 기본생활의 보장, 최저생활의 보장, 빈곤퇴치 등으로 인식하고 있다. 예컨대, 퍼니스와 틸톤(Furniss & Tilton, 1977: 37-39)은 복지국가의 유형을 구분하면서 국민최저수준의 보장을 목적으로 하는 국가를 사회보장국가라고 명명하였다.

베버리지는 자유주의자이지만 자유를 적극적으로 해석하였다. 19세기까지만 해도 영국의 자유주의는 자유를 '간섭받지 않을 권리'로 해석하는 글래드스턴식 자유주의(Gladstonian liberalism)가 주류를 이루었지만, 20세기 들어서면서 자유를 적극적으로 해석하는 새로운 자유주의(new liberalism)가 확산되기 시작하였다.[4] 시민혁명 이후 모든 사람들이 자유를 보장받았다고 하지만, 새로운 자유주의자들은 이를

---

4) 1980년대 이후 확산된 대처(Margaret Thatcher)의 신자유주의(neoliberalism)와는 완전히 다른 사상이다. 대처의 신자유주의는 글래드스턴식 자유주의의 부활이었다.

공허한 말로 취급하였다. 자유란 단순히 간섭받지 않는 상태가 아니다. 개인이 자기가 하고 싶은 어떤 것을 행할 수단이나 능력이 없다면, 그는 선택의 자유가 없는 것이다(송규범, 1983: 105). 예컨대, 대학에 진학하고 싶지만 경제적으로 곤궁하여 공장에 취업할 수밖에 없는 사람은 자유롭지 못한 것이다. 개인의 자유를 제약하는 장애물은 빈곤, 교육의 결여, 열악한 주거환경, 좋지 않은 건강상태 등이 있으며, 이러한 장애물이 제거되어야 개인의 자유가 실질적으로 보장된다. 이러한 맥락에서 로이드 조지(David Lloyd George)로 대표되는 영국의 새로운 자유주의자들은 20세기 초반 영국의 자유주의적 사회개혁을 주도하였다. 베버리지와 같은 새로운 자유주의자에게 최저생활의 보장과 빈곤퇴치는 개인의 자유를 신장시키기 위한 필수적인 조건인 것이다.

이에 따라 자유를 적극적으로 해석하는 자유주의자들은 사회보장의 목적을 모든 국민들에게 기본생활을 보장하여 빈곤을 퇴치하는 것이라고 본다. 하지만 자유주의자들에게 최저생활을 넘어서는 욕구는 국가가 개입할 영역이 아니다. 즉, 자유를 신장시키기 위해 국가가 개입하는 한계선은 최저생활 보장까지이며, 이를 넘어서는 욕구의 해결은 개인의 자유로운 선택에 맡겨야 한다는 것이다. 이에 따라 자유주의자들은 평등주의자들과 달리 적극적인 재분배를 고려하지 않는다.

베버리지는 빈곤퇴치의 핵심적인 수단을 사회보험으로 설정하였다. 이는 영국의 자유주의자들이 '빈곤퇴치'에 빈곤의 예방을 포함시켜 넓게 해석하고 있음을 보여 준다. 그러나 미국에서는 빈곤퇴치를 빈민들에 대한 직접적인 구호로 좁게 해석한다. 1965년 빈곤과의 전쟁(War on Poverty)에 있어 핵심프로그램들은 빈민들에 대한 교육·훈련과 공공부조 프로그램이었다. 즉, 미국은 빈곤퇴치정책을 공공부조 프로그램과 동일시하는 경향을 가진다. 미국에서 빈곤퇴치정책은 전체 인구에게 도움을 제공하는 것이 아니라 특별한 욕구를 가진 특별한 집단에게 도움을 제공하는 정책으로 해석된다(Gilbert & Terrell, 2005: 79).

사회보장의 목적 중 하나가 기본생활의 보장이라는 것에 대해서는 누구나 동의한다. 하지만 기본생활이 무엇이고, 구체적으로 어느 수준까지 보장해야 하는가에 대해서는 많은 이견이 존재한다. 기본생활을 객관적으로 존재하는 절대적인 기준으로 정의할지, 사회경제적 발전수준을 고려하여 상대적인 위치로 정의할지, 절대적 기준으로 정의한다면 기본생활을 구성하는 구체적인 생필품 품목에는 어떠한 것들이 포함되어야 하는지, 상대적 위치로 정의한다면 어느 정도의 상대적 위치를 고려해야 하는지에 대해 수많은 이견이 존재한다. 따라서 기본생활에 대한 구체적인 합의를 도출하는 것은 생각보다 쉽지 않은 작업이다.

3) 소득재분배: 평등 추구

소득재분배나 평등은 많은 사람들이 사회보장의 목적으로 동의하는 사회적 가치는 아니다. 소득재분배나 평등은 주로 사회민주주의자들이나 평등주의자들이 복지국가의 목적으로 추구하는 가치이다. 여기서 소득재분배는 고소득층으로부터 저소득층으로 경제적 자원이 이전되는 수직적 재분배(vertical redistribution)를 의미한다. 사회보장제도를 통해 국민들에게 최저생활을 보장해 주다 보면, 어느 정도의 소득재분배는 결과적으로 발생한다. 빈민들의 최저생활을 보장하기 위해서는 무언가를 줘야 하고, 무언가는 하늘에서 떨어지지 않는 한 고소득층으로부터 나올 수밖에 없다. 따라서 '최저생활의 보장'은 어느정도의 소득재분배를 불가피하게 발생시킨다. 하지만 평등주의자들이 추구하는 소득재분배는 이러한 소극적인 재분배를 의미하는 것이 아니다. 평등주의자들이 주장하는 소득재분배는 '최저생활의 보장'에 한정되는 것이 아니라 고소득층과 저소득층의 간극을 최대한 좁혀 전반적인 생활조건의 동질화를 추구하는 것이다. 따라서 사회보장제도의 수준은 최저생계비 정도에 머물지 않고 중산층의 욕구도 포괄하는 수준까지 확대된다. 이를 그림으로 나타내면 [그림 1-1]과 같다.

사회보장의 목적을 최저생활의 보장으로 상정하는 자유주의자들은 [그림 1-1]의 (a)와 같은 분배상태를 가정한다. 직선 HL은 사회구성원들을 소득 순서대로 세로로 나열한 것이다. 이때 점 P는 해당사회의 빈곤선(poverty line)을 의미한다. 따라서 직선 PL은 빈곤층에 해당하는 사회구성원들이 된다. 최저생활의 보장은 점 P 이하의 빈곤층을 모두 없앤다는 것을 의미한다. 이에 따라 사회보장급여는 P 이하의 사람들의 소득을 P 수준까지 끌어 올리는 것을 목표로 한다. 이를 위하여 점 P 이상의 비빈곤층에게는 조세를 부과하게 되고, 이들의 가처분소득은 하향조정된다. 이에 따라 직선 HL은 H′L′와 같은 소득분포로 조정된다.

하지만 평등주의자들은 이 정도의 조정에 만족하지 않는다. 평등주의자들은 [그

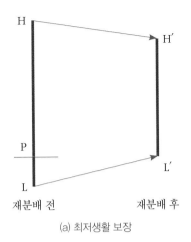

(a) 최저생활 보장

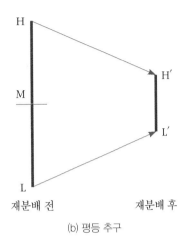

(b) 평등 추구

[그림 1-1] 사회보장의 목적에 따른 재분배 결과 비교

림 1-1]의 (b)와 같은 재분배를 추구한다. 즉 사회의 중위소득을 의미하는 점 M을 중심으로 고소득층과 저소득층의 간극이 최대한 좁혀지도록 재분배한다는 것이다. 따라서 어떤 정치주체가 사회보장제도를 주도하느냐에 따라 재분배의 폭과 깊이는 달라질 수밖에 없다. 자유주의자들이 주도하는 복지국가에서 사회보장제도는 [그림 1-1]의 (a)와 같이 제한적인 재분배효과를 갖지만, 사민주의 복지국가의 사회보장제도들은 (b)와 같이 재분배효과를 극대화하는 형태로 설계된다.

길버트와 테렐(Gilbert & Terrell, 2005: 81)은 재분배가 사회보장이나 복지국가의 목적으로 인식되는 것에 강한 거부반응을 보이고 있다. 왜냐하면 그들에게 "재분배는 복지국가의 본질적인 특성이 아니기 때문이다. 물론 재분배는 영국의 페이비언주의자들과 같은 초기 사회주의자 이론가의 '자궁에서 무덤까지'라는 복지 이론의 주된 테마였으며, 아직도 사회민주주의 운동이 강세를 보이고 있는 스칸디나비아 같은 북유럽국가들에 있어서는 주된 원칙으로 남아 있지만, 재분배가 복지국가의 본질적인 특성이었던 적은 없으며 현재도 그렇지 않다". 하지만 스웨덴과 노르웨이처럼 사민주의자들에 의해 건설된 복지국가들이 실존하고, 중산층의 욕구까지 아우르는 적극적인 재분배를 추구하는 사회가 존재하는 것은 사실이기 때문에, 미국적인 고정관념으로 이를 부정하는 것은 적절한 설명이 아니라고 판단된다.

제**2**장

사회보장의 역사

 사회보장이라는 용어는 1935년 미국의 「사회보장법(Social Security Act of 1935)」이 제정되면서 공식적으로 처음 사용되었으며, 널리 통용되기 시작한 것은 1945년 복지국가가 출범하면서부터였다. 하지만 복지국가가 출범하기 훨씬 이전부터 사회보장제도의 원형으로 볼 수 있는 빈곤정책들이 시행되고 있었고, 그 뿌리는 16세기 절대왕정기의 빈민법(poor law) 체제까지 거슬러 올라간다. 사회보장제도의 변화과정은 크게 다음과 같은 4시기로 구분될 수 있다.

 먼저, 현대적인 사회보장제도가 성립되기 이전의 빈민법 체제이다. 대부분의 국가에서 빈민법 체제는 현대적인 사회보장제도가 출범하기 이전에 빈곤문제에 개입하던 방식이었으며, 대략 16세기 절대왕정기(ancient regime)부터 19세기 말 자유방임주의적 질서가 막을 내릴 때까지의 구빈정책이었다. 그러나 빈민법 체제는 기본적으로 빈민에 대한 억압과 통제를 본질로 하고 있었기 때문에 시민권을 기초로 하는 현대적 사회보장제도와는 거리가 멀었다. 따라서 이 시기는 사회보장제도의 전사(前史)로 위치지울 수 있다.

 두 번째 시기는 사회보장제도의 성립기이며, 19세기 말 세계 장기불황 이후부터 제2차 세계대전이 끝나는 1945년까지의 시기이다. 각국은 장기불황을 계기로 사회개혁에 나섰고, 1883년 독일에서 처음으로 국가 사회보험이 등장하였다. 이 시기 사회보험을 비롯해서 무상의료제도, 아동수당 등 복지국가의 발판이 되는 많은 사회보장제도가 도입되었다.

세 번째 시기는 사회보장제도의 팽창기이다. 제2차 세계대전이 종결되었던 1945년부터 1970년대 중반 오일쇼크로 인해 세계경제가 장기침체에 들어서는 시기까지이다. 이 시기에는 세계경제의 안정적인 고성장 국면을 배경으로 복지국가가 성공적으로 출범하여 전성기를 구가하였다. 각국은 지속적인 사회보장제도의 확장을 통해 높은 수준의 보편적인 복지를 국민들에게 제공하였다.

마지막 시기는 1970년대 중반 세계경제가 스태그플레이션 위기에 빠지면서 복지국가 위기론이 대두되고, 사회보장제도가 재편되는 시기이다. 이 시기 동안 사회보장제도와 경제성장 간의 상충성이 지적되면서 많은 국가들이 사회보장제도의 축소를 시도하기도 하였다. 하지만 이미 국민들의 삶에 뿌리 내린 사회보장제도들을 해체하는 것은 쉽지 않았다. 따라서 사회보장제도의 축소보다는 시장적 요소의 도입, 근로연계(workfare)적 복지의 강화, 공적연금 개혁 등을 통해 사회보장제도의 재편을 모색했던 시기라고 할 수 있다. 이 시기는 지금도 진행형이다.

1. 봉건사회의 붕괴와 빈민법 체제

천 년 동안 안정적으로 유지되어 오던 중세 봉건사회가 붕괴되고 절대왕정 국가로 이행할 무렵, 대부분의 유럽 국가들에서는 빈민법(poor law)이라는 빈민대책이 발달하기 시작하였다. 빈민법은 오늘날 공공부조제도의 원형이 되었다. 이 장에서는 가장 오랜 역사를 가진 영국의 빈민법 체계를 중심으로 구시대 구빈정책을 고찰할 것이다.

1) 1601년 영국 엘리자베스 빈민법

농노제와 장원경제를 기초로 하는 봉건사회에서 빈곤 문제는 크게 사회문제로 부각되지 않았다. 게르만의 종사관계를 기초로 했던 봉건사회에서는 영주들이 절대충성에 대한 대가로 장원 내 농노들에게 가부장적인 보호를 제공하였다. 따라서 장애인이나 고아, 질병에 걸린 노인 등이 발생하더라도 영주가 보호를 제공하거나 장원 내에서 자체적으로 문제를 해결하였다. 잠재되어 있던 빈곤문제가 드러나기 시작한 것은 자체 보호를 제공해 주던 장원이 해체되면서부터였다. 영국에서 빈민(poor)이 최초로 나타나게 된 것은 16세기 전반의 일이었으며, 어떤 장원에도 속하지 않은 개인들로서 눈에 띄게 되었다(Polanyi, 1957: 132). 16세기에 절정을 이룬 유랑민들의 증가는 수 세기 동안 안정을 유지해 온 봉건적인 질서의 파괴를 의미하는 것이었다.

16세기 튜더(Tudor) 왕가에서 실시한 일련의 구빈정책들은 급격한 봉건사회의 붕괴가 초래한 사회적 무질서에 대한 공포로부터 비롯되었다(Fraser, 1984: 31).[1] 따라서 초기 빈민법들은 제반 무질서에 대한 가혹한 처벌을 내용으로 담고 있다. 즉, 웹 부부(Sidney and Beatrice Webb)의 표현대로, '억압을 통한 구제'가 빈민법 체제의 핵심이었다(Rimlinger, 1971: 38). 15세기 말부터 양모의 수요가 폭증하자 영주들은 농지를 목축지로 전환시키는 인클로저 운동을 전개하였고, 16세기에 절정을 이루었다. 이에 따라 수많은 농노들이 유랑민으로 내몰리게 되었다. 1531년 헨리 8세는 「거지와 부랑인 처벌법(Statute Punishment of Beggars and Vagabonds 1531)」을 제정하여, 교구를 벗어난 거지나 부랑인을 피가 나도록 채찍질한 후 자신의 교구로 돌려보내도록 하였다. 이 법은 더욱 강화되었다. 1536년 제정된 후속법(The Act for Punishment of Sturdy Vagabonds and Beggars 1536)은 채찍질을 받았던 거지나 부랑인이 또 다시 적발되면 오른쪽 귀를 잘랐으며, 세 번째 적발될 경우 사형에 처하였다(김상균, 1986: 28). 튜더 왕가 시대에 가장 잔인하기로 악명 높은 빈민법은 헨리 8세 사후 에드워드 6세 재임기에 만들어졌다. 1547년 제정된 「부랑인 처벌법(Vagabonds Act 1547)」은 부랑인에게 낙인을 찍은 후 노예로 삼았다. 노동을 거부한 부랑인의 경우 가슴에 인두로 부랑인(vagabond)을 상징하는 V자를 새긴 뒤 강제노역을 시켰으며, 도망가다 잡힐 경우 이마나 볼에 노예(slave)를 상징하는 S자의 낙인

---

1) 빈민법의 초기형태는 1349년 에드워드 3세 재임기의 노동자조례(Statute of Laborers)에서부터 발견된다. 노동자조례는 빈민들의 유랑을 금지하고 강제노동을 규정하였다(김상균, 1986: 26-27). 그러나 14세기 플랜태저넷 왕가의 빈민법적 조치들은 1346년 흑사병의 발발에 따른 임시적 조치였다. 인클로저 운동의 전개에 따른 유랑민의 구조적 증가와 체계적인 빈민법적 대응은 16세기 들어서면서부터 시작되었다.

을 찍은 후 영원히 노예로 만들었다(김상균, 1986: 29).

그러나 엘리자베스 여왕 재임기의 말엽에 이르면, 가혹한 처벌만이 능사가 아니라는 여론이 나타났다. 이에 따라 1593년 교수형이나 무차별적인 인두로 낙인 찍기는 폐지되었으며, 체벌은 채찍질을 중심으로 완화되었다. 나아가 지역마다 편차가 컸던 처벌이나 구호조치를 일원화시키기 위해 「빈민구제법(Act for the Relief of the Poor 1597)」과 「부랑인 처벌법(Vagabonds Act 1597)」을 연달아 제정하였다. 이 법들은 과거 입법들에 산재되어 있던 빈민구제와 처벌에 관한 규정들을 일관성있게 집대성하였다는 점에서 의의를 가지며, 1601년 엘리자베스 빈민법의 기초가 되었다(김상균, 1986: 31). 1601년 엘리자베스 빈민법(The Elizabethan Poor Law of 1601)은 14세기 이후 진화되어 온 영국의 빈민법 체계를 집대성한 것이다. 엘리자베스 빈민법의 주요 내용은 노동능력에 따른 빈민의 구분과 구빈행정의 일원화로 요약된다.

첫째, 엘리자베스 빈민법은 노동능력에 따라 빈민을 구분하고 차별적으로 대처하는 구빈행정의 원칙을 확립하였다. 오늘날까지 끈질기게 이어져 오고 있는 이 원칙은 400년 이상의 역사를 가진 것이다. 엘리자베스 빈민법은 빈민을 세 집단으로 분류하였는데, 첫째, 노동능력이 있는 건장한 빈민은 구제가치가 없는 빈민(undeserving poor)으로 규정되었다. 이들은 구빈작업장(workhouse)에 수용되어 노역을 하도록 하였으며, 극소한의 구호만을 제공하였다. 둘째, 노인, 만성질환자, 맹인, 정신병자 등과 같은 근로능력이 없는 빈민들은 구제가치가 있는 빈민(deserving poor)으로 분류되었다. 이들은 구빈원(poorhouse)이나 자선원(almshouse)에 수용되어 보호를 받았다. 셋째, 빈민아동들은 수공업 장인들의 도제교육을 받거나 여아들의 경우에는 하녀로 보내졌다. 남아는 24세까지, 여아는 21세까지 교육을 받거나 하녀로 종사해야 했다(Friendler & Apte, 1980: 15). 만약 근로능력이 있는 빈민이 구빈작업장의 입소를 거부할 경우에는 교정원(house of correction)에 보내져서 범죄자와 같은 처벌을 받았다(Fraser, 1984: 33).

빈민들에 대한 구분과 차별적 대우는 이미 14세기 입법부터 나타났지만, 관련 규정들이 여러 법률들에 산재되어 있었고, 그 대처방식 역시 지방에 따라 많은 차이가 있었다. 대개 빈민들은 구분되지 못한 채, 구빈원이나 구빈작업장에 무더기로 수용되곤 하였다. 엘리자베스 빈민법은 이러한 기존 원칙들을 통합하여 체계화한 것이었다. 하지만 엘리자베스 빈민법의 제정에도 불구하고 '빈민의 구분'은 지켜지기 힘든 원칙이었다. 당시 구빈행정 단위였던 교구의 규모를 감안할 때, 모든 교구가 구빈원과 구빈작업장을 동시에 갖추는 것은 힘들었다. 따라서 구빈원이든 구빈작업장이든 교구에 있는 시설에 무더기로 수용하는 관행은 지속되었고, 심지어 시설이 전혀 없는 교구에서는 원외구호(outdoor relief)를 제공할 수밖에 없었다. 1834년 빈민법조합(Poor Law Union)이 의무화되기 전까지는 이러한 관행은 계속되었다.

둘째, 엘리자베스 빈민법은 교회가 담당하던 구빈 책임을 지방정부로 이양하였고 구빈행정체계의 전국적인 통일성을 마련하였다. 이전까지 추밀원(Privy Council), 치안판사, 빈민감독관(overseer of the poor) 등의 역할이 혼돈스럽게 얽혀 있었으나, 엘리자베스 빈민법은 각 지방의 치안판사가 구빈행정의 최고책임자임을 명확히 하였다. 치안판사는 교구민 중 2~4명의 빈민감독관을 선발하여 구빈행정을 맡겼다. 빈민감독관은 구빈행정의 집행뿐만 아니라 적절한 시기에 구빈세를 교구민들에게 부과할 수 있는 권한을 가졌다(Friendler & Apte, 1980: 15). 중앙정부에서 국왕의 자문기관인 추밀원은 치안판사들에게 의무를 환기시키는 편지를 보내 치안판사들의 업무를 감독하는 기능을 맡았다(원석조, 2018: 49).

엘리자베스 여왕 재임기 말엽부터 빈민법의 억압적인 성격이 완화되었다고는 하지만, 스튜어트 왕가 때까지도 빈민법은 온탕과 냉탕을 오가며 영국인들을 공포로 몰아넣었다.

> 제임스 1세의 통치 시에는 방랑하면서 구걸하는 자는 부랑자 및 불량배로 선포한다. 치안재판소의 치안판사는 그들을 공개적인 태형에 처하며, 초범인 경우에는 6개월, 재범인 경우에는 2년간 감금시킬 권한을 가진다. 옥중에 있는 동안 그들은 치안판사가 적당하다고 생각할 때마다 정당하다고 생각하는 회수만큼 매를 맞는다. 시정할 가망이 없는 위험한 불량배는 왼편 어깨에 'R'자의 낙인을 찍히고, 강제노동에 처해지며, 걸식죄로 또다시 체포되면 용서없이 사형을 받는다. 이 법규들은 18세기 초에 이르기까지 유효했는데, 앤(Anne) 여왕 12년(1714년)의 법령에 의해 비로소 폐지되었다(Marx, 1867: 925-926).

이와 같이 빈민법이 가혹적인 역사로 기록되었던 이유는 당시 빈곤문제가 발생하는 과정, 즉 현대적 용어로 '실업자'에 해당되는 유랑민의 발생과정에 대한 사회적 인식이 발전되지 못했기 때문이었다. 15세기 말 인클로저의 엄습으로 촉발된 유랑민의 증가는 16세기 영국이 자본주의적 시초축적(primitive accumulation)을 겪으면서 더욱 격화되었다. 당시 영국에서는 해외무역과 도시 산업부문이 빠른 속도로 팽창하고 있었지만, 동시에 유랑민의 증가도 급속도로 진행되었다. 그러나 폴라니(Polanyi, 1957: 115)가 지적하는 것처럼 당시 사람들이 일견 모순되게 보이는 두 현상 간의 관계를 명확히 알기에는 너무 이른 시점이었다. 마르크스(Marx, 1867: 793)가 지적하였듯이 자본주의적 축적과정은 상대적 과잉인구의 누적적 증가를 동반한다. 따라서 경기팽창기에는 일견 고용부문에 흡수되어 있는 것처럼 보이는 노동력들이 경기하강기가 되면 급속하게 실업자로 전락되며, 그중 일부는 유랑민의 형태로 다시 농촌으로 흘러든다. 산업의 규모가 커지면 커질수록 고용층과 상대적 과잉인구사이를 넘나드는 유랑민들은 비례적으로 증가한다(Polanyi, 1957: 117). 그러나 연관성이 전혀 없어 보이는 산업의 발달과 유랑민의 증가라는 두 현상 간의 관계를 당시 사람들이 명확히 이해하는 것은 불가능하였다. 대신에 그들은 유랑민의 증가를 빈민법의 문제나 빈민들의 나태 때문인 것으로 생각하였다.

빈민들은 미숙하고 무지하며 격렬한 행동을 하고 무엇보다 게으르기 때문에 모든 악의 근원으로 간주되었다. 나태는 어떠한 방법을 사용하더라도 반드시 추방되어야만 하는 문제였다. 왜냐하면 그것은 노동자와 국가 모두에게 손해를 미치기 때문이다. 일부 학자들은 나태가 가져오는 이중의 손실을 지적하였다. 나태는 직접적으로 생산을 방해하며 간접적으로는 구제부담을 증가시킨다. 또한 구걸이 가져오는 비도덕적 결과에 따른 손해도 지적되었다. 이는 빈민법 시대를 지배했던 중상주의자들의 인식이었다(Rimlinger, 1971: 36). 따라서 빈민법은 결코 자선을 실천적 목표로 하지 않았다. 영국, 프랑스는 물론 여타 유럽국가에 있어서도 빈민에 대한 정부의 관심은 법과 질서의 유지라는 목적에서 이루어졌다.

억압적 조치에도 유랑민이 줄어들지 않자 찰스 2세는 1662년 「정주법(The Settlement Act)」을 제정하였다. 「정주법」은 유랑민들의 지리적 이동을 감소시켜 빈민들의 지역적 편중을 방지하고, 구빈행정의 지방주의 원칙을 강화하기 위한 법이었다. 엘리자베스 빈민법은 구빈비용을 교구단위로 부과했는데, 재정이 빈약한 교구에서는 빈민의 수를 줄이기 위하여 빈민법의 처우수준을 낮췄다. 빈민들은 더 나은 조건을 찾아 이 교구 저 교구를 떠돌아다녔고, 이에 따라 빈민들에 대한 처우가 관대한 특정 지역에 빈민들이 집중되는 현상이 나타났다. 해당 지역의 구빈비용이 급

중하자 봉건영주들은 정부에 「정주법」의 제정을 요구했던 것이었다.

「정주법」은 법적인 정주의 조건을 출생, 혼인, 도제교육, 상속으로 하였으며, 교구로 새로 이주한 자가 토지를 소유하지 않았을 경우에는 40일 이내에 교구를 떠나도록 하였다. 단, 교구 내 부동산을 10파운드에 임대하거나 해당 금액만큼의 예치금이 있을 경우에는 거주가 허용되었다(Friendler & Apte, 1980: 17). 이에 따라 10파운드에 상당하는 재산이 없는 빈민들의 주거지역의 이전은 원천적으로 금지되었다. 하지만 「정주법」은 1760년 산업혁명이 시작되자 자본주의적 노동시장의 형성을 방해하는 족쇄가 되었다(Polanyi, 1957: 102). 「정주법」은 공업지역에서 노동자가 되어야 할 농촌지역 빈민들의 지리적 이동을 금지시켰던 것이다. 공업지역은 항상적인 노동력의 부족에 시달렸고, 이는 임금수준을 상승시켰다. 18세기 말 신흥자본가계급은 「정주법」의 폐지를 목표로 활발한 계급투쟁을 전개하였다.

2) 1795년 영국 스핀햄랜드 제도

18세기 초부터 부랑인에 대한 무자비한 체벌과 교수형은 금지되었지만, 구빈행정은 구빈작업장을 중심으로 재편되었다. 노동능력이 있는 빈민은 예외 없이 구빈작업장에 수용되어 강제노역을 해야 했다. 1723년 제정된 「내치블법(Knatchbull Act)」은 처음으로 작업장검사(workhouse test)를 규정한 입법이었다. 작업장검사는 구호를 받기 원하는 사람은 무조건 구빈작업장에 입소하여 노동을 해야 한다는 원칙이다. 작업장 입소를 거부하면 어떠한 구호도 제공하지 않았으며, 이 원칙은 구빈작업장 입소를 강제화하기 위해 만들어진 것이었다. 나아가 「내치블법」은 구빈작업장의 민간 위탁을 허용하였다. 정부는 구빈비용을 줄이려는 의도였지만 민간업자들은 영리를 목적으로 구빈작업장 사업에 뛰어들었고, 이윤을 창출하기 위해 수용자들을 가혹하게 착취하였다.

억압 위주의 빈민법은 18세기 말엽부터 원칙의 변화가 나타나기 시작하였다. 1782년 「길버트법(Gilbert Act)」은 「내치블법」 제정 이후 악화된 구빈작업장의 문제를 개선하기 위한 목적으로 제정되었다. 「길버트법」은 과도한 착취를 일삼던 많은 구빈작업장들을 폐쇄하였으며, 문제가 있는 구빈작업장의 민간 위탁을 취소하였다(원석조, 2018: 53). 나아가 작업장검사의 원칙을 완화하여 원외구호를 허용하였

다. 이에 따라 노동능력이 있는 빈민들도 구빈작업장에 수용되지 않고 순환고용제
(roundman system)에 의해 지역사회에서 구호를 받았다. 순환고용제는 지역주민들
이 빈민들을 돌아가면서 저임금으로 고용하고 임금 부족분은 교구기금에서 보충
해 주는 시스템이었다. 이는 근로능력이 있는 빈민의 구빈작업장 보호를 규정한 엘
리자베스 빈민법을 이탈한 것이다. 더 큰 이탈은 1795년 실시된 스핀햄랜드 제도
(Speenhamland system)에서 나타났다.

1795년 5월 6일 스핀햄랜드의 펠리컨장에서 모인 버크셔 지방의 치안판사들은
임금보조금의 액수는 빵의 가격에 연동해서 정해져야 하며, 따라서 빈민 개개인의
소득에 관계없이 최저소득이 보장되어야 한다고 결정했다. "일정한 품질의 빵 1갤
런이 1실링 하는 경우에는 모든 빈민과 근면한 사람은 그 자신의 노동 혹은 가족의
노동 또는 구빈세로부터의 급여에 의하여 1주일에 3실링을 생계비로 지급받고, 처
와 가족의 부양비로 1실링 6펜스를 지급받는다. 1갤런의 빵이 1실링 4펜스 하는 경
우에는 매주 4실링을 지급받고 1실링 10펜스가 부가된다. 오를 때마다 본인 몫으로
3펜스, 가족 몫으로 1펜스를 더 지급받는다(Polanyi, 1957: 102)."

스핀햄랜드 제도는 최저임금제도인 동시에 임금보조금(wage subsidy) 제도였다.
어떤 노동자도 3실링의 주급이 보장되었다. 자신의 임금액이 3실링에 미달되면 지
방정부로부터 모자라는 차액만큼 스핀햄랜드 수당이라는 임금보조금을 지급받았
다. 나아가 스핀햄랜드 제도는 가족수당 제도였다. 가족이 있는 노동자는 가족의
몫으로 주당 1실링 6펜스를 보장받았다. 또한 스핀햄랜드 시스템은 물가연동장치
를 갖고 있었다. 빵 가격이 오르면 최저보장액과 스핀햄랜드 수당은 자동으로 인상
되었다.

1834년 폐지될 때까지 영국 사회를 떠들썩하게 했던 스핀햄랜드 제도는 18세기
말 자본주의적 노동시장의 발전이 본격화되었던 시점에 등장하였다. 스핀햄랜드
제도는 시장체계로부터 노동자와 가족의 생존권을 보장하는 제도였지만, 농촌 사
회를 지키려는 절박한 노력이 담겨져 있었다. 먼 곳에서는 임금이 높다는 소문 때
문에 농촌의 빈민들은 농촌지역의 임금에 만족하지 못했으며, 형편없이 낮은 임금
의 농업 노동을 혐오하고 있었다. 당시의 공업지역은 수많은 이민을 끌어들였던 새
로운 나라, 또 다른 아메리카와 유사했다(Polanyi, 1957: 117). 농업 임금은 노동자들
의 생활수준에 미달했음에도 불구하고 농업지주들의 지불능력을 상회하고 있었다.

농촌지역이 도시의 임금과 경쟁할 수 없는 것은 분명해 보였다. 특히 1795년 신흥 산업자본가들의 압력으로 「정주법」이 실질적으로 폐지되었다. 「정주법」은 빈민이라도 실제 구호를 신청하지 않으면 이주를 허용하도록 개정되었다(Friendler & Apte, 1980: 16). 사실상 빈민의 지리적 이동을 전면적으로 허용한 것이었다. 농촌의 노동자들이 도시로 이주하는 것을 막아 주던 댐이 무너진 것이었으며, 농촌 사회를 지키기 위해서는 새로운 댐이 건설되어야 했다. 농업지주에게 과중한 부담을 지우지 않고, 사회적 파국으로부터 농촌의 기반을 지키며, 전통적 권위를 지키고, 농촌 노동력의 유출을 저지하면서도, 농촌 임금을 상승시키지 않는 방법을 마련해야 했던 것이다. 스핀햄랜드는 이렇게 시작된 것이며, 시장경제의 확장에 대한 봉건사회의 마지막 대응으로 평가된다(Polanyi, 1957: 121).

농촌지역에서 스핀햄랜드 제도는 크게 환영받았다. 부모들은 자녀양육에서 해방되었고, 아이들은 더 이상 부모에게 의존하지 않아도 되었다. 고용주는 자의적으로 임금을 삭감할 수 있었고, 노동자들은 일감이 있든 없든 기아로부터 해방되었다(Polanyi, 1957: 104). 하지만 스핀햄랜드 제도의 문제점은 곧바로 드러났다. 가장 핵심적인 문제는 저임금 구조의 고착화였다. 농업지주들은 과거 한 사람을 고용했던 비용으로 두 사람을 고용할 수 있다는 것을 재빠르게 깨달았다. 농촌지역의 임금 수준은 크게 하락하였으나, 스핀햄랜드 보조금을 받을 수 있기 때문에 노동자들은 개의치 않았다. 스핀햄랜드 보조금의 도움 없이 스스로의 노력으로 생계를 유지하려는 노동자는 일자리를 구할 수 없었다. 이에 따라 구빈비용은 하늘 높은 줄 모르고 급증하였으며, 지방정부는 심각한 재정압박을 받게 되었다. 스핀햄랜드 제도는 저임금 노동자를 지원하기 위한 임금보조금 제도로 출발하였지만, 곧바로 공공재산을 이용하여 농촌 지주들을 보조하는 제도로 변질되어 버린 것이다. 결국 지방정부는 보조금 수준을 인하할 수밖에 없었다. 폴라니(Polanyi, 1957: 125)의 평가에 의하면 스핀햄랜드는 사회적 파국을 촉진시킨 제도였다. 스핀햄랜드 제도가 창출한 저임금구조의 고착화와 재정 파탄, 그리고 농촌 사회의 몰락은 1832년 빈민법왕립위원회에 의해 신랄하게 비판되었고, 신빈민법의 제정을 재촉하였다.

3) 1834년 영국 신빈민법

1834년 신빈민법(New Poor Law)은 자유방임주의 시대의 사회복지 정책이었다. 자유방임주의(laissez-faire)는 개인의 경제활동의 자유를 최대한 보장하고, 국가 개입을 최소화하는 것을 원칙으로 하는 이념이며, 19세기에 전성기를 구가하였다. 독일의 라살레(Ferdinand Lassalle)는 야경국가(Nachtwachterstaat)라고 비꼬았지만, 자유방임주의 시대의 국가는 국민들의 생활과 경제활동에 거의 개입하지 않았으며, 대부분의 사안들을 시민사회의 자율에 맡겨 두었다. 이에 따라 신빈민법도 국가개입을 최소화하는 내용을 가졌으며, 사실상 빈민들을 빈곤 상태에 방치했던 입법이었다. 빈민들은 생존을 위해 공장에 취업할 수밖에 없었고, 장시간 노동과 저임금에 시달려야 했다. 폴리니(Polanyi, 1957: 104)는 신빈민법의 제정을 통해 노동시장에 대한 구시대의 온정적 개입이 종식되었으며, 이러한 측면에서 신빈민법을 근대 자본주의적 노동시장의 출발로 평가하기도 하였다.

신빈민법의 제정은 스핀햄랜드 제도에 대한 비판으로부터 시작되었다. 당시 명성 높은 부르주아 경제학자들, 예컨대 아담 스미스, 리카도, 벤덤 등은 예외 없이 스핀햄랜드 제도의 비판에 뛰어들었지만, 여론에 가장 크게 영향을 미친 사상가는 맬더스(Thomas Malthus)였다. 맬더스는 1798년 발간된 『인구론』에서 인구의 기하학적 증가로 말미암아 미래에 심각한 식량난이 발생하고, 범죄와 죄악이 끊이지 않을 것이라는 섬뜩한 예언을 던져 사회에 큰 반향을 일으켰다. 나아가 맬더스는 빈민법 비판에 가장 적극적이었는데, 이는 그가 빈민법을 기하학적 인구 증가의 주범으로 생각했기 때문이었다. 그는 빈민법이 미래에 아무런 생계 대책도 없는 빈민들의 출산을 증가시킬 뿐만 아니라 가치없는 빈민들이 차지하는 식량 몫을 증가시켜 근면한 사람들의 생활도 압박한다고 주장하였다. 이에 따라 관대한 빈민법은 즉각적으로 폐지되어야 한다고 주장하였고, 이는 여론의 뜨거운 호응을 받았다. 이러한 여론을 계기로 1832년 빈민법 개혁을 위한 빈민법왕립위원회가 조직되었고, 맬더스주의자인 시니어(Nassau W. Senior)가 위원장을 맡았다. 벤덤주의자였던 채드윅(Edwin Chadwick)은 실제 법안작업을 주도하였다.

「신빈민법(Poor Law Amendment Act 1834)」은 다음과 같은 여섯 가지 내용을 핵심으로 하였다(Friendler & Apt, 1980: 21). 첫째, 스핀햄랜드 보조금을 즉각 폐지한다.

둘째, 노동능력이 있는 빈민들에 대한 구호는 구빈작업장에서만 제공한다. 셋째, 원외구호는 병자, 노인, 장애인, 어린 아동이 있는 과부에게만 제한적으로 지급한다. 넷째, 몇 개의 교구를 묶어 빈민법조합(Poor Law Union)을 구성하도록 의무화한다. 다섯째, 구호수준은 지역사회에서 가장 낮은 임금을 받는 노동자의 수준보다 적도록 조정한다. 여섯째, 빈민법 행정을 관장하기 위하여 중앙정부에 빈민법위원회(Poor Law Commission)를 신설한다.

1834년 빈민법은 「길버트법」에 의해 무력화되었던 「내치블법」의 작업장검사(workhouse test)의 원칙을 부활시켰다. 스핀햄랜드 보조금은 폐지되었으며, 모든 노동능력이 있는 빈민은 구빈작업장에 입소할 것을 요구받았다. 이를 거부할 경우 자동적으로 빈민이 아닌 것으로 간주하여 어떠한 구호도 제공하지 않았다. 영국인들에게 공포의 대상이었던 구빈작업장에 입소하려는 빈민들은 거의 없었으며, 실업자들은 대책 없이 빈민으로 전락할 수밖에 없었다. 원외구호는 노동능력이 없는 빈민을 대상으로 예외적으로 제공되었을 뿐이다. 나아가 구빈작업장의 구호든 원외구호든 구호수준은 열등처우(less eligibility)의 원칙을 적용받았기 때문에 열악하기 짝이 없었다. 채드윅이 기초한 열등처우의 원칙은 구호수준이 최하계층 노동자의 생활수준보다 높아서는 안 된다는 원칙이다. 이 원칙이 지켜지지 않으면 빈민은 근로동기를 상실하여 계속 구호에 의존한다는 것이다. 열등처우의 원칙은 오늘날까지 공공부조의 암묵적인 원칙으로 기능하고 있다.

나아가 신빈민법은 빈민법조합(Poor Law Union)의 구성을 의무화하였다. 이는 구빈작업장이 없는 교구가 원칙에서 이탈하는 것을 방지하기 위한 조치였다. 채드윅은 애초에 15,000개의 교구가 독립적으로 구빈작업장을 운영하는 것이 말이 안 된다고 생각하였다(원석조, 2018: 68). 빈민법조합은 이미 「내치블법」과 「길버트법」에서도 권고되었으나 제대로 지켜지지 않았다. 이에 채드윅은 빈민법조합의 구성을 강제화하고, 중앙정부에 신설된 빈민법위원회가 빈민법조합의 구성을 강제로 조정하도록 하였다. 이에 따라 위원회는 신빈민법 시행 후 2년 동안 7,915개의 교구에 소속된 622만 명의 주민들을 365개의 조합으로 재조직하였다(Jones, 1991: 18-19). 이제 어떤 빈민도 구빈작업장을 피할 수 없게 된 것이었다.

신빈민법의 시행으로 정부는 구빈비용을 절감하는 성과를 거두었지만(Fraser, 1984: 49), 거리에 방치된 빈민들의 생활은 참혹하였다. 하지만 시간이 갈수록 신빈민법의 한계가 두드러지게 되었다. 스핀햄랜드 제도가 자본주의적 노동시장의 형성기에 조응할 수 없었던 것처럼 자유방임주의 시대를 수놓았던 신빈민법도 위기의 시대에 조응할 수 없었다. 1873년 세계 장기불황이 시작되면서 신빈민법의 한계는 명확해졌다. 장기불황으로 일자리를 잃은 실업자들이 속출하였고, 결국 실업자들은 1886년 2월 8일 런던 트라팔가 광장에 모여 대규모 시위를 일으켰다. 런던의 심장부에서 발생한 대규모 유혈사태로 인해 정부는 구빈작업장 중심의 구빈체제의 변화를 모색할 수밖에 없었다. 결국 체임벌린(Joseph Chamberlain)이 이끄는 지방행정청(Local Government Board)은 실업자들을 대상으로 취로사업(work relief)을 실시하였다. 이는 작업장검사 원칙으로부터의 중요한 이탈이었다. 1889년 발간된 찰스 부스(Charles Booth)의 빈곤조사 보고서인 『런던 사람들의 생활과 노동(Life and Labour of the People in London)』은 런던에 통제하기 힘든 대규모 빈곤이 존재함을 증명하였다. 빈민법은 1946년 공식적으로 폐지되었다. 하지만 노동능력에 따른 빈민의 구분, 열등처우의 원칙 등과 같은 빈민법의 주요 원리들은 오늘날까지도 공공부조의 중요한 원리로 작용하고 있으며, 작업장검사의 원리는 오늘날 근로조건부 복지나 활성화정책의 원형이 되었다.

2. 사회보장제도의 성립

19세기 말 유럽의 많은 국가는 앞다투어 사회보험을 도입하기 시작하였다. 이러한 사회보험의 도입은 사회보장의 역사에 있어 획기적인 전환을 의미하는 것이었다. 플로러와 하이덴하이머(Flora & Heidenheimer, 1984: 27)에 의하면, 사회보장제도에 있어 사회보험의 도입은 다음과 같은 의미를 갖는다. 첫째, 사회보험은 빈민법과 달리 일상적인 수단을 통해 빈곤을 예방하는 데 초점을 둔다. 반면 빈민법은 임시방편적인 구호에 한정된다. 따라서 사회보험은 빈곤문제에 대해 빈곤예방을 중심으로 한 제도적 개입이 시작되었음을 의미하는 것이었다. 둘째, 사회보험은 사람들이 과거 소득을 유지하는 것을 목표로 한다. 반면 빈민법은 최소한의 구호만을 제공한다. 사회보험의 도입은 사회보장제도의 급여수준을 큰 폭으로 상승시켰다. 셋째, 빈민법 체제는 여성이나 아동과 같은 요보호대상에 초점을 맞춘 반면,

사회보험은 남성 노동자들을 주 대상으로 삼았다. 이는 사회보장제도가 선별주의 (selectivism) 방식에서 보편주의(universialism) 방식으로 전환되는 것을 의미하는 것이었다. 넷째, 대상자에게 일방적인 시혜로 제공되던 빈민법과 달리 사회보험은 보험료 납부에 의해 급여가 제공되기 때문에 법적인 권리의 성격을 갖는다. 따라서 사회보험은 사회보장제도의 권리적 측면이 크게 강화되는 것을 의미하였다.

국가에 의한 강제가입 방식의 사회보험이 가장 먼저 도입된 곳은 독일이었다. 독일은 1883년 질병보험(Krankenversicherung)을 도입하여 세계 최초로 사회보험제도를 실시하였다. 나아가 독일은 1884년 재해보험(Unfallversicherung), 1889년 노령 및 장애연금(Rentenversicherung)을 잇달아 도입하여 사회보험의 선구적 역할을 하였다. 독일의 사회보험들은 대륙권 유럽으로 확산되었다. 20세기 들어오면서 영국은 1911년 「국민보험법(National Insurance Act)」을 제정하여 건강보험과 실업보험을

표 2-1 주요 국가들의 사회보장제도 도입 연도

	산재보험	건강보험	노령연금	실업보험
벨기에	1903	1894	1900	1920
네덜란드	1901	1929	1913	1916
프랑스	1898	1898	1895	1905
이탈리아	1898	1886	1898	1919
독일	1871	1883	1889	1927
아일랜드	1897	1911	1908	1911
영국	1897	1911	1908	1911
덴마크	1898	1892	1891	1907
노르웨이	1894	1909	1936	1906
스웨덴	1901	1891	1913	1934
핀란드	1895	1963	1937	1917
오스트리아	1887	1888	1927	1920
스위스	1881	1911	1946	1924
호주	1902	1945	1909	1945
뉴질랜드	1900	1938	1898	1938
캐나다	1930	1971	1927	1940
미국	1930	–	1935	1935

주: 사회보험뿐만 아니라 임의가입보험 방식, 공공부조 방식, 보편적 복지 방식도 포함되어 있음
출처: Pierson (1991: 108).

도입하였다. 「국민보험법」제2장에 규정된 실업보험은 세계 최초의 강제가입식 국가 실업보험이었다. 사회보험을 중심으로 한 사회보장제도들의 주요 국가별 도입 시기를 살펴 보면 〈표 2-1〉과 같다. 〈표 2-1〉에 의하면 주요 국가들은 19세기 말에서 20세기 초에 걸쳐 주요 4대 보험을 도입하였다. 그러나 국가마다 사회보험이 도입된 계기와 경로는 매우 상이하다. 이 장에서는 사회복지사에서 자주 언급되는 독일의 비스마르크 입법, 영국의 「국민보험법」, 미국의 「사회보장법」을 중심으로 사회보험의 도입과정을 살펴볼 것이다.

1) 1883년 독일 비스마르크 사회보험

독일에서 세계 최초의 사회보험제도가 도입된 직접적인 계기는 독일 노동자계급의 성장이었으며, 독일 특유의 국가주의적 전통이 이를 뒷받침하였다. 영국과 프랑스가 18세기부터 자생적인 산업화의 과정을 겪은 반면, 독일은 19세기에 와서야 산업화의 길에 들어섰다. 독일은 1834년 독일관세동맹(Deutscher Zollverein)을 계기로 비로소 산업화에 들어섰지만, 그 발전 속도는 어느 나라보다 빨랐다. 압축 산업화를 통해 고도성장을 이룩한 독일은 19세기 후반에 들어서면서 선두 공업국가 중 하나로 발돋움하였다. 하지만 산업화과정은 영국과 프랑스와 달리 자생적인 부르주아지가 아닌 슈타인(Baron vom Stein)이나 비스마르크(Otto von Bismarck)와 같은 개혁적 국가관료들에 의해 주도되었다(Rimlingsr, 1971: 126-127). 영국과 프랑스의 시민혁명과정을 목도한 독일의 봉건 영주들은 자유주의적 부르주아지의 성장을 의도적으로 억압하였고, 대신에 국가 중심의 산업화를 선택한 것이었다.

영국과 프랑스에서 꽃피웠던 자유방임주의의 자리는 독일에서 국가주의로 대체되었다. 자유주의가 취약한 독일에서는 개인의 자유보다 개인에 대한 사회적 보호에 더 많이 경도될 수밖에 없었으며, 이는 독일 특유의 정부 관료제와 맞물리면서 국가에 의한 보호주의가 주된 이념으로 자리잡게 되었다. 압축적인 산업화는 산업화로 인한 사회문제도 한꺼번에 폭발적으로 발생시킨다. 사회문제에 대해 영국과 프랑스는 자유방임주의의 원칙에 따라 최소 국가개입으로 대응하였으나, 국가주의 사상에 경도된 독일은 사회문제에 대한 국가의 적극적인 개입을 요구하였다. 독일 학계를 지배하고 있던 브렌타노(Lujo Brentano), 슈몰러(Gustav Shmoller), 바그너

(Adolf Wagner) 등과 같은 '사회정책학파' 내지 '강단사회주의자'들은 산업화가 파생한 제반 사회문제들에 대해 프로이센이 적극적 개입하여 사회적 보호를 제공하야 한다고 주장하였다(강철구, 1983: 46-50). 이러한 국가주의 사상의 지배는 영국과 프랑스에서는 꿈도 꾸지 못할 강제가입식 사회보험을 가능하게 하였다.

나아가 독일은 효율성을 높이기 위해 특정 공업지역을 중심으로 산업화를 추진하였고, 이에 따른 노동자들의 지역적 집중은 노동자들이 단결할 수 있는 호조건을 창출하였다. 그 결과 독일은 어느 나라보다도 빠르게 노동계급의 정치화가 진행되었다. 1863년 라살레의 주도하에 독일노동자연맹(Allgemeiner Deutscher Arbeiterverein)이 결성되었으며, 1869년에는 마르크스주의자인 리프크네히트(Wilhelm Liebknrcht)와 베벨(August Bebel)의 주도하에 아이제나흐에서 독일사회민주노동당(Sozialdemokratische Arbeiterpartei)이 창당되었다.

1870년 보불전쟁의 승리를 계기로 독일은 통일을 달성하였다. 하지만 독일인들의 사회통합이 이루기도 전에 세계경제공황을 들이닥쳤다. 1873년부터 1896년까지 20년 이상 지속된 장기 공황은 독일의 산업에 심각한 타격을 주었는데, 특히 독일의 주력산업이었던 제철과 철강산업의 피해가 심각하였다. 1873~1874년 기간 동안 독일 제련산업의 고용은 40% 감소하였으며, 1876년에는 독일 용광로의 절반이 가동을 중지하였다(Rimlinger, 1971: 148). 비스마르크는 자국의 산업을 보호하기 위해 보호무역 조치들을 강화하였으나, 이는 러시아나 헝가리로부터 수입되고 있던 곡물의 가격을 앙등시켜 노동자들의 불만을 초래하였다.

경제불황과 노동자들의 불만은 사회주의자들의 활동에 있어 최적의 조건을 제공한다. 라살레(Ferdinand Lassalle)파와 아이제나흐(Eisenach)파로 분열되어 있던 독일의 노동자정당은 최적의 조건에 의기투합하여 1875년 독일사회주의노동자당(Sozialistische Arbeiterpartei Deutschlands)으로 통합하였고 본격적으로 정치과정에 뛰어들었다. 그 결과 독일사회주의노동자당은 1877년 제국의회 선거에서 49만 3,300표(9.13%)를 획득하여 12석의 의석을 확보하였다. 1871년 파리코뮌의 끔찍한 경험을 목도했던 비스마르크는 이러한 사회주의정당과 노동운동의 성장에 대해 큰 위협을 느꼈다. 보오전쟁이나 보불전쟁을 통해 전문적인 군사훈련을 받은 노동자들이 사회주의자들에 의해 조직화된다면 국가에 큰 위협이 아닐 수 없었던 것이다. 비스마르크는 1884년 11월 26일 제국의회 연설에서 다음과 같이 사회주의자들의 위협을 표현하였다. "만일 사회민주당이 없었더라면 그리고 아무도 그들에 대해 두려워하지 않았더라면 우리들이 사회개혁에서 행했던 적절한 진전은 존재하지 않았을 것이다(문기상, 1983: 61)."

하지만 비스마르크가 적대시한 세력은 사회주의자였지, 노동자계급이 아니었다. 오히려 비스마르크는 노동자계급에 호의를 느끼고 있었다. 이는 노동자계급이 무언가를 창조하는 생산적 계급이며, 국가의 미래를 선도할 수 있는 계급이라고 생각했기 때문이었다. 당시 많은 사상가들은 좌우를 막론하고 새로운 계급의 생산적 성격 때문에 호의를 가지고 있었으며 비스마르크도 예외가 아니었다. 비스마르크는 일찍부터 노동자계급이 국가의 강력한 지도력에 의해 통솔된다면 국가에 큰 도움이 될 것으로 생각하였고, 라살레와의 동맹도 고려했었다(Rimlinger, 1971: 146). 따라서 노동자계급이 불순한 사회주의자들과 결합되는 것은 비스마르크에게 유쾌한 일이 아니었다. 이에 따라 비스마르크의 대응은 두 가지 방향으로 전개되었다. 첫째, 사회주의자들과 노동자계급을 분리시키는 것이었다. 비스마르크는 1878년 두 차례의 황제 암살 미수사건을 계기로 「사회주의자탄압법(Sozalistengestz)」을 제정하여 독일사회주의노동자당을 불법화시켰고, 이를 통해 노동자계급과 사회주의자의 분리를 도모하였다. 둘째, 국가와 노동자계급의 직접적인 유대를 강화하고 노동자계급의 충성을 고양시킬 수 있는 사회보호입법을 추진하였다. 이른바 '채찍과 당근'의 전략이었던 셈이다.

이에 따라 1881년 제국의회에 제출된 재해보험법안에서 비스마르크가 가장 중요하게 생각했던 내용은 제국보조금(Reichszuschuß)과 제국보험공단(Reichsversicherungsanstalt)이었다. 제국보조금은 노동자계급의 충성을 이끌어 내기 위한 필수적인 수단이었다. 만약 공제조합처럼 본인이 납부한 보험료를 통해 급여를 받는다면 노동자들이 고마워할 이유는 전혀 없다. 노동자들이 국가에 고마움을 느끼기 위해서는 최대한 많은 보조금을 지급해야 한다. 이에 따라 「재해보험법」 초안은 연간 소득이 750마르크 미만의 노동자들은 보험료가 완전 면제되었고, 750~1,500마르크의 소득자들은 보험료의 1/3, 1,500마르크 이상의 노동자들은 보험료의 1/2만 부담하도록 하였다. 나아가 비스마르크는 재해보험의 관리운영기구로 제국보험공단을 창설할 계획이었다. 비스마르크는 제국보험공단이 관리운영기구를 넘어 국가와 노동자가 직접적으로 연결되는 조합주의적 기구의 역할을 할 것으로 기대하였다. 1884년 로만(Theodor Lohmann)에게 보낸 편지에서 비스마르크는 "재해보험은 나에게 부차적인 문제이다. 중요한 것은 조합주의적 기구를 창설하는 것이다. 이 기구는 점차 확장되어 모든 생산적인 사회계급들을 포괄함으로써, 궁극적으로 의회를 대신하는 또는 의회와 함께 입법권을 공유하는 민중적 대표기구의 기초를 제공할 것이다(Rimlinger, 1971: 164)."라고 썼다.

하지만 비스마르크의 의도를 간파한 자유주의자들과 사회주의자들은 제국보조금과 제국보험공단에 대해 필사적으로 반대하였고, 「재해보험법」은 3년간 의회에서 논쟁을 거쳐야 했다. 그 사이에 「재해보험법」보다 1년 늦게 제출된 질병보험법안이 1883년 제국의회를 먼저 통과하였다. 이로써 1883년 질병보험은 세계 최초의 사회보험이 되었다. 역설적이게도 질병보험은 재해보험에 비해 규모가 작은 단기 프로그램이었기 때문에 비스마르크를 비롯한 정치세력들의 관심이 적었으며, 쉽게 합의에 이르렀던 것이다(Rimlinger, 1971: 165).

하지만 1883년 질병보험에는 제국보조금이 반영되지 않았다. 질병보험료로 재정이 충당되었으며, 질병금고에 따라 대략 임금의 3~4.5%에 해당하는 질병보험료가 부과되었다. 이 중 노동자가 2/3를 부담하였고, 고용주는 1/3을 부담하였던 것이다. 나아가 비스마르크가 소망했던 중앙집중적인 관리조직도 창설되지 않았다. 질병보험은 기존에 운영되고 있었던 상호부조조합이나 공제조합을 질병금고(sickness funds)로 전환시켜 관리운영을 맡겼다.

3년간의 지리한 논쟁을 거쳐 제국의회를 통과한 「재해보상법」에도 비스마르크의 제국보조금과 제국보험공단은 전혀 반영되지 않았다. 고용주들이 보험료를 전액 부담하였으며, 제국보험공단 대신 각 지역에 새로 조직된 업종별 재해보험조합(Berufsgenossenschaft)이 관리를 맡았다.

비스마르크가 그토록 소망했던 제국보조금은 1889년 마지막 비스마르크 입법인 노령 및 장애연금에 반영되었다. 연금보험의 재정이 노사정 3자부담 방식으로 이루어진 것이다. 국가는 1인당 연간 50마르크의 연금액을 보조하고, 나머지 비용을 노동자와 사용자가 각각 1/2씩 부담하는 보험료로 충당하는 방식이었다. 비스마르크가 소망했던 제국보조금이 도입된 것이었다. 하지만 그와 긴 호흡을 함께했던 빌헬름 1세는 죽었고, 새 황제와의 불화로 인해 퇴임이 예상되던 시점이었다.

1880년대 도입된 독일의 사회보험들은 국가와 노동자계급과의 직접적인 유대를 창출하여 국가에 대한 노동자 계급의 충성심을 고양시키려는 비스마르크의 의도에서 비롯된 것이었다. 비록 비스마르크의 의도는 관철되지 못했지만, 독일은 세계 최초로 사회보험을 실시한 나라로 자리매김하였다. 독일의 제도는 곧바로 유럽의 전역으로 확산되었다. 오스트리아, 헝가리, 스웨덴, 덴마크, 벨기에, 이탈리아, 노르웨이, 루마니아, 스위스, 러시아, 세르비아, 크로아티아, 슬로베니아, 그리고 영국 등은 제1차 세계대전 이전까지 독일의 재해보험이나 질병보험을 도입하였으며, 독일의 제도는 대륙권 유럽국가들의 사회보장제도 형성에 크게 영향을 주었다.

2) 1911년 영국 국민보험법의 성립

1889년 발간된 찰스 부스의 빈곤조사 보고서인 『런던 사람들의 생활과 노동』은 런던에 통제하기 힘든 대규모 빈곤이 존재하며, 그 원인은 불안정한 일자리와 저임금임을 고발하였다. 이에 따라 기존의 빈민법으로는 대규모 빈곤에 대처하기 힘들며, 획기적인 개혁이 필요하다는 여론이 점차 확산되기 시작하였다. 곧이어 발생한 보어전쟁(Boer War: 1899-1902)은 노동자들의 건강문제를 또 다시 이슈로 제기하였다. 보어전쟁 징병과정에서 수많은 젊은이들이 병역에 적합하지 않은 건강상태를 지닌 것으로 판명되었다. 이는 강력한 군사력을 전제로 하는 식민지 경영에 걸림돌이 되는 것이었다. 보어전쟁의 징병검사 결과는 국가효율성(national efficiency)의 문제를 제기하였고, 노동자들의 건강을 국가장래의 관점에서 관리해야 한다는 여론을 들끓게 하였다(Rimlinger, 1971: 89; 임영상, 1983: 139). 보어전쟁이 끝나자 이번엔 실업문제가 덮쳤다. 전쟁 직후 실업률이 6%로 치솟자 1905년 캠벨배너먼(Henry Campbell-Bannerman) 자유당 내각은 「실업자법(The Unemployed Workmen Act)」을 제정하는 한편, 빈민법왕립조사위원회를 구성하여 빈민법을 비롯한 제반 구제대책에 대한 문제점을 파악하고 개선안을 마련하도록 하였다. 하지만 왕립빈민법위원회는 자유주의자들과 페이비언사회주의자들 간의 의견이 대립되면서 합의안을 도출하지 못했고 4년간 지리한 공방을 해야 했다.

1906년 캠벨배너먼 내각을 이어 받은 애스퀴스(Herbert Henry Asquith) 자유당 내각은 대장성 장관이었던 로이드 조지(David Lloyd George)를 중심으로 일련의 사회개혁 조치들을 단행하였다. 학교급식의 무상 제공을 내용으로 하는 1906년 「교육법

(Education Act 1906)」과 학생들에게 건강검진을 제공하는 1907년「교육법(Education Act 1907)」이 연달아 제정되었다. 이때 노령연금의 도입을 강력하게 반대했던 우애조합의 입장이 변화되기 시작하였다. 찰스 부스는 1889년 보고서 발간 당시 빈곤노인문제의 해결을 위해 무기여연금의 도입을 제안하였다. 이에 조셉 체임벌린은 찰스 부스의 무기여연금안에 반대하면서 기여연금의 도입을 주장하였다. 하지만 우애조합은 무기여방식이든 기여방식이든 상관없이 무조건 연금 도입을 반대하는 완고한 입장을 견지해 왔다. 그러나 20세기 들어 인구고령화가 급속하게 진행되면서 우애조합의 급여지출이 크게 증가하였고, 조합들은 재정적인 문제에 부딪히게 되었다. 이에 따라 우애조합은 국가에서 지급하는 무기여연금이 조합의 지출을 줄여줄 수 있다고 판단하였다. 따라서 노동자들의 한정된 호주머니를 두고 국가와 경쟁해야 하는 기여방식이 아니라면, 무기여연금 도입을 수용할 수 있다는 쪽으로 입장을 선회한 것이다.

이에 로이드 조지는 1908년「노령연금법(Old-Age Pensions Act)」을 제정하여 국가의 조세로 운영되는 무기여방식의 노령연금제도를 도입하였다. 이 제도는 70세 이상의 노인들에게 매주 5실링의 연금을 제공하는 내용이었다. 비록 최저생계비에도 못미치는 소액이었지만, 수십 년간 자유방임주의적 전통에 익숙하여 국가에 기대하는 바가 전혀 없었던 노인들은 로이드 조지의 연금을 환영하고 찬사를 보냈다. 그럼에도 불구하고 노령연금은 재원조달 면에서 로이드 조지에게 심각한 고민을 안겨 주었다. 노령연금의 비용이 당초 추산했던 650만 파운드를 훌쩍 뛰어 넘어 800만 파운드에 육박했던 것이다(Fraser, 1984: 162).

무기여 조세 방식이 값비싼 방식임을 깨달은 로이드 조지는 비스마르크의 사회보험 방식에 적극적인 관심을 보이기 시작하였다. 1909년 빈민법왕립조사위원회는 2개의 보고서를 발간하였다. 현행 빈민법 체제의 부분적인 개편과 재정비를 요구하는 다수파 보고서(majority report)와 노동시장의 재구조화를 통해 완전고용정책의 실시를 제안하는 소수파 보고서(minority report)가 그것이었다. 하지만 두 보고서는 모두 로이드 조지의 흥미를 끌지 못했다. 일단 다수파 보고서는 당시의 개혁 요구에 대응하기에 너무 미흡한 내용이었다. 반면 소수파 보고서는 자유주의적 성향이 강했던 영국에서 받아들이기에는 급진적이었다. 2개의 보고서는 이미 사회보험으로 경도된 로이드 조지의 생각을 돌리지 못했으며, 로이드 조지와 처칠은「국민보험법」의 입안 작업에 돌입하였다. 「국민보험법」은 2개의 장으로 구성되었으며, 서로 독립된 내용이었다. 제1장은 건강보험을 규정하고 있으며, 제2장은 실업보험의 내용을 담고 있다. 제1장은 로이드 조지의 대장성이 담당하였으며, 제2장은 처칠이 장관으로 있는 상무성에서 담당하였다.

1911년 「국민보험법」에 의해 도입된 건강보험은 연소득 160파운드 이하의 모든 노동자들을 강제가입 대상으로 하였다. 160파운드 이상의 소득자를 제외시킨 것은 로이드 조지와 영국의사협회 간의 타협의 산물이었다. 의사들은 사적 진료의 주요 고액인 고소득층을 국가관리체계에서 제외시키기를 원했고, 로이드 조지는 이를 수용하였다. 건강보험의 핵심급여는 독일과 마찬가지로 상병급여였지만, 독일과 달리 정액으로 똑같은 액수를 지급하였다. 노동자들은 질병 발생 후 4일째부터 최대 26주 동안 상병급여를 지급받았는데, 처음 13주 동안은 병가를 내고 주당 10실링을 받았다. 그다음 13주 동안은 주당 5실링을 지급받았다. 하지만 후속 프로그램이 없었기 때문에 26주 급여를 모두 소진한 사람은 빈민법에 의존할 수밖에 없었다.

실업보험은 1910년 실시된 직업소개소를 보완하기 위한 목적으로 도입되었다. 상무성 장관이었던 처칠은 노동시장의 재조직화를 위해 전국적인 직업소개망(Labor Exchange)의 도입을 추진하였다. 1909년 「직업소개소법(Labour Exchange Act)」이 통과되었고, 이 법에 따라 1910년 61개의 직업소개소가 설치되었다. 직업소개소는 효과적으로 마찰적 실업을 줄였으나, 처칠은 실업보험을 통해 직업소개망을 보완할 필요성이 있다고 생각하였다. 직업소개소가 일자리와 일자리 사이의 시간적 간격을 줄였지만, 여전히 시간적인 간격이 있었고, 이 기간 동안 소득을 보완해 줄 실업보험이 필요하다고 생각했던 것이다(임영상, 1983: 157). 1911년 영국의 실업보험제도는 세계 최초의 강제가입식 국가 실업보험제도였다. 1911년 실업보험은 경기순환적 실업이 자주 발생하는 건축업, 기계공업, 제철업, 자동차제조업, 제재업, 조선업 등을 중심으로 적용되었다. 고용주와 노동자가 각각 2.5펜스의 보험료를 부담하였고 정부는 노사보험료 합계액의 1/3을 부담하여 보험기금을 운영하였다. 실업이 발생되면 실업자들은 1주일간의 대기기간(wating period)을 거친 후 1년에 최대 15주 동안 주당 7실링의 실업급여를 수급할 수 있었다. 하지만 주당 급여액은 5주간의 보험료총액을 초과할 수는 없었다(Gordon, 1988: 228).

3) 1935년 미국 사회보장법의 성립

　미국은 자유주의적 개인주의의 전통이 강한 나라이다. 식민지 시대부터 유럽의 민중들을 짓눌렀던 봉건적 신분제가 존재하지 않았던 데다가 서부의 광활한 미개척지는 개인에게 빈곤 탈출의 기회를 제공하였다. 따라서 미국인들은 구조주의적 빈곤관을 거부했으며, 빈곤의 원인을 나태나 무절제, 특히 용기의 부족이나 개척자 정신의 부족에서 찾았다. 독일이 1880년대 사회보험제도를 도입한 이후 사회보험은 전세계로 확산되어 나갔지만, 미국은 꿈쩍도 하지 않았다. 미국인들의 개인주의적 빈곤관이 변화된 계기는 1929년 대공황(The Great Depression)이었다.

　미국의 월스트리트에서 시작하여 전 세계적으로 확산된 대공황은 유례를 찾기 힘들게 빠르고, 그리고 깊숙이 미국 사회를 침몰시켰다. 1929년에서 1932년 사이 GNP는 874억 불에서 417억 불로, 산업생산지수는 110에서 57로, 임금총액은 500억 불에서 300억 불로 떨어졌다. 이 여파로 실업자 수는 150만 명에서 1,200만 명으로 폭발적인 증가를 가져왔다. 수많은 미국인들은 실업과 빈곤의 깊은 나락으로 떨어졌으며, 굶주린 아이들은 도처에 깔려 있었다. 더 참혹한 것은 끝을 알 수 없다는 것이었다. 사실상 대공황의 여파는 1939년 제2차 세계대전이 발발할 때까지도 극복하지 못했다. 이러한 대공황의 참상은 미국의 전통적인 개인주의적인 빈곤관을 변화시켰다. 즉, 미국인들은 개인의 노력으로도 극복할 수 없는 빈곤이 있다는 것을 처음으로 깨닫기 시작했던 것이다.

　대공황에 대응하여 루스벨트(Franklin D. Roosevelt) 정부는 공공사업을 통해 실업을 감소시키고, 사회보장제도의 수립으로 이를 보완하는 뉴딜(New Deal)정책을 마련하였다. 루스벨트 정부는 1933년 「전국산업부흥법(National Industrial Recovery Act)」을 제정하여 댐이나 교량, 항만, 스타디움 등과 같은 대규모 공사를 발주하는 한편, 7개 주에 걸친 낙후지역을 현대화하는 테네시강 유역 개발사업을 실시하였다. 이는 실업의 극복뿐만 아니라 민간의 유효수요를 확충함으로써 침체에 빠진 경제를 회복시키려는 목적을 갖고 있었다. 1935년 「사회보장법」도 뉴딜정책의 일환으로 추진되었다. 「사회보장법」은 대공황으로 도탄에 빠진 미국의 저소득층을 구제함과 동시에 저소득층의 소비력을 되살려 경기 회복에 기여하는 목적으로 제정되었다.

　「사회보장법」의 제정은 1934년 6월 8일 루스벨트 대통령이 의회에 보낸 교서

로부터 시작되었다. 루스벨트 대통령은 "이번 겨울 미국 정부는 시민들의 보장성
을 향상시키기 위해 사회보험제도를 중심으로 한 위대한 과업에 들어갈 것이다
(Roosevelt, 1934: 6)."고 선언하였다. 곧이어 6월 28일 루스벨트는 행정명령을 통해 노
동부 장관 퍼킨스(Frances Perkins)를 위원장으로 하는 경제보장위원회(Committee on
Economic Security)를 구성하였고 구체적인 법안을 준비하도록 하였다. 1935년 1월
17일 위원회는 의회에 경제보장법안(Economic Security Bill)을 제출하였고, 경제보
장법안은 1935년 3월 1일 하원심의 과정에서 사회보장법안(Social Security Bill)으
로 명칭이 변경되었다(Sarenski, 2020: 12). 명칭이 변경된 사회보장법안은 1935년
4월 19일과 6월 19일 각각 하원과 상원을 통과하였으며, 8월 14일 루스벨트 대통령
의 서명을 통해 정식 입법으로 공포되었다. 1935년 「사회보장법」은 사회보험, 공공
부조, 사회복지서비스, 의료서비스 등을 망라한 사회보호 조치들의 종합세트였다.
「사회보장법」에는 실업보험과 노령연금을 포함해서 총 9개의 사업들이 담겨 있었
다. 그중 사회보험은 실업보험과 노령연금뿐이었으며, 3개는 공공부조 프로그램이
었고 4개는 사회복지서비스 프로그램이었다. 1935년 「사회보장법」에 포함되어 있
던 프로그램들은 다음과 같다(Cohen, 1984: 380-382).

① 노령연금(Title II: Federal Old-Age Benefits, OAB)
② 실업보험(Title III: Grants to States for Unemployment Compensation
   Administration)
③ 노인부조(Title I: Grants To States for Old Age Assistance, OAA)
④ 맹인부조(Title X: Grants to States for Aid to the Blind, AB)
⑤ 부양아동부조(Title IV: Grants to States for Aid to Dependent Children, ADC)
⑥ 모자보건서비스(Title V part1: Maternal and Child Health, MCH)
⑦ 장애아동서비스(Title V part2: Services for Crippled Children, CCS)
⑧ 아동복지서비스(Title V part3: Child Welfare Services, CWS)
⑨ 공중보건사업(Title VI: Public Health Work)

이러한 사업 중 입법과정에서 가장 크게 논쟁이 되었던 핵심 사업은 실업보험이
었다. 1935년 경제보장위원회에서 실업보험을 연방정부의 프로그램으로 할 것인

지 주정부의 자율적인 프로그램으로 할 것인지 여부가 장시간 논의되었지만, 연방 프로그램은 위헌의 소지가 있었다. 「헌법」에 의해 연방정부와 주정부의 사무가 엄격하게 분리되어 있는 미국에서 실업자에 대한 보호는 통상적으로 연방정부보다는 주정부의 책임이라고 믿어졌다. 이에 따라 루스벨트 정부는 연방정부의 권한인 과세권을 통해 모든 주가 실업보험을 도입하도록 유도하는 방안을 마련하였다. 즉, 「사회보장법」은 4인 이상 노동자를 고용하고 있는 고용주에게 매년 임금지불 총액의 3%를 실업보험료로 부과하되, 고용주가 주정부의 자체적인 실업보험에 보험료를 납부할 경우 보험료의 90%를 면제하였다. 주정부는 실업보험을 통한 연방정부의 개입을 막기 위해 자체적인 실업보험을 운영할 수밖에 없었다. 그 결과 1937년까지 모든 주에서 실업보험이 도입되었다.

노령연금(OAB)은 「사회보장법」에 규정된 프로그램들 중 유일하게 연방정부가 직접 운영하는 제도였다. 노령연금은 완전적립방식으로 운영되었으며,[2] 고용주와 노동자는 각각 임금총액의 3%를 사회보장세(Social Security Tax)의 형태로 기여하되, 처음에는 1%에서 시작하여 12년간 단계적으로 인상하도록 결정되었다. 가입자는 65세가 되면 소득비례방식으로 연금을 받는다. 국세청이 사회보장세의 징수를 담당하였지만, 연금을 지급하기 위하여 1935년 8월 사회보장청(Social Security Board)이라는 연방기구를 신설하였다.

공공부조제도로는 노인부조, 맹인부조, 부양아동부조(ADC)가 실시되었다. 연방정부가 제시한 일정한 기준에 맞춰 주정부가 프로그램을 만들어 실시하면 연방정부는 예산의 1/3~1/2을 보조해 주는 방식으로 도입되었다. 1935년 당시 공공부조사업에 대한 지원은 연방긴급구호청(Federal Emergency Relief Administration: FERA)에서 담당하였다.

하지만 「사회보장법」을 통해 건강보험을 도입하려는 시도는 좌절되었다. 경제보장위원회는 처음부터 건강보험을 사회보장법안에 포함시킬 계획이었고, 대대적인 연구작업과 실행방안 마련에 집중하였다. 그러나 미국의사협회는 총력적인 반대활동을 펼쳤다. 상원과 하원에 막대한 로비 자금이 뿌려졌으며, 미국의사협회는 건강보험이 사회보장법안에 포함될 경우 사회보장법안을 부결시키기 위해 총력을 다하

---

2) 1939년 유족급여(Survivor Benefit)가 추가되면서 부과방식으로 전환하였다.

겠다고 선언하였다. 이에 경제보장위원회는 일단 건강보험을 사회보장법안에서 제외시킨 후 독립입법을 통해 건강보험을 도입하는 방향으로 계획을 수정하였다. 하지만 독립적인 건강보험법의 제정은 쉽지 않았다. 루스벨트 대통령의 후임인 트루먼(Harry S. Truman) 대통령은 루스벨트를 계승하기 위하여 재임 기간 동안 거의 매년 건강보험법안을 의회에 상정하였으나, 미국의사협회의 총력 로비에 막혀 건강보험 도입에 실패하였다. 결국 오늘날까지도 미국은 전 국민을 대상으로 한 건강보험을 도입하지 못하고 있다.

3. 사회보장제도의 확장: 복지국가의 출범

1) 베버리지보고서

1942년 발간된 베버리지보고서는 복지국가의 나침반 역할을 하였다. 복지국가라는 용어마저 생소한 시기에 베버리지는 복지국가의 목표, 사회보험의 원칙, 사회보장급여의 종류와 수준, 재원조달 방법, 복지국가의 전제조건 등을 구체적으로 제시하였다. 전후 각국의 정치인들은 베버리지가 설계한 도면에 따라 사회보장 프로그램들을 도입하여 오늘날 복지국가의 기초를 닦았다. 베버리지보고서는 모국인 영국을 뛰어넘어 전 세계의 복지국가 건설에 큰 영향을 주었다. 이에 따라 베버리지보고서는 현대 복지국가의 원리와 사상적 전제, 나아가 그 한계를 이해하는 데 있어 가장 필수적인 저작이 되었다.

베버리지보고서의 출발은 1941년 2월 영국노동조합총연맹(The Trade Union Council: TUC)이 전시내각에 사회보장제도에 대한 종합적 검토를 건의하면서부터 시작되었다. 전시내각은 노동당 출신의 무임소 장관 그린우드(Arthur Greenwood)에게 책임을 맡겼고, 그린우드는 1941년 6월 베버리지를 위원장으로 하는 '사회보험 및 관련서비스에 관한 관계부처위원회'를 발족시켜 TUC의 건의에 응했다. 전시내각에서 자신의 전문분야인 인력관리를 담당하여 전쟁에 공헌하기를 원했던 베버리지는 크게 실망하여 탐탁치 않게 생각했지만, 1942년 5월부터 사회보장연구에 총력을 기울이기 시작하였다(김상균, 1987: 164).

베버리지보고서에 따르면 전후 영국 사회가 해결해야 할 주요 과제는 5대 거인 즉, 빈곤, 질병, 무지, 불결, 나태를 퇴치하는 것이다. 하지만 베버리지보고서는 이를 위한 포괄적인 사회정책의 한 부분일 뿐이며, 오직 빈곤퇴치를 다루고 있음을 밝히고 있다(Beveridge, 1942: 6). 베버리지에게 빈곤퇴치란 모든 국민에게 국민최저선 (national minimum)을 제공하는 것이었다. 즉, 빈곤 퇴치는 영국인 누구도 국민최저선 아래로 떨어지지 않도록 최저생활을 보장해 주는 것을 의미하였다. 베버리지는 빈곤을 특성을 파악하기 위해 런던, 리버풀, 셰필드, 플리머스, 사우스햄턴, 요크, 브리스톨을 대상으로 사회조사를 실시하였다. 그 결과 빈곤의 75~83%는 근로소득이나 근로능력의 상실에 의해 발생하며, 17~25%는 가족 수에 비해 소득이 너무 적어서 발생한다는 것을 발견하였다. 이에 따라 베버리지는 소득의 중단에 대비하는 사회보험과 가족 수의 차이를 조정하는 아동수당을 통해 이중의 재분배(double re-distribution)가 필요하다고 판단하였다(Beveridge, 1942: 7).

하지만 빈곤퇴치의 가장 핵심적인 수단은 빈곤의 75~83%를 해결할 수 있는 사회보험이었다. 베버리지는 빈곤퇴치를 위한 사회보장제도로 사회보험과 공공부조, 임의가입보험을 설정하였다(Beveridge, 1942: 120). 그러나 임의가입보험은 개인의 선택에 의해 추가되는 보충적인 성격을 갖기 때문에, 국민최저선의 보장은 사회보험과 공공부조가 담당해야 한다(Beveridge, 1942: 121). 나아가 사회보험이 체계적으로 정립되어 빈곤을 예방한다면 공공부조 대상자는 축소되기 때문에 빈곤퇴치의 핵심적인 수단은 사회보험일 수밖에 없었다. 따라서 베버리지는 1897년 「노동자보상법」 이후 도입된 기존의 사회보험을 해체하고, 새로운 원칙에 따라 사회보험을 재조직할 것을 제안하였다. 베버리지에 의하면, 사회보험은 다음과 같은 여섯 가지 원칙에 의해 재정립되어야 한다(Beveridge, 1942: 121).

첫째, 동액급여의 원칙이다. 실업, 질병, 퇴직 등 소득중단의 원인에 상관없이, 그리고 과거소득의 많고 적음에 상관없이 모든 대상자에게 동액급여를 지급한다. 동액급여는 국민최저선을 기초로 지급하며, 동액으로 지급하는 이유는 대상자들의 국민최저선 수준이 소득중단 사유나 소득수준에 따라 다를 이유가 없기 때문이다. 단, 보상적 성격을 가지는 산재보험은 예외로 하였다. 이에 따라 베버리지는 연령, 성별, 혼인여부만을 반영한 동액급여를 설정하였다.

둘째, 동액기여의 원칙이다. 즉, 소득이나 재산에 상관없이 동일한 보험료를 납부한다. 베버리지는 재분배를 위해 소득비례 방식의 조세를 부과하여 정액급여를 제공하는 뉴질랜드의 방식을 명시적으로 거부하였다(Beveridge, 1942: 121). 이는 베버리지가 평등(equality)의 원칙보다 공평(equity)의 원칙을 중시하는 자유주의자임을 보여 주는 한 단면이다. 똑같이 받으면 똑같이 내는 것이 공평한 것이다.

셋째, 행정책임 통합의 원칙이다. 1911년「국민보험법」이후 사회보험의 행정은 서로 상이한 중앙부처, 지방당국, 각양각색의 조합들에 의해 운영되었고, 이는 인력과 재원 면에서 다양한 비효율을 창출하였다. 베버리지는 사회보장부를 신설하고 통합보험료를 부과하여 사회보험들을 한 개의 기금으로 관리하며, 지방마다 단일한 행정국을 설치하여 모든 피보험자를 포괄하도록 제안하였다.

넷째, 급여충분성의 원칙이다. 급여수준과 급여지급기간은 충분한 정도로 제공되어야 한다는 것이다. 과거의 사회보험은 모두 급여충분성에 미달하였으며, 급여지급기간에 제한이 있었다. 급여의 수준은 국민최저선에 충분하도록 제공되어야 하며, 실업이나 질병 등 소득중단 사유가 계속되는 한 급여는 계속 제공되어야 한다고 제안하였다.

다섯째, 포괄성의 원칙이다. 이는 두 측면으로 나뉘는데, 먼저 사회보험은 모든 사회적 위험을 포괄해야 한다. 즉, 실업, 질병, 노령뿐 아니라 부양자의 상실, 장례, 혼인, 출산 등과 같은 비정상적인 지출요인들도 사회보험이 포괄해야 한다. 그다음으로 사회보험은 전 국민을 포괄해야 한다. 즉, 지금까지 사회보험에서 제외되었던 모든 계층에게 보험이 확대되어야 한다.

여섯째, 피보험자 구분(classification)의 원칙이다. 사회보험은 포괄성의 원칙에 따라 모든 국민을 포괄하지만 국민들의 상이한 생활방식을 고려하여 몇 개의 범주로 나누어 접근해야 한다. 베버리지는 상이한 생활방식에 따라 국민들을 다음과 같은 여섯 가지의 인구집단으로 구분하였다(Beveridge, 1942: 122). ① 피고용인, ② 고용주 및 독립노동자, ③ 전업주부, ④ 주로 학생이나 가사노동에 종사하는 미취업 여성을 의미하는 16세 이상의 비취업자, ⑤ 16세 미만의 취업연령 미달자 ⑥ 취업연령을 초과한 퇴직자. 베버리지는 6개 집단의 속성에 따라 관리방법, 급여의 종류, 보험료 납부 방법 등을 구분하여 설명하였다(Beveridge, 1942: 125-127).

그러나 베버리지는 6대 원칙에 따라 사회보험제도가 재탄생되더라도 소득보장만으로 모든 국민의 최저선을 보장하는 데는 불충분하며, 다음과 같은 세 가지 전제조건이 더 필요하다고 주장하였다(Beveridge, 1942: 120).

첫째, 15세까지의 아동, 교육을 받고 있을 경우 16세까지의 아동에 대한 아동수당이 필요하다. 베버리지가 아동수당을 강조한 이유는 국민최저선의 보장에 있어 임금이나 사회보험만으로는 가족 수의 차이를 조정할 수 없다고 생각했기 때문이었다.

둘째, 사회의 모든 구성원들에게 제공되는 보편적 의료서비스 및 재활서비스가 필요하다. 이를 통해 국민들이 건강을 유지한다면 사회보장에 대한 필요(needs)도 크게 감소될 것이며, 재정지출도 감소될 것이다.

셋째, 고용의 유지, 즉 완전고용의 달성이다. 완전고용은 베버리지의 계획을 뒷받침하는 가장 중요한 전제조건이었는데, 완전고용은 보험료 수입을 증가시켜 사회보장제도의 재원을 늘림과 동시에 실업급여나 공공부조의 지출을 감소시킴으로써 재정 안정을 제공하기 때문이다. 완전고용이 전제되지 않는다면 베버리지의 구상은 재정위기에 직면할 위험성이 높다.

베버리지보고서는 출판과 동시에 영국을 열광시켰다. 정부간행물로는 유례없이 완본 25만 6천 부, 요약본 36만 9천 부의 판매고를 기록하였으며, 좌우를 막론하고 대대적인 환영을 받았다. 그러나 정작 처칠 수상은 전쟁 후의 상황이 불투명한데 비현실적인 기대감만 키운다는 이유로 베버리지보고서에 대해 탐탁치 않게 생각했으며, 대장성 장관이었던 우드(Kingsley Wood)도 종전 후 베버리지보고서의 실행을 위한 재정조달이 회의적이라는 의견을 피력하였다. 이와 같이 전시내각의 보수당 출신 핵심 리더들이 탐탁치 않은 반응을 보였음에도 불구하고 그린우드의 후임 무임소 장관인 노동당 출신의 조위트(William Jowitt)는 1943년 4월 행정부가 베버리지보고서의 시행을 검토하도록 지시하였다. 이에 따라 1944년 2월 국민보건서비스에 대한 백서, 5월 고용에 대한 백서, 10월 사회보험과 산업재해에 대한 백서가 잇따라 출간되었다(김상균, 1987: 176).

2) 복지국가의 출범과 사회보장제도의 확장

1945년 4월 30일 히틀러가 자살하면서 유럽의 제2차 세계대전은 사실상 끝났다. 영국의 전시연립내각은 해체되었고, 1945년 7월 5일 전쟁으로 10년간 미뤄졌던 총선이 실시되었다. 대부분의 여론은 전쟁영웅 처칠이 이끄는 보수당이 압승할 것으로 예상했으나, 예상을 깨고 애틀리가 이끄는 노동당이 의석의 61.4%인 393석을 획득하는 압승을 거두었다. 노동당은 산업의 국유화, 국가 주도의 경제 복구, 국민보건서비스(NHS)의 도입 등 구체적인 재건계획을 제시하여 '미래'를 외친 반면, 보수당은 81%에 달했던 처칠의 개인적인 인기도에 취해 별다른 비전을 제시하지 않고 상대정당에 대한 비방에만 열중한 결과였다.

베버리지의 주요 프로그램들을 공약으로 내걸었던 노동당 정부는 1945년 「가족수당법(Family Allowances Act)」, 1946년 「국민보험법(National Insurance Act)」과 「국민보건서비스법(National Health Service Act)」, 1948년 「국민부조법(National Assistance Act)」 등 베버리지의 계획을 하나하나 입법화하면서 본격적인 복지국가의 출범을 알렸다. 유럽의 주요 국가들도 복지국가 도입에 동참하여 영국과 유사한 사회보장제도들을 확충하기 시작하였다. 여기에 1950~1960년대 세계경제의 안정적인 성장이 뒷받침되면서 사회보장지출은 급격하게 팽창되었다. 전후 주요 국가들의 GDP 대비 사회보장지출비용의 증가추이는 〈표 2-2〉와 같다. 〈표 2-2〉에 의하면 1960년대 주요 국가들에서 GDP 대비 사회보장지출은 이미 10% 이상을 넘어섰으며, 1975년에 이르러서는 20~30% 수준으로 상승하였다.

전후 사회보장제도의 확장은 모든 사회보장제도의 발달에 기인한 것이지만, 특히 크게 기여한 것은 공적연금의 팽창이었다. 그리고 팽창과정을 한마디로 요약하면 이층연금체계(two tiered systems)의 구축이다(Gordon, 1988: 44). 전쟁이 끝나자 공공부조 방식으로 공적연금을 운영하던 국가들은 예외없이 보편적인 기초연금으로 전환하였다. 스웨덴, 노르웨이, 캐나다, 핀란드, 덴마크, 영국, 그리고 이미 1938년 보편적 연금체계로 전환을 완료한 뉴질랜드 등이 여기에 해당된다. 나아가 기초연금을 운영하던 국가들은 뉴질랜드를 제외하고 1959년 스웨덴을 필두로 사회보험방식의 소득비례연금을 도입하였다. 즉, 기초연금과 소득비례연금의 이층체계 연금을 구성한 것이다. 나아가 독일, 프랑스, 오스트리아, 미국, 벨기에 등과 같이 소득비례연금으로 공적연금을 시작한 국가들은 전쟁이 끝난 후 최저연금보장 장치들을 추가하기 시작하였다. 이는 주로 연금수급자격이 없거나 연금액이 낮은 사람들에게 자산조사를 통해 수당이나 보충급여를 지급하는 방식으로 운영되었다. 따라서 소득비례연금 국가들도 전후 소득비례연금과 최저연금보장의 이층체계로 공적연금

표 2-2　주요 국가들의 GDP 대비 사회보장비 지출(1960~1975)

	GDP 대비 사회복지비			
	1960년(%)	1965년(%)	1970년(%)	1975년(%)
캐나다	12.1	13.6	18.7	21.8
프랑스	–	–	–	24.2
독일	20.5	22.4	23.5	32.6
이탈리아	16.8	20.1	21.4	26.0
영국	13.8	16.2	18.5	22.4
미국	10.9	12.3	15.7	20.8
호주	10.2	11.0	11.5	18.8
오스트리아	17.9	19.7	21.6	24.5
벨기에	17.6	21.4	25.2	34.5
덴마크	–	–	26.2	32.4
핀란드	15.4	17.7	19.9	23.3
그리스	8.4	10.1	10.9	10.6
아일랜드	11.7	11.8	17.1	23.1
네덜란드	16.2	25.7	29.1	37.1
뉴질랜드	13.0	12.7	12.7	16.3
노르웨이	11.7	15.8	22.5	26.2
스웨덴	15.4	18.6	23.0	26.8
스위스	8.0	10.3	12.6	19.1

출처: 김태성, 성경륭(1993: 248).

제도를 운영하였다. 이러한 공적연금의 이층체계화는 공적연금 지출을 빠른 속도로 팽창시켜 사회보장지출의 확대에 크게 기여하였다.

공적연금과 함께 의료보장제도의 발달도 사회보장지출을 크게 확대시켰다. 이는 두 가지로 설명된다. 첫째, 국가가 직접 공급하며, 일반조세로 운영하는 보편적인 의료서비스가 확대되었다. 영국의 국민보건서비스(National Health Service: NHS) 제도의 이름에 착안하여 통상 NHS 방식이라고 일컬어지는 보편적 의료서비스 방식은 1926년 사회주의 국가였던 소련에서 도입되었으며, 자본주의 국가에서는 1938년 뉴질랜드에서 처음 도입되었다. 전쟁이 끝나자 영국, 스웨덴, 덴마크, 호주, 이탈리아, 캐나다, 노르웨이 등의 국가들은 NHS방식의 의료체계를 도입하였고, 이는 무상이나 소액의 본인부담금으로 의료서비스를 제공하여 의료보장 지출을 확대시켰을 뿐만 아니라, 상대적인 비교를 통해 건강보험 국가들의 보장률을 견인하는 역할을 하였다. 이를 통해 각국의 의료보장지출은 크게 상승하였다.

나아가 전후 눈부신 의학의 발전이 이루어지면서 의료비용이 크게 증가하였다. 전쟁 전후로 발견된 페니실린(1941)과 스테로이드(1949)는 수많은 질병의 치료에 기여하였다. 이에 따라 제2차 세계대전 이전에는 고칠 수가 없었던 소아마비, 결핵, 디프테리아, 콜레라, 류머티즘성 관절염 등 감염에 의한 거의 모든 질병에 대한 치료가 가능해졌다. 나아가 수술기술의 발달은 과거 꿈도 못 꾸던 개심술, 장기이식수술, 고관절 치환술 등을 가능하게 하여 인간의 수명을 연장시켰다. 내시경, 초음파, CT, MRI 같은 첨단 진단장비의 개발은 오진의 가능성을 획기적으로 줄였으나, 의료비용의 막대한 증가를 가져왔다. 치료 가능성이 높아지자 많은 사람들이 의료기관을 방문하기 시작하였고, 특히 고혈압과 당뇨의 발견은 몸이 아픈 사람뿐만 아니라 몸이 건강하다고 느끼는 사람들조차 의사를 찾게 만듦으로써 수진률을 급등시켰다. 이는 전후 의료보장비용을 크게 팽창시키는 요인이 되었다.

공적연금이나 의료보장보다 규모는 작지만 전후 확산된 보편적 방식의 아동수당도 사회보장제도의 확산에 기여하였다. 아동수당은 1926년 뉴질랜드의 「가족수당법」에서 비롯되었지만 초창기에는 공공부조 형식으로 시행되었다. 1930년대 초 벨기에와 프랑스를 비롯한 유럽의 6개 국가가 아동수당을 도입하였지만 대부분 임금지원 프로그램이거나 공공부조였으며, 보편적 수당과는 거리가 멀었다. 그러나 제2차 세계대전이 끝나자마자 보편적 방식의 아동수당제도는 빠른 속도로 확산되었다. 1950년대 초반에 이르러 미국을 제외한 선진 복지국가들은 대부분 아동수당제도를 도입하였다(Gordon, 1988: 283). 이와 같이 보편적 방식의 아동수당제도가 확산된 것은 베버리지보고서의 영향을 받았기 때문이며, 보편적인 아동수당의 확대는 보편적인 수당제도의 발달을 촉진시켰다.

나아가 사회보장의 볼모지였던 미국도 전후 사회보장제도의 확충에 뛰어들었다. 다만, 미국은 사회보험과 보편적 복지를 중심으로 사회보장제도를 확충했던 유럽 국가들과 달리 공공부조와 기회평등정책을 중심으로 사회보장제도를 확대하였다. 1964년 시작된 빈곤과의 전쟁(War on Poverty)은 소득보장정책보다 교육과 훈련을 통해 사회에서 경쟁할 수 있는 기회를 높이는 기회평등전략에 초점이 맞추어져 있다. 이에 따라 경제기회사무국을 중심으로 잡코어 프로그램이나 헤드 스타트 프로그램, 비스타 프로그램 등과 같은 기회평등정책들이 잇달아 실시되었다. 나아가 빈곤지역의 상태를 개선하기 위한 지역사회행동(Community Action) 프로그램도 경제기회사무국의 전폭적인 지원하에 실시되었다.

　기회평등정책 이외에도 1964년 연방정부의 푸드스탬프(Food Stamp) 프로그램이 실시되어 저소득층을 지원하였으며, 1965년에는 메디케어(Medicare)와 메디케이드(Medicaid)가 도입되었다. 메디케어는 노인과 일부 장애인을 위한 사회보험이었고, 메디케이드는 저소득층을 위한 공공부조제도였다. 적용대상이 제한된 선별적 프로그램이었지만, 두 제도의 도입으로 인하여 미국은 최초로 연방정부가 운영하는 의료보장제도를 갖게 되었다. 나아가 1967년 「수정 사회보장법(Social Security Amendments of 1967)」은 AFDC의 수급요건과 급여수준을 크게 개선함으로써 AFDC 수급자를 급증시켰다.

4. 복지국가의 위기와 사회보장제도의 재편

　오일쇼크를 계기로 1970년대 세계경제가 침체로 들어서자 복지국가는 위기를 맞게 되었다. 전후 약 30년간 팽창되어 온 사회보장제도도 정체되기 시작하였고 어떤 국가들에서는 사회보장제도가 축소되기도 하였다. 나아가 지난 30년간 사회보장제도의 팽창을 주도했던 사민주의 정당에 대한 지지도가 눈에 띄게 하락하였다. 1990년대 중반 이후 집권한 사회민주주의 정당들도 맹목적으로 사회보장프로그램의 확대에 전념하던 과거의 모습이 아니었다. 오히려 미국의 클린턴 민주당 정부와 영국의 블레어 노동당 정부는 공공부조 개혁을 통해 근로연계복지(workfare)의 강화에 앞장섰다. 보수주의 정당들처럼 맹목적으로 복지국가의 축소를 지향한 것은 아니지만, 오늘날 사민주의 정당들도 복지국가의 확장으로 인한 일부 부작용을 인정하고 개선과 재편이 필요하다는 점에 공감하는 기류이다. 나아가 복지국가의 팽창을 뒷받침해 줬던 지속적인 경제성장과 완전고용이 더 이상 가능하지 않기 때문에, 복지국가의 지속가능성을 위해서는 어느 정도의 재편이 불가피하다는 인식도 더해진 것으로 보인다.

　사회보장제도의 재편이 가장 활발한 제도는 복지국가의 팽창을 주도했던 공적연금이었다. 인구고령화와 저성장 국면이 지속되면서 대부분의 국가들은 연금재정의 위기를 맞고 있다. 이에 따라 공적연금의 개혁은 오늘날 사회보장제도에서 가장 중요한 이슈가 되었다. 1980년대부터 많은 국가들이 연금의 재정위기 국면을 맞아 모수적 개혁을 통해 수지불균형을 해소하려고 노력해 왔다.

하지만 스웨덴은 기존 연금체계의 틀을 완전히 깨고 명목확정기여방식(Notional Defiend Contribution: NDC)을 도입하는 구조적 개혁을 단행하였다. 연금의 재정불안정을 완전하게 해소할 수 있는 대안은 확정기여방식으로 운영되는 적립방식의 관리체계로 전환하는 것이다. 그러나 이미 수십 년간 부과방식으로 운영되어 온 시스템을 단기간에 적립방식으로 전환하는 것은 쉽지 않다. 이에 따라 스웨덴은 대안으로 NDC 방식을 도입하였는데, 이는 과거와 같이 부과방식을 유지하되, 확정기여방식과 같이 개인이 납부한 보험료와 급여수준을 강하게 연계시키는 운영방식이었다(주은선, 2004: 33). 급여액은 확정기여방식으로 정해지지만 실제 보험료는 적립되지 않고 명목상으로만 기록된다. 즉, 실제 개인계정에 보험료가 적립되고 투자수익이 더해지는 것이 아니라, 개인의 명목계정에 가상으로 귀속되고, 그 가상금액에 이자를 더해 연금을 산정하는 것이다. 실제 적립방식으로 전환이 불가능한 상황에서 취할 수 있는 현실적인 대안이었던 것이다. 이후 이탈리아, 폴란드, 라트비아, 노르웨이가 NDC 방식을 도입하여 스웨덴의 뒤를 이었다. 공적연금의 재정불안정이 계속되는 한 NDC 방식을 중심으로 한 연금제도의 구조개혁은 많은 국가들에서 시도될 것으로 보인다.

의료보장제도에서는 국가 중심의 NHS 제도가 개혁의 초점이 되었다. NHS 제도는 거의 무료로 국민들에게 보편적인 의료서비스를 제공하여 국민들의 건강 증진과 건강권의 신장에 크게 기여하였으나, 관료제적 경직성으로 인하여 만성적인 대기환자의 적체와 같은 비효율을 낳았다. 이는 국민들의 불만을 높임으로써 복지국가의 지지도를 하락시키는 주요 원인으로 작용하였다. 이에 따라 NHS 국가들은 효율성을 증진시킬 수 있는 시장화나 민간자본의 도입 등을 추진하였다.

1990년 영국의 대처 정부는 비효율의 해결책을 시장화에서 찾았다. 즉, 공공예산을 통해 무상으로 운영되는 NHS의 큰 틀은 유지하면서, NHS 내부의 자원배분에 시장경쟁적 요소를 도입하는 '내부시장(internal market)' 전략을 채택한 것이다. 이에 따라 NHS 참여 주체들을 NHS 트러스트 병원(NHS Trusts)을 중심으로 한 공급자와 지역보건국과 예산보유 일반의(GP Fundholder)를 중심으로 한 수요자로 구분한 후 자유로운 계약에 의해 NHS 자원이 배분되도록 하였다. 대처 정부의 내부시장 전략은 평균 대기기간을 단축시키는 성과를 나타냈지만 일차의료를 예산보유 일반의와 지역보건국 소속 일반의로 계층화시키는 문제점을 발생시켰다. 이는 NHS가 자랑하는 의료이용의 형평성에 역행하는 것이었다. 이에 블레어 정부는 1999년 내부시장 전략을 폐기하였다.

하지만 블레어 정부는 NHS 체계에 민간자본을 적극적으로 유치하여 투자 부족의 한계를 극복하고자 하였다. 블레어 정부는 2000년 'NHS 계획(The NHS Plan)'을 발표하고 대대적인 인프라 투자에 돌입하였으나, 인프라 확충과정에는 대규모 민간자본이 동원되었다. 블레어 정부는 민간금융투자 촉진제도(Private Finance Initiative: PFI)를 NHS 병원 부문에 적극적으로 적용하였고, 이에 따라 2000년대 이루어진 NHS 자본투자의 약 25%가량을 PFI가 담당하였다. PFI 투자 이외에도 민간병원의 NHS 참여가 확대되었다. 민간병원들은 독립치료센터(Independent Sector Treatment Centres: ISTCs)라는 형태로 NHS에 참여하였으며, 2009년까지 49개의 ISTCs가 설립되어 연간 약 30만 명 정도의 환자를 치료하였다. 이러한 민간자본의 유입은 무상의료시스템이라는 NHS의 정체성을 크게 훼손시킬 정도는 아니라는 평가를 받고 있다. 그러나 국가예산만으로 무상의료의 높은 의료수요와 만성적인 NHS의 투자 부족에 대응하는 데는 한계가 있기 때문에, 공공의료에 있어 민간자본의 유입은 계속될 것으로 예상된다.

완전고용의 시대가 지나고 고실업이 일반화되자 실업정책의 패러다임이 변화되었다. 복지국가들은 과거의 실업급여를 축소하고 적극적 노동시장정책을 중심으로 고용정책을 재편하였다. 실업자들의 기본생활 보장에서 고용촉진으로 정책의 패러다임이 전환된 것이었다. 1970~1980년대 경제위기가 진행되면서 실업률은 폭증하였고 두 자릿수 실업률은 만성화되었다. 고실업 자체도 문제였지만, 더 큰 문제는 실업의 구성에 있어 구조적 실업이 크게 증가하였다는 것이다. 세계 무역시장에 신흥공업국가들이 본격적으로 가세하면서 서구 선진국가들의 주요 산업들은 제조업을 중심으로 빠르게 사양산업화되어 갔다. 반면 산업구조는 서비스산업 중심으로 재편됨에 따라 과거 노동력의 질적 변화 없이는 실업문제를 완화하기 힘들게 되었다. 이에 복지국가들은 적극적 노동시장정책에 대한 투자를 증가시켰다. 1970년대 중반부터 고용촉진 프로그램들이 확대되기 시작하였으며, 특히 근로시간의 단축, 직업훈련, 창업지원, 실업자 고용장려금 등과 같은 프로그램들이 자주 이용되었다. 반면 전통적인 실업보험은 1980~1990년대 상당수의 국가에서 급여수준이 하락되거나 급여지급기간이 축소되는 수난을 겪었다.

고용중심의 패러다임은 공공부조에도 적용되었다. 많은 국가에서 근로연령층의 공공부조 수급자들은 빈민법 시절처럼 근로의무를 부과받았다. 근로의무는 보통 '근로연계복지' 또는 '활성화정책(Activation Policy)'이라는 이름으로 불려진다. 1970~1980년대 경제침체가 시작되자 공공부조 수급자 수와 재정지출이 크게 증가하기 시작하였다. 이에 복지국가들은 대대적인 공공부조제도의 개혁에 나섰고, 유난히 근로유인에 관심이 높은 미국과 영국이 선봉에 섰다. 1996년 클린턴 정부의 복지개혁은 1935년부터 시행되어 오던 AFDC를 폐지하고, 일시가족부조제도(Temporary Assistance for Needy Families: TANF)로 대체하였다. TANF는 수급자들의 평생 수급기간을 5년으로 제한하였으며, 강력한 근로의무를 부과하였다.

1997년 블레어 정부의 '뉴딜(New Deal)' 계획도 미국의 영향을 크게 받았다. 영국은 연령에 따라 25세 미만의 청년이 참여하는 청년뉴딜(NDYP), 25~50세의 장기실업자가 참여하는 25세 이상 뉴딜, 50세 이상이 참여하는 50세 이상 뉴딜로 프로그램을 구분한 후 청년뉴딜과 25세 이상 뉴딜에는 강력한 근로의무를 부과하였다. 이를 거부하는 사람들은 실업부조 수급권을 박탈하였다. 이러한 근로의무의 부과는 '새로운 계약' '상호의무의 원칙' 등 다양한 이름으로 포장되고 있지만, 공공부조 급여의 박탈이라는 생존권의 위협을 통해 근로를 강요한다는 점에서 1834년 신빈민법과 다르지 않다. 구빈작업장(workhouse) 입소를 전제로 복지를 제공했던 작업장 검사 원칙(workhouse test)의 현대적 변형이라고 볼 수 있는 것이다.

실업급여와 공공부조 수급자들이 복지국가 재편의 타겟이 되어 수난의 대상이 된 반면 저임금 근로자에 대한 사회보장제도는 크게 확장되었다. 특히 공공부조의 대안으로 기획되었던 근로장려세제(Earned Income Tax Credits: EITC)나 자녀장려세제(Child Tax Credit: CTC)와 같은 환급형 세액공제제도는 근로유인효과와 행정의 간편성을 무기로 크게 확대되고 있다. EITC는 1975년 미국 포드(Gerald Ford) 정부에 의해 처음 도입되었다. 처음에는 저소득 노동자들의 사회보장세 부담을 경감시켜 주기 위한 목적으로 도입되었으나, 1978년 카터(Jimmy Carter) 정부는 EITC를 근로유인을 강화하여 공공부조 수급자를 줄임으로써 AFDC를 대체할 수 있는 유력한 대안으로 설정하였고 공식적인 제도로 발전시켰다. 이후 EITC는 민주당 정부나 공화당 정부에 상관없이 정권이 교체될 때마다 경쟁적으로 확대되었다. 그 결과 오늘날 EITC는 미국 사회보장제도 중에서 OASDI 다음으로 많은 적용대상자를 기록할 만큼 큰 제도로 성장하였다(Maag, 2018: 17). CTC는 1997년 클린턴 정부에서 처음 도입되었지만, 초창기에는 환급형 제도가 아니었다. CTC가 환급형 세액공제제도로서 자리매김하게 된 것은 2001년 EITC와 연계되기 시작하면서였고, 2008년부터 현재와 같이 EITC와 독립된 제도로 운영되기 시작하였다.

미국의 EITC와 CTC의 영향으로 오늘날 환급형 세액공제제도는 크게 확산되었다. 1986년부터 영국은 가족공제(Family Credit)제도를 시행하였다. 이 제도는 2003년 근로세액공제(Working Tax Credit: WTC)제도로 변경되어 현재 시행 중이다. WTC는 영국의 대표적인 환급형 세액공제제도이며, EITC와 동일한 역할을 한다. 나아가 프랑스도 2002년부터 근로장려 제도(Prime Pour l'Emploi: PPE)를 도입하였으며(재정경제부, 2007: 8), 호주, 캐나다, 뉴질랜드, 네덜란드, 핀란드 등의 국가에서도 유사한 제도를 운영하고 있다(김재진 외, 2012: 9; 윤희숙, 2012: 2).

복지국가의 팽창을 뒷받침해 줬던 자본주의의 황금기(Golden Age of Capitalism)가 다시 재현되는 것은 힘들 것으로 예상된다. 저성장 국면이 만성화됨에 따라 복지국가의 재편은 불가피해졌으며, 재정지출의 양대 축을 구성하고 있는 공적연금과 의료보장제도에 대한 구조개혁은 당분간 지속될 수밖에 없을 것으로 예상된다. 나아가 사회보장 수급자 중 가장 취약한 위치에 있는 실업자들과 공공부조 수급자들에 대한 근로연계 의무도 계속 강화될 것으로 전망된다.

공적연금의 역사적 고찰

1. 공적연금의 발전과정

공적연금은 사회적 위험 중 노령, 장애, 사망으로 인해 발생하는 소득의 상실에 대응하는 연금제도이다. 따라서 공적연금은 보통 노령연금, 장애연금, 유족연금으로 구성된다. 나아가 공적연금에서 노령연금이 차지하는 비중이 높기 때문에, 공적연금은 간혹 노령연금이나 퇴직연금과 동일시되기도 한다. 산업사회의 도래는 고령층에게 달갑지 않은 사회발전이었다. 산업기술과 직업구조가 급격하게 변화하면서 고령층의 경쟁력은 시간이 갈수록 떨어질 수밖에 없었다. 이로 인해 고령층의 조기 은퇴가 양산되었고, 은퇴하지 않았더라도 노인들은 일자리를 구하기 어려워졌다. 전통적인 가족간의 유대도 약화되었으며, 노인의 부양 문제는 사회문제가 되었다. 19세기 노인들은 빈민법의 대표적인 구호대상이었다(Gordon, 1988: 36). 수치스런 빈민법으로부터 노인들을 분리하여 독립적인 제도를 통해 보호하려는 시도는 19세기 말부터 나타나기 시작했다.

1) 공적연금제도의 도입

공적연금은 크게 세 가지 궤적을 통해 나타났다. 첫째, 1889년 독일의 연금보험을 시초로 하는 사회보험 방식이다. 둘째, 1891년 덴마크의 「노인구호법」을 모델로 하는 자산조사 방식이다. 마지막으로, 1938년 뉴질랜드의 「사회보장법」을 원형으로 하는 보편적 연금방식이다.

1889년 독일의 연금보험은 비스마르크 사회입법의 마지막 입법으로 비스마르크가 실각하기 직전에 도입되었다. 1883~1884년 도입된 질병보험 및 재해보험과 연금보험 사이에는 시간적인 간극이 있지만, 제도의 구성이나 내용에 있어서는 연속선상에 있는 것으로 평가된다. 1889년 연금보험은 2,000마르크 미만의 모든 노동자에게 적용되었으며, 앞선 두 보험이 적용에서 제외시켰던 농업노동자나 하인, 하녀와 같은 가사노동자도 포함시켰다. 아울러 노령연금뿐만 아니라 장애연금도 제공했는데, 이는 당시 많은 노동자들이 노령에 도달하기 전에 장애를 이유로 일찍 은퇴하였음을 시사하는 것이다(Gordon, 1988: 40). 연금보험의 재원은 노사정 3자부담 방식으로 조달되었다. 국가가 수급자 1인당 연간 50마르크의 연금액을 보조하고, 나머지 비용은 노동자와 고용주가 1/2씩 부담하는 보험료로 충당하였다. 비스마르크는 사회보험을 통해 국가에 대한 노동자 계급의 충성심이 고양되기를 원했고, 이를 위해 제국보조금의 지급을 원했으나 앞선 두 보험에서는 이를 반영시키지 못했다. 비스마르크가 소망했던 제국보조금은 마침내 마지막 보험에서 실현되었다.

1889년 연금보험의 급여수준은 정률의 소득비례방식으로 결정되었다. 하지만 50마르크의 국고보조금 때문에 소득계층에 따라 소득대체율의 차이가 발생하였다. 최고소득자의 소득대체율은 20% 정도였으며, 최저소득자는 31% 수준이었다. 정액보조금이 저소득층의 소득대체율을 상승시킨 탓이었다. 1908년 계산에 따르면 국고보조금은 전체 지출비용의 28%를 차지하였다(Gordon, 1988: 40). 연금보험은 70세 이상의 노인을 수급대상으로 하였으며, 1,200주(약 23년) 동안 보험료를 납부할 경우 완전연금을 지급하였다. 1908년 독일의 연금보험은 3억 5,500만 마르크에 달하는 기금을 축적하고 있었다. 이는 1908년의 연금보험 지출액이 4,300만 마르크였던 점을 감안하면 상당한 규모의 적립금이었다. 그러나 제1차 세계대전 직후 발생한 살인적인 인플레이션으로 인하여 적립금의 대부분은 가치잠식되었고, 기금방식이 인플레이션에 취약하다는 사실을 드러내는 계기가 되었다(Gordon, 1988: 41-42).

독일의 질병보험과 재해보험은 도입되기 무섭게 유럽으로 확산되었으나, 연금보험에 대한 유럽의 반응은 미지근했다. 독일이 연금보험을 도입한 이후 프랑스, 이탈리아, 벨기에, 스페인 등에서도 연금보험이 시작되었으나, 독일의 강제가입방식과는 거리가 있었다. 국가가 임의가입보험에 대해 보조금을 지급하는 형태였다. 독일과 같이 강제가입방식으로 공적연금을 도입한 국가는 오스트리아였지만 독일이 연금보험을 도입하고 17년이나 지난 1906년의 일이었다. 1910년 프랑스가 임의가입방식에서 강제보험방식으로 전환하였지만 독일과 같이 폭넓게 연금보험을 시행하지는 못했다. 그러나 제1차 세계대전이 끝나고 간전기 동안 스칸디나비아 국가와 영연방 국가들을 제외한 대부분의 유럽국가들은 독일방식의 소득비례연금을 도입하였고, 1935년 미국도 여기에 합류하였다.

사회보험을 채택한 독일과 달리 덴마크는 공공부조 방식으로 노령연금을 도입하였다. 1891년 덴마크는 「노인구호법(Danish Act of 1891 on Old Age Relief)」을 제정하여 노인들을 빈민법 구호대상에서 제외시켰고, 별도의 노인구호수당을 제공하였다. 그러나 「노인구호법」은 여전히 빈민법과 같은 처벌적 요소를 갖고 있었다. 노령연금을 받기 위해서는 다음과 같은 조건을 모두 충족시켜야 했다. 첫째, 60세 이상의 고령자이며 덴마크 태생의 시민권자이어야 한다. 둘째, 불명예 행위로 유죄판결을 받은 경험이 없어야 한다. 셋째, 최근 10년간 덴마크에 거주하고 있으면서 유랑이나 구걸로 유죄판결을 받은 적이 없어야 한다. 넷째, 최근 5년간 공공부조를 받은 적이 없어야 한다.

노인구호수당의 수준은 표준화되어 있지 않았다. 비록 코펜하겐과 프레데릭스베르는 표준화된 급여를 제공했지만, 대다수의 지방정부는 개인의 구체적인 욕구를 고려하여 개별화된 급여를 제공하였다. 반면, 덴마크에 이어 공공부조 방식의 노령연금을 도입한 뉴질랜드(1898), 호주(1908), 영국(1908), 스웨덴(1913), 노르웨이(1936), 핀란드(1939)는 중앙정부에 의해 표준화한 급여를 제공하였다. 1908년 도입된 영국의 노령연금(Old Age Pension)은 주당 소득이 12실링 미만인 70세 이상 노인에게 매주 5실링의 연금을 지급하였다. 하지만 덴마크와 마찬가지로 영국의 노령연금도 불명예행위로 유죄판결을 받았거나, 빈민법의 구호를 받았던 사람, 알코올중독자 등은 지급대상에서 제외하였다.

1938년 제정된 뉴질랜드의「사회보장법」은 자본주의 국가에서는 최초로 무상의료를 도입한 법으로 명성이 높지만, 공적연금에 있어서도 최초로 보편적 연금방식을 도입한 입법이었다. 1938년「사회보장법」에서 공적연금은 자산조사형 노령연금과 보편적인 기초연금(superannuation)으로 이원화되어 있었다. 기초연금은 20년 이상 뉴질랜드에 거주한 65세 이상의 모든 노인들을 대상으로 연금을 지급하였지만, 자산조사형 노령연금은 60세 이상의 여성노인과 65세 이상의 남성노인을 대상으로 운영되었다. 제2차 세계대전 이전까지는 뉴질랜드만이 보편적 연금 방식을 도입하였지만, 전쟁이 끝난 후 공공부조 방식으로 공적연금을 시작한 국가들은 거의 대부분 보편적 연금 방식으로 전환하였다. 19세기 후반 공적연금은 국가에 따라 사회보험, 공공부조, 보편적 연금 등 다양한 형태로 통해 도입되었지만, 어떠한 방식이든 상관없이 억압적인 빈민법으로부터 노인들을 분리시켰다는 점에서 노인들의 상태를 크게 개선시켰다.

2) 1945년 이후 공적연금의 확대: 이층체계화

전후 복지국가의 출범과 함께 공적연금은 크게 팽창되었다. 팽창과정을 한마디로 요약하면 이층체계 연금의 구축이었다(Gordon, 1988: 44). 공공부조 방식으로 공적연금을 시작한 국가들은 전쟁이 끝난 후 대부분 보편적인 기초연금으로 전환하였다. 스웨덴, 노르웨이, 캐나다, 핀란드, 덴마크, 영국, 그리고 이미 1938년 보편적 연금체계로 전환한 뉴질랜드 등이 여기에 해당된다. 나아가 여기에 속한 모든 국가들은 뉴질랜드를 제외하고 20세기 중반 사회보험방식의 소득비례연금을 도입하였다. 즉, 기초연금과 소득비례연금의 이층체계 연금을 운영한 것이다. 반면 독일과 같이 소득비례연금으로 공적연금을 시작한 국가들은 최저연금보장(minimum income guarantees) 장치들을 추가하기 시작하였다. 이는 주로 연금수급자격이 없거나 연금액이 낮은 사람들에게 자산조사를 통해 수당이나 보충급여를 지급하는 방식으로 운영되었다. 따라서 소득비례연금 국가들도 전후 소득비례연금과 최저연금보장의 이층체계로 공적연금제도를 운영하였다. 이러한 공적연금의 이층체계화는 공적연금 지출을 빠른 속도로 팽창시켜 복지국가 확대의 주요 원인으로 작용하였다.

전쟁이 끝나자 스웨덴은 1946년 기초연금(AFP)을 도입하여 공공부조방식에서 보편적 연금체계로 전환하였다. 모든 노인들에게 시민권을 기초로 똑같은 액수의 연금을 지급한다는 공적연금 개혁안(People's Pension Reform Plan)은 의회에서 만장일치의 지지를 받았다. 자산조사로 인해 낙인을 받고 있던 저소득층 노인들이나 새로 급여를 받게 되는 중산층 이상의 노인들이나 모두 반대할 이유가 없었다(주은선, 2004: 30). 기초연금은 소득의 2.5%에 해당하는 목적세를 통해 재원을 조달하였지만, 납세 여부가 수급자격에 영향을 주지 않았다.

영국도 베버리지보고서에 따라 1946년 「국민보험법」을 제정하여 사회보험 방식의 기초연금을 도입하였다. 65세 이상의 남성과 60세 이상의 여성을 대상으로 매주 26실링의 정액급여를 지급하였으며, 부부의 경우에는 42실링을 지급하였다(Midwinter, 1994: 99). 재원은 국민보험통합보험료에 의해 마련되었다.

1951년 캐나다는 공공부조방식의 「노령연금법」을 「노인보장법(Old Age Security Act)」과 「노인부조법(Old Age Assistance Act)」으로 이원화하였다. 「노인보장법」은 보편적 연금체계였으며, 20년 이상 캐나다에 거주한 70세 이상의 모든 노인에게 월 40달러의 연금을 지급하였다. 반면 「노인부조법」은 공공부조제도였으며, 65~70세 미만의 저소득 노인들에게 자산조사를 통해 40달러를 지급하였다.

덴마크도 1956년 국민연금(People's Pension)을 도입하여 기존의 노인구호법체제를 대체하였다. 국민연금은 보편적 연금과 공공부조로 이원화되어 있었다. 국민연금은 67세 이상의 모든 노인에게 노동자 평균소득의 9%에 해당하는 기초액(minimum amount)을 보편적 연금으로 지급하였고, 이후 자산조사를 통해 추가적인 연금을 지급하였다. 1977년부터는 자산조사 방식을 완전 폐지하였다.

종전 이후 공공부조로 공적연금을 시작한 국가들이 대부분 보편적 연금체제로 전환한 데는 시민권의 신장이 크게 기여하였다. 공공부조는 수급자를 낙인찍어 수치심을 줌으로써, 인간의 존엄성을 훼손하는 단점을 가진다. 종전 후 엄격한 자산조사에 대한 폐지 여론이 높아졌고, 자산조사형 연금제도는 순차적으로 보편적 연금으로 대체되었다. 그러나 보편적 연금은 지급대상의 규모가 크기 때문에 급여 수준이 높지 않다는 한계가 있었다(김태성, 2018: 366). 나아가 전후 자본주의의 황금기가 도래하면서 국민들의 실질소득이 향상되었고, 인플레이션이 진행되면서 보편적인 정액연금의 가치는 크게 하락하였다. 연금의 가치가 하락하자 연금수준에 불만을 가진 중산층 이상의 사람들은 단체협약에 의한 협약연금이나 개인연금을 통해 부족분을 보충하였다. 그러나 민간연금을 가입할 여력이 부족한 중하층 노동자들은 노동조합을 중심으로 소득비례연금의 도입을 요구하기 시작하였다.

소득비례연금의 도입을 선도한 것은 스웨덴이었다. 스웨덴은 1959년 공적소득비례연금(ATP)을 도입하여 기초연금(AFP)을 보완하였다. ATP의 도입은 국민투표에 부쳐질 정도로 뜨거운 정치적 논쟁을 겪었다. 1946년 도입된 AFP의 가치하락이 급속하게 진행되자 스웨덴 경영자연합(SAF)은 화이트칼라 노동자들에게 협약연금을 제공해 왔고, 이를 블루칼라 노동자에게 확대시키는 방안을 제안하였다. 이에 대해 보수당과 자유당은 찬성하였으나, 사민당과 스웨덴 생산직노조(LO)는 반대하였다. 대신에 사민당과 LO는 보편적인 공적소득비례연금의 도입을 대안으로 내세웠다. 반면 농민을 지지 기반으로 하는 중앙당은 기초연금 강화방안을 선호하였다. 국민투표에서 ATP 도입안은 다수의 지지(45.8%)를 받았으나, 과반수에 미달하였다. 결국 의회해산, 재선거 등의 정치적 과정을 거쳐 ATP 도입안은 극적으로 의회를 통과하였고, 스웨덴은 AFP와 ATP의 이층체계를 확립하였다. ATP는 30년 이상 가입자에게 완전연금을 제공하였으며, 가장 임금이 높았던 15년간의 임금을 기준으로 하였다. 소위 15/30 규정은 정치적 지지를 모으기 위해 기획되었으며, 국민투표과정에서 상당한 역할을 하였다(주은선, 2004: 31-32). 1959년 ATP 급여는 기초액(minimum amount)과 기초액의 7.5배 사이의 소득을 적용대상 소득으로 하였다. 처음 20년간은 기여기간 1년마다 적용대상소득의 3%를 연금으로 제공하였으며, 20년을 초과하면 2%로 조정되었다(Gordon, 1988: 48).

보편적인 공적연금을 선택한 스웨덴과 달리 영국은 광범위한 협약연금을 허용한 채로 소득비례연금을 도입하였다. 영국은 1961년 소득비례연금(Graduated Retirement Pension: GRP)을 도입하였으나, 적용대상소득은 주당 9파운드에서 15파운드로 제한되었다. 따라서 상한선은 기초액의 1.7배에 불과하였고, 스웨덴의 7.5배와 비교하면 매우 협소하였다(Gordon, 1988: 49). 이에 따라 소득비례연금액은 1파운드 안팎의 매우 낮은 수준에 머물렀다. 많은 영국의 중산층 노동자들은 이미 높은 수준의 협약연금을 제공받고 있었기 때문에, 낮은 수준의 GRP를 이유로 정부가 협약연금에서 탈퇴할 것을 요구하는 것은 불가능했다. 결국 해럴드 맥밀런(Maurice Harold Macmillan) 내각은 GRP의 계약제외(contract-out)를 허용할 수밖에 없었다. 이에 따라 영국의 노동자들은 계약제외를 선택하여 GRP 대신 협약연금에 가입할 수 있었다. GRP는 1978년부터 좀 더 보험료율과 급여수준이 상향조정된 법정 소득비례연금(Statutory Earnings Related Pension Scheme: SERPS)으로 대체되었다. 스웨덴과 영국에 이어 보편적 연금제도를 시행 중이던 캐나다(1965), 핀란드(1961), 노르웨이(1966) 등도 소득비례연금을 도입하였다. 덴마크(1964)는 가입기간에 따라 연금액이 증액되는 방식의 보충연금을 운영함으로써, 보편적 연금의 부족분을 채웠다.

한편 독일과 프랑스, 오스트리아 등과 같이 처음부터 사회보험형 소득비례연금으로 출발한 국가들은 최저연금보장 장치들을 강화함으로써 이층체계를 구성하였다. 사회보험은 짧은 시간 안에 재원을 조성할 수 있으며, 조세조항이 적고, 높은 수준의 급여를 제공할 수 있다는 장점을 가진다. 그러나 급여의 수준이 보험료 납부액에 연계되기 때문에 소득재분배의 측면에서 한계가 있고, 기여능력이 없거나 미약한 저소득층은 적용대상에서 제외되거나 낮은 수준의 연금을 받는 문제가 발생한다. 이에 사회보험방식을 채택한 국가들은 저소득층의 적정 연금을 보장하는 방향으로 연금제도를 보완하였다.

최저연금보장 중 가장 일반적인 방법은 연금수급권이 없거나 연금액이 낮은 노인들에게 자산조사를 통해 보충적인 수당을 지급하는 방법이다. 이 방법은 미국을 비롯해서 벨기에, 프랑스, 이탈리아, 스위스, 영국 등이 채택하였다. 반면 프랑스와 오스트리아는 연금체계 내에서 낮은 수준의 연금을 받는 노인들의 연금액을 증액시켜 주는 방식으로 최저연금을 보장하고 있다. 보편적 연금을 제공하는 국가 중 캐나다, 덴마크, 뉴질랜드, 핀란드가 이러한 목적의 장치를 활용하고 있다. 나아가 노르웨이와 스웨덴은 소득비례연금을 받지 않고 기초연금만 받는 노인들에 대해 보충급여를 제공하였다(Gordon, 1988: 51-52).

3) 복지국가의 위기와 공적연금의 재편

전후 복지국가의 출범과 함께 크게 팽창된 공적연금제도는 1970년대 경제위기를 계기로 축소 지향적인 재편기에 들어섰다. 재편의 이유는 크게 두 가지이다. 먼저, 인구고령화의 문제이다. 노인인구의 증가는 세대 간 재분배를 기초로 하는 연금제도에서 은퇴세대를 부양해야 하는 노동세대들의 부담을 크게 증가시켰다. 이는 세대 간의 갈등을 초래하고 세대 간의 암묵적인 합의가 파기될 위험성을 높임으로써 연금제도의 지속성을 위협하였다. 둘째, 자본주의의 역사적인 성장국면이 끝났다는 것이다. 20년 이상 지속되어 온 자본주의의 황금기는 1970년대 오일쇼크 이후 막을 내렸고, 세계경제는 저성장 국면에 돌입하였다. 그동안 많은 국가들은 실질소득의 상승과 완전고용을 통해 낮은 보험료율로도 연금을 지급할 수 있는 재정수입을 마련할 수 있었지만, 더 이상 이러한 호조건을 기대하기 힘들어졌다.

전후 자본주의의 황금기처럼 노인부양률이 낮으면서도 실질임금 상승률과 고용수준이 높은 사회에서는 부과방식(pay as you go)[1]이 유리했다. 적은 보험료 부담으로도 높은 수준의 연금을 지급할 수 있었기 때문이다. 이에 따라 전후 거의 모든 국가들은 공적연금의 재정운영 방식을 부과방식으로 전환하였다. 그러나 1970년대 들어 과거와 정반대의 조건이 형성되면서 확정급여형 부과방식은 거꾸로 부담으로 작용하기 시작하였다. 높은 연금지출을 충당하기 위하여 젊은 노동자들이 높은 보험료를 부담해야 하는 상황에 몰린 것이다. 저성장 국면에서 높은 부담은 쉽지 않았고, 재정압박은 불가피한 것이었다.

1990년대부터 본격적으로 진행된 연금 개혁의 초점은 재정안정화에 맞추어져 있었다. 연금 개혁은 크게 모수적 개혁(parametric reform)과 구조적 개혁(structural reform)으로 구분될 수 있다(양재진, 민효상, 2008: 96-97). 모수적 개혁이란 기존 공적연금체제의 기본적인 구조를 유지하면서 보험료율, 급여수준, 수급개시연령, 의무가입기간 등 미시적인 변수들을 재조정하는 개혁 방식이다. 반면, 구조적 개혁은 현행 연금체제의 틀을 바꾸는 개혁으로, 확정급여방식에서 확정기여방식으로 전환한다든가 적립방식에서 부과방식으로 전환하는 등의 개혁을 의미한다(권혁창, 정창률, 2015: 94). 1990년대 이후 구조적 개혁에 성공한 대부분의 국가들은 연금체제를 명목확정기여방식(Notional Defiend Contribution: NDC)으로 전환하였는데, 이는 부과방식을 유지하면서 확정기여방식의 요소를 결합하는 방식이다. 그러나 구조적 개

---

1) 공적연금의 재원을 마련하는 방식에는 부과방식(pay-as-you-go system)과 적립방식이 있다. 부과방식은 연금지출을 위한 기금을 적립하지 않고, 경제활동 중인 노동계층으로부터 1년 단위로 보험료를 거둬 그해 노인들에게 연금을 지급하는 방식이다. 반면 적립방식(fund system)은 가입자들이 납부한 보험료와 그 투자수익을 통해 충분한 기금을 적립하여 가입자들에게 연금을 지급하는 방식이다. 현재 거의 대부분의 국가들은 부과방식으로 공적연금을 운영한다.

혁은 기존 제도로부터의 급격한 이탈을 의미하기 때문에, 기존 제도를 중심으로 구조화되어 있는 수많은 이해관계를 극복해야 한다. 따라서 시도 자체가 쉽지 않기 때문에, 많은 국가들은 재정위기 국면을 맞아 모수적 개혁을 통해 수지불균형을 해소하는 전략을 취해 왔다.

(1) 모수적 개혁

　모수적 연금 개혁을 실시한 대표적인 예는 독일이었다. 독일은 2001년, 2004년, 2007년의 세 차례의 연금 개혁을 실시하였다. 2001년의 연금 개혁은 보험료율이 일정한 범위 안에서 이루어지도록 하였고, 이를 위해 급여수준을 조정하기 위한 자동조절장치를 도입하였다. 2004년 연금 개혁에서는 연금산정방식에 지속가능성계수를 도입했는데, 이는 인구고령화의 폭이 큰 경우 연금수준을 조정하기 위한 장치였다. 셋째, 2007년 연금 개혁에서는 연금지급 연령을 2029년까지 65세에서 67세로 점진적으로 상향조정하기로 하였다(권혁창 외, 2018: 84).

　1990년대 이후 OECD 국가들이 사용한 모수적 개혁방법은 연금수급 연령의 상향조정, 보험료율의 인상, 물가연동장치의 변경, 연금액 산정방식의 변경 등이 있다(권혁창, 정창률, 2015: 94). 연금수급연령의 상향조정은 수급자들의 생애기간 중 연금수급기간을 줄이고 보험료납부 기간을 늘림으로써 상당한 재정절감효과를 갖는다. 미국, 독일, 덴마크, 이탈리아, 캐나다, 프랑스 등의 국가들은 연금수급연령을 65세에서 67세로 상향조정하였으며, 뉴질랜드와 우리나라는 60세에서 65세로 조정하였다.

　보험료율의 인상은 연금재정의 안정성을 높일 수 있는 직접적인 대안이지만, 이미 OECD 국가들의 연금 보험료율이 20%를 넘고 있는 상황에서 정치적으로 수용되기 쉽지 않은 대안이다. OECD 주요 국가 중에 1998년부터 20년 동안 보험료를 상향조정한 국가는 영국, 프랑스, 핀란드 등 일부 국가에 불과하였다.

　물가연동장치의 변경은 인플레이션에 따른 연금가치의 하락을 방지하기 위해 도입된 물가연동장치의 인덱스를 임금변동률에서 물가상승률로 변경하는 조치를 의미한다. 경험적으로 임금상승률이 물가상승률보다 높기 때문에, 이러한 변경은 연금의 인상폭을 억제함으로써, 재정 절감을 꾀할 수 있다. 독일, 노르웨이, 스위스, 오스트리아, 이탈리아, 핀란드 등의 국가들이 물가연동장치를 변경하였다(권혁창,

정창률, 2015: 94). 우리나라도 기초연금의 물가연동장치를 소득(A값)상승률에서 물가상승률로 변경하였다.

연금액 산정방식의 변경은 연금액 산정 시 소득의 계산방식, 과거소득의 재평가율, 자동조정장치의 도입 등과 같은 변화를 주는 것이다. 예컨대, 스웨덴의 ATP 체계는 소득이 가장 높았던 15년간의 소득으로 연금액을 산정했지만, 1998년 개혁을 통해 생애전체소득으로 산정하도록 변경하였다. 2004년 독일은 인구고령화율이 클 경우 자동적으로 급여수준에 반영되도록 하는 지속가능성계수를 급여산정방식에 도입하였다.

(2) 구조적 개혁

반면 스웨덴을 비롯한 이탈리아, 폴란드, 라트비아, 노르웨이는 기존 연금체계의 틀을 완전히 깨고 명목확정기여방식을 도입하는 구조적 개혁을 단행하였다. 연금의 재정불안정를 완전하게 해소할 수 있는 대안은 확정기여식으로 운영되는 적립방식체계이다. 연금은 급여산정방법에 따라 확정급여방식(Defiend Benefit: DB)과 확정기여방식(Defiend Contribution: DC)으로 구분된다. DB방식은 사전에 결정된 연금산정방식에 의해 미래에 받을 연금액이 확정되는 방식이다. 기여율은 정해져 있지 않으며, 확정된 급여액의 규모에 따라 조정된다. 대부분의 국가들이 연금제도를 확정급여방식으로 운영하고 있다. 그 이유는 미래에 지급되는 연금액을 사전에 확정함으로써, 노인들에게 노후생활의 안정성을 제공하기 때문이었다. 그러나 DB방식은 인구고령화 등의 이유로 확정급여액이 급증하거나, 경기침체 등으로 보험료수입이 급감할 경우 재정불안정을 야기시켜 연금의 지속가능성을 위협하는 문제를 갖는다.

인구고령화와 경기침체로부터 연금재정이 자유롭기 위해서는 DC방식이 적절한 것으로 평가된다. DC방식은 가입자들이 부담하는 기여율만 정해져 있을 뿐, 급여는 사전에 확정되어 있지 않은 방식이다. 급여액은 적립한 기여금과 기금의 투자수익에 의해 결정되며, 사전에 급여액이 얼마인지는 알 수 없다. 그 결과 마이너스 수익률을 기록할 가능성도 있기 때문에 노후 생활의 안정성을 보장할 수는 없지만, 재정불균형이 나타날 여지는 없게 된다. DC방식은 주로 민간금융회사에서 사용되는 방식이지만 재정불안정이 없다는 장점 때문에 1980년대 이후 공적연금의 재정위기를 극복할 수 있는 대안으로 거론되었고, 칠레, 아르헨티나, 멕시코 등의 국가에서 실험되기도 하였다(이인재 외, 2010: 150). DC방식은 정의상 적립방식을 취한다고 볼 수 있다. 왜냐하면 총연금액은 개별적인 계정에 누적된 기여금과 투자수입의 총액으로 결정되기 때문에(이인재 외, 2010: 151), 이에 상응하는 기금을 운영할 수밖에 없다.

그러나 이미 수십 년간 부과방식으로 운영되어 온 시스템을 단기간에 적립방식으로 전환하는 것은 쉽지 않다. 이에 따라 스웨덴이 채택한 방식은 명목확정기여방식이었으며, 이는 과거와 같이 부과방식을 유지하되, 확정기여방식과 같이 개인이 납부한 보험료와 급여수준을 강하게 연계시키는 운영방식이었다(주은선, 2004: 33). 급여액은 확정기여방식으로 정해지지만 실제 보험료는 적립되지 않고 명목상으로만 기록된다. 즉, 실제 개인계정에 보험료가 적립되고 투자수익이 더해지는 것이 아니라, 개인의 명목계정에 가상으로 귀속되고, 그 가상금액에 이자를 더해 연금을 산정하는 것이다. 실제 적립방식으로 전환이 불가능한 상황에서 DC방식의 요소를 도입하는 현실적인 대안인 셈이었다.

1970년대의 오일쇼크 위기에도 안정적인 성장을 유지했던 스웨덴 경제는 1990년대에 들어서자 금융위기를 겪으면서 극심한 경기침체에 빠졌다. 1993년 스웨덴의 성장률은 −2.1%였으며, 1988년 1.8%였던 실업률은 1993년 8.2%로 급증하였다. 정부재정은 GDP의 12.3%에 달하는 적자를 기록하였다. 이에 따라 보편적인 복지국가의 유지가능성에 대한 의문이 제기되었고, 복지국가 프로그램 중 가장 큰 비중을 차지하고 있던 연금에 대한 개혁논의가 시작되었다(김영순, 2005: 12). 1991년 비사회주의연립정부는 연금 개혁위원회를 구성하였고 7년간의 논의과정을 거쳐 결국 1998년 사민당 정부에 의해 새 연금제도가 도입되었다.

1998년 연금 개혁에 의해 AFP와 ATP의 이원체계로 운영되었던 기존의 스웨덴 연금체계는 완전히 해체되었다. 그 자리에 들어선 것은 NDC방식의 소득비례연금, 민간연금위탁 개인계정(Premium Pension Reserve), 최저보장연금(Guarenteed Pension)이었다(주은선, 2004: 33). 먼저, 보편적 기초연금이었던 AFP는 최저보장연금이라는 공공부조 프로그램으로 대체되었다. 즉, 1998년 스웨덴 연금 개혁은 보편적 연금체제에서 공공부조로의 후퇴를 의미하였다. 둘째, 가입자들이 납부하는 18.5%의 연금보험료 중 2.5%는 민간연금위탁 개인계정을 통해 민간금융회사의 연금펀드에 투입되었고 펀드의 성과에 따라 연금이 지급되었다. 이를 통해 스웨덴의 연금체계는 부분민영화되었다.

개혁의 핵심인 NDC 방식의 소득비례연금의 급여는 다음과 같이 산정되었다. 먼저 보험료납부기간의 GDP 성장률, 임금증가율 등을 고려하여 각 연금계정의 가상적립액을 총보험료납부액에 따라 계산한다. 이어 가상적립액을 추정사망률, 기대여명, 미래 연금액 할인에 사용되는 추정이자율 등의 요소로 나누어 연금액을 결정한다. 이렇게 결정한 연금액은 경제성장률에 따라 계속 조정한다. 즉, 각자의 연금액은 생애소득, 퇴직연령, 경제상황, 인구학적 상황에 의해 결정된다(주은선, 2004: 34-35). 결국 NDC방식은 인구고령화와 경기침체와 같은 재정불안정 요인들을 연금산정 과정에 반영함으로써 연금의 지속가능성을 높이는 조치였다. 스웨덴에 이어 이탈리아, 폴란드, 라트비아가 곧바로 NDC 개혁에 동참하였고, 2007년에는 노르웨이도 NDC 개혁에 성공하였다. 인구고령화와 저성장 국면이 계속되는 한 다른 국가에서도 구조적 개혁이 계속될 것으로 전망된다.

2. 한국 국민연금제도의 발전과정

1) 1973년 국민복지연금법의 제정

우리나라에서 특수직역연금이 아닌 공적연금제도가 처음 입법된 것은 1973년 「국민복지연금법」의 제정이였다. 1972년부터 박정희 유신정부는 제3차 경제개발 5개년계획을 통해 중화학 공업화를 추진하였고, 「국민복지연금법」은 이를 위한 내자동원책으로 기획되었다(전남진, 1987: 432; 양재진, 2007: 88; 김상균: 2010: 54-55). 중화학공업은 대부분 규모의 경제를 갖고 있기 때문에 대규모 투자를 필요로 한다. 따라서 정책의 성패는 필요자금을 얼마나 조달하는가에 의해 결정된다. 이에 경제기획원과 재무부는 IBRD, AID 같은 공공차관을 모색하는 한편 국민투자기금이나 방위세, 부가가치세와 같은 다양한 내자동원책을 개발하였다.

청와대가 중화학공업화를 위한 재원 마련으로 분주했던 1972년 11월 한국개발연구원(KDI)의 김만제 원장은 국내저축 제고와 투자재원 조달방법의 일환으로 박정희 대통령에게 국민연금의 도입을 건의하였고, 설득하는 데 성공하였다. 연금제도는 장기간 보험료를 납부해야 연금이 지급되기 때문에 도입 이후 한동안 상당한 규모의 기금이 적립되는 특징이 있다. 당시 KDI는 연금제도를 시행할 경우 첫해 465억, 3년째는 1,816억원의 적립이 가능할 것으로 추정하였다(김영범, 2002: 22). 1973년 1월 12일 박정희 대통령은 연두기자회견에서 "정부는 정년퇴직 근로자와 심신장애자와 유족에게 일정한 연금을 지급하는 사회보장연금제도를 도입할 준비에 들어갔다."고 공개함으로써, 공적연금제도의 도입을 공식화하였다(국민연금관리공단, 1998: 64).

이에 경제기획원과 보건사회부는 「국민복지연금법」의 개발작업에 착수하였고, 8개월간의 관계부처 간 협의를 통해 국민복지연금의 기본요강을 만들었다. 1973년 9월 20일 태완선 경제기획원 장관은 언론을 통해 기본요강을 공식 발표하였지만, 언론의 반응은 매우 부정적이었다. 거의 모든 언론은 국민복지연금이 중화학공업화 추진을 위한 내자동원의 방편으로 전용될 가능성이 높다고 한 목소리로 비판하였다. 최저임금, 의료보험, 실업보험에 비해 시급성이 떨어진다는 비판도 제기되었으며(국민연금관리공단, 1998: 83-85), 전화세, 하수도세, 주민세, 「국민출자기금법」 등 일련의 내자동원 방안에 지쳐 있던 기업과 봉급생활자들에게 새로운 부담을 지운다는 비판도 제기되었다(양재진, 2007: 96). 그럼에도 불구하고 「국민복지연금법」은 1973년 12월 1일 국회 본회의를 통과하였고, 1974년 1월 4일 시행령이 공포되어 시행을 눈앞에 두었다.

그러나 1973년 10월 제4차 중동전쟁을 계기로 제1차 오일쇼크가 발생하였고, 그 여파가 국내에 상륙함에 따라 한국경제는 순식간에 경기침체로 빠져들었다. 이에 유신정부는 1974년 1월 14일 유가상승에 따른 국민생활 안정을 목적으로 긴급조치 3호를 발동하였다. 긴급조치 3호에는 근로소득세, 사업세, 주민세의 면제 또는 경감, 통행세 감면, 미곡수매가의 소급 인상, 영세민 취로사업비 100억 원 확보 등의 내용이 담겨져 있었으며, 국민복지연금제도의 시행연기도 포함되어 있었다. 1975년 1월 1일자로 긴급조치 3호는 해제되었다. 하지만 「국민복지연금법」이 개정되었고, 연금제도의 시행일은 1976년 1월 1일로 다시 1년간 연기되었다. 나아가 1975년 12월 정부는 또 다시 「국민복지연금법」을 개정하여 시행일을 대통령령으로 정한다고 규정함으로써 연금제도의 시행을 무기한 연기시켰다.

국민복지연금의 시행이 무산된 이유는 도입의 필요성이 절실하지 않았기 때문이었다. 박정희 대통령은 처음부터 국민복지연금을 도입할 생각이 없었다. 애초에 박정희 대통령에게 '사회보장'이라는 단어는 금기어였다(김상균, 2010: 67). 중화학공업 추진에 필요한 내자동원 가능성이 없었다면 시작하지도 않았을 것이다. 하지만 「국민복지연금법」의 입안과정에서 기금의 조성규모는 예상보다 크게 하락하였고, 1974년부터 국민투자기금이 조성되고 있었다. 나아가 부가가치세와 방위세를 도입할 예정이었으며, 산업은행을 중심으로 금융지원이 동시에 이루어지고 있었다(김대환, 1987: 216). 굳이 여론의 반대를 무릅쓰고 탐탁치 않은 사회보장제도를 도입할 필요성이 없었던 것이다. 1975년 말이 되면 박정희 대통령의 관심은 당시 크게 사회문제화되었던 저소득층의 의료방치 문제로 옮겨 갔다. 이에 따라 국민복지연금의 시행은 무기한 연기되었고, 의료보험제도의 정책과정이 본격적으로 시작되었다.

2) 1988년 국민연금제도의 도입

1975년 12월 무기한 연기되었던 「국민복지연금법」의 시행은 1988년 1월 1일 국민연금제도의 출범을 통해 이루어졌다. 1983년부터 한국경제가 제2차 오일쇼크의 충격에서 벗어나자, 정부는 제5차 사회경제개발 5개년 계획을 수정하고 1984년 8월 정부와 노사단체 대표로 구성된 국민복지연금실시준비위원회를 구성하였다. 위원회의 연구의뢰에 따라 KDI는 본격적으로 국민연금제도의 시행방안을 마련하기 시작하였다(국민연금관리공단, 1998: 96-97). 전두환 대통령의 국민연금에 대한 반응은 매우 부정적이었지만, 경제기획원은 포기하지 않았다. 결국 김만제 부총리와 사공일 경제수석은 1986년 4월 전두환 대통령을 설득하였다(국민연금관리공단, 1998: 111; 김상균, 2010: 76-77).

전두환 대통령의 재가가 떨어지자 국민연금의 도입과정은 일사천리로 진행되었다. 1986년 6월 4일 국민연금 실시준비를 위한 관계기관회의가 열렸고, 1주일 뒤인 6월 12일 KDI의 공청회가 개최되었다. 이어 1986년 8월 11일 전두환 대통령은 하계 기자회견에서 최저임금제 도입, 국민연금제도 실시, 의료보험의 전 국민 확대를 내용으로 하는 국민복지 3대정책을 전격 발표함으로써 국민연금의 시행을 공식화하였다. 9월 1일 열린 당정연석회의에서 정부는 국민복지 3대정책을 모두 1988년에 실시하기로 확정하였다(조선일보, 1986. 9. 2.). 1986년 11월 22일 정부는 국민복지연금법 개정안을 국회에 제출하였고, 12월 17일 국회 본회의를 통과하였다. 1987년 9월 18일 국민연금관리공단이 설립되었으며, 1988년 1월 1일부터 국민연금제도는 정식으로 시행되었다. 「국민복지연금법」이 제정된 지 약 14년만의 일이었다. 1988년 시행된 국민연금제도와 1973년 「국민복지연금법」을 비교할 때 가장 특징적인 변화는 제도의 이름이 변경된 것이다. '복지'라는 단어를 삭제하였는데, 그 이유는, 첫째, 무갹출방식이 아닌 연금제도에 복지라는 단어를 포함시킬 이유가 없으며, 둘째, 재정 면에서 정부의 보조가 없는 재정중립적 제도를 추구하기 때문에 복지라는 단어가 불필요하다는 것이다(국민연금관리공단, 1998: 96).

1988년 국민연금은 10인 이상 사업체에 종사하는 421만 9,097명의 가입자를 대상으로 시작하였다. 같은 해 7월 의료보험이 5인 이상 사업체로 직장가입자의 범위를 확대하자, 국민연금도 곧바로 적용확대에 착수하여 1992년 1월 1일부터 5인 이상 사업장으로 적용범위를 확대하였다. 그럼에도 불구하고 1988년 국민연금은 제도 시행 당시의 노인세대들과 자영업자들에 대한 정책적 배려가 부족하였다. 이는 제도 도입을 주도했던 경제기획원의 관심이 노인복지보다는 기금의 활용에 있었기 때문이었다.

1988년 국민연금의 가장 큰 문제점은 재정불균형 문제였다. 1988년 국민연금의 기본연금액은 평균 근로자가 40년 가입 시 소득대체율이 70%였다. 이는 국제비교 측면에서 매우 높은 급여수준이었다. 반면 보험료율은 처음 시행 5년간은 3%로 시작하였고, 5년마다 3% 포인트씩 상향조정하여 1998년 이후 9%가 되도록 정해졌다. 통상적으로 다른 나라들의 연금보험료율이 10%를 상회하는 것을 감안하면 낮은 보험료율이었다. 이러한 '저부담 고급여' 구조는 장기적으로 재정불균형을 초래하여 기금 고갈의 위기를 발생시킬 수밖에 없다. 이는 제도를 설계했던 KDI 연구진들도 명확하게 인식하고 있었다. KDI의 보고서는 국민연금제도가 2038년에 적자로 전환되고, 2049년에는 기금이 고갈될 것으로 예측하였다(민재성 외, 1986: 170-171). 하지만 당시 재정추계에서 사용했던 임금상승률, 이자율, 물가상승률 등에 대한 가정들이 비현실적으로 되면서 기금의 예상 고갈 시점은 더 빨라졌고, 1994년 KDI의 재정추계는 2033년이면 국민연금 기금이 고갈되는 것으로 예측하였다.

후세대에 재정부담을 안겨 줄 것을 분명히 인지했으면서도 설계자들이 불안정한

안을 만든 이유는 제도의 조기시행과 연착륙을 고려했기 때문이었다. 하지만 보고서는 '기금고갈 이전에 보험료의 인상이나 보험급여의 인하와 같은 정책적 대안을 강구'할 필요가 있다고 하였으나, 정작 제도의 출범 이후 연금의 구조개혁 문제를 적극적으로 제기한 설계자는 없었다. 1988년 국민연금은 우리나라 공적연금의 출발이라는 점에서 큰 의의를 갖지만, 동시에 후세대에게 해결하기 힘든 큰 부담을 남겼다는 점에서 아쉬움을 갖게 한다.

3) 1993년 공공자금관리기금법의 제정과 국민연금기금

전통적으로 우리나라의 경제부처들은 복지를 낭비라고 생각했고, 지금도 마찬가지이다. 우리나라의 거의 모든 사회복지정책에서 경제부처들은 강력한 비토세력의 역할을 담당해 왔다. 그러나 국민연금은 예외였는데, 경제기획원과 KDI는 「국민복지연금법」이나 「국민연금법」의 정책개발을 주도했으며, 입법과정에 적극적으로 개입하고 지원하였다. 경제기획원이 국민연금의 도입에 그토록 공을 들였던 이유는 국민연금이 출범하자마자 드러났다. 그것은 기금 때문이었다. 출범과 동시에 경제기획원은 때를 기다렸다는 듯이 국민연금기금을 갖다 쓰기 시작하였다. 기금이 적립되기 무섭게 적립액의 절반가량이 값싼 이자로 재정투융자특별회계에 차용되었다. 이러한 공공부문 투자액의 수익률은 금융부분 투자액에 비해 3% 포인트 정도 낮은 수준이었다. 경제부처의 차용액이 커질수록 국민의 재산인 국민연금의 손실액이 커질 수밖에 없었다.

국민연금 기금을 쌈짓돈처럼 쓰면서도 경제기획원은 1993년 12월 「공공자금관리기금법」이라는 악법을 제정하여 국민연금 기금을 경제부처의 사금고로 전락시켜 버렸다. 「공공자금관리기금법」은 국민연금기금, 공무원연금기금, 석유사업기금, 국민체육증진기금, 체신예금 등의 여유자금을 해당 기금에 관한 법률과 상관없이 공공자금관리기금에 예탁해야 한다고 규정하였다. 즉, 국민연금기금운용위원회와 상관없이 그리고 위원장과의 협의도 필요 없이, 오직 재무부 장관의 결정만으로 국민연금기금을 공공자금관리기금으로 예탁해야 한다는 것이다. 그리고 공공자금관리기금을 사용하는 데 있어 국회에 계획서를 제출하거나 출석해서 보고할 필요도 없었다. 나아가 기금예탁금에 대한 이자율은 국공채 이자율 수준을 원칙으로 하였지만, 기금 등의 특성과 관리기금의 건전성을 고려하여 공공자금관리기금운용위원회에서 다르게 정할 수 있다고 규정하였다. 즉, 재무부에서 '줄 수 있는 만큼만 준다'는 것이었다.

1993년 8월 12일 「공공자금관리기금법」이 입법예고되면서 노동단체들을 비롯한 관련단체들의 반발이 잇달았다. 특히 참여연대는 1994년 12월 대리인을 내세워 위헌제청신청을 통해 헌법재판소에 공익소송을 제기하였다. 결국 1998년 외환위기 극복을 위해 구성된 제1기 노사정위원회는 90개의 노사정합의안에 「공공자금관리기금법」의 폐지를 포함시켰다. 노사정위원회의 합의안이 아니더라도 세계은행(World Bank)은 구제금융의 전제조건으로 「공공자금관리기금법」의 폐지를 요구하였다(김상균, 2010: 129). 결국 1999년 1월 29일 「공공자금관리기금법」이 개정되었고, 국민연금기금의 강제예탁을 규정했던 제5조 1항 1호 조항은 삭제되었다. 이에 따라 2001년부터 국민연금기금의 공공자금관리기금 강제예탁은 사라지게 되었다.

국민연금기금의 공공자금관리기금 강제예탁은 국민연금에 막대한 손실을 입혔다. 강제예탁이 시작된 1994년부터 1999년까지 금융투자부문과 공공자금관리기금의 수익률 차이 때문에 발생한 손실액은 1조 2,745억 원에 달했다(한국경제신문, 2001. 1. 26.). 하지만 국민연금의 손실은 금전적 손실만이 아니었다. 정부가 국민연금기금을 함부로 다루고 있다는 인상을 강화하였고, 안 그래도 기금고갈 문제 때문에 고조되어 있던 국민들의 국민연금에 대한 불신을 더욱 강화하는 계기가 되었다(김상균, 2010: 130).

4) 1995년 농어민연금의 실시

1986년부터 GATT(관세와 무역에 관한 일반협정)는 비관세장벽을 해소하고 새로운 분야(서비스업, 지적 저작권 등)에 대한 자유무역을 확대시킬 목적으로 우루과이 라운드를 시작하였다. 나아가 강제력이 부족한 협정체제였던 GATT는 취약점을 극복하기 위해 공식적인 기구(WTO)의 창설을 모색하였다(정태인, 1994 참조). 마침내 1994년 4월 모로코의 마라케시에서 최종합의가 이루어졌고, 이에 따라 1995년 1월 1일부터 GATT체제가 해체되고 WTO가 공식적으로 출범하였다. WTO체제는 수출 주도형 경제를 지향하는 우리나라에 긍정적인 영향을 줄 것으로 예측되었지만, 국제

경쟁력이 취약한 분야에 있어서는 전면적인 수입개방에 따른 상당한 피해가 예상되었다. 특히 농업의 피해가 가장 클 것으로 예상되었으며, 우루과이 라운드가 발효될 경우 2001년까지 농업이 GNP에서 차지하는 비중은 7.8%에서 2.8%로 하락하고, 농수산업 취업자의 비중은 16.0%에서 7.9%로 떨어질 것으로 예상되었다. 나아가 농가의 비중은 13.1%에서 5.1%로 하락할 것으로 전망되었다(주현, 원성연, 1994: 85).

이에 따라 농민들의 시위도 크게 격화되었다. 우루과이 라운드 반대 시위는 1990년부터 시작되었으며, 농산물협상의 타결이 임박한 1993년부터 1994년 12월 국회의 비준동의안이 처리될 때까지 협상반대, 비준반대, 재협상 요구의 순서대로 이슈를 제기하면서 전국을 농민들의 함성과 연대시위로 뒤덮었다. 이에 정부는 1994년 6월 농어촌발전대책 및 농정개혁 추진방안을 발표하였다. 국민성금 성격의 농어촌특별세를 신설하여 2004년까지 한시적으로 운영하고, 이를 통해 조성된 15조 원의 재원으로 농어촌의 생활환경개선과 농어민의 후생복지를 위해 총 21개의 사업을 실시한다는 것이었다. 21개의 사업 중 농어민 국민연금사업이 포함되었으며, 이에 따라 1995년 7월 1일부터 국민연금제도의 농어촌 지역 확대가 실시되었다.

확대사업은 지역의 이장과 통반장들의 적극적인 협조 덕분에 순조롭게 진행되었지만, 농어민연금제도는 두 가지 문제를 노출시켰다. 첫째, 소득의 하향신고 문제였다. 당시 농어민의 소득 파악이 어려웠기 때문에 농어민의 신고소득을 그대로 보험료 부과소득으로 받아들였다. 그 결과 농어민의 평균소득은 57만 원 정도였으며, 당시 사업장 가입자들의 평균소득액인 122만 원의 46.7%에 불과하였다(이인재 외, 2010: 290). 둘째, 소득신고 후 보험료 징수율이 70% 정도에 불과하였다. 낮은 징수율은 연금 미수급자를 발생시켜 사각지대의 확대로 귀결된다. 농어민연금은 장기적으로 자영업자들의 소득하향 신고와 보험료 미납 문제를 연구과제로 던져 주었다.

5) 1998년 제1차 국민연금 개혁

1997년 5월 청와대 사회복지수석실의 주도로 국민연금제도개선기획단이 발족하면서 국민연금의 구조개혁 작업이 본격적으로 시작되었다. 제도개선기획단이 제안한 국민연금 개선안의 주요 내용은 다음과 같다. ① 현재 국민연금를 기초연금과 소득비례연금으로 이원화하여 기금을 분리하고 독립적으로 운영한다. ② 연금의 소득대체율을 70%에서 40%로 하향조정한다. 이 중 16%는 기초연금이, 24%는 소득비례연금이 각각 보장한다. ③ 보험료는 2009년까지 현행 9%를 유지하지만, 2010년부터 2025년까지 단계적으로 12.65%로 상향조정한다. ④ 연금의 수급연령을 2013년부터 5년마다 1년씩 증가시켜 2033년에는 65세부터 연금을 수급할 수 있도록 연장한다. ⑤ 균등부문과 소득비례부문의 비율을 4:3에서 2:3으로 조정한다.

국민연금제도개선기획단은 최초로 기초연금과 소득비례연금의 이원체계를 주장하였다. 하지만 연금수준을 70%에서 40%로 낮춘다는 내용이 국민들과 언론의 주목을 받으면서 언론들은 연일 국민연금의 후퇴와 개악을 성토하였다. 결국 제도개선기획단안은 발표와 동시에 폐기되었고, 1998년 1월 보건복지부는 현행 제도의 골격을 유지한 개혁안을 공개하였다. 보건복지부안의 주요 내용은 다음과 같았다. ① 1998년 10월부터 국민연금을 도시지역 자영자에게 확대적용한다. ② 국민연금은 현행과 같이 일원체제로 하며, 소득대체율은 70%에서 55%로 조정한다. ③ 균등부문 대 소득비례부문은 4:3에서 1:1로 조정한다. ④ 연금의 수급연령을 2013년부터 5년마다 1년씩 증가시켜 2033년에는 65세부터 연금을 수급하도록 연장한다. ⑤ 보험료율은 2009년까지 현행 9%를 유지하고, 2010년부터 2025년까지 단계적으로 16.25%로 상향조정한다. ⑥ 연금수급을 위한 최소가입기간을 15년에서 10년으로 완화한다.

정부는 여론수렴 과정을 거쳐 1998년 5월 정부안을 골자로 한「국민연금법」개정안을 국회에 제출하였다. 한나라당의 개정안이 국회에 제출된 것은 9월이었고 여당과 야당, 그리고 정부는 합의안 도출작업에 들어갔다. 결국 합의안은 1998년 12월 28일 국회를 통과하여 제1차 국민연금 개혁이 마무리되었다. 1998년 12월 개정된「국민연금법」의 주요 내용은 다음과 같다.

① 1999년 4월 1일부터 국민연금을 도시지역 자영자에게 확대하기로 하였다.「국민연금법」개정안의 입법과정이 지연되면서 국민연금의 도시지역 확대는 예정보다 6개월 연기된 것이다.

② 40년 가입한 평균소득자의 소득대체율을 70%에서 60%로 하향조정하였다. 보건복지부안은 55%를 제안했으나, 한나라당안은 60%를 제안하여 대립되었고, 국회의 조정과정을 통해 60%로 최종 확정되었다.

③ 연금의 수급연령을 2013년부터 5년마다 1년씩 증가시켜 2033년에는 65세부터 연금을 수급하도록 연장하였다.

④ 감액연금과 조기연금의 수급요건을 조정하여 연금수급을 위한 최소가입기간을 15년에서 10년으로 완화하였다.

⑤ 이혼한 배우자가 과거 배우자였던 사람의 노령연금을 분할하여 지급받는 분할연금제도를 도입하였다.

⑥ 보험료율은 9%를 유지하되, 사업장가입자의 퇴직금 전환금을 폐지하고 노사가 4.5%씩 부담하도록 하였다.

⑦ 연금재정의 불균형을 방지하기 위해 재정계산제도를 도입하여 5년마다 재정수지를 계산하고 급여수준과 보험료율을 조정하도록 하였다.

⑧ 자격상실 후 1년이 경과하면 지급받을 수 있었던 반환일시금을 연금수급연령에 도달해야 받을 수 있도록 변경하였다.

⑨ 국민연금기금의 운영을 개선하였다. 국민연금기금운용위원장을 재정경제원 장관에서 보건복지부 장관으로 변경하였고, 위원들의 숫자를 20명으로 확대하면서 정부대표 6인과 공익위원 2명을 제외한 14명의 위원들을 전부 가입자 대표로 구성하였다.

결국 보건복지부안은 국회의 정치적 과정을 통해 급여수준이 55%에서 60%로 상향조정되었다. 또한 보험료율의 단계적 인상계획은 백지화되었다. 다만, 재정계산제도의 도입을 통해 향후 정기적인 국민연금 개혁의 가능성을 열어 놓았다. 미진한 개혁이었지만 1998년 개혁을 통해 국민연금기금의 고갈시점은 당초 제도개선기획단이 예측한 2031년에서 2047년으로 연기되었다.

6) 1999년 국민연금의 도시지역 적용확대

1998년 제1차 국민연금 개혁에 따라 국민연금의 도시지역 적용확대는 1999년 4월 1일에 실시되었다. 그러나 1999년 4월 1일은 선택할 수 있는 날짜 중 최악의 날짜였다. 외환위기에 따른 대량실업사태가 최정점을 찍은 시기가 1999년 2월이었으며, 공식적인 실업자만 178만 1천 명이었다. 강제휴업자, 무급휴직자, 공공근로참여자,

실직자훈련참여자, 구직포기자 등 실업통계에 집계되지 않는 실직자들을 포함하면 실업자가 수백만 명에 달하던 시기였다. 생계를 위협받던 수많은 가정에 국민연금 소득신고서가 배포된 것도 1999년 2월이었다. 재난지원금을 줘도 시원찮은 상황에서 3월 13일까지 연금보험료를 부과하기 위한 소득을 신고하라는 통보를 받은 것이다. 신고하지 않을 경우 신고권장소득을 직권으로 적용하겠다는 협박장도 동봉되어 있었다. 소득신고서는 생계를 위협받던 자영업자들의 분노를 폭발시키기에 충분하였다.

　더욱이 보건복지부가 제시한 신고권장소득은 실제 소득와 크게 달랐고, 직용제외자나 납부예외 대상자에게도 소득신고서가 배부되기 일쑤였다. 보건복지부가 크게 의존했던 국세청의 소득자료는 1998년 5월 신고된 1997년도의 종합소득세 과세자료였기 때문에 외환위기의 참상이 전혀 반영되어 있지 않았다. 과거의 높은 소득을 권장소득으로 강권하고, 소득이 하락한 사람은 증빙자료를 제출하라는 고압적이고 권위주의적인 당국의 요구는 대상자들을 또 한번 폭발시켰다. 군입대자와 학생 같은 적용제외자에게 소득신고서가 배부되었으며, 수많은 실업자들은 동사무소에서 실업을 증명하느라 애를 먹어야 했다. 보건복지부는 노동부로부터 가장 최근의 구직등록자와 실업급여 수급자 명부를 넘겨받았다고 변명하였지만, 불과 4개월 전에 전 사업장으로 확대된 고용보험이 모든 실업자들을 통제하에 두고 있다고 기대했던 것 자체가 어리석은 것이었다.

　소득신고를 받기 시작한 1999년 2월 5일부터 10일까지 6일간 국민연금관리공단 68개 지사에 접수된 민원은 모두 62,016건이었으며, 신고기간 동안 50만 건 이상의 민원이 쏟아졌다(연합뉴스, 1999. 2. 12.). 민원이라고 불릴 만한 것만 집계한 것이고, 항의전화까지 합치면 사실상 공단과 동사무소의 정상적인 업무는 불가능한 상황이었다. 연일 언론의 집중포화가 계속되고 업무가 불가능할 정도로 전화민원이 계속되자 보건복지부는 결국 당초의 계획을 수정할 수밖에 없었다. 일단 증빙서류의 요구를 철회하여 신고권장소득을 포기하였다. 이에 따라 가입자들이 소득을 하향신고하는 것을 막을 방법이 없어졌다. 보험료의 직권결정제도도 포기하였다. 이에 따라 국민연금은 사실상 임의가입방식으로 전락하였다. 국민들의 반발로 인해 도시 자영업자 확대사업은 취소 직전까지 몰렸으나, 김종필 국무총리가 적극적으로 강행을 주장하였고, 김대중 대통령이 이를 지지함으로써 1999년 4월 1일 가까스로 시행될 수 있었다.

그러나 전 국민 확대적용 자체만으로도 의미가 있다는 식으로 위안을 삼기에는 결과가 너무 참담하였다. 1999년 4월 15일 마감된 신고결과에 따르면 도시지역확대 조치로 국민연금에 새로 가입된 순수 소득신고자는 보건복지부가 집계한 가입대상자 1,014만 명 중 38.6%인 391만 4,700명에 불과하였다(연합뉴스, 1999. 4. 15.). 반면 소득신고자보다 100만 명 더 많은 491만 2,058명은 납부예외자로 등록되었고, 이는 전체 가입대상자 중 절반에 가까운 48.4%에 해당되는 수치였다. 농어촌지역의 납부예외자를 합치면 전체 납부예외자는 550만 명이 넘는 상태였고, 국민연금 전체가입자의 33.9%에 해당하는 수치였다(윤석명 외, 2009: 21). 나아가 23세 미만의 학생과 군인 등 적용제외자가 가입대상자의 11.3%인 114만 2,107명으로 집계되었다. 이렇게 많은 적용제외자들이 가입대상자에 올랐다는 것은 애초에 보건복지부의 사전자료가 얼마나 부실했는가를 반증하는 것이며, 보건복지부는 충분한 자료도 확보하지 않은 채 확대 강행만을 고집했던 것이다. 사전준비 부족과 부적절한 시기 선택은 거대한 규모의 사각지대로 귀결되었고, 전 국민 확대 적용의 의미를 반감시켰다.

7) 2007년 제2차 국민연금 개혁

외환위기 속에서 빠르게 진행된 제1차 국민연금 개혁과 달리 제2차 국민연금 개혁은 정치권의 지루한 공방을 통해 4년에 걸쳐 이루어졌다. 제1차 국민연금 개혁에 따라 2003년 재정계산이 이루어졌다. 재정추계 결과 연금기금은 2047년에 고갈될 것으로 예측되었다. 이에 보건복지부는 국민연금의 소득대체율을 50%로 하향조정하고 보험료율을 단계적으로 15.85%까지 인상하는 개정안을 만들어, 2003년 10월 31일 국회에 제출하였다. 그러나 개정안은 국회의 무관심 속에 변변한 논의조차 없이 2014년 5월 29일 자동폐기되었다.

정부안에 대한 여론과 사회단체의 반응은 부정적이었다. 비판의 초점은 첫째, 재정안정화만을 정책의제로 다루었을 뿐 더 큰 문제인 사각지대의 해소나 노후 빈곤 문제를 외면하였고, 둘째 사회적 대화나 협의과정을 거치지 않고 정부가 일방적으로 개혁을 추진하였다는 것이다(김수완, 2012: 35). 2000년대 들어 인구 고령화가 빠르게 진행되면서 노인들의 빈곤문제에 대한 관심이 높아졌지만, 공적인 노후보장 제도는 경로연금이 유일하였다. 2005년 당시 노령인구의 30.8%만이 공적인 노후보장체계의 대상이었을 뿐이었다(조기원, 2007: 105). 이는 국민연금의 도입을 주도했던 경제기획원의 관심이 주로 기금에 있었던 터라 현재 노인들에 대한 배려가 전혀 없었고, 보건복지부도 조직확대에 몰두하여 국민연금 키우기에만 집중했기 때문이었다. 그럼에도 불구하고 정부는 별다른 사회적 협의 없이 일부 전문가와 관료들의 독단적 판단으로 재정문제만을 독점적인 과제로 제시하였고, 이는 일방적인 의제의 선점으로 비판받기에 충분하였다.

정부의 일방통행에 제동을 건 것은 한나라당이었다. 새 국회가 구성되자 한나라당은 정부안과 전혀 다른 구조개혁을 추진하였고 재정불안정 문제뿐만 아니라 정부가 외면했던 사각지대 문제도 들고 나왔다. 2004년 9월 공개된 한나라당의 개혁안은 1997년 국민연금제도개선기획단이 제안했던 이원체제안이었다. 그러나 기본적으로 사회보험체계였던 제도개선기획단안과 달리, 한나라당안은 보편적 수당과 소득비례연금의 이원체계였다. 즉, 기초연금은 일반조세로 모든 노인에게 평균보수월액의 20%를 지급하고, 국민연금은 7%의 보험료를 재원으로 20%의 연금을 지급함으로써 총 40%의 노후소득을 보장한다는 계획이었다. 기초연금을 통해 모든 노인들에게 기본생활을 보장하고 사각지대를 해소함과 동시에 국민연금을 저부담, 저급여로 전환하여 재정불안정 문제를 해결하겠다는 것이다(고경화, 2006: 21).

감세를 지향하는 한나라당이 14조 원의 막대한 재원이 소요되는 기초연금의 도입을 주장한 것은 예상하기 어려운 일이었고, 많은 사람들이 놀란 것은 당연했다. 14조 원의 재원이 소요되더라도 하루 800억씩 누적되는 연금의 미적립 잠재부채를 해소하는 것이 더 비용효과적이라고 생각했을 수도 있고, 노인들의 지지를 노린 정치적 이득을 고려했을 수도 있다. 의도에 상관없이 한나라당은 기초연금에 대한 이슈를 선점하는 데 성공하였다.

한나라당의 기초연금제 도입방안에 대해 놀란 것은 노동운동 쪽도 마찬가지였다. 노동운동 측은 한나라당의 의도를 찜찜해하면서도 막대한 재원이 소요되기 때문에 누구도 쉽게 공론화하기 힘들었던 이슈를 한나라당이 제기한 것에 대해 환영하였다. 나아가 한나라당안을 계기로 독자적인 기초연금안을 개발하기 시작하였다(박내선, 2006: 82). 그 결과 기초연금을 공통분모로 한나라당과 노동운동 측의 어색한 연대가 형성되었으며, 2006년 한나라당과 민주노동당이 정책연대를 이루는 계기가 되었다. 반면 보건복지부와 열린우리당은 시민사회와의 소통없이 일방적으로 재정불안정 문제만을 강요함으로써 고립을 자초하였다. 근본적인 제도개혁을 주장하는 한나라당과 점진적인 모수개혁을 주장한 정부안은 쉽게 조정될 사안이 아니었다. 2005~2006년 동안 국회 보건복지위원회나 특별위원회를 통해 수차례의 조정과 타협과정을 거쳤으나 별다른 성과가 없었다.

열린우리당, 한나라당, 민주노동당 3당 간의 첫번째 합의는 2006년 9월에서야 이루어졌다. 당시 국회에 제출된 3당의 국민연금 개혁안의 주요 골자는 〈표 3-1〉과 같다. 민주노동당이 제안한 5~15%의 기초연금안은 기초연금의 출발점을 5%로 설정함으로써, 입구 수위를 현실화하였다. 이를 통해 3당은 민주노동당의 기초연금안에 우선적으로 합의하였다. 그러나 목표급여율인 15%를 법률에 명시하자는 민주노동당과 한나라당의 주장에 대해 법률적 효력이 없는 부대결의로 처리하자는 열린우리당의 입장이 대립하면서 합의는 결렬되었다. 과반수 의석을 확보하고 있던 열린우리당은 합의가 결렬되자 부대결의로 처리된 합의안을 보건복지위원회에 일방적으로 상정하였고, 야당의원들이 불참한 가운데 통과시켰다. 그러나 보건복지위원회를 통과한 「국민연금법」 개정안과 기초노령연금법안은 법사위원회에서 야당의 방해로 별다른 이유없이 심의가 지연되었다. 보건복지위원회 통과안은 한나라당과 민주노동당의 수정동의안이 만들어진 2007년 3월 30일에서야 법사위를 통과할 수 있었다.

2007년에 들어서자 정국이 급변하기 시작하였다. 열린우리당은 소속 의원 29명이 1월과 2월에 걸쳐 탈당하면서 제2당으로 추락하였다. 열린우리당이 과반수 이상의 의석을 확보하고 있었기 때문에, 그동안 한나라당은 표대결을 생각도 하지 않았

표 3-1 2006년 9월 국회에 발의된 국민연금 개혁안 비교

		정부 및 열린우리당안	한나라당안	민주노동당안
국민연금	소득대체율	50%	20%	40%
	보험료율	2017년까지 9~12.9%	7%	9%
기초연금	지급대상	하위 60%	하위 80%	하위 노인 80%
	지급수준	7~10만 원	2028년까지 9~20%	2028년까지 5~15%

다. 그러나 대선국면을 맞아 열린우리당의 결속력이 크게 약화되자 한나라당과 민주노동당은 표대결을 통해 국민연금 개혁안을 처리하고자 하였다. 즉, 한나라당과 민주노동당의 수정동의안을 만든 뒤 지난 9월 보건복지위원회를 통과한 안과 표대결을 벌인다는 계획이었다. 2007년 4월 2일 수정동의안이 국회에 제출됨에 따라 여당과 야당이 제출한 4개 법률안에 대한 표대결이 불가피해졌다. 참여연대, 전국농민회총연맹, 민주노총, 한국노총, 한국여성단체연합, YMCA 등 거의 모든 시민사회운동단체들은 한 목소리로 한나라당과 민주노동당의 수정동의안이 본회의를 통과하기를 응원하였다(오마이뉴스, 2007. 4. 2.). 〈표 3-2〉는 2007년 4월 2일 국회 본회의에 상정된 4대 법률안을 비교한 것이다.

그러나 2007년 4월 2일 4개 법안에 대한 투표결과는 황당하게 나타났다. 「국민연금법」 개정안은 모두 부결되었으며, 「기초노령연금법」은 법사위 통과안만 가결된 것이었다. 결국 국민연금의 급여감소분을 보완하기 위해 만든 「기초노령연금법」 중 1개만 통과되었고, 정작 주목적이었던 「국민연금법」 개정안은 모두 부결되는 사태가 발생한 것이다. 세트메뉴 중 주메뉴는 버리고 사이드 메뉴만 선택한 셈이었다. 언론들은 동원할 수 있는 모든 표현을 통해 국회를 조롱하였고, 국민들은 국회의원들의 단견에 말문이 막혔다. 다행히도 이러한 망신살은 여당과 야당의 정치적 협상을 진전시켰다. 특히 열린우리당은 야당의 요구에 전향적으로 임했다. 그 결과 3당 간의 합의안이 도출되었고 2007년 4월 25일 국회에 제출되었다. 「국민연금법」의 처리는 「로스쿨법」과 「사학법」과 연동되면서 한동안 미루어졌지만, 결국 2007년 7월 3일 국회 본회의를 통과함으로써 약 4년에 걸친 기나긴 입법과정을 마무리하였다. 2007년 7월 제2차 국민연금 개혁으로 개정된 「국민연금법」의 주요 내용은 다음과 같다.

표 3-2 2007년 4월 국회 본회의에 상정된 국민연금 개혁안 비교

		법사위 통과안	한나라당 · 민노당 수정안
국민연금	보험료율	9% → 12.9% (2017)	9%
	급여수준	60% → 50% (2028)	50% → 40% (2018)
	기금소진시기	2065년	2060년
기초노령연금	수급대상	하위 60%	하위 80%
	급여수준	5%, 9만 원	5%, 9만 원 → 10%, 17만 원(2018)

① 국민연금 보험료율은 9%를 유지하되, 소득대체율은 현재 60%에서 2008년 50%로 하향조정한 뒤, 2009년부터 매년 0.5% 포인트씩 감소시켜 2028년에는 40%에 도달하도록 인하한다. 반면 기초노령연금은 2008년 국민연금 가입자 평균소득(A값)의 5%를 연금으로 지급하고 2028년에는 10%가 되도록 단계적으로 인상한다.

② 군복무 크레딧과 출산 크레딧 제도를 도입한다.

③ 과거에는 급여의 중복수급을 금지하였으나, 2007년부터 포기한 급여가 유족급여일 경우에는 급여액의 20%를 지급하고, 포기한 급여가 반환일시금일 경우에는 사망일시금에 준하는 금액을 병급할 수 있도록 하였다.

④ 이혼한 배우자가 받던 분할연금을 재혼한 경우에도 계속 수급할 수 있도록 하고 본인의 노령연금과 병급할 수 있도록 하였다.

⑤ 미완치 질병에 대한 장애 판정 시점을 2년에서 1년 6개월로 단축함으로써 장애연금을 빨리 수급할 수 있도록 조정하였다.

2007년 개혁 조치로 인하여 국민연금기금의 고갈시점은 2047년에서 2060년으로 13년 연기되었다. 문제는 합의의 결과로 결정된 40%의 소득대체율은 기초연금의 보완이 없을 경우 노후를 보장하기에 충분하지 않다는 것이다. 40%의 소득대체율은 평균 근로자가 40년간 보험료를 납부한 것을 전제로 한 수치이지만, 대부분의 노동자들은 30년을 기여하기도 벅찬 것이 현실이다. 따라서 노동자들의 실제 소득대체율은 30% 안팎에 머물 것이며, 이는 노후를 대비하기에 매우 불충분한 수준이다. 그럼에도 불구하고 2007년 제2차 연금 개혁이 현재와 같은 소득대체율을 결정을 한 이유는 기초연금의 보완을 전제했기 때문이었다. 하지만 이명박 정부는 기초노령연금액을 단계적으로 상승시키기로 한 합의를 전혀 이행하지 않았고, 임기 내내 5% 수준을 유지하였다(이미진, 2012: 30-31). 기초연금의 보완이 불투명해지자 낮은 소득대체율의 문제는 더욱 선명해졌다. 차기 개혁작업은 급여의 적절성 확보에 집중될 수밖에 없었다.

8) 2108~2019년 제3차 국민연금 개혁의 무산

　2008년 8월 제2차 재정계산 결과 2060년에 기금이 소진될 것이라는 예측이 발표되었다. 그러나 보건복지가족부는 2007년 연금 개혁으로 장기재정 안정성이 어느 정도 확보되었다고 결론을 내리고 재정안정화 대책은 제3차 재정계산 시기인 2013년으로 연기하였다. 2013년 3월 제3차 재정계산 결과 기금고갈 시기는 2060년으로 변화가 없었다. 보건복지부는 보험료율을 9%에서 13~14%로 인상하는 개혁안을 마련하였지만, 박근혜 대통령의 관심은 대선 공약이었던 기초연금의 시행과 공무원연금의 개혁에 있었다.

　박근혜 대통령은 취임과 동시에 기초연금제도의 시행에 집중하였고, 기초연금의 도입이 일단락된 2014년부터는 공무원연금 개혁에 뛰어들었다. 공무원연금 개혁과정에서 새정치민주연합은 공무원연금과 공적연금 개혁의 연계를 주장하였고, 이에 새누리당과 새정치민주연합은 2015년 5월 공무원연금 개혁의 전제조건으로 '국민연금 소득대체율 50%'를 잠정적으로 합의하였다. 그러나 박근혜 대통령이 합의안에 크게 반발하면서, 국민연금 개혁 논의는 시작도 하지 못했다. 그 결과 보수정권 9년 동안 국민연금은 별다른 개혁 없이 2007년 체제를 유지하였다.

　하지만 2015년 합의를 주도했던 새정치민주연합의 대표는 문재인 의원이었다. '국민연금 소득대체율 50%'는 2017년 대선에서 문재인 후보의 공약이 되었으며, 나아가 2018년 제3차 국민연금 개혁논의의 전제조건이 되었다.

　제3차 국민연금 개혁에 대한 논의는 제4차 재정계산부터 시작되었다. 2018년 8월 17일 공개된 재정추계 결과 국민연금기금은 2057년 고갈될 것으로 예측되었다. 이에 국민연금제도발전위원회는 두 가지의 국민연금 개혁방안을 제시했다. (가)안은 소득대체율을 45%로 인상하되, 보험료율을 2% 포인트 즉시 인상하여 11%로 상향조정하는 안이다. 나아가 향후 '30년 후 적립배율 1배' 달성을 목표로 18%의 범위 내에서 5년마다 보험료율을 단계적으로 인상한다는 안이었다. (나)안은 현행 소득대체율인 40%를 유지하되, 보험료율을 10년 내에 13.5%까지 단계적으로 인상하는 안이었다. 나아가 2029년 이후에는 수급연령의 상향조정, 기대여명계수의 도입, 보험료 추가 인상 등의 조치를 실시하도록 제안하였다.

　제도발전위원회안들은 8월 10일부터 언론에 보도되었고, 언론들은 한결같이 보험료 인상과 수급연령 상향에 초점을 맞춰 비판을 퍼부었다. 이에 문재인 대통령은 8월 13일 청와대 회의에서 "국민연금 개편은 노후소득보장 확대라는 기본 원칙 속에서 논의될 것"이며, "국민의 동의와 사회적 합의 없는 정부의 일방적인 개편은 결코 없다."고 못박았다(한겨레신문, 2018. 8. 14.). 노후소득보장 확대란 사실상 문재인 대통령의 공약이었던 50%를 가이드라인으로 제시한 것이었다. 따라서 제도발전위원회의 두 가지 안은 발표 전부터 운명이 결정된 맥빠진 안이 되어 버렸고, 대통령의 주문, 즉 국민의 동의와 사회적 합의를 거치기 위해 국민연금 개혁안은 경제사회노동위원회에서의 협의과정을 거치도록 결정되었다.

　2018년 10월 30일 경제사회노동위원회 산하에 '국민연금 개혁과 노후소득보장 특별위원회(연금특위)'가 발족하였고, 연금특위에서 논의될 보건복지부의 국민연금 종합운영개편안은 11월 6일부터 언론에 보도되기 시작하였다. 언론들의 보도 내용에 따르면 보건복지부는, 첫째, 노후 소득보장을 강화하기 위해 국민연금의 소득대체율을 현행 40%에서 45~50%로 올리고 보험료율을 현행 9%에서 12~15%로 인상하는 안과, 둘째, 연금의 지속가능성 높이기 위해 현재 급여수준을 유지하되, 보험료를 15%로 인상하는 안을 복수로 청와대에 보고하였다. 보건복지부가 보고한 개편안에는 문재인 대통령이 원하는 50%의 소득대체율안이 포함되어 있었지만, 문재인 대통령은 보건복지부의 보고에 대해 전면 재검토를 지시하였다. 국민들의 눈높이에 맞지 않는다는 이유였다. 청와대에 따르면 문재인 대통령은 "그동안 수렴해온 다양한 의견을 종합하되, 국민들 의견이 보다 폭넓고 충실히 반영될 수 있도록 수정, 보완하라."고 지시했다고 한다. 아울러 김의겸 청와대 대변인은 "보건복지부의 개편안에서 대통령은 보험료 인상 부분이 국민 눈높이와 가장 맞지 않는다고 생각한다."고 전했다(한겨레신문, 2018. 11. 7.). 결국 문재인 대통령은 보험료의 인상이 없는 국민연금 개혁을 원했던 것이었다. 즉, 보험료율의 인상없이 50%의 소득대체율을 원했던 것인데, 이는 쉽지 않은 과제였다.

　적정수준의 노후소득을 보장하기 위해서는 보험료의 인상이 필요하다. 설령 부과방식으로 전환한다고 해도 보험료 인상의 급격한 단절없이 자연스럽게 전환하기 위해서는 보험료 인상이 불가피한 것이다(정해식, 주은선, 2019: 255). 국민들이 보험료 인상을 환영할 리 없기 때문에 대통령이 적극적으로 개혁을 설득해도 쉽지 않은 상황인데, 대통령이 보험료 인상을 반대한다면 개혁작업은 더 이상 추진되기 어려웠다.

　대통령의 지시대로 계획을 재검토한 보건복지부는 2018년 12월 14일 〈표 3-3〉
과 같은 네 가지 정책조합을 담은 '제4차 국민연금종합운영계획안'을 공개하였으나,
추진의지는 크게 떨어진 상황이었다. 네 가지 정책조합들은 경제사회노동위원회
연금특위로 넘어가 논의되었다. 2019년 8월 30일 연금특위는 다수가 동의한 '노후
소득보장 강화방안 ①'과 경제단체가 주장한 현행유지안, 소상공인연합회가 주장한
'소득대체율의 변화 없이 보험료율을 10%로 올리자는 안' 등 세 가지 안을 최종 발

표 3-3 2018년 12월 국민연금종합운영계획안의 4개 정책 조합

		현행 유지방안	기초연금 강화방안	노후소득보장 강화방안 ①	노후소득보장 강화방안 ②
		소득대체율 40% 유지	소득대체율 40% + 기초연금 40만 원	소득대체율 45%	소득대체율 50%
기본 모형 (소득대체율)		국민 40% + 기초 12% (52%)	국민 40% + 기초 15% (55%)	국민 45% + 기초 12% (57%)	국민 50% + 기초 12% (62%)
국 민 연 금	소득 대체율	현행유지	현행유지	'21년 45%	'21년 50%
	보험료율	현행 유지 (보험료율: 9%)	현행 유지 (보험료율: 9%)	'31년 12% (21년부터 5년마다 1%p씩 인상)	'36년 13% (21년부터 5년마다 1%p씩 인상)
기초연금		'21년 30만 원	'21년 30만 원 '22년 이후 40만 원	'21년 30만 원	'21년 30만 원
국민 + 기초 실질급여액		86.7만 원	101.7만 원	91.9만 원	97.1만 원
실질대체율		34.7%	40.7%	36.8%	38.8%
소진시점		2057년	2057년	2063년	2062년
GDP 대비 최대 적립기금		2034년 (GDP 대비 58.2%)	2034년 (GDP 대비 48.2%)	2039년 (GDP 대비 58.3%)	2039년 (GDP 대비 58.7%)

출처: 보건복지부(2018a: 10-11).

표하였고 이 중 '45%의 소득대체율과 12%의 보험료율안'을 내용으로 한 '노후소득 보장 강화방안 ①'을 다수안으로 보고하였다.

그러나 보건복지부는 연금특위의 논의결과를 단일안으로 만들지 않았고, 세 가지 안을 모두 국회에 제출하여 국회에서 논의해 줄 것을 요청하였다. 무책임한 조치였지만, 대통령의 의중에 의해 보험료 인상이 금지된 상황에서 보건복지부의 개혁의지는 이미 크게 약화되어 있었다. 국회는 보건복지부에 단일안을 제출하도록 강력히 요구했지만, 2020년 6월 기자간담회에서 박능후 보건복지부 장관이 국민연금 관련하여 "정부가 추가로 내놓을 안이 없다."고 밝힘으로써, 사실상 문재인 정부의 국민연금 개혁은 실패로 끝났다.

제4장

국민연금의 이해

1. 공적연금의 필요성

오늘날 전 세계의 거의 모든 국가들은 공적연금제도를 시행하고 있다. 이는 국가가 공적연금을 시행해야 할 상당한 이유가 있다는 것을 것을 의미한다. 본격적으로 국민연금을 고찰하기에 앞서 공적연금의 필요성에 대해 소비평탄화, 근시안적 사고, 역선택, 도덕적 해이, 소득재분배의 측면에서 간단하게 살펴보고자 한다.

1) 소비의 평탄화

사람들은 조기에 사망할 경우 가족에게 재산을 충분히 남기지 못하는 위험을 잘 알고 있다. 따라서 많은 사람들이 생명보험에 가입하여 조기 사망에 대비한다. 하지만 지나치게 오래 사는 위험도 존재한다. 예컨대, 어떤 사람이 자신의 건강상태를 고려하여 85세까지 생존할 것이라고 예상하고, 60세 퇴직 후 25년 동안 노후생활을 할 수 있는 자산을 준비해 놓았다고 생각해 보자. 여기서 발생할 수 있는 문제는 85세가 아니라 100세까지 생존할 수 있다는 것이다. 만약 100세까지 생존하게 되면 생애의 마지막 15년 동안은 매우 곤란한 처지에 놓이게 된다. 이러한 위험에 대비하는 가장 좋은 방법은 연금보험에 가입하는 것이다. 연금은 사람들의 소비를 평탄화하는 기능이 있다. 소비평탄화(consumption smoothing)란 소득수준이 낮을 때 소비가 급격히 줄어드는 것을 방지하기 위해 소득수준이 높은 시기에 소비를 줄이는 것을 의미한다. 위험회피적인 사람이라면 은퇴후 일정한 소득수준을 유지하기 위해 소비를 줄여 자발적으로 연금보험에 가입할 것이다(Rosen & Gayer, 2008: 300-301). 그러나 많은 사람들은 근시안적 사고 때문에 충분한 대비를 하지 못한다.

2) 근시안적 사고

보통 사람들은 노후를 대비하기 위한 저축의 필요성을 충분히 인식하지 못한다. 이는 사람들이 미래에 대한 적절한 계획을 세울 만한 충분한 시계(time horizon)를 갖지 못하기 때문이다(Rosen & Gayer, 2008: 302). 사람들이 대부분 근시안적 사고를 갖는 이유는 미래보다 현재의 소비를 더 선호하는 시간선호현상(time preference) 때문이다. 현금을 지금 사용하면 효용을 얻을 수 있지만, 미래에는 현재의 효용을 얻을 수 없으며, 그 현금을 얻으리라는 보장도 없다. 따라서 현재의 소비를 미래의 소비보다 높게 평가하는 것은 자연스런 현상이며, 불확실성이 클수록 시간선호율은 높아진다. 이에 따라 대부분의 사람들은 먼 미래의 노후보다는 현재의 소비에 치중하며, 미래를 대비한 저축에 소홀하게 된다. 그 결과 많은 사람들은 노후가 근미래가 되는 시점부터 노후대비의 필요성을 인식하지만, 그때는 이미 충분한 노후대비를 하기에는 늦은 시점이다. 이에 따라 국가는 노후대비의 필요성을 스스로 깨닫기 전부터 국민들로 하여금 소득의 일정부분을 강제로 저축하도록 해야 할 필요성이 있다.

3) 역선택

보험에서 역선택(adverse selection)의 문제는 위험발생 가능성이 높은 사람들이 집중적으로 보험에 가입하여 평균적인 위험 확률과 보험료가 높아지는 악순환이 생기는 현상을 의미한다. 역선택은 민간보험회사가 가입자들에 대한 정보를 충분히 확보하지 못한 정보의 비대칭성 상황에서 발생하며, 연금시장에서도 이러한 문제는 존재한다. 연금시장에서 보험회사의 이윤은 가입자의 기대여명에 의해 결정된다. 가입자가 오래 살수록 보험회사의 채산성은 악화된다. 이는 가입자의 기대수명이 높을수록 보험회사는 더 높은 보험료를 책정해야 한다는 것을 의미한다. 문제는 가입자가 자신의 기대여명에 대해 보험회사보다 더 많이 알고 있다는 것이다. 만약 보험회사가 평균적인 기대수명을 기준으로 보험료를 책정하면, 기대수명이 평균보다 짧은 사람들은 손실이 발생할 것이며, 기대수명이 평균보다 높은 사람에게는 이익이 발생할 것이다. 자신의 기대수명이 평균보다 낮다고 생각하는 사람은 연금상품을 구입하지 않을 것이고, 보험에는 상대적으로 건강한 사람들만 가입할 것이다. 이에 따라 보험회사는 연금지출비용을 충분히 확보하기 위해 보험료를 상향 조정해야 한다. 보험료가 상승하면 연금가입자 중에서 상대적으로 수명이 짧은 사람들이 다시 탈퇴하게 된다. 따라서 보험회사는 역선택의 문제에 직면하게 되고, 연금시장은 죽음의 소용돌이 현상(death spiral)에 빠지게 된다(Rosen & Gayer, 2008: 301-302). 이러한 역선택 문제를 해결하기 위해서는 정부 또는 공공기관이 강제보험을 도입하여 저위험군과 고위험군을 모두 포괄해서 평균보험료 방식으로 보험을 운영해야 한다. 즉, 국가에 의한 연금제도가 요구되는 것이다.

4) 도덕적 해이

만약 자신이 노후에 심각한 빈곤에 빠지더라도 국가가 최저생활을 보장해 줄 것이라고 믿는다면, 이들은 노후생활을 대비하기 위한 충분한 저축을 하지 않을 것이다. 따라서 노인에 대한 국가의 최저생활 보장은 개인저축을 감소시키는 도덕적 해이(moral hazard) 현상을 초래할 수 있다(Rosen & Gayer, 2008: 303). 이는 미래를 대비하여 성실하게 저축한 사람들에게도 피해를 준다. 최저생활을 보장하기 위한 국가지출은 성실한 사람들의 세금으로 충당되기 때문에, 성실한 사람들은 자신의 노후를 대비함은 물론 도덕적 해이에 빠진 타인의 노후비용을 지불해야 하는 이중의 부담을 진다(권문일, 2004). 이에 따라 국가는 도덕적 해이에 의해 발생하는 낮은 수준의 저축을 교정하고, 이중 부담의 불공정성을 방지하기 위해 소득의 일정 비율을 강제적으로 저축하게 할 필요가 있다.

5) 소득재분배

자본주의적 생산과정에서 생산요소에 따라 분배되는 임금·이윤·지대는 지나치게 불평등하다는 문제점을 갖는다. 이러한 불평등은 대규모 빈곤층을 발생시켜 19세기 사회불안의 원인이 되기도 하였으며, 고질적인 과소소비를 야기시켜 경기 침체를 유발하기도 하였다. 따라서 불평등은 사회정의적 측면뿐만 아니라 자본주의 시장경제의 유지라는 차원에서도 시정할 필요가 있었다. 이에 국가는 사회보장 제도를 통해 적극적인 소득재분배 기능을 담당해 왔다. 공적연금은 노후생활의 불평등을 시정한다. 소득비례방식으로 운영되는 공적연금에서 생애소득이 낮은 저소득자는 고소득자 비해 낮은 수준의 연금을 받을 수밖에 없다. 이에 따라 대부분의 국가는 저소득자의 연금 수준이 최저생활을 위협할 정도로 낮아지는 것을 방지하기 위해 공적연금에 소득재분배 장치를 두고 있다. 이는 민간보험에서는 불가능하다. 소득재분배 장치로 인해 불이익을 받는 고소득층 가입자는 민간보험에서 탈퇴하고 다른 보험으로 옮길 것이기 때문이다. 소득재분배는 국가가 강제가입방식으로 공적연금제도를 운영해야 하는 결정적인 이유이다.

2. 국민연금의 적용범위

국민연금의 적용대상은 국내에 거주하는 국민으로서 18세 이상 60세 미만인 자이다. 다만, 해당 연령에 속하더라도 공무원연금, 군인연금, 사립학교교직원연금 등과 같은 특수직역연금가입자나 별정우체국 직원들은 국민연금의 적용에서 제외된다. 나아가 55세부터 이미 연금수급권을 취득한 특수직종 근로자들이나 조기노령연금 수급자들도 적용대상에서 제외된다. 국민연금의 적용대상자들은 크게 사업장가입자와 지역가입자로 구분된다.

사업장가입자는 1인 이상의 근로자를 사용하는 사업장의 사용자와 근로자를 의미하며, 해당 사업장에서 일하는 사람들은 외국인을 포함하여 모두 국민연금에 가입해야 한다. 18세 미만의 근로자나 60세 이상인 근로자와 사용자도 해당 사업장에 종사할 경우 일단은 사업장가입자로 당연적용된다. 하지만 본인의 신청에 따라 국민연금 적용에서 제외될 수 있다. 다음에 해당하는 사람들은 사업장가입자에서 제외되며, 지역가입자로 국민연금에 가입해야 한다.

① 공무원연금, 군인연금, 사립학교교직원연금, 별정우체국연금 수급권자. 다만, 국민연금과 연계신청을 한 경우에는 사업장가입자의 대상이 될 수 있다.

② 일용근로자 또는 1개월 미만의 기간제 근로자. 다만, 1개월 이상 계속 근무하면서 월간 근로일수가 8일 이상이거나 근로시간이 60시간 이상인 사람은 사업장가입자로 적용된다.

③ 소재지가 일정하지 않은 사업장 근로자

④ 월간 소정근로시간이 60시간 미만인 단시간근로자. 단 3개월 이상 계속 근로하는「고등교육법」상의 강사, 3개월 이상 계속 근로하면서 사용자의 동의하에 사업장가입자 적용을 희망하는 사람, 둘 이상 사업장의 월간 소정근로시간의 합이 60시간 이상인 사람은 사업장가입자 대상이 될 수 있다.

사업장가입자가 아닌 적용대상자는 모두 지역가입자가 된다. 다만, 다음에 해당하는 사람들은 지역가입자에서도 제외된다.

① 특수직역연금의 퇴직연금, 장해연금, 퇴직연금일시금, 군인상이연금 등의 수급권자. 그러나, 퇴직일시금이나 유족연금 수급권자, 국가보훈성 연금의 수급권자는 해당되지 않는다.

②「국민기초생활보장법」에 의한 생계급여나 의료급여 수급자 또는 보장시설 수급자

③ 18세 이상 27세 미만인 자로서 학생이거나 군복무 등으로 소득이 없는 자

④ 별도의 소득이 없는 배우자

⑤ 1년 이상 행방불명된 자

지역가입자에서 제외되는 사람들은 국민연금 적용제외자로 구분된다. 그러나 적용제외자이더라도 본인이 희망하면 임의가입자의 형태로 국민연금에 가입할 수 있다. 주로 별도의 소득이 없는 배우자나 연금수급권자들이 시중 금융상품보다 수익성이 높은 국민연금에 자발적으로 임의가입하는 경우가 많다. 반면 임의계속가입

자는 60세 이상의 적용·제외자 중에서 60세에 도달했음에도 불구하고 가입기간이
부족해서 연금을 받지 못하거나 가입기간을 연장하여 더 많은 연금을 받고자 할 경
우, 신청에 의해 65세에 도달할 때까지 가입하는 사람들을 의미한다.

　가입자 종류별 국민연금 가입자 현황은 〈표 4-1〉과 같다. 1988년 국민연금이
10인 이상 사업장을 대상으로 출범할 당시 가입자 수는 443만 명에 불과하였으나,
1999년 전 국민 확대조치를 계기로 가입자 수는 단숨에 1,626만 명으로 확대되었
다. 이후 가입자 수는 꾸준히 증가하여 2021년 7월 현재 2,215만 7,234명을 기록
하고 있다. 이 중 사업장 가입자는 65.3%인 1,447만 7,620명이며, 지역가입자는
30.4%인 673만 3,422명이다.

표 4-1　**국민연금 가입자 현황**

	계	사업장 가입자	지역가입자		임의 가입자	임의계속 가입자
			소득신고자	납부예외자		
1988.12.31.	4,432,695	4,431,039	–	–	1,370	286
1992.12.31.	5,021,159	4,977,441	–	–	32,238	11,480
1995.12.31.	7,496,623	5,541,966	1,890,187	n/a	48,710	15,760
1996.12.31.	7,829,353	5,677,631	2,085,568	n/a	50,514	15,640
1999.12.31.	16,261,889	5,238,149	10,822,302	5,913,890	32,868	168,570
2006.12.31.	17,739,939	8,604,823	9,086,368	5,434,219	26,991	21,757
2010.12.31.	19,228,875	10,414,780	8,674,492	5,465,712	90,222	49,381
2011.12.31.	19,885,911	10,976,501	8,675,430	5,154,596	171,134	62,846
2012.12.31.	20,329,060	11,464,198	8,568,396	4,963,219	207,890	88,576
2013.12.31.	20,744,780	11,935,759	8,514,434	4,900,090	177,569	117,018
2014.12.31.	21,125,135	12,309,856	8,444,710	4,865,018	202,536	168,033
2015.12.31.	21,568,354	12,805,852	8,302,809	4,635,558	240,582	219,111
2016.12.31.	21,832,524	13,192,436	8,060,199	4,293,756	296,757	283,132
2017.12.31.	21,824,172	13,459,240	7,691,917	4,087,981	327,723	345,292
2018.12.31.	22,313,869	13,817,963	7,694,885	3,814,117	330,422	470,599
2019.12.31.	22,216,229	14,157,574	7,232,063	3,377,319	328,727	497,865
2020.12.31.	22,107,028	14,320,025	6,898,118	3,098,014	362,328	526,557
2021.07.31.	22,157,234	14,477,620	6,733,422	n/a	383,833	562,359

출처: 국민연금공단(2021a: 1).
　류재린(2021: 135-136).

소득비례연금을 운영하는 대부분의 국가들은 일정 소득 이상의 유급 소득활동자만을 적용대상으로 하고 있다. 그러나 국민연금은 특정 연령대의 모든 국민을 적용대상으로 한다. 따라서 국민연금의 적용 여부는 소득활동보다 연령에 의해 결정되고, 해당 연령층의 비경제활동인구나 실업자와 같이 소득이 없는 대상층도 보험료를 납부해야 하는 문제를 야기시킨다. 이에 따라 국민연금은 다음에 해당되는 사람에 대해 납부예외제도를 운영하고 있다.

　　① 사업중단이나 실직 또는 휴직 중인 경우

　　② 병역의무를 수행하고 있는 경우

　　③ 학교에 재학 중인 경우

　　④ 교정시설이나 치료감호시설에 수용 중인 경우

　　⑤ 1년 미만의 행방불명자

　　⑥ 재해나 사고 등으로 소득이 감소되거나 소득이 있는 업무에 종사하지 않는 경우

　위의 경우에 해당되는 가입자는 납부예외를 신청하여 보험료 납부의무를 면제받을 수 있다. 이때 납부예외기간은 국민연금 가입기간으로 산입되지 않는다. 현재 납부예외자의 납부예외 사유로는 실직이 82.2%를 기록하여, 절대다수를 차지하고 있다(류재린, 2021: 127).

　1999년 국민연금의 도시지역 확대 이후 납부예외자는 보험료 장기체납자와 함께 사각지대를 구성하는 가장 핵심적인 대상이었다. 외환위기라는 최악의 시기에 시행된 도시지역 확대는 부정확한 소득자료를 사용하여 국민들의 분노를 불러왔고, 별다른 검증 없이 가입대상자의 납부예외 신청을 그대로 인정할 수밖에 없었다. 그 결과 국민연금은 591만 명이라는 거대한 납부예외자를 유산으로 안고 지역가입자 관리를 시작하였고, 그 규모는 상당기간 지속되었다. 납부예외자는 2010년 이전까지 꾸준히 500만 명을 상회하여 사각지대의 핵심을 이루었다. 이에 정부는 납부예외자를 축소하기 위해 지속적으로 노력해 왔으며, 2020년 현재 309만 8,014명까지 감소시키는 성과를 이루었다. 〈표 4-1〉에 따르면 2010년 이후 납부예외자 수는 점진적으로 감소하고 있으며, 최근 감소속도가 눈에 띄게 빨라지고 있는 것을 볼 수 있다.

류재린(2021: 134-139)의 연구에 의하면 최근 납부예외자가 크게 축소된 이유 중 하나는 국민연금공단의 데이터 확충 때문이었다. 특히 2015년부터 국민연금공단에 대법원의 가족관계 전산자료가 도입되면서, 혼인 여부에 대한 체계적인 분류가 가능해졌고, 이는 적용제외자가 납부예외자로 오분류되는 수를 크게 감소시켰다. 국민연금은 별도의 소득이 없는 배우자를 적용제외자로 분류하기 때문에 혼인 여부는 적용대상 분류에서 매우 중요하다. 그동안 근로자가 실직하면 대부분 납부예외자로 분류하였으나, 여기에는 적용제외자로 분류되어야 하는 기혼자가 다수 포함되어 있었다. 2015년 대법원 데이터는 이러한 오분류를 방지함으로써, 납부예외자 대신에 적용제외자가 늘어나게 되었다. 아울러 정부의 사업장가입자 확대 정책도 상당히 효과를 거둔 것으로 분석되었다. 2003년 정부는 사업장가입자의 범위를 1인 이상 사업장으로 확대하였고, 일용직과 임시직의 범위도 점진적으로 넓혀 나갔다. 또한 2012년부터 두루누리 사업이 실시되면서 영세사업장의 가입유인도 제고되었다. 지역가입자의 사업장가입자로의 전환이 진행되었으며, 납부예외자 수도 감소되었다.

그러나 납부예외자 수의 감소에도 불구하고 국민연금의 적용 사각지대는 여전히 큰 편이다. 〈표 4-2〉는 2020년 12월 현재 국민연금의 사각지대 규모를 나타낸다. 〈표 4-2〉에 따르면 국민연금의 적용 사각지대, 즉 국민연금 미가입자나 보험료 미납부자는 1,248만 명이었으며, 18세 이상 60세 미만 전체 인구의 39.4%로 나타났다. 이 중 납부예외자와 장기체납자는 413만 명으로 전체 인구의 13.0%였으며, 국민연금가입자의 20.0%를 기록하였다.

표 4-2 국민연금 사각지대 규모(2020.12)

18~59세 총인구 31,672천 명				
비경제활동인구 8,352천 명	경제활동인구 22,414천 명			
	국민연금가입자 21,580천 명			특수직역연금 1,739천 명
	납부예외자 3,098천 명	소득신고자 18,482천 명		
		장기체납자 1,035천 명	보험료납부자 17,447천 명	
소계 12,485천 명			소계 19,187천 명	

출처: 국민연금연구원(2021: 21).

| 표 4-3 | 18～59세 경제활동인구의 근로형태에 따른 국민연금 가입률 |

연도	임금근로자				비임금근로자		계
	상용/정규	상용/비정규	임시/정규	임시/비정규	고용주	자영자	
2009	99.4	97.5	42.2	36.3	78.7	42.5	66.1
2010	99.4	96.2	42.4	34.1	82.1	46.6	66.8
2011	99.3	97.0	39.9	33.8	81.1	47.8	66.5
2012	99.6	97.3	41.2	36.1	82.8	48.2	67.5
2013	99.4	98.1	43.1	38.0	81.8	48.4	68.1
2014	99.4	97.7	46.1	38.9	82.5	49.6	68.7
2015	99.5	97.2	46.7	37.7	83.3	50.9	69.2
2016	99.6	97.9	47.7	39.0	84.5	53.2	70.6
2017	99.5	97.4	53.7	40.3	85.6	55.5	72
2018	99.5	97.6	53.8	42.8	87.5	56.3	72.9

출처: 류재린(2020: 33).

〈표 4-3〉는 경제활동인구조사 8월 부가조사를 이용하여 류재린(2020)이 근로형태에 따른 국민연금 가입률을 산출한 것이다. 〈표 4-3〉에 따르면 2018년 현재 소득활동자 중 72.9%가 국민연금에 가입하였다. 뒤집어 말하면 소득활동자 중에 27.1%의 가입 회피자가 있다는 것이다. 〈표 4-3〉은 자영업자와 임시일용직의 가입회피율이 높다는 것을 보여 준다. 비정규직 노동자와 자영업자의 가입률을 높일 수 있는 방안이 필요한 상황이다.

3. 국민연금 급여의 종류와 수준

국민연금은 크게 노령연금, 장애연금, 유족연금, 반환일시금과 사망일시금 등의 급여를 제공한다. 일시금을 제외한 국민연금 급여는 가본연금액과 부양가족연금액의 합으로 산정된다. 따라서 국민연금 급여를 이해하기 위해서는 기본연금액과 부양가족연금액의 산정방식을 먼저 살펴보아야 한다.

1) 기본연금액과 부양가족연금액의 산정

국민연금 급여의 산정기초가 되는 기본연금액은 〈식 4-1〉과 같이 산정된다. 〈식 4-1〉에서 A는 연금수급 전 3년간의 국민연금 전체가입자의 평균소득월액을 의미하며, B는 가입자 개인의 생애 평균소득월액을 의미한다. n은 20년을 초과한 가입연수를 의미하며, 1.2는 소득대체율 조정을 위한 승수이다.

$$기본연금액 = 1.2 \times (A + B) \times (1 + 0.05n)$$
$$= 1.2A(1 + 0.05n) + 1.2B(1 + 0.05n) \qquad 〈식 4-1〉$$

A값이 기본연금액에 반영된다는 것은 개인의 연금액 산정에 있어 개인의 소득뿐만 아니라 국민연금 전체가입자들의 평균소득이 반영되는 것을 의미한다. 이 값은 1년에 한 번밖에 산출되지 않기 때문에 당해연도 연금수급을 시작하는 모든 사람들에게 똑같이 적용된다. 따라서 A값을 '균등부문'이라고 한다. 반면 B는 가입자 개인의 소득을 반영하며, 개인마다 상이하기 때문에 '소득비례부문'이라고 한다. 통상적으로 민간보험은 재분배효과를 상정하지 않기 때문에 개인이 납부하는 보험료만을 고려하여 급여액을 산출한다. 즉, 〈식 4-1〉의 B값만을 고려한다. 하지만 국민연금은 기본연금액 산정에 A값을 투입함으로써 소득이 A값보다 낮은 저소득층은 자신의 소득보다 높은 값이 반영되어 유리하게 작용하도록 하는 한편, 소득이 A값을 초과하는 고소득층은 본인의 소득보다 적은 값이 반영되어 불리하게 작용하도록 하고 있다. 이를 통해 국민연금은 하후상박의 소득재분배효과를 창출할 수 있다. 현재 국민연금은 균등부문과 소득비례부문을 동일한 비율로 반영하여 강력한 소득재분배효과를 갖는다. 그 결과 평균소득보다 낮은 소득계층은 상대적으로 높은 소득대체율이, 평균소득보다 높은 소득계층은 낮은 소득대체율이 적용된다.

반면 B값은 축소된 범위에서나마 연금액의 소득비례성을 유지시켜 준다. 즉, 보험료를 적게 납부한 사람의 연금액이 많이 납부한 사람의 연금액보다 높아지는 역전현상을 방지한다. 이를 통해 소득재분배에 대한 고소득층의 불만을 완화시킬 수 있다. 〈표 4-4〉에 의하면 현재 국민연금의 평균가입자(B=A)가 40년간 보험료를 납부할 경우(n=20), 소득대체율은 40%이다. 반면 개인의 소득이 평균소득의 절반인 저소득가입자(B=$\frac{1}{2}$A)의 소득대체율은 60%이며, 평균소득의 두 배인 고소득가 입자(B=2A)의 소득대체율은 30%이다. 즉, 고소득층일수록 소득대체율이 하락하는 것을 알 수 있다. 하지만 A값이 250만 원이라고 가정할 때 연금액은 저소득가입자 의 경우 75만 원, 평균가입자의 경우 100만 원, 고소득가입자의 경우 150만 원이며 연금액의 역전현상은 발생하지 않는다.

　A값의 작용으로 인해 극단적인 저소득층은 소득대체율이 100%를 상회하는 경우 도 발생할 수 있다. 예컨대, 〈표 4-4〉에서 보는 바와 같이 1988~1998년 평균소득 의 절반에 해당하는 저소득자는 40년 가입할 경우 소득대체율이 110%로 산출된다. 지금도 평균소득의 25% 미만의 저소득자는 40년 가입 시 소득대체율이 100%를 초 과한다. 그러나 국민연금은 연금액이 마지막 5년간의 평균소득액과 전체 가입기간 의 평균소득액 중 높은 금액을 초과하지 못하도록 상한선을 규정하고 있기 때문에, 가입자의 소득대체율이 100%를 상회하기는 힘들다.

표 4-4 기본연금액 산정식의 변화에 따른 소득계층별 소득대체율의 변화

적용연도	기본연금액 산정식	소득대체율(n=10)			소득대체율(n=20)		
		B=A	B=½A	B=2A	B=A	B=½A	B=2A
1988~1998년	$2.4\times(A+\frac{3}{4}B)\times(1+0.05n)$	52.5%	82.5%	37.5%	70%	110%	50%
1999~2007년	$1.8\times(A+B)\times(1+0.05n)$	45%	67.5%	33.8%	60%	90%	45%
2008년	$1.5\times(A+B)\times(1+0.05n)$	37.5%	56.3%	28.1%	50%	75%	37.5%
2028년 이후	$1.2\times(A+B)\times(1+0.05n)$	30%	45%	22.5%	40%	60%	30%

　〈표 4-4〉에서 보는 바와 같이 기본연금액의 소득대체율은 1988년 도입 이후 계 속 하락하고 있다. 1988년 출범 당시 40년을 기여한 평균노동자의 소득대체율은 70%였지만, 1998년 제1차 연금 개혁을 통해 60%로 하락하였다. 나아가 제2차 연금 개혁은 2008년 소득대체율을 50%로 하락시켰고, 이후 매년 0.5% 포인트씩 감소시 켜 2028년에는 40%에 이르도록 조정하였다. 따라서 2022년 현재 40년을 기여한 평 균노동자의 국민연금 소득대체율은 43%이다. 이러한 소득대체율의 하향은 재정불 안정을 해소하기 위해 필요한 조치였지만, 지나친 하향조정으로 인하여 노후생활 의 안정성이 위협받는 상황이 되었다. 표준 소득대체율은 40년의 기여를 가정하고

있지만, 대부분의 노동자들은 30년을 기여하기도 벅찬 것이 현실이다. 따라서 가입자들의 실제 소득대체율은 30% 안팎에 머물 것이며, 이는 안정적인 노후생활을 하기에 충분한 수준이라고 보기 어렵다. 따라서 보장성을 강화하기 위한 공적연금제도의 개혁이 절실히 필요하다.

국민연금 도입 당시에는 A값을 연금수급 전년도의 평균보수월액으로 하였다. 그러나 1999년 국민연금의 도시지역 확대과정에서 신규 자영업자들이 소득을 축소신고하였고, 외환위기에 따른 소득의 변동성이 커짐에 따라 A값이 전년도에 비해 줄어드는 현상이 나타났다. 이에 따라 국민연금은 2000년부터 A값의 안정성을 확보하기 위해 산출방식을 3개년도 평균방식으로 전환하였다. 즉, 연금수급 전 3개년도의 전체 가입자 평균소득월액에 대해 소비자물가지수로 교정하여 산출한 평균값을 A값으로 하고 있다. 국민연금 출범 이후 A값의 변동은 〈표 4-5〉와 같다. 1989년 처음 산출한 A값은 37만 4,485원이었으며, 1988년 국민연금가입자들의 평균보수월액이었다. 2022년 현재 적용되는 A값은 268만 1,724원이며, 2019~2021년 3개년간 전체 국민연금가입자의 평균소득월액을 기초로 산정되었다.

표 4-5 연도별 국민연금 A값과 재평가율의 변화추이

연도	적용시기	A값	재평가율
1988	–	–	6.782
1989	~ 1990.2	374,485	5.996
1990	1990.3 ~ 1991.2	423,569	5.221
1995	1995.3 ~ 1996.2	859,838	2.727
2000	2000.3 ~2001.2	1,290,803	1.997
2005	2005.3 ~ 2006.2	1,497,798	1.621
2010	2010.3 ~ 2011.2	1,791,955	1.392
2015	2015.3 ~ 2016.2	2,044,756	1.206
2016	2016.3 ~ 2017.2	2,105,482	1.167
2017	2017.3 ~ 2018.2	2,176,483	1.119
2018	2018.3 ~ 2018.11	2,270,516	1.078
2019	2018.12 ~ 2019.11	2,356,670	1.041
2020	2019.12 ~ 2020.11	2,438,679	1.056
2021	2020.12 ~ 2021.11	2,539,734	1.000
2022	2020.12 ~ 2021.11	2,681,724	–

B는 가입자 개인의 생애 평균소득월액이다. 국민연금은 장기간의 가입이 필요하기 때문에 그간의 인플레이션을 고려해야 한다. 30년 전의 소득과 현재의 소득을 동일한 가치로 하여 평균액을 산출할 수는 없다. 따라서 과거의 소득을 현재가치로 재평가해야 하는데, 국민연금은 A값의 변동을 통해 과거소득을 현재화시킨다. 즉, 해당연도 A값 대비 현재 A값을 통해 특정연도의 재평가율을 산출하고, 여기에 해당연도의 소득을 곱하여 과거소득을 현재가치화한 후 평균값을 산출하여 B값을 산출한다. 2022년 현재 재평가율은 〈표 4-5〉와 같다. 재평가율은 매년 새로운 A값이 산출될 때마다 갱신되기 때문에 보건복지부 장관이 매년 고시하며, 고시하기 전에 국민연금심의위원회의 사전 심의를 거친다.

n은 20년을 초과한 가입연수를 의미하며, 1년 미만의 기간은 1/12로 계산된다. 〈식 4-1〉에서 (1+0.05n)은 기본연금액의 100% 수급요건인 20년 가입을 충족시킨 경우, 가입연수가 1년 증가할 때마다 기본연금액이 5% 증액되는 것을 의미한다. 역으로 가입연수가 20년에 미달되는 경우에는 미달연수 1년마다 기본연금액을 5% 감소시킨다는 것이다. 통상적으로 가입기간은 보험료납부를 통해 증가된다. 하지만 2008년 도입된 출산 크레딧과 군복무 크레딧은 보험료를 납부하지 않고도 출산과 군복무만으로 가입기간을 인정받을 수 있게 하였다.

출산 크레딧은 두 번째 자녀부터 12개월의 국민연금 가입기간을 부여하며, 이후 자녀부터는 18개월씩 인정한다. 단, 총 인정기간은 50개월을 초과할 수 없다. 원칙적으로 부모 중 한 사람에게만 적용하며, 부모 간의 합의가 이루어지지 않으면 균등배분할 수도 있다. 그러나 출산 크레딧의 인정은 출산 직후 바로 이루어지는 것이 아니라 연금수급권 발생 직전에 이루어지며, 크레딧 기간의 소득은 연금수급권 발생 당시 적용되는 A값으로 인정된다. 따라서 출산 크레딧을 받는 사람은 연금을 수급하기 전까지 혜택을 체감하기 어렵다. 나아가 국가는 출산 크레딧 비용의 30%만 부담하고, 국민연금기금이 나머지 70%를 부담하도록 하기 때문에 가입자들에게 부담을 전가시키는 문제를 갖는다.

군복무 크레딧은 현역이나 공익근무요원으로 6개월 이상 복무한 사람들에게 6개월의 가입기간을 부여한다. 군복무 크레딧의 비용은 국가가 전액부담한다. 그러나 출산 크레딧과 마찬가지로 군복무 크레딧의 인정은 연금수급권 발생 직전에 이루어지며, 크레딧 기간의 소득은 연금수급권 발생 당시 적용되는 A값의 1/2로 하고 있다.

〈식 4-1〉에서 조정승수 1.2는 소득대체율을 조정하기 위한 승수이다. 〈표 4-5〉와 같이 1988년 국민연금 출범 당시 승수는 2.4였지만 급여수준을 낮추기 위해 B값을 $\frac{3}{4}$만 반영하였다. 이에 따라 1988년 표준 소득대체율은 70%였다. 1998년 제1차 연금 개혁은 표준 소득대체율을 60%로 인하한 조치였으며, 조정승수는 2.4에서 1.8로 변경되었다. 2007년 제2차 연금 개혁은 표준 소득대체율을 2008년 50%로 조정한 뒤 2028년까지 매년 0.5% 포인트씩 하락시켜 40%에 도달하도록 하는 조치였다. 이에 따라 조정승수는 2008년 1.5로 조정된 뒤, 매년 0.015씩 감소하여 2028년에는 〈식 4-1〉과 같이 1.2가 되도록 설정되어 있다.

부양가족연금은 연금수급권자가 연금수급권을 취득할 당시 수급권자에 의해 생계가 유지되고 있는 부양가족이 있을 경우 지급하는 가족수당 성격의 부가급여이다. 부양가족은 배우자, 19세 미만이거나 장애등급 2급 이상의 자녀, 60세 이상이거나 장애등급 2급 이상인 부모만 인정된다. 부양가족연금액은 매년 소비자물가변동률에 따라 변동되며, 보건복지부 장관이 매년 고시한다. 2022년 현재 부양가족연금액은 배우자의 경우 연간 26만 9,630원이며, 나머지 대상가족은 1인당 연간 17만 9,710원이다. 월단위로 환산하면 1만 4,975원에서 2만 2,470원 정도이기 때문에 높은 수준이 아니다. 따라서 수급자의 연금액은 사실상 기본연금액에 의해 결정된다.

2) 노령연금

노령연금은 크게 노령연금, 조기노령연금, 소득활동에 따른 노령연금, 분할연금으로 구분된다. 각각의 수급요건과 급여수준은 〈표 4-6〉과 같다.

노령연금은 국민연금에 10년 이상인 가입한 사람이 본인의 수급개시연령에 도달하면 지급받을 수 있다. 1998년 제1차 연금 개혁은 연금의 수급개시연령을 60세에서 65세로 단계적으로 상향조정하였고, 그 결과 개인의 수급개시연령은 〈표 4-7〉과 같이 출생연도에 따라 상이하다. 노령연금은 가입기간이 10년이었을 경우 기본연금액의 50%를 지급하고, 가입기간이 1년 증가할 때마다 5%씩 상향조정된다. 따라서 20년을 가입하면 기본연금액의 100%를 지급받을 수 있으며, 30년을 가입하면 150%를 수급할 수 있다. 2011년까지는 기본연금액의 100% 이상을 수급하는 20년 이상 가입자와 20년 미만 가입자를 각각 완전노령연금과 감액노령연금으로 구분하

표 4-6　노령연금의 종류와 급여수준

구분	수급요건	급여수준
노령연금	가입기간 10년 이상 수급개시연령에 도달	가입기간 10년이면 기본연금액 50% 가입기간 1년 증가마다 5% 포인트 증액 부양가족연금액 가산
조기 노령연금	가입기간 10년 이상 수급개시연령 5년 전~수급개시연령 소득 있는 업무에 종사하지 않음	노령연금액 감액조정: 55세 70%, 56세 76%, 57세 82%, 58세 88%, 59세 94% 지급 부양가족연금액 가산
소득활동에 따른 노령연금	가입기간 10년 이상 수급개시연령에 도달 A값 이상의 소득이 있는 업무에 종사	A값 초과소득에 비례하여 감액조정 부양가족연금액 지급하지 않음
분할연금	가입기간 중 혼인기간이 5년 이상 노령연금수급권자인 배우자와 이혼 수급개시연령에 도달	부양가족연금액을 제외한 노령연금액 중 혼인기간에 해당하는 연금액의 1/2 지급

였으나, 2012년부터 두 연금을 노령연금으로 통합하였다.

국민연금에 10년 이상인 가입한 사람은 수급개시연령 5년 전부터 조기노령연금을 신청할 수 있다. 단, A값 이상의 소득활동에 종사하지 않아야 한다. 수급개시연령 5년 전에 조기노령연금을 수령할 경우 급여액은 노령연금액의 70%이며, 조기수급이 1년 늦춰질 때마다 급여액은 6% 포인트씩 증액된다. 예컨대, 수급개시연령 3년 전부터 조기노령연금을 수급할 경우 노령연금액의 82%를 받을 수 있다.

표 4-7　노령연금의 수급개시연령

출생연도	지급개시연령		
	노령연금	조기노령연금	분할연금
1952년생 이전	60세	55세	60세
1953~56년생	61세	56세	61세
1957~60년생	62세	57세	62세
1961~64년생	63세	58세	63세
1965~68년생	64세	59세	64세
1969년생 이후	65세	60세	65세

국민연금 출범 당시 재직자 노령연금은 2012년부터 '소득활동에 따른 노령연금'으로 이름이 변경되었다. 소득활동에 따른 노령연금은 국민연금에 10년 이상 가입한 사람이 수급개시연령에 도달하였지만 A값 이상의 소득활동에 종사하고 있을 경우 5년 동안 소득에 비례해서 급여액을 감액지급하는 연금이다. 해마다 A값이 변동되기 때문에 소득활동에 따른 노령연금의 적용기준도 매년 변화한다. 2022년 적용기준은 〈표 4-8〉과 같다.

A값을 초과하는 소득이 100만 원 미만이면 초과소득의 5%가 감액된다. 초과소득이 100만 원씩 증가할 때마다 감액율은 5% 포인트씩 누진적으로 증가한다. 소득활동에 따른 노령연금의 적용을 받더라도 소득활동을 중단하면 곧바로 정상적인 노령연금을 수급할 수 있다. 소득활동에 따른 노령연금에는 부양가족연금이 추가되지 않는다.

노령연금 수급 시 경제적 여유가 있는 사람은 노령연금 연기제도를 활용할 수 있

표 4-8 2022년도 소득활동에 따른 노령연금의 감액기준

A값 초과소득월액	노령연금 지급 감액분	월 감액금액	근로소득만 있는 경우 근로소득공제 전 기준 금액 (12개월 종사 기준)	
			총급여	월급여
100만 원 미만	초과소득월액의 5%	0~5만 원 미만	44,036,117원 초과	3,669,676원 초과
100만 원 이상 200만 원 미만	5만 원+ (100만 원을 초과한 소득월액의 10%)	5~15만 원 미만	56,769,146원 이상	4,730,762원 이상
200만 원 이상 300만 원 미만	15만 원+ (200만 원을 초과한 소득월액의 15%)	15~30만 원 미만	69,400,725원 이상	5,783,394원 이상
300만 원 이상 400만 원 미만	30만 원+ (300만 원을 초과한 소득월액의 20%)	30~50만 원 미만	82,032,304원 이상	6,836,025원 이상
400만 원 이상	50만 원+ (400만 원을 초과한 소득월액의 25%)	50만 원 이상	94,663,883원 이상	7,888,657원 이상

다. 노령연금수급자가 희망할 경우 최대 5년간 연금액의 전부 또는 일부에 대해 지급 연기를 신청할 수 있다. 이 경우 연금액은 월 0.6%, 즉 연간 7.2%가 증액된다. 5년간 연기했다면 당초연금액은 36% 증액된다. 얼핏 보면 큰 이익인 것 같지만 급여수급 기간이 5년 줄어 들기 때문에 개인의 구체적인 이해손실은 미래의 급여수급기간에 의해 결정된다. 명목적으로 계산해도 연금연기 후 최소한 14년 이상 연금을 수급해 야 이익으로 전환된다. 나아가 5년간 연기된 연금액의 기회비용을 3%의 이자율로 계산할 경우 20년 이상 연금을 수급해야 이익이 발생한다. 예컨대, 65세 수급자가 70세로 연금수급을 연기할 경우 90세 이후까지 연금을 수급해야 이익이 발생되는 것이다. 따라서 노령연금 연기제도는 본인의 건강상태를 고려하여 신중하게 판단 해야 한다.

분할연금은 가입기간 중 혼인기간이 5년 이상이었던 노령연금수급권자와 이혼 한 배우자가 수급개시연령에 도달한 경우 신청할 수 있으며, 배우자였던 자의 연금 액 중 혼인기간에 해당하는 연금액의 1/2을 분할연금으로 수령할 수 있다. 단, 연금 액에서 부양가족 연금액은 해당되지 않는다. 분할연금은 배우자였던 자의 노령연 금수급권이 소멸되거나 정지되더라도 영향을 받지 않는다. 또한 2개 이상의 분할연 금수급권이 발생할 경우에는 합산하여 지급한다. 나아가 분할연금수급권자의 노령 연금수급권이 발생하면 감액조정하지 않고 분할연급액과 노령연금액을 합산하여 지급한다. 단, 노령연금을 제외한 다른 급여가 중복될 경우에는 하나를 선택해야 한 다. 나아가 분할연금수급권은 유족에 승계되지 않는다.

3) 장애연금

장애연금은 가입 중에 생긴 질병이나 부상이 완치된 후에도 신체상 또는 정신상 의 장애가 있는 사람에게 지급하는 연금이다. 국민연금 초창기에는 장애의 원인이 된 질병이나 부상의 발생시점이 쟁점이 되었다. 즉, 국민연금 가입 이후 장애판정을 받더라도 장애의 원인이 된 질병이 가입 이전에 발생한 것이라고 추정될 경우에는 장애연금을 지급하지 않았고, 이를 둘러싼 분쟁이 끊이질 않았다(권문일, 2005: 179). 이에 정부는 2007년 제2차 국민연금 개혁을 통해 '가입 중에 생긴 질병'의 의미를 '해당 질병의 초진일이 가입 중에 있었던 경우'로 명확히 하였다. 이로써 질병의 발생시점과 관련된 논란은 종식되었다.

아울러 초진일은 다음과 같은 조건을 충족시켜야 한다. 첫째, 초진일 당시 연령이 18세 이상이고 노령연금의 지급 연령 미만일 것. 단, 18세 이전에 국민연금에 가입한 경우에는 가입일을 기준으로 한다.

둘째, 초진일과 관련하여 다음의 조건 중 하나를 충족시켜야 한다.

① 초진일 당시 연금보험료를 낸 기간이 가입대상 기간의 1/3 이상일 것
② 초진일 5년 전부터 3년 이상 보험료를 납부했을 것. 단, 체납기간이 3년 이상이면 제외된다.
③ 초진일 당시 가입기간이 10년 이상일 것

이와 같은 조건은 2016년부터 부과되기 시작하였다. 그전에는 이러한 규정이 없었기 때문에 국민연금 가입 후 곧바로 납부예외나 장기체납 상태로 들어간 불성실 가입자도 장애연금을 수급하는 데 제한이 없었다. 앞의 자격요건은 이를 방지하기 위한 것으로 보인다.

국민연금의 장애등급은 신체적인 손상정도에 따라 1~4급으로 판정된다. 국민연금공단은 「국민연금법」의 독자적인 장애등급표에 따라 자체 심사를 통해 대상자들의 장애등급을 판정한다. 장애등급의 판정은 완치일을 기준으로 한다. 그러나 완치되지 않고 증상이 계속 진행되더라도 초진일로부터 1년 6개월이 지난 시점에서 장애등급을 판정하여, 대상자가 장애연금을 수급할 수 있도록 하였다. 장애등급에 따라 장애연금의 수준은 차등화되어 있다. 장애 1급의 경우 기본연금액의 100%와 부양가족연금액이 지급되며, 2급의 경우에는 기본연금액의 80%와 부양가족연금액이 지급된다. 장애 3급은 기본연금액의 60%와 부양가족연금액을 지급받지만, 4급의 경우에는 기본연금액의 225%에 해당하는 일시보상금을 지급받는다. 장애연금 수급권자가 동일한 사유로 「근로기준법」에 의한 장애보상, 「산재보험법」에 의한 장해급여, 「선원법」에 의한 장해보상을 받을 수 있는 경우에는 장애연금액의 1/2이 감액되어 지급된다. 장애연금수급권은 소득 여부와 상관이 없기 때문에 소득활동을 하면서 장애연금을 수급할 수 있다. 단, 장애연금을 받고 있는 소득활동자가 18세 이상 60세 미만에 해당될 경우에는 국민연금 가입대상이기 때문에 보험료를 납부해야 한다.

4) 유족연금

유족연금은 다음에 해당하는 사람이 사망한 경우 유족에게 지급되는 연금이다.

① 노령연금 수급권자

② 10년 이상 가입자나 가입자였던 자

③ 가입대상기간의 1/3 이상 연금보험료를 낸 가입자나 가입자였던 자

④ 사망일 5년 전부터 사망일까지 3년 이상 연금보험료를 낸 가입자나 가입자였던 자. 단, 체납기간이 3년 이상인 사람은 제외한다.

⑤ 장애등급 2급 이상의 장애연금 수급권자

유족연금의 대상이 되는 유족은 배우자, 25세 미만 또는 장애등급 2급 이상의 자녀, 60세 이상 또는 장애등급 2급 이상의 부모나 조부모, 19세 미만 또는 장애등급 2급 이상의 손자녀이다. 여기에 해당하지 않는 유족, 예컨대 60세 미만의 부모나 25세 이상의 자녀, 형제, 자매 등은 유족연금의 대상이 아니며, 해당되는 유족이 없을 경우에는 반환일시금이 지급된다.

유족연금액은 가입기간에 따라 차등화된다. 가입기간이 20년 이상인 경우에는 기본연금액의 60%와 부양가족연금액이 지급되고, 10년 이상 20년 미만의 경우에는 기본연금액의 50%와 부양가족연금액이 지급된다. 10년 미만인 경우에는 기본연금액의 40%와 부양가족연금액이 지급된다. 다만, 노령연금수급권자가 사망한 경우 유족연금액은 사망자의 노령연금액을 초과할 수 없으며, 노령연금의 지급연기로 인한 가산금액은 유족연금액에 반영되지 않는다.

나아가 유족연금 수급권은 ① 수급권자가 사망한 때, ② 배우자인 수급권자가 재혼한 때, ③ 자녀나 손자녀인 수급권자가 다른 사람에게 입양되거나 파양된 때, ④ 장애등급 2급 이상이 아닌 자녀나 손자녀인 수급권자가 각각 25세와 19세에 도달한 때, ⑤ 장애등급 2급 이상인 유족연금 수급권자가 장애등급 2급 이상에 해당하지 않게 된 때 소멸된다.

또한 배우자의 경우 수급권이 발생한 후 3년 동안 유족연금을 지급한 후 55세가 될 때까지 지급이 정지된다. 그러나 장애등급 2급 이상이거나, 19세 미만의 자녀나

장애등급 2급 이상인 자녀를 양육하거나, 전체 가입자의 평균소득월액 이상의 소득이 있는 업무에 종사하지 않을 경우에는 급여지급을 정지시키지 않는다. 유족연금도 장애연금과 마찬가지로 동일한 사유로 「근로기준법」에 의한 유족보상, 「산재보험법」에 의한 유족급여, 「선원법」이나 「어선원 및 어선재해보상법」에 의한 유족보상을 받을 경우에는 유족연금의 1/2에 해당하는 금액을 감액하여 지급한다.

5) 반환일시금, 사망일시금, 중복조정

반환일시금은 수급개시연령에 도달하였으나 가입기간이 10년 미만이기 때문에 노령연금을 수급할 수 없는 사람들에게 가입기간 중 납부한 보험료와 가입기간 동안의 이자, 그리고 지급사유 발생일까지의 이자를 일시금으로 지급하는 급여이다. 사업장가입자는 사용자 부담금도 반환대상에 포함된다. 이때 이자율은 해당 기간의 3년 만기 정기예금 이자율을 적용한다. 아울러 가입자나 가입자였던 자가 사망하였으나 유족연금에 해당되지 않는 경우, 국적을 상실하거나 국외로 이주한 경우와 같이 재가입 가능성이 전혀 없는 경우도 반환일시금을 지급한다. 1988년 도입 당시 반환일시금은 가입자격 상실 후 1년이 경과하면 지급하였으나, 1997년 외환위기의 여파로 반환일시금의 지급이 폭증하였고, 1999년 4월 국민연금의 전 국민 확대가 예정됨에 따라, 1999년 1월 2일부터 수급개시연령에 도달했을 때 지급하는 것으로 변경되었다.

사망일시금은 가입자나 가입자였던 사람이 사망하였으나 유족연금 또는 반환일시금의 지급대상에 해당하는 유족이 없을 때 지급한다. 지급 순위는 ① 배우자, ② 자녀, ③ 부모, ④ 손자녀, ⑤ 조부모, ⑥ 형제, 자매, ⑦ 사망자에 의해 생계를 유지하고 있던 4촌 이내의 방계혈족 순이다. 사망일시금은 반환일시금에 상당하는 금액을 지급하지만, 장제보조적·보상적 성격으로 지급하기 때문에 상한선이 있다. 최종소득, 즉 마지막 기준소득월액과 가입기간의 평균기준소득월액 중에서 많은 금액의 4배를 초과할 수 없다.

원칙적으로 국민연금은 과다급여의 방지와 연금재정의 안정 차원에서 중복급여를 허용하지 않으며, 둘 이상의 급여가 해당될 경우에는 하나를 선택하도록 되어 있다. 하지만 2004년 5월 전국을 강타한 인터넷 게시물 '국민연금의 비밀 여덟 가지'

와 그에 따른 안티국민연금운동은 유족연금과 노령연금의 중복문제를 이슈화했고, 국민들은 타당성이 부족한 병급 금지에 대해 거세게 저항하였다. 즉, 맞벌이부부의 경우 본인의 노령연금과 배우자의 유족연금이 중복될 경우 하나만을 선택하도록 함에 따라 한 사람의 기여가 전혀 고려되지 않았다. 이러한 저항에 밀려 2007년 제2차 연금 개혁은 선택하지 않은 급여가 유족급여일 경우 유족연금액의 일부를 추가 지급하도록 하였으며, 현재 유족연금액의 30%를 지급하고 있다. 나아가 선택하지 않은 급여가 반환일시금일 경우에도 사망일시금에 상당하는 금액을 보전해 주도록 하였다. 단, 반환일시금의 경우 선택한 급여가 장애연금인 경우는 보전해 주지 않는다.

6) 국민연금 급여지급 현황

〈표 4-9〉에 의하면 2020년 현재 국민연금 급여의 수급자 수는 561만 6,205명이다. 이 중 노령연금 수급자가 446만 8,126명이며, 전체 수급자의 79.6%를 차지하고 있다.

표 4-9 국민연금 급여종류별 수급자 수 현황 (단위: 명)

연도	노령연금	장애연금	유족연금	반환일시금	사망일시금	계
2005	1,349,626	58,614	254,116	96,618	7,615	1,766,589
2010	2,330,128	79,727	424,180	142,080	16,343	2,992,458
2015	3,151,349	78,285	617,084	180,705	23,949	4,051,372
2016	3,412,350	78,074	659,124	208,620	26,578	4,384,746
2017	3,706,516	78,402	705,619	203,449	22,240	4,716,226
2018	3,778,824	78,806	756,425	159,967	20,354	4,794,376
2019	4,090,497	80,900	808,253	188,851	21,509	5,190,010
2020	4,468,126	80,983	857,698	186,422	22,976	5,616,205

출처: 국민연금공단(2021b: 34-37).

〈표 4-10〉에 의하면 2020년 현재 국민연금의 급여지출액은 25조 6,540억이다. 이 중 노령연금 지출액이 21조 8,168억 원으로 전체 급여지출액의 85%가량을 차지하고 있다. 2010년 수급자 수가 299만 2,468명, 급여지출액이 8조 6,354억 원이었던 것과 비교하면, 불과 10년만에 수급자 수는 1.88배, 급여지출액은 2.97배 증가하였다. 빠른 속도로 연금의 지출규모가 확대되고 있음을 알 수 있다.

2020년 12월 현재 노령연금 수급자의 월평균 급여액은 54만 1,033원이다. 반면, 장애연금은 45만 8,236원, 유족연금은 29만 646원으로 나타나고 있다(국민연금연구원, 2021: 8). 20년 이상을 가입한 완전노령연금 수급자의 월평균 급여액은 93만 890원, 소득활동에 따른 노령연금 수급자는 91만 4,774원으로 높은 수준을 나타낸다. 그러나 조기노령연금 수급자는 56만 9,097원, 20년 미만 가입한 감액노령연금 수급자는 39만 6,069원, 특례노령연금[1] 수급자는 21만 9,923원에 그치고 있다(국민연금연구원, 2021: 8). 노령연금의 종류에 따라 연금액에 상당한 편차가 있음을 알 수 있다. 노령연금 수급자의 44.3%가 월 20~40만 원의 연금을 받고 있으며, 20만 원 미만의

표 4-10 **국민연금 급여종류별 지출액 현황**   (단위: 백만 원)

연도	노령연금	장애연금	유족연금	반환일시금	사망일시금	계
2005	2,531,536	229,643	484,576	324,884	14,258	3,584,900
2010	6,861,876	333,603	949,238	465,122	25,625	8,635,467
2015	12,415,110	372,089	1,591,004	759,703	46,100	15,184,009
2016	14,047,956	373,380	1,721,813	874,649	50,358	17,068,159
2017	15,931,616	391,146	1,874,690	842,325	44,106	19,083,886
2018	17,384,044	405,867	2,057,577	859,081	46,113	20,752,683
2019	19,069,257	427,565	2,263,586	953,068	50,864	22,764,343
2020	21,816,877	431,396	2,428,418	919,191	58,186	25,654,071

출처: 국민연금공단(2021b: 34-37).

1) 특례노령연금이란 국민연금 적용 당시 나이가 많아서 연금을 받기 위한 최소가입연수를 채울 수 없었던 사람들이 연금을 받을 수 있도록 5년 이상만 가입해도 연금수급권을 부여했던 한시적인 연금이었다. 특례노령연금은 2번 운용되었다. 1988년 제도 시행 당시 45세 이상이었던 1943년 1월 1일 이전 출생자와 1999년 도시지역 확대 당시 50세 이상이었던 1949년 4월 1일 이전 출생자가 특례노령연금 대상자였다. 이들은 가입기간이 짧기 때문에 연금액이 적을 수밖에 없다.

연금을 받는 수급자도 18.9%에 달한다. 즉, 노령연금 수급자의 63.2%가 40만 원 미만의 저연금을 받고 있는 것이다. 반면 100만 원 이상의 노령연금을 받고 있는 수급자는 전체의 6.4%에 불과한 상황이다. 국민연금이 시행된 지 32년이 지났지만 국민들의 충분한 노후생활을 보장하기에는 아직 불충분한 것으로 판단된다.

4. 국민연금의 재정과 관리운영체계

1) 국민연금 보험료

국민연금의 재원은 가입자들의 보험료와 국고보조금, 그리고 기금의 운용수익으로 구성된다. 보험료는 가입자들의 기준소득월액에 비례하여 부과되는데, 보험료율은 현재 9%이다. 기준소득월액이란 가입자가 신고한 소득월액에서 천 원 미만을 절사한 금액을 말하며, 2022년 현재 최저 35만 원부터 최고 553만 원까지의 범위 내에서 결정된다. 기준소득월액의 상한액과 하한액은 국민연금 가입자들의 3년간 평균소득월액 변동률을 반영하여 매년 3월 보건복지부 장관이 고시하며 해당연도 7월부터 1년간 적용된다.

사업장가입자는 본인과 사용주가 각각 4.5%씩 부담하며, 사용주에 의해 원천징수된다. 지역가입자는 본인이 9%를 모두 부담한다. 지금과 같이 9%의 보험료가 일률적으로 부과되기 시작한 것은 2005년 7월 1일 이후였다. 〈표 4-11〉과 같이 1988년 도입 당시 사업장가입자의 보험료율은 3%였으며 노사가 1.5%씩 부담하였다. 이는 제도 도입 당시 연착륙를 고려하여 의도적으로 낮은 보험료율을 부과한 것이었으며, 향후 5년마다 3% 포인트씩 단계적으로 상향조정되었다. 이에 따라 1999년부터 사업장가입자는 9%의 보험료가 적용되었다.

아울러 1999년 4월부터 노동계의 반발이 컸던 퇴직금 전환금이 폐지되었다. 「근로기준법」에 의해 사용자는 노동자의 퇴직금 지급을 위해 임금의 8.3%를 의무적립해야 한다. 경영계는 1973년 「국민복지연금법」 제정 과정부터 기업의 퇴직금 부담을 국민연금에 떠넘기기 위하여 국민연금과 퇴직금의 조정문제를 집요하게 제기하였다. 이에 따라 국민연금은 1993년부터 사용자의 퇴직금적립금 중 2~3%를 국민

표 **4-11** 국민연금 보험료체계의 변화

구분	사업장가입자				지역가입자
	근로자	사용자	퇴직금 전환금	계	
1988.1~1992.12	1.5%	1.5%	−	3%	−
1993.1~1995.6	2%	2%	2%	6%	−
1995.7~1997.12	2%	2%	2%	6%	3%
1997.1~1999.3	3%	3%	3%	9%	3%
1999.4~2000.6	4.5%	4.5%	−	9%	3%
2000.7~2001.6	4.5%	4.5%	−	9%	4%
2001.7~2002.6	4.5%	4.5%	−	9%	5%
2002.7~2003.6	4.5%	4.5%	−	9%	6%
2003.7~2004.6	4.5%	4.5%	−	9%	7%
2004.7~2005.6	4.5%	4.5%	−	9%	8%
2005.7~현재	4.5%	4.5%	−	9%	9%

연금 보험료로 전환하도록 하였다. 그러나 이는 노동자에게 일방적으로 불리한 조치였다. 노동자는 본인부담분의 보험료를 납부할 뿐만 아니라 이미 법적 권리로 기확정된 퇴직금 수령액 중 일부를 보험료로 추가 납부하는 셈이었기 때문에 고용주보다 두 배 많은 보험료를 부담하게 된 것이었다. 이에 따라 퇴직금 전환금의 폐지에 대한 노동계의 요구가 빗발쳤다. 결국 1999년 4월 퇴직금 전환금은 폐지되었고, 노사가 4.5%씩 부담하는 체제가 정착되었다.

지역가입자는 농어민연금이 도입된 1995년 7월부터 2000년 6월까지 3%의 보험료가 부과되었다. 본래 5년마다 3% 포인트씩 인상하여 2005년 7월에는 9%의 보험료에 도달할 계획이었다. 그러나 1999년 국민연금이 도시지역으로 확대되면서 매년 1% 포인트 상향조정하는 것으로 계획이 수정되었다. 그 결과 2000년부터 매년 보험료가 1% 포인트씩 인상되었으며, 2005년 7월부터 사업장가입자와 지역가입자 모두 9%의 보험료율이 일률적으로 적용되었다.

지역가입자의 보험료는 가입자의 신고소득에 부과된다. 사업주의 원천징수에 의해 자동으로 갱신되는 사업장가입자와 달리, 지역가입자는 매년 스스로 소득 변동을 신고해야 한다. 하지만 소득 변동이 잘 반영되지 않기 때문에 국민연금공단은 과세자료를 이용하여 정기적으로 기준신고소득을 직권조정하고 있다. 나아가 과세자료는 없지만 소득활동을 하고 있다는 객관적인 증거가 있는 납부예외자나 신규가입 대상자가 자발적인 소득신고를 거부할 경우 공단은 직권가입을 결정하고 지역가입자들의 중위소득을 기준소득월액으로 하여 보험료를 부과하고 있다(류재린, 2020: 39-40).

1998년부터 연금보험료는 추후납부도 가능하다. 과거 보험료를 미납했던 적용제외기간, 납부예외기간, 군복무기간에 대해 보험료를 추가 납부할 수 있으며, 최대 60회까지 월단위 분할납부도 가능하다. 추가 납입을 통해 납부예외자나 과거 국민연금 가입경험이 있었던 전업주부 등도 연금수급에 필요한 최소가입연수를 충족시킬 수 있기 때문에 추후납부제도는 유용한 제도이다. 그러나 가입 상한 연령인 60세에 임박한 일부 부유층이 고액의 추가 납부를 통해 연금수령액을 대폭 늘리려는 재테크수단으로 활용하면서 성실납부자와의 형평성 문제가 불거졌다. 이에 보건복지부는 추후납부기간을 최대 10년 미만으로 제한하고 있다.

2) 정부의 보험료 지원

국고보조금은 가입자의 보험료 지원을 통해 이루어지며, 현재 농어업인에 대한 연금보험료 국고보조사업, 두루누리 사회보험료 지원사업, 실업 크레딧 사업이 운영되고 있다.

농어업인에 대한 연금보험료 국고보조사업은 1995년 7월 농어민연금이 시행되면서 같이 시작되었다. 처음에는 농어촌특별세관리특별회계의 부담으로 최저등급 보험료의 1/3에 해당하는 금액을 지원하였으나, 2003년부터 1/2로 지원을 확대하였다. 2004년부터는 표준소득월액 12등급 미만의 계층에게는 보험료의 50%를 지원하였고, 12등급 이상의 계층은 12등급 보험료의 50%에 해당하는 금액을 정액으로 지원하여 지원을 확대하였다. 2005년 한시적으로 운영되었던 농어촌특별세관리특별회계가 농어촌구조개선특별회계로 통폐합되었지만, 농어업인에 대한 연금보험료 국고보조사업은 농어촌특별세의 지원으로 계속되었다. 2007년부터는 주무부서가 보건복지부에서 농림부로 이관되었다. 농어업인에 대한 연금보험료 국고보조사업의 지원대상자는 농어업인 지역가입자와 농어업인 지역의 임의계속가입자이다. 실제 보험료를 납부한 사람에게만 지원되며, 납부예외자나 보험료 체납자에게는 지원되지 않는다. 2022년 현재 기준소득월액 100만 원 미만의 가입자들은 보험료의 50%를 지원받으며, 100만 원 이상의 가입자는 100만 원에 해당하는 보험료의 50%, 즉 45,000원을 정액으로 지원받는다.

국민연금보험료는 고용노동부의 일반회계로 운영되는 두루누리 사회보험료 지원사업의 지원을 받을 수 있다. 2022년 현재 10인 미만 사업에 고용된 근로자 중 월평균보수가 230만 원 미만인 신규가입 근로자와 해당 사업주가 지원대상이다. 36개월간 국민연금 보험료의 80%가 지원된다. 단, 전년도 재산의 과세표준액 합계가 6억 원 이상이거나 종합소득이 3,800만 원 이상인 자는 지원대상에서 제외된다.

실업 크레딧은 보험료 지원사업이라는 점에서 가입기간 추산제도인 출산 크레딧과 근복무 크레딧과는 구별된다. 실업 크레딧은 18세 이상 60세 미만의 구직급여 수급자 중 국민연금 가입자나 국민연금에 가입한 적이 있는 실업자를 대상으로 한다. 최대 1년간 국민연금보험료의 75%를 부담해 주는 제도이다. 나머지 25%는 가입자가 부담해야 한다. 지원금액은 고용보험기금, 국민연금기금, 정부의 일반회계가 각각 1/3씩 부담한다.

3) 국민연금 기금 현황

국민연금의 가장 큰 특징은 거대한 규모의 기금을 적립하고 있는 것이다. 2020년 12월까지 조성된 총 기금은 약 1,068조 5천억 원 정도이다. 이 중 보험료수입이 629조 정도이며, 기금운용수익이 440조였다. 조성기금 중 연금급여 등으로 234조 8천억 원이 지출되었고, 2010년 12월 현재 국민연금은 약 883조 7천억 원의 기금을 적립하고 있다(국민연금연구원, 2021: 40). 정부예산의 1.5배가 넘는 거대한 기금이 운용되고 있는 것이다. 기금 중 833조 원 정도가 투자되어 있으며, 투자기금의 44.5%와 44.3%가 채권과 주식에 투자되어 있다. 2010년까지만 하더라도 안정성이 높은 채권투자의 비율이 70.7%를 차지하였으나, 점차 수익률 제고를 위해 주식투자의 비율을 높여 가고 있다(국민연금연구원, 2021: 45).

그러나 2018년 제4차 재정계산 결과에 의하면, 국민연금은 2042년부터 적자를 내기 시작해서 2057년에 이르면 기금이 고갈될 것으로 전망된다. 이에 따라 재정안정화를 위한 국민연금 개혁이 시급한 시점이지만 이는 국민연금의 보장성 강화와 밀접하게 연관되어 있기 때문에 쉽지 않은 문제이다. 더구나 국민연금 개혁은 기초연금이나 특수직역연금, 퇴직연금, 국민기초생활보장제도 등 다른 사회보장제도와도 연관되기 때문에 전체 노후소득보장 체계라는 큰 틀의 맥락에서 대안이 모색되어야 한다.

4) 국민연금의 관리운영체계

(1) 국민연금공단

국민연금의 주무부처는 보건복지부이다. 보건복지부는 제도 운영에 있어 직접적인 책임을 맡고 있으며, 국민연금의 적용과 적용시기, 연금보험료의 부과기준과 보험료율, 급여의 수급요건과 지급수준, 장기재정추계 및 기금운용계획, 가입자와 수급자의 복지증진사업 등 국민연금의 본질에 해당하는 제반 사항에 대해 정책을 계획하고 결정한다.

국민연금의 구체적인 실무는 국민연금공단이 담당한다. 국민연금공단은 1987년 국민연금관리공단이라는 이름으로 창립되었으며, 2007년부터 국민연금공단으로 개칭되었다. 공단은 보건복지부의 위탁을 받아 가입자에 대한 기록의 관리와 유지, 급여의 결정과 지급, 가입자와 수급자를 위한 복지시설의 설치와 운영, 국민연금·재정계산·기금운용에 관한 조사연구, 수급권자 등을 위한 노후준비서비스 사업 등을 수행한다. 국민연금공단의 본부는 2017년 전주로 이전하였으며, 현재 본부와 109개의 산하 지사 등에서 약 7,186여 명의 인력이 근무하고 있다. 이명박 정부는 4대 사회보험의 적용징수업무를 통합하고, 국세청 산하에 사회보험징수공단을 신설하여 업무를 이관하는 방안을 추진하였다. 그러나, 이명박 정부의 모토인 '작은 정부'와 충돌되면서 사회보험징수공단의 신설안은 백지화되었고, 대신에 2009년 5월부터 건강보험이 통합보험료의 징수업무를 맡게 되었다. 이에 따라 국민연금보험료의 징수업무는 국민건강보험공단이 담당하고 있다.

(2) 국민연금기금 관리체계

정부는 국민연금 적립금의 효율적인 운용을 위해 국민연금기금운용위원회를 구성하여 기금의 투자처를 결정하고 관리한다. 1998년 제1차 국민연금 개혁 이전에는 경제기획원 장관이 기금운용위원회의 위원장을 맡았다. 그러나 국민연금은 무분별하게 기금을 공공부문에 예탁하여 기금운용의 수익률을 하락시켰고, 이는 국민적인 공분의 대상이 되었다. 이에 따라 1999년 기금운용위원회 위원장은 경제기획원 장관에서 보건복지부 장관으로 전격 교체되었다. 기금운용위원회는 위원장인 보건복지부 장관 이외에 기획재정부, 농림축산식품부, 산업통상자원부, 고용노동부의 차관과 국민연금공단 이사장 등의 정부관료와 사용자(3인), 근로자(3인), 농어민(2인), 자영업자(2인), 소비자단체 및 시민단체(2명)에서 추천하는 사람들, 그리고 국민연금 관련 전문가(2명)로 구성된다.

정부는 전문적이고 기술적인 의견을 국민연금기금운용위원회에 제공하기 위해 보좌기구인 국민연금기금운용실무평가위원회를 1999년부터 운영하고 있다. 실무평가위원회는 위원장인 보건복지부차관, 사용자(3인), 근로자(3인), 농어민(2인), 자영업자(2인), 소비자단체 및 시민단체(2명)에서 추천하는 자들, 국민연금 관련 전문가(2명)로 구성된다.

실제적인 기금의 운용은 국민연금공단 산하의 기금운용본부가 담당한다. 1999년 기금운용본부는 6팀 40명으로 출발하였으나, 운영기금이 800조 원이 넘는 매머드 기금이 되면서 기금운용본부장 아래 3부문 12실 1단의 조직으로 확대되었고, 뉴욕, 런던, 싱가포르에 해외사무소를 운영하고 있다. 현재 국민연금공단에는 341명이 기금운용직으로 근무하고 있다.

5. 국민연금과 노후소득보장체계의 대안

국민연금은 재정불균형에 따른 기금의 고갈 문제와 여전히 존재하고 있는 적용의 사각지대 문제, 그리고 낮은 소득대체율의 문제를 갖고 있다. 국민연금 개혁이 시급한 시점이지만, 국민연금은 기초연금이나 특수직역연금, 퇴직연금, 국민기초생활보장제도 등 노후소득보장 체계와 밀접히 연관되어 있기 때문에 국민연금의 자체적 개혁만으로 문제에 접근하기 힘들며, 전체 노후소득보장 체계라는 큰 틀에서 대안이 모색되어야 한다. 이에 대해 현재 우리나라에서 제기되고 있는 노후소득

보장 체계의 대안들은 크게 국민연금 강화론, 기초연금 강화론, 다층 노후소득보장
체계론으로 구분될 수 있다(정해식 외, 2020: 117-136).

　기초연금 강화적 접근과 다층 노후소득보장체계적 접근은 현재 노후소득보장체
계의 중심축인 국민연금의 한계를 지적하면서 기초연금의 강화를 주장한다. 기초
연금 강화론에 의하면 국민연금은 장기가입자와 고소득자에게 유리하게 설계되어
있기 때문에 저소득층이나 비정규 근로자, 여성이나 장애인 등 취약계층의 노인 빈
곤 해소에는 한계를 갖는다. 따라서 국민연금은 재정불안정 개선에 집중하고, 보장
성의 강화는 기초연금을 통해 이루어져야 한다는 것이다(정해식 외, 2020: 127). 이
접근은 기초연금을 40~50만 원으로 대폭 인상할 것을 주장한다. 하지만 기초연금
을 대폭 인상하면 국민연금의 기반이 약화될 우려가 크다. 예컨대, 현재 국민연금체
계에서 기준소득월액이 250만 원인 평균가입자가 50만 원의 노령연금을 수급하려
면 20년 동안 보험료를 납부해야 한다. 만약 50만 원을 기초연금으로 제공하게 되
면 힘들게 보험료를 납부할 동기가 떨어질 수밖에 없다.

　다층 노후소득보장체계 강화론은 급여적절성과 대상보편성, 그리고 재정건전성
은 하나의 제도로 해결할 수 없으며, 다층의 노후보장체계를 구축해서 대응해야 한
다는 것이다. 국민연금 보험료를 인상하는 것은 국민적 반감과 정치권의 회피 때문
에 현실적으로 쉽지 않다. 따라서 부담할 수 있는 재원을 고려하여 중상위 소득층은
국민연금과 퇴직연금을 연계하고, 중하위 소득층은 국민연금과 기초연금을 연계하
여 합산 소득대체율을 목표로 하는 것이 바람직하다는 것이다. 현재 상황에서 중하
위층을 대상으로 한 기초연금과 국민연금의 합산 소득대체율은 50%가 적절하다.
이 중 30%를 국민연금이 보장한다고 가정하면 현행 기초연금은 A값의 20% 정도를
보장할 수 있도록 인상할 필요가 있다는 주장이다(정해식 외, 2020: 135).

　반면 국민연금 강화적 접근은 기초연금이 현재의 사회적 요구에 부응하여 인상
되고 있지만, 미래 기초연금의 수준과 역할은 불확실하며, 미래에 조세를 납부하는
세대가 정치적으로 결정할 사안이라고 본다(정해식 외, 2020: 123). 따라서 현재의 노
인 빈곤문제에 대응하기 위해서는 국민연금을 충실하게 개혁하는 데 집중해야 하
며, 국민연금 급여율과 보험료 인상을 동시에 추진해야 한다는 것이다. 또한 취약계
층에 있는 사람들이 충분한 가입기간을 확보할 수 있도록 크레딧 제도와 보험료 지
원사업을 확대해야 한다. 아울러 기초연금은 현 수준을 유지하되, 장기적으로는 보

편적 수당으로 전환하는 것도 검토할 필요가 있다고 주장한다.

노후 소득보장체계에 대한 논의들은 궁극적으로 정치적 과정과 사회적 합의를 통해 정리될 것이며, 이는 어느 정도의 시간을 필요로 한다. 국민연금과 기초연금을 비롯한 노후 소득보장체계의 장기적인 방향성을 단기간에 확정하기는 어렵겠지만, 사회적 합의를 기초로 개혁방안이 마련될 때 좀 더 근본적인 노후 빈곤문제에 다가설 수 있을 것이다.

기초연금의 이해

1. 기초연금제도의 발전과정

1) 1991년 노령수당제도 실시

    기초연금은 중하층 노인들을 대상으로 운영되는 공공부조제도이며, 2014년부터 시행되었다. 하지만 노인을 대상으로 한 공공부조제도는 이미 1991년부터 실시되었다. 1981년 제정된 「노인복지법」은 우리나라 최초의 노인복지법제라는 의의에도 불구하고 실질적인 급여가 없는 선언적 입법이라는 측면에서 비판의 대상이 되었다. 이에 노태우 정부는 1989년 「노인복지법」을 개정하여 노령수당제도를 도입하였다. 노령수당은 1991년부터 70세 이상의 생활보호대상 노인들에게 지급되기 시작하였고, 첫해에는 7만 6천 명의 시설·거택보호대상 노인들에게 월 1만 원을 지급하였다. 1992년에는 지급 범위를 자활보호대상자로 확대하여 당시 19만 1천 명의 전체 생활보호대상 노인에게 노령수당을 지급하였다. 이는 당시 70세 이상 노인들의 13.6%에 해당하는 수치였다(윤성주, 2014: 9). 1993년에는 수당액을 1만 5천 원으로 인상하였으며, 1995년부터는 80세 이상의 시설·거택보호대상자들에 한하여 5만

표 5-1	연도별 노령수당액 변화추이							(단위: 원)
연도	1991	1992	1993	1994	1995	1996	1997	1998
65~69세 생활보호대상자	–	–	–	–	–	–	35,000	40,000
70세 이상 생활보호대상자	10,000	10,000	15,000	15,000	20,000	30,000	35,000	40,000
80세 이상 시설·거택보호대상자	10,000	10,000	15,000	15,000	50,000	50,000	50,000	50,000

원을 지급하였다. 나머지 노인들은 1995년 2만 원을 시작으로 매년 5천 원씩 수당
액이 상향조정되었으며, 경로연금이 시작되는 1998년에는 수당액이 4만 원으로 인
상되었다. 1997년에는 노령수당 수급연령이 65세 이상으로 확대되었다. 노령연금
액의 연도별 변화추이는 〈표 5-1〉과 같다.

노령수당은 생활보호대상자들의 추가 수당적 성격으로 지급되었기 때문에, 대상
범위가 협소하였고 급여수준도 매우 낮았다. 이에 따라 1990년대 중반부터 지방자
치제도의 부활에 의해 새로 들어선 민선 지자체들이 조례 제정을 통해 노령수당과
별도로 운영되는 추가적인 노인수당제도를 개발하려는 움직임도 나타났다.

2) 1998년 경로연금제도의 도입

노령수당에 대한 개편요구가 커지면서 김영삼 정부는 노령수당의 대상범위를 확
대하였다. 1997년 김영삼 정부는 「노인복지법」을 개정하여 생활보호대상자로 한정
되었던 수당의 지급범위를 차상위계층까지 확대하였고, 노령수당의 명칭도 경로
연금으로 변경하였다. 이름을 바꿀 정도로 거창한 개혁은 아니었지만, 경로연금은
1998년 7월 1일부터 시행되었다.

경로연금이 시행된 1998년부터 마지막 해인 2007년까지 연도별 급여수준과 수
급자 수의 변화추이는 〈표 5-2〉와 같다. 경로연금은 생활보호대상자들의 부가수
당적 성격을 가졌던 노령수당에 더하여 국민연금 가입기회를 갖지 못했던 당시 저
소득층 노인들에게 소득을 지원하여 국민연금을 보완하는 성격을 가졌다(석재은,
2002: 12). 이에 따라 경로연금은 차상위계층 노인으로 대상자를 확대하였지만, 차

| 표 5-2 | 연도별 경로연금액 및 수급자 수 변화추이 |

연도	경로연금액(원)				수급자 수(명)		
	생활보호대상자		일반 저소득노인		생활보호대상자	일반 저소득	계
	65~79세	80세 이상	단독	부부			
1998	40,000	50,000	20,000	15,000	264,199	286,904	551,103
1999	40,000	50,000	20,000	15,000	288,303	286,397	574,700
2000	40,000	50,000	30,000	22,500	327,928	259,756	587,684
2001	40,000	50,000	30,000	22,500	334,175	230,856	565,031
2002	45,000	50,000	35,000	26,250	333,526	282,817	616,343
2003	45,000	50,000	35,000	26,250	346,113	273,479	619,592
2004	45,000	50,000	35,000	30,630	360,360	258,171	618,531
2005	45,000	50,000	35,000	30,630	378,149	241,236	619,385
2006	45,000	50,000	35,000	30,630	387,286	225,470	612,756
2007	45,000	50,000	35,000	30,630	403,681	206,766	610,447

출처: 윤성주(2014:10).

상위계층 대상자들은 국민연금이 성숙해 감에 따라 소멸되도록 설계되었다. 즉, 경로연금의 대상자는 65세 이상의 생활보호대상자와 1998년 7월 1일 당시 65세 이상의 저소득노인으로 한정되어 있었다. 따라서 경로연금의 마지막 해인 2007년 일반 저소득노인의 기준연령은 74세 이상으로 상향되었고, 기초노령연금으로 대체되지 않았다면 일반 저소득노인에 대한 경로연금은 자연스럽게 소멸될 예정이었다.

경로연금액은 국민연금의 특례노령연금 최저지급액을 감안하여 결정하도록 규정되어 있었기 때문에 상향조정에 제한이 있었다. 따라서 경로연금액은 노령수당제도의 마지막 해 수준에서 한치도 나아가지 못했다. 2008년 폐지될 때까지 80세 이상 생활보호 대상자의 경로연금액은 노령수당제도의 5만 원이 그대로 유지되었으며, 65~70세 노인들도 고작 5천 원 인상되었을 뿐이었다.

〈표 5-2〉를 보면 경로연금 수급자 수는 기초생활보장 노인 수의 증가에도 불구하고 2002년부터 계속 61만 명 수준을 유지하고 있다. 이는 일반 저소득노인 수급자가 줄어들었기 때문이었다. 일반 저소득노인은 1998년 7월 1일 당시 65세 이상의 노인으로 한정되어 있었기 때문에 시간이 갈수록 줄어들 수밖에 없었다. 그 결

과 65세 이상 노인인구 중 경로연금 수급자의 비중은 1998년 20.4%에서 2007년 13.6%로 급감하였다(윤성주, 2014: 10). 경로연금액과 수급자 규모를 볼 때 경로연금이 국민연금의 보완 역할을 할 것으로 기대하는 것은 무리였다. 결국 제2차 국민연금개혁과정에서 한나라당은 기초연금을 제안하였고, 국민연금 가입 기회가 없었던 당시 빈곤노인들의 광범위한 사각지대 문제가 본격적으로 논의되기 시작하였다.

3) 2008년 기초노령연금의 도입

이미 제3장에서 살펴본 것처럼 기초노령연금은 2007년 제2차 국민연금 개혁과정에서 도입되었다. 당시 노인빈곤세대에 대한 사각지대 해소와 국민연금 급여율 하락을 보완하기 위한 취지로 도입된 것이다. 제1차 재정계산 결과를 토대로 노무현 정부와 열린우리당은 2004년부터 재정안정화에 초점을 맞춘 연금 개혁을 제안하였다. 하지만 한나라당은 기초연금과 소득비례연금의 이원체제를 주장하면서 맞섰다. 한나라당안의 기초연금안에 대해 보건복지부는 거부감을 드러냈고 연금 개혁 논의는 한동안 성과 없이 공전되었다.

그러나 평소 기초연금에 호의적이었던 유시민 의원이 2006년 보건복지부 장관에 취임하면서 연금 개혁 논의는 급진전되기 시작하였다. 유시민 의원은 2005년 11월 「기초노령연금법」과 유사한 효도연금법을 발의한 적이 있었다. 효도연금법안은 2007년부터 65세 이상의 노인 중 기초생활보장제도 소득기준의 150% 이하, 재산기준의 250% 이하인 저소득 노인에게 당시 특례노령연금의 최저액인 6만 5천 원을 지급하자는 내용이었다. 아울러 효도연금액은 매년 1만 원씩 인상되어 2011년에는 10만 원에 도달하는 것으로 설계되었다(의학신문, 2005. 12. 1.). 예상대로 2006년 6월 유시민 장관은 65세 이상의 노인 중 소득하위 45%의 노인들에게 8만 원을 지급하는 기초노령연금안을 공개하였다. 이에 한나라당과 민주노동당이 가세하면서 국회는 「국민연금법」 개정과 「기초노령연금법」 제정을 연계한 치열한 협상을 전개하기 시작하였다.

열린우리당, 한나라당, 그리고 민주노동당의 협상 결과 탄생한 「기초노령연금법」의 주요 내용은 다음과 같았다. 2008년 소득 하위 70%의 노인들에게 국민연금가입자들의 평균소득액인 A값의 5% 수준을 기초노령연금을 지급한다. 그리고 2009년부터는 국회 연금제도개선위원회의 논의를 통해 2028년까지 연금액이 A값의 10% 에 도달하도록 단계적으로 인상한다.

　이러한 단계적 인상계획은 국민연금 급여율의 급격한 하락을 보완하기 위한 것 이었다. 제2차 국민연금 개혁을 통해 국민연금은 60%였던 급여율을 2008년 50% 로 하향조정한 뒤, 2028년까지 단계적으로 40%로 인하하도록 예정되었다. 이러한 급여율의 급격한 하락을 완화하기 위해 기초노령연금이 보완재로 합의된 것이었 다. 즉, 2008년 국민연금의 급여율은 60%에서 50%로 하락하지만, 하위 70% 노인 들에게는 A값의 5%가 기초노령연금으로 지급되므로 실질적인 급여율은 55%로 완 화된다. 나아가 2028년 국민연금 급여율은 40%로 하락하지만 기초노령연금이 A값 의 10%를 보완함으로써, 실제 급여율의 하락은 50%로 완충된다. 나아가 기초노령 연금은 65세 이상 노인인구의 13.6%를 포괄하는 데 그쳤던 경로연금의 지급범위를 소득하위 70%까지 크게 확장하였다. 이를 통해 국민연금 가입기회가 제한되었던 제도 도입 당시의 노인들뿐만 아니라 영세사업장이나 비정규직 출신 노인, 여성노 인, 장애노인 등에게 소액이나마 연금을 지급하여 노후 소득보장의 사각지대를 해 소하는 데 일조할 것으로 기대되었다.

　하지만 기초노령연금액의 단계적 인상 계획은 이명박 정부에 의해 파기되었다. 「기초노령연금법」 부칙 제4조의 2는 단계적 인상을 위한 '소요재원 대책, 상향조정 의 시기 및 방법, 기초노령연금과 국민연금의 통합 등을 논의하기 위하여 2008년 1월부터 국회에 연금제도개선을 위한 위원회를 설치ㆍ운영한다.'고 되어 있었다. 하 지만 이명박 정부는 '기초노령연금의 단계적 인상'보다 '기초노령연금과 국민연금의 통합'에 더 관심을 기울였다. 이명박 정부는 2008년 보건복지부 내에 국민연금 개혁 위원회를 설치하였고, 국민연금과 기초노령연금의 통합방안을 구상하도록 하였다. 위원회는 몇 가지 방안을 도출하였으나 정책화되지 못하였다(석재은, 2015: 74).

　이에 따라 국민연금의 급여율은 예정대로 착착 하락되었지만, 기초노령연금액의 상향조정을 논의할 국회 연금제도개선위원회는 설치되지 않았다. 그 결과 이명박 대통령 재임기간 내내 기초노령연금액은 A값의 5% 선에서 결정될 수밖에 없었다. 〈표 5-3〉은 기초노령연금이 지급되기 시작한 2008년부터 기초연금으로 전환되는 2014년까지의 기초노령연금액, 대상자 선정기준, 수급자 수를 나타낸 것이다.

　2008년 1월부터 시행에 들어간 기초노령연금은 70세 이상의 소득 하위 60% 노인

표 5-3 | **연도별 기초노령연금액, 대상자 선정기준 및 연금 수급자 수의 변화추이**

연도	기초노령연금액(원)		선정기준(원)		65세 이상 노인 수 (A)	수급자 수 (B)	B/A(%)
	단독	부부	단독	부부			
2008	84,000	134,000	400,000	640,000	5,069,273	2,897,649	57.2
2009	88,000	140,800	680,000	1,088,000	5,267,708	3,630,147	68.9
2010	90,000	144,000	700,000	1,120,000	5,506,352	3,727,940	67.7
2011	91,200	145,800	740,000	1,184,000	5,700,972	3,818,186	67.0
2012	94,600	151,400	780,000	1,248,000	5,980,060	3,933,095	65.8
2013	97,100	155,400	830,000	1,328,000	6,250,986	4,065,672	65.0
2014	99,100	158,600	870,000	1,392,000	6,520,607	4,353,482	66.8

출처: 국민연금연구원(2021: 48).
　　　보건복지부(2012: 7).

들에게 단독가구는 8만 4천 원, 부부노인은 13만 4천 원을 지급하면서 시작하였다. 이에 따라 2008년 상반기에는 약 194만 명의 노인들만이 기초노령연금을 수급하였다. 그러나 7월부터는 지급범위를 65세 이상의 소득 하위 60% 노인으로 확대하여 290만 명에게 기초노령연금을 지급하였으며, 2009년부터는 65세 이상의 소득 하위 70% 노인들로 지급범위를 확대하였다.

　이명박 정부 기간 내내 기초노령연금액은 A값의 5% 선에 머물렀기 때문에, 낮은 수준을 유지할 수밖에 없었다. 기초연금으로 전환되는 2014년에 가서야 겨우 10만 원 언저리인 9만 9천원에 도달할 수 있었다. 이에 대해 노인단체와 시민단체들은 2007년 합의의 이행을 촉구하였으나, 2011년 이명박 정부는 오히려 기초노령연금의 축소를 시도하였다. 2011년 국회에 연금제도개선특별위원회가 설치되었지만 이명박 정부는 기초노령연금액을 A값의 6%로 인상하는 대신 하위 70%의 저소득노인에게 지급되던 기초노령연금의 지급범위를 최저생계비 150% 이하인 노인으로 축소하는 안을 제안하였다. 하지만 이에 대해 대한노인회나 한국은퇴자협회 등 노인단체들이 강력하게 반발하자 소리 소문 없이 철회하였다.

　기초노령연금은 공공부조제도였고 매우 낮은 수준의 연금을 제공하였지만, 적용범위에 있어 상당한 포괄성을 가졌기 때문에 경로연금과 달리 기초생활보장 노인들에 대한 추가 수당적 성격에서 벗어나게 되었다. 나아가 기초노령연금은 국민연금의 사각지대였던 미가입자나 저연금수급자들에게 일정한 연금을 지급함으로써 국민연금을 보완하였고, 국민연금과 함께 우리나라 노후 소득보장체계의 한 축으로 자리매김하였다.

그러나 대상층과 역할이 상당히 중복되는 국민기초생활보장제도와의 관계를 정리하지 못하고 애매한 상태로 남겨 놓았다는 점에서 한계를 갖는다. 경로연금은 기초생활수급자와 차상위계층으로 지급대상을 제한했기 때문에 생계급여나 자활급여에 덧붙여지는 추가 수당적 성격이 분명하였다. 따라서 국민기초생활보장제도는 경로연금을 가구특성별 지출비용으로 지정하여 생계급여액에서 차감하지 않았다. 하지만 수급자의 범위가 확대되면서 기초노령연금과 국민기초생활보장제도 간의 관계가 모호해졌다. 즉, 기초노령연금의 추가 수당적 성격이 모호해진 것이다. 두 공공부조제도 간의 관계가 명확하게 정리되지 않은 상황에서 국민기초생활보장제도는 기초노령연금을 대체관계에 있는 독립된 제도로 간주하였고, 2007년 12월 시행규칙을 개정하여 기초노령연금을 가구특성별 지출비용에서 제외시켰다. 기초노령연금이 저액인 시기에는 이 문제가 크게 논란이 되지 않으나, 기초연금으로 전환되면서 연금액이 크게 높아지자 '줬다 뺏는 기초연금' 논란이 나타나게 되었다.

4) 2014년 기초연금제도의 실시

2012년 대선과정에 참여했던 대부분 후보들은 '기초노령연금 20만 원'을 공약으로 내세웠다. 민주통합당 문재인 후보와 무소속 안철수 후보는 기초노령연금액을 2배 인상할 것을 공약하였고, 진보정의당의 심상정 후보도 20만 원 인상을 공약하였다. 통합진보당의 이정희 후보를 제외하면 기초노령연금 2배 인상 내지 20만 원 지급은 대통령후보 공약집의 공통분모였다. 그러나 2012년 대선과정에서 다른 후보들의 공약들은 완전히 묻히고, 새누리당 박근혜 후보의 '모든 노인에게 20만 원 지급' 공약만이 국민들에게 큰 인상을 주었던 이유는 '모든 노인'이라는 대상의 포괄성과 간결한 압축성을 통한 의미 전달력 때문이었다.

그러나 2012년 12월 10일 박근혜 대통령이 TV토론에서 "기초노령연금을 보편적 기초연금으로 확대해서 65세 이상의 모든 어르신들에게 내년부터 20만 원의 기초연금을 드리겠다."고 한 공약은 처음부터 사실이 아니었다. 기초연금 공약을 기초한 안종범 의원은 국민연금과 기초연금의 통합운영을 전제로 하였으며, 국민연금의 균등부문(A급여 부문)과 기초연금을 합쳐서 20만 원을 지급하는 것으로 기획하였다. 따라서 국민연금 수급자의 기초연금 감액조정은 불가피한 것이었다(뉴스타파, 2013. 9. 27.; 오건호, 2013).

　박근혜 대통령의 기초연금 공약이 의미 그대로 국민들에게 모습을 드러낸 것은 대통령직인수위원회가 2013년 2월 21일 박근혜 정부의 140대 국정과제를 발표하면서부터였다. 인수위안은 대체로 이러한 내용을 담고 있었다. "정부는 특수직역연금 수급자와 그 가족을 제외한 65세 이상의 모든 노인들에게 2014년 7월부터 기초연금을 지급한다. 하지만 기초연금액은 모두에게 20만 원을 지급하는 것이 아니라 소득수준과 국민연금 가입기간에 따라 차등화된다. 소득 하위 70%에 해당하는 노인들의 경우 무연금자에게는 A값의 10%인 20만 원을 지급하지만, 국민연금수급자들은 가입기간에 비례하여 14~20만 원을 지급한다. 상위 30%에 해당하는 노인의 경우에는 무연금자에게 4만 원을 지급하고, 국민연금수급자들은 가입기간에 비례하여 4~10만 원을 지급한다(제18대 대통령직인수위원회, 2013: 75)."

　국민연금 수급자의 기초연금액을 감액하는 인수위안이 공개되자 여론은 무차별적인 포화를 퍼부었다. 비판의 가장 큰 초점은 모든 노인에게 '20만 원'을 지급한다는 공약의 파기였다. 물론 처음부터 박근혜 대통령의 공약은 국민연금과의 연계를 전제로 한 것이었지만, 선거운동과정에서 한 번도 국민연금 수급자의 기초연금액이 감액된다고 언급하지 않았다. 반면 보수언론들은 정반대의 위치에서 막대한 소요예산과 지속가능성에 대한 비판을 쏟아냈다.

　결국 박근혜 정부는 여론수렴을 통한 재검토를 결정하였고, 2013년 3월 20일 사회적 합의기구인 국민행복연금위원회를 발족시켰다. 그러나 국민행복연금위원회는 합의안을 도출하지 못했고, 상이한 입장을 담은 세 가지 기초연금 도입방안을 제시하였다. 세 가지 안은 모두 공약사항인 '월 20만 원' 지급을 기초로 하고 있지만, 또다른 공약사항인 '모든 노인'에게 지급한다는 보편적 접근을 포기했다는 점에서 인수위안보다 후퇴한 안들이었다. 세 가지 방안은 모두 소득 하위 70~80%의 노인들을 적용대상으로 하였는데, 이는 사실상 금액만 두 배로 올린 '도로 기초노령연금'인 셈이었다. '20만 원' 공약에 이어, '모든 노인' 공약도 폐기하는 수순으로 들어간 것이었다. 국민행복연금위원회의 세 가지 방안은 〈표 5-4〉와 같다.

　정액지급을 원칙으로 했던 기초노령연금과 달리 국민행복연금위원회의 1안과 2안

표 5-4 국민행복연금위원회 기초연금 대안별 특성 비교

	1안		2안		3안	
대상	65세 노인 중 하위 70%		65세 노인 중 하위 70%		65세 노인 중 하위 70~80%	
급여 기준	소득인정액에 따른 차등급여 (연금급여 + 근로소득 + 자산평가액)		국민연금 A값 10% 20만 원을 상한으로 국민연금과 연계하여 기초연금에서 국민연금 A값 (균등부분)을 제한 차액		정액의 기초연금 균일지급	
급여 수준	국민연금 A값 10% 20만 원을 상한으로 차등급여		국민연금 A값 10% 20만 원을 상한으로 차등급여		국민연금 A값 10% 20만 원을 균등급여	
재정 규모*	2020년	14.5조 원	2020년	14.9조 원	2020년	18.5조 원
	2040년	88.6조 원	2040년	68.4조 원	2040년	112.9조 원
	2060년	212.7조 원	2060년	92.7조 원	2060년	271.2조 원

주: 3안도 대상자 70% 기준으로 추산한 소요재정임
출처: 석재은(2015: 81).

은 대상자를 하위 70%의 노인으로 제한하면서도 일부 수급자의 급여를 감액하는 장치를 두고 있다. 이는 재정문제를 고려한 것이다. 1안은 전통적인 공공부조의 원리에 따라 소득인정액을 중심으로 연금액을 감액하는 안이었다. 2안은 기초연금과 국민연금 A급여의 중복문제를 조정한다는 명분하에 국민연금 가입연수를 기준으로 연금액을 감액하는 안이었다. 2안은 국민연금 가입연수에 따라 차등을 둔다는 점에서 인수위안과 유사하지만, 인수위안과는 거꾸로 가입기간이 늘어날수록 연금액이 줄어드는 반비례관계를 설정한다는 점에서 결정적인 차이가 있다. 마지막 3안은 하위 80%의 노인에게 월 20만 원을 정액으로 지급하는 안으로 2012년 대선과정에서 문재인 후보가 제시한 공약과 동일한 안이었다.

1안과 2안은 일부 수급자들의 급여를 삭감한다는 점에서 공통점을 갖지만 재정효과는 크게 다르다. 〈표 5-4〉에 따르면 1안과 2안의 2020년 소요예산은 비슷하게 산출되지만 2060년의 예산 추정치는 212.7조 원과 92.7조 원으로 크게 벌어진다. 2안의 재정효과가 큰 이유는 강제가입방식인 국민연금의 가입자 수와 가입기간은 장기적으로 늘어날 수밖에 없기 때문에 감액대상자도 크게 증가하기 때문이다. 2안이 갖는 재정효과상의 장점은 박근혜 정부가 2안을 기초로 최종안을 구상하는 핵심적

인 이유가 되었다.

박근혜 정부는 2013년 9월 26일 2안을 기초로 기초연금 도입계획을 확정하여 발표하였다. 소득 하위 70%의 노인들에게 기초연금으로 20만 원을 지급하되, 국민연금 가입연수에 반비례하여 연금액을 감액하여 최저 10만 원을 지급한다는 것이었다. 정부안이 발표되자 국민연금 가입자들의 반발은 인수위안의 발표 때와 비교할 수 없을 정도로 거세게 일어났다. 박근혜 대통령은 '모든 노인들'에게 지급하겠다는 공약을 파기한 것에 대해 대국민사죄를 해야 했다. 언론들은 공약파기, 대국민 사기극으로 몰아세우며 비판의 날을 세웠고, 시민사회단체들은 원안대로 '모든 노인에게 20만 원 지급' 공약의 이행을 촉구하였다.

정부안에 대해 공약파기 이외에도 여러 가지 비판이 있었다. 먼저, 정부안은 당시 노인들에게는 당장 연금액을 20만 원으로 인상하여 이익을 주지만, 그 재정적 부담을 해결하기 위해 미래연금수급자에게 불이익을 강요한다는 것이었다. 이른바 조삼모사 전략이라는 것이었다(주은선, 2013: 5). 국민연금 가입자들은 이미 2007년 정치적 타협에 의해 2028년부터 A값의 10%를 기초노령연금으로 지급받도록 되어 있었다. 그러나 기초연금법안이 현실화되면 2007년의 합의는 무효가 되고, 약속된 A값의 10%는 감액조정된다. 그만큼 청장년층들의 손실은 불가피한 것이고, 박근혜 정부는 이들의 손실을 통해 재정안정화를 추구한다는 것이었다.

나아가 공적연금 수준의 하락이 불가피해졌다. 기초노령연금은 2007년 합의에 의해 국민연금 급여율의 급격한 하락을 보완하는 장치였다. 하지만 박근혜 정부는 이를 감액한다는 것이었다. 더욱이 감액방식은 가입기간에 반비례하는 방식이었다. 장기가입자나 성실가입자에게 불이익을 주는 방식이였기 때문에 강제적으로 성실가입자가 될 수밖에 없는 직장가입자들의 상실감을 자극하고, 지역가입자나 임의가입자들의 장기가입 유인을 하락시킬 수밖에 없는 안이라는 비판이 대두되었다.

박근혜 정부가 이러한 구조를 구상한 이유는 재정적인 고려 때문이었다. 하지만 아무리 돈이 덜 들더라도 국민연금에 오래 가입할수록 불이익을 주는 구조를 국민들에게 납득시키기는 쉽지 않았다. 당장 주무 장관인 진영 보건복지부 장관도 납득시킬 수 없었다. 진영 장관은 확정안 발표 다음날 공약불이행의 책임을 진다는 이유로 전격 사퇴하였고 사태는 더욱 악화되었다. 민주노총, 한국노총, 참여연대, 여성단체연합, 전국농민회총연맹 등 21개 시민단체가 소속된 국민연금 바로세우기 국민행동은 곧바로 성명서를 발표하고 반대행동에 돌입하였다. 이러한 반발에도 불구하고 박근혜 정부는 불통정부라는 명성에 걸맞게 도입안을 밀어붙였다. 11월 19일 정부안은 국무회의를 통과하였고 곧바로 25일 국회에 제출되었다. 한동안 새정치민주연합은 당론이었던 국민행복연금위원회의 3안을 주장하면서 정부안에 맞섰지만, 6.4 지방선거를 앞두고 노인들의 표가 눈 앞에 아른거렸던 새정치민주연합의 수뇌부는 당내 의원들의 반발에도 불구하고 새누리당의 표결처리를 묵인하였다. 2014년 5월 2일 「기초연금법」은 국회 본회의를 통과하였고, 새정치민주연합은 한동안 언론과 시민단체들로부터 관제야당이라는 조롱에 시달려야 했다(경향신문, 2014. 5. 2.).

2017년 대선과정에서 문재인 후보는 2021년까지 기초연금액을 30만 원으로 인상함과 동시에 국민연금과 기초연금의 연계제도를 폐지하겠다고 공약하였다(한겨레신문, 2017. 4. 19.). 그러나 기초연금액은 공약대로 인상되었지만, 국민연금과 기초연금의 연계문제는 논의되지 못했다. 기초연금액이 30만 원으로 인상되면서 감액효과는 현저히 떨어졌기 때문에 국민연금과 기초연금의 연계문제는 2013년과 같은 폭발력을 상실하였다. 나아가 국민연금과 기초연금의 연계문제는 기초연금, 국민연금, 국민기초생활보장제도 등 우리나라 전체 노후 소득보장체계의 맥락에서 검토해야 하는 문제였다. 2020년 문재인 정부의 국민연금 개혁이 실패하면서 국민연금과 기초연금의 연계문제는 자연스럽게 묻히게 되었다.

2. 기초연금제도의 현황과 쟁점

1) 기초연금의 대상자 선정기준

기초연금의 수급대상은 국내에 거주하는 대한민국 국적의 65세 이상 노인 중 가구의 소득인정액이 하위 70%에 해당하는 노인이다. 단, 공무원연금, 군인연금, 사립학교교직원연금, 별정우체국연금 수급자들은 원칙적으로 기초연금 수급대상에서 제외된다. 하위 70%에 해당하는 선정기준액은 보건복지부 장관이 매년 고시하도록 되어 있다. 2022년 현재 기초연금 대상자 선정기준은 단독노인의 경우 180만 원, 부부노인의 경우 288만 원이다. 기초연금이 시행된 2014년부터 2022년 현재까지 연도별 수급자 선정기준은 〈표 5-5〉와 같다.

나아가 〈표 5-6〉은 2014년부터 2020년까지 기초연금 수급자 규모를 나타낸다. 〈표 5-6〉에 의하면 2020년 현재 기초연금 수급자 수는 565만 9,751명이다. 제도 출범 6년 만에 130만 명이 증가한 것이다. 한국전쟁 후 출생한 베이비붐세대, 즉 1955~1963년 출생한 세대가 빠른 속도로 노령인구화되고 있기 때문에, 기초연금 수급자 수도 더욱 빨리 증가할 것으로 예상된다.

2020년 현재 65세 이상 노인인구 중 기초연금 수급자 수가 차지하는 비중은 66.7%이며, 〈표 5-6〉에서 볼 수 있듯이 이 비율은 기초연금 운영기간 내내 70%를 밑돌고 있다. 이는 〈표 5-3〉에서 볼 수 있듯이 기초노령연금 때부터 존재하던 현상이었다. 이에 대해 국민연금공단은 추적이 어려운 거소불명 등록자(10만 5천 명), 소득 하위범주에 속하는 특수직역연금 일시금 수급자(55만 명), 기초연금 수급의 실익이 없거나 수급자에서 탈락할 것을 걱정하는 기초생활보장수급자, 기타 소득과 재산의 노출을 꺼리는 노인 등을 원인으로 추정하고 있지만, 정확한 분석과 대안 마련이 필요하다(연합뉴스, 2021. 10. 19.).

〈표 5-6〉에 의하면 기초연금 수급자 중 국민연금급여를 동시에 수급하는 노인들의 비율도 꾸준히 증가하여 2020년에는 전체 기초연금 수급자의 42.1%를 차지하고

표 5-5 ｜ 연도별 기초연금 대상자 선정기준 및 기초연금액   (단위: 원)

연도	선정기준		기초 연금액
	단독	부부	
2014	870,000	1,392,000	200,000
2015	930,000	1,488,000	202,600
2016	1,000,000	1,600,000	204,010
2017	1,190,000	1,904,000	206,050
2018	1,310,000	2,096,000	250,000
2019	1,370,000	2,192,000	253,750 / 300,000
2020	1,480,000	2,368,000	254,760 / 300,000
2021	1,690,000	2,704,000	300,000
2022	1,800,000	2,880,000	307,500

출처: 보건복지부(각 년도).

연도	65세 이상 인구 수(A)	기초연금 수급자 수(B)	국민연금 동시수급(C)	기초연금 감액조정(D)	비율 B/A	비율 C/B	비율 D/B
2014	6,520,607	4,353,482	1,316,617	374,206	66.8	30.2	8.6
2015	6,771,214	4,495,183	1,444,286	341,383	66.4	32.1	7.6
2016	6,995,652	4,581,406	1,541,216	420,396	65.6	33.6	9.2
2017	7,345,820	4,868,576	1,751,389	456,017	66.3	36.0	9.4
2018	7,638,574	5,125,731	1,957,696	446,813	67.1	38.2	8.7
2019	8,013,661	5,345,728	2,139,227	734,280	66.7	40.0	13.7
2020	8,481,654	5,659,751	2,384,106	–	66.7	42.1	–

표 5-6 65세 이상 노인인구 대비 기초연금수급자 수 (단위: 명, %)

출처: 국민연금연구원(2021: 48).
　　최옥금(2020: 62).

있다. 이에 따라 국민연금 연계에 의한 감액조정자 수도 2019년 현재 73만 4,280명으로 전체 기초연금 수급자의 13.7%를 기록하고 있다. 동시수급자의 수가 더 증가하기 전에 국민연금과 기초연금의 연계문제를 조속히 매듭지을 필요가 있다.

2) 기초연금제도의 소득인정액 산정

기초연금에서 사용하는 소득인정액 개념은 기본적으로 「국민기초생활보장법」을 준용한다. 즉, 「국민기초생활보장법」과 마찬가지로 소득인정액은 〈식 5-1〉과 같이 소득평가액과 재산의 소득환산액의 합으로 규정된다.

소득인정액 = 소득평가액 + 재산의 소득환산액　　　　　　　〈식 5-1〉

그러나 소득평가액과 재산의 소득환산액을 구체적으로 산출하는 방법에 있어서는 「기초연금법」의 취지를 고려하여 국민기초생활보장제도와 차이를 두고 있다. 먼저 소득평가액은 〈식 5-2〉와 같이 산출된다.

소득평가액 = 0.7 × (근로소득-98만 원) + 기타소득　　　　　〈식 5-2〉

소득평가액 산정에서 기타소득은 사업소득, 재산소득, 공적이전소득, 무료임차소득을 의미하며, 국민기초생활보장제도에서 소득에 포함시키는 사적이전소득이나 보장기관 확인소득은 포함하지 않는다. 기초연금의 소득인정액 산정에서 특이한 것은 무료임차소득이다. 이는 자녀가 소유한 6억 원 이상의 고가주택에 거주하는 노인들에 대해 주택 시가표준액의 0.78%에 해당하는 금액을 임차료로 간주하여 책정하는 소득이다. 일종의 귀속임대료(imputed rent)에 해당하는 소득이다. 예컨대, 자녀가 소유한 시가표준액 6억 원의 주택에 거주하는 노인은 39만 원의 소득이 있는 것으로 간주된다. 2013년 서울 강남의 고가아파트에 거주하는 기초노령연금 수급노인들이 언론을 통해 문제화되었고, 2014년 7월 기초연금이 시작되면서 무료임차소득도 함께 제도화되었다. 나아가 기초연금은 소득평가액 산정에서 근로동기 하락을 방지하기 위해 근로소득공제를 적극적으로 반영하고 있다. 기초생활보장제도와 달리 기초연금은 근로소득에서 98만 원을 기본공제한 뒤 근로소득의 유형에 상관없이 모든 근로소득의 30%를 추가 공제한다. 이를 통해 저임금 일자리에 있는 노인들의 불이익을 최소화하고 있다.

반면 재산의 소득환산액은 〈식 5-3〉과 같이 산출된다. 재산은 일반재산, 금융재산, 그리고 고급차와 회원권으로 구분된다. 재산의 분류는 국민기초생활보장제도를 준용하지만, 소득환산방법은 덜 엄격하게 적용된다. 일반재산에서 공제되는 기본재산액은 대도시의 경우 1억 3,500만 원, 중소도시는 8,500만 원, 농어촌지역은 7,250만 원이며, 금융재산은 2,000만 원을 초과하는 부분만 산정대상이 된다. 나아가 소득환산율도 연 4%로 적용된다. 단, 3,000cc 이상 또는 차량가액 4,000만 원 이상의 고급차량은 월소득 100%로 간주되며, 회원권은 가액 그대로 월소득으로 환산된다. 고급차량이 아닌 차량들은 일반재산에 포함되어 산정된다.

$$\text{재산의 소득환산액} = [(\text{일반재산}-\text{기본재산액}) + (\text{금융재산}-2000\text{만 원})-\text{부채}]$$
$$\times \ 0.04/12 + \text{고급차 및 회원권} \qquad \langle\text{식 5-3}\rangle$$

3) 기초연금액의 산정

기초연금액은 최대지급액인 기준연금액과 기준연금액의 1/2인 부가연금액에 의해 결정된다. 기준연금액은 전국소비자물가상승률에 의해 변동되며, 매년 보건복지부 장관의 고시에 의해 결정된다. 경험적으로 볼 때, 소비자물가상승률은 임금상승률에 비해 변동폭이 적기 때문에 물가연동장치로는 불리한 것으로 평가된다. 기초노령연금액은 A값의 5%로 정해져 있었기 때문에 자동으로 소득상승률에 연동되었으나, 기초연금이 시행되면서 물가연동장치가 소비자물가상승률로 변경된 것이다. 이에 따라 기초연금은 기초노령연금에 비해 개악되었다는 평가가 계속 제기되어 왔다(윤성주, 2014: 16-17). 이에 보건복지부는 5년마다 기초연금의 적정성을 평가하고 그 결과를 반영해 기준액을 조정하도록 하고 있으나, 정권의 정책방향에 좌우될 가능성이 크다. 따라서 기초노령연금처럼 소득상승에 자동적으로 연동되는 장치를 도입할 필요가 있다.

〈표 5-5〉와 같이 2022년 현재 기준연금액은 30만 7,500원이며, 부가연금액은 15만 3,750원이다. 부가연금액은 감액조치가 없을 경우 기초연금의 최저지급액으로 기능하지만, 소득역전 방지를 위한 감액조치가 적용되면 기초연금액은 기준연금액의 10%까지 하락할 수 있다. 2022년의 경우 기초연금액은 최저 3만 750원까지 하락할 수 있다. 2014년 기초연금이 시행된 이후 2022년까지 기준임금액의 변동은 〈표 5-5〉에 제시되어 있다. 기초연금을 실시한 박근혜 정부 기간 동안 기초연금액은 20만 원대에 머물러 있었다. 그러나 문재인 정부가 들어서면서 기초연금액은 단계적으로 상승하여 30만 원 이상에 도달하였다. 하지만 30만 7,500원도 2022년 A값의 11.5% 수준이기 때문에, 2014년 출범 당시 기준연금액이 A값의 10%였던 점을 고려하면 그렇게 많이 인상된 것은 아니다.

기초연금액 산정방식은 국민연금가입 여부와 국민연금 급여액에 따라 세 가지로 구분된다. 첫째, 국민연금수급자가 아니거나, 국민연금 수급자이더라도 연금액이 기준급여액의 150% 이하이거나, 연금액이 적은 종류의 연금을 수급하는 노인들은 기초연금액을 기준연금액으로 한다. 즉, 다음에 해당되는 사람들은 기준연금액을 전액 수급한다.

① 국민연금을 받고 있지 않는 사람
② 국민연금 월 급여액이 461,250원 이하인 사람(기준연금액의 150% 이하인 사람)
③ 국민연금의 유족연금이나 장애연금을 받는 사람

④ 장애인연금 수급자
⑤ 국민기초생활보장 수급권자

둘째, 국민연금 급여액이 기준연금액의 150%를 초과하고 200% 이하인 사람들은 'A급여액 적용산식'과 '국민연금급여액 산식'으로 계산된 연금액 중 높은 쪽을 기초연금액으로 결정한다. 'A급여액적용 산식'에서 기초연금액은 〈식 5-4〉와 같이 산출된다. 제4장에서 살펴본 것처럼 국민연금의 기본연금액은 $1.2 \times (A+B)(1+0.05n)$으로 산출된다. 이때 기본연금액을 균등부문과 소득비례부문으로 분해하면, $1.2A(1+0.05n)$와 $1.2B(1+0.05n)$로 구분되고, 전자를 A급여액이라고 한다. 'A급여액 적용산식'은 기준급여액에서 이 A급여액의 2/3를 차감한 후 부가급여와 합하여 기초연금액을 산정한다.

기초연금액 = (기준연금액－2/3 × A급여액) + 부가연금액　　　〈식 5-4〉

반면, '국민연금급여액 산식'에서 기초연금액은 〈식 5-5〉와 같이 기준연금액의 250%에 해당하는 금액에서 국민연금 급여액을 차감하여 산출한다.

기초연금액 = 기준연금액의 250%－국민연금 급여액　　　〈식 5-5〉

기초연금액은 두 산식을 통해 산출한 결과 중 높은 금액으로 한다. 예컨대, 국민연금 급여액 50만 원이고 그중 A급여액이 27만 원인 사람이 있다고 하자. 이 경우 A급여액 적용 산식을 적용하면 30만 7,500원－(2/3×27만 원) + 15만 3,750원 = 28만 1,250원의 기초연금액이 산출된다. 반면 국민연금급여액 산식을 적용하면 76만 8,750원－50만 원 = 26만 8,750원의 기초연금액이 산출된다. 두 산출액 중 높은 금액을 기초연금액으로 하므로, 해당사례의 기초연금액은 28만 1,250원이 된다.

셋째, 국민연금 급여액이 기준연금액의 200%를 초과하는 사람들은 A급여액 적용산식만으로 기초연금액을 산출한다.

기초연금액은 부부가 수급할 경우 생활비 차이를 고려하여 20% 감액하여 지급한다. 나아가 기초연금 미수급자와의 소득역전을 방지하기 위해, 수급자의 소득인정액과 기초연금액을 합한 금액에서 선정기준액을 차감한 금액만큼 감액조정한다. 단, 단독가구는 기준연금액의 10%, 부부가구는 기준연금액의 20%를 최저연금액으로 지급한다.

'국민연금급여액 산식'에서 기초연금액은 국민연금 급여액을 차감하여 산출되기 때문에, 국민연금 급여액이 높아지면 기초연금액이 낮아지는 반비례관계를 쉽게 알 수 있다. 나아가 A급여액 적용산식도 국민연금 가입기간이 증가할수록 기본연금액이 감액된다. 〈식 5-4〉에서 A급여액을 제외한 다른 값들은 모두 상수이므로 개인의 기초연금액은 개인의 A급여액에 의해 결정되며, A급여액이 커질수록 기초연금액은 감소하는 반비례관계를 형성하고 있다. 그런데 A급여액, 즉 $1.2A(1+0.05n)$에서 조정계수 1.2는 특정연도 가입자에게 똑같이 적용되며, A값도 특정연도 연금수급 개시자에 똑같이 적용되기 때문에, 개인 간의 변이 폭은 크지 않다. 결국 개인의 A급여액을 결정하는 핵심적인 요소는 n이다. 즉, A급여액은 사실상 가입기간에 의해 결정된다. 결국 국민연금 가입기간이 증가할수록 기초연금액은 줄어드는 반비례관계를 형성하게 된다.

이러한 국민연금과 기초연금과의 연계문제는 2014년 제도 도입 당시 장관의 사퇴를 불러올 정도로 크게 쟁점이 되었다. 2014년 당시 기준급여액은 20만 원이었고, 부가연금액은 10만 원이었다. 보건복지부의 계산에 의하면 〈표 5-7〉과 같이 국민연금 가입기간이 20년인 수급자는 A급여액이 30만 원을 초과하여 부가연금액인 10만 원만 기초연금으로 수급하게 된다. 반면 가입기간이 10년인 국민연금 수급자는 20만 원을 모두 받는다. 나아가 가입기간이 1년 증가할 때마다 기초연금액은 1만 원씩 감소하는 반비례관계를 가진다. 2014년 기초연금 도입 당시 국민연금가입자들은 이러한 역차별에 민감하게 반응했던 것이다.

그러나 최근 조정승수가 단계적으로 하락하고 기준급여액이 크게 인상되면서 기초연금의 감액폭은 점차 축소되었다. 이에 따라 국민연금과 기초연금과의 연계문제는 폭발력을 크게 상실하였다. 〈표 5-7〉에서 2014년 국민연금 가입자의 감액분은 A급여액의 조정승수를 1.8 정도로 가정하여 산출한 것이다. 그러나 2028년 조정승수가 1.2로 하향조정되면 〈표 5-7〉의 미래세대 노인과 같이 감액폭은 줄어든다. 물론 30년 가입자는 여전히 10만 원으로 감액되지만, 똑같은 기간의 가입자라면 미래세대로 갈수록 감액폭이 줄어든다. 조정승수가 하락하면 A급여액이 작아지기 때

표 5-7	2014년 추정 현세대와 미래세대의 국민연금 가입기간별 기초연금액	(단위: 만 원)
가입기간	현재세대 노인 2014년 7월 수급자	미래세대 노인 2028년 이후 소득대체율 40%
10년	20	20
11년	20	20
12년	19	20
13년	18	20
14년	17	20
15년	16	20
16년	15	19
17년	14	19
18년	12	18
19년	11	17
20년	10	17
30년	10	10

출처: 보건복지부(2013: 2).

문에 당연한 결과이다. 나아가 기준급여액이 상승해도 개인의 A급여액은 변화가 없기 때문에 기준급여액의 상승은 감액폭은 줄이는 효과를 갖는다. 예컨대, A급여액이 30만 원인 노인을 가정해 보자. 기준급여액이 20만 원이면 기초연금액은 20만 원−(2/3×30만 원) + 10만 원 = 10만 원으로 산출된다. 10만 원이 감액되는 것이다. 하지만 기준급여액이 30만 원으로 인상되면, 기초연금액은 30만 원−(2/3×30만 원) + 15만 원 = 25만 원으로 산출된다. 감액폭은 5만 원으로 줄어들게 된다. 나아가 기준연금액이 40만 원으로 인상된다면 기초연금액은 40만 원−(2/3×30만 원) + 20만 원 = 40만 원이 산출되어 감액없이 40만 원을 전액 수급할 수 있게 된다.

문재인 정부는 기준연금액을 30만 원 이상으로 인상하였고 국민연금 가입자들의 조정승수도 해마다 단계적으로 낮아지고 있기 때문에 A급여액에 따른 감액폭은 크게 줄어들고 있다. 정부가 재정안정을 이유로 A급여액 차감분을 변화시키지 않는 한, 국민연금 A급여액과 기초연금의 연계문제는 별다른 조정 없이도 약화될 것으로 예상된다.

4) 기초연금의 재정과 관리운영체계

기초연금의 재정은 중앙정부 일반회계와 지방비로 구성된다. 2014년 제도 도입
당시 국민연금기금의 활용이 쟁점화되었으나, 「기초연금법」 제4조 2항은 국민연금
기금을 기초연금의 재원으로 사용할 수 없다고 못박음으로써 일단락되었다.

중앙정부와 지방정부의 분담비율은 지방자치단체의 재정자립도와 노령인구비율
에 따라 〈표 5-8〉과 같이 차등화되어 있다. 〈표 5-8〉에 따르면 재정자립도가 80%
미만이며 노인인구 비율이 20% 이상인 지자체는 정부가 기초연금 재정의 90%를
지원한다. 반면 재정자립도가 90% 이상이며 노인인구비율이 14% 미만인 지자체에
대해서는 정부가 40%를 지원하고 있다.

인구노령화가 빠른 속도로 진행되면서, 기초연금 수급자 수도 빠르게 증가하였
다. 이에 따라 기초연금의 재정규모도 점차적으로 증가하고 있다. 〈표 5-9〉에 따
르면 2015년 기초연금지출액은 약 10조 원이었으나, 2021년의 경우 18조 8천억 원
으로 증가하였다. 기획예산처는 2022년 기초연금의 일반회계 예산을 16조 1,140억
원으로 책정하여 2021년보다 7.6% 증액하였다. 지방비 부담금을 합칠 경우 20조
원 이상의 지출이 예상된다. 2020년 국회예산정책처의 장기재정전망에 따르면, 기
초연금 소요액 가운데 국비부담은 2020년 13.3조 원에서 2030년 22.3조 원, 2040년
30.1조 원으로 상승할 것으로 예측하고 있다(국회예산정책처, 2020: 40).

기초연금의 행정체계는 보건복지부와 지방자치단체, 그리고 국민연금공단으로
구성된다. 보건복지부는 주로 기획과 입법, 그리고 감독 업무를 맡고 있고, 일선행
정은 주로 관할 지자체에서 이루어진다. 지자체의 읍면동 사무소 및 주민센터는 주

표 5-8　지방자치단체 여건에 따른 정부지원비율

구분		지방자치단체의 노인인구 비율(%)		
		14 미만	14 이상 20 미만	20 이상
지방자치단체의 재정자립도(%)	90 이상	100분의 40	100분의 50	100분의 60
	80 이상 90 미만	100분의 50	100분의 60	100분의 70
	80 미만	100분의 70	100분의 70	100분의 90

출처: 윤성주(2021: 34).

회계년도	중앙정부 지출액	지방비 지출액	총지출액
2014	51,826	17,229	69,055
2015	75,814	24,456	100,270
2016	76,600	24,399	100,999
2017	80,960	25,086	106,046
2018	92,439	29,998	122,437
2019	116,205	34,274	150,479
2020	131,759	36,315	168,074
2021	149,634	39,167	188,801

표 5-9 연도별 기초연금 지출액 추이 (단위: 억 원)

1) 2014년은 기초노령연금지출액 포함
2) 2014~2020년은 결산, 2021년은 예산 기준
출처: 국회예산정책처(2021: 209).
　　　보건복지부(각 년도).

민들의 신청 접수, 소득 및 재산조사, 수급자 선정 결과 및 급여액 결정의 통보, 연금의 지급, 부당이득 환수금 결정 및 징수 등의 업무를 담당한다. 나아가 기초연금의 주요내용은 국민연금과 연계되어 있기 때문에 상당수의 업무를 국민연금공단에 위탁하고 있다. 국민연금공단은 주로 기초연금의 홍보 및 정보제공, 기초연금 수급권의 발생·변경·상실 등을 확인하기 위한 사실 조사, 국민연금과 연계된 정보의 제공 및 상담 등을 담당하며, 대면서비스가 가능한 지사에서는 신청업무도 맡고 있다.

65세 생일이 도래한 사람들은 생일이 속한 달의 1개월 전부터 기초연금을 신청할 수 있으며, 읍면동 사무소 및 주민센터와 국민연금공단 지사에서 신청이 가능하다. 기초연금은 신청한 날이 속한 달부터 지급되며, 결정이 지연되더라도 소급되어 지급된다. 단, 생일 1개월 전에 신청한 사람은 생일이 속한 달부터 지급된다. 처분결과에 이의가 있는 사람들은 처분통지서가 송달된 날로부터 90일 이내에 이의신청을 제기할 수 있고, 신청 후 30일 이내에 결과를 통고받는다. 단, 재산·소득조사에 시일이 걸리는 등 특별한 사유가 있는 경우 최대 60일까지 통고가 연기될 수 있다.

5) 기초연금의 쟁점

기초연금은 몇 가지 문제점을 가지고 있다. 기초연금액이 국민연금 A급여액에 반비례하여 감액되는 연계방식은 제도 도입기부터 무수한 질타를 받아 왔다. 제도 도입 때보다 감액폭이 줄어들었지만 명확하게 재정립해야 할 문제라고 판단된다.

기초연금은 소득 하위 70%를 선별하는 공공부조제도로 운영되면서도 대상층이 중복되는 국민기초생활보장제도와의 관계를 정리하지 않고 있다. 기초연금은 국민기초생활보장수급자를 기준급여액의 감액조정 없는 수급대상자로 규정하고 있지만, 국민기초생활보장제도는 기초연금에 대한 배려 없이 다른 소득과 똑같이 실제소득에 포함시키고 있다. 이에 따라 국민기초생활보장제도는 생계급여액 산정에서 기초연금액을 전액 삭감함으로써 기초연금의 취지를 역행하고 있다. 이는 '줬다 뺏는 기초연금' 논란을 야기시킬 뿐만 아니라, 기초연금 지급의 실효성을 떨어뜨려 생계급여나 의료급여 수급권 탈락을 우려한 기초생활보장수급자들이 기초연금 신청을 포기하게 만드는 원인으로 작용하고 있다(탁현우, 2016: 37-40; 주은선, 2017: 19).

또한 소비자물가상승률에 연동시키는 기초연금액의 물가조정방식은 A값에 의해 연동되었던 기초노령연금에 비해 연금의 가치를 하락시킬 가능성이 높다. 기초연금의 물가조정방식을 다시 A값의 변동율로 환원시킬 필요가 있으며, 나아가 자동적으로 연금액의 가치를 보존하는 장치가 필요하다.

그러나 기초연금과 관련된 대부분의 문제들은 국민연금이나 국민기초생활보장제도와 연관되어 있기 때문에 기초연금의 자체적 개혁만으로 접근하기 힘들다. 궁극적으로 기초연금은 우리나라 노후소득보장제도의 일부분이기 때문에 전체적인 노후 소득보장체계의 틀 안에서 접근할 수밖에 없다. 즉, 기초연금, 국민연금, 국민기초생활보장제도, 특수직역연금, 퇴직연금 등을 포함한 우리나라 노후소득보장체계의 장기적인 방향성이 마련되어야만 기초연금의 여러 가지 문제를 해결할 수 있는 방안을 확정할 수 있다. 우리나라 노후 소득보장체계의 대안에 관한 논의는 이미 제4장 5절에서 다루었기 때문에, 여기서는 생략하도록 하겠다.

제6장

의료보장의 역사적 고찰

1. 의료보장제도의 발전과정

의료보장제도는 산업화 초기 질병문제에 대응하기 위해 조직된 노동자들의 자구조직으로부터 출발하였다. 질병은 의료비용을 발생시킬 뿐만 아니라, 와병 기간 동안 근로소득이 중단되는 이중의 부담을 준다. 이에 노동자들은 19세기 초부터 유럽을 중심으로 자구조직인 상호부조기금이나 우애조합 등을 조직하여 질병문제에 대응해 왔다. 이러한 자구노력들이 공적인 의료보장체계로 전환된 것은 1883년 독일 질병보험(Krankenversicherung)이 최초였다.

1) 건강보험의 도입

비스마르크는 국가와 노동자계급의 유대를 강화하고 국가에 대한 노동자계급의 충성을 고양시키기 위해 일련의 사회보험입법들을 기획하였다. 이에 따라 1883년 도입된 질병보험은 세계 최초의 사회보험이었다. 1883년 질병보험은 광산, 채석장, 철도, 선박건조, 수공업제조업자 등 특정 산업에 한정되어 적용되었다. 나아가 일당

6⅔마르크 미만의 노동자만 가입할 수 있었다(문기상, 1983: 67). 이후 가입 대상이 확대되었음에도 불구하고 이러한 소득제한 요건은 계속 유지되었다. 예컨대, 사무직 노동자들은 연간 2,000마르크 이하의 소득자만 강제가입되었다.

독일 정부는 중앙집중적인 관리조직을 창설하지 않고, 기존의 상호부조조합이나 공제조합을 질병금고(sickness funds)로 전환시켜 관리운영을 담당하도록 하였다. 이러한 조합주의적 운영방식은 오늘날 전 국민 단일체계와 함께 건강보험 조직방식의 한 축을 이루고 있다. 질병금고의 행정비는 정부가 부담하였다. 보험료율은 질병금고에 따라 다양했는데, 임금의 약 3~4.5%가 부과되었다. 이 중 노동자가 2/3를 부담하였고, 고용주는 1/3을 부담하였다.

질병보험의 핵심 급여는 상병급여였는데, 이는 19세기 말부터 20세기 초에 도입된 건강보험의 공통된 특성이었다. 질병금고는 질병 발생 후 3일째부터 최대 13주 동안 임금의 50% 이상의 상병급여를 지급하였다. 급여율은 질병금고에 따라 달랐지만「질병보험법」이 최저수준을 정해 놓았기 때문에 최소한 50%의 급여율은 보장되었던 것이다. 나아가 질병금고는 출산이나 장례 때에도 소정의 수당을 지급하였다. 질병금고는 의료서비스도 제공하였다. 질병금고와 계약을 맺은 의사들은 가입자에게 의료서비스와 약제 및 치료제 등을 제공하였고, 질병금고로부터 인두제(capitation fee)를 기초로 한 연간 진료비를 일시금으로 지급받았다. 의사들은 인두제 방식에 거부감을 가졌으며, 질병금고가 진료과정에 개입하는 것에 대해서도 불만이 있었다. 이는 1904년 라이프치히 파업을 계기로 조직화되었고, 이후 의사들이 선호했던 행위별 수가제가 확산되기 시작하였다(Gordon, 1988: 199).

독일의 질병보험은 비슷한 문제를 안고 있던 인근 국가들로 확산되었다. 오스트리아(1888), 헝가리(1891), 스웨덴(1891), 덴마크(1892), 벨기에(1894) 등이 선두 그룹을 형성하였고, 이탈리아, 노르웨이, 루마니아, 스위스, 러시아, 세르비아, 크로아티아, 슬로베니아, 그리고 영국 등은 1909~1912년에 건강보험을 도입함으로써 그 다음 그룹을 형성하였다.

1911년 영국의「국민보험법」은 건강보험과 실업보험으로 구성되었으며, 영국 최초의 사회보험 도입을 의미하는 것이었다. 자율성을 가진 복수의 질병금고들을 기초로 하는 독일의 질병보험과 달리 영국의 건강보험은 전 국민 단일체계로 입법되었다는 점에서 결정적인 차이를 갖는다. 영국의 전 국민 단일체계는 독일의 조합주의 방식과 함께 건강보험 조직방식의 양대 축을 구성하였다. 영국과 같이 전 국민 단일체계로 건강보험을 도입한 국가 중 상당수는 훗날 NHS 체계로 전환하였다.

독일과 마찬가지로 19세기 영국 노동자들은 주로 우애조합(frenidly society)이라는 자구조직을 통해 질병문제에 대처하였다. 엘리트 의사인 전문의들은 주로 영리를 목적으로 운영되는 요양원(nursing homes)에서 상류층을 대상으로 진료하였지만, 일반의(general practitioner)들은 우애조합과 계약을 맺거나 구빈작업장의 의무실(workhouse infirmaries)과 연계하여 빈곤층과 노동자들을 진료하였다(윤성원, 2002: 17-18). 그러나 19세기 후반부터 대규모 빈곤조사와 페이비언협회를 중심으로 한 개혁가들의 지속적인 투고와 강연 등을 통해 노동자들의 빈곤문제와 빈곤층의 참상이 점차 사회문제화되기 시작하였다. 특히 1899년 보어전쟁 징병검사 과정에서 드러난 노동자들의 열악한 건강문제는 강도 높은 의료보장체계의 개혁을 요구하였다. 이에 애스퀴스 자유당 내각은 대장성 장관이었던 로이드 조지를 중심으로 일련의 사회개혁 조치들을 실시하였으며, 1911년「국민보험법」을 제정하여 건강보험과 실업보험을 도입하였다.

1911년 건강보험은 연소득 160파운드 이하의 모든 노동자들을 강제가입 대상으로 하였다. 건강보험료는 모든 가입자에게 똑같이 정액으로 부과되었는데, 일주일에 노동자는 4펜스, 고용주는 3펜스, 일반조세로 2펜스 등 총 9펜스가 책정되었다. 건강보험의 핵심급여는 독일과 마찬가지로 상병급여였지만, 독일과 달리 정액급여로 지급되었다. 노동자들은 질병 발생 후 4일째부터 최대 26주 동안 상병급여를 지급받았다. 처음 13주 동안은 병가를 내고 주당 10실링을 받을 수 있었으며, 그다음 13주 동안은 주당 5실링을 지급받았다. 나아가 건강보험은 여성단체의 요구를 받아들여 여성노동자나 가입자의 부인들에게 30실링의 출산급여도 제공하였다. 하지만 부양가족에 대한 더 이상의 배려는 없었다. 나아가 후속 프로그램이 없었기 때문에 26주 급여를 모두 소진한 사람들은 빈민법에 의존할 수밖에 없었다.

건강보험은 전국적으로 통일된 체계였고 중앙정부가 기금을 관리하였지만, 보험료를 징수하고 급여를 지급하는 일선행정은 공인조합들(Approved Societies)이 담당하였다. 노동자들은 자유롭게 조합을 선택할 수 있었으며, 이는 공인조합 간의 경쟁을 부추겼다. 공인조합이 징수한 보험료를 보유하는 것은 금지되었다. 공인조합은 징수한 보험료를 지체 없이 국민보험기금에 전달해야 했으며, 공인조합의 운영비는 기금으로부터 지급받았다. 「국민보험법」의 의무사항을 준수하는 비영리조직은 어떠한 조직이든지 공인조합이 될 수 있었다. 이에 따라 우애조합이나 노동조합뿐만 아니라 상업보험회사들도 공인조합의 설립에 적극적으로 참여하였다. 프루덴셜(Prudential)이 창립한 4개의 공인조합들은 약 430만 명의 가입자들을 관리하기도 하였다.

의료서비스는 주로 일반의가 제공하였다. 따라서 건강보험은 일반의가 다루지 않는 산부인과 서비스나 수술서비스는 제공하지 않았다. 나아가 건강보험은 결핵환자를 제외한 입원진료나 간호서비스도 보장하지 않았다. 입원진료를 배제한 또다른 이유는 무료로 운영되는 자선병원이나 공공시립병원들이 많았기 때문이었다(Gordon, 1988: 202). 민간 자선병원들은 부유층이나 시민들의 기부에 의해 운영되었으며, 진료비를 받지 않았다. 「국민보험법」은 진료비 지불방법을 특별히 규정하지 않았지만, 대부분의 공인조합들은 우애조합 때와 마찬가지로 인두제 방식을 사용하였다.

2) 제2차 세계대전 이후 의료보장의 확대와 NHS의 도입

복지국가의 출범과 함께 의료보장제도에는 두 가지 큰 변화가 나타났다. 첫째, 의료의 발달과 함께 의료서비스가 크게 팽창되면서 의료보장제도는 상병급여 중심에서 의료서비스 중심으로 전환되었다. 둘째, 국가가 일반조세로 재원을 조달하여 의료서비스를 직접 공급하는 보편적 의료서비스 체계가 확산되었다.

초창기 의료보장제도에서는 상병급여가 지출의 대부분을 차지하였다. 건강보험이 도입된 19세기 말부터 20세기 초에는 아직 현대적인 의료체계가 보편화되지 않았으며, 의료의 수준도 매우 낮았기 때문에 고칠 수 있는 질병이 거의 없었다. 따라서 의사들은 일상적으로 마주치는 소아마비, 결핵, 디프테리아, 콜레라, 류머티즘성 관절염과 같은 감염성 질병에 대해 어떠한 치료제도 갖고 있지 않았고, 자연적인 회복을 기다리는 것 이외에 별다른 치료방법이 없었다. 그마저도 저임금과 빈곤에 신음하던 노동자들은 쉽게 이용할 수 없었다. 노동자들이 질병에 걸리더라도 자선병원 이외에 의사를 찾는 경우는 거의 드물었다. 대신에 와병기간은 하염없이 길어졌고, 이는 곧 실업기간의 증가를 의미했기 때문에 소득중단을 보전해 주는 상병급여

가 더 중요한 급여로 부각되었다. 이에 따라 비스마르크 입법을 포함한 초창기 건강
보험들은 질병보험의 형태로 운영되었으며, 상병급여는 의료보장제도의 핵심급여
였다.

그러나 종전 이후 의학의 발전은 인류가 이루어 낸 가장 인상적인 성취였다(Le
Fanu, 1999). 전쟁 전후로 발견된 기적의 약, 페니실린(1941)과 스테로이드(1949)로
인해 수많은 질병의 치료가 가능해졌고, 과거의 불치병도 가벼운 질환이 되었다. 과
거에는 상상도 못했던 개심술, 장기이식수술, 고관절 치환술 등의 수술이 가능해졌
다. 전문의료의 발달은 전문의들의 수를 증가시켰고, 전문의에 의한 진료를 확대시
켰다. 나아가 내시경, CT 등과 같은 진단장비의 발달이나 수술용 현미경과 같은 수
술장비의 개발은 의료비용의 증가를 부추겼다. 치료 가능성이 높아지자 사람들은
의료기관을 방문하기 시작하였다. 특히 고혈압과 당뇨의 발견은 몸이 아픈 사람뿐
만 아니라 몸이 건강하다고 느끼는 사람들조차 의사를 찾게 만들었다. 의료기술, 의
료인력, 의료장비, 의료시설, 의약품 등 모든 의료영역에서 전문화와 고가화가 진행
되었고, 이러한 변화는 그 자체만으로도 의료비용의 증가를 의미했지만, 더 중요한
것은 인간 수명의 연장을 통해 이러한 증가를 더욱 더 가속화시켰다. 그 결과 오늘
날 의료보장은 곧 의료서비스의 제공을 의미할 만큼 의료서비스의 비중은 절대적
이 되었다.

나아가 보편적 의료서비스를 의미하는 NHS 체제의 확산은 의료보장의 역사에
있어 한 획을 그었다. NHS 체제는 자본주의사회에 사회주의 의료체제가 도입된 것
을 의미하였다. NHS 체계는 1926년 소련에서 처음 도입되었으며, 자본주의 국가에
서는 1938년 뉴질랜드가 처음으로 도입하였다. 그러나 NHS 체제의 국제적 확산에
가장 크게 영향을 미친 나라는 NHS라는 이름에서도 드러나듯이 영국이었다.

영국에서 NHS의 도입은 베버리지보고서의 영향이 절대적이었다. 베버리지는
1911년 도입된 영국의 건강보험이 효과적이지 못하다고 생각했다. 1920~1930년
대 완화되기는 했지만 건강보험에는 여전히 소득제한 규정이 있었기 때문에 중간
소득 이상의 노동자들은 건강보험에서 배제되었다. 나아가 가입자들의 부양가족
도 의료서비스의 적용을 받을 수 없었다. 또한 일반의 중심으로 의료서비스가 제공
되었기 때문에 전문의서비스와 입원진료가 제공되지 않았다. 베버리지는 건강보험
의 문제점에 대한 대안으로 포괄적인 국민보건서비스를 제안하였다. 즉, 전문의 서

비스, 일반의 서비스, 입원진료, 치과치료, 산부인과 서비스, 외과적 처치, 간호서비스, 조산서비스, 재활서비스 등 국민이 원하는 무엇이든 제공할 수 있는 보건의료체계를 제안한 것이다. 나아가 의료서비스는 사회보험 업무와 독립된 보건업무 담당부서가 관리해야 하며, 보험료 납부를 전제로 제공해서는 안 된다고 주장하였다(Beveridge, 1942: 158-159).

베버리지보고서에 대한 의회의 논의가 끝난 1943년 4월 전시내각은 무임소 장관인 조위트(William Jowitt)의 책임하에 행정부가 베버리지보고서의 시행에 대해 검토할 것을 지시하였다. 이에 따라 1944년 2월 국민보건서비스에 대한 백서, 5월 고용에 대한 백서, 10월 사회보험에 대한 백서와 산업재해에 대한 백서가 잇달아 출간되었다(김상균, 1987: 176). 1944년 2월 발간된 국민보건서비스에 대한 백서는 보건성 장관이었던 윌링크(Henry Willink)가 작성하였다. 백서는 모든 국민에게 무상으로 일반의 진료를 제공하는 보건서비스제도와 점진적인 의사의 봉급제를 제안하였다. 또한 지방정부가 병원을 감독하되, 기존의 민간병원은 독립성을 유지하면서 지방정부와의 계약을 통해 환자를 진료하는 방안도 제시하였다(소광섭, 2006: 139).

1945년 애틀리 노동당 내각의 보건성 장관인 베번(Aneurin Bevan)은 윌링크의 후임 장관으로서 1944년 백서의 무료진료와 의사봉급제에 대한 아이디어는 수용하였지만, 지방정부 대신 중앙정부가 병원을 감독해야 한다고 생각하였다. 베번의 구상에 대해 많은 세력들이 반대하였다. 유명한 대규모 자선병원들은 빈민법 의무시설들과 동급으로 취급받기 싫어하였고, 지방정부는 병원에 대한 통제권을 놓지 않으려고 하였다. 의사들은 봉급의사로서의 지위를 거부하고 전문직으로서의 자율성을 원했다. 이에 베번은 대규모 자선병원들을 수련병원(Teaching Hospitals)으로 분류하고, 독립적으로 운영되도록 하여 체면을 세워 주었다. 지방정부에게는 지역사회 보건서비스(Community Services)를 일임하므로써, 병원 통제권의 상실을 보상하였다. 병원의 전문의들에게는 사적 진료(private bed)를 허용함으로써, 봉급제를 보완하도록 하였다. 그러나 일반의들은 끝까지 봉급제를 거부하였고, 결국 베번은 봉급제 대신 인두제 방식의 지불체계를 수용하여 일반의들을 독립적인 계약자로 인정할 수 밖에 없었다(Jones, 1991: 140-143; 윤성원, 2002).

이러한 타협 끝에 1946년 11월 6일 「국민보건서비스법」(National Health Service Act)은 의회를 통과하였고, 1948년 7월 5일 NHS 제도가 시행되었다. NHS의 적용대상은 영국에 거주하는 모든 국민이었으며, 영국을 방문 중인 외국인도 혜택을 받을 수 있었으나 질병 치료를 목적으로 입국한 사람들은 제외시켰다(심재호, 1989: 90).

1948년 시행된 NHS의 체계는 [그림 6-1]과 같다. NHS는 보건성이 관장하였으며, 병원서비스(Hospital Services)와 지역사회보건서비스, 그리고 일차의료서비스(Primary Care)로 구분되었다. 먼저, 병원서비스는 13개로 조직된 지역병원위원회(Regional Hospital Board: RHB)에서 담당하였다. 과거 자선병원, 시립병원, 민간병원들은 모두 RHB에 소속되었으며, 병원들은 무상으로 운영되었다. 각 병원에 소속된 전문의들은 봉급을 받았다. 특실이나 사적진료도 허용되었지만 응급환자가 의료적 이유로 조정을 요구할 경우 해당 병상을 내 줘야 했다. RHC 산하에는 388개의 병원 운영위원회(Hospital Management Committees)가 하부행정단위의 병원 운영을 맡았다. 그러나 36개의 대규모 자선병원들은 RHB에 소속되지 않았고 수련병원이라는 명칭으로 독립적으로 운영되었으며, 보건성의 직접적인 감독을 받았다. 이를 통해 왕립병원을 비롯한 유명병원들은 명성과 지위를 유지할 수 있었다.

지방정부는 지역사회보건서비스를 담당하였다. 147개의 지역보건국(Local Health

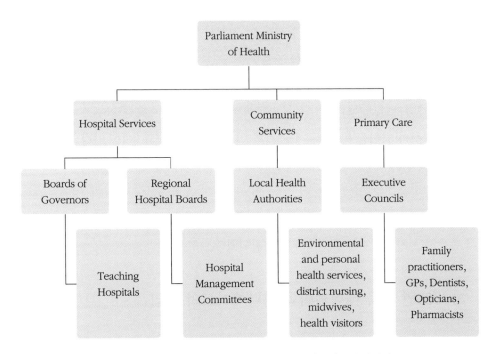

[그림 6-1] 1948년 시행 당시 국민보건서비스(NHS)의 운영체계

출처: Rivett (2019).

Authorities)이 구성되었으며, 지역간호, 방문간호, 조산서비스, 모성보호 및 아동
복지서비스, 가사도우미, 구급서비스, 예방접종 및 방역서비스 등을 제공하였다
(Jones, 1991: 142).

일차의료서비스는 일반의 서비스를 의미하며, 치과, 안과, 약국 서비스도 일차의
료서비스에 포함된다. 일반의들은 관할지역에 있는 138개의 실무위원회(Executive
Councils)에 소속되었지만, 독립된 계약자로서 봉급 대신 인두제를 기초로 진료비를
지불받았고, 위원회에서 대표권을 행사할 수도 있었다. 환자의 치료에 있어 일반의
는 완전히 자유로웠고 어느 지역에서나 개업할 수 있었다. 하지만 개업하려면 지역
실무위원회에 신청해야 했다. 실무위원회는 이미 지역 내에 의사 수가 충분하다고
판단할 경우 개업을 허가하지 않을 수도 있었다(심재호, 1989: 90). 나아가 중앙정부
가 별도로 운영하는 의료실천위원회(Medical Practices Committee)는 일반의들이 전
국적으로 고르게 배치될 수 있도록 일반의들의 지역적 배분을 관리하는 기능을 맡
았다. 의료실천위원회는 편중지역의 일반의 개업을 철회하도록 하고, 무의지역에
개업할 것을 지정할 수 있었다. 이 경우 해당 일반의는 이전에 따른 손실을 보상받
을 수 있었다(Jones, 1991: 142-143).

1948년 NHS는 행정체계를 병원서비스, 지역사회보건서비스, 일차의료서비스로
구분하고 각각의 영역에서 상당한 자율성을 주었지만, 세 영역의 통합성 면에서 비
판을 받았다. 즉, 특정 지역의 RHB, 지역보건국, 일차의료 실무위원회가 각각 병원
서비스, 지역사회보건서비스, 일차의료서비스를 독립적으로 관장했으며, 이들은
모두 보건성의 지휘를 받을 뿐 서로 간의 연계가 부족하였다. 이에 따라 1973년 히
스(Edward Heath) 보수당 정부는 NHS의 대대적인 개혁을 단행하였다. 이에 따라
NHS는 전국을 14개의 광역보건국(Regional Health Authorities)과 90개 지역보건국
(Area Health Authorities)으로 재조직하고, 지역보건국이 세 가지 사업을 지역사회에
서 총괄하는 지역보건국 중심체제로 개편되었다.

3) 1965년 미국 메디케어와 메디케이드의 도입

1883년 독일이 질병보험을 도입한 이후 의료보장제도는 전 세계로 확산되어 나
갔지만, 미국은 전혀 아랑곳하지 않았다. 오늘날 미국은 전 국민 건강보험제도가 없

는 유일한 OECD 국가이며, 이는 미국에게 복지후진국이라는 오명을 선사하는 중요한 원인이기도 하다. 물론 미국에 국가가 운영하는 의료보장제도가 전혀 없는 것은 아니다. 미국의 연방정부가 운영하는 의료보장제도는 1965년 비로소 도입되었으며, 메디케어(Medicare)와 메디케이드(Medicaid)가 바로 그것이다. 메디케어는 노인들과 일부 장애인들을 대상으로 한 사회보험이며, 메디케이드는 저소득층을 위한 공공부조 프로그램이다. 이와 같이 미국이 범주형 의료보장제도를 도입한 데에는 전 국민 건강보험에 대한 강력한 반발을 우회해야 하는 불가피한 측면이 있었다.

미국에서 건강보험을 도입하려는 시도는 1910년대에 처음으로 조직되었다. 일찍부터 노동자들을 보호하기 위해 유럽의 사회보험제도가 필요가 있다고 생각했던 미국노동법협회(American Association of Labor Legislation: AALL)는 20세기 초 산재보험 도입운동을 전개하였다. 그 결과 메릴랜드, 매사추세츠, 몬태나, 뉴욕 등에서 산재보험제도가 도입되는 성과가 나타났다. AALL은 다음 타겟으로 건강보험을 선택하였다(Popple, 2018: 143). AALL은 건강보험 모델법안을 만들어 각 주에서 입법운동을 전개하는 한편, 1912년 대통령선거에서 진보당 루스벨트(Theodore Roosevelt) 후보의 공약작업에 참여하여 건강보험을 전국적인 이슈로 만들었다. 미국의사협회는 이러한 AALL의 노력에 대해 처음엔 동조적이었으나, 1917년을 기점으로 반대입장으로 돌변하였고 총력적인 반대활동을 펼쳤다(박진빈, 2006: 93; 김홍식, 2012: 164). 그 결과 1918년 캘리포니아와 1920년 뉴욕주의 건강보험 도입이 좌절되었고, 이를 계기로 AALL은 건강보험의 도입을 포기하였다(Popple, 2018: 145).

이러한 미국의사협회의 집요한 반대는 1935년 「사회보장법」 제정과정에서도 똑같이 재연되었다. 루스벨트(Franklin Roosevelt) 대통령은 「사회보장법」 전체를 지키기 위해 건강보험을 포기할 수 밖에 없었다. 루스벨트의 뒤를 이은 트루먼(Harry Truman) 대통령도 취임 후 첫 연두교서에서 건강보험을 '페어딜(Fair Deal)'로 규정하고 도입을 추진하였다. 트루먼 대통령은 임기 동안 거의 매년 의회에 건강보험법안을 제출하였으나, 1949년 한 해에만 150만 달러를 쏟아 붓는 미국의사협회의 반대운동에 밀려 도입에 실패하였다(김홍식, 2012: 167-169; 여영현 외, 2018: 214). 공적 건강보험 도입의 실패는 미국의 의료체계를 민간보험회사가 주도하는 시장중심적 체계로 만들었다.

하지만 1950년 개정된 「사회보장법」에는 의료제공자 지불제도(Medical Vendor

Payment Program)가 포함되어 있었고, 이 제도는 메디케이드의 맹아가 되었다. 이 프로그램은 공공부조 수급자에게 의료서비스를 제공하는 자(vendors)에게 주정부가 의료비를 지급할 경우 연방정부가 매칭펀드로 지원한다는 내용을 담고 있었다. 이는 연방정부가 실시한 미국 최초의 의료지원 프로그램으로 평가된다(Moore & Smith, 2005: 45-46). 미국의사협회의 끈질긴 방해에도 불구하고 미약하지만 의료서비스에 대한 국가개입이 시작된 것이었다.

1960년 아이젠하워(Dwight Eisenhower) 정부는 「커-밀즈법(Kerr-Mills Act)」을 제정하였다. 「커-밀즈법」은 노인의료부조(Medical Assistance to the Aged: MAA)를 규정한 법이었다(Trattner, 1999: 327; Moore & Smith, 2005: 46). MAA는 주정부가 차상위 노인층(indigent elderly)[1] 이하의 빈곤노인에게 의료비를 지원하면 연방정부가 주정부에게 보조금을 지급하는 제도였다. 여기서 차상위 노인층이란 노령부조(OAA) 대상자는 아니지만, 소득이 의료비를 충당하기에는 부족한 65세 이상의 노인을 의미했다. 「커-밀즈법」은 1965년 메디케이드의 원형이 되었다. 하지만 MAA는 공공부조 프로그램들과 통합되어 운영되었기 때문에, 공공부조의 부정적 이미지가 MAA 대상자들에게도 그대로 투영되었다(Moore & Smith, 2005: 46). 나아가 MAA는 주정부의 의무사항이 아니었기 때문에 보수적이면서 재정능력이 떨어지는 주는 MAA를 외면하였다. 1963년까지 36개 주만이 「커-밀즈법」에 참여하였다(Trattner, 1999: 327). 커(Robert Kerr)는 1965년까지 1,000만 명이 MAA의 혜택을 받을 것으로 예상했으나, 실제 수급자 수는 전체 노인인구의 2%인 26만 4,687명에 불과하였다(Moore & Smith, 2005: 47)

「커-밀즈법」에 불만을 가졌던 케네디(John F. Kennedy) 대통령은 1960년 대통령 선거운동 과정에서 노인건강보험을 민주당의 최우선 정책목표로 내세웠다(Rimlinger, 1971: 318). 케네디 대통령은 취임 후 곧바로 뉴멕시코주의 앤더슨(Clinton Anderson) 상원의원에게 메디케어의 입법을 지시하였다. 1963년 케네디 대통령 암살 후에도 앤더슨 의원의 작업은 린든 존슨 대통령의 후원을 받았다. 린든 존슨 대통령은 1964년 빈곤과의 전쟁을 선언하고 그 일환으로 메디케어의 도입을

---

1) 'medically indigent'를 우리나라 의료급여제도의 용어로 정확하게 표현하면 '의료급여 산정특례자'이다. 그러나 이 용어가 일반화되어 있지 않기 때문에, 정확도가 떨어지지만 차상위계층으로 표현하였다.

추진하였다. 메디케어는 여론의 환영을 받았는데, 그 이유는 대다수의 노인이 민간 보험으로부터 배제되고 있었기 때문이었다. 노인들은 다른 어떤 집단보다도 의료 서비스를 필요로 했지만, 수익성이 떨어진다는 이유로 보험회사들의 기피 대상이 되었다. 1965년 당시 65세 이상 노인들 중에서 보험에 가입한 노인은 50% 정도에 불과하였다(여영현 외, 2018: 215). 노인들의 의료비 부담은 생활고를 가중시켰을 뿐만 아니라 가족에게 전가되는 경우가 많았기 때문에, 메디케어는 여론의 뜨거운 호응을 받았다. 미국의사협회는 당연하다는 듯이 반대운동을 전개했지만 이번에는 앞의 경우와 완전히 달랐다. 왜냐하면 노인집단의 정치적 영향력도 미국의사협회 못지 않게 만만치 않았기 때문이었다. 미국의사협회의 로비와 자금력에 호의적이었던 정치인들도 노인들을 적으로 삼는 정치적 자살행위에 대해서는 동조하지 않았다.

메디케어의 내용을 담은 「사회보장법」 개정안(Title XVIII of the Social Security Act)은 1965년 7월 28일 하원에서 313대 115로, 1965년 7월 29일 상원에서는 68대 21의 압도적인 표 차로 통과되었다. 비록 범주형 사회보험이었지만, 미국 최초로 공적인 건강보험이 탄생한 것이었다(김홍식, 2012: 173-174). 린든 존슨 대통령의 법률 서명식 행사는 1965년 7월 30일 미주리주 인디펜던스에 있는 트루먼도서관에서 진행되었으며, 트루먼 전임 대통령 부부는 메디케어의 역사적인 첫 번째 가입자가 되었다. 1965년 통과된 메디케어는 플랜 A와 플랜 B로 구성되어 있었다. 플랜 A는 병원보험(입원보험)으로 강제가입을 원칙으로 하였고 0.7%의 사회보장세를 추가 과세함으로써 재원을 조달하였다. 반면 외래이용에 대한 보험인 플랜 B는 임의가입 방식이었으며, 가입을 희망하는 사람은 월 3달러의 보험료를 납부해야 했다(Trattner, 1999: 326-327).

메디케어는 여론의 관심이 높았지만, 메디케이드(Title XIX of the Social Security Act)는 거의 주목받지 못했다. 메디케어의 입안과정에서 메디케어의 부담을 줄이기 위해서는 핵심 빈곤노인층을 분리시킬 필요가 있다는 점이 제기되었고, 이를 위해 「커-밀즈법」을 보완한 메디케이드의 도입이 결정되었다(Moore & Smith, 2005: 47-48). 메디케이드는 「커-밀즈법」을 기초로 하였다. 「커-밀즈법」과 마찬가지로 메디케이드에 대한 참여는 전적으로 주정부의 자율에 맡겨졌다. 그러나 메디케이드에는 「커-밀즈법」과 달리 참여를 유인할 수 있는 강력한 인센티브가 있었다. 메디케이드를 도입하는 주들은 1950년부터 시행되고 있었던 의료제공자 지불제도를 중단할 수 있었다. 나아가 메디케이드를 도입한 주는 노령부조, 장애인부조, AFDC 등다른 공공부조에 대해 연방정부의 보조금을 받을 때 유리한 매칭공식을 적용하는혜택이 부여되었다.

1965년 도입 당시 메디케이드의 적용대상자는 다른 공공부조제도의 수급자들과차상위계층(medically indigent)이었다. 메디케이드는 ① 입원진료(단, 정신질환과 결핵은 제외), ② 병원의 외래진료, ③ 혈액검사와 엑스레이검사, ④ 방문간호서비스, ⑤ 내과 진료 등을 제공하였다. 처방약이나 치과서비스, 물리치료, 안경이나 보청기 등이 제외되었지만, 당시 상황에서는 관대한 편이었다(Moore & Smith, 2005: 48). 메디케어 수급자는 노령연금 수급자와 마찬가지로 존엄성을 부여받았지만, 메디케이드 수급자는 공공부조수급자의 스티그마를 온전히 떠안아야 됐다. 보수적이고가난한 주들은 소극적으로 메디케이드 대상자를 선정하고 제한적인 서비스를 제공하였다. 특히 의사들과 병원들은 과도한 서류작업, 부적절한 보상, 의료에 대한 국가개입 등을 이유로 메디케이드 환자들을 배척하였다. 1970년대 초 뉴욕의 의사들중에 17%만이 메디케이드 환자들을 받았으며, 다른 지역의 사정도 마찬가지였다. 게다가 의사들의 처우는 이성을 상실한 것처럼 보였다. 무성의하게 짧은 진료시간, 무례한 처우, 불필요한 처방과 처치, 치료비 과다청구 등 도를 넘는 부당행위들이자행되었고 메디케이드 환자들은 이를 참아 내야 했다. 이러한 문제점에도 불구하고 메디케이드는 빠른 속도로 성장하였다(Trattner, 1999: 327-328).

4) 1990년대 영국 NHS의 개혁

1948년 출범한 NHS는 출범 당시 중앙집중인 행정체계로 인하여 병원서비스, 지역사회보건서비스, 일차의료서비스의 통합성이 떨어진다는 비판을 받았다. 이에따라 NHS는 1974년부터 지역 보건국 중심체제로 재편되었다. 하지만 지역 보건국을 중심으로 한 행정의 집중화는 관료주의적 비효율성을 더욱 강화하였다. 비효율의 문제 중 가장 크게 부각된 것은 만성적인 대기환자의 누적이었다. NHS의 우선순위는 필요(need)에 따라 결정되기 때문에 응급환자나 사망이나 장애의 위험이 높은중증환자는 우선적으로 치료되었지만, 생명과 지장이 없는 비응급환자의 치료, 예

컨대 고관절 대체나 백내장 수술 같은 처치들은 하염없이 연기되었다. 1989년 전국
적으로 대기환자는 100만 명이 넘었으며, 1년 이상 대기자는 22만 명, 2년 이상 대
기자는 약 9만 명에 달했다(이태진, 장기원, 2000: 169).

문제는 NHS 체제가 이를 해결할 의지가 없다는 것이었다. 대기환자가 많아야 기
다림에 지친 일부 환자들이 자신에게 사적 진료를 신청하기 때문에 병원의 전문의
들은 열심히 진료하기보다는 대기환자 수를 적당히 유지하고자 하였다. 대기기간
의 장기화는 사적 진료를 부추겼으며, 경제적 여유가 있는 부유층들은 사적 진료를
대비하기 위해 민간의료보험에 가입하였다(원석조, 2018: 258-259). 정부는 이러한
사적 진료와 민간의료보험을 대기환자 해소 방안으로 설정하여 오히려 장려하기도
하였다. 나아가 병원 검사실 직원들은 병원 내부의 검사를 일반의가 의뢰한 검사보
다 우선시하였다. 따라서 일반의를 통해 병원에 검사를 의뢰한 경우 환자들은 결과
가 나올 때까지 하염없이 기다려야 했다(이태진, 장기원, 2000: 166).

대처 정부는 이러한 NHS의 문제점에 대한 해결책을 유료화와 시장화에서 찾았
다. 하지만 '의료서비스는 무료'라는 관념이 이미 머리에 박힌 영국인에게 NHS 서비
스를 유료화하는 것은 쉽지 않았다. 처방약이나 치과진료의 본인부담금 인상, 입원
시 세탁이나 식사, 외부전화 등의 유료화 조치가 있었으나(김영순, 1996: 256), 이러
한 조치는 전체 NHS 예산규모에 비하면 표도 안 나는 것이었다. 따라서 대처 정부의
NHS 개혁의 핵심은 'NHS의 시장화'에 있었다. 즉, 공공예산을 통해 무상으로 운영
되는 NHS의 큰 틀은 유지하면서, NHS 내부의 자원배분에 시장경쟁적 요소를 도입
하는 '내부시장(internal market)' 전략이 NHS 개혁의 핵심이었던 것이다. 1990년 제
정된 「NHS와 커뮤니티케어법(National Health Service and Community Care Act)」은 내
부시장 도입을 공식화하였으며, 1991년 4월 1일부터 시행에 들어갔다.

내부시장의 형성에서 가장 중요한 요건은 구매자와 공급자의 관계였다. 개혁 이
전 병원들은 지역보건국으로부터 총액예산을 배정받아 왔지만, 내부시장에서는 구
매자와 공급자로 재편되었다. 지역보건국은 지역의 일반의와 주민을 대신하여 구
매자의 기능을 담당하게 되었고 자기 지역뿐 아니라 전국을 단위로 NHS 트러스트
병원의 서비스를 구매할 수 있었다. 반면 기존의 병원들은 독립채산제로 운영되는
NHS 트러스트 병원(NHS Trusts)으로 조직되었으며, 독자적인 생존을 위해 구매자
들에게 자신의 서비스를 판매해야 하는 공급자의 기능을 맡게 되었다. 초기에는 평

가가 좋은 70개의 병원들이 NHS 트러스트 병원으로 전환하였고, 1996년 4월에는 모든 병원들이 전환하였다(명재일, 1997: 152).

일정한 요건을 갖춘 일반의는 지역보건국으로부터 '예산보유 일반의(GP Fundholder)'로 지정되었다. 예산보유 일반의는 지역보건국을 거치지 않고 병원서비스와 지역사회보건서비스를 직접 구매할 수 있는 예산을 할당받았다. 처음에는 9,000명 이상 등록환자를 가진 일반의를 예산보유 일반의로 지정하였지만, 이후에는 3,000명 이상으로 확대되었다(명재일, 1997: 151). 따라서 NHS 트러스트 병원의 주요 구매자는 지역보건국, 예산보유 일반의 그리고 민간보험에 가입한 사적 진료 환자들이었으며, NHS 트러스트 병원들은 고객 유치를 위해 경쟁을 해야 했다. [그림 6-2]는 내부시장의 도입에 따른 새로운 NHS 체계의 1997년 상황을 나타낸 것이다.

과거 일반의들은 병원의 전문의나 직원의 독점적 횡포에 그대로 당할 수밖에 없었지만 이제 예산을 보유한 일반의들은 자신의 환자들에게 양질의 서비스를 신속하게 제공하는 병원을 선택할 수 있는 힘을 갖게 되었다. 그러나 여전히 많은 일반의들은 예산을 보유하지 않았다. [그림 6-2]에 의하면, 1997년 예산보유 일반의들

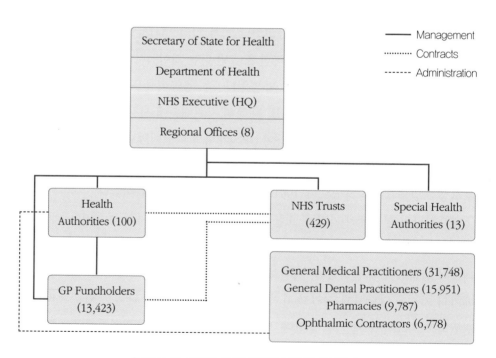

[그림 6-2] 1997년 국민보건서비스(NHS) 운영체계

출처: Webster (1998).

은 1만 3,423명이었다. 하지만 그보다 많은 3만 1,748명의 일반의들과 치과, 약국, 안과 등의 일차의료 의료진들은 여전히 지역보건국을 통해 NHS 트러스트 병원에 환자들을 의뢰하였다. 결국 NHS의 일차의료체계는 예산보유 일반의와 지역보건국 소속의 일반의로 이원화되었다.

NHS 개혁 이후 공통적으로 지적하는 성과는 평균 대기기간이 짧아졌다는 것이다(정영호, 고숙자, 2005: 83; 이태진, 장기원, 2000: 169). 특히 예산보유 일반의의 환자들이 지역보건국에 소속된 일반의의 환자들보다 평균 대기시간이 매우 짧은 것으로 나타났다. 이는 병원이 예산을 가진 일반의들의 요구에 민감하게 반응한 결과로 해석된다. 하지만 대기기간의 감소에도 불구하고 내부시장은 몇 가지 중요한 한계를 나타냈다. 먼저, 경쟁이 제한적이었다. 경쟁을 통해 효율을 창출할 만한 충분한 수의 의료기관이 조성되지 못했던 것이었다. 실질적인 경쟁이 가능한 곳은 런던뿐이었다. 지역보건국이나 예산보유 일반의는 전국의 NHS 트러스트 병원을 대상으로 구매할 수 있었지만 대개의 경우 자신의 구역 내에 있는 병원을 선호하였고, 지역보건국은 과거 관할병원과 계속 계약하는 것으로 나타났다(명재일, 1997: 155-158).

더 큰 문제는 예산보유 일반의와 지역보건국에 소속된 일반의의 계층화로 인한 공평성의 훼손이었다. NHS 트러스트 병원들은 예산보유 일반의들에게 더 호의적인 서비스를 제공함으로써 차별의 문제가 제기되었는데, 이는 NHS가 자랑하는 의료이용의 형평성에 역행하는 것이었다(정영호, 고숙자. 2005: 83). 많은 영국인들은 다소 불편하더라도 한 줄로 서서 차례가 오기를 기다리는 편이 낫지, 어느 줄에 섰느냐에 따라 차이가 나는 불공평한 현실을 받아들이려고 하지 않았다(이태진, 장기원, 2000: 173). 이에 따라 블레어(Tony Blair)의 노동당 정부는 1999년 예산보유 일반의 제도를 폐지함으로써 내부시장 전략을 폐기하였다.

대처 정부의 내부시장 전략은 폐기되었지만, 블레어 정부는 NHS에 민간자본을 적극적으로 유치하였다. 블레어 정부는 2000년 'NHS 계획(The NHS Plan)'을 발표하고 대대적인 NHS의 인프라 투자에 돌입하였다. 1948년 영국은 NHS라는 획기적인 무상의료시스템을 시작하였지만 그에 걸맞는 인프라 투자는 거의 이루어지지 않았다. 무상의료로 인해 의료수요는 급증하였지만, 영국 정부는 투자보다 수요 억제에 급급하였다. 하지만 만성적인 투자 부족에 따라 건축된 지 수십 년이 지난 낡은 시설과 부족한 의료인력, 만성적인 대기기간의 장기화 등은 국민들의 NHS에 대한 불만을 야기하는 주요 원인이 되었다. 획기적인 재정투자 없이는 NHS의 만성적인 문제들을 극복하기 어렵다고 판단한 블레어 정부는 대대적인 시설과 인력의 확충을 제시하였다. 즉, 5년에 걸쳐 7천 개의 병상을 추가 설치하고, 2010년까지 100개의 새로운 병원과 500개의 원스톱 일차의료센터를 설치한다는 계획이었다. 나아가 3천 개의 일반의 진료소를 현대화하고, 7천 500명 이상의 병원 전문의와 2천 명 이상의 일반의들을 증원하며, 2만 명 이상의 간호사와 6천 500명 이상의 치료사를 확충한다는 계획을 세웠다(윤태호, 2013: 230).

이러한 인프라 확충과정에는 대규모의 민간자본이 유입되었다. 블레어 정부는 대처 정부가 사회간접자본 투자에 민간자본을 유치하기 위해 시작한 민간금융투자촉진제도(Private Finance Initiative: PFI)를 NHS 병원 부문에도 적극적으로 도입하였다. 이에 따라 2000년대 중후반 노동당 집권기에 이루어진 NHS 자본투자의 약 25% 가량을 PFI가 담당하였다. PFI 투자 유치 이외에도 블레어 정부는 NHS 인프라 구축과정에 민간병원의 NHS에 대한 참여를 확대하였다. 이에 따라 2000년부터 민간병원들은 독립치료센터(Independent Sector Treatment Centres: ISTCs)라는 형태로 NHS에 참여하였다. ISTC들은 NHS의 수가로 의료서비스를 제공하는 데 동의한 민간병원들이며, 주로 대기명단이 많은 비응급수술들, 예컨대 고관절수술이나 백내장 수술 등을 수행하거나 MRI 스캔과 같은 진단과 검사를 담당하고 있다. 2009년까지 49개의 센터가 설립되었으며, 연간 약 30만 명 정도의 환자를 치료하였다. 이러한 민간자본의 유입은 추진과정에서 NHS의 민영화나 공공성 훼손 등으로 비판을 받았으나, 무상의료시스템이라는 NHS의 정채성을 크게 훼손할 정도는 아닌 것으로 평가되었다(윤태호, 2013: 238).

2. 의료보장제도의 최근 동향

1) 영국 NHS 제도의 현황

1990년대 대처 정부와 블레어 정부에서 대규모의 구조개혁을 겪은 영국의 NHS는 2013년 캐머런(David Cameron) 정부에 의해 다시 한 번 구조개혁을 겪었다. 그 결과 2022년 현재 NHS의 구조는 [그림 6-3]과 같다. 과거 지역보건국이 맡았던 의료서비스의 배분업무는 임상커미셔닝그룹(Clinical Commissioning Groups: CCGs)이 맡고 있다. 전국의 135개 CCGs는 해당 지역의 일차의료기관, 병원, 그리고 지역사회보건서비스를 제공하는 지역당국과 통합서비스 공급계약(Integrated Care Provider: ICP)을 채결하고 지역의 의료서비스를 관장한다. CCG는 지역의 일반의들이 주도적으로 운영한다. 이는 일반의들에게 더 많은 권한과 책임을 부여하여 NHS의 예산지출에 일반의들의 참여를 강화하려는 의도이며, 대처 정부의 내부시장 개혁 때부터 일관되게 이어져 오고 있는 NHS의 정책 방향이다. NHS 잉글랜드/개선위원회는 2018년 총괄행정기구였던 NHS 잉글랜드와 감독기구였던 NHS 개선위원회가 통합하여 설립된 단일기구이다. 이 기구는 NHS의 예산 배분에 있어 보건부와 CCG를 매개하는 역할을 담당한다.

NHS는 모든 영국인들에게 보편적으로 의료서비스를 제공하고 있다. 영국에서 6개월 이상 체류 자격을 가진 사람들은 NHS 서비스를 이용할 권리를 가지며, 의료이용에 따로 돈을 지출하는 경우는 거의 없다. 몇 가지 예외를 제외하면 NHS 의료기관

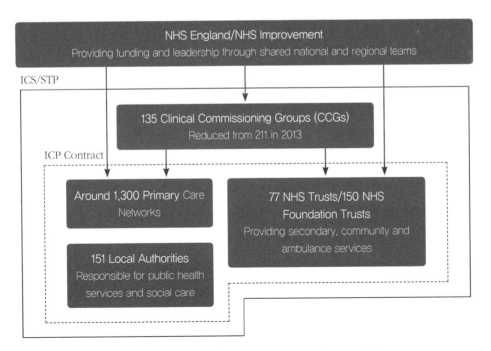

[그림 6-3] 2022년 현재 국민보건서비스(NHS)의 운영체계

출처: Powell (2020: 8).

은 모든 의료서비스를 완전 무상으로 제공한다. 예외적으로 비용을 지출하는 경우는 외래환자들의 약제비, 안과검사, 치과진료 등이지만 본인부담금은 일정액으로 제한되었다. 외래환자들의 약값은 처방당 정액으로 부과되며, 2022년 현재 9.35파운드(약 15,000원)이다. 그러나 만성질환 등으로 자주 약을 필요로 하는 사람들은 연간선불권(NHS Prescription Prepayment Certificate)을 구매하여 108.1파운드(약 17만 5천 원)의 비용으로 처방약을 무제한 구입할 수 있다. 또한 16세 이하의 아동, 18세 이하의 재학생, 임산부나 출산 후 12개월 이내인 산모, 만성질환자나 중증장애인, 공공부조 수급권자 및 저소득층은 본인부담금이 면제된다. 안과검사는 약 25~35파운드가량, 치과충치치료는 65.20파운드의 본인부담금이 부과되며, 의료가격은 매해 고시된다.

NHS의 서비스를 받으려면 일반의에 등록해야 한다. 과거에는 일반의 등록에 지역적 제한이 있었으나, 2013년 캐머런 정부의 개혁 조치 이후 거주지에 상관없이 자신이 원하는 일반의를 찾아서 등록할 수 있게 되었다. 일차의료기관인 일반의 진료소에서는 각종 건강상담부터 간단한 시술에 이르기까지 다양한 의료서비스를 무상으로 제공한다. 만약 전문적인 검진이나 치료가 필요할 경우에는 2차 의료기관인 병원에 의뢰된다. 병원으로 의뢰되면 각종 검진부터 수술까지 모든 의료서비스를 제공받게 되며 병원 내에서 제공되는 모든 서비스는 약제비, 식사까지 모두 무상으로 제공된다. 의복, TV, 전화 등이 예외인 정도이다(김보영, 2008: 14).

NHS에서는 1차 의료와 2차 의료 간의 구분과 분업이 분명하다. 주로 일반의가 담당하는 1차 의료는 일상적인 건강 상담과 가벼운 질병의 진단 및 치료를 담당하며, 예방접종이나 금연 지원 등과 같은 보건정책 수행기관으로서의 역할도 담당한다. 일반의는 인두제에 기초하여 기본 진료수당을 받는다. 나아가 블레어 정부의 개혁과정에서 도입된 품질관리 프로그램(Quality and Outcomes Framework; QOF)에 참여할 경우, 환자들의 건강유지, 예방접종, 금연율, 자궁경부암 검사, 간단한 외과수술 등의 실적에 따라 성과급을 받을 수 있다.

2차 의료는 주로 NHS 트러스트 병원(NHS Trust)과 파운데이션 트러스트(NHS Foundation Trust)에서 이루어져 있으며 비응급치료와 응급치료를 담당한다. 파운데이션 트러스트는 블레어 정부가 도입한 병원시스템이며, 병원평가에서 최상위등급을 받은 병원들로 구성된다. 파운데이션 트러스트는 NHS에 소속되어 있으나 보건부의 통제로부터 자유로운 독립적인 조직이며, 독립채산제 방식으로 운영되고 있는 우리나라의 국립대학교 병원과 유사한 조직이다(윤태호, 2013: 236). 병원들은 NHS 당국으로부터 총액예산제(Block Contract)와 성과지불제(Payment by Result), 전국단일서비스가격제(National Tariff)에 의해 의료비를 지불받는다. 성과지불제와 전국단일서비스가격제는 질병군별 포괄수가제(DRG)와 유사한 방식으로 서비스 제공량에 따라 진료비를 지불받는 시스템이다. 블레어 정부가 총액계약제의 책임성 부족 문제를 보완하고, 의료서비스의 질을 높이려는 목적으로 도입하였다. 하지만 코로나 바이러스 사태를 맞아 2020년부터 성과지불제와 전국단일서비스가격제의 적용은 중단되었으며, 총액지불제로 대체된 상태이다. 병원에서 근무하는 인력들은 봉급제로 보수를 지급받는다.

　NHS의 재원은 일반조세에서 조달된다. 2020/21년 NHS에 배정된 예산은 1,299억 파운드(약 211조 원)이다. NHS의 예산규모는 노동당이 집권했던 1997~2010년 사이에 연평균 6%에 해당하는 큰 폭의 증가를 기록하였으나, 보수당 정부 이후에는 1~2% 증가하는 정도에 머물고 있다. 이에 따라 최근 10여 년간 NHS의 자본예산은 거의 증액되지 않고 있으며, 병원들은 재정상태 악화에 대처하기 위해 자본예산을 경상예산으로 변경하면서 시설이 급속하게 노후화되는 상황이다(한국은행 런던사무소, 2020: 5). NHS 잉글랜드의 경우 2020년 현재 의사 12만 5,711명, 간호사 33만 5,171명 등 128만 2,795명의 인력을 고용한 거대조직이지만, 인구 천 명당 의사 수는 2.9명, 간호사 수는 7.8명으로, OECD 평균치인 의사 3.5명, 간호사 8.8명에 못 미치고 있다. 나아가 만성적인 인력 부족으로 약 10만 개 일자리에 대한 인력이 미충원 상태에 있다. 2019년 기준으로 영국의 인구 천 명당 병상 수는 2.5개로 OECD 국가들의 평균치인 4.4개에 크게 못 미치며, 남미국가들을 제외하면 사실상 최하위에 해당되는 열악한 의료 인프라를 갖고 있다. 영국인들이 자랑하는 NHS이지만, NHS는 열악한 의료 인프라 위에서 위태롭게 운영되고 있다.

　무상의료는 의료수요를 크게 증가시킨다. 영국은 의료수요의 증가에 대해 투자로 대처하기보다는 수요억제와 비용절감으로 대처해 왔다. 이는 만성적인 대기환자 문제로 이어졌다. 2차 의료기관으로 이송된 중증 암환자는 62일 이내에 진료가 개시되어야 하지만, 이를 준수하지 못하는 경우가 허다하며, NHS 잉글랜드의 대기환자 수는 440만 명에 달하고 있다. 이 중 약 15%의 대기환자는 목표 대기시간인 18주를 초과한 상태이다(한국은행 런던사무소, 2020: 6). 그럼에도 불구하고 NHS 당국은 인프라 투자를 게을리하였고, 결국 2020년 코로나 바이러스 사태를 맞아 의료체계가 붕괴되는 참사를 맞았다. 평소에도 부족했던 병상들이 코로나 바이러스 환자에 배정되면서, 영국의 비응급수술은 사실상 중단된 상태이다. 이를 계기로 2021년 9월 보리스 존슨(Boris Johnson) 총리는 계획에 없던 큰 폭의 세금 인상을 통해 NHS에 3년간 360억 파운드를 투자하겠다는 계획을 발표하였다(조선일보, 2021. 9. 8.). 이미 정부지출에서 큰 비중을 차지하고 있는 NHS에 대한 충분한 투자가 이루어질지, 그리고 이번 사태를 계기로 또다시 NHS의 구조개혁이 나타날지, 코로나 바이러스 사태이후를 지켜볼 필요가 있다.

2) 오바마케어와 미국 의료보장의 현황

1965년 메디케어와 메디케이드가 도입되었지만 적용대상이 노인과 저소득층에 한정되어 있었기 때문에, 대부분의 미국인들은 민간 의료보험을 이용할 수밖에 없었다. 그러나 민간의료보험의 가격은 지나치게 비쌌기 때문에, 미국의 노동자들이 개별적으로 구매하기에는 한계가 있었다. 따라서 미국의 노동자들은 고용주가 기업복지 차원에서 제공하는 단체보험에 전적으로 의존하였고, 단체보험을 이용할 수 없는 영세사업장의 노동자나 자영업자들은 광범위한 무보험자층을 형성할 수밖에 없었다. 그러나 1973년 「건강관리조직법」이 제정되면서 미국의 민간의료보험 시장은 크게 요동치기 시작하였다. 민간 의료보험회사의 전문 의료보험 네트워크인 건강관리조직(Health Maintenance Organization: HMO)이 빠르게 확산되기 시작한 것이다. 초창기 HMO는 비영리조직이었지만, 1981년 레이건 정부의 규제 완화에 따라 대규모 민간자본이 유입되면서 점차 영리조직으로 변모되었다. 1981년 HMO는 1,000만 명의 가입자를 확보하였으며, 1995년에는 가입자 수가 5,800만 명으로 확대되었다(Christianson, 2014: 190).

HMO가 빠른 속도로 확대되었던 이유는 저렴한 보험료 때문이었다. 그러나 기존의 민간의료보험 상품과 달리 HMO 가입자는 HMO와 계약을 맺은 의사 중에서 주치의를 선정하고 건강관리를 받아야 했다. 다른 전문의나 병원을 이용할 때에는 주치의의 의뢰서를 동반해야 하며, 이때 주치의나 전문의, 병원은 모두 HMO 네트워크에 속해야 보험급여를 받을 수 있었다. 따라서 보험료는 저렴했지만 환자들의 의사 선택권은 크게 제한된다. HMO가 기존 민간보험보다 저렴한 보험료를 제공할 수 있었던 이유는 전통적인 행위별 수가제가 아닌 인두제나 선불계약제로 수가를 책정했기 때문이다. 여기에 동의하는 의사들만 네트워크에 참여했기 때문에 보험료는 저렴했지만 가입자들의 의사 선택권은 크게 제한되었던 것이다(Gordon, 1988: 219).

　HMO의 확산에도 불구하고 미국의 무보험자 문제는 심각하였다. 1993년 클린턴 정부가 의료보험개혁을 시도할 당시 무보험자는 전체 인구의 13%인 3,700만 명으로 추산되었으며, 2008년 오바마 정부가 개혁을 시도할 당시에는 전체 인구의 15%인 4,600만 명으로 추정되었다(김기덕, 1995: 210; 김영순, 조형제, 2010: 112). 미국의 살인적인 의료비를 감안하면, 무보험자들은 사실상 의료이용을 포기한 집단이었다. 방대한 무보험자가 존재함에도 불구하고 의료비는 세계에서 가장 비쌀 뿐만 아니라 계속 증가하고 있었다. 의료비 증가에 따라 보험료도 계속 상승하여 또다시 무보험자를 양산하는 악순환이 계속되었다. 기업들은 높은 보험료 부담으로 경쟁력이 떨어지게 됨에 따라 고용을 기피하게 되었다(최병호, 2011: 73).

　1993년 클린턴 정부는 무보험자 문제를 해결하기 위해 전 국민 건강보험의 도입을 시도하였다. 정부의 주도로 의료보험을 표준화하고 각 지역에 지역건강조합(Regional Health Alliances)을 설립한 뒤, 이를 통해 전 국민을 강제가입시키는 방식이었다(Moffit, 1993: 2; 김기덕, 1995: 212). 그러나 클린턴 정부의 전 국민 건강보험안에 대해 민간의료보험회사들과 자유주의 정치세력들, 그리고 노동자들에게 단체보험을 제공하지 않았던 중소기업 고용주들은 완강히 반대하였다. 결국 클린턴 정부의 개혁안은 1994년 좌초되었다. 이미 강제가입식 건강보험은 전 세계적으로 보편화되었지만, 개인의 선택권을 중시하는 미국에서는 여전히 받아들여지기 쉽지 않았다.

　2008년 미국 대선과정에서 건강보험은 또 다시 이슈가 되었다. 민주당의 오바마 후보가 공약한 의료보장 개혁은 2008년부터 지금까지 미국 정치의 가장 뜨거운 이슈로 자리 잡았다. 무보험자를 감소시키는 가장 확실한 방법은 전 국민 건강보험의 도입이었지만, 오바마 정부는 클린턴 정부의 실패를 교훈 삼아 미국에서 전 국민 건강보험의 도입은 현실적으로 불가능하다고 판단하였다. 오바마 정부가 생각한 차선의 대안은 정부가 운영하는 공공 의료보험조직을 창설하여 민간의료보험회사들과 경쟁하되, 현재 미가입자들은 새로운 공공 의료보험에서 포괄하는 것이었다. 오바마 정부의 구상은 강제가입방식이 아니었지만, 민간의료보험회사와 의료기관, 그리고 공화당은 공공의료보험 조직의 신설 자체를 반대하였다(김영순, 조형제, 2010: 115). 결국 공공의료보험 조직의 창설은 좌초되었고 오바마케어의 방향은 기존 민간의료보험 조직에 국민들을 강제가입시키는 방향으로 선회할 수밖에 없었다. 이를 바탕으로 2009~2010년 치열한 정치적 논쟁과 타협이 진행되었고, 2010년 3월 '오바마케어 (Obamacare)'로 불리는「건강보험개혁법(The Patient Protection and Affordable Care Act: AHA)」이 제정되었다.

2010년 오바마케어의 주요 내용은 다음과 같다. 첫째, 의료보험가입의 의무화이다. 이는 개인의무조항(individual mandate)과 고용주의무조항(employer mandate)으로 구성된다. 개인의무조항이란 법적인 적용예외대상자[2]을 제외한 모든 사람들은 의무적으로 의료보험을 구매해야 한다는 것이다. 만약 가입하지 않을 경우 벌금을 내야 한다. 오바마케어가 시행된 2014년의 벌금기준액은 성인은 1인당 95달러, 18세 미만은 1인당 47달러 50센트였으며, 이 금액과 연간 가구소득의 1%에 해당되는 금액 중 높은 쪽을 벌금으로 납부해야 했다(미주한국일보, 2015. 1. 7.). 벌금액은 단계적으로 증가하여 2016년에는 695달러까지 증가하도록 구조화되어 있었다. 단, 26세 미만의 자녀는 부모들의 보험에 편입하도록 하여 오바마케어의 적용부담을 완화하였다. 고용주의무조항은 주당 30시간 이상 일하는 정규직 근로자를 50인 이상 고용한 사업체는 의무적으로 노동자들에게 의료보험을 제공해야 한다는 것이다. 이를 위반할 경우 고용주는 노동자 1인당 연간 750달러의 벌금을 내야 했다. 또한 25인 이하 사업장이 노동자들에게 의료보험을 제공할 경우에는 세액공제 혜택을 제공하였다(김영순, 조형제, 2010: 127).

둘째, 메디케이드의 적용범위를 빈곤선의 120%에서 133%에 해당하는 가구로 확대하여, 차상위계층 무보험자들을 메디케이드에 편입시켰다(김영순, 조형제, 2010: 127-128).

---

2) 오바마케어의 법적 적용예외자는 ① 메디케어나 보훈연금과 같은 공적의료보장 수급자, ② 연간 330일 이상 외국에 체류하고 있는 시민권자와 영주권자 중 일정소득 이하인 자, ③ 미국 체류기간이 183일 이하인 단기 체류 외국인, ④ 종교적인 이유에 따른 거부자, ⑤ 인디언 보호구역 거주자, ⑥ 의료보험료가 가구 총소득의 8%를 넘는 가구, ⑦ 세금신고 기준금액 미만의 저소득자, ⑧ 수감자나 불법체류자 등이다.

셋째, 저소득층 가구의 의료보험가입에 대해 정부의 보조금을 지급하였다. 보조금은 가구원 수와 연간소득에 의해 차등화되며, 연간 소득이 최저생계비의 400% 이하의 가구까지 보조금을 지급하였다. 보조금은 구매자에게 직접 지급되는 것이 아니라 보험을 구매할 때 보험회사에 지급되는 방식으로 운영되었다. 이를 통해 저소득층은 보험가입 부담을 상당 부분 완화할 수 있었다. 이상의 개혁을 통해 오바마 정부는 4,500만 명에 달하던 미국의 무보험자 중 3,200만 명이 새롭게 의료보험에 가입할 것으로 기대하였다. 남아 있는 미가입자는 적용예외자들과 벌금을 감수하고 보험에 가입하지 않는 자들만 남게 된다.

넷째, 개인이나 중소기업의 의료보험 가입을 촉진하기 위해 건강보험거래소(Health Insurance Exchange)를 설립하였다. 2013년 10월부터 개설된 거래소는 주정부나 연방정부가 주로 온라인으로 운영하고 있다. 거래소는 건강보험이 필요한 사람들이 자신에 맞는 보험을 편리하게 구입할 수 있도록 경쟁 보험사들의 각종 보험상품들에 대한 정보를 상세하게 비교하여 게시해 놓고 있다.

다섯째, 건강보험의 가입과 운영과정에서 크게 사회문제화되었던 의료보험회사들의 횡포가 금지되었다. 의료보험회사는 더 이상의 과거 병력, 성별, 건강상태 등을 이유로 보험 가입과 급여 승인을 거부하지 못하도록 하였으며, 일방적으로 계약을 해지하거나 가산금을 부과할 수 없도록 하였다(김영순, 조형제, 2010: 127).[3] 나아가 보험의 혜택은 차등화될 수 있지만, 아무리 낮은 등급의 보험상품이라도 기본적인 의료혜택을 제공해야 했다. 기본적인 의료혜택에는 외래진료, 응급서비스, 입원진료, 임산부 및 신생아 진료, 정신건강 및 약물 남용에 대한 치료, 처방약의 구입, 재활 및 훈련장비, 실험실 검사(혈액검사, 소변검사 등), 예방서비스와 만성질환 지원 등이 포함된다.

오바마케어는 2010년 3월 의회를 통과하였지만, 3∼4년의 준비과정을 거쳐 2014년

---

[3] 이에 따라 민간보험회사들은 오바마케어 입법 이후 기존의 HMO 네트워크보다 질 높은 고가의 네트워크를 새로 조직하여 판매하고 있다. PPO(Preferred Provider Organization), EPO(Exclusive Provider Organization), POS(Point of Service) 등의 새로운 네트워크는 HMO에 비해 보험료는 비싸지만 의료기관 선택권과 보험적용대상 의료서비스의 확대를 특징으로 한다. 2019년 기업의료보험에 가입된 노동자 중 76%는 PPO에 가입되어 HMO의 비중(36%)을 추월하였다. 중복가입이 가능하기 때문에 총합은 100%를 초과한다(KFF, 2019).

1월부터 시행되었다. 하지만 시행 준비과정은 전혀 순탄치 않았다. 2012년 6월 대법원이 개인의무조항에 대해 합헌 결정을 내릴 때까지 오바마케어는 위헌 논란에 시달려야 했다. 위헌 논란이 일단락되자 의회예산처(Congressional Budget Office; CBO)는 오바마케어를 시행하기 위해서는 향후 10년간 1조 7,600억 달러의 정부지출이 소요될 것이라고 발표하였다(중앙일보, 2017. 8. 27.). 이는 오바마케어의 효율성에 대한 논란을 야기시켰고, 오바마케어의 예산 승인을 둘러싸고 극단의 정치적 대립이 발생하였다. 그 결과 2013년 10월 연방정부가 셧다운되는 파행이 나타나기도 하였다. 정치적 타협을 통해 예정대로 시행되기는 하였으나, 시행을 둘러싼 정치적 대립은 향후 오바마케어의 험난한 앞날을 예고하는 전조였다. 보수세력은 처음부터 오바마케어의 강제가입과 벌금부과를 국민들의 자유에 대한 침해라고 규정하였고, 주정부의 자율성에 반하는 정책으로 간주하였다.

2014년 오바마케어가 시행되면서 약 1,000만 명의 건강보험 신규가입자가 발생하는 성과가 나타났다. 하지만 이 과정에서 민간보험회사들의 수익성은 크게 떨어졌고, 보조금의 지급에도 불구하고 오바마케어의 보험료율이 급증하는 문제점이 나타났다. 강제가입과 벌금부과에도 불구하고 건강한 젊은 사람들은 여전히 보험에 가입하지 않았다. 이에 따라 새로 오바마케어에 가입한 사람들은 주로 건강이 좋지 않은 고령자나 저소득층이었다. 역선택 현상이 나타나면서 의료보험회사들의 채산성은 악화되었다. 그 결과 애트나(Aetna), 유나이티드 헬스케어(United Healthcare), 휴매나(Humana) 등과 같은 유력 민간의료보험회사들이 건강보험거래소에서 철수하는 사태가 발생하였다(미래한국, 2016. 10. 24.). 나아가 역선택 현상에 대한 대응으로 민간 의료보험회사들은 오바마케어의 보험료를 큰 폭으로 인상하였다. 2016년 오바마케어의 보험료 인상폭은 평균 22%에 달했다. 이에 따라 오바마케어는 또 다시 대선의 뜨거운 이슈가 되었다.

2016년 공화당의 트럼프 후보는 대선과정 내내 오바마케어의 폐지를 외쳤다. 공화당이 대통령선거, 상원선거, 하원선거를 모두 승리하면서 오바마케어는 폐지될 위기에 처하게 되었다. 트럼프 대통령은 2017년 취임과 동시에 오바마케어의 폐지를 거세게 밀어붙였다. 트럼프케어의 핵심은 개인의무규정을 폐지하고 메디케이드를 원래대로 축소하는 것이었다(김태근, 2017: 38). 그러나 2017년 3월 트럼프케어의 내용을 담은 미국건강보험법안(American Health Care Act: AHCA)은 하원에서 표결이 무산되었다. 표결 무산의 핵심적인 이유는 법안에 무보험자에 대한 마땅한 대안이 없었기 때문이었다. 의회예산처(Congressional Budget Office: CBO)는 아무런 대책 없이 오바마케어의 개인의무조항과 보조금이 사라질 경우, 2천만 명 이상의 무보험자가 발생할 것이라고 경고하였다. 상당수의 공화당 의원들은 CBO의 경고를 무시할 수 없었다.

이에 따라 백악관은 뒤로 빠지고 공화당이 전면에 나서서 AHCA의 수정안을 만들었고, 수정안은 2017년 5월 하원을 통과하였다. 그러나 7월 예정된 상원의 표결은 또다시 무산되었다. 공화당 소속 상원의원 52명 중 4명이 무보험자의 증가를 이유로 공개 반대를 천명했기 때문이었다. 이에 공화당 지도부는 AHCA의 통과는 뒤로 미루고 오바마케어만 먼저 폐지하자는 대안을 제시하였으나, 이마저도 공화당 의원 7명의 이탈로 좌절되었다. 공화당 지도부는 마지막 카드로 오바마케어의 일부 조항만 폐기하는 스키니법안을 제출하였으나, 1표차로 부결되었다. 오바마케어는 상당한 문제점이 있었지만 의료보험의 사각지대를 해소하는 데 장점을 가졌다. 적절한 대안 없이 폐지하게 되면 오바마케어의 수혜를 받고 있는 2천만 명의 저소득층이 또 다시 무보험자로 전락하는 문제를 발생시킨다. 따라서 공화당 의원들도 지역의 상황과 여론을 고려하지 않을 수 없었다. 결국 2018년 11월 중간선거에서 민주당이 하원의 다수를 차지함에 따라, 트럼프 대통령 임기 내에 입법을 통해 오바마케어를 폐지하는 것은 완전히 좌절되었다.

하지만 트럼프 대통령은 우회적인 방법을 통해 오바마케어를 무력화시켰다. 2017년 10월 행정명령을 통해 CSR보조금을 폐지하여,[4] 오바마케어의 혜택을 감소시켰다. 나아가 2017년 12월 상원과 하원은 세법 개정을 통해 의료보험 미가입자에게 부과되었던 과태료를 2019년부터 0이 되도록 조정함으로써, 개인의무조항을 무력화시켰다. 강제가입 위반시 부과되는 벌금이 없어짐에 따라 오바마케어의 개인의무규정은 사실상 폐지된 셈이며, 오바마케어는 고용주 의무조항만 남게 되었다. 개인의무규정의 무력화는 또다시 위헌시비를 낳았으나 2021년 6월 연방 대법원은 오바마케어에 대한 위헌소송을 기각하여 오바마케어는 다시 한 번 위기를 벗어났다.

---

4) Cost Sharing Reduction Subsidy를 의미한다. 오바마케어에 의해 도입된 보조금 중 하나로 본인부담금(out-of pocket)을 절감해 주기 위한 보조금이었으며, 2013~2017년 운영되었다.

오바마케어가 입법된 지 12년이 지났지만, 오바마케어는 존폐논란에서 자유로운 적이 한 번도 없었다. 폐지 직전까지 몰렸다가 살아났던 것이 한두 번이 아니며, 논란은 지금까지도 계속되고 있다. 그럼에도 불구하고 미국인들의 오바마케어에 대한 지지율은 조금씩 상승하고 있다. 카이저가족재단(Kaiser Family Foundation: KFF)의 여론조사에 의하면 2020년 12월 미국인들의 오바마케어에 대한 지지율은 53%를 기록하였다. 2017년 처음으로 50%를 돌파한 이후 계속 50%를 상회하고 있다(Hamel et al, 2020). 많은 논란에도 불구하고 오바마케어는 서서히 미국 사회에 안착해 가고 있는 것이다.

3. 한국 국민건강보험의 발전과정

국민건강보험은 1977년 7월 1일 의료보험이라는 이름으로 시작되었으며, 2000년 7월 1일부터 현재의 명칭으로 정착되었다. 건강보험의 출발은 1977년이었지만, 최초의 「의료보험법」은 이미 1963년에 제정되었다. 그러나 1963년 「의료보험법」은 강제가입을 규정하지 않았기 때문에 사회보험입법으로 인정되지 않는다.

1) 1963년 의료보험법 제정

우리나라 최초의 「의료보험법」은 1963년 12월 16일 제정되었다. 1961년 5·16 쿠데타로 집권한 군사정부의 공식적인 마지막 날이었다. 1962년 7월 28일 박정희 국가재건최고회의 의장은 김현철 내각수반에게 내린 지시각서에서 "이미 「생활보호법」을 공포하여 요구호자에 대한 부조를 실시하고 있지만, 국민, 사업주, 정부가 함께 참여하여 연대적으로 국민생활을 보장하는 항구적인 사회보장제도가 경제개발과 병행하여 추진되어야 할 것이며, 사회보장제도의 중요한 부분인 사회보험 중 그 실시가 비교적 용이한 보험을 선택하여 착수하고 이 시범사업을 통하여 우리나라에 적합한 제도를 연구 발전시켜 종합적인 사회보장제도를 확립하도록 지도할 것"을 지시했다(손준규, 1983: 80-81, 국민건강보험공단, 2017a: 51-53). 이에 보건사회부는 산하기구인 사회보장제도심의위원회를 중심으로 사회보험 도입방안 마련에 착수하였다. 그 결과 산재보험과 의료보험법안이 마련되었고, 산재보험법안은 1963년 11월 5일 국가재건최고회의를 통과하여 우리나라 최초의 사회보험법이 되었다.

반면 「의료보험법」은 국가재건최고회의 상임위원회 심의과정에서 강제가입이 계약자유의 원칙에 위반되며, 500인 이상 사업체를 위해 예산을 지출하거나 법적 구속력을 갖는 법률을 제정하는 것은 불가하다는 이유로 강제가입 조항이 삭제되었다. 이에 따라 「의료보험법」은 임의가입방식 방식으로 수정·통과되면서 사회보험으로서의 고유성을 잃고 말았다(손준규, 1983: 115; 박정호, 1996: 50). 강제조항이 삭제된 표면적인 이유는 위헌가능성이었지만 실제적으로는 기업들의 부담을 고려한 조치였던 것으로 분석된다(손준규, 1983: 116; 국민건강보험공단, 2017a: 57). 1962년 7월 11일 헌법개정특별심의위원회를 발족함으로써 본격적으로 개헌과 민정이양 준비에 뛰어든 군사정부는 정치적 정당성을 확보하기 위한 목적으로 사회보험의 도입을 검토하였다(권문일, 1989; 김연명, 1989: 104; 문옥륜, 1997: 10). 하지만 1963년 10월 15일 이미 대통령선거는 끝났고, 1963년 12월 경제개발을 새 정부의 국정목표로 확정한 상황에서 국가재정과 기업에 부담을 주는 의료보험을 도입하는 것은 쉽지 않았던 것이다.

1963년 제정된 「의료보험법」은 다수의 보험자를 두는 조합주의적 관리방식을 채택하였다. 즉, 사업주가 근로자 300인 이상의 동의를 얻어 의료보험조합을 설립할 수 있었고, 300인 이상이라는 요건만 충족하면 둘 이상 사업주가 공동설립하는 것도 가능하였다. 하지만 사회보험에 대한 인식이 부족한 데다 보험료에 부담을 느낀 사업주들은 의료보험에 별다른 관심을 보이지 않았다. 임의적용방식에 의한 최초의 의료보험조합은 1965년 설립된 '중앙의료보험조합'이었다. 서울 종로 현대병원과 영등포연합병원을 중심으로 시사문화사, 풍진산업사, 소사신앙촌제사공사, 삼흥실업, 고려와사공업, 대한중석, 서울제련소 등 7개 기업이 공동으로 설립한 조합이었다. 그러나 고용주와 가입자들이 보험료 납부를 기피하면서 운영이 악화되었고, 7개월만에 설립이 취소되었다(국민건강보험공단, 2017a: 59-60). 뒤이어 호남비료, 봉명흑연광업소 등이 잇달아 의료보험조합을 창설했지만, 1977년 의료보험이 실시될 때까지 정부의 재정지원을 받고 있던 의료보험조합은 12개에 불과하였다(문옥륜, 1997: 11). 의료보험조합의 급여수준은 낮았기 때문에 보장성이 떨어졌으며, 모든 조합이 역선택 문제 때문에 재정불안정에 시달렸다.

2) 1977년 의료보험제도 실시

1970년 8월 7일 강제가입방식을 골자로 하는「의료보험법」개정안이 국회를 통과하였다. 이 개정법은 의사 출신의 공화당 의원들이 주도하였으며, 1968년 2월 23일 오원선 의원이 의원입법으로 발의한 법안이었다(노연희, 1992: 37). 그러나 이 법은 시행령과 시행규칙이 제정되지 않은 채 한동안 표류하다가 좌초되었다. 하위법령이 제정되지 않은 가장 큰 이유는 정부가 사업시행에 대한 결단을 내리지 못했기 때문이었다. 개정「의료보험법」은 모든 공무원, 군인, 근로자 등을 대상으로 의료보험을 실시할 것을 규정하였지만, 정부는 시행에 필요한 100억 원 정도의 재원을 확보하는 것이 어렵다고 판단하였다(국민건강보험공단, 2017a: 62).

강제가입방식에 의한 실질적인 의료보험제도는 1977년 7월 1일부터 시행되었다. 박정희 대통령은 1976년 1월 15일 연두 기자회견에서 "모든 국민이 싼 비용으로 의료혜택을 받도록 하기 위한 국민의료제도를 확립하여 내년부터 시행하겠다."고 밝힘으로써 의료보장제도의 도입을 예고하였다. 이어 보건사회부는 1976년 9월 13일 '국민의료 시혜 확대 방안'을 발표하여「의료보험법」과「의료보호법」의 시안을 공개하여 의료보험의 도입을 확정지었다. 곧이어 1976년 11월 30일「의료보험법」개정안이 국회를 통과하였고, 1977년 7월 1일부터 우리나라 최초로 의료보험이 실시되었다.

1977년 의료보험이 실시된 이유는 1970년대 빈곤층에 대한 의료방치 문제가 국내외적으로 문제되었기 때문이었다. 1970년대 들어오면서 한국 경제는 본격적인 고도성장 국면에 들어섰다. 1971년에서 1979년 사이에 1인당 GNP는 278달러에서 1,597달러로 증가하였으며, 수출액은 10억 달러에서 147억 달러로 폭발적인 증가를 기록하였다. 1974~1975년 오일쇼크의 충격에도 불구하고 연간 경제성장률은 10%에 가까운 놀라운 수치를 기록하였고, 특히 오일쇼크를 성공적으로 극복한 1976년에는 13.2%, 1977년 12.3%의 성장률을 나타냈다. 이러한 성과는 박정희 정권의 출범 이후 지속적으로 추진한 성장우선주의의 결과였다.

하지만 성장우선주의는 재벌중심의 경제구조라는 부의 편중 현상을 낳았으며, 사회적으로 능률지상주의가 만연하게 되는 계기가 되었다. 이에 따라 분배적 이슈나 사회정책들은 경시되었고 후순위로 밀려났다. 특히 저소득층의 의료문제는 심각했다. 1974년 전국의 유병자 중 40%는 의료서비스를 이용하지 않았으며, 농촌 주민의 43.3%가 의료비 지불능력이 없는 상태였다(황병주, 2011: 429). 지역에 의사마저 없었기 때문에 새마을 순회진료나 도시병원들의 자선진료에 의존하는 경우도 있었다. 1972년 부산의대부속병원을 비롯한 5개 병원이 입원비가 없다거나 응급실 수속을 밟지 않았다는 등의 이유로 응급환자의 수술을 거부하고 14시간 동안 방치하여 사망하게 한 사건이 일어났고, 이 사건은 크게 사회문제화되었다(동아일보, 1972. 8. 12.). 당시 의료기관들의 저소득층에 대한 진료거부는 공공연한 일이었으며, 1976년에도 16명의 병원장이 진료거부와 의료부조리 혐의로 구속되는 사태가 발생하였다(황병주, 2011: 440). 그럼에도 불구하고 의료비는 가파르게 상승하여 1974년의 국민 1인당 의료비는 1970년에 비해 7.2배 증가하였다(동아일보, 1975. 11. 26.). 이러한 저소득층에 대한 의료방치와 진료거부문제는 당시 국제사회에서 북한이 남한을 공격하는 주요 사안 중에 하나였다. 이에 따라 박정희 대통령은 의료보호제도와 의료보험의 도입을 결심하였다.

1977년 7월 1일 실시된 의료보험은 사회보장제도로서 많은 한계를 갖고 있었다. 1970년대 중반 이후 사회개발에 대한 정부의 관심이 증가했다고 하지만, 여전히 경제성장은 가장 강력한 국가의 정책기조였다. 따라서 의료보험은 기업이나 국가 재정에 부담을 주지 않는 범위 내에서 제한적인 제도로 시작될 수밖에 없었다. 1977년 의료보험의 특징은 첫째, 급여수준이 낮았다. 처음부터 서구 의료보장체계에서는 일반화된 상병급여(sickness benefits)를 배제하였으며, 의료서비스만을 대상으로 실시하였다. 상병급여는 1977년 시행령 2차 개정 때 부가급여 중 하나로 규정되었지만, 실제 시행된 적은 없었다(국민건강보험공단, 2017b: 74). 본인부담률은 피보험자와 피부양자 사이에 차등을 뒀다. 피보험자는 외래이용 시 진료비의 40%, 입원 시 30%를 본인이 부담하였으며, 피부양자는 외래이용 시 50%, 입원 시 40%를 본인이 부담하였다. 비급여항목에 대해서는 요양급여를 지급하지 않았으며, 동일상병에 대한 보험급여기간은 평생 동안 고작 180일에 불과하였다.

둘째, 1977년 의료보험은 관리운영방식으로 조합주의를 채택하였다. 즉, 비영리 공익법인으로 설립하는 의료보험조합이 보험자가 되고, 그 내부의 운영위원회가 의사결정기관의 역할을 맡는 방식이었다. 1963년 「의료보험법」이 일본의 「건강보험법」을 그대로 모방하면서 조합주의방식을 도입하였고, 그에 따른 임의조합들의 경험들이 이미 축적되어 있던 상황이었다. 나아가 조합들은 재정자치의 원칙에 의해 운영되었기 때문에 조합주의방식은 국가지원을 최소화하려는 정부의 정책 방향에 부합되었다. 피용자조합인 제1종 조합의 보험료는 매월 보수의 3~8% 범위 내에서 조합이 정관으로 정하였으며, 노사가 절반씩 부담하였다.

셋째, 상시 500인 이상 근로자를 사용하는 사업장만을 대상으로 운영되었다. 국가의 부담을 최소화하기 위하여 국가의 지원이 필요 없는 대기업만을 대상으로 시행한 것이었다. 1977년에는 공무원, 군인 및 사립학교 교직원도 배제되었는데, 이들은 정부가 사용자의 입장에서 보험료의 일부를 부담해야 하기 때문에 거액의 재정지출이 불가피하다는 이유 때문이었다.[5]

이러한 한계에도 불구하고 의료보험은 병원의 문턱을 낮추는 데 크게 기여하였다. 보건사회부의 집계에 따르면, 시행 첫해에 0.28%에 불과하던 수진율은 1978년에는 0.82%, 1979년에는 1.46%로 빠르게 상승하였다(국민건강보험공단, 2017a: 90-91). 시행 이후 몇 년간 의료보험에 대한 국민들의 호응은 놀라웠다. 의료보험의 적용을 받는 국민들은 의료비의 절감에 만족했으며, 의료보험의 적용을 받지 못했던 국민들은 이를 부러워하였다. 의료보험의 적용이 공교롭게도 당시 파워엘리트였던 대기업 직원과 공무원, 군인, 사립학교교직원을 중심으로 이루어짐에 따라 국민들은 의료보험증이 있는 계층과 그렇지 않은 계층으로 구분되었다. 군소사업장들은 '의료보험적용사업장'이라는 간판을 내걸지 않고는 직원들을 구하기도 어려웠다. 규모가 큰 사업장부터 의료보험을 시행한 탓에 의료보험이 적용되지 않는 사업장은 영세사업장이라는 인식이 생길 정도였다. 이러한 국민들의 호응은 의료보험의 빠른 적용확대를 가져왔다.

3) 의료보험의 적용확대

1977년 500인 이상 사업장을 대상으로 시행된 의료보험은 곧바로 적용확대 작업

---

5) 의료보험 시행 초기에 공무원연금공단이나 사립학교교직원연금공단이 연금과 의료보험을 통합관리하는 방안이 검토되었다. 이러한 이유로 초기에 적용제외된 측면도 있다. 하지만 검토과정에서 장기보험(연금)과 단기보험(의료보험)의 차이가 극명했기 때문에, 통합관리가 쉽지 않다는 결론에 도달하였다. 결국 1977년 12월 31일 「공무원 및 사립학교교직원 의료보험법」이 제정되면서 특수직역 역시 의료보험에 합류하게 되었다(국민건강보험공단, 2017a: 93).

에 착수하였다. 1979년 1월 1일부터 공무원 및 사립학교교직원이 의료보험의 적용을 받기 시작했으며, 이를 통해 360만 명의 가입자와 피부양자가 등록된 의료보험관리공단이 탄생하였다(국민건강보험공단, 2017a: 93). 1979년 4월 17일 의료보험은 300인 이상 사업장으로 적용범위를 확대한 데 이어, 1979년 12월 28일 군인가족을 의료보험관리공단에 포함시켰다. 1981년 1월 1일부터 의료보험의 적용범위가 100인 이상 사업장으로 확대되었고, 1983년 4월 1일부터는 16인 이상 사업장으로 확대되었다. 이제 남은 부문은 영세사업장과 자영업자뿐이었다. 보건사회부는 지역 자영업자들에 대한 적용확대를 준비하기 위해, 1981년 7월 1일부터 농어촌의료보험 시범사업을 시작하였다. 시범사업의 결과를 토대로 보건사회부는 1991년부터 농어촌지역에 의료보험을 전면적으로 실시할 예정이었다. 그러나 급박한 정치일정으로 인해 일정은 3년이나 앞당겨지게 되었다.

1986년 들어서면서 정국은 급박하게 돌아가기 시작하였다. 신민당은 1986년 2월 12일부터 민주화추진협의회(민추협)와 함께 대통령 직선제 개헌 1천만 서명운동에 돌입하였고, 1986년 상반기를 개헌 열풍으로 뒤덮었다. 집권 여당인 민정당도 다가올 개헌정국에 대비하기는 신민당과 마찬가지였다. 특히 민정당은 민심 획득을 위해 국민들에게 호평을 받고 있던 의료보험의 확대를 중요하게 고려하였다. 보건사회부는 1991년 의료보험의 전 국민 확대에 들어갈 예정이었으나, 민정당은 정권이양이 예정된 1987년까지 의료보험의 전 국민 확대를 완료하도록 보건사회부에 끈질기게 요구하였다. 민정당의 요구에 굴복한 보건사회부는 1986년 1월 대통령 업무보고에서 1991년 예정된 전 국민 의료보험의 실시를 1988년으로 앞당기겠다고 공표하였다(국민건강보험공단, 2017a: 121-122). 이어 1986년 8월 11일 전두환 대통령은 하계 기자회견에서 최저임금제 도입, 국민연금제도 실시, 의료보험의 전 국민 확대를 내용으로 하는 국민복지 3대정책을 전격 발표함으로써 의료보험의 전 국민 확대를 공식화하였다.

의료보험의 농어촌지역 확대는 1988년 1월 1일부터 실시되었다. 예정보다 시행일이 대폭 앞당겨지면서 보건사회부의 움직임도 빨라졌다. 보험료는 소득, 재산, 가족 수에 따라 차등부과하기로 결정하였고, 농어촌 지역의 낮은 소득을 감안하여 보험료의 일부와 관리운영비 명목으로 정부가 재정의 35%를 부담하기로 하였다. 아울러 적용확대에 따른 지역조합들의 부담을 덜어 주기 위해 직장가입자의 피부양자 범위를 형제, 자매까지 최대한 확대하였다.

그러나 의료보험의 농어촌지역 확대는 농어민들의 반발에 부딪치면서 한바탕 홍역을 치러야 했다. 시행 일정이 1987년 12월 16일 치러진 제13대 대통령 선거일과 맞물리면서 정부의 홍보작업이 충분하지 않았고, 이러한 이유로 보험료를 납부해야 하는 건지조차 몰랐던 농어촌 주민들이 부지기수였다. 더구나 당시 대규모 농가부채에 신음하고 있던 농어민들의 경제력에 비해 고지된 보험료는 지나치게 비쌌다. 또한 비싼 보험료를 내고도 이용할 수 있는 병의원이 농어촌지역에는 거의 없었다. 농민들에 의한 최초의 반발은 1988년 1월 15일 충북 영동군농민회 명의의 성명서였다(고경심, 1989: 124). 초창기에는 기독교농민회, 전국농민협회, 가톨릭농민회, YMCA 농촌부 등 주로 농민운동 조직들이 보험료납부 거부운동을 주도하였고, 과도한 보험료와 지역의료보험조합의 비민주적 운영의 시정을 요구하였다. 하지만 1988년 6월 28일 전국 군단위 의료보험대책위원회와 농민단체, 보건의료단체 등 48개 단체가 '전국의료보험대책위원회'를 결성하면서, 농어촌의료보험 시정운동은 의료보험의 통합일원화를 요구하는 방향으로 급격하게 선회하였다(이희선, 송창석, 1992: 148). 즉, 도농 간의 의료격차문제를 해소하는 대안으로 의료보험의 통합일원화에 집중하기 시작한 것이었다.

농어촌의료보험 시정운동의 홍역을 치르면서도 보건사회부는 꿋꿋하게 1988년 7월 직장의료보험의 적용범위를 5인 이상 사업장으로 확대하였다. 직장가입자를 최대한 넓힘으로써 마지막 남은 도시지역 확대 적용을 쉽게 하려는 조치였다. 하지만 농어촌의료보험 시정운동이 불러온 의료보험 통합논쟁이 국회에서 논의되면서, 1989년 1월 1일 시행 예정이었던 의료보험의 도시지역 확대는 전면 재검토에 들어갔다. 민정당은 통합일원화 대신 광역화된 조합주의 방식을 대안으로 제시하였지만, 여소야대의 국회에서 의료보험 통합일원화 방안이 정치권의 동의를 얻었다. 그 결과 1989년 3월 9일 관리조직의 통합일원화, 소득 중심의 보험료 부과체계, 보험료 누진제 등을 골자로 하는「국민의료보험법」이 만장일치로 국회를 통과하였다.

그러나 3월 16일 노태우 대통령은 재산권의 침해를 이유로「국민의료보험법」에 대해 거부권 행사하여 입법을 무산시켰다.「국민의료보험법」에 따라 기존 의료보험조합을 해산하고 조합의 권리와 의무를 새로운 공단에 포괄 승계시킬 경우 당초 조합원의 재산이 조합원이 아닌 자의 의료비로 사용됨에 따라 부담의 형평에 어긋나고 재산권을 침해할 수 있다는 것이었다. 하지만 조합의 통폐합은 1977년 의료보험이 시작된 이후 계속되어 왔고, 공공재산인 사회보장기구의 재산에 사유재산의 논리를 적용시킨 것은 부당한 논리였다(신영란, 2010: 174).

보건사회부는 민정당이 대안으로 주장했던 광역화된 조합주의 방식에 맞춰 도시지역 확대 적용을 준비해 왔다. 그러나 대통령이 거부권을 행사함에 따라 농어촌의료보험과 똑같은 방식으로 도시지역 확대 적용을 마무리하였다. 1989년 7월 1일부터 도시지역에 의료보험이 적용되면서, 전 국민 의료보험이 완성되었다. 정부는 도입 12년 만의 쾌거임을 대대적으로 홍보했지만, 통합일원화 논쟁에서 드러난 도농간의 의료격차문제는 전 국민 개보험화로 해결되지 않았고, 여전히 논란의 불씨를 남겨 놓았다. 이에 따라 의료보험은 1990년대를 통째로 관리운영방식 논쟁에 갖다 바쳐야 했다.

4) 의료보험 통합일원화 논쟁의 전개

노태우 대통령의 「국민의료보험법」에 대한 거부권 행사로 여론의 주목을 받은 의료보험 통합논쟁은 1980년부터 시작되었다. 1977년 의료보험은 재정자치를 기초로 한 다수의 의료보험조합에 의해 운영되었으나, 제도 출범 시부터 규모가 영세한 조합들의 재정불안정문제가 끊임없이 제기되었다. 이에 보건사회부는 규모의 경제를 살릴 수 있는 조합원의 적정규모를 5,000명으로 보았고, 3,000명 미만의 조합들에 대해서는 적극적인 통폐합을 추진하였다. 이에 천명기 보건사회부 장관은 영세조합들의 통폐합을 넘어 의료보험조합들과 의료보험관리공단을 통합일원화하는 방안을 검토할 것을 지시하였고, 이를 전두환 대통령에게 보고함으로써 1차 의료보험 통합논쟁을 촉발시켰다.

이에 대해 의료보험조합들과 경제단체들은 반발하였지만, 정치권과 의료보험관리공단은 통합안을 지지하였다. 청와대와 국회를 무대로 논쟁이 진행되었고, 1982년 11월 보건사회부는 조합주의와 통합주의를 절충한 '한국형 의료보험통합방안'이라는 제안서를 청와대에 보고하였다. 그러나 전두환 대통령이 통합논의의 유보를 지시하면서 1단계 통합논쟁은 마무리되었다. 이 과정에서 통합주의를 지지했던 보건사회부 공무원들이 1983년 2월 사직당국의 조사를 받았고 수뢰혐의로 면직되는 이른바 '보사부 파동'이 발생하였다(차흥봉, 1996: 184).

　　보사부 파동 이후 수면 아래 가라앉아 있던 통합일원화 논쟁을 다시 떠오르게 만든 계기는 이미 살펴본 바와 같이 농어촌의료보험의 실시였다. 의료보험 통합일원화 주장의 주요 논지는 다음과 같다.

　　첫째, 의료보험 조합체제는 조합 간의 재정 불균등을 창출한다는 것이다. 이에 따라 가난한 조합들은 급여지출에 제한을 받는 반면, 부자조합들은 다양한 급여를 제공하여 조합 간 급여수준의 격차를 발생시킨다. 나아가 보험료에 있어서도 적립금에 여유가 있는 부자조합은 법적으로 허용된 최저요율을 부과하는 반면 가난한 조합들은 고율의 보험료를 부과하게 되어, 소득수준이 낮을수록 높은 보험료율이 부과되는 역진적인 보험료 부과체계를 발생시킨다.

　　둘째, 반면 통합일원화는 모든 사람이 동일한 보험료와 동일한 급여를 받는 형평성의 원칙을 달성할 수 있을 뿐만 아니라 조합 간 불평등의 원인인 도농 간 격차를 해소하고 지역 간 재분배를 달성할 수 있다. 통합재정으로 운영되면 소득이 높고 유병률이 낮은 도시지역의 자원이 노인인구가 많은 가난한 농어촌지역으로 이전되기 때문이다.

　　셋째, 조합 간 불평등체계는 보험료와 급여의 역진성을 창출할 뿐만 아니라 의료보험의 보장성 확대에 있어도 걸림돌이 된다. 보장성의 향상은 조합의 급여지출 확대를 의미하기 때문에, 당시의 저복지 수준도 힘겨워했던 가난한 조합이 감당하기 힘들다. 조합주의체계에서 보장성의 향상은 가난한 조합이 감당할 수 있는가에 기준이 맞춰질 수밖에 없기 때문에, 대폭적인 보장성의 향상을 꾀하기 힘들다는 것이다.

　　넷째, 조합주의체계는 똑같은 업무를 수행하는 수백 개의 조합을 통해 운영되기 때문에, 규모의 경제를 이루기 어렵고 업무 중복의 비효율성을 가진다. 통합일원화는 조직의 축소와 인력감축을 통해 관리운영비를 크게 절감시킬 수 있다.

　　통합일원화 주장에 대한 조합주의자들의 반론은 주로 의료보험정책의 효율성과 소득파악 문제와 같은 적용의 현실성 측면을 제기하였다(문옥륜, 1997: 26; 신영란, 2010: 160). 조합주의자들의 주장을 요약하면 다음과 같다.

　　첫째, 자영업자들의 소득파악률이 현저히 낮은 상황에서 통합일원화방식으로 재정을 운영할 경우 임금근로자들의 보험료를 인상할 수밖에 없다.

　　둘째, 임금근로자와 자영업자는 소득의 수준과 발생구조가 다르기 때문에 통합일원화의 핵심인 통합보험료를 부과하기 힘들다.

셋째, 의료서비스는 소득탄력성이 대단히 높기 때문에, 고소득자의 수진율이 저소득자보다 높다. 따라서 수진율 차이로 인한 역진성이 발생할 가능성이 크며, 통합일원화가 되더라도 이러한 역진성은 줄지 않을 것이다(문옥륜, 1997: 26). 이러한 수진율의 차이 때문에 통합일원화는 오히려 농어촌 주민들에게 더 불리하다.

넷째, 현행의 조합주의방식이야말로 자율성의 원칙에 의하여 자치적이고 효율적으로 운영할 수 있고 재정적인 면에서도 보험재정을 알뜰히 관리하고 운영비도 절약할 수 있다. 반면 거대한 전국단위의 통합관리는 경직화, 획일화, 비능률을 초래한다(문옥륜, 1997: 27)

이러한 두 입장에 대해 농민운동을 비롯한 사회운동 세력, 재정불안정에 시달리고 있던 지역의료보험조합, 불안정한 소규모 조합들보다는 안정적인 보험자를 확보하고 싶었던 의료인단체, 민주당 계열의 정당들은 통합주의를 지지하였다. 반면 기득권을 놓기 싫었던 의료보험연합회, 구조조정의 대상이 된 직장의료보험조합, 직장의보노조의 상급노조였던 한국노총, 1차 통합일원화논쟁에서 조합주의자들만 살아남은 보건사회부, 그리고 보수계열의 정당들은 조합주의를 지지하였다. 이들은 1990년대 내내 팽팽하게 대립하면서 통합일원화 논쟁을 이끌었다.

5) 국민건강보험제도의 출범

의료보험 통합일원화 논쟁이 종지부를 찍게 된 계기는 1996년 총선에서 비롯되었다. 1996년 4월 11일 총선에서 신한국당은 과반수에 미달하였고, 새정치국민회의와 자유민주연합이 약진하였다. 통합일원화를 당론으로 하고 있던 국민회의와 자민련은 1996년 11월 30일 373개의 의료보험조합을 국민건강보험공단으로 단일화하는 '국민건강보험법안'을 의회에 제출하였다. 의료보험연합회와 보건복지부는 필사적인 반대 로비를 전개했지만, 집권당인 신한국당에서도 농어촌 지역 의원들은 조합주의 체계에 대해 강한 불만을 갖고 있었다. 1997년 대통령 선거를 앞두고 더 이상 농어민들의 불만을 외면하기 힘든 상황이 되자, 1997년 10월 30일 신한국당은 강력하게 반발하고 있던 직장의료보험조합을 제외시키고 지역의료보험조합들과 의료보험관리공단만 통합시키는 '국민의료보험법안'을 발의하였다. 이미 통합법안을 제출해 놓은 국민회의가 반대할 이유가 없었으므로 「국민의료보험법」은 발의된 지 18일만인 11월 18일 일사천리로 국회를 통과하였다.

「국민의료보험법」이 국회를 통과하고 4일 후인 11월 22일 임창렬 부총리는 IMF에 구제금융을 신청했음을 공개하였다. 경제는 이미 그 이전부터 혼동상태였지만 우리나라가 공식적으로 외환위기 국면에 들어섰음을 알리는 것이었다. 1998년 1월 15일 김대중 대통령 당선자는 경제위기 극복을 위해 노사정위원회를 출범시켰다. 여의도 중소기업회관 건물에 둥지를 튼 노사정위원회는 밤을 새는 격론을 통해 합의안을 도출하였고, 1998년 2월 6일 '경제위기 극복을 위한 사회협약'을 발표하였다. 사회협약에는 의료보험 통합이 포함되어 있었고, 대통령직인수위원회가 의료보험 통합을 새 정부의 100대 국정과제로 선정하면서 의료보험의 완전통합은 가시화되었다.

1997년 「국민의료보험법」에 따라 1998년 10월 1일부터 국민의료보험관리공단이 출범하였다. 이를 통해 1단계로 전국의 227개 지역의료보험조합과 의료보험관리공단이 먼저 통합되었다. 곧바로 12월 3일 국민건강보험법안이 국회에 상정되었다. 여야의 조정 끝에 1999년 2월 8일 국민의료보험관리공단과 직장의료보험조합의 합병을 골자로 하는 「국민건강보험법」이 제정됨에 따라 의료보험 통합을 위한 입법작업은 마무리되었다. 국민건강보험은 2000년 1월 1일부터 출범하는 것으로 결정되었다. 정책과정 동안 조합주의론자들은 발악에 가까운 반대활동을 펼쳤지만, 이미 사회협약을 통해 합의된 내용을 거스를 수 없었다.

하지만 통합과정은 순조롭지 않았다. 보건복지부가 직장가입자와 지역가입자 모두에게 적용되는 통합보험료 부과체계의 개발에 실패하면서 국민건강보험은 예정

표 6-1 국민건강보험제도의 관리운영체계 변화과정

기간	1977. 7. 1.~1998. 9. 30.	1998. 10. 1.~2000. 6. 30.	2000. 7. 1.~현재
입법	의료보험법 공무원의료보험법	의료보험법 국민의료보험법	국민건강보험법
관리운영기구	지역의보조합(227) 의료보험관리공단(1) 직장의보조합(139) 의료보험연합회	국민의료보험관리공단(1) 직장의보조합(139) 의료보험연합회	국민건강보험공단(1) 건강보험심사평가원

보다 6개월 늦은 2000년 7월 1일부터 시행되었다. 또한 관리운영체계가 통합되더라도 재정운영은 2년간 한시적으로 분리 운영하기로 결정되었다. 이에 따라 2003년 7월 1일 국민건강보험이 재정통합을 단행함으로써 의료보험 통합일원화 작업이 마무리되었다. 〈표 6-1〉은 1998년 367개의 의료보험조합이 2000년 국민건강보험공단으로 통합되어 가는 과정을 정리한 것이다.

6) 2001년 국민건강보험의 재정위기

외환위기의 한가운데에서 출범한 국민건강보험은 출범과 동시에 사상 초유의 지급불능 위기를 겪었다. 재정위기의 주요 원인은 외환위기와 의약분업에 따른 수가 인상으로 분석된다(국민건강보험공단, 2017a: 181-182). 통합 이전인 1998년 국민의료보험관리공단은 8,047억 원, 직장의료보험조합은 2조 2,312억 원 등 의료보험에는 총 3조 359억 원의 적립금이 있었다. 그러나 통합 원년인 2000년 말이 되면서 적립금은 5,979억 원으로 급격히 감소되었고, 2001년에는 적립금이 모두 소진되었다. 외환위기에 따른 대량실업과 실질소득의 하락으로 보험료 수입이 급감하였다. 나아가 2000년 7월 1일 국민건강보험과 같이 시작된 의약분업은 의사들의 거센 반발에 직면하였다. 2000년 한 해 동안 의료계는 수차례의 거리시위와 5차례의 파업으로 의약분업에 항의하였고, 응급환자가 사망하는 초유의 사태가 발생하기도 하였다. 정부는 의사들의 반발을 무마하기 위해 수가 인상으로 대응하였다. 건강보험수가는 2000년 4월 1일 6.0%, 7월 1일 9.2%, 9월 1일 6.5%, 2001년 1월 1일 7.08% 연이어 인상되었다. 9개월 사이에 단순합산으로 28.78%, 실제로는 무려 32%가 인상된 것이었다(국민건강보험공단, 2017a: 182).

2001년 3월 13일 지역보험의 적립금은 이틀치 보험급여비 지급분도 되지 않는 398억 원에 불과하였다. 직장보험도 마찬가지여서 8일치 지급분인 2,026억 원밖에 남지 않았다. 3월을 넘기지 못할 초유의 지급불능사태에 직면하자 김대중 정부는 3월 23일 기업인 출신의 김원길 장관을 구원투수로 등판시켰고, 국민건강보험은 기업어음(CP) 발행에 성공하여 금융권으로부터 30조 원을 긴급 수혈함으로써 가까스로 위기를 넘겼다. 그러나 국민건강보험은 2001년 2조 4,000억 원이라는 대규모 적자를 기록하였다. 결국 정부는 2002년 1월 19일 「국민건강보험재정건전화특별법」

을 제정할 수밖에 없었다.

2006년 12월 31일까지 한시적으로 적용되었던 「재정건전화특별법」은 지역보험에 대한 국고지원금을 40%로 확대하고, 담배값에 건강부담금을 부과하여 건강증진기금을 조성한 뒤 이를 건강보험재정에 지원하도록 하였다. 담배부담금은 지역보험재정의 10%를 담당하여, 국고지원과 합쳐 정부지원을 50%로 확대한다는 것이었다. 국고지원을 늘리는 대신 정부는 2002년 건강보험수가를 2.9% 인하하고, 보험료율은 6.7% 인상함으로써 의료계와 국민들에게도 고통을 분담할 것을 요구하였다. 이 외에도 소득 있는 피부양자의 지역가입자로의 전환, 5인 미만 사업장의 직장보험 편입, 매월 독촉 고지 및 체납 처분의 강화, 장기체납자의 분할납부 활성화 등 다각적인 재정안정화 대책들을 추진하였다(국민건강보험공단, 2017a: 184). 이러한 노력의 결과 건강보험 재정은 2003년 1조 794억 원의 당기수지 흑자를 기록하였고 2004년에는 757억 원의 누적수지 흑자를 실현함으로써 재정위기에서 완전히 벗어나게 되었다(국민건강보험공단, 2017a: 184-185).

7) 건강보험 보장성의 확대

재정위기 국면을 벗어난 건강보험의 남아 있는 과제는 본격적으로 보장성을 확대하는 것이었다. 건국 이후 아무런 의료보장 혜택을 받지 못했던 국민들에게 외래진료비의 50~60%를 할인해 주는 1977년 의료보험은 그야말로 신기원이었다. 그러나 이는 어디까지나 경증질환자에 해당되는 것이었다. 의료보험의 보장성이 너무 낮았기 때문에 중증도가 높은 환자들이나 만성질환자에게 의료보험은 무용지물에 가까운 경우가 많았다. '저보장'의 원인은 높은 본인부담률, 제한된 급여일수, 과도한 비급여항목이었다.

첫째, 높은 본인부담률이다. 1977년 의료보험에서 피보험자는 외래 이용 시 진료비의 40%, 입원 시 30%를 본인이 부담하였으며, 피부양자는 외래 이용 시 50%, 입원시 40%를 본인이 부담하였다. 명목적인 본인부담률만 보더라도 70% 이상의 보장률을 기대할 수 없는 높은 본인부담금 구조였다. 전체 본인부담률을 단번에 끌어내리는 것은 막대한 예산이 소요된다. 이에 따라 역대 정부는 전체적인 본안부담률을 인하하는 대신 특정 대상층의 본인부담률을 감면해 주는 선별주의적 인하 전략을 채택하였다. 지금도 건강보험은 외래진료 시 의료기관의 규모에 따라 30~60%의 높은 본인부담률을 부과하기 때문에, 명목적인 본인부담률은 1977년과 크게 다를 바 없다. 대신에 국민의료비에서 높은 비중을 차지하고 있는 4대 중증질환자, 노인, 아동 등 특정 인구학적 집단을 선별하여 본인부담률의 하락을 유도하고 있다. 전체적인 본인부담률 인하가 힘든 상황에서 이러한 선별주의적 전략은 불가피한 차선의 선택이지만, 전반적인 보장성을 높이는 데는 한계를 가질 수밖에 없다.

둘째, 1977년 의료보험의 보장성이 떨어졌던 가장 큰 이유는 제한된 급여일수 때문이었다.[6] 출범 당시 의료보험은 동일상병에 대해 보험급여일수를 최대 180일로 제한하였다. 평생 약을 먹어야 하는 만성질환자도 일생 동안 고작 180일만 급여를 받았고, 180일이 초과되면 자동으로 급여가 중단되었다. 폐결핵, 암, 당뇨, 고혈압, 만성신부전증 등 만성질환자들에게 의료보험은 무용지물이나 다를 바 없었다. 1984년에 가서야 일생 동안 동일상병에 대한 180일의 급여일수 제한은 '연간 180일'로 완화되었다. 모든 국민의 급여제한일수가 210일로 연장된 것은 1996년에 가서야 가능하였다. 1994년 의료보장개혁위원회의 건의에 따라 김영삼 정부는 요양급여기간의 연장을 추진하였다. 1996년 급여제한일수를 210일로 연장한 뒤, 매년 30일씩 연장하여 2000년에는 급여일수 제한을 폐지한다는 계획이었다. 외환위기 속에서도 이 계획은 순조롭게 진행되었으며, 2000년 7월 1일 급여일수 제한이 폐지되었다. 그러나 2001년 재정위기가 급박해지자, 급여일수 제한은 2002년 재정안정화대책의 일환으로 다시 부활되었고, 연간 365일로 급여일수를 제한하였다. 그러나 재정위기 국면을 벗어난 2006년 1월 1일 노무현 정부가 재차 급여일수 제한을 폐지함에 따라, 지난 30여 년간 만성질환자들을 괴롭혔던 급여일수의 제한 문제는 완전히 역사속으로 사라졌다.

셋째, 1977년 의료보험의 보장성이 떨어졌던 또 다른 이유는 과도한 비급여항목 때문이었다. 연간 급여일수의 제한이 폐지되고 재정위기가 일단락된 2005년부터 정부는 본격적으로 건강보험의 보장성 확대에 뛰어들었다. 〈표 6-2〉는 건강보험 출범 이후 역대 정부에서 실시한 주요 보장성 강화대책을 정리한 것이다. 정권의

---

6) 급여일수는 입원일수, 외래방문일수, 투약일수의 합으로 계산된다. 단, 약의 조제를 위해 의료기관을 방문하여 외래방문일수와 투약일수가 중복되는 경우는 급여일수는 1일로 계산된다.

이념적 지향에 상관없이 노무현 정부부터 박근혜 정부까지의 보장성 강화대책들은 대체로 비슷했다. 즉, 특정 계층에 대해 선별적으로 본인부담률을 인하해 주거나, 규모가 큰 비급여항목을 급여화하는 두 가지 전략이 주로 추진되었던 것이다.

이러한 정부의 노력으로 건강보험의 보장성은 크게 향상되었다. 의료보험 시절 재난적 의료비를 부담해야 했던 4대 중증질환자들(암, 심혈관질환, 뇌혈관질환, 희귀난치성 질환)의 보장률은 2015년 80%까지 상승하였다. 여전히 진료비 부담은 높은

표 6-2 역대 정부별 건강보험 보장성 강화대책

계획	주요 시책
노무현 정부 2005~2008	-중증질환자(암, 심혈관, 뇌혈관) 본인부담률 10%로 인하 -희귀난치성 질환자 본인부담률 20%로 인하 -만 6세 미만 아동 입원 시 본인부담금 면제 -입원환자의 식대 적용 -본인부담액 상한제 200만 원으로 하향 조정 -인공와우, 장기이식수술, 중증질환자 PET 촬영 등 급여적용
이명박 정부 2009~2013	-중증질환자(암, 심혈관, 뇌혈관) 본인부담률 5%로 인하 -희귀난치성 질환자 본인부담률 10%로 인하 -결핵환자 본인부담율 10%, 중증화상환자 5%로 하향조정 -아동 치아 홈메우기(실란트), 치석제거, 노인틀니 등 치과진료 급여적용 -한방 물리치료 급여적용 -MRI, 초음파 촬영 부분 급여화 -임신·출산진료비 지원비 20만 원에서 50만 원으로 인상
박근혜 정부 2013~2016	-임플란트 급여 적용 -제왕절개 분만 본인부담률 5%로 인하 -결핵 치료비 전액 면제 -4인실까지 일반병실로 적용확대 -포괄간호서비스 도입 -난임치료 급여 적용
문재인 정부 2017~2022	-비급여대상의 급여항목 전환(문재인 케어) -선택진료비 폐지 -2인실까지 적용확대 -간호·간병 통합서비스 확대 -재난적 의료비지원 확대

편이지만 암 치료 때문에 집 팔고 거액의 빚을 내야 했던 재난적 상황에서는 벗어난 것으로 보인다. 하지만 〈표 6-2〉와 같은 대책에도 불구하고 명목적인 건강보험 보장률은 보장성 강화 대책 시행 전과 큰 차이가 없었다. 2004년 건강보험의 보장률은 61.3%였지만, 2016년에도 보장률은 62.6%를 기록하여 거의 변화가 없었다. 〈표 6-2〉와 같이 역대 정권마다 2~3조 원씩 투입하면서 비급여항목을 축소시켜 왔지만 새로운 비급여항목이 더 빠른 속도로 늘어난 결과였다. 이에 문재인 정부는 비급여항목의 증가를 통제하지 않고서는 건강보험의 보장성을 확대하기 어렵다고 판단하였다. 이러한 인식하에 2018년 문재인 정부는 과거의 정부처럼 비급여항목을 각개격파하거나 점진적으로 축소하는 대신, '비급여의 전면급여화'를 내용으로 하는 이른바 '문재인케어'를 추진하였다. 문재인케어에 대해서는 제7장에서 다루고자 한다.

제7장

국민건강보험의 이해

건강은 인간의 가장 기본적인 욕구 중 하나이다. 특히 다른 의식주와 달리 건강의 훼손은 치명적인 결과를 초래할 수 있고 이를 보전할 방법이 마땅치 않다. 따라서 모든 사람들에게 최소한의 건강상태를 유지할 수 있는 기회는 균등하게 보장되어야 한다. 이러한 맥락에서 국가는 기본적인 건강권을 보장하기 위하여 의료보장제도를 실시하고 있다. 의료보장제도에는 다른 사회보험과 달리 계약당사자는 아니지만 당사자들 못지 않게 중요한 역할을 담당하는 의료기관이 서비스 전달자로 개입한다. 이는 의료보장제도를 복잡하게 하는 특성이다. 따라서, 의료보장제도를 고찰하기에 앞서 의료서비스의 기본적인 특성과 그에 따른 의료보장제도의 필요성을 먼저 고찰하는 것이 의료보장제도를 이해하는 데 도움이 될 수 있다.

1. 의료의 특성과 의료보장의 필요성

의료서비스는 다른 재화나 서비스와는 구분되는 특수한 성격을 가진다. 이러한 특성으로 인하여 의료서비스는 시장을 통해 공급될 경우 다양한 비효율이 발생하여 필요로 하는 만큼 공급되기 어렵게 된다. 즉, 의료서비스는 시장실패(market failure)가 발생하는 대표적인 예이다. 따라서 의료시장에는 국가나 사회의 집합적인 개입이 필요하다.

1) 의료서비스의 특성[1]

(1) 의료수요의 불확실성

소비자들이 계획적인 소비를 통해 자신의 효용을 극대화시키기 위해서는 미래 수요를 어느 정도 예측할 수 있어야 한다. 예컨대, 가족의 쌀 소비량은 어느 정도이며, 얼마나 자주 쌀을 구입하러 시장에 가야 하는가? 자동차의 내구연한은 얼마이며 자동차를 교체하기 위해서는 어느 정도의 돈을 언제까지 마련해야 하는가? 이러한 미래 수요를 어느 정도 예측할 수 있어야 가정은 급작스런 경제적 곤궁에 빠지지 않고 안정적인 생활을 유지할 수 있다. 그러나, 의료서비스는 미래의 수요를 예측하기 어렵다. 그 이유는 질병 발생의 확률을 개인적 차원에서 예측하는 것은 쉽지 않기 때문이다. 즉, 자신이 언제 어떠한 질병에 걸릴지 예측하는 것은 불가능에 가까우며, 나아가 그로 인해 어느 정도의 의료비가 필요할지를 예측하는 것은 점쟁이가 아닌 이상 기대하기 힘들다. 이와 같이 개인적인 차원에서 수요를 예측하는 것이 어렵게 되면 충분한 대비를 하기 힘들다. 이에 따라 의료서비스에 대한 수요는 실제 필요한 양보다 훨씬 적게 나타나는 경우가 많다. 즉, 의료서비스를 이용해야 하지만 충분한 대비를 하지 못해 의료서비스를 이용할 수 없는 사람들이 속출하게 된다.

수요 예측이 불가능한 재화나 서비스, 특히 그것을 사용하지 못할 경우 발생하는 고통이 재난적 수준으로 큰 재화나 서비스는 보통 보험의 대상으로 적합한 성격을 가진다. 왜냐하면 개인적인 차원의 예측은 거의 불가능하지만 집단적 차원에서는 예측이 가능하기 때문이다. 즉, 지역사회나 국가의 수준에서 과거의 자료를 사용하면 일정 정도 질병발생률을 예측하거나 의료비용을 추산하는 것이 가능하다는 것이다. 따라서 보험공동체를 통해 집합적으로 재원을 마련하여 의료수요에 대응하

---

1) 이하 의료서비스의 특수성에 대한 내용은 특별한 언급이 없는 한 이두호 등(1992: 147-191)을 기초로 하여 작성하였다.

는 것이 개인적 차원에서 대응하는 것보다 훨씬 효과적이다. 이러한 측면 때문에 많은 사람들은 개인적인 저축보다는 실손보험을 통해 의료수요에 대응하고 있다. 미래수요의 불확실성은 집합적 대응의 필요성을 제기하지만, 집합적 대응이 반드시 공적인 개입일 필요는 없다. 민간보험으로도 수요의 불실성 문제에는 대응할 수 있기 때문이다. 대체로 민간보험은 화재나 도난과 같이 미래수요가 불확실한 경우를 주로 대비한다. 그러나 질병은 생명의 위험을 초래하거나 장애를 유발하기 쉽다는 점에서 보험가입을 개인의 자발적인 선택에 맡겨 놓는 것은 적절하지 않다.

(2) 정보의 비대칭성

시장을 통해 생산자와 소비자가 모두 만족할 수 있는 균형점을 찾기 위해서는 생산자와 소비자 모두 상품에 대해 충분한 정보를 갖고 있어야 한다. 소비자는 자신이 구매하는 상품의 종류, 품질, 가격 등에 대한 충분한 정보를 갖고 있어야 합리적인 선택을 할 수 있다. 그러나 거래당사자 중 어느 한쪽이 충분한 정보를 갖지 못해서 정보량의 차이가 있을 경우, 이를 정보의 비대칭성(information asymmetry)이라고 한다. 의료서비스는 정보의 비대칭성이 나타나는 대표적인 예로 거론된다.

먼저, 소비자들은 본인이 질병에 걸렸어도 모르는 경우가 많다. 스스로 의료서비스가 필요한 상태인지 알기 힘들다는 것이다. 아프다는 것을 알더라도 왜 아픈 것인지, 치료를 위해 어떤 의료서비스가 필요한 것인지 알지 못한다. 사람들의 건강상태, 질병의 종류, 필요한 의료서비스에 대한 지식들은 주로 의료 공급자인 의사들에 의해 거의 일방적으로 판단되고 결정된다. 따라서 소비자들이 의료서비스를 이용하는 데 있어 충분한 정보를 갖고 소비자 주권을 행사하기가 어렵기 때문에, 의료시장은 의사주도형 시장으로 형성된다. 물론 의료서비스가 아닌 다른 재화나 서비스를 구입할 때도 많은 사람들은 완전한 정보를 갖고 행동하지는 않는다. 그러나 의료서비스의 문제점은 잘못 구매했을 경우 발생하는 타격이 다른 재화나 서비스와 비교되지 않을 정도로 치명적이며, 환불이나 교체가 쉽지 않다는 문제를 갖는다. 또한 소비자들은 전문적인 의료행위의 가격을 정확히 산출하기 힘들기 때문에 대부분 공급자들이 제시하는 가격을 그대로 따를 수밖에 없다.

정보의 비대칭성이 존재하는 곳에는 정보를 많이 가진 쪽의 도덕적 해이(moral hazard)가 나타날 가능성이 매우 높다. 의료서비스에 있어서도 불필요한 검사나 처치, 과잉처방, 과다청구 등의 가능성이 항상적으로 존재하고 있다. 이와 같이 정보의 비대칭성으로 인해서 소비자들이 합리적인 소비를 하기 어려울 경우 소비자들은 자신들을 위한 대리인을 내세울 수 있다. 즉, 소비자 대신 의료서비스에 대한 정보를 많이 갖고 있는 제3자, 예컨대 보험회사나 국가의 전문행정기관이 개입하여 수요자와 공급자 간의 불균형적 정보에서 나오는 문제들을 해결할 수 있다(김태성, 2018: 47). 정보의 비대칭성 문제는 대리인의 필요성을 제기하지만, 대리인이 반드시 국가기구일 필요는 없다. 민간보험으로도 이러한 비대칭성 문제에 대한 대응할 수 있기 때문이다. 실제 전 국민 의료보장체계가 없는 미국에서는 민간 의료보험 회사들이 의료기관의 서비스 내용과 가격을 통제하고 있다.

(3) 의사 주도형 시장

경제학에서는 수요와 공급은 서로 독립적인 것으로 가정한다. 따라서 공급자는 수요량에 직접적인 영향을 주지 못하며, 오직 시장의 가격을 통해서 생산만을 결정할 뿐이다. 그러나 의료서비스는 정보의 비대칭성, 즉 의사와 소비자 간의 정보량의 차이 때문에 공급과 수요의 상호독립성이 유지되기 힘들다. 정보가 부족한 환자들은 의사가 건강상태에 대한 정보를 제공해 주고 치료를 위해 어떤 서비스가 필요한지 조언해 주기를 기대한다. 그 결과, 의료서비스의 소비에 대한 결정은 환자보다 의사에 의해 이루어지기 쉬우며, 따라서 서비스 공급자인 의사에 의해 수요가 창출되는 결과가 나타난다. 즉, 의료서비스는 공급과 수요를 모두 공급자가 결정하는 구조이다.

이러한 공급자 주도형 시장에서는 정상적인 시장의 흐름이 나타나지 않는다. 일반적인 시장이라면 가격이 상승하면 수요가 떨어져야 하는데, 의료서비스는 수요가 오히려 늘어난다. 의사 수가 증가하는데도 의료서비스의 가격은 상승한다. 정부는 의료비용의 증가를 억제하고 의료보장제도의 보장성을 높이려는 정책을 시도하지만, 의사주도형 시장을 개선하지 않는 한 정책목표를 달성하기 힘들다. 왜냐하면 시장의 수요와 공급을 장악하고 있는 의사들이 고가의 의료서비스나 비급여항목에 대한 수요를 끊임없이 창출해 내기 때문이다. 따라서 본인부담률의 인상을 통해 의료비를 억제하려는 시도는 대부분 성공하기 힘들다. 환자가 의료서비스의 수요를 결정하는 것이 아니기 때문에 소비자들의 행위를 통제하는 방법은 효과가 없는 것

이다. 의사들의 행위에 영향을 미칠 수 있는 방안이 바람직한데, 이러한 측면에서
진료비 지불제도를 통제하는 것이 효과적이다(이두호 외, 1992: 163). 행위별 수가제
는 소득을 극대화하려는 의사들이 서비스의 양을 증대시키려는 충동을 강화한다.
진료비 지불제도에 대한 통제는 민간보험에서도 가능하다. 실제 미국에서는 민간
보험이 진료비 지불제도를 통해 의사들의 수요 창출 행위를 통제하고 있다. 그러나
우리나라와 같이 민간보험의 역할이 주로 진료비와 건강보험 본인부담금의 차액을
보전해 주는 기능에 한정된 체계에서는 민간보험을 통해 의사들의 행위를 통제하
는 것은 불가능하다.

2) 의료보장의 필요성

(1) 의료서비스 접근의 형평성 보장

의료서비스가 가진 수요의 불확실성, 정보의 비대칭성, 의사주도형 시장이라는
특성은 민간보험으로도 대처가 가능하다. 따라서 집합적 대응의 필요성을 설명할
수는 있어도 국가가 반드시 의료보장제도를 실시해야 하는 이유를 설명하지는 못
한다. 국가가 의료보장을 실시해야 하는 가장 큰 이유는 모든 국민에게 의료서비스
에 접근할 수 있는 동등한 기회를 제공하여, 국민들의 건강권을 보장해야 하기 때문
이다. 질병은 개인의 생명을 위협할 뿐만 아니라 행동능력을 제한함으로써 인간의
자율성을 침해한다. 따라서 건강은 인간의 기본적인 욕구 중 하나이며, 경제적 능력
에 상관없이 모든 사람에게 동등한 의료서비스를 보장해야 한다.

의료보장은 소득보장과 달리 수직적 평등(vertical equality), 즉 결과의 평등을 직
접적인 목표로 하지 않는다. 의료서비스는 질병상태를 전제로 하기 때문이다. 아프
지도 않은데, 모든 소득계층에 똑같은 의료서비스를 배분할 필요는 없는 것이다. 대
신에 의료보장은 '동일한 필요에 동일한 처우(equal treatment for equal need)'를 의
미하는 수평적 평등(horizontal equality)을 추구한다. 즉, 의료이용량이 아닌 의료접
근성의 평등을 추구하는 것이다. 계급, 소득계층, 성별, 인종, 지역, 연령, 직업 등에
상관없이 모든 사람들에게 동일한 질병에 대해 동일한 의료접근성을 보장하는 것
이 의료보장의 궁극적인 목표가 된다.

하지만 민간보험을 통해 가난한 사람들에게 평등한 의료접근성을 제공하는 것

은 불가능하다. 가난한 사람들은 민간보험에 가입할 경제적인 여력이 없을 뿐만 아니라, 건강상태도 좋지 않다. 수익성을 추구하는 민간보험에 있어 저소득층은 기피 대상일 뿐이다. 따라서 건강을 기본권으로 인식한다면 의료서비스의 제공을 전적으로 시장에 맡겨 놓을 수 없다. 의료서비스 이용의 형평성을 보장하기 위해서는 국가가 직접적으로 개입해야 하며, 의료보장의 직접적인 필요성은 여기서 도출될 수 있다.

(2) 투자재 및 가치재적 성격

전통적으로 보건의료서비스는 소비재로 간주되었다. 그러나 1950년대 이후 인적자본에 대한 이론이 발달하면서, 의료서비스는 교육과 함께 인적자본의 양과 질에 중대한 영향을 미치는 투자재로 평가되기 시작하였다. 건강의 증진은 노동력의 양적 측면과 질적 측면에 모두 영향을 미친다. 사망률의 감소는 잠재적 노동자의 수를 증가시키며, 수명의 연장은 인간에 투자한 자본의 회수기간을 늘림으로써 총회수율도 증가시킨다. 상병률의 감소는 시장 및 비시장활동에 사용할 수 있는 시간의 총량을 증가시킬 뿐 아니라 노동생산성도 증가시킴으로써 건강한 시간이라는 형태로 수익을 가져온다(이두호 외, 1992).

나아가 보건의료서비스는 가치재(merit goods)의 특징도 갖는다. 가치재란 공익성이 큰 상품으로 개인의 선호에 관계없이 사회가 공급을 조장하는 재화를 의미한다. 예컨대, 사람들은 사회가 안락한 주거환경을 보장하는 것을 공익으로 인식한다. 따라서 국가가 저소득층 주택건설에 재정을 지원하는 것을 당연하게 받아들인다. 이러한 류의 재화를 가치재라고 하는데, 보건의료서비스는 투자재적 성격을 갖기 때문에 많은 사람들이 가치재에 포함시킨다. 이미 지적한 바와 같이 소비자들은 자신이 질병에 걸렸는지 정확하게 알지 못하며, 인식하더라도 의료서비스를 어떻게 이용해야 하는지, 이용하지 않을 경우 어떠한 결과가 초래되는지에 대한 명확한 정보를 갖고 있지 않다. 따라서 사회적으로 필요한 수요보다 의료서비스의 이용량은 적게 나타난다. 반면 의료서비스는 투자재적 성격을 갖고 있기 때문에, 개인의 건강 뿐만 아니라 사회경제적인 측면에도 긍정적인 영향을 미친다. 따라서 사회적 측면에서는 보다 많은 의료서비스의 이용을 권장하지만, 개인의 자율에 맡겨 둘 경우 사회가 필요로 하는 만큼 의료서비스를 이용하지 않는다. 이와 같이 가치재에 대한 시장의 배분은 효율적이지 못하기 때문에, 개인의 선호보다는 사회의 선호를 기준으로 하여 국가가 개입하는 것이 바람직하다(이두호 외, 1992).

(3) 역선택

보험에서 역선택(adverse selection)의 문제는 위험발생 가능성이 높은 사람들이 집중적으로 보험에 가입하여 평균적인 위험 확률과 보험료가 높아지는 악순환이 생기는 현상을 의미한다. 역선택은 민간보험회사가 가입자들에 대한 정보를 충분히 확보하지 못한 정보의 비대칭성 상황에서 발생하며, 역선택이 발생하면 민간보험은 성립되기 어렵다. 따라서 국가에 의해 운영되는 강제보험 방식으로 위험에 대비할 수밖에 없다. 역선택 이론은 보험영역에서 사회보험의 필요성을 설명하는 대표적인 이론이다.

민간보험 방식하에서는 보험회사들은 보험가입자들의 개별적인 위험발생 확률을 근거로 보험료를 부과하는 것이 합리적이다. 따라서 흡연자나 알코올중독자들은 의료보험에 가입할 때 높은 보험료를 부담해야 하며, 자동차보험에서 운전자의 연령이나 경력에 따라 보험료에 차등을 두는 것은 당연한 것이다. 그러나 보험회사와 가입자 간에는 일반적으로 정보의 비대칭성이 존재한다. 즉, 보험회사들은 보험가입 당시에는 가입자들의 위험발생 확률을 정확히 알지 못하는 경우가 많다. 물론 보험회사는 가입자의 정보를 얻기 위해 노력하겠지만, 수많은 가입자들의 세세한 정보를 얻는 것은 불가능하다. 가입자들의 건강상태에 대해 보험회사보다는 가입자 자신이 더 많은 정보를 갖고 있는 것이 대부분이다. 따라서 보험회사는 신청자의 정확한 정보를 알지 못한 채 불완전한 정보를 토대로 산정된 보험료를 신청자에게 제안할 것이다.

이때 가입자는 보험에 가입하여 얻는 이득보다 보험회사가 산정한 보험료가 높다고 생각하면 가입을 포기할 것이다. 이들은 주로 건강한 사람들이다. 반대로 보험가입으로부터 얻는 이득이 보험료보다 크다고 생각하는 고위험군 가입자들은 보험에 가입할 것이다. 즉, 건강하지 못한 고위험군의 사람들이 집중적으로 보험에 가입하는 역선택 현상이 나타난다. 이렇게 고위험군이 집중적으로 보험에 가입하게 되면, 예상보다 위험이 많이 발생된다. 이에 따라 보험금 지출이 늘어나고 보험회사는 재정적인 어려움을 겪게 된다. 이러한 어려움을 해결하기 위해 보험회사는 보험료를 인상할 수밖에 없다. 보험료를 인상하면 상대적으로 위험도가 적은 가입자들은 인상된 보험료보다 보험가입의 이득이 적어지기 때문에 보험계약을 해지하고, 결국 보험에는 위험발생 가능성이 매우 높은 고위험군만 남게 되는 악순환이 나타난다. 로젠과 게이어(Rosen & Gayer, 2008: 248)가 언급한 이른바 '죽음의 소용돌이(death spiral)'에 빠지게 되는 것이다. 이러한 역선택 문제를 해결하기 위해서는 정부 또는 공공기관이 강제보험을 도입해서 평균보험료 방식으로 저위험군과 고위험군을 모두 포괄해야 한다. 즉, 국가에 의한 의료보장제도가 요구되는 것이다.

미국은 민간의료보험을 중심으로 의료시장이 형성되어 있다. 미국의 민간의료보험회사들은 역선택을 방지하기 위해 고액의 보험료를 책정함으로써 고위험군이 많은 저소득층의 가입을 방지하고, 고위험군의 가입을 노골적으로 기피함으로써 재정의 안정을 유지하고 있다. 오바마케어 이후 금지되었지만, 이러한 크림 스키밍(cream skimming)은 의료보장을 가장 필요로 하는 사람들을 배제함으로써 '의료 소외'라는 또 다른 사회문제를 발생시켰다. 나아가 우리나라 민간보험회사도 1999년부터 의료비 실손보험을 판매하기 시작하였으며, 현재 거의 대부분의 손해보험사와 생명보험사는 의료비 실손보험을 취급하고 있다. 시행 당시 많은 사람들이 역선택을 우려하였지만, 손해보험사들은 자신감을 보였다. 보험기술의 발전에 따라 민간보험회사들도 정보의 비대칭성을 극복하고 가입자들에게 적정 보험료를 부과할 수 있다는 것이었다. 그러나 해마다 보험료를 대폭 인상함에도 불구하고 눈덩이처럼 불어나는 적자폭 때문에 오늘날 실손보험은 보험회사들의 골칫거리로 전락하였다. 정보화시대에도 불구하고 역선택은 쉽게 극복하기 어려운 문제이다.

(4) 제3자 지불방식

의료서비스를 받은 소비자가 그 비용을 직접 지불하지 않고 다른 제3자, 예컨대 민간보험회사나 건강보험에서 지불해 주는 방식을 '제3자 지불방식'이라고 한다. 만약 제3자의 개입 없이 소비자가 의료서비스 비용을 직접 지불한다면, 소비자는 비용과 편익을 고려해서 효용 극대화를 추구할 것이다. 아무리 좋은 의료서비스라도 가격이 지나치게 높다면, 본인의 경제적 능력을 고려하여 신중하게 소비 여부를 결정하게 된다. 그러나 본인이 비용을 지불하지 않고 보험회사가 비용을 지불한다면 의료공급자나 소비자 모두 합리적인 선택을 하지 않을 가능성이 높다. 먼저, 의료공급자는 의료비용을 제3자가 지불한다는 것을 알고 있으므로 환자의 경제적 부담능력을 고려할 필요가 없다. 따라서 가능한 한 본인의 수입을 극대화할 수 있는 의료서비스를 환자에게 권하게 된다. 반면 소비자의 입장에서도 본인이 의료비를 지불하지 않기 때문에 한계비용을 고려할 필요가 없다. 본인부담금이 없다면 한계비용은 0이 되기 때문에 편익을 극대화할 수 있는 고급 의료서비스를 마다할 이유가 없는 것이다. 소비자와 공급자의 이러한 속성이 결부되면 조그만 편익이라도 유발시키는 모든 의료서비스가 제공되므로, 의료비는 한계편익이 0에 가까운 지점까지 상승하게 된다.

이러한 의료비의 상승은 민간보험이 감당하기 쉽지 않다. 우리나라 실손보험의 눈덩이 적자는 역선택의 문제도 들어 있지만, 주로 제3자 지불방식의 문제에서 기인한다. 환자의 경제적 능력을 고려할 필요가 없는 의료공급자들은 수익성이 높은 비급여서비스를 권하게 되고, 본인이 지불할 필요가 없는 소비자의 입장에서 고가의 서비스를 마다할 이유가 없다. 의료 과소비를 통제할 유인이 없는 제3자 지불방식에서 민간보험이 의료비 증가에 대처하는 방법은 보험료 인상이 유일하며, 별다른 대책이 있을 수 없다.

물론 건강보험도 제3자 지불방식을 택하고 있다. 하지만 건강보험은 민간보험에 비해 본인부담률이 높고, 비급여항목이 많기 때문에 소비자들의 과소비는 제한된다. 게다가 국가는 민간기관보다 훨씬 많은 정보나 권한을 갖고 있기 때문에 의료기관이나 소비자의 행동을 보다 잘 모니터할 수 있고 통제할 수 있다. 나아가 경쟁시장에 있는 민간보험회사보다 독점적 위치에 있는 건강보험이 의료공급자들의 행위를 통제하는 것이 훨씬 더 효과적이다.

(5) 행정적 효율성

건강보험의 지출은 크게 보험급여지출과 관리운영비로 구분된다. 보험급여지출에 더 많은 자원을 투입하려면 관리운영비를 줄여야 한다. 이를 행정효율성(administrative efficiency)이라고 하는데, 사회보험은 여러 가지 측면에서 민간보험보다 행정효율성이 높다. 먼저, 민간보험은 시장을 확대하기 위하여 막대한 거래비용을 지출한다. 민간보험회사 간의 경쟁은 소비자들의 기호에 맞는 다양한 보험 상품을 개발할 수 있다는 점에서 장점은 있지만, 지나친 광고나 보험모집원의 운영은 급여율(ratio of benefits)을 낮추고 효율성을 저해시키는 문제를 갖는다.

나아가 공적 건강보험의 경우 행정업무 처리 시 규모의 경제를 실현할 수 있기 때문에 비용의 절감을 유도할 수 있다. 보험의 운영에 필요한 위험에 관한 정보를 수집하거나 평가하는 데 소요되는 비용은 보험회사의 규모가 클수록 감소한다. 그러나 규모의 경제를 추구하기 위하여 민간보험회사가 규모를 확대하다 보면 보험시장에서 독과점의 병폐가 나타날 수 있다. 즉, 대규모 보험회사가 의료보험 시장을 지배하게 되면 비정상적인 독과점 이윤을 추구하기 위해 보험료를 인상할 것이다. 반대로 다수의 소규모 보험회사들이 보험시장을 분할하게 되면, 비효율적인 소규모 운영과 판촉비용으로 관리비용이 높아질 것이다. 합리적인 소비자라면 자신의 위험상태를 반영하는 보험료에 적절한 관리비를 추가한 보험료 이상을 지불하지 않으므로 민간의료보험 가입을 포기하게 된다. 이는 전형적인 시장실패이므로 정부와 공적기관의 개입이 요구된다.

2. 국민건강보험의 적용범위

건강보험의 적용대상은 국내에 거주하는 모든 국민이다. 따라서 1개월 이상 해외에 체류하면 건강보험 급여는 정지된다. 또한 의료수급권자나 「국가유공자 등 예우 및 지원에 관한 법률」에 의한 의료보호대상자들은 적용에서 제외된다. 건강보험은 가입자들을 직장가입자와 지역가입자로 구분하는데, 이유는 가입자의 유형에 따라 보험료 부과체계가 다르기 때문이다. 직장가입자는 1인 이상 사업장의 근로자와 사용자 및 그 피부양자로 구성된다. 그러나 다음에 해당되는 사람은 직장에 다니면서도 직장가입자에서 제외되므로 지역가입자로 가입해야 한다.

① 고용 기간이 1개월 미만인 일용근로자
② 「병역법」에 따른 현역병(준부사관 포함), 전환복무자 및 군간부후보생
③ 무보수 선출직 공무원
④ 비상근 근로자 또는 월간 소정근로시간이 60시간 미만인 단시간 근로자
⑤ 소재지가 일정하지 않은 사업장의 근로자 및 사용자

⑥ 근로자가 없거나 앞의 사항에 해당하는 근로자만을 고용하고 있는 사업장의 사업주

피부양자는 직장가입자에 의하여 생계를 유지하는 자로서 직장가입자의 배우자, 직계존속(배우자의 직계존속 포함), 직계비속(배우자의 직계비속 포함) 및 그 배우자, 형제, 자매인 사람이다. 하지만 여기에 해당되더라도 일정한 부양요건과 소득/재산요건을 충족시켜야만 피부양자가 될 수 있으며, 그렇지 않을 경우 독립적으로 건강보험에 가입하여 보험료를 납부해야 한다. 피부양자가 될 수 있는 부양요건과 소득/재산요건은 매우 복잡하다. 〈표 7-1〉은 현재 적용되고 있는 부양요건과 소득/재산요건을 정리해 놓은 것이다.

국민건강보험이 출범하기 전인 2000년 이전까지 피부양자 요건은 지금처럼 복잡하지 않았다. 친족관계와 동거요건만으로도 피부양자가 되는 데 부족함이 없었다. 그러나 국민건강보험이 출범과 동시에 재정위기를 겪으면서 정부는 피부양자를 대폭 축소하기 시작하였다. 2000년부터 시작된 축소작업은 실제 부양 여부에 상관없이 백부, 숙부, 고모, 이모, 조카 등 3촌 이내 방계혈족을 일괄적으로 피부양자에서 제외시켰다. 재정위기가 가시화된 2001년에는 소득발생 여부에 상관없이 사업자등록이 된 피부양자들을 모두 피부양자에서 제외시켰다. 2006년부터는 소득요건을 도입하여 금융소득이 4,000만 원 이상인 사람을 피부양자에서 제외시켰다. 나아가 2011년부터 재산요건을 도입하여 소득이 전혀 없더라도 재산세 과표기준액이 9억 원을 초과하면 피부양자에서 제외시켰다. 시간이 갈수록 기준은 강화되었고 제외자를 늘리기 위한 규정은 점점 복잡해져서 〈표 7-1〉과 같은 기준이 만들어진 것이다. 정부는 앞으로 소득요건과 재산요건을 더욱 강화할 예정이라고 밝히고 있다.

현재 연간소득이 3,400만 원 이상인 사람들은 일괄적으로 피부양자에서 배제시키고 있지만, 2022년 7월부터는 2,000만 원 이상인 사람으로 기준을 강화할 예정이다. 이러한 피부양자 축소정책은 부담의 형평성과 무임승차 방지를 명분으로 내세우지만, 실제로는 보험가입자를 최대한 넓힘으로써 보험료수입을 극대화하려는 의도로 추진되고 있다.

지역가입자는 강제적용 대상자 중 직장가입자가 아닌 나머지 사람들을 의미한다. 따라서 실업자, 비정규직 노동자, 학생, 농어민, 은퇴노인, 소상공인, 전문직, 연

표 7-1 | **피부양자의 관계에 따른 부양요건과 소득/자산요건**

관계	부양요건		소득/자산 요건
	동거	비동거	
배우자	인정	인정	다음의 소득요건을 모두 충족 ① 연간 소득[2] 3,400만 원 이하일 것 ② 사업소득이 없을 것[3] ③ 폐업 등에 따른 사업중단 등의 사유로 소득이 없을 것[4] 다음의 재산요건 중 하나 충족 ① 재산세 과표액의 합이 5억4천만 원 이하일 것 ② 재산세 과표액의 합이 5억 4천만 원~9억 원이고, 연간소득[2] 1천만 원 이하일 것
부모	인정	소득 있는 형제/자매가 없거나 비동거 시 인정	
자녀	인정	미혼일 경우 인정[1]	
조부모	인정	소득 있는 직계비속이 없거나 비동거 시 인정	
손자/손녀	인정	부모가 없고 미혼일 경우 인정[1]	
직계비속의 배우자	인정	불인정	
배우자의 부모	인정	소득 있는 배우자의 형재/자매가 없거나 비동거 시 인정	
배우자의 조부모	인정	소득있는 직계비속이 없거나 비동거시 인정	
배우자의 직계비속	인정	불인정	
30세 미만, 65세이상, 장애인, 국가유공자, 보훈보상대상자인 형제/자매	미혼[1] 이면서 소득 있는 부모가 없거나 비동거 시	미혼[1]이면서 소득 있는 부모 내지 다른 형제/자매가 없거나 비동거 시	다음의 소득/재산요건을 모두 충족 ① 연간 소득[2] 3,400만 원 이하일 것 ② 사업소득이 없을 것[3] ③ 폐업 등에 따른 사업중단 등의 사유로 소득이 없을 것[4] ④ 재산세 과표액의 합이 1억8천만 원 이하일 것

1) 이혼 내지 사별한 후에 소득이나 보수가 있는 직계비속이 없을 경우도 포함한다.
2) 이자소득, 배당소득, 사업소득, 근로소득, 연금소득, 기타소득의 합계액을 의미한다.
3) 단, 사업자등록이 되어 있지 않거나(주택임대소득은 제외), 장애인, 상이등급 국가유공자 및 보훈보상대상자의 연간 사업소득 합계액이 500만 원 이하이면 사업소득이 없는 것으로 간주
4) 주택재건축사업에 의한 사업소득을 제외하면 ①과 ②에 해당하는 자는 소득요건 충족으로 간주

예인 등 대단히 넓은 스펙트럼을 특징으로 한다. 지역가입자 내에서도 소득 여부나 소득의 발생구조가 다양하기 때문에 통일된 보험료 부과체계를 만들기 쉽지 않다는 특성을 가진다.

〈표 7–2〉는 2020년 현재 의료보장의 적용 현황을 나타낸 것이다. 전체 의료보장 적용자는 5,287만 명이며, 그중 2.9%인 152만 6천 명은 의료급여 대상자이다. 나머지 5,135만 명이 건강보험 가입자로 전체의 97.1%를 차지한다. 건강보험 가입자의 72.4%인 3,715만 명이 직장가입자들이며, 가입자와 피부양자 수는 비슷하게 분포되어 있다. 지역가입자는 건강보험 가입자의 27.6%인 1,420만 명이다. 최근 6년간 의료보장 적용인구에서 특징적인 변화는 없지만 직장가입자와 지역가입자의 부양률이 크게 하락하고 있음을 볼 수 있다. 최근 나타나고 있는 가구규모의 축소 경향과 더불어 정부의 피부양자 축소정책이 맞물린 결과라고 판단된다.

표 7–2 의료보장 적용인구 현황   (단위: 천 명, %)

구분		2015	2016	2017	2018	2019	2020
의료보장		52,034	52,273	52,427	52,557	52,880	52,871
건강보험		50,490	50,763	50,941	51,072	51,391	51,345
직장	소계	36,225	36,675	36,899	36,990	37,227	37,150
	가입자	15,760	16,338	16,830	17,479	18,123	18,543
	피부양자	20,465	20,337	20,069	19,510	19,104	18,607
	부양률(명)	1.30	1.24	1.19	1.12	1.05	1.00
지역	가입자	14,265	14,089	14,042	14,082	14,164	14,195
	세대수	7,653	7,665	7,786	8,053	8,377	8,590
	부양률(명)	1.01	0.99	0.96	0.92	0.86	0.82
의료급여		1,544	1,509	1,486	1,485	1,489	1,526

출처: 건강보험심사평가원, 국민건강보험공단(2020: 2).

3. 국민건강보험의 급여

1) 요양급여의 본인부담률

건강보험 급여의 대부분은 요양급여가 차지한다. 요양급여란 가입자 및 피부양자의 질병·부상·출산 등에 대하여 진찰·검사, 약재·치료재료의 지급, 처치·수술 및 기타의 치료, 예방·재활, 입원, 간호, 이송 등에 대한 직접적인 의료서비스를 의미한다. 이에 따라 의료기관이 중간의 서비스 전달자로 개입되어야 한다. 요양급여의 운영체계는 [그림 7-1]과 같이 제3자 지불방식으로 이루어진다. 국민들은 매월 국민건강보험공단에 보험료를 납부하며, 의료서비스를 이용할 경우 진료비의 일부를 본인부담금으로 납부한다. 의료공급자는 환자에게 의료서비스를 제공하고 진료비 중 공단부담금을 건강보험심사평가원에 청구한다. 심사평가원은 의료기관이 신청한 진료비청구를 심사하여 그 결과를 국민건강보험공단에 통보하고, 공단은 결과에 따라 공단부담금을 의료공급자에게 지급한다.

건강보험은 모든 진료비를 요양급여로 지급하지 않는다. 의료서비스 중 요양급여로 지급하기 곤란하다고 판단되는 항목에 대해서는 '비급여항목'으로 지정하여 의료이용자가 진료비용을 전액 부담하도록 하고 있다. 나아가 요양급여항목이라도 진료비의 일부를 본인부담금이라는 명목으로 이용자에게 직접 지불하게 하는바,

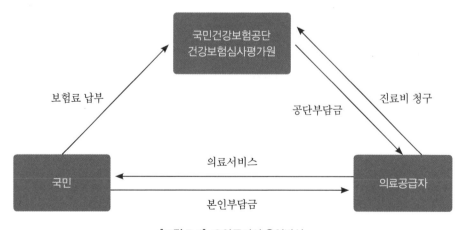

[그림 7-1] 요양급여의 운영방식

요양급여의 보장성은 비급여항목의 범위와 본인부담률의 수준에 의해 결정된다고 할 수 있다.

〈표 7-3〉는 요양급여의 본인부담률을 나타낸다. 먼저, 의료기관의 종류에 상관없이 입원의 본인부담률은 요양급여비용 총액의 20%이다. 반면 외래이용의 본인부담률은 의료기관의 종류에 따라 차등을 두고 있다. 의원급 의료기관과 약국의 본인부담률은 요양급여비용 총액의 30%이다. 의료기관의 규모가 커질수록 본인부담금은 증가하기 때문에 상급종합병원을 외래방문할 경우에는 진찰료의 100%와 나머지 요양급여비용의 60%를 부담해야 한다. 3차 의료기관에 환자들이 몰리는 현상을 억제하기 위한 조치이다.

통상적인 외래이용의 경우 본인부담률은 30% 이상이기 때문에, 건강보험의 보장률은 산술적으로 70%를 상회하기 어렵다. 비급여항목을 고려하지 않더라도 건강보험의 보장률이 OECD 평균 수준인 80%에 도달하는 것은 난망하다고 하겠다. 일반 국민들의 본인부담률을 인하하여 OECD 수준으로 보장률을 높이는 데는 막대한 비용이 소요된다. 이에 역대 정권은 선별주의적인 방식으로 대응해 왔다. 즉, 전반적인 본인부담률을 인하하는 대신 욕구가 큰 집단이나 진료비가 많이 드는 질병군을

표 7-3 건강보험 요양급여의 본인부담금

의료이용 형태		본인부담액
입원		요양급여비용총액의 20% + 식대의 50%
외래	상급종합병원	진찰료총액 + 나머지 요양급여비용의 60%
	종합병원	[동지역] 요양급여비용총액×50% [읍면지역] 요양급여비용총액×45%
	병원, 치과병원, 한방병원, 요양병원, 정신병원	[동지역] 요양급여비용총액×40% [읍면지역] 요양급여비용총액×35%
	의원, 치과의원, 한의원, 보건의료원	요양급여비용총액×30%
	보건소, 보건지소, 보건진료소	[6세 이상] 요양급여비용총액×30% [6세 미만] 요양급여비용총액×21% [요양급여비용총액이 12,000원 미만] 500~2,200원 정액
	약국, 한국희귀 · 필수의약품센터	[처방조제] 요양급여비용총액×30% [직접조제] 요양급여비용총액×40%, 총액 4,000원 이하 정액

표 7-4 ▶ **특수집단, 특수상병의 본인부담금**

	대상	본인부담액
외래, 입원 모두 적용	중증질환자	요양급여비용총액의 5% [암, 심혈관, 뇌혈관, 중증화상]
	희귀난치성질환자	요양급여비용총액의 10%
	결핵질환자/잠복결핵감염자	본인부담금 면제
	65세 이상 틀니 및 임플란트	비용총액의 30%
	18세 이하 치아홈메우기	해당비용의 10%
외래	임산부	[상급종합병원] 요양급여비용총액의 40% [종합병원] 요양급여비용총액의 30% [병원급] 요양급여비용총액의 20% [의원급] 요양급여비용총액의 10%
	1세 미만	[상급종합병원] 요양급여비용총액의 20% [종합병원] 요양급여비용총액의 15% [병원급] 요양급여비용총액의 10% [의원급] 요양급여비용총액의 5%
	1세 이상 6세 미만	일반환자 본인부담률의 70% [상급종합병원 진찰료부담]
	65세 이상	[의원급] 요양급여비용총액 25,000원 초과: 30% 요양급여비용총액 20,000~25,000원: 20% 요양급여비용총액 15,000~20,000원: 10% 요양급여비용총액 15,000원 이하: 1,500원 [약국] 처방조제 요양급여비용총액 10,000원이하: 1,000원 처방조제 요양급여비용총액 10,000~12,000원: 20% 처방조제 요양급여비용총액 12,000원 초과 : 30%
	조산아 · 저체중출생아	요양급여비용총액의 5%
	난임진료	요양급여비용총액의 30% [상급종합병원 진찰료 부담]
입원	15세 이하 [신생아 제외]	요양급여비용총액의 5% + 식대의 50%
	신생아 [28일 이내]	본인부담금 면제 + 식대의 50%
	자연분만	본인부담금 면제 + 식대의 50%
	고위험 임산부	요양급여비용총액의 10% + 식대의 50%
	제왕절개 분만	요양급여비용총액의 5% + 식대의 50%
	선택입원군(요양병원 해당)	요양급여비용총액의 40% + 식대의 50%
	장기기증자의 장기 적출	면제
	식대	해당비용의 50%
	상급종합병원 4인실 입원료	해당비용의 30%
	2 · 3인실 입원료	[상급종합병원] 2인실 50% / 3인실 40% [종합병원/병원급] 2인실 40% / 3인실 30%

선별하여 단계적으로 본인부담률을 완화시켜 주는 방법을 취한 것이다. 이에 따라 건강보험의 본인부담금 체계는 상당히 복잡해졌다.

〈표 7-4〉는 특정 집단 또는 특정 상병의 본인부담률을 정리한 것이다. 일단 결핵환자들은 진료형태에 상관없이 본인부담금이 전액 면제된다. '본인 일부부담금 산정특례대상자'인 암환자, 심혈관질환자, 뇌혈관질환자, 중증 화상환자는 입원과 외래 모두 5%의 본인부담률이 적용되며, 희귀난치성질환자들은 10%의 본인부담률이 적용된다. 이러한 '본인 일부부담금 산정특례대상자'는 선별주의적인 보장성 확대의 가장 큰 수혜자이다. CT, MRI, 초음파, 수면내시경 등 비급여항목이 급여항목으로 전환될 때마다 본인 일부부담금 산정특례대상자는 항상 가장 먼저 적용되는 집단이었다.

〈표 7-4〉을 보면 저출산대책도 눈에 띈다. 임산부들이 외래이용할 경우 본인부담률은 일반인들보다 10% 포인트 정도 낮다. 자연 분만의 본인부담금은 면제되며, 제

표 7-5 　연도별 국민건강보험 보장률 변화 추이　　　　　　　　　　(단위: %)

연도	건강보험 보장률	법정 본인부담률	비급여 본인부담률
2004	61.3	23.1	15.6
2005	61.8	22.5	15.7
2006	64.5	22.1	13.4
2007	65.0	21.3	13.7
2008	62.6	21.9	15.3
2009	65.0	21.3	13.7
2010	63.6	20.6	15.8
2011	63.0	20.0	17.0
2012	62.5	20.3	17.2
2013	62.0	20.0	18.0
2014	63.2	19.7	17.1
2015	63.4	20.1	16.5
2016	62.6	20.2	17.2
2017	62.7	20.2	17.1
2018	63.8	19.6	16.6
2019	64.2	19.7	16.1
2020	65.3	19.5	15.2

출처: 국민건강보험공단 건강보험정책연구원(각 년도).

왕절개 분만은 5%의 본인부담금만 부과된다. 신생아의 입원진료에 대한 본인부담금은 면제이며, 아동의 본인부담률은 연령과 이용형태에 따라 다양하게 인하된다.

〈표 7-5〉는 정기적인 '건강보험환자진료비실태조사'가 시행되면서 건강보험의 보장률 산출이 가능해진 2004년부터 2020년 현재까지의 건강보험 보장률을 나타낸 것이다. 〈표 7-5〉에 의하면 2020년 건강보험 보장률은 65.3%였으며, 역대 정부의 보장성 강화대책이 시행되기 전인 2004년에 비해 고작 4% 포인트 상승했을 뿐이다. 과거 저복지의 원인으로 지적되었던 많은 비급여항목들이 급여항목으로 전환되었음에도 불구하고 건강보험의 보장률이 제자리 걸음인 이유는 새로운 비급여항목이 더 빠른 속도로 늘어났기 때문이다.

2) 요양급여 비급여항목

현재 건강보험의 비급여항목은 '국민건강보험 요양급여의 기준에 관한 규칙'의 〈별표 2〉에 규정되어 있으며, 〈표 7-6〉은 이를 요약적으로 정리한 것이다. 〈표 7-6〉과 같이 건강보험은 목적상 요양급여를 지급하는 것이 적절하지 않은 항목, 즉 업무나 일상생활에 지장이 없는 질환을 치료하는 경우, 신체의 필수적인 기능개선이 아닌 경우, 질병과 부상의 치료를 목적으로 하지 않는 경우 등의 의료처치들을 비급여대상으로 구분하고 있다.

하지만 건강보험의 비급여항목은 〈표 7-6〉 이외에도 무수히 많으며, 치료외적인 비급여항목뿐만 아니라 실제 치료에 자주 사용되는 항목들도 비급여항목에 등재되어 있다. 실제 치료에 사용되지만 치료효과성이나 비용효과성이 불분명하다는 이유로 비급여대상으로 분류된 항목들은 〈표 7-6〉과 별도로 등재되어 있다. 치료적 비급여항목은 약제, 치료재, 의료행위로 구분되어 각각 '약제 급여 목록 및 급여 상한금액표' '치료재료 급여・비급여 목록 및 급여상한금액표' '건강보험 행위 급여・비급여 목록표 및 급여 상대가치점수'에 고시된다. 예컨대, 현재 비급여항목 중 가장 비중이 높은 도수치료는 행위비급여항목에 등재되어 있다.

이와 같이 공식적으로 등재되어 있는 비급여항목 이외에 급여대상으로 분류되지만 실질적으로는 비급여항목인 경우도 존재한다. '전액본인부담항목'은 형식적으로 급여대상이지만 보건복지부 장관이 보험정책적인 이유로 환자 본인에게 진료비

표 7-6 건강보험의 주요 비급여 대상

사유	비급여항목
1. 업무나 일상생활에 지장이 없는 경우	가. 단순한 피로 또는 권태 나. 주근깨, 다모, 무모, 백모증, 딸기코, 점, 사마귀, 여드름, 노화현상으로 인한 탈모 등 피부질환 다. 발기부전, 불감증 또는 생식기 선천성기형 등의 비뇨생식기 질환 라. 단순 코골음 마. 질병을 동반하지 아니한 단순포경(phimosis) 바. 검열반 등 안과질환
2. 신체의 필수기능 개선 목적이 아닌 경우	가. 쌍꺼풀수술, 코성형수술, 유방확대·축소술, 지방흡인술, 주름살제거술 등 미용 목적의 성형수술 나. 사시교정, 안와격리증의 교정 등 외모개선 목적의 시각계 수술 다. 치과교정. 다만, 입술입천장갈림증(구순구개열) 치료는 제외 라. 외모개선 목적의 턱얼굴(악안면) 교정술 마. 외모개선 목적의 반흔제거술 바. 안경, 콘텍트렌즈 등을 대체하기 위한 시력교정술 사. 질병 치료가 아닌 단순히 키 성장을 목적으로 하는 진료
3. 질병이나 부상의 진료가 직접 목적이 아닌 경우	가. 본인의 희망에 의한 건강검진 나. 예방접종(파상풍 혈청주사 등 치료 목적의 예방주사 제외) 다. 구취제거, 치아 착색물질 제거, 치아 교정 및 보철을 위한 치석제거 라. 18세 이상의 불소부분도포, 치아홈메우기 마. 멀미 예방, 금연 등을 위한 진료 바. 유전성질환 유무를 진단하기 위한 유전학적 검사 사. 장애인 진단서 등 각종 증명서 발급을 목적으로 하는 진료
4. 보험급여 시책상 부적합한 경우	가. 1인실의 상급병실 나. 선별급여를 받는 사람이 요양급여비용 외에 추가로 부담하는 비용 다. 보험급여 대상이 아닌 장애인보장구 라. 친자확인을 위한 진단 마. 치과의 보철 및 치과임플란트를 목적으로 실시한 부가수술 바. 조제하지 않고 일반의약품으로 지급하는 약제 사. 장기이식을 위하여 다른 기관에서 채취한 장기의 운반 비용 아. 마약류중독자의 치료보호에 소요되는 비용 자. 요양급여대상 또는 비급여대상으로 고시되기 전의 행위와 치료재료 차. 신의료기술평가에 관한 규칙에 따른 제한적 의료기술 카. 자가용 또는 구호용으로 수입허가를 받지 않은 의료기기를 장기이식, 조직이식에 사용하는 의료행위 타. 비용효과성 등 경제성이 불분명한 검사, 처치, 수술, 치료, 치료재
5. 여건상 인정이 어려운 경우	가. 한방 물리요법 나. 한약첩약 및 기상한의서의 처방 등을 근거로 한 한방생약제제

의 100%를 전액 부담하게 하는 항목이다. 과거 문제가 되었던 고가장비가 주로 여기에 속했다. 하지만 문재인케어의 실시로 전액본인부담항목은 대폭 축소되었다. MRI나 CT, 초음파 등은 급여항목으로 전환되었다. 하지만 PET 촬영이나 유전성 유전자검사 등은 여전히 전액본인부담항목으로 환자들을 괴롭히고 있다. 장기적으로 '전액본인부담항목'은 폐지하는 것이 바람직하다.

나아가 요양급여 대상이라도 조건부 항목들이 있다. 즉, 조건을 충족시킬 경우에만 요양급여가 지급되며, 그렇지 못할 경우에는 비급여로 처리되는 항목이다. 예컨대 MRI 촬영은 암, 뇌혈관질환, 관절질환, 심장질환, 크론병 등 8개 질환을 촬영하는 경우에만 요양급여가 적용된다. 나머지 MRI 촬영은 모두 비급여 대상이다. 나아가 심장질환의 경우도 심장 초음파검사 결과 이상소견이 있을 경우에만 MRI 촬영의 급여 적용이 가능하다. 이와 같이 용도나 횟수, 용량 등에 제한이 있는 비급여를 기준비급여라고 한다.

3) 문재인케어

이상에서 살펴 보았듯이 비급여항목은 광범위하고 다양하다. 이러한 비급여항목을 통제하지 않고서는 보장성을 높이기 힘들다고 판단한 문재인 정부는 2018년 '비급여의 전면급여화'를 선언하였다. 이를 위해 비급여항목 전체를 한시적으로 운영되는 예비급여항목으로 지정하여 모든 비급여항목을 전면적인 관리하에 두고, 2022년까지 사용량과 비용효과성 등을 평가하여 요양급여대상으로 전환할지 여부를 결정하겠다는 것이다. 소위 문재인케어라고 불리는 보장성 강화대책은 [그림 7-2]와 같이 요약된다.

[그림 7-2]에서 '비급여 해소 및 발생차단' 대책만 보면 문재인케어의 비급여 대책은 ① 의료적으로 필요한 치료적 비급여항목은 예비급여나 선별급여로 관리한 뒤 건강보험급여로 전환하고, ② 현재 비급여 구성에서 큰 비중으로 차지하고 있는 특진료, 상급병실료, 간병비 등 3대 비급여항목을 폐지하거나 급여항목으로 전환하며, ③ 질병치료 목적이 아닌 미용이나 성형 등의 의료처치는 정부의 모니터를 강화한다는 것이다. 이 중 3대 비급여항목의 해소는 이미 완료되었거나 추진 중에 있다. 2018년 특진료라고 불리던 선택진료비는 완전 폐지되었으며, 2019년 상급병실료는

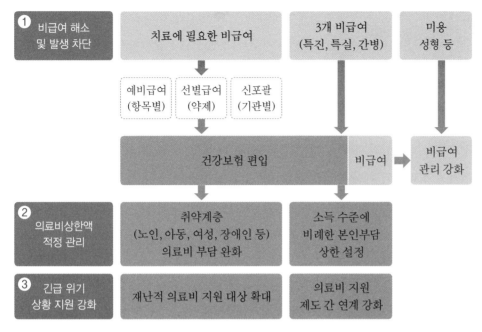

[그림 7-2] 문재인 정부의 건강보험 보장성 강화 대책 추진 방안 틀

출처: 강희정(2018: 24).

2인실까지 건강보험 적용이 완료되었다. 아울러 간호 · 간병 통합서비스는 2022년 10만 병상을 목표로 계속 확대 중에 있다.

문재인 정부는 비급여항목 중 치료적 성격을 갖는 모든 등재비급여와 기준비급여를 우선적인 급여전환 대상으로 설정하였고 예비급여로 지정하였다. 예비급여는 2013년 박근혜 정부가 4대 중증질환 보장성 강화대책의 일환으로 도입한 선별급여제도를 차용한 것이다. 선별급여제도란 비용효과성이 낮지만 의료적 필요성이 있는 비급여항목을 선별급여로 지정하여 4대 중증질환환자에게 50%와 80%의 본인부담률을 적용하는 제도이다. 예비급여는 선별급여와 비슷하지만, 적용질환의 제한이 없으며, 본인부담률 유형을 30%, 50%, 80%, 90%로 다양화하였다. 보건복지부에 의하면 예비급여 대상항목은 3,800여 개이며, 2022년까지 모두 건강보험 적용 여부를 결정할 계획이다(강희정, 2018: 25).

현재 건강보험심사평가원에서 선별급여와 예비급여항목에 대한 평가작업이 진행 중이지만, 이에 대해 의사집단은 크게 반발하고 있다. 현재 대부분의 의료기관, 특히 규모가 작은 의료기관들은 비급여항목을 통해 이익을 도모하는 상황이다. 의료계는 다양한 이유로 문재인케어에 대한 반대 명분을 내세우지만, 가장 중요한 이유는 이익 창출의 주요 원천인 비급여항목 전체가 국가관리하에 들어가는 것이 의료계의 입장에서 달가울 리 없기 때문이다.

선별급여와 예비급여는 비급여항목에서 급여대상으로 전환하는 중간단계이다. 본인부담률의 범위가 30%(약제), 50%, 80%, 90%로 높기 때문에 상시적으로 운영할 경우에는 국민들의 부담이 될 수밖에 없다. 따라서 선별급여와 예비급여는 비급여항목을 정리하기 위한 한시적 수단으로 활용해야 하며, 존속기간을 최대한 짧게 가져가는 것이 바람직하다.

4) 본인부담상한제

본인부담상한제는 과도한 의료비로 인한 가계 부담을 완화해 주기 위하여 환자가 부담한 본인부담금이 상한액을 초과하는 경우 초과금액을 건강보험이 부담하는 제도이다. 이 제도는 의료보험 초창기인 1979년 재정적인 여력이 있던 일부 직장의료보험조합에서 본인부담금보상금제도를 도입하면서 시작되었다. 본인부담금보상금은 환자 1명이 일정 기간 지출한 본인부담금 총액이 한도액을 넘으면 그 초과분의 일정비율을 환급해 주는 제도였다. 1999년 의료보험 통합을 계기로 본인부담금보상금제도는 전면 실행에 들어갔으나, 2004년 7월 1일부터 본인부담상한제가 도입되면서 비슷한 목적의 제도가 중복되는 상황을 맞게 되었다. 한동안 본인부담금보상금제도와 본인부담상한제가 동시에 운영되었으나, 2007년 7월 1일부터 기존의 본인부담금보상금제도가 폐지되고 본인부담상한제로 일원화되었다.

〈표 7-7〉은 2016년 이후 본인부담상한액의 변화과정을 나타낸 것이다. 현재 본인부담상한제의 가장 큰 문제는 적용대상 진료비가 요양급여대상 진료비로 한정된다는 것이다. 즉, 광범위한 비급여항목이나 선별급여항목, 예비급여항목들이 상한제 적용대상에서 제외되는 것이다. 나아가 최근 요양급여 적용이 시작된 임플란트나 2~3인실 병실료 등도 상한제 대상에서 제외된다. 급여대상항목에 대한 입원환자의 본인부담률은 20%에 불과하기 때문에, 수백만 원 이상의 고액 진료비가 청구되는 환자들은 대부분 비급여항목이나 선별급여/예비급여의 비중이 높은 환자들이다. 따라서 이 항목들을 제외한 본인부담상한제는 실효성이 크게 제약될 수밖에 없

표 7-7 연도별 본인부담상한액 기준

연도	연평균 보험료 분위(저소득 → 고소득)						
	1분위	2~3분위	4~5분위	6~7분위	8분위	9분위	10분위
2016년	121만 원	152만 원	203만 원	254만 원	305만 원	407만 원	509만 원
2017년	122만 원	153만 원	205만 원	256만 원	308만 원	411만 원	514만 원
2018년	80만 원	100만 원	150만 원	260만 원	313만 원	418만 원	523만 원
요양급여일수 130일 초과	124만 원	155만 원	208만 원				
2019년	81만 원	101만 원	152만 원	280만 원	350만 원	430만 원	580만 원
요양급여일수 130일 초과	124만 원	155만 원	208만 원				
2020년	81만 원	101만 원	152만 원	281만 원	351만 원	431만 원	582만 원
요양급여일수 130일 초과	124만 원	155만 원	208만 원				
2021년	81만 원	101만 원	152만 원	282만 원	352만 원	433만 원	584만 원
요양급여일수 130일 초과	124만 원	155만 원	208만 원				
2022년	83만 원	103만 원	155만 원	289만 원	360만 원	443만 원	598만 원
요양급여일수 130일 초과	128만 원	160만 원	217만 원				

다. 그 결과 2020년 현재 본인부담금상한제의 적용대상자는 166만 643명으로 전체 가입자의 3.2%에 불과한 상황이다.

문재인 대통령은 2012년과 2017년 대통령선거에서 '100만 원 상한제'를 공약하였다. 특히 2017년 선거에서는 의학적 필요성이 있는 비급여를 급여화하여 '실질적인 본인부담 100만 원 상한제'의 달성을 약속했다. 그러나 실제 문재인케어의 추진과정에서 예비급여와 선별급여가 본인부담상한제 대상에서 제외되었고, '실질적인 본인부담 100만 원 상한제'는 사실상 멀어지게 되었다(정형준, 2020: 69-70).

5) 재난적 의료비 지원사업

재난적 의료비 지원사업은 과도한 의료비 지출로 인해 경제적인 어려움을 겪고 있는 가구의 의료비 부담완화를 위한 제도이며, 2013년 박근혜 정부가 '중증질환 재난적 의료비 지원'이라는 이름으로 도입한 한시적인 제도였다. 재난적 의료비 지원사업은 이 사업을 모든 입원환자로 확대실시한 것이며, [그림 7-2]에서 보듯이

2018년 문재인케어의 '의료비 상한액 적정관리방안'의 일환으로 도입된 사업이다.

현재 재난적 의료비 지원을 받기 위해서는 네 가지 요건, 즉 질환, 소득, 재산, 의료비부담수준을 모두 충족시켜야 한다.

첫째, 지원대상 질환은 입원환자 전체와 중증질환자(암, 뇌혈관질환, 심혈관질환, 중증화상환자) 및 희귀난치성 질환자들의 외래진료로 한정된다.

둘째, 소득요건은 기준중위소득의 200% 이하인 사람들로 제한된다.

셋째, 재산요건은 지원대상자가 속한 가구의 재산 과세표준액이 5억 4천만 원 이하여야 한다.

넷째, 의료비부담 요건의 경우 기초생활수급자와 차상위계층은 본인부담의료비 총액이 80만 원을 초과해야 하며, 기준 중위소득 50% 이하의 계층은 160만 원을 초과해야 한다. 기준 중위소득 50~100%의 계층은 연소득의 15%를 초과해야 하며, 기준 중위소득 100~200%의 계층은 연소득의 20%를 초과해야 한다.

여기서 본인부담의료비 총액이란 환자가 납부한 진료비 총액을 의미하는 것이 아니라 총액에서 지원제외항목의 진료비를 차감한 금액이다. 지원제외항목에는 비급여항목 중 일상생활에 지장이 없는 진료, 대체진료와의 비용편차가 큰 치료, 제도 취지에 부합하지 않는 치료이며, 미용·성형, 특실·1인실, 간병비, 한방첩약, 요양병원에서 발생 의료비, 다빈치로봇수술, 도수치료, 보조기, 증식치료 등이 포함된다.

재난적 의료비 지원금액은 본인부담의료비 총액에서 건강보험이 적용된 본인부담금을 차감한 금액, 즉 비급여항목, 전액본인부담금 항목, 선별·예비급여의 본인부담금을 합한 금액에서 지원제외항목의 진료비를 차감한 금액을 기준으로 지급한다. 기초생활보장수급자·차상위계층은 산출금액의 80%, 기준 중위소득 50% 이하의 계층은 70%, 기준 중위소득 50~100%의 계층은 60%, 기준 중위소득 100~200%의 계층은 50%를 재난적 의료비로 지급한다. 지원일수는 180일로 제한되며, 지원상한금액은 최대 연간 3천만 원이다. 만약 국가나 지자체에서 다른 지원금을 받았거나 실손보험 등을 통해 민간보험에서 받은 보험금이 있으면 이 금액을 차감한 나머지 금액만을 재난적 의료비 지원금으로 지급한다.

설명을 읽으면서 느꼈겠지만, 재난적 의료비 지원제도는 대단히 복잡하다. 현재 이 사업은 복잡한 내용과 절차, 그리고 과도한 서류작업 때문에 이용자들에게 커다란 불만의 대상이 되고 있다. 2021년 1월 서울시 환자권리옴부즈만이 주최한 이용자조사에서 이용자의 71%가 제도에 대해 불만족을 나타냈다. 그 이유로는 '제도 내용이 복합하고 이해하기 어려워서'(27.1%) '국민건강보험공단의 직원들도 잘 몰라서'(17.0%)가 나란히 1위와 2위를 차지하였다. 지원기준이 복잡하고 까다롭기 때문에 환자들은 본인이 지원대상인지 여부를 짐작하기 어렵다. 그 결과 환자나 의료사회복지사들은 의료비 마련에 있어 재난적 의료비 지원사업을 가장 후순위로 고려하고 있고, 이는 제도의 활성화를 제한하고 있다(라포르시안, 2021. 1. 21.).

2018년 재난적 의료비 지원사업의 예산액은 1,504억 6200만 원이었으나, 집행액은 고작 211억 원에 불과하였다. 무려 예산의 86%가 불용된 것이다(정형준, 2020: 70). 놀라운 것은 박근혜 대통령 재임기에 실시되었던 '중증질환 재난적 의료비 지원'의 2015년도 실적에도 못 미친다는 것이다. 2015년 중증질환 재난적 의료비 지원사업은 중증질환자 19,291명에게 599억 원의 지원금을 지급하였다. 하지만 2018년에는 예산을 2.5배 증액했음에도 불구하고 재난적 의료비 지원사업은 8,687명에게 211억 원의 지원금을 지급하는 데 그쳤다. 2019년에는 예산을 전년도의 1/3 수준(496억원)으로 대폭 낮추었으나, 이마저도 채우지 못했다. 예산의 54.3%인 270억 원만 집행되었다. 2020년에도 재난적 진료비 지원사업은 13,476명에게 352억 원을 지급하는 데 그쳤다.

6) 기타 급여

(1) 건강진단

건강보험에서 최초로 실시한 건강검진은 1980년 5월 15일 의료보험관리공단에서 공무원 및 사립학교교직원을 대상으로 실시한 건강진단 프로그램이었다(국민건강보험공단, 2017b: 196). 의료보험 초창기 건강검진 사업은 재정적 여유가 있던 직장의료보험조합을 중심으로 임의급여 방식으로 시행되었다. 건강검진이 전 국민을 대상으로 실시된 것은 1995년부터였다. 현재 건강검진 프로그램은 크게 일반검진, 암검진, 영유아 건강검진으로 구분된다.

일반검진은 만 20세 이상의 건강보험가입자와 피부양자에게 2년에 1회씩 정기적으로 제공되는 무료건강검진이다. 단, 비사무직 직장가입자의 경우에는 매년 1회씩 실시된다. 문진 및 체위검사, 흉부방사선 검사, 혈액검사, 소변검사, 구강검진이 공통으로 실시된다. 만 20세가 되면 10년 주기로 우울증검사가 진행되며, 만 40세가 되면 10년 주기로 생활습관평가가 제공된다. 만 40세에는 B형간염검사와 치면세균막검사가, 만 54세와 66세 여성에게는 골다공증 검사가 각각 제공되며, 만 66세가 되면 노인신체기능검사와 함께 2년 주기로 인지기능장애검사를 제공한다.

암검진은 국민건강보험이 실시된 2001년부터 시작되었으며, 위암, 간암, 폐암, 유방암, 자궁경부암, 대장암에 대해 10%의 본인부담금으로 정기검진을 제공한다. 위암은 만 40세 이상, 유방암은 만 40세 이상의 여성, 자궁경부암은 만 20세 이상의 여성, 폐암은 만 54~74세 사이의 고위험군을 대상으로 2년 주기로 검진을 시행하며, 대장암은 만 50세 이상을 대상으로 매년 시행한다. 간암은 만 40세 이상의 고위험군을 대상으로 6개월마다 암검진을 실시한다.

영유아검진은 2007년 시작되었다. 성인과는 달리 하루가 다르게 성장하는 영유아에 대해 주기적으로 검진을 실시하여 발육, 시각, 청각상태를 정기적으로 확인하고, 문제가 있으면 조기에 치료하여 건강하게 성장할 수 있도록 유도하기 위한 제도이다. 현재 생후 14일, 4개월, 9개월, 18개월, 30개월, 42개월, 54개월, 66개월 등 총 8회에 걸쳐 무료로 제공된다.

(2) 요양비

국민건강보험은 제3자 지불방식을 원칙으로 하며, 의료기관에 비용을 직접 지불한다. 그러나 가입자나 피부양자가 부득이한 사유로 요양기관이 아닌 준요양기관이나 유사한 장소에서 질병·부상·출산 등에 대한 요양을 받은 경우 그 요양급여에 상당하는 금액을 요양비라는 명목으로 현금으로 지급한다.

먼저, 임산부가 요양기관 이외의 장소에서 출산할 경우 '출산비' 명목으로 25만 원을 지급한다. 나아가 요양비를 통해 보전되는 의료비 지출은 다음과 같다.

① 중증의 만성심폐질환자의 산소치료호흡기 대여료
② 신경인성 방광환자의 자가도뇨소모성재료 구입비
③ 복막투석환자의 복막관류액 및 자동복막투석소모성재료 구입비
④ 인슐린 투여 당뇨병환자의 소모성재료 구입비

⑤ 인공호흡기치료 서비스 대상자로 등록된 자의 인공호흡기 대여료

⑥ 양압기치료 서비스 대상자로 등록된 자의 양압기 대여료 및 소모품 구입비

⑦ 제1형 당뇨병환자의 당뇨병 관리기기 구입비

⑧ 기침유발기 급여대상자로 등록된 자의 기침유발기 대여료 지원

상기의 비용을 지출한 사람들이 명세서나 영수증 등 관련서류를 공단에 제출하면 공단으로부터 정해진 금액을 환급받을 수 있다.

(3) 임신·출산 진료비 지원제도

임신·출산 진료비 지원제도는 임산부와 2세 미만 영유아의 모든 진료비 및 약제·치료재료 구입비의 본인부담금을 지원하는 제도이다. 이 제도는 국민행복카드라는 바우처(voucher)로 제공되며, 2008년 12월 15일부터 저출산대책의 일환으로 도입되었다. 임신 1회당 100만 원(다태아의 경우 140만 원)을 지급하며, 분만취약지역에는 20만 원을 추가 지급한다. 임신·출산이 확인된 사람들은 공단이나, 금융기관, 온라인을 통해 카드를 발급받고, 요양기관에서 결제하여 사용한다. 국민건강보험의 사업은 아니지만 「모자보건법」 제3조에 근거하여 보건복지부가 시행하고 있는 청소년산모 의료비지원 대상자들은 건강보험의 임신·출산 진료비 지원과 청소년산모 의료비지원을 동시에 신청할 수 있다. 이 경우 임신 1회당 120만 원의 청소년산모 의료비지원금이 국민행복카드로 추가 지원된다.

(4) 장애인보조기기 보험급여제도

장애인보조기기 보험급여제도는 「장애인복지법」에 의해 등록된 장애인 가입자 및 피부양자가 장애인보조기기를 구입할 경우 구입액의 일부를 지원하는 제도이다. 의사의 처방을 거쳐 전동 또는 수동 휠체어, 전동스쿠터, 자세보조용구, 이동식 전동리프트, 보청기, 의지, 의족, 욕창예방방석이나 매트리스, 전방 또는 후방 보행차, 맞춤형 교정용 신발, 지팡이, 목발, 저시력 보조안경, 의안, 개인용 음성 증폭기 등을 구입할 경우 구입비용을 지원한다. 기준액, 고시금액, 실제구입금액 중 가장 낮은 금액을 지급기준금액으로 하여, 지급기준금액의 90%를 지원한다.

(5) 본인부담금 환급금

본인부담금 환급금제도란 심사평가원이 병원에 납부한 본인부담금을 심사한 결과 과다 납부가 확인되었거나 보건복지부가 병원을 현지 조사한 결과 본인부담금의 과다 수납이 확인되었을 경우에 과다 수납한 금액을 환급해 주는 제도이다. 과오납이 확인되면 공단은 대상자에게 통상 우편으로 본인부담금환급금 지급신청서를 발송하고 대상자의 계좌를 통해 환급한다.

7) 건강보험 급여의 제한

보험급여가 제한되는 가장 흔한 경우는 보험료가 체납되었을 경우이다. 건강보험료가 6개월 이상 체납되면 보험급여가 제한되며, 공단은 체납자가 체납보험료를 전액 납부할 때까지 보험급여를 지급하지 않는다. 따라서 보험료 체납기간이 10년이든, 20년이든 상관없이 체납된 보험료를 전액 납부하지 않는 이상 건강보험 급여를 받을 수 없다. 만약 체납보험료를 전액 납부하지 않은 상태로 병의원이나 약국 등을 이용했을 경우 공단은 건강보험으로 받은 진료비, 즉 공단부담금을 이용자로부터 환수조치한다. 다만, 체납자가 공단으로부터 체납사실을 통고받은 날부터 2개월 이내에 체납보험료를 완납한 경우에는 환수조치하지 않는다. 연소득 2천만 원 또는 재산이 1억 원을 초과하는 자가 보험료를 체납할 경우에는 사전급여제한자에 해당되어 의료기관에서부터 본인이 진료비 전액을 부담해야 한다.

체납기간이 아무리 길더라도 체납보험료를 완납해야만 보험급여를 받을 수 있기 때문에 저소득층은 항상 보험료 체납을 조심해야 한다. 그러나 급작스럽게 생계곤란에 빠질 경우 당장 기본적 욕구와 관련이 없는 사회보험료 납부는 후순위로 밀려날 수밖에 없다. 가정에 만성질환자가 없다면 쉽게 보험료 체납 상황으로 빠질 수 있다. 1997년 말 시작된 외환위기 상황에서 많은 국민들이 빈곤과 신용불량으로 곤란을 겪게 되자 보험료 체납자가 급증하기 시작하였다. 2001년 9월이 되자 보험료 체납자는 전체 지역가입자의 19.8%에 해당되는 165만 9천 가구에 달하였고, 점차 통제불능의 상태로 치닫게 되었다(매일경제신문, 2001. 11. 15.). 더욱이 급여제한 기간임에도 불구하고 의료기관으로부터 진료를 받아 부당이득금 환수대상이 된 체납자가 70~80만 명에 육박하였으며, 공단은 이들로부터 850억을 기타징수금으로 환수해야 할 상황이 되었다(매일경제신문, 2001. 11. 22.).

　이에 김대중 정부는 급여제한요건을 '3개월 이상 체납'에서 지금과 같이 '6개월 이상 체납'으로 바꾸는 한편, 2001년 12월 1일부터 2002년 1월 30일까지 '체납보험료 자진납부기간'을 운영하여 기타징수금 대상자가 해당 기간 동안 체납보험료를 완납할 경우 2000년 12월부터 발생한 기타징수금을 면제해 주었다. 아울러 2002년 1월 19일 제정된「국민건강보험재정건전화특별법」에 '체납보험료 분할납부자에 대한 특례조항'을 규정하여 보험료 체납자들이 체납보험료를 분할납부할 수 있는 근거를 마련하였다. 한시적으로 운영되었던「국민건강보험재정건전화특별법」의 효력은 정지되었지만, 체납보험료 분할납부에 대한 규정은「국민건강보험법」82조에 승계되었다. 이에 따라 건강보험료를 3회 이상 체납한 자가 공단으로부터 체납된 보험료에 대한 분할 납부를 승인받고, 승인된 분할보험료를 1회 이상 납부하면 보험급여를 받을 수 있다. 하지만 정당한 사유 없이 또다시 2회 이상 분할보험료를 납부하지 않을 때에는 보험급여가 제한된다. 분할납부기간은 체납기간만큼만 허용되며, 24개월 이상 체납한 자의 경우에는 최대 24개월 분할납부가 가능하다.

　사전급여제한제도는 2014년 7월 1일부터 건강보험의 부정수급을 방지한다는 명목으로 실시되고 있다. '연소득 1억 원 또는 재산 20억 원 초과자'가 건강보험료를 체납한 경우 의료기관이 이를 확인하여 의료기관에서부터 급여적용을 차단하는 제도이다. 현재는 '연소득 2천만 원 또는 재산 1억 원 초과자'로 범위가 확대되었다. 사전급여제한제도는 보험료 체납자를 줄이고 분할납부자를 증가시키는 성과를 나타냈다. 하지만 잘못 적용된 급여에 대한 책임은 의료기관에게 귀착되므로, 의료기관은 항상 수진자 건강보험자격조회시스템을 확인해야 하는 부담을 안게 되었다. 통상적으로 보험료 체납자는 보험료를 직접 납부하는 지역가입자에서 나온다. 만약 직장가입자가 본인의 귀책사유가 아닌 이유로 보험료를 체납한 경우에는 보험급여를 제한하지 않는다.

　보험료 체납 이외에 보험급여가 제한되는 경우는 다음과 같다. ① 고의 또는 중대한 과실로 인한 범죄행위로 사고를 발생시킨 경우, ② 고의 또는 중대한 과실로 공단이나 요양기관의 요양에 관한 지시에 따르지 아니한 경우, ③ 고의 또는 중대한 과실로 공단이 요구한 문서와 그 밖의 물건의 제출을 거부하거나 질문 또는 진단을 기피한 경우, ④ 업무상 또는 공무상 질병, 부상, 재해로 인하여 다른 법령에 의한 보험급여나 보상을 받게 되는 경우에는 보험급여를 하지 않는다. 즉, 「근로기준법」 「산재보험법」 「공무원연금법」 등에 의해 요양급여 또는 요양보상을 받는 경우에는 건강보험급여를 중복해서 지급하지 않는다. ⑤ 보험급여를 받을 수 있는 자가 다른 법령에 의하여 국가 또는 지방자치단체로부터 보험급여에 상당하는 급여를 받거나 보험급여에 상당하는 비율을 지급받게 되는 때에는 그 한도 내에서 보험급여를 실시하지 않는다.

보험급여의 제한과는 달리 건강보험은 특정 기간 동안 보험급여를 정지할 수 있다. 예를 들어, ① 국외에 여행 중인 경우, 즉 1개월 이상 해외체류시 체류기간 동안 보험급여는 정지된다. ② 「병역법」에 따른 현역병, 전환복무자 및 군간부후보생으로 복무중일 경우 보험급여는 정지된다. ③ 교도소 및 기타 이에 준하는 시설에 수용되어 있는 경우에는 급여가 정지된다.

8) 건강보험 급여지출 현황

건강보험의 급여지출 현황은 〈표 7-8〉과 같다. 〈표 7-8〉에 따르면 2020년 현

표 7-8   연도별 건강보험급여 실적 (단위: 백만 원)

구분	2005	2010	2015	2020
총계	18,365,867	33,796,461	45,729,938	69,351,401
현물급여	18,224,137	33,299,560	44,581,972	67,103,361
요양급여	17,988,570	32,496,847	43,340,393	65,474,196
(본인부담액상한제 사전지급)	(29,964)	(85,003)	(182,212)	(172,759
건강진단비	235,567	802,713	1,241,579	1,629,164
현금급여	141,730	496,900	1,147,965	2,248,039
요양비	17,536	21,676	23,617	183,815
장제비	49,197	27	–	–
본인부담액 보상금	27,594	241	–	–
장애인보장구	21,669	28,902	46,323	85,230
본인부담액상한제 사후환급	25,732	326,838	847,908	1,779,998
임신출산 전 진료비	–	119,214	230,115	198,994

출처: 건강보험심사평가원, 국민건강보험공단(2021a: 118-119).

재 건강보험의 총급여지출액은 69조 3,514억 원이었으며, 이 중 대부분인 65조 4,741억 원이 요양급여로 지출되었다. 〈표 7-8〉을 보면 요양급여 지출액은 5년마다 거의 50%가량 폭증하는 것을 볼 수 있다. 이는 인구고령화에 따른 의료수요의 증가와 문재인케어를 비롯한 보장성 확대조치에 의한 것이며, 증가추세는 앞으로 계속될 것으로 보인다.

4. 국민건강보험의 재정

건강보험의 재원은 가입자들의 보험료와 정부의 국고지원으로 조달된다. 정부는 국고지원금과 국민건강증진기금의 담배부담금을 통해 각각 보험료 예상수입액의 14%와 6%를 부담해야 한다. 따라서 정부는 건강보험 보험료 예상수입액의 20%를 지원하도록 되어있다.

1) 직장가입자의 보험료체계

건강보험의 보험료 부과체계는 직장가입자와 지역가입자에 따라 달라진다. 즉, 건강보험은 하나의 제도 안에서 두 개의 보험료 부과체계를 사용하고 있는 것이다. 직장가입자들의 보험료 부과체계는 1977년 제도가 출범할 때부터 임금에 대해 일정률을 부과하는 임금부과방식으로 운영되어 왔다. 그러나 2012년부터 직장가입자의 임금 이외의 소득에도 보험료를 부과함에 따라 직장가입자의 보험료체계는 보수월액보험료와 소득월액보험료로 나뉘어졌다.

보수월액보험료는 보수월액에 보험료율을 곱하여 산정된다. 보수월액은 직장가입자의 연간보수총액을 근무월수로 나눈 금액이다. 보험료율은 8%의 범위 내에서 매년 건강보험정책심의위원회가 결정하며 2022년도 현재 보험료율은 6.99%이다. 2000년 국민건강보험이 출범할 당시의 보험료율이 2.80%였던 것과 비교하면 출범 20년 동안 보험료율은 150% 인상되었다. 보수월액보험료는 노사가 1/2씩 부담하며, 공무원은 국가와 가입자가 1/2씩 부담한다. 반면 사립학교교직원은 가입자가 50%, 학교가 30%, 국가가 20%를 부담한다. 보험료율의 상한선은 전전년도 평균보수월액보험료의 30배로 정해지며 2022년 현재 730만 7,100원이다. 반면 하한선은 전전년도 평균보수월액보험료의 8% 수준으로 정해지며 2022년 현재 1만 9,500원이다.

직장의 보수 이외에 소득이 3,400만 원 이상인 직장가입자는 보수월액보험료에 더해 소득월액보험료를 추가로 납부해야 한다. 보수 외 소득에는 이자소득, 배당소득, 사업소득, 근로소득, 연금소득, 기타소득이 포함된다. 이 액수가 3,400만 원을 초과하면 보수외 소득 총액에서 3,400만 원을 공제하고 12로 나눈 뒤, 소득종류에 따른 소득평가율을 곱하여 소득월액을 산출한다. 2022년 7월부터는 기준액이 2,000만 원으로 하향조정될 예정이다. 소득평가율은 이자소득, 배당소득, 사업소득, 기타소득은 100%이며, 근로소득과 연금소득은 30%이다. 여기에 보험료율을 곱해 산출된 소득월액보험료를 추가로 납부해야 한다. 소득월액보험료는 본인이 100% 납부한다. 상한선은 전전년도 평균 보수월액보험료의 15배인 365만 3,550원이며, 하한선은 없다.

2) 지역가입자의 보험료체계

임금을 기준으로 보험료가 부과되는 직장가입자와 달리 지역가입자는 소득뿐만 아니라 재산, 자동차도 고려하여 보험료를 산정한다. 지역가입자들의 보험료 부과체계는 초창기 의료보험 시기 때부터 골칫거리였다. 지역가입자 내에서도 소득의 유형과 발생경로가 다양했으며, 신용카드나 현금영수증과 같은 소득파악체계도 없었기 때문에 지역가입자의 보험료 부과체계를 만드는 것은 쉽지 않았다. 보건사회부는 1981년부터 일찌감치 시범사업을 통해 지역가입자 보험료 부과체계를 실험해 봤으나, 뾰족한 수를 찾지 못했다. 그 결과 보건사회부는 정액보험료, 인두세방식, 그리고 연령, 소득, 주택, 전세금, 토지, 선박, 자동차 등의 재산요소를 혼합한 몇 가지 모형을 제시하였고 의료보험조합들이 적절하게 선택해서 조합원들에게 보험료를 부과해 왔다. 따라서 1998년 「국민의료보험법」이 제정되기 전까지 지역가입자들의 단일한 보험료 부과체계는 없었던 셈이다.

「국민의료보험법」이 제정되고 지역의료보험조합들이 통합되면서 국민의료보험공단은 경제활동능력, 소득, 재산, 자동차를 반영한 단일한 보험료 부과체계를 만들었다. 국민건강보험도 국민의료보험공단의 보험료 부과체계를 차용하였으며,

2018년 6월까지 사용하였다. 즉, 소득파악이 어려운 지역가입자들의 상황을 고려하여 직장가입자들과는 다른 보험료체계를 사용한 것이다. 하지만 이러한 이원적 보험료부과체계는 직장가입자나 지역가입자 모두에게 불만의 대상이 되어 왔다. 국민건강보험 초창기에는 주로 직장가입자들이 불만을 제기하였다. 직장가입자들은 다양한 방법으로 소득을 은폐하고 탈루하는 자영업자에 비해, 소득이 100% 노출될 수밖에 없는 직장가입자들이 동일한 소득능력임에도 불구하고 더 많은 보험료를 낸다고 불만을 제기했다.

하지만 지역가입자들은 고용주가 보험료의 50%를 부담해 주는 직장가입자와 달리 지역가입자는 본인들이 100% 부담하기 때문에 동일한 소득능력임에도 불구하고 실제부담분은 지역가입자가 더 높다는 불만을 제기하였다. 나아가 직장가입자들은 재산규모에 상관없이 근로소득만으로 보험료를 산정하는 반면 지역가입자들은 재산, 자동차 등 다양한 요소들을 고려하기 때문에 불리하다는 것이었다. 이에 따라 직장가입자에서 지역가입자로 이동한 정년퇴직자들은 소득이 상실되었음에도 불구하고 재산 때문에 재직 시보다 더 많은 보험료가 부과되는 경우도 상당히 많았다.

이에 정부는 지역가입자의 보험료 부과체계를 소득 중심으로 개편할 것을 선언하였고, 2018년 7월부터 단계적 개편의 1단계로 [그림 7-3]과 같이 지역가입자의 보험료부과체계를 변경하였다. 지역가입자의 보험료체계는 연간소득이 100만 원인 세대를 기준으로 적용항목이 다르다. 100만 원 이상인 세대는 실제 소득, 재산, 자동차가 고려되어 부과점수를 산출하는 반면, 즉 [그림 7-3]의 ②, ③, ④가 고려되

[그림 7-3] 건강보험 지역가입자 보험료부과체계

는 반면, 100만 원 미만의 세대는 소득은 고려하지 않고 소득최저보험료 14,650원에 재산과 자동차만을 고려하여 부과점수를 산출한다. 즉, [그림 7-3]의 ①, ③, ④가 고려된다. 이러한 부과체계의 변경으로 지역가입자들의 건강보험료에서 소득의 반영분은 30%에서 52%로 상승하였다. 아울러 정부는 2022년 7월 1일부터 2단계 보험료 개편이 있을 것임을 예고하였다(CBS 노컷뉴스, 2021. 9. 2.).

재산이 개인의 경제적 능력을 반영하는 것은 맞지만, 환금성이 떨어지기 때문에 다달이 납부해야 하는 건강보험료의 주요 결정요소로 반영되는 것은 바람직하지 않다. 재산은 고려요소 정도로 반영하고 소득을 중심으로 보험료체계를 개편하는 것이 바람직할 것이다. 정부는 2022년 7월 제2차 보험료체계의 개편이 이루어지면 소득반영분이 60%로 상승할 것으로 예상하고 있다. 더 이상 부의 상징으로서의 의미가 상실된 자동차는 반영요소에서 제외시키고 소득반영분을 80% 이상으로 개편하는 것이 바람직하며, 나아가 지역가입자와 직장가입자 모두에게 적용할 수 있는 단일보험료 부과체계를 구축할 필요가 있다.

월소득이 360만 원 이하인 한부모가족, 소년소녀가정, 65세 이상 노인이 있는 세대, 생계유지 책임자가 6개월 이상 장기수용중인 세대, 만성질환자가 있는 세대, 55~65세 미만의 여자로만 구성된 세대 등은 건강보험료를 감면을 받는다. 이때, 감경률은 재산이 6,000만 원 이하일 경우 30%, 6,000~9,000만 원 이하일 경우 20%, 9,000만 원~1억 3,500만 원 이하일 경우 10%로 차등화된다. 월소득이 360만 원 이하이고 재산이 1억 3,500만 원 이하인 등록장애인, 국가유공자 중 상이자, 보훈보상대상자 중 상이자는 장애 정도에 따라 보험료의 10~30%를 감면받는다. 같은 소득/재산 조건의 70세 이상 노인세대, 70세 이상 노인이 포함된 부부세대도 30%의 보험료를 감면받을 수 있다.

농어촌지역 거주자도 건강보험료를 감면받을 수 있다. 농어촌지역에 거주하는 세대 중 사업소득이 500만 원 이하인 세대, 그리고 동의 녹지지역이나 준농어촌지역에 거주하는 농어민 세대는 지역보험료의 22%를 감면받는다. 이와 별도로 보험료 부과점수 1,800점 이하의 농어업인으로 등록된 세대는 지역보험료의 28%가 감면된다. 따라서 보험료 부과점수가 1,800점 이하인 농어촌지역의 농어민은 건강보험료를 50% 감면받는다. 보험료 부과점수가 1,801~2,500점인 농어민은 1,801점에 해당하는 보험료의 28%를 정액으로 지원받는다. 나아가 보건복지부가 섬이나 벽지로 고시한 지역의 거주세대는 건강보험료의 50%를 감면받는다.

3) 보험재정에 대한 국고지원

1977년 출범 당시 의료보험은 국가의 부담을 최소화하기 위해 재정 여력이 있는 대기업만을 적용대상으로 하였다. 재정자치의 원칙에 의해 운영되었던 의료보험조합은 재정결손이 허락되지 않았으며, 재정적자의 위험이 높은 조합들에 대해서는 조합의 통폐합으로 대응하였다. 따라서 1988년 농어민 의료보험이 시작되기 전까지 의료보험 재정에 대한 정부의 국고지원은 전혀 없었다. 그러나 소득수준이 낮고 노인비율이 높은 농어촌지역으로 의료보험이 확대됨에 따라 정부의 국고지원은 불가피해졌다. 이에 정부는 지역의료보험조합에 대해 보험급여비와 관리운영비의 50%를 지원하기 시작하였다.

그러나 2001년 건강보험의 재정위기는 정부에게 특단의 대책을 요구하였고, 정부는 2002년 1월 「국민건강보험재정건전화특별법」을 제정하여 건강보험에 대한 국고지원을 강화하였다. 한시적으로 운영되었던 「재정건전화특별법」이 2006년 12월 31일자로 효력을 중지함에 따라 건강보험에 대한 국고지원에 대한 규정은 「국민건강보험법」 제108조 1항과 2항 및 「국민건강진흥법」 부칙으로 옮겨졌다. 이들 규정에 따라 정부는 보험료 예상수입액의 14%를 국고로 지원해야 하며, 국민건강증진기금의 담배부담금으로 6%를 지원해야 한다. 단, 담배부담금에 의한 지원은 국민건강증진기금 예상수입액의 65%를 초과할 수 없다. 하지만 최근 들어 정부는 법정지원금을 제대로 지원한 적이 한 번도 없다. 〈표 7-9〉는 연도별 정부지원금의 변화 추이를 나타낸 것이다.

〈표 7-9〉에 따르면 「재정건전화특별법」이 효력을 유지했던 2002~2006년은 정부의 재정지원이 당해연도 보험료수입의 20%를 상회하였다. 그러나 특별법의 효력이 중지된 2007년부터 정부의 태도는 돌변하였고, 법정 지원비율인 20%를 넘긴 적이 한 번도 없었다. 오히려 시간이 갈수록 정부의 지원율은 계속 하락하는 추세이다. 2020년 코로나 바이러스 사태로 인한 자영업자 건강보험료 경감분 보전과 치료비 지원을 위해 반짝 국고지원금이 늘었을 뿐, 이전까지는 별다른 개선이 없었다. 문재인케어에 소요되는 30조 원의 재원은 보험료 인상을 통해 충당되었고 온전히

국민들의 몫이었다. 건강보험이 재정위기를 벗어난 2005년부터 모든 정부가 건강보험의 보장성 강화를 외쳤지만, 정작 보장성 강화에 필요한 정부의 재정지원은 외면하였고, 시간이 갈수록 건강보험의 재정구조는 보험료에 대한 의존성이 심화되고 있다. 보험료 인상에 앞서 정부가 법을 지키는 것이 우선적으로 필요해 보인다.

아울러 2022년 12월 31일 국고지원은 일몰을 앞두고 있다. 담배지원금의 일몰을 앞두고, 한국건강증진개발원을 앞세운 국민건강기금 관련 당사자들은 담배지원금의 건강보험 재정지원을 폐지하기 위해 여론몰이에 나섰고, 이를 위한 연구용역

표 7-9 연도별 정부지원금과 보험료수입 대비 비율 (단위: 천 원, %)

연도	보험료수입	정부지원금		국고지원금		담배지원금	
		금액	%	금액	%	금액	%
2002	10,927,688,306	3,013,934,364	27.5	2,574,723,000	23.5	439,211,364	4.0
2003	13,740,850,544	3,423,829,000	24.9	2,779,241,000	20.2	644,588,000	4.7
2004	15,587,805,600	3,482,965,000	22.3	2,856,652,000	18.3	626,313,000	4.0
2005	16,927,713,937	3,694,802,000	21.8	2,769,500,000	16.3	925,302,000	5.4
2006	18,810,579,314	3,816,190,000	20.2	2,869,770,000	15.3	966,420,000	5.1
2007	21,728,699,897	3,671,794,907	16.9	2,704,200,000	12.4	967,594,907	4.5
2008	24,973,026,443	4,026,244,600	16.1	3,002,299,600	12.0	1,023,945,000	4.1
2009	26,166,081,793	4,682,831,080	17.8	3,656,585,080	14.0	1,026,246,000	3.9
2010	28,457,726,348	4,856,096,000	17.1	3,793,034,000	13.3	1,063,062,000	3.7
2011	32,922,109,942	5,028,322,763	15.3	4,071,546,000	12.4	956,776,763	2.9
2012	36,389,962,619	5,343,180,300	14.7	4,335,900,000	11.9	1,007,280,300	2.8
2013	39,031,892,895	5,799,355,000	14.9	4,800,744,000	12.3	998,611,000	2.6
2014	41,593,818,432	6,314,933,000	15.2	5,295,798,000	12.7	1,019,135,000	2.5
2015	44,329,819,299	7,090,180,000	16.0	5,571,650,000	12.6	1,518,530,000	3.4
2016	47,593,146,516	7,091,671,000	14.9	5,200,262,000	10.9	1,891,409,000	4.0
2017	50,416,797,884	6,774,705,000	13.4	4,873,623,000	9.7	1,901,082,000	3.8
2018	53,896,460,440	7,070,427,632	13.1	5,190,335,632	9.6	1,880,092,000	3.5
2019	59,132,775,130	7,767,162,000	13.1	5,958,923,000	10.1	1,808,239,000	3.1
2020	63,111,442,865	9,215,191,000	14.6	7,335,099,000	11.6	1,880,092,000	3.0

출처: 건강보험심사평가원, 국민건강보험공단(2021a: 111).

을 발주한 상태이다(메디포뉴스, 2021. 4. 8.). 일반회계를 통한 국고지원의 연장에 대해서도 기획재정부는 회의적인 입장이다. 건강보험의 안정적인 재정 운영을 위해서는 일몰을 앞둔 국고지원을 연장하고, 국고지원에 대한 '한시적' 규정을 철폐하는 것이 시급하다고 하겠다.

4) 국민건강보험 재정현황

국민건강보험은 출범 직후 심각한 재정위기에 직면하였지만, 2002년 「재정건전화특별법」을 계기로 건강보험의 적자폭이 줄어들기 시작하였으며, 2004년에는 적

표 7-10 연도별 국민건강보험 재정 (단위: 백만 원, 억 원)

연도	수입				지출			당기 잉여금	적립금
	소계	보험료	정부지원	기타수입	소계	보험급여	기타		
2001	11,928,330	8,856,158	2,624,980	447,192	14,105,819	13,195,616	910,203	△21,775	△18,109
2002	14,305,319	10,927,688	3,013,934	363,697	14,798,463	13,823,665	974,798	△4,931	△25,716
2003	17,466,651	13,740,850	3,423,829	301,971	15,972,379	14,893,489	1,078,890	14,943	△14,922
2004	19,408,384	15,587,805	3,482,965	346,613	17,329,671	16,264,501	1,065,170	20,787	757
2005	21,091,074	16,927,713	3,694,802	468,558	19,979,956	18,393,587	1,586,369	11,111	12,545
2006	23,263,083	18,810,579	3,816,190	616,314	22,817,757	21,587,980	1,229,777	4,453	11,798
2007	26,049,843	21,728,699	3,671,794	649,348	25,888,502	24,560,092	1,328,410	1,613	8,951
2008	29,787,148	24,973,026	4,026,244	787,877	28,273,326	26,654,305	1,619,021	15,138	22,618
2009	31,500,393	26,166,081	4,682,831	651,481	31,189,152	30,040,871	1,148,281	3,112	22,586
2010	33,948,880	28,457,726	4,856,096	635,058	34,926,339	33,749,303	1,177,036	△9,775	9,592
2011	38,761,068	32,922,109	5,028,322	810,635	37,258,747	35,830,249	1,428,498	15,023	15,600
2012	42,473,653	36,389,962	5,343,180	740,510	39,152,044	37,581,295	1,570,749	33,216	45,757
2013	47,205,854	39,031,892	5,799,355	2,374,606	41,265,338	39,674,332	1,591,006	59,405	82,203
2014	50,515,544	41,593,818	6,314,933	2,606,793	44,752,556	42,827,513	1,925,043	57,630	128,072
2015	53,292,081	44,329,819	7,090,180	1,872,082	48,162,140	45,760,188	2,401,952	51,299	169,800
2016	56,486,487	47,593,146	7,091,671	1,801,669	53,149,616	50,425,445	2,724,171	33,369	200,656
2017	58,818,071	50,416,797	6,774,705	1,626,568	58,022,559	54,891,742	2,401,079	7,955	207,733
2018	62,715,795	53,896,460	7,070,427	1,748,907	65,978,340	63,168,331	2,046,453	△32,625	205,955
2019	69,173,265	59,132,775	7,767,162	2,273,328	72,097,239	68,996,577	2,214,552	△29,239	174,181
2020	75,114,982	63,111,442	9,215,191	2,788,348	73,618,774	71,165,241	1,573,654	1,496	179,914

출처: 건강보험심사평가원, 국민건강보험공단(2021a: 95).

립금의 결손상태를 완전히 탈출하여 재정위기 국면을 벗어났다. 2005년부터는 당기 잉여금의 안정적인 흑자기조 속에 상당한 적립금을 축적하여 왔다. 특히 박근혜 정부에서 적립금은 큰 폭으로 증가하였는데, 〈표 7-10〉을 보면 2002년 4조 5,757억 수준이었던 건강보험적립금은 2017년 20조 7,733억원으로 5배 가까이 폭증한 것을 볼 수 있다.

정부가 법정 지원금만 제대로 집행한다면 30조 원으로 추정되는 문재인케어는 현재의 적립금으로도 시행할 수 있다. 하지만 문재인케어 시행된 후 2년간 약 6조 원의 당기 재정적자가 발생하자 보건복지부는 보험료율을 대폭 상승시켜, 현재 17조 원 이상의 적립금을 운영하고 있다. 인구 고령화와 문재인케어에 따른 지출 증가를 대비할 필요가 있지만, 지나친 적립금 규모는 2022년 말 일몰을 앞둔 국고지원을 폐지할 명분을 제공하므로 적정 수준으로 관리될 필요가 있다. 더욱 심화될 인구고령화에 대비하기 위해서는 현재의 국고지원이 계속 유지될 필요가 있다.

5. 건강보험의 관리운영체계

1) 건강보험의 행정체계

2000년 7월 1일부터 국민건강보험이 출범함에 따라 의료보험의 관리조직은 국민건강보험공단이라는 단일보험자로 통폐합되었다. 아울러 의료보험연합회가 담당했던 심사 기능은 건강보험심사평가원이라는 새로운 기구로 이관되었다. 이에 따라 건강보험의 실무기구는 국민건강보험공단과 건강보험심사평가원으로 압축되었다. 국민건강보험공단은 보건복지부 장관으로부터 건강보험의 관리운영을 위임받아 가입자 및 피부양자의 자격관리, 보험료의 부과 및 징수, 보험급여의 지급, 건강유지 및 증진을 위하여 필요한 예방사업, 자산의 관리운영 및 증식사업, 의료시설의 운영, 교육훈련과 홍보 등과 같은 업무를 수행한다. 2008년 7월부터는 노인장기요양보험제도의 관리운영도 담당하고 있으며, 2011년부터는 '4대 사회보험 통합징수체계'의 구축에 따라 건강보험료뿐만 아니라 4대 사회보험의 보험료 징수업무까지 처리하고 있다.

건강보험심사평가원은 2000년 7월 1일 국민건강보험공단으로부터 독립하여 설립된 전문 심사평가기관이다. 의료보험 시절에는 급여와 심사기능은 의료보험연합회가 담당했으나, 의료단체들은 급여행정기관이 심사행정을 맡음으로써 과도하게 진료비를 삭감하려는 경향을 가진다고 불만을 표출하였다. 이러한 불만을 반영하여 건강보험심사평가원은 급여행정기관인 국민건강보험공단과 독립된 전문심사기구로서 출범한 것이다. 심사평가원은 요양비용의 심사, 요양급여의 적정성에 대한 평가, 심사 및 평가기준의 개발 등의 업무를 수행한다. 최근에는 비급여항목 가격 공개서비스나, 선별급여 및 예비급여에 대한 평가작업도 수행하고 있다.

　건강보험 보험료는 건강보험정책심의위원회에서 결정한다. 건강보험정책심의위원회는 보건복지부 산하의 위원회로 요양급여의 기준, 요양급여 비용, 지역가입자 및 직장가입자의 보험료율 등의 사항을 심의·의결하는 기능을 수행한다. 위원회는 보건복지부 차관을 위원장으로 하고, 가입자 대표, 의약계 대표, 공익 대표를 각각 8인씩 선발하여 총 25명으로 구성된다.

　국민건강보험공단의 재정운영위원회는 직장가입자 대표위원 10인, 지역가입자 대표위원 10인, 공익대표 10인 등 30인으로 구성되며, 과거 보험료의 조정 및 보험재정에 관련된 주요 사항을 심의·의결하기 위해 구성된 조직이다. 그러나 2002년 「재정건전화특별법」의 제정으로 보험료의 결정권한이 건강보험정책심의위원회로 옮겨짐에 따라 재정운영위원회의 기능은 대폭 축소되었다. 지금은 주로 의료수가 협상에 있어 공단의 입장을 결정하고 의료계 관계자들과 수가 협상을 하는 기능을 담당하고 있다. 하지만 실제 의료수가 협상은 재정운영위원회의 위임을 받은 국민건강보험공단 이사장이 진행하며, 협상이 결렬될 경우에는 건강보험정책심의위원회가 최종 결정한다(김경자, 2015: 5).

　건강보험의 요양급여는 의료기관들에 의해 이루어진다. 1977년 의료보험 출범 당시에는 의료기관들이 의료보험조합과의 계약을 통해 의료서비스를 공급하였으나, 1979년 4월부터 강제지정제로 전환되었다. 따라서 우리나라는 미국이나 유럽처럼 의료기관들이 건강보험공단과의 계약을 통해 서비스를 제공하는 것이 아니라, 모든 의료기관이 건강보험 지정 의료기관으로 강제지정되는 체제이다. 이에 의료단체들은 직업의 자유와 평등권, 의료소비자로서의 자기결정권 침해 등을 이유로 반발하여 왔다. 하지만 헌법재판소는 2002년과 2014년 헌법소원 소송에서 건강보험 당연지정제에 대해 연거푸 합헌판정을 내림으로써 정당성을 부여하였다.

2) 건강보험 진료비지불체계

현재 의료보장제도에서 사용되는 진료비지불방식은 크게 행위별수가제, 인두제, 봉급제, 포괄수가제(bundled payment), 총액계약제(Block Contract) 등이 있다. 행위별수가제는 진료에 소요되는 약제 또는 재료비를 별도로 산정하고, 의료인이 제공한 진료행위 하나하나마다 항목별로 가격을 책정하여 진료비를 지급하도록 하는 제도이다. 진료량에 비례해서 진료비가 상승하기 때문에 환자에게 충분한 서비스의 공급이 가능하고, 신의료기술이나 신약 사용에 제한이 없으며, 의사들의 자율성과 의료과정의 다양성을 높일 수 있다는 장점이 있다. 따라서 가장 많이 사용되는 진료비 지불체계이다. 그러나 과잉진료의 위험성과 신기술 및 신약의 과다 사용, 부당청구의 위험성이 높기 때문에 의료비용의 급격한 상승을 가져오는 문제를 갖는다.

인두제는 의사가 맡고 있는 등록환자 수에 비례해서 보수를 지급 받는 방식이다. 인두제는 의료과정의 다양성과 복잡성을 반영하기 힘들기 때문에, 영국의 일반의 제도(GP)처럼 비교적 동질적이고 기본적이고 서비스를 제공하는 일차보건의료에서 주로 활용된다.

봉급제는 주로 NHS와 같은 보편적 의료체계에서 사용된다. 영국의 경우 병원 전문의들에 대한 진료비 지불체계이다. 하지만 개인적 경제적 동기가 적고, 의료서비스의 질적 상승이나 효율성 제고에 대한 유인이 없기 때문에 관료화되기 쉽다.

포괄수가제는 질병군 또는 환자군에 따라 미리 책정된 일정액의 진료비를 지급하는 제도이다. 의료가격이 사전에 정해져 있기 때문에 과잉진료, 오남용의 위험이 줄어들고 의료비의 상승을 억제할 수 있다는 장점이 있다. 하지만 비용 절감을 위해 서비스 제공을 최소화함으로써 의료의 질적 수준을 저하시키는 한편 의료의 다양성을 반영하기 힘들다는 문제를 갖는다.

총액계약제는 보험자와 의료기관과의 협의를 통해 결정된 진료비 총액을 지급하는 방식이며, 가장 강력한 의료비용 억제효과를 갖는다. 총액예산제는 독일, 프랑스, 영국, 네덜란드, 캐나다, 스웨덴 등 많은 국가에서 의료비용 상승에 대한 대응책으로 실시되고 있다(최병호, 신윤정, 2004: 60-66). 1996년 대만이 총액예산제를 도입한 것을 계기로 정부도 2002년 건강보험 재정위기 당시 총액계약제의 도입을 심각하게 고려하였으나, 의료단체들의 강력한 반발에 직면하여 포기한 적이 있다. 총액계약제는 과소진료를 제공하거나 비용이 많이 드는 중증 환자를 기피하게 만드는 단점이 있다. 하지만 서구의 경험을 볼 때 총액계약제 없이 의료비용을 적절히 관리하는 것은 사실상 어렵기 때문에, 장기적으로 총액계약제의 도입을 재검토할 필요가 있다.

1977년 의료보험 도입시부터 우리나라 건강보험은 행위별수가제를 기초로 진료비지불체계를 구성하였으며, 지금도 상대가치점수에 기반한 행위별수가제를 기초로 하고 있다. 하지만 행위별수가제는 과잉진료로 인한 의료비용의 상승을 초래할 가능성이 높기 때문에, 건강보험은 2002년 건강보험 재정위기 당시 질병군별 포괄수가제(Diagnosis Related Group: DRG)를 부분적으로 도입하였다. DRG란 진료의 종류나 양에 관계없이 질병에 따라 미리 정해진 일정액의 진료비만을 부담하는 제도이며, 예일대학에서 개발되어 1983년 미국의 메디케어에 적용된 진료비 지불방식이다(최병호, 1998: 5). DRG는 이미 1997년부터 5년간의 시범사업을 거쳤으며, 비교적 단순하고 표준화된 7개 질병군을 대상으로 도입되기 시작하였다. 현재 DRG 적용 질병군은 안과의 수정체수술(백내장수술), 이비인후과의 편도 및 아데노이드 수술, 외과의 항문 및 항문주위수술(치질수술)과 서혜 및 대퇴부 탈장수술 및 충수절제술(맹장염수술), 산부인과의 자궁 및 자궁부속기 수술(악성종양 제외)과 제왕절개분만 등 4개 진료과 7개 질병군이다. 2002년 1월 도입 당시에는 선택적으로 도입되어 의료기관들은 행위별수가제와 DRG를 선택할 수 있었다. 그러나 2012년 7월 1일부터 전국 종합병원에서 DRG 적용이 의무화되었고, 2013년 7월 1일부터는 전국의 모든 의료기관으로 의무화 조치가 확대되었다. 의료단체에서는 파업을 예고하면서 강력하게 반발하였으나, 국민들의 싸늘한 여론에 밀려 흐지부지되었다.

DRG는 행위별수가제 적용 시 환자가 별도로 부담하는 비급여항목을 급여대상으로 포함시킴으로써 환자의 본인부담금을 경감시킬 수 있다. 또한 적정진료의 제공으로 의료비용의 상승을 억제하는 데 도움이 된다. 하지만 의료의 질이 저하되는 것을 방지하기 위해 지속적으로 모니터링을 해야 하며, 진료의 편차가 크고 복잡한 질병군에 적용하기 힘들다는 문제를 가진다.

이에 정부는 보다 복잡한 질병군에 포괄수가제를 확대적용시키기 위해 일본의 진단시술분류수가제(Diagnosis Procedure Combination: DPC)에 착안하여 '신포괄수가' 모형을 만들었고, 2009년 4월부터 '신포괄수가제' 시범사업을 시작하였다(국민건강보험공단, 2017b: 179). 신포괄수가제는 기존의 포괄수가제에 행위별수가제적인 특성을 반영한 혼합모형 지불제도이다. 입원기간 동안 발생한 기본적인 서비스는 포괄수가제로 묶고, 의사의 수술이나 시술 등은 행위별수가로 보상하는 방식이다. 2010년 4월 국민건강보험공단 산하 일산병원을 시작으로 현재 98개 병원에서 567개 질병군을 대상으로 시범사업을 진행 중에 있다. 문재인케어에 의하면 신포괄수가제는 새로운 비급여항목의 차단과 관리 강화를 위해 800개 이상의 병원으로 확대될 예정이며, 2022년 200개를 목표로 확대 추진 중에 있다(장성인, 2019: 4).

6. 국민건강보험의 과제

1977년 의료보험은 우리나라 의료보장제도의 출발로서 적지 않은 의의를 갖지만, 높은 본인부담률, 제한된 급여일수, 과도한 비급여항목 등으로 인해 보장수준이 지나치게 낮았다. 이에 노무현 정부 이후 역대 정권들은 건강보험의 보장성을 높이기 위해 노력하였지만, 건강보험의 보장률은 2020년 현재 65.3%에 불과한 상황이다. 따라서 건강보험의 당면 과제는 건강보험의 보장성을 높이는 것 이외에 다른 것을 생각하기 힘들다.

노무현 정부 이후 모든 정부들이 비급여항목의 축소에 전력을 다했음에도 불구하고 건강보험의 보장률이 제자리 걸음인 이유는 비급여항목이 급여화되는 속도보다 새로운 비급여항목이 더 빠른 속도로 늘어났기 때문이다(손영래, 2018: 8; 장종원, 2020: 6). 이에 문재인 정부는 비급여항목의 증가를 통제하지 않고는 건강보험의 보장성을 확대하기 어렵다고 인식하였고, 과거의 다른 정부처럼 비급여항목을 각개격파하는 대신, '비급여의 전면급여화'를 내세웠다. 소위 문재인케어의 핵심으로 거론되고 '비급여의 전면급여화'는 여러 가지 시행상의 문제에도 불구하고 우리나라 의료보장 개혁의 전체적인 방향을 올바르게 세웠다는 점에서 높이 평가되어야 한다.

하지만 문재인케어는 출범 2년만에 코로나 바이러스 사태라는 암초를 만났다. 문재인케어에 투입되었어야 할 자원의 상당 부분이 방역에 투입되었으며, 보건복지부는 방역정책에 올인할 수밖에 없는 상황이었다. 그 결과 문재인케어의 주요 프로그램들은 후순위로 밀려났으며, 목표했던 70%의 보장률 달성은 쉽지 않아 보인다. 물론 문재인케어가 순조롭게 출범했던 것은 아니었다. '비급여의 전면급여화' 정책에 있어 핵심적인 중간단계로 설정되었던 예비급여의 지정과 평가작업은 의료계, 제약회사, 의료기기업체 등의 반발에 의해 2019년 말까지 예비급여항목 정리도 들어가지 못했다(정형준, 2020: 72). 코로나 바이러스 사태가 없었더라도 2022년까지 예비급여와 선별급여의 평가작업을 마무리하기 힘들었을 것이다. 나아가 문재인케어의 또 다른 목표였던 '실질적인 본인부담 100만 원 상한제'의 달성은 시작부터 선별급여와 비급여항목을 상한제 대상에서 제외함으로써 형해화되었고, 재난적 의료비 지원사업은 제도의 복잡성으로 인하여 이용율이 저조한 상황이다.

이러한 시행과정상의 문제에도 불구하고 실제 치료에 사용되는 '비급여의 전면급여화'와 '실질적인 본인부담 100만 원 상한제'는 문재인케어뿐만 아니라 우리나라 의료보장제도가 추구해야 할 기본적인 방향임을 부정하기 힘들다. 이에 따라 현재 제기되는 건강보험의 과제를 간략하게 정리하면 다음과 같다.

첫째, 조속한 시간 내에 예비급여와 선별급여에 대한 평가작업을 마무리하고 건강보험 급여항목으로 전환해야 한다. 이미 2022년까지 달성하기는 벅찬 상황이므로 시간에 쫓길 필요는 없지만 가능한 한 빠른 시간 안에 마무리할 필요가 있다. 선별급여와 예비급여는 건강보험의 통제를 받지만 본인부담률이 30~90%로 높기 때문에 상시적으로 운영할 경우 국민들의 부담이 따를 수밖에 없다. 비급여항목을 급여항목으로 전환시키기 위한 중간단계로서 예비급여와 선별급여가 본연의 역할에 충실하도록 존속기간을 최대한 짧게 가져가는 것이 바람직하다.

둘째, 본인부담상한제의 운영에 있어 예비급여와 선별급여, 그리고 비급여항목을 포함시켜야 한다. 대부분의 재난적 의료비가 비급여항목에 의해 창출되는 상황에서 위의 항목들을 제외하게 되면 실질적인 상한선의 효과는 거의 없게 된다. 업무나 일상생활에 지장이 없는 질환을 치료하거나 신체의 필수적인 기능개선이 아닌 경우, 질병과 부상의 치료를 목적으로 하지 않는 경우 등을 제외한 모든 치료적 비급여항목을 상한제 적용대상에 포함시키는 것이 바람직하다. 나아가 재난적 의료비 지원사업의 요건을 간소화하거나 완화하여 쉽게 이해하고 신청할 수 있도록 하는 조치가 필요하다.

셋째, 현재 일몰을 앞두고 있는 담배지원금과 정부의 국고지원금에 대한 규정을 영구화하거나 연장하는 조치가 시급하다. 아울러 문재인케어의 정착을 위해서는 국민들의 불만이 큰 보험료 인상보다 국고지원을 통해 재원을 조달하는 것이 바람직하다. 이러한 맥락에서 법정 지원율에 항상 미달하게 지급하는 국고지원금의 관행을 정상화시킬 필요가 있다.

넷째, 직장가입자와 지역가입자로 이원화되어 있는 보험료 부과체계를 통합일원화할 필요가 있다. 재산은 환금성이 떨어지기 때문에 다달이 납부해야 하는 건강보험료의 결정요소로는 적합하지 않다. 따라서 통합 보험료체계는 재산의 반영률을 최소로 낮추고, 소득을 중심으로 구축되는 것이 바람직하다고 하겠다.

다섯째, 현재 정부는 DRG와 신포괄수가제를 병행하여 행위별수가제를 보완하고 있다. 그러나 인구고령화와 보장성 강화에 좀 더 효과적으로 대응하기 위해서는 좀 더 강력한 비용억제적 진료비 지불제도가 필요하다. 장기적으로 총액계약제의 도입을 검토할 필요가 있다.

제8장

노인장기요양보험의 이해

　인구고령화는 현대 사회를 특징짓는 중요한 사회문제이다. 인구고령화는 광범위한 돌봄 수요를 창출하게 되었고, 1990년대 OECD 국가들은 전반적인 재정긴축과 공공부문 축소 기조에도 불구하고 장기요양서비스만은 예외적으로 공공개입을 확대하였다(김진수, 2018: 64). 장기요양(long-term care)이란 신체적·정신적인 문제로 인하여 오랜 기간 일상적인 활동을 스스로 할 수 없는 사람들에게 제공하는 서비스를 의미하며, 노인과 장애인이 주요 대상이 된다(윤성주, 2013: 22). 대부분의 국가들은 조세방식을 통해 장기요양서비스를 확대해 나갔다. 그러나 사회보험 중심의 사회보장체계가 확립된 독일은 1995년 요양보험(Pflegeversicherung)을 도입하여 장기요양서비스를 처음으로 사회보험방식에 접합시켰다. 이어 2000년 일본이 노인을 대상으로 하는 개호보험(介護保險)를 실시하여 뒤를 이었다. 나아가 2008년 우리나라가 일본의 개호보험을 벤치마킹하여 노인장기요양보험을 도입하였다. 건강보험을 통해 장기요양서비스를 제공하는 국가들은 제법 있지만, 장기요양서비스를 독립적인 사회보험으로 운영하는 국가는 거의 없다. 주요 국가로는 한국, 독일, 일본이 전부인 셈이다. 우리나라가 이와 같이 흔치 않는 방식을 도입하게 된 과정을 먼저 살펴보고, 제도의 현황과 문제점에 대해 파악하도록 하겠다.

1. 노인장기요양보험제도의 도입

1) 2007년 노인장기요양보험법의 제정

노인장기요양보험의 도입이 처음 국민들에게 언급된 것은 2001년 5월 31일 '국민 건강보험 재정 안정 및 의약분업 정착 종합대책'이었다. 그러나 재정안정화 대책은 2001년 3월 건강보험의 재정붕괴라는 초유의 상황을 맞아 충분한 검토 없이 급박하게 마련된 대책이었기 때문에 대책에 포함된 모든 방안이 실제 시행된다고 보기는 힘들었다. 하지만 같은 해 8월 15일 김대중 대통령이 광복절 경축사에서 '노인장기요양제도의 도입' 방침을 언급하면서 노인장기요양보험은 국민들과 언론의 주목을 끌기 시작하였다. 김대중 대통령이 노인장기요양보험에 관심을 갖기 시작한 것은 1999년 차흥봉 보건복지부 장관과 노인복지학계의 건의 때문인 것으로 알려져 있다.

노인장기요양보험은 사회의 요구에 의해 이슈화되었다고 보기 어렵다(이진숙, 조은영, 2012). 노인장기요양보험이 아젠다 형성에 들어간 2000년 우리나라의 고령화율은 7.2%였으며, OECD의 주요 국가들과 비교하면 매우 낮은 수준이었다. 또한 외환위기 국면에서 국민들의 주된 관심사는 주로 실업과 경기회복 문제였으며, 사회보장제도와 관련해서는 의료보험 통합일원화와 건강보험의 재정건전화 문제가 주목을 받고 있었다. 더욱이 부모의 부양에 대한 가족의 책임의식은 여전히 강고했던 시기였다. 2002년 통계청의 사회통계조사에 의하면 '노부모를 자녀가 책임져야 한다.'는 사람들이 70.7%였다. 1998년의 89.9%와 비교하면 하락하였지만, '사회와 정부가 책임져야 한다.'는 의견(1.9%)이나 '가족과 정부가 공동으로 책임져야 한다.'는 의견(18.2%)보다는 압도적으로 많았다(통계청, 2003: 41).

결국 노인장기요양보험의 아젠다 형성은 노인복지학계와 정부가 주도하였다. 1997년 일본에서 「공적개호보험법(公的介護保險法)」이 중의원을 통과한 것을 계기로 노인복지학계는 이웃나라의 변화에 관심을 집중하였다. 1993년 12월 보건사회부는 개인과 기업도 유료노인복지시설을 설치할 수 있도록 「노인복지법」을 개정하였다(권중돈, 1995: 368). 이를 통해 서구와 같은 실버타운을 조성하여 실버산업을 활성화시킨다는 계획이었다. 한때 전국적으로 실버타운 붐이 조성되었고 대기업도 활발하게 유료노인시설사업에 참여하였으나, 이 계획은 실패로 끝났다. 서구와 달리 한국의 노인들은 매우 가난하다는 씁쓸한 사실만 확인해 줬을 뿐이며, 고전하던 유료노인시설들은 외환위기를 맞아 줄도산하였다.

때마침 이웃나라에서「공적개호보험법」이 제정되자 노인복지학계의 관심은 급속하게 개호보험으로 쏠렸고, 이러한 관심은 2000년 4월 일본 개호보험이 공식적으로 출범하기도 전인 1999년 김대중 대통령에게 제도 도입을 건의하는 성급함으로 표출되었던 것이다. 심각한 건강보험 재정위기에 직면했던 보건복지부는 노인장기요양보험을 급증하는 노인 의료비 지출을 줄이는 대안으로 고려하기 시작하였다.[1] 반면 노무현 정부는 노인장기요양보험을 사회서비스 분야의 일자리 창출방안으로 재조명하였다. 노인장기요양보험은 요양관리사와 요양보호사의 고용을 통해 2,000명 이상의 신규고용을 창출하는 것으로 분석되었다(정희선, 2012: 168). 결국 노인장기요양보험의 필요성은 정부 중심으로 제기되었고, 이러한 정부의 문제인식이「노인장기요양보험법」이 제정된 주요 요인으로 작용하였다(이진숙, 조은영, 2012).

2002년 제16대 대통령선거에서 새천년민주당의 노무현 후보는 '공적 노인요양보장체계 구축'을 공약으로 내세웠다. 노무현 후보가 당선되자 보건복지부는 2003년 3월 17일 '공적노인요양보장추진기획단'을 구성하여 노인요양보장제도의 실행모형을 만드는 작업에 착수하였다. 추진기획단의 논의과정에서 노인요양보장제도를 보험방식으로 하자는 주장과 정부예산으로 하자는 주장이 대립되었다(국민건강보험공단, 2018: 46; 송문선, 2021: 74~75). 노인장기요양보험은 일본의 개호보험을 모티브로 추진되어 왔기 때문에 추진기획단의 분위기는 보험방식 쪽으로 경도되어 있었다. 조세방식은 재정적인 한계로 인해 선별주의로 갈 수밖에 없기 때문에 극히 일부의 저소득 노인에게만 혜택이 돌아갈 것이며, 모든 국민이 보험료를 내는 사회보험으로 도입해야만 보편주의 원칙이 실현될 수 있다고 주장이었다. 특히 건강보험이 정착된 상황이기 때문에 보험료를 건강보험료에 같이 부과시키면 국민의 반발을 최소화하면서 손쉽게 보험료를 징수할 수 있다는 논리로 보험방식을 관철시켰

---

1) 그러나 이는 매우 성급한 판단이었다. 노인장기요양보험이 노인의 사회적 입원을 감소시켜 건강보험의 재정 안정성을 확보할 수 있다는 논리는 일본 개호보험 도입의 중요한 동기였지만, 실제 결과에 대해 충분한 시간을 갖고 관찰해야 했다. 2000년 실시된 일본 개호보험의 노인 의료비 감소효과는 시행 직후 1~2년간의 일시적인 효과에 그쳤다(송문선, 2021: 74).

다(송문선, 2021: 74).

사회보험은 정부의 재정부담 없이 가입자들의 보험료를 통해 쉽게 재원을 조달할 수 있다는 장점을 갖는다. 그러나 보험료 납부를 전제로 권리가 형성되고 법률을 통해 급여의 종류와 수준이 결정되는 중앙집권적 구조를 갖는다. 따라서 적용대상의 선정이나 장기요양서비스의 운영에 있어 융통성을 갖기 힘들다. 이는 보건의료서비스나 지역사회서비스와의 연계를 어렵게 하기 때문에 노인들에 대한 통합적 접근을 쉽지 않게 한다. 장기요양보험을 운영하는 국가가 많은 것도 아니었고, 사회보험 종주국 독일과 복지후진국으로 평가받는 일본만이 운영하던 상황이었다. 좀 더 신중하게 접근할 필요가 있었다.

추진기획단의 기본적인 방침이 정해지자 보건복지부는 2004년 3월 '공적노인요양보장제도 실행위원회'를 발족시켜 구체적인 실행모형의 개발에 착수하였다. 2005년 2월 실행위원회의 최종보고서는 제도의 명칭을 '노인요양보험'으로 하고, 국민건강보험공단을 관리운영주체로 하여 간병·수발, 방문간호 등 재가서비스 10종과 요양시설서비스 3종의 급여를 실시한다는 제도실행안을 마련하였다(국민건강보험공단, 2018: 47-48). 그러나 보건복지부는 제도의 조기 도입을 위하여 실행위원회의 제안을 상당히 축소하였다. 실행위원회는 '노인과 장애인을 포함한 전 국민'을 적용대상으로 할 것을 권고하였으나, 보건복지부는 '중증, 중도의 노인'으로 적용범위를 제한하였다. 나아가 보건복지부는 실행위원회의 권고대로 국민건강보험공단을 운영주체로 하되, 공단의 자회사 성격인 가칭 노인수발평가관리원을 신설하는 방안을 마련하였다(국민건강보험공단, 2018: 59-60). 이는 건강보험심사평가원의 형태를 염두에 둔 것이지만 조직의 외연을 확장하여 부서의 영향력을 높이려는 조직논리가 작용한 것으로 보인다. 또한 보건복지부는 실행위원회가 권고한 요양기관지정제를 배제하고 빠른 인프라 확충을 위해 신고제를 채택하였다. 이는 노인장기요양시설에 질 낮은 영리기관들이 난립하게 되는 불씨를 심는 격이 되었다. 나아가 제도의 명칭은 노인요양보험 대신 '노인수발보장제도'로 확정하였다.

보건복지부가 사용한 '수발'이라는 용어에는 장기요양서비스와 요양보호사를 바라보는 정책입안자들의 기본 시각이 깔려 있다. 보건복지부는 요양보호사를 전문직이 아니라 간병인 정도로 생각하였다. 오늘날 요양보호사들에 대한 부적절한 처우문제는 처음부터 정책입안자들의 사고 속에 내재되어 있었다. '수발'이라는 고루

1. 노인장기요양보험제도의 도입   257

한 용어는 2007년 입법과정에서 노인단체와 시민단체로부터 거센 질타를 받았고 현재의 명칭으로 수정되어야 했다.

보건복지부는 2005년 10월 19일 노인수발보장법안을 입법예고하였다. 그러나 곧바로 법안의 명칭을 노인수발보험법안으로 수정하였다. '보장'은 조세방식에 더 적합한 용어이므로 '보험'이라는 명칭이 더 적합하다는 지적이 제기되었기 때문이었다. 또한 기획예산처는 재정부담을 이유로 노인수발평가관리원의 신설을 반대하였고, 보건복지부는 이 계획을 포기할 수밖에 없었다. 이러한 조정을 거쳐 2006년 2월 7일 노인수발보험법안이 정부입법안의 형식으로 국회에 제출되었다(국민건강보험공단, 2018: 62-63).

정부 주도로 별다른 이견없이 과천청사에서 조용히 진행되었던 정책개발과정과 달리 입법과정은 관련 이해단체들의 입장이 표출되면서 많은 논란을 야기시켰다. 노인단체, 시민운동, 노동운동, 의료단체 등 37개 민간단체들은 2006년 4월 '장기요양보장제도 쟁취를 위한 연대회의'를 발족시켰고, 연대회의를 중심으로 자신들의 주장을 개진하였다. 정부안 이외에도 열린우리당 2개, 한나라당 2개, 민주노동당 1개 등 5개의 의원입법안이 추가로 제출되었다. 시민단체들도 입법청원안을 제출하여 총 7개의 법안이 제출된 것이었다(국민건강보험공단, 2018: 63).

2006년 9월부터 국회 보건복지상임위원회는 공청회나 간담회를 통해 관련 단체들의 주장을 조율하기 시작하였다. 예상대로 법안의 명칭이 쟁점화되었다. 연대회의를 중심으로 한 관련 단체들의 거센 질책 속에서 「노인수발보험법」이라는 명칭은 「노인장기요양보험법」으로 변경되었다. 장애인의 포함 여부도 크게 쟁점이 되었다. 정부안을 제외한 거의 모든 입법안들은 장애인을 대상에 포함하였고 연대회의에서도 장애인을 포함시킬 것을 요구하였지만, 정부는 장애인에 대한 별도의 종합대책을 마련하겠다는 약속을 통해 정부의 입장을 관철시켰다(이원필, 2007: 27). 경실련과 참여연대, 민노총 등의 시민단체와 노동단체들은 사회적 합의의 부재, 정부의 재정책임 방기, 시설 부족 등을 이유로 정부안의 재검토를 요구하였다. 나아가 10%의 본인부담률을 제안했지만, 보건복지부는 이용자들의 오남용을 이유로 반대하였다(유은주, 2008: 181; 이원필, 2007: 27). 사회복지사협회는 사회복지사가 배제된 전문인력 배치계획에 크게 반발하였고, 대한의사협회는 노인수발보험이 기능이 저하된 노인을 시설에 수용하여 치료받는 권리를 부당하게 제한할 것이라고 비판하였다

(유은주, 2008: 181).

관리운영에 있어서도 시군구의 지방자치단체가 시설과 인원 등의 인프라 구축에 용이하고 지역건강증진사업과의 연계가 쉽다는 점에서 지방자치단체가 전체 관리 운영을 맡거나, 등급판정 및 요양계획서 작성 등의 역할을 담당해야 한다는 주장이 제기되었다. 하지만 조직의 확장을 원했던 보건복지부는 이에 반발하였고, 국민건 강보험공단안을 고수하였다. 결국 2006년 10월 시군구청장협의회가 노인장기요양 보험의 운영을 맡기 어렵다고 의견을 밝히면서 관리운영주체 논란은 일단락되었다 (이원필, 2007: 27). 결국 「노인장기요양보험법」은 2007년 4월 2일 국회 본회의를 통 과하였다. 이에 따라 2008년 7월 1일부터 노인장기요양보험은 본격적인 시행에 들 어가게 되었다.

2) 2008년 노인장기요양보험의 시행

「노인장기요양보험법」이 제정되었지만 언론들은 제도의 시행에 대해 의구심을 떨치지 않았다. 장기요양서비스를 제공하기 위한 시설이 너무 부족했기 때문이었 다. 보건복지부는 2008년 7월 제도 시행을 위해서는 6만 2천 개의 병상이 필요할 것 으로 예측했지만, 2005년 기준으로 노인요양시설은 543개소, 2만 9,963개 병상에 불과했다. 재가노인복지시설도 마찬가지였다. 재가노인복지시설은 2006년 당시 1,045개소가 있었지만 주로 자원봉사자들이 저소득층의 경증노인들에게 반찬배달 과 같은 단순한 복지서비스를 제공하는 시설들이었다. 중증노인에게 장기요양급여 를 제공하는 재가시설은 절대적으로 부족한 상황이었다(국민건강보험공단, 2018: 89).

상황의 심각성은 보건복지부도 인지하고 있었다. 석재은 교수의 표현대로 '서비 스 없는 보험'이라는 가상비난의 공포에 사로잡힌 보건복지부는 모든 총력을 다해 서비스 인프라의 확충에 나섰다(석재은, 2010: 38). 먼저, 보건복지부는 인력과 시설 기준의 완화에 나섰다. 2007년 3월 「노인복지법」의 개정을 통해 노인의료시설을 노 인요양시설과 노인요양공동생활가정으로 단순화하였고, 2008년 4월 시행규칙을 개정하여 노인의료시설과 재가노인복지시설의 설치기준과 인력기준을 완화였다.

요양기관의 확충은 민간의 참여 확대를 통한 시장화전략을 통해 이루어졌다. 보 건복지부는 민간의 적극적인 참여를 유도하기 위해 전국을 순회하며 사업설명회를 개최했다. 사업설명회에서는 민간 창업전문 컨설턴트를 활용하여 장기요양사업의 수익구조를 설명하고 창업전략까지도 상세하게 제시했다. 또한 대한간호협회 등 유관단체를 대상으로 별도의 설명회를 개최하였다. 이에 따라 재가요양시설은 2008년 7월 6,340개소로 크게 증가하였다. 요양시설 1,395개소를 포함하면 제도 시행 시점에서 확보한 전체 장기요양기관은 총 7,735개소였으며, 양적인 측면의 인프라는 어느 정도 구축한 셈이었다(국민건강보험공단, 2018: 95).

이를 통해 보건복지부는 '서비스 없는 보험'이라는 가상공포에서 벗어나게 되었지만, 영리를 목적으로 하는 민간사업자들의 대거 참여는 또 다른 문제를 야기시켰다. 민간사업자들은 수급자를 유치하기 위해 과당경쟁을 펼쳤고, 본인부담금을 면제해 주거나 경품을 제공하는 등 불법적인 유인·알선행위를 불사하였다. 나아가 과장 또는 허위 부당청구 등 불법행위도 서슴치 않았다(이미진, 2009: 23; 최경숙, 2011: 12-13; 윤지영, 2015: 12-13). 이에 따라 요양서비스의 질은 떨어졌고, 수급자는 단지 돈벌이 수단으로 이용되는 경우도 적지 않았다. 나아가 인력기준이나 운영기준의 완화 조치는 시설환경을 열악하게 하였고, 입소노인들에 대한 방치나 학대 등의 인권침해 사례도 빈번하게 발생하였다(국민건강보험공단, 2018: 113).

보건복지부는 장기요양급여서비스를 제공하는 전문인력으로 '요양보호사'제도를 신설하였고, 2008년 7월 노인장기요양보험을 시행하기 위해서는 최소한 6만 9,000여 명의 요양보호사가 필요할 것으로 추산하였다. 그러나 요양보호사제도는 새로 도입된 제도였기 때문에 「노인장기요양보험」 입법 당시 요양보호사는 단 1명도 없었다. 이에 보건복지부는 노인요양시설에 근무하는 기존의 가정봉사원과 생활지도원들이 제도 시행 후 2년 동안 요양보호사의 업무를 수행할 수 있도록 임시조치를 마련하는 한편, 요양보호사의 대량육성에 들어갔다.

2008년 1월 101개소에 불과했던 요양보호사 교육기관을 7월까지 1,034개소로 증가시켰고(국민건강보험공단, 2018: 101), 1~2개월의 단기과정 수료만으로 요양보호사 자격증을 남발하였다. 그 결과 2009년까지 약 45만 명의 요양보호사가 배출되어 심각한 공급과잉을 초래하였다(최경숙, 2009: 15). 날림으로 만들어진 요양보호사 양성체계는 부실교육과 낮은 전문성으로 귀결되었고, 공급과잉은 요양보호사의 임금과 근무조건을 열악하게 만들었다(최경숙, 2011: 12-13). 이는 과당경쟁으로 인한 요양기관들의 출혈을 요양보호사에게 전가시킬 수 있는 토대가 되었다(최혜지, 2009: 6). 이러한 날림 양성체계는 장기요양서비스의 전문성을 인정하지 않고 수발과 동일시했던 정책결정자들의 낮은 인식수준에서 기인한 측면이 크다(최혜지, 2010: 53).

노인장기요양보험이 공식적으로 시작되는 것은 2008년 7월 1일이지만, 장기요양 인정 신청서를 접수하기 시작한 것은 4월 15일부터였다. 시행 당시 노인장기요양보험의 대상자는 장기요양보험가입자 또는 의료급여수급권자로서 65세 이상의 노인과 65세 미만의 치매, 뇌혈관성 질환 등 노인성 질병을 가진 사람이었다. 건강보험공단은 서비스 신청자의 요양서비스 필요량을 시간으로 측정하여 이를 토대로 요양인정점수를 산출하였다. 장기요양 1~3등급 판정을 받은 사람들은 등급에 따라 정해진 월 한도액 범위 내에서 장기요양서비스를 제공받았다. 이때 장기요양등급은 요양인정점수가 95점 이상이면 1등급, 75~95점 미만이면 2등급, 55~75점 미만이면 3등급으로 결정되었다.

2008년 4월 15일부터 시행 전까지 29만 5,715명이 인정신청을 했는데, 이는 당시 65세 이상 노인인구의 5.9%에 해당하는 수치였다. 2008년 7월 장기요양급여가 시작되었을 당시 등급판정자는 전체 노인인구의 2.9%인 14만 6,643명이었다(국민건강보험공단, 2018: 105). 그러나 요양인정점수가 서비스 필요시간을 기반으로 측정됨에 따라 신체기능상의 제한이 없는 인지기능 저하자의 경우 등급판정을 받기 어렵다는 지적이 자주 제기되었다(이윤경, 2012: 5). 즉, 인지 기능의 저하로 독립적 일상생활이 불가능한 다수의 치매노인이 제외되었다.

많은 문제점이 나타났지만 2008년 시행된 노인장기요양보험은 그동안 가족의 책임으로 인식되었던 노인의 부양 문제를 사회와 국가의 책임을 전환시켰다는 점에서 중요한 의미를 갖는다. 이를 통해 장기요양에 대한 가족의 부담을 덜어 주었을 뿐만 아니라 노인의 삶의 질에도 긍정적인 영향을 주었다. 노인들의 노후 불안감을 상당부분 해소해 주고, 가족에게 부담이 되고 있다는 노인들의 심리적 압박감을 완화해 주었다(국민건강보험공단, 2018: 35).

2. 노인장기요양보험의 현황

1) 적용대상과 장기요양인정

노인장기요양보험의 가입대상자는 건강보험과 동일하며, 건강보험 가입자는 자동적으로 노인장기요양보험의 가입자가 된다. 의료급여수급권자는 노인장기요양보험의 가입대상자는 아니지만 국가와 지방자치단체의 부담으로 장기요양서비스의 신청자격을 인정받고 있다. 의료급여수급권자에 포함되는 생계급여수급권자도 동일한 적용을 받는다.[2]

그러나 노인장기요양보험 가입자나 의료급여수급권자라 해도 누구나 장기요양급여를 받을 수 있는 것은 아니다. 장기요양급여를 받을 수 있는 권리, 즉 장기요양인정을 받아야 한다. 장기요양인정의 신청자격은 일차적으로 65세 이상의 노인이나 65세 미만이지만 치매, 뇌혈관성 질환, 파킨슨병 등과 같은 노인성 질병을 가진 사람으로 한정된다. 노인성 질병의 구체적인 종류는 시행령으로 정하며, 2022년 현재 21개 질병이 규정되어 있다. 해당자는 국민건강보험공단 지사에 설치된 장기요양센터에 장기요양인정을 신청한다. 신청서가 접수되면 국민건강보험공단 소속의 간호사, 사회복지사, 물리치료사 등으로 구성된 방문조사팀이 가정을 방문하여 신청인의 심신상태, 요양환경, 장기요양 욕구 등을 조사한다. 의사소견서 제출대상자는 방문조사와 병행하여 의사소견서를 제출해야 한다. 장기요양등급판정위원회는 방문조사 결과와 의사소견서를 토대로 장기요양인정 여부 및 장기요양등급을 판정한다. 장기요양인정자는 장기요양인정점수에 따라 6단계로 구분된 장기요양등급을 부여받는다. 장기요양등급이 부여되면 장기요양급여에 대한 권리가 발생한다.

---

[2] 「노인장기요양법」 제12조는 '장기요양인정의 신청자격'을 의료급여수급권자로 규정하고 있다. 2021년 10월까지는 생계급여와 의료급여의 부양의무자기준이 동일했기 때문에 의료급여보다 선정기준이 낮은 생계급여수급권자는 자동적으로 장기요양서비스 신청자격을 부여받았다. 그러나 2021년 10월 생계급여의 부양의무자기준은 크게 완화된 반면 「의료급여법」은 과거의 부양의무자기준을 그대로 유지하고 있기 때문에, 생계급여수급권자이면서도 의료급여수급권자가 아닌 저소득층이 발생하게 되었다. 이에 따라 노인장기요양보험의 대상이 아닌 생계급여수급권자의 발생도 불가피하게 되었다.

표 8-1 장기요양등급 판정기준

등급	심신의 기능상태
1등급	심신의 기능상태에 장애가 있으며 장기요양인정 점수가 95점 이상인 사람
2등급	심신의 기능상태에 장애가 있으며 장기요양인정 점수가 75~95점 미만인 사람
3등급	심신의 기능상태에 장애가 있으며 장기요양인정 점수가 60~75점 미만인 사람
4등급	심신의 기능상태에 장애가 있으며 장기요양인정 점수가 51~60점 미만인 사람
5등급	치매환자로서 장기요양인정 점수가 45~51점 미만인 사람
인지지원등급	치매환자로서 장기요양인정 점수가 45점 미만인 사람

장기요양등급 판정기준은 〈표 8-1〉과 같다.

　장기요양등급 산정의 기초가 되는 장기요양인정점수는 신체기능, 인지기능, 행동변화, 간호처지, 재활 등의 영역에서 52개의 항목을 통해 산출된다. 52개 항목을

표 8-2 장기요양점수 산정을 위한 영역별 항목

등급	심신의 기능상태				
신체기능 (12항목)	-옷 벗고 입기 -식사하기 -일어나 앉기 -화장실 사용하기	-세수하기 -목욕하기 -옮겨 앉기 -대변 조절하기		-양치질하기 -체위 변경하기 -방 밖으로 나오기 -소변 조절하기	
인지기능 (7항목)	-단기 기억장애 -상황판단력 감퇴 -나이/생년월일 불인지	-지시불인지 -장소불인지		-날짜불인지 -의사소통/전달장애	
행동변화 (14항목)	-망상 -환청, 환각 -슬픈 상태, 울기도 함 -불규칙수면, 주야혼돈 -도움에 저항	-서성거림, 안절부절못함 -길을 잃음 -폭언, 위협행동 -밖으로 나가려 함 -의미가 없거나 부적절한 행동		-물건 망가트리기 -돈/물건 감추기 -부적절한 옷 입기 -대/소변 불결행위	
간호처치 (9항목)	-기관지절개관 간호 -흡인 -산소요법	-경관영양 -욕창간호 -암성통증간호		-도뇨관리 -장루간호 -투석간호	
재활 (10항목)	운동장애(4항목)		관절제한(6항목)		
	-우측상지　-우측하지 -좌측상지　-좌측하지		-어깨관절　-팔꿈치관절　-손목 및 수지관절 -고관절　　-무릎관절　　-발목관절		

영역별로 살펴보면 〈표 8-2〉와 같다. 장기요양점수는 52개 항목을 2점 내지 3점 척도로 측정하여 요양필요도를 평가하고, 이를 점수화한 것이다. 여기서 요양필요도는 서비스 필요시간을 기반으로 하기 때문에, 신체기능상의 제한이 없는 인지기능 저하자에게 불리하게 작용한다. 제도 초기에는 장기요양점수가 55점 이상인 사람에게만 수급자격을 부여하였으나, 인지적 기능의 저하로 일상생활이 어려운 치매노인들이 경증으로 분류되어 등급외자로 판정되는 문제가 발생하였다.

인구 고령화와 함께 치매환자들이 급증하면서 장기요양점수 산정체계의 공정성에 대한 문제 제기와 민원이 폭증하였고, 보건복지부는 치매환자에게 가점을 부여하거나 장기요양 3등급의 최저점수를 하향조정하는 방식으로 대응하였다. 2013년 장기요양 3등급의 최저점수를 51점으로 낮추자, 3등급 판정자가 전체 장기요양인정자의 50% 이상으로 증가하였다(국민건강보험공단, 2018: 126). 이에 보건복지부는 2014년 7월부터 기존의 장기요양 3등급을 3등급과 4등급으로 분리하는 한편, 치매특별등급인 5등급을 신설하여 장기요양점수 45~51점 미만의 치매환자들을 배치하였다. 이에 따라 〈표 8-1〉과 같이 현재의 5등급체계가 이루어지게 되었다.

치매노인의 수가 계속 증가하자 2017년 출범한 문재인 정부는 '치매국가책임제'를 핵심국정과제로 내세웠다. 이에 따라 노인장기요양보험은 2018년 1월 1일부터 〈표 8-1〉과 같이 '인지지원등급'을 신설하였다 .인지지원등급이란 치매가 확인된 경우 신체적 기능과 관계없이 장기요양보험의 대상자가 될 수 있도록 하는 새로운 등급이다. 이는 사실상 장기요양서비스를 경증치매환자 전체로 확대한 것이었다(국민건강보험공단, 2018: 131).

이와 같은 대상자 확대 조치에 힘입어 장기요양급여 대상자는 큰 폭으로 증가하였다. 〈표 4-3〉은 제도 도입 이후 장기요양인정자 수의 변화 추이를 나타내고 있다. 〈표 4-3〉에 의하면 제도 도입 당시 장기요양인정자 수는 21만 4,480명이었으나, 2020년 현재 85만 7,984명으로 약 4배 증가하였다. 이러한 증가추이는 인구고령화에 따른 노인인구 수의 증가도 반영하지만, 장기요양인정 조건의 완화에서도 기인한다.

제도 도입 당시에는 장기요양인정 조건의 엄격성이 비판의 대상이었지만, 경증 치매노인으로 대상자를 전면 확대하면서 지금은 제도의 취지와 대상자 선별의 모호성이 문제점으로 지적되고 있다. 먼저,「노인장기요양보험법」제2조와 제15조는

표 8-3 연도별 장기요양인정자 변화 추이

연도	65세 이상 노인인구	노인인구비율	신청자	인정자	신청자대비 인정율	노인인구대비 인정율
2008	5,109,644	10.2%	376,030	214,480	57.0%	4.2%
2009	5,286,383	10.5%	522,293	286,907	55.0%	5.4%
2010	5,448,984	10.8%	622,346	315,994	50.8%	5.8%
2011	5,644,758	11.1%	617,081	324,412	52.6%	5.7%
2012	5,921,977	11.6%	643,409	341,788	53.1%	5.8%
2013	6,192,762	12.0%	685,852	378,493	55.2%	6.1%
2014	6,462,740	12.5%	736,879	424,572	57.6%	6.6%
2015	6,719,244	12.9%	789,024	467,752	59.3%	7.0%
2016	6,940,396	13.3%	848,829	519,850	61.2%	7.5%
2017	7,310,835	13.9%	923,543	585,287	63.4%	8.0%
2018	7,611,770	14.5%	1,009,209	670,810	66.5%	8.8%
2019	8,003,418	15.1%	1,113,093	772,206	69.4%	9.6%
2020	8,480,208	16.0%	1,183,434	857,984	72.5%	10.1%

출처: 국민건강보험공단(각 년도).

장기요양서비스를 고령이나 노인성 질병으로 인하여 6개월 이상 혼자서 일상생활을 수행하기 어려운 중증 이상의 노인에게 제공하는 서비스로 규정하고 있으나, 경중 치매노인들은 이러한 규정을 이탈하는 경우가 많기 때문에 제도의 취지에 적절하지 않다는 것이다. 또한 대상자의 확대는 장기요양인정과 등급판정의 정확성과 객관성을 확보하기 어렵게 만들었다. 경중 치매는 충분한 시간을 갖고 주의깊은 관찰을 해야 판정할 수 있지만, 방문조사의 여건상 충분한 관찰이 쉽지 않기 때문에 대부분 가족이나 주변인의 진술에 의존할 수밖에 없다. 하지만 신청자와 가족이 허위 내지 과장 진술을 하거나 제도에 대한 이해가 주관적일 경우 이를 선별할 장치가 마땅치 않다는 것이다(제갈현숙, 주은선, 2020: 374). 〈표 8-4〉에 따르면 2020년 현재 장기요양인정자 중 4~6급에 해당하는 경중 대상자는 48만 8,249명이며, 전체의 57%를 차지하고 있다. 정확성과 객관성을 확보하기 위한 장기요양인정 체계의 개선이 요구되는 상황이다.

표 8-4 2020년 장기요양등급별 인정자 수

구분	계	1등급	2등급	3등급	4등급	5등급	인지지원
전체 인정자	857,984	43,040	86,998	238,697	378,126	91,960	19,163
일반	423,677	21,517	41,984	117,762	184,491	47,398	10,525
감경	286,369	14,153	30,898	82,899	123,787	29,099	5,533
의료급여	10,112	490	1,005	2,860	4,526	1,049	182
기초수급	137,826	6,880	13,111	35,176	65,322	14,414	2,923

출처: 국민건강보험공단(각 년도).

　장기요양인정과 장애등급의 유효기간은 2년이다. 다만, 장기요양인정 갱신 결과 직전 등급과 같은 등급으로 판정되면, 갱신된 장기요양인정의 유효기간은 1등급의 경우 4년, 2~4등급은 3년으로 연장된다. 제도 시행 초기에는 유효기간이 1년이었으며, 연속해서 3회 이상 같은 등급으로 판정되어야만 2년의 유효기간을 적용했었다. 수급자들은 잦은 갱신신청을 해야 했고, 이는 가장 많은 민원의 대상이 되었다. 이에 따라 보건복지부는 점진적으로 유효기간을 연장하여 2020년부터 현재의 규정을 사용하고 있다.

　노인장기요양보험의 인정자로 판정된 장애인은 「장애인 활동지원에 관한 법률」에 의한 장애인 활동보조서비스를 이용할 수 없다. 그러나 제도 시행 초기 이를 인지하지 못했던 장애인들이 장기요양등급을 판정받았고, 이후 이를 취소해 달라는 민원을 계속 제기하였다. 이에 따라 보건복지부는 2015년 9월부터 장기요양 인정 등급 포기제도를 운영하고 있다. 등급포기신청서를 제출하고 30일 이내에는 신청을 취소할 수 있지만, 1회에 한해서만 허용된다.

2) 장기요양급여

　장기요양급여란 6개월 이상 혼자서 일상생활을 수행하기 어렵다고 인정되는 사람에게 제공하는 서비스나 현금을 의미한다(「노인장기요양보험법」 제2조 2호). 장기요양인정자는 〈표 8-5〉와 같이 등급에 따라 정해진 월 한도액 내에서 장기요양급여를 받을 수 있다. 여기서 월 한도액은 제공받는 서비스 수가의 총액을 의미한다. 1등급의 경우 월 167만 2,700원의 한도에서 장기요양급여를 이용할 수 있으며, 인

표 8-5 **요양등급별 장기요양급여 월 한도액**

등급	월 한도액
1등급	1,672,700원
2등급	1,486,800원
3등급	1,350,800원
4등급	1,244,900원
5등급	1,068,500원
인지지원등급	597,600원

지지원등급자들은 월 59만 7,600원의 한도를 갖는다. 단, 인지지원등급은 이용할 수 있는 급여의 범위가 재가급여 중에서 주·야간보호, 복지용구 지원, 치매가족휴가제의 단기보호로 제한된다.

장기요양급여는 크게 재가급여, 시설급여, 특별현금급여로 구분된다. 재가급여에는 방문요양, 방문목욕, 방문간호, 주·야간보호, 단기보호, 기타 재가급여로 구성된다. 방문요양은 요양보호사가 수급자의 가정을 방문하여 신체활동 및 가사활동 등을 지원하는 장기요양서비스이다. 세면 도움·구강관리·머리 감기기·목욕 도움·식사 도움 등의 신체활동지원과 취사·청소·주변정돈·세탁 등의 일상생활지원, 외출 시 동행·일상업무 대행 등의 개인활동지원, 말벗·생활상담·의사소통 도움 등의 정서적 지원이 포함된다.

방문목욕은 장기요양요원이 목욕설비를 갖춘 차량을 이용하여, 수급자의 가정을 방문해서 목욕을 제공하는 급여이다.

방문간호는 의사, 한의사 또는 치과의사의 지시에 따라 간호사, 간호조무사 또는 치위생사가 수급자의 가정을 방문하여 간호·진료의 보조·요양에 관한 상담·구강위생 등을 제공하는 급여이다. 방문간호는 방문요양에 비해 높은 수가가 적용된다.

주·야간보호는 수급자를 일정한 시간 동안 장기요양기관에 보호하여 목욕·식사·기본 간호·치매관리·응급서비스 등과 심신기능의 유지·향상을 위한 교육과 훈련을 제공하는 급여이다.

단기보호는 수급자를 월 9일 이내의 기간 동안 장기요양기관에 보호하여 신체활동 지원과 심신기능의 유지·향상을 위한 교육과 훈련을 제공하는 급여이다.

치매가족휴가제는 2014년 7월 처음 도입된 제도이며, 가정에서 치매노인을 돌보고 있는 가족의 휴식을 위하여 연간 8일 이내의 단기보호급여를 이용하거나 1회당 12시간 동안의 종일방문요양급여를 이용할 수 있도록 하는 제도이다. 치매가족휴가제는 월 한도액과 관계없이 별도로 사용할 수 있다.

기타 재가급여는 복지용구를 제공하거나 방문재활급여를 제공하는 장기요양급여이다. 그러나 시행령에는 복지용구만 규정되어 있기 때문에 방문재활급여는 현재 시행되지 않고 있다. 복지용구 지원은 이동변기, 목욕의자, 성인용보행기 등 구입지원품목 10종과 수동휠체어, 전동침대, 목욕리프트 등 대여지원품목 6종, 욕창예방 매트리스와 경사로(실내용, 실외용) 등 구매 및 대여 지원품목 2종 등 총 18종의 복지용구를 지원하고 있다. 복지용구 급여에는 연간 한도액이 정해져 있으며, 보건복지부 장관의 고시에 의해 정해진다. 2022년 현재 연간 한도액은 160만 원이며, 160만 원을 초과하는 비용에 대해서는 본인이 전액 부담해야 한다.

시설급여는 장기요양기관이 운영하는 「노인복지법」상의 노인의료복지시설에 장기간 입소하도록 하여 신체활동 지원 및 심신기능의 유지·향상을 위한 교육과 훈련 등을 제공하는 급여이다. 시설급여는 입소정원이 10인 이상인 노인요양시설과 10인 미만인 노인요양공동생활가정으로 구분된다. 시설급여의 수가는 장기요양등급에 따라 차등화된다. 노인요양시설의 경우 일당 64,040원(3~5등급)부터 74,850원(1등급)까지의 수가가 적용되며, 노인요양공동생활가정의 경우에는 일당 56,240원(3~5등급)부터 65,750원(1등급)까지의 수가가 책정되어 있다.

「노인장기요양보험법」에는 특별현금급여로 가족요양비와 특례요양비, 요양병원 간병비가 규정되어 있다. 하지만 특례요양비와 요양병원 간병비는 시행령에 규정이 마련되어 있지 않았기 때문에, 현재 가족요양비만 시행되고 있다. 가족요양비는 장기요양등급에 관계없이 도서벽지 등 장기요양기관이 현저히 부족한 지역에 거주하는 자, 천재지변 등으로 장기요양기관의 장기요양급여를 이용하기 어렵다고 인정된 자, 신체·정신·성격 등의 사유로 가족 등으로부터 장기요양을 받아야 하는 수급자에게 지급한다. 가족요양비의 지급액은 매월 15만 원이며, 재가급여나 시설급여를 중복하여 받을 수 없지만, 복지용구의 지원은 중복수급이 가능하다.

장기요양급여는 장기요양인정자가 임의로 선택할 수 없다. 장기요양인정자로 판정되면, 국민건강보험공단은 장기요양등급과 필요한 요양급여의 종류와 내용이 담

긴 장기요양인정서와 표준장기요양이용계획서를 송부한다. 이를 토대로 장기요양
급여의 종류와 내용이 결정되며 수급자와 장기요양기관은 장기요양급여의 제공계
약을 문서로 체결한다. 방문간호를 이용할 경우에는 의사, 한의사 또는 치과의사로
부터 방문간호지시서를 발급받아 첨부해야 한다.

　노인장기요양보험은 건강보험과 마찬가지로 이용자가 수가의 일부를 자부담한
다. 본인일부부담금은 재가급여의 경우 수가의 15%, 시설급여는 20%로 정해져 있
다. 다만, 의료급여수급권자는 본인부담금이 면제된다. 그러나 식사재료비, 상급침
실 이용에 따른 추가 비용, 이·미용비는 비급여항목으로 이용자가 전액 부담한다.
아울러 장기요양인정서에 기재되지 않은 장기요양급여를 받거나, 월 한도액을 초
과하여 장기요양급여를 이용하는 경우에는 이용자가 전액 부담해야 한다.

　차상위계층인 희귀난치성질환자나 만성질환자는 본인부담금의 60%를 감면받
을 수 있다. 나아가 건강보험료가 하위 25% 이하에 해당되는 저소득층도 본인부담
금의 60%가 감면되며, 하위 25~50% 이하에 해당되는 사람은 본인부담률의 40%
가 감면된다. 단, 직장가입자는 재산과표액을 추가로 반영하여 감면대상자를 선정
한다. 본인부담금의 60%를 감면받을 경우 재가급여와 시설급여의 본인부담률은
각각 6%와 8%로 하락하며, 40%를 감면받을 경우에는 9%와 12%로 하향조정된다.
〈표 8-4〉에 의하면 2020년 전체 장기요양인정자 85만 7,984명 중 감면대상자는

표 8-6 장기요양급여 이용 현황

구분	2016	2017	2018	2019	2020
급여이용수급자(명)	520,043	578,867	648,792	732,181	807,067
급여제공일수(만일)	10,997	12,292	13,593	15,434	17,333
급여비(억원)	50,052	57,600	70,670	85,653	98,248
공단부담금(억원)	44,177	50,937	62,992	77,363	88,827
공단부담률(%)	88.3	88.4	89.1	90.3	90.4
수급자 1인당 월평균 급여비(원)	1,067,761	1,103,129	1,208,942	1,284,256	1,315,195
수급자 1인당 월평균 공단부담금(원)	942,415	975,496	1,077,291	1,159,922	1,189,071

출처: 국민건강보험공단(각 년도).

28만 6,369명이었으며, 본인부담금이 면제되는 의료급여수급권자와 기초생활보장 수급권자는 14만 7,938명이었다. 전체 인정자의 50.7%가 면제 내지 감면대상자인 셈이다.

〈표 8-6〉은 2020년 현재 장기요양급여의 이용 현황을 나타낸다. 2020년 현재 장기요양급여 수급자는 80만 7,067명으로 2016년 이후 해마다 10% 이상 증가하는 추세를 보이고 있다. 장기요양인정기준의 완화, 인구고령화, 노인장기요양보험에 대한 인지도의 증가 등이 복합적으로 작용한 결과이다. 2016년 이후 급여제공일수와 급여비 역시 두 배 가까이 늘었으며, 2018년 본인부담금 감면대상자를 확대한 이후 공단부담금은 큰 폭으로 증가하고 있다. 인구고령화가 지속되는 한 장기요양급여의 이용은 계속 증가할 것으로 예상된다.

〈표 8-7〉은 급여종류별 공단부담금의 지출 현황을 나타낸다. 〈표 8-7〉에 의하면 2016년까지 재가급여와 시설급여의 비중은 비슷하였고, 이에 따라 노인장기요양보험은 '삶터에서 노후보내기(aging in place)'를 지향하는 현대 노인복지의 추세에 맞지 않다는 비판을 받았다. 그러나 2017년부터 재가급여의 비중이 시설급여를 추월하였고, 그 차이는 점점 커지고 있다. 재가급여를 급여종류별로 살펴보면 방문요

표 8-7 급여종류별 공단부담금 지출 현황 (단위: 억 원, %)

구분	2016 금액	2016 비율	2017 금액	2017 비율	2018 금액	2018 비율	2019 금액	2019 비율	2020 금액	2020 비율
장기요양 공단부담금	44,177	–	50,937	–	62,992	–	77,363	–	88,827	–
재가급여	21,795	100.0	26,417	100.0	34,344	100.0	43,702	100.0	52,302	100.0
－방문요양	16,076	73.8	18,916	71.6	24,364	70.9	30,071	68.8	35,889	68.6
－방문목욕	754	3.5	892	3.4	1,003	2.9	1,162	2.7	1,362	2.6
－방문간호	96	0.4	132	0.5	177	0.5	221	0.5	261	0.5
－주·야간보호	3,608	16.6	5,119	19.4	7,361	21.4	10,444	23.9	12,726	24.3
－단기보호	136	0.6	134	0.5	123	0.4	112	0.3	88	0.2
－복지용구	1,125	5.2	1,223	4.6	1,315	3.8	1,692	3.9	1,976	3.8
시설급여	22,382	100.0	24,520	100.0	28,648	100.0	33,661	100.0	36,525	100.0
－노인요양시설(현행법)	19,844	88.7	21,971	89.6	25,879	90.3	30,634	91.0	33,416	91.5
－노인요양공동생활가정	2,538	11.3	2,549	10.4	2,769	9.7	3,027	9.0	3,109	8.5

출처: 국민건강보험공단(각 년도).

양급여의 공단부담금이 3조 5,889억으로 재가급여의 68.6%를 차지하고 있다. 나아가 치매노인들이 증가하면서 주야간보호에 대한 수요가 급증하고 있다. 주야간보호에 대한 공단부담금은 2016년 3,608억원에서 2020년 1조 2,726억원으로 급증하였다. 이에 따라 재가급여에서 주·야간보호가 차지하는 비중은 같은 기간 16.6%에서 24.3%로 7.7% 포인트 증가하였다. 시설보호의 경우에는 노인요양시설의 비중이 절대적임을 확인할 수 있다.

노인장기요양급여와 관련하여 가장 많이 제기되는 문제는 서비스의 분절성이다. 특히, 의료서비스나 재활서비스와의 단절은 심각한 문제를 야기한다. 장기요양시설에서는 의료서비스를 제공하지 않기 때문에 의료처치가 필요한 이용자들은 적절한 의료처치를 받지 못하고 급할 시에는 요양병원으로 이동해야 하는 번거로움이 발생된다. 아울러 요양병원에 입원하는 순간 간병서비스에 대한 보험 혜택을 받지 못하게 되므로 경제적인 이중부담이 발생한다. 이로 인해 보호자와 이용자는 장기요양시설에 대해 불안감을 갖고 있으며, 장기요양등급을 받고도 요양병원에 입원하거나 서비스를 이용하지 않고 있다. 일단 요양시설에 입소하고 나면 의료적으로 방치될 가능성이 높기 때문에 현대판 고려장이라는 오명까지도 듣고 있는 실정이다. 노인의 경우 대부분 만성질환자들이기 때문에 의료와 복지의 분리는 실질적으로 가능하지 않다. 그럼에도 불구하고 장기요양기관과 요양병원은 각각「노인장기요양보험법」과「건강보험법」의 적용하에 별도로 운영됨으로써 서비스의 단절을 발생시키고 있다(송문선, 2021: 82).

나아가 재활서비스의 배제는 노인들의 기능 증진 내지 회복의 가능성을 단절시킨다. 노인의 신체적, 정신적 기능상태가 일정한 방향성을 지니고 있는 것은 사실이지만, 반드시 일방적인 것은 아니다. 즉, 노인의 신체적, 정신적 기능은 점진적으로 저하되는 것이 보편적이지만 적절한 재활서비스를 받으면 회복도 가능하다. 그러나 노인장기요양보험은 재활서비스를 배제한 채 일상생활지원의 단순서비스만을 제공하고 있다(최혜지, 2010: 53).

또한 노인장기요양보험은 중앙집권적인 전달체계를 구축하고, 각 지사의 운영센터들은 지역에서 다른 보건의료 및 복지 관련 기관들과 기본적인 연계조차 시도하지 않고 있다. 시장화로 인해 영리를 추구하는 많은 장기요양기관들도 외부기관과의 연계에 소극적이다(전용호, 2020: 297). 이로 인해 노인장기요양보험은 효과적인 케어메니지먼트(care management)의 수행과 통합적인 커뮤니티케어(community care)의 제공에 걸림돌이 되고 있다.

3) 장기요양급여의 전달체계

보건복지부는 노인장기요양보험의 주무부처로서 장기요양에 관한 정책을 수립하고 노인장기요양보험의 운영과 관리에 대한 총괄적 책임을 진다. 장기요양위원회는 보건복지부 산하에 설치된 심의기구이며, 장기요양보험료율, 가족요양비의 지급기준, 재가급여와 시설급여의 비용 등을 심의하는 역할을 수행한다.

노인장기요양보험의 관리운영은 국민건강보험공단이 맡고 있으며, 자격관리, 인정조사, 등급판정, 급여관리, 보험료 징수 등의 업무를 수행한다. 장기요양등급판정위원회는 의료인, 사회복지사, 공무원 등으로 구성되며, 장기요양인정점수를 결정하고 등급을 판정한다. 장기요양심사위원회는 장기요양보험의 운영과정에서 이루어진 공단의 결정에 대해 불복하는 이의신청 사건을 심사하는 기능을 담당한다.

장기요양기관은 법인이나 개인 누구나 설치할 수 있다. 단, 사회복지사 또는 의료인 1인을 관리책임자로 두어야 하고 간호행위는 간호사가, 요양행위는 요양보호사가 수행해야 한다. 장기요양기관을 설치하려면 「노인복지법」에 따라 재가노인복지시설이나 노인의료복지시설을 설치하고 「노인장기요양보험법」에 따라 시·군·구청장에 의해 장기요양기관으로 지정을 받아야 한다. 장기요양기관으로 지정을 받으면 시설급여와 재가급여 모두 제공할 수 있다.

반면 재가장기요양기관은 「노인복지법」과 상관없이 「노인장기요양보험법」이 정한 시설 및 인력을 갖추어 시·군·구청장으로부터 장기요양기관 지정만 받으면 재가급여를 제공할 수 있다. 재가장기요양기관은 「노인장기요양보험법」에 의해 재가서비스만을 제공하므로 엄격한 의미에서 사회복지시설로 분류되지 않는다(국민건강보험공단, 2018: 81). 2018년 이전까지는 신고제로 운영되어 왔으나, 2018년부터 기관의 난립을 방지하기 위하여 허가제(지정제)로 전환되었다.

2020년 현재 장기요양기관은 2만 5,384개소이며, 이 중 재가요양기관은 1만 9,621개소, 시설요양기관은 5,763개소가 운영되고 있다. 시행 초기 인프라부족을 염려한 정책당국은 민간기관 위주로 기관의 설립을 유도하였고, 그 결과 심각한 공급과잉과 많은 부작용을 발생시켰다. 지금도 공급과잉은 해소되지 않고 있다. 〈표 8-6〉에 따르면 2020년 장기요양급여 수급자는 80만 7,067명이다. 이를 기관 수로 나누면, 기관 1개소 당 평균 이용자 수는 31.8명에 불과한 실정이 다. 서비스 수가 산출의 표준운영모형에서 안정적 기관운영의 분기점을 평균 이용자 수 40명으로 산정한 것과 비교하면(석재은, 2017: 436), 크게 부족한 수치이다. 나아가 민간중심의 구성도 설립초기와 다를 바 없다. 재가요양기관의 경우 공공부문의 비중은 0.8%에 불과하며, 시설요양기관도 2.0%에 그치고 있는 실정이다(석재은, 2017: 436). 이에 따라 기관들의 각종 편법과 부당행위는 시행초기와 전혀 달라지지 않았고, 허위·부당청구도 끊임없이 대규모로 진행되고 있다. 2018년 노인요양시설 836곳에 대한 현지조사만으로도 허위·부당청구로 인한 착복액은 150억 원에 달하였다. 전국적으로 조사를 확대할 경우 허위·부당청구액은 수천억 원에 이를 것으로 추정된다(한겨레신문, 2019. 5. 31.).

국민건강보험공단은 3년마다 정기평가를 실시하고 있으나, 현지조사나 정기평가에서 허위·부정행위가 발각되더라도 이를 제재할 강력한 권한이 없다. 지정취소와 같은 강력한 수단은 시·군·구청장의 권한이지만, 지자체들은 지역경제, 지역일자리 등을 핑계로 징계를 회피하고 있는 실정이다(제갈현숙·주은선, 2020: 391). 이에 따라 공단은 업무정지나 경고 내지 과태료처분과 같은 조치에 그치고 있다. 나아가 기관들은 건강보험공단의 평가를 피하기 위해 2~3년을 주기로 요양기관의 폐업과 신설을 반복하는 편법을 동원하고 있다(석재은, 2017: 436).

〈표 8-8〉은 노인장기요양기관에 근무하는 전문직의 현황을 나타낸다. 노인장기요양기관의 핵심인력은 요양보호사이며, 2020년 현재 45만 970명이 장기요양기관에 근무하여 전문직 중 압도적인 비중을 차지하고 있다. 요양보호사제도는 2008년 노인장기요양보험의 출범과 함께 시작되었다. 시행 초기에는 1급과 2급으로 구분되었으나 2010년 4월부터 통합되어 운영되고 있다. 2008년 시행 당시 현장인력의 부족을 우려한 정책 당국은 1~2개월의 단기과정 수료만으로 요양보호사 자격증을 남발하였고, 그 결과 2009년까지 45만 명의 요양보호사가 배출되어 심각한 공급과잉을 초래하였다. 부실한 양성체계는 요양보호사의 낮은 전문성을 야기하였고, 공급과잉은 요양보호사의 열악한 임금수준과 근무조건으로 귀결되었다. 문제의 심각성을 인식한 보건복지부는 2010년 뒤늦게 자격시험제도를 도입하여 전문성 제고와

공급조절에 나섰지만, 이미 최저임금 일자리로 고착된 뒤였다.

　이에 정부는 요양보호사들의 처우개선을 위해 2016년부터 「노인장기요양보험법」에 의한 재가장기요양기관에게도 재무·회계규칙을 적용하였고,[3] 2017년 5월부터 요양보호사의 인건비 지급비율을 준수하도록 의무화하였다. 그러나 대부분의

표 8-8　노인장기요양기관 근무 전문직 현황　　　　　　　　　　　(단위: 명)

구 분		2016	2017	2018	2019	2020
계	사회복지사	14,682	18,535	22,305	26,395	30,268
	의사(계약의사포함)	1,683	2,198	2,210	2,358	2,312
	간호사	2,675	2,791	2,999	3,312	3,504
	간호조무사	9,080	9,845	10,726	12,054	13,221
	치과위생사	5	7	10	7	14
	물리(작업)치료사	1,974	2,024	2,122	2,350	2,558
	요양보호사	313,013	340,624	379,822	444,525	450,970
	영양사	1,130	1,160	1,132	1,131	1,136
재가	사회복지사	9,747	13,188	16,314	19,610	22,642
	의사(계약의사포함)	129	134	112	104	99
	간호사	1,249	1,371	1,584	1,793	1,940
	간호조무사	2,730	3,120	3,671	4,567	5,185
	치과위생사	5	7	10	7	14
	물리(작업)치료사	243	266	294	361	407
	요양보호사	259,595	284,144	319,498	377,726	381,359
	영양사	50	55	58	69	72
시설	사회복지사	5,001	5,402	6,052	6,831	7,685
	의사(계약의사포함)	1,649	2,161	2,179	2,324	2,283
	간호사	1,506	1,485	1,472	1,582	1,623
	간호조무사	7,036	7,460	7,806	8,301	8,932
	치과위생사	—	—	—	—	—
	물리(작업)치료사	1,835	1,861	1,937	2,114	2,276
	요양보호사	60,549	64,179	68,216	73,082	76,011
	영양사	1,088	1,111	1,080	1,067	1,069

출처: 국민건강보험공단(각 년도).

---

3) 「노인복지법」에 의한 노인의료시설이나 재가노인복지시설들에는 이미 1988년부터 사회복지법인 및 사회복지시설 재무·회계 규칙이 적용되고 있었다.

기관들은 인건비 지급비율에 미달되는 법정 최저임금을 지급하고 있으며, 인건비 자체가 임금을 의미하지 않기 때문에 임금액이 인건비 비율에 미달하더라도 행정적으로 문제가 되지 않는다(한국일보, 2021. 11. 9.). 이에 따라 요양보호사 일자리는 최저임금 일자리로 굳어진 상태이다. 근로조건의 열악성이 계속되면서 젊은 요양보호사의 퇴장이 가속화되고 있으며, 요양보호사들의 고령화가 빠르게 진행되고 있다. 2017년 지역별고용조사에 따르면 노인돌봄 노동자의 95.5%가 여성이며, 평균연령은 56.2세로 나타났다. 2008년까지만 해도 노인돌봄 노동자의 가장 큰 비중을 차지하는 연령대는 46~50세였으나, 2012년에는 51~55세, 2016년에는 56~60세로 최빈값의 구간이 점차 높아지고 있다(허은, 2018: 20).

노인장기요양보험은 서비스의 전달에 있어 가족인 요양보호사의 서비스 제공도 인정하고 있다. 가족인 요양보호사제도란 수급자와 가족관계인 요양보호사가 가족에게 방문요양서비스를 제공하는 경우 등록된 방문요양기관에 의해 제한적으로 급여비를 인정해 주는 제도이다. 노인 돌봄이 공적인 책임으로 공식화되기 전까지 노인 돌봄은 주로 가족의 영역이었다. 노인장기요양보험이 도입되었지만 가족의 수발을 받고 있던 노인은 본인이 익숙한 가족에게 계속 부양받기를 원했다. 이에 요양보호사 자격을 취득한 가족이 노인을 돌볼 경우 이를 방문요양급여로 인정하여 금전적 보상을 제공한 것이다(이선희, 2017: 91).

가족인 요양보호사제도는 가족 돌봄을 선호하는 노인들의 선택권을 보장한다는 점에서 정당성을 갖는 것으로 인식되어 왔다. 그러나 실제로는 요양서비스에 대한 보상보다 생계비지원의 기능을 하고 있으며, 가족의 돌봄 규범을 강화하여 여성노동의 재가족화가 심화될 수 있다는 점에서 비판적인 시각도 존재한다. 나아가 노인들의 선택이 아닌 가족의 선택으로 제도가 활용될 경우 노인의 수급권이 침해될 가능성이 높으며, 서비스가 부실화되더라도 이를 통제하기 어렵다는 점 때문에 상당한 우려가 존재한다(김은정 외, 2021: 133).

이에 따라 가족인 요양보호사제도는 도입 이후 여러 차례의 개편을 통해 인정범위가 축소되어 왔다. 2008년 1월 출범 당시 가족인 요양보호사가 제공한 방문요양서비스는 1일 최대 120분까지 인정되었고, 가족은 수급자와 같은 주택에서 생활하는 가족을 의미하였다. 그러나, 같은 해 7월 서비스 인정시간을 1일 90분으로 축소하였고, 2011년에는 다시 60분으로 축소하였다(이선희, 2017: 91). 나아가 가족인 요

표 8-9	가족인 요양보호사 이용자 수 변화 추이			(단위: 명)
연도	요양수급자 수(A)	방문요양 이용자 수	가족인 요양보호사 이용자 수(B)	B/A
2008	149,656	70,094	2,689	1.8%
2009	291,389	179,027	26,774	9.2%
2010	348,561	224,908	43,822	12.6%
2011	360,073	221,192	46,160	12.8%
2012	369,587	210,508	41,909	11.3%
2013	399,591	224,233	41,294	10/3%
2014	433,779	240,392	39,710	9.2%
2015	475,382	260,252	41,139	8.7%
2016	520,043	284,232	44,382	8.5%
2017	578,867	317,195	49,532	8.6%
2018	648,792	357,575	56,872	8.8%
2019	732,181	409,526	88,838	12.1%
2020	807,067	463,995	102,294	12.7%

출처: 김은정 외(2021: 139).

양보호사가 월 160시간 이상 다른 직업에 종사할 경우 급여제공을 인정하지 않도록 하여, 적용대상 가족의 범위도 제한하였다(김은정 외, 2021: 139). 그럼에도 불구하고 가족인 요양보호사제도의 이용자 수는 제도 시행 초기와 비교할 때 크게 줄어들지 않았으며, 최근에는 다시 증가 추세에 있다. 2020년 현재 가족인 요양보호사를 이용하는 수급자는 10만 2,294명으로 전체 이용자 중 12.7%를 차지하고 있다. 가족인 요양보호사제도는 서비스제공자와 이용자가 가족이라는 특수성 때문에 실제로 서비스를 이용했는지 확인하기 어렵고 현지조사에도 한계가 있다는 문제점을 갖는다. 그러나 방문요양의 22%가 가족인 요양보호사에 의해 이루어지고 있는 상황을 감안하면 좀 더 적극적인 관리방법이 요구된다고 하겠다(이선희, 2017: 94).

4) 노인장기요양보험의 재정운영

노인장기요양보험의 재원은 장기요양보험료와 정부 및 지방자치단체의 지원금으로 구성된다. 이 중 장기요양보험료는 국민건강보험료에 일정률을 적용하여 산정한다. 국민건강보험료에 기준을 두고 있기 때문에 보험료산정을 위한 별도의 소득기준은 없다. 2008년 출범 당시 장기요양보험료는 국민건강보험료의 4.05%로 책정되었으며, 부과세대의 평균보험료는 2,700원이었다. 그러나 〈표 8-10〉과 같이 장기요양급여비용이 큰 폭으로 증가함에 따라 보험료율도 크게 상승하였다. 건강보험료율도 크게 상승하였기 때문에 장기요양보험료 수입은 급증하였다. 2022년 현재 보험료율은 국민건강보험료의 12.27%이며, 세대당 월 평균 보험료는 약 1만 4,446원이다. 이는 제도 도입 당시에 비해 5.35배 상승한 수치이다.

표 8-10 노인장기요양보험의 재정현황 (단위: 백만 원)

			2015	2016	2017	2018	2019	2020
일반	수익	계(A)	3,495,403	3,743,390	3,930,356	4,712,604	5,929,620	7,662,730
		-보험료	2,883,322	3,091,599	3,277,181	3,924,506	4,952,552	6,356,827
		-국고지원금	516,596	552,470	582,216	710,701	891,167	1,241,430
		-기타	95,484	99,321	70,959	77,397	85,901	64,473
	비용	계(B)	3,403,959	3,714,923	4,446,126	5,397,883	6,630,053	7,510,365
		-보험급여비	3,166,484	3,457,254	4,135,569	5,117,273	6,315,971	7,186,036
		-관리운영비	168,149	182,938	202,810	208,132	251,139	256,512
		-기타	69,325	74,731	107,745	72,477	62,941	67,816
	당기차액		91,443	28,466	−515,769	−685,278	−700,432	152,365
	누적준비금적립금		1,509,200	1,703,800	1,863,200	1,768,500	1,099,700	413,600
의료급여	수익	계(A)	892,988	986,289	1,212,635	1,440,676	1,690,710	1,951,111
		-국고부담	35,588	35,314	37,324	35,943	71,464	85,546
		-지자체부담	849,298	940,751	1,170,786	1,398,804	1,613,856	1,860,792
		-기타	8,102	10,222	4,523	5,9285	5,389	4,773
	비용	계(B)	909,990	1,007,735	1,142,965	1,402,948	1,684,884	1,959,137
		-보험급여비	869,710	963,116	1,096,163	1,347,909	1,630,894	1,899,784
		-관리운영비	32,091	33,507	36,801	42,054	41,543	47,395
		-기타	8,188	11,111	10,000	12,983	12,446	11,956
	당기차액		−17,001	−21,445	69,669	37,728	5,825	−8,025

출처: 국민건강보험공단(각 년도).

정부는 장기요양보험료 예상수입액의 20%에 상당하는 액수를 국고보조금으로 지원한다. 아울러 정부와 지방자치단체는 의료급여수급권자들의 급여비로 쓰일 재원을 부담한다. 〈표 8-10〉은 2020년 현재 노인장기요양보험의 재정상황을 나타낸다. 2022년 현재 노인장기요양보험의 총수입액은 약 9조 6천억 원이며, 총지출액은 9조 5천억 원이다. 인구고령화와 급여대상의 확대에 따라 매년 장기요양보험의 지출액은 20% 이상 폭증하고 있는 상황이다. 장기적으로 치매환자가 늘어나고 있는 상황에서 모든 경증치매로 급여대상을 확대한 현재 체제가 바람직한 방향인지 재검토할 필요가 있다.

3. 노인장기요양보험의 쟁점

2008년 시행된 노인장기요양보험은 가족의 책임으로 인식되던 노인부양 문제를 사회와 국가의 책임을 전환시켰다는 점에서 중요한 의의를 갖는다. 이를 통해 노인돌봄 문제, 특히 치매노인들의 돌봄 문제로 신음하던 가족은 부담을 덜 수 있었으며, 노인들은 노후생활의 불안감이나 심리적 압박감을 완화시킬 수 있었다.

그럼에도 불구하고 장기요양서비스는 제도 도입 초기부터 의료서비스나 재활서비스와 같은 다른 사회서비스들과의 분절 문제가 끊임없이 제기되어 왔고, 여전히 해소되지 않은 상태에 있다. 노인들은 대부분 질환적 요소를 갖고 있기 때문에 의료서비스와 요양서비스를 통합적으로 운영하는 케어메니지먼트적 접근이 바람직하지만, 노인장기요양보험은 이를 배제하고 있다. 이러한 문제는 사회보험방식에서 기인한다. 사회보험은 법률에 의해 급여의 종류가 결정되고 운영되기 때문에 중앙집권적 결정구조를 갖는 것이 필연적이다. 법률에 의해 건강보험 지정병원과 노인장기요양보험 지정기관이 명확히 구분되는 상황에서 의료와 요양의 통합적 접근은 구조적 한계를 가질 수밖에 없다. 따라서 사회보험은 사회복지서비스의 운영방식으로 적합하지 않으며, 이용자들의 다양한 욕구에 적절하게 반응하여 통합적인 맞춤형 서비스를 제공하기 위해서는 지방정부가 담당하는 것이 바람직하다(김태성, 2018: 425-427). 현재 노인장기요양보험은 보건소, 치매안심센터, 정신건강복지센터 등 지역사회 보건복지시스템과의 거의 연계를 맺지 않고 있는 상황이다(전영호,

2020: 297).

최근 정부는 장기요양서비스와 관련하여 커뮤니티케어를 지향하는 지역사회 통합돌봄 선도사업, 사회서비스원 시범사업, 노인돌봄 전달체계 개편 시범사업 등을 동시다발적으로 시작하였다. 2019년부터 시작된 지역사회 통합돌봄 선도사업은 기존의 일상생활지원서비스에서 머물렀던 노인돌봄사업을 '통합돌봄'으로 전환하고, 신체적·정신적 돌봄이 필요한 사람, 복합적인 건강관련 욕구가 있는 사람을 대상으로 보건서비스, 복지서비스, 주거서비스 등 지역사회 재가서비스를 통합적으로 제공하는 사업이다. 통합돌봄 선도사업은 저소득층에 국한되지 않고 보편적으로 제공된다.

사회서비스원은 장기요양이나 보육과 같은 주요 사회서비스가 민간 중심으로 이루어지고 있는 상황에서 공공부문의 역할을 강화하기 위해 2019년부터 시작된 시범사업이다. 사회서비스원은 공공서비스 전달을 위해 종합재가센터를 설치하여 운영하며, 센터는 노인서비스, 장애인서비스, 아동서비스 등을 통합적으로 제공한다. 이는 종합재가센터가 노인장기요양보험의 재가장기요양기관들과 경쟁관계가 된다는 것을 의미하는 것이다.

노인돌봄 전달체계 개편 시범사업은 2021년 4월 행정안전부, 보건복지부 등이 연합으로 실시하고 있는 시범사업이다. 시범사업의 통합돌봄본부에는 지자체 공무원, 보건소 공무원, 국민건강보험공단, 한국토지주택공사의 직원이 공동으로 근무하며, 지역사회에서 건강보험, 노인장기요양보험, 노인 보건복지서비스가 유기적으로 연결될 수 있도록 하는 전달체계의 개편방안을 모색하고 있다(문용필, 2021: 2205-2208).

노인장기요양보험은 이러한 커뮤니티케어 추진과정에 적극적으로 참여하여 돌봄서비스의 통합적 제공에 있어 적절한 역할을 정립해야 한다. 이 과정에서 노인장기요양보험은 제도의 입법적 취지에 맞게 정책대상을 명확히 재설정할 필요가 있다. 이미 언급했듯이 「노인장기요양보험법」은 제도의 목적을 고령이나 노인성 질병 등으로 인해 '6개월 이상' 혼자서 일상생활을 수행하기 어려운 사람들에게 장기요양급여를 제공하는 것으로 규정하여, '중증 장애' 노인을 대상으로 함을 명확히 하고 있다. 그러나 정치적인 선택에 의해 사실상 모든 경증치매노인을 서비스 대상에 포함시켰고, 이는 보험급여지출을 폭증시켜 제도의 지속가능성을 위협하고 있다. 국가가 치매를 책임지는 것은 바람직한 방향이지만 노인장기요양보험이 전적으로 역할을 담당할 필요는 없다. 경중치매는 악화를 방지하기 위한 예방서비스나 상태를 호전시키기 위한 재활서비스가 중요하기 때문에, 의료서비스와의 연계가 제한되는 노인장기요양보험보다 커뮤니티케어를 지향하는 지역사회 통합돌봄 선도사업이나 사회서비스원에서 담당하는 것이 바람직할 것으로 판단된다. 즉, 노인장기요양보험은 6개월 이상의 지원이 필요한 중증장애 노인을 담당하고, 경중치매는 지역사회가 담당하는 방향으로 역할을 재정립할 필요가 있다.

나아가 노인장기요양보험는 요양보호사들의 적절한 임금수준을 보장을 위해 표준화된 임금가이드라인을 운영할 필요가 있다. 보건복지부는 2018년부터 인건비지출 비율제도를 운영하고 있지만 포괄적인 인건비 통제는 적절한 역할을 하지 못하고 있다(한국일보, 2021. 11. 9.). 장기요양기관 관련자들은 요양보호사들의 처우 개선을 위해 수가 인상을 요구하고 있지만, 장기요양기관의 편법과 부당행위가 횡행하는 상황에서 수가인상은 요양기관의 부당수익만 늘려 줄 뿐 요양보호사들의 처우 개선으로 이어질 가능성은 거의 없다. 따라서 사회복지사 등의 처우개선을 위해 운영하고 있는 '사회복지시설 종사자 인건비가이드라인'과 같이 표준화된 가이드라인을 운영하는 것이 필요한 상황이다.

제9장

산재보상의 역사적 고찰

산업재해보상보험 내지 산업재해보상제도는 업무상재해로 인한 재해근로자들의 소득상실을 보전하고 충분한 요양서비스와 재활서비스를 제공함으로써, 성공적인 일상생활과 직업복귀를 지원하는 제도이다. 산업재해 보상프로그램은 대부분의 국가에서 가장 오래된 사회보장제도이며, 우리나라의 경우도 마찬가지이다. 이 제도는 국가에 따라 다양한 명칭으로 불리는데, 영국과 미국을 중심으로 한 영어권 국가에서는 노동자보상제도(workers' compensation)라는 용어로 불리는 반면, 유럽의 대륙권 국가에서는 산업재해(industrial injuries) 내지 고용재해 프로그램(employment injuries programs)이라는 용어로 자주 표현된다(Gordon, 1988: 134).

산재보험은 공적연금, 건강보험, 실업보험과 함께 통상 4대 사회보험으로 분류되지만, 사회보장제도로 출발한 다른 사회보험들과 달리 노동법으로 출발하였다. 즉, 산재보험은 고용주책임법에 의한 고용주들의 산재보상 책임을 사회보험화하면서 시작되었다. 이에 따라 산재보험은 적용대상, 급여의 형태와 수준, 재원조달방법 등에서 다른 세 개의 사회보험들과 상당한 차이를 나타낸다. 산재보험의 독특성을 이해하기 위해서는 산재보험의 역사적 맥락을 살펴보아야 한다.

1. 산재보험의 역사적 전개

1) 산재보험 도입 이전의 산재보상

1760년 영국에서 시작된 산업혁명은 공장 중심의 생산과정을 확산시켰고, 19세기 산업재해 문제는 심각한 사회문제로 등장하였다. 수많은 산업재해 피해들이 속출하였음에도 불구하고 1884년 독일의 재해보험이 도입되기 전까지 재해근로자들은 적절한 피해 보상을 받을 방법이 없었다. 고용주책임법이 제정되기 전까지 산업재해는 다른 피해들과 마찬가지로 고용주를 상대로 한 손해배상 소송을 통해 배상을 받는 것이 유일한 보상 방법이었다(Gordon, 1988: 134). 하지만 민법이나 보통법(common law)에 의거한 손해배상 소송에서 재해근로자는 고용주의 과실을 구체적으로 입증해야 했다. 그러나 고용주들이 책임을 회피할 수 있는 방어수단들이 광범위하게 존재했기 때문에, 재해근로자들이 소송을 제기하는 것은 쉽지 않았다. 보통법 체계에서 다음의 세 가지 원리들은 고용주들이 재해배상 책임을 회피하기 위한 방어논리로 자주 활용되었다(Redja, 1994: 305).

① 기여과실(contributory negligence)의 원칙: 만약 산업재해에 재해근로자의 부주의나 과실이 개입되어 있다면, 그것이 아무리 사소하더라도 고용주에게 책임을 물을 수 없었다.

② 동료근로자 책임의 원칙(fellow servant rule): 만약 산업재해가 동료 근로자의 과실에 의한 것이라면 고용주에게 책임을 물을 수 없었다.

③ 위험감수의 원칙(assumption-of-risk doctrine): 재해근로자가 이미 사전에 해당 직업의 고유한 위험성을 인지한 상태에서 작업을 받아들였다면, 고용주는 그 결과에 대해 책임을 질 필요가 없다.

이러한 원리들 때문에 극소수의 재해근로자들만이 소송을 제기할 수 있었으나, 소송비용은 매우 컸고 과실상계에 의해 예상되는 배상액은 매우 적었다. 나아가 재판결과는 매우 불확실하였다. 19세기 저임금에 시달렸던 재해근로자들이 전문 변호사의 도움을 받는 것은 불가능하였을 뿐만 아니라 본인 스스로도 문맹인 경우가 많았다. 따라서 소송은 드물었고, 이 시기 재해근로자들은 산업재해로 인한 소득 중단과 의료비 부담을 고스란히 떠안을 수밖에 없었다. 이러한 고용주들의 책임회피는 노동력의 무분별한 남용과 산업재해의 폭증을 가져왔으며, 19세기 노사갈등의 핵심적인 원인이 되었다.

이에 대해 국가는 고용주들이 방어논리로 삼았던 보통법의 원리를 완화하고, 고용주의 책임을 강화하는 방향으로 대응하였다. 1871년 독일의 「고용주배상책임법(Reichshaftpflichtgesetz)」과 1880년 영국의 「고용주책임법(Employers' Liability Act)」이 대표적인 예이다. 산업재해는 전적으로 재해근로자가 손실을 떠안아야 할 자연발생적인 위험이 아니다. 산업재해는 고용주의 사업 이익을 위해 고용주가 제공한 근로조건에서 고용주의 지휘와 통제하에서 발생한 재해이기 때문에, 국가가 고용주의 책임을 강화하는 것은 자연스러운 선택이었다. 더구나 19세기 유럽의 노사관계는 여전히 가부장적(praternalistic)이었다.

시민혁명 과정에서 확립된 시민법의 원리는 19세기 사회의 전 영역으로 확장되었지만, 적어도 고용주와 근로자의 관계는 가부장적인 봉건적 주종관계가 여전히 지배적인 형태로 자리잡고 있었다. 시민법의 원리는 고용주와 근로자 간의 자유로운 계약관계를 가정했지만 고용주는 이러한 계약적 평등을 거부하였다. 계약의 이행과정에서 갈등상황이 발생하여 근로자가 피해를 입는다면 고용주는 이를 쉽게 보상할 수 있지만, 근로자의 계약 불이행으로 인해 고용주가 피해를 입는다면 이를 보상할 수 있는 방법이 없다는 것이 논리적인 근거였다(Donzelot, 1984: 118). 왜냐하면 대부분의 근로자들은 빈곤하기 때문이었다. 더욱이 18~19세기 근로자들이 보여 주었던 높은 이동성과 방랑벽은 고용주와 근로자 사이의 대등한 계약관계를 불가능하게 만들었으며, 이는 고용주의 우월적인 통제를 주장하는 논거가 되었다.

시민사회의 진전에도 불구하고 19세기 근로자는 고용주에 예속되어 있었다. 고용주의 동의 없이는 직장의 이동이 금지되었으며(소위 livert ouvrier), 고용주는 작업장 내에서 체벌을 비롯한 일정한 사법권을 행사할 수 있었다(소위 conseils de prud'hommes). 나아가 고용주는 공장체제(factory system)를 확립하여 근로자들의 일상을 통제하였다(Donzelot, 1984: 118). 특히 공장체제는 고용주가 근로자들의 생산활동뿐만 아니라 근로자들의 습관, 도덕률 등 제반 일상을 통제하도록 하는 것이었다.

19세기 중반까지 공장은 봉건적인 장원의 또 다른 형태였으며, 고용주와 근로자 사이의 관계는 영주와 농노 간의 종사관계와 크게 다를 바가 없었다. 이러한 가부장적 노사관계는 적어도 테일러리즘이 확산되는 19세기 말까지 노사관계의 전형을 이루었다. 하지만 가부장적 노사관계는 고용주에 대한 근로자의 인적 예속을 발생시키지만, 동시에 고용주가 공장 내부에서 발생하는 사고나 질병에 대해 책임과 보호를 제공하도록 하는 의무를 부과한다. 특히 생산관계가 표준화되어 보편적인 법률로 규율되기 전까지 근로자에 대한 보호는 개별적인 고용관계의 다양성 때문에 작업장마다 상이한 고용주의 조치에 의존할 수밖에 없었다. 19세기 고용주책임법은 당시 가부장적 노사관계에서 당연한 귀결이었다.

그러나 고용주책임법은 많은 한계를 나타냈다. 1871년 비스마르크는「고용주배상책임법」을 제정하였지만, 이 법은 철도, 광산, 채석장 및 일부 제조업에 한해 제한적으로 적용되었다. 철도산업의 경우는 1838년「프로이센 철도법(Das preußische Eisenbahngesetz)」에 의해 재해근로자의 과실이 입증되지 않는 한 고용주가 재해보상을 책임졌지만, 나머지 산업들은 고용주나 경영진의 책임이 입증되는 경우에만 보상청구권이 주어졌다(Ritter, 1983; 70; Guinnane & Streb, 2012: 7-8). 그러나 고용주의 과실을 입증하는 것은 쉽지 않았기 때문에, 약 20% 정도의 재해만이 보상받았을 뿐이었다(Ritter, 1983: 71). 나아가 고용주가 가입한 민간보험회사들은 재판을 통해 보상책임을 확인받기를 원했기 때문에 민사재판에서 해결되는 경우가 많았다. 또한 대형 사고로 인해 기업이 도산하게 되면, 기업이 민간보험에 가입되어 있지 않는 한 재해근로자의 보상청구권은 아무런 의미가 없었다(Ritter, 1983: 70).

1880년 영국의「고용주책임법」도 무과실책임주의를 완전히 구현한 것은 아니었다. 주로 동료근로자 책임의 원칙에 한해 적용을 완화하는 내용을 담고 있었을 뿐이었다. 더구나 영국에서는 근로자가 산업재해를 당할 경우 소송을 포기한다는 계약, 이른바 '죽을 권리(right to die)' 계약이 성행하였고, 이는 적법한 계약으로 인정받았다. 따라서「고용주책임법」은 거의 효과를 거두지 못했다(Guyton, 1999: 4). 고용주책임법은 일차적인 산업재해의 책임을 고용주에게 부과하였고, 몇 가지 개선을 이루었음에도 불구하고 보통법이나 민법체계의 근본적인 문제를 개선하는 데는 한계가 있었다. 즉, 일부 방어논리의 적용이 완화되었음에도 불구하고, 고용주나 근로자의 과실 여부, 사업의 고유한 위험도는 여전히 법률적인 쟁점이 되었으며, 소송비용이나 불확실성 문제는 개선되지 않았다(Ritter, 1983: 71; Redja, 1994: 306). 이에 따라 영국에서는 1850년대부터 미숙련 노동자를 대상으로 한 '산업보험(industrial insurance)'이 성행하였다. 노동자가 업무상재해로 사망했을 경우 유족에게 소정의 보험금을 지급하는 보험이었다. 보험료는 소액이었고 급여수준은 불충분했지만, 산업보험에 가입한 노동자들은 유족에게 장례비와 약간의 유산을 남겼다는 생각에 안도감을 느낄 수 있었다(Popple, 2018: 141). 1885~1910년 동안 미국의 주요 주들에도 영국의 「고용주책임법」이 도입되었으나 영국의 경험과 크게 다르지 않았다(Redja, 1994: 306).

2) 산재보험의 등장

(1) 1884년 독일의 재해보험

1884년 도입된 독일의 재해보험(Unfallversicherungsgesetz)은 국가가 강제가입 방식으로 운영하는 세계 최초의 산재보험이다. 비록 비스마르크의 의도대로 입법되지는 않았지만, 비스마르크는 국가와 노동자계급의 유대를 강화하고 국가에 대한 노동자계급의 충성을 고양시키기 위해 일련의 사회보험입법들을 기획하였다. 1884년 제정된 「재해보험법」은 공장, 광산, 염전, 채석장, 조선소, 제철소에 종사하는 연소득 2,000마르크 이하의 노동자를 강제 적용대상으로 하였다. 이에 따라 제도 시행 직후인 1885년의 경우 약 300만 명의 노동자들이 재해보험의 적용을 받았다(Guinnane & Streb, 2012: 9). 아울러 공무원(1886), 농업 및 산림업(1886), 선원(1887)을 대상으로 하는 별도의 제도들이 만들어졌으며, 이 제도들은 1911년 「사회보험법(the Social Insurance Code)」으로 통합되었다(Gordon, 1988: 135).

고용주들은 각 지역에 새로 조직된 업종별 재해보험조합(Berufsgenossenschaft)에 의무적으로 가입해야 했다. 이는 고용주책임법에 의한 개별고용주 책임주의에서 지역별 업종단위의 연대책임주의로 재해보상의 원리가 전환되었음을 의미하는 것이었다. 1884년 신설된 제국보험국(Reichsversicherungsamt)은 재해보험조합의 승인과 감독 업무를 담당하였다. 1914년 집계에 따르면 68개의 재해보험조합이 조직되어 활동하고 있었다(Guinnane & Streb, 2012: 11).

재해보험의 보험료는 고용주가 전액 부담하였다. 이는 무과실책임(no-fault basis)

을 기초로 한 고용주책임의 원리를 표현한 것이었다. 무과실책임이란 노동자가 고의로 사고를 발생시키지 않는 한 누구의 과실과도 상관없이 재해근로자가 보상을 받는 것을 의미했다. 이러한 측면에서 「재해보험법」은 노동자들의 큰 환영을 받았다(Guinnane & Streb, 2012: 9). 보험료율은 업종의 위험도에 따라 결정되는 경험요율 방식에 의해 부과되었다. 1914년 제국보험국은 재해보험조합들을 26개의 업종으로 구분하였고, 조합마다 상이한 보험료율을 부과하였다(Guinnane & Streb, 2012: 11).

　1884년 「재해보험법」은 업무수행 중(in the course of employment) 발생한 재해를 대상으로 했으며, 직업병은 고려하지 않았다. 직업병은 1925년에야 비로소 산재보험 체계에 포함되었으며, 출퇴근재해도 이때부터 보상되기 시작하였다. 1884년 재해보험은 요양급여와 휴업급여(disability benefit)[1]를 제공하였다. 요양급여는 무료로 제공하는 것을 원칙으로 하였다. 재해가 발생 후 4주간은 휴업급여가 지급되지 않았고, 대신에 1883년 도입된 질병보험에서 상병급여가 지급되었다. 재해근로자들은 상병급여를 통해 처음 4주간은 임금의 50%를 현금으로 받았다. 4주가 지난 후에도 계속 요양 중인 재해근로자들은 재해보험으로부터 휴업급여를 지급받았다. 완전휴업의 경우 임금의 $66\frac{2}{3}$%가 지급되었고, 근로능력 상실 정도에 따라 임금대체율은 차등조정되었다. 나아가 상시간병이 필요한 경우에는 재택간병, 시설보호, 보충수당과 같은 형태로 특별부조를 제공하였다. 유족의 경우 미망인은 재혼하기 전까지 임금의 20%를 지급받았고, 자녀들은 15세가 될 때까지 임금의 15%를 제공받았다. 그러나 유족급여의 총합은 임금의 60%를 넘을 수 없었다(Guinnane & Streb, 2012: 10).

　1884년 재해보험은 정치적인 목적으로 도입되었지만, 기능적인 측면에서 보면 고용주책임법에 규정된 고용주의 산재보상 책임을 강제보험화한 것이었다. 노동자와 고용주는 모두 재해보험의 도입을 환영하였다. 먼저, 노동자들은 재해보험이 고용주책임법의 고질적인 문제였던 과실 검증의 문제를 제거했다는 점에서 크게 환

---

1) 'disability'라는 단어는 보통 '장애'로 번역되지만, 우리나라의 '장애' 개념보다 훨씬 포괄적이다. 즉, 우리나라에서 장애는 어떤 손상이 영구적으로 고정된 상태를 의미하지만, disability는 능력 상실을 의미하며, 영구적 손상뿐만 아니라 일시적인 손상도 포함한다. 예컨대, 다리골절 환자가 깁스를 하고 있는 상태도 disability에 포함되며, 심장수술환자가 요양 중인 상태도 disability에 포함된다. 영구적 장애와 일시적 장애는 각각 permanent disability와 temporary disability로 구분되는데, 산재보험에서는 이를 '장해'와 '휴업'으로 번역한다. 본문의 disability benefit은 temporary disability benefit을 의미하므로 휴업급여로 번역하였다.

영하였다. 불필요한 민사소송을 없앰으로써, 재해근로자들은 보상청구권 행사를
간소화할 수 있었고 신속한 보상이 가능해졌다. 나아가 기업이 도산하거나 고용주
의 지불능력이 없을 경우 고용주책임법에 의한 보상청구권은 전혀 보장되지 못했
지만, 재해보험을 통해 국가가 보상주체가 되면서 노동자들은 안정적인 보상청구
권을 확보할 수 있게 되었다(전광석, 1999: 328-329). 반면 고용주들은 고용주책임법
의 잠재적 위험에 대비하기 위해 민간보험을 주로 이용하였으나, 1884년 재해보험
은 비용면에서 민간보험보다 유리하였다. 나아가 재해보험은 재해보상 문제를 고
용주와 재해근로자 간의 관계에서 국가와 재해근로자 간의 관계로 이전시켰고, 이
에 따라 재해보상과 관련한 노사관계의 악화를 예방할 수 있었다. 이러한 재해보험
의 장점 때문에 독일의 재해보험은 제1차 세계대전 발발 전까지 오스트리아, 헝가
리, 폴란드, 체코 등 동유럽권 국가들로 빠르게 확산되었다.

(2) 1897년 영국의 노동자보상법

1897년 영국의「노동자보상법(Workmen's Compensation Act)」은 독일의 재해보험
과 함께 각국의 산재보험 도입에 가장 큰 영향력을 미친 제도였다. 독일이 주로 대
륙권 유럽에 영향을 주었다면「노동자보상법」은 영연방 국가들과 미국에 크게 영향
을 미쳤다.「노동자보상법」은 솔즈베리 보수당 3차 연립내각에서 식민지 장관을 맡
고 있던 조셉 체임벌린(Joseph Chamberlain)이 기초하였다. 이 법이 의회에 처음 제
출된 것은 1893년이였지만, 보수적인 상원의 반발에 부딪혀야 했다. 고용주들의 이
익을 대변했던 상원은 재해보상 책임을 회피할 수 있는 강력한 수단인 '죽을 권리'
계약도 허용해야 한다고 고집을 피웠고, 이에 따라「노동자보상법」은 의회에서 4년
간의 지리한 공방을 거쳐야 했다(Guyton, 1999: 4).

「노동자보상법」은 고용주들의 재해보상 책임을 규정했지만 강제보험을 요구하
지 않았다는 점에서 독일의「재해보험법」과 확연히 구분되었다. 보험 가입은 고용
주들의 자발적인 선택에 맡겨졌다. 자유방임주의와 야경국가에 대한 신념이 강고
했던 빅토리아 시대에 독일식의 강제보험은 시기상조였던 것이다. 영국에서 강제가
입 방식의 산재보험은 탄광업의 보험가입을 의무화했던 1934년에서나 도입될 수 있
었다. 그럼에도 불구하고 많은 대기업들은 상업보험회사나 우애조합에 가입하여 재
해보상의 불확실성에 대비하였다. 하지만 보험에 가입하지 않았던 고용주도 상당히

많았는데, 1919년 노동자보상법체계를 조사한 홀먼 그레고리 위원회(The Holman Gregory Committee)는 보험에 가입하지 않은 고용주들도 약 25만 명 정도에 달하는 것으로 추정하였다(Gordon, 1988: 138; Guyton, 1999: 4). 보험회사들은 업종별 위험등급에 따라 보험료율을 차등했으나 개별기업의 실적은 거의 반영하지 않았다.

1897년 「노동자보상법」은 무과실책임주의에 의거하였으며, 고용주가 '업무수행 중에 업무로 인하여(arising out of and in the course of employment) 발생한 재해'에 대해 보상책임을 갖는다고 규정하였다. 이는 「노동자보상법」이 업무상재해를 '업무수행성'과 '업무기인성'이라는 두 가지 요건을 동시에 충족시키는 재해로 정의한 것인데, 이를 이요건주의(二要件主義)라고 한다. 「노동자보상법」이 채택한 이요건주의는 이후 많은 나라의 산재보험들이 '업무상재해'를 정의하는 데 크게 영향을 미쳤다. 「노동자보상법」은 1906년 직업병으로 보상영역을 확장하였으며, 행정부가 직업병 리스트를 만들어 관리하기 시작하였다.

「노동자보상법」 제정 초기에는 위험산업의 블루칼라 노동자에게만 적용되었으나, 점차 적용범위를 확대하여 1933년에는 임시직 노동자와 가족노동자를 포함한 모든 노동자에게 적용되었다. 단, 연소득 350파운드 이상의 고소득 비육체노동자는 제외되었다.

고용주는 재해근로자의 의료비를 부담하였다. 1897년 「노동자보상법」에서 일시장애와 영구장애, 즉 휴업급여와 장해급여의 차이는 없었다. 즉, 요양 중인 재해근로자들이나 소득능력을 100% 상실한 완전장애인들이나 똑같이 임금의 50%를 지급받았다. 경중장애가 남아 있는 근로자들은 소득능력 상실정도에 따라 급여액이 감액조정되었다. 처음에는 현금급여의 최고수령액이 주당 1파운드로 제한되었지만, 이후 주당 30실링으로 상향조정되었다. 유족에게는 연금을 지급하지 않았으며, 일시금으로 보상하였다. 유족들이 연금을 선택하게 된 것은 1923년 개정법부터였다. 나아가 1923년 개정법은 임금변동에 따라 연금액을 조정해 주는 인플레이션 연동장치를 도입하였다.

6개월 동안 현금급여를 받았음에도 불구하고 재해근로자가 계속 근로능력을 상실한 상태에 있을 경우 고용주와 재해근로자는 일시금을 통해 분쟁을 해결할 수 있는 선택권을 가졌다. 이에 따라 영구장애를 입었거나 장기간 요양상태에 있는 재해근로자들은 광범위하게 선택권을 행사하였다. 이 조항은 일시금에 대해 부정적인 견해를 갖고 있던 베버리지에 의해 신랄하게 비판되었다(Beviridge, 1942: 36-37).

(3) 1910년대 미국 산재보험의 도입

미국의 산재보험(Worker's Compensation)은 영국「노동자보상법」의 영향을 많이 받았다. 하지만 20세기 초 미국의 노동법 개혁과 사회보험 도입 운동을 이끌었던 미국 노동법협회(American Association for labor Legislation: AALL)나 전국자선교정협의회(National Conference of Charities and Corrections: NCCC)의 개혁가들이 실제 선호했던 방식은 독일의 국가 사회보험방식이었다(Popple, 2018: 142). 그러나 개인주의적 전통이 강한 미국에서 강제가입식 사회보험은 위헌의 위험성을 갖고 있었다(Gordon, 1988: 141). 실제 개혁가들의 열정적인 활동에 힘입어 1898년 뉴욕주, 1902년 메릴랜드주, 1908년 매사추세츠주, 1909년 몬태나주에서 강제가입 방식의 산재보험이 입법되었지만, 법원이 곧바로 위헌결정을 내림에 따라 도입이 좌절된 경험을 갖고 있었다(Guyton, 1999: 6; .Popple, 2018: 143). 이에 따라 개혁가들은 고용주의 보험가입을 의무화하지 않는 영국의 선택형 시스템을 중심으로 제도를 고안할 수밖에 없었다(Gordon, 1988: 141).

미국 최초의 산재보험은 1908년 시행된「연방고용주책임법(Federal Employers Liability Act)」이었다. 이 법은 1906년 제정되었으나 법원의 위헌판결로 효력이 정지되었고, 1908년 재입법과정을 통해 제도화되었다.「연방고용주책임법」은 주의 경계를 넘어서 근무할 수밖에 없는 연방정부 소속의 철도노동자들에 대해 업무상 재해를 보상하기 위해 만들어진 법이었다. 선택형 보상체계를 채택하여 포괄적인 산재보험을 최초로 도입한 주는 1911년 위스콘신주였으며(Guyton, 1999: 6), 위스콘신주를 시작으로 산재보험이 잇달아 도입되기 시작하였다. 〈표 9-1〉에 따르면 1911~1920년 동안 42개 주에서 산재보험이 도입되었으며, 1948년 미시시피주를 마지막으로 미국의 모든 주가 산재보험을 도입하였다.[2]

20세기 초 미국의 산재보험 입법들은 주정부에 따라 강제적용 여부가 크게 달랐

---

2) 1959년 주로 편입된 알래스카주와 하와이주는 집계에서 제외되었다. 알래스카주와 하와이주도 편입 이후 산재보험제도를 도입하였지만, 1987년 텍사스주가 강제가입방식을 철회하고 임의가입으로 전환하였다. 미국은 현재 텍사스를 제외한 49개 주에서 산재보험제도가 시행되고 있다.

표 9–1 ┃ 연도별 미국 주정부의 산재보험 도입 과정 (1950년 이전)*

연도	주(State)
1911 (9)	위스콘신(Wisconsin), 일리노이(Illinois), 캔자스(Kansas), 매사추세츠(Massachusetts), 뉴햄프셔(New Hampshire), 뉴저지(New Jersey), 오하이오(Ohio), 워싱턴(Washington), 캘리포니아(California)
1912 (3)	메릴랜드(Maryland), 미시간(Michigan), 로드아일랜드(Rhode Island)
1913 (10)	애리조나(Arizona), 코네티컷(Connecticut), 아이오아(Iowa), 미네소타(Minnesota), 네브래스카(Nebraska), 네바다(Nevada), 뉴욕(New York), 오리건(Oregon), 텍사스(Texas), 웨스트버지니아(West Virginia)
1914 (1)	루이지애나(Louisiana)
1915 (8)	콜로라도(Colorado), 인디애나(Indiana), 메인(Maine), 몬태나(Montana), 오클라호마(Oklahoma), 펜실베이니아(Pennsylvania), 버몬트(Vermont), 와이오밍(Wyoming)
1916 (1)	켄터키(Kentucky)
1917 (5)	델라웨어(Delaware), 아이다호(Idaho), 뉴멕시코(New Mexico), 유타(Utah), 사우스다코타(South Dakota)
1918 (1)	버지니아(Virginia)
1919 (3)	앨라배마(Alabama), 노스다코타(North Dakota), 테네시(Tennessee)
1920 (1)	조지아(Georgia)
1926 (1)	미주리(Missouri)
1929 (1)	노스캐롤라이나(North Carolina)
1935 (2)	플로리다(Florida), 사우스캐롤라이나(South Carolina)
1939 (1)	아칸소(Arkansas)
1948 (1)	미시시피(Mississippi)

* 실제 시행된 입법을 기준으로 함. 법원의 위헌판정으로 시행되지 못한 입법은 제외
출처: Fishback (2008: 3).

다. 고용주들은 강제가입방식이 미국 수정헌법 제14조의 적법절차조항, 즉 "어떤 주에서도 법의 적정한 절차 없이 개인의 재산을 뺏어서는 안 된다."는 조항을 위반한다고 주장하였다. 그러나 미국의 연방대법원은 1917년 뉴욕센트럴철도 대 화이트(New York Central Railway Co. v. White) 소송에서 산재보험이 고용주의 적법절차권을 침해하지 않는다고 판시하여 산재보험 위헌논란에 종지부를 찍었다. 그럼에도 불구하고 많은 주들은 선택형 체계를 도입하였으며, 일부 주들은 오늘날까지도

이러한 형태를 유지하고 있다(Gordon, 1988: 141). 선택형 보상체계를 선택한 주에서 고용주들은 영국과 마찬가지로 산재보험에 가입하지 않아도 상관없었다. 그러나 대부분의 고용주들은 산재보험에 가입하였는데, 이는 「노동자보상법」이 산재보험 가입을 거절한 고용주가 보통법상의 방어논리를 사용하는 것을 불가능하게 만들었기 때문이었다(Guyton, 1999: 6-7).

산재보험이 도입되면서 무과실책임의 원리에 의한 현금급여가 지급되기 시작하였다. 1930년대 대다수의 주들은 재해근로자들에게 보통 임금의 2/3, 적어도 60%를 지급하였지만, 급여의 상한선도 엄격하게 적용하였다. 영구장애자들의 급여지급기간은 5∼10년으로 제한되었으며, 급여액도 3,000∼15,000달러의 범위 내에서 지급되었다(Gordon, 1988: 141). 사망재해의 경우 유족은 임금의 2/3 정도에 해당하는 연금과 장례비를 받았지만 휴업급여와 마찬가지로 상한선이 적용되었다(Fishback, 2008: 4). 1930년대 이후에도 미국의 산재보험은 많은 개선을 이루었지만 주정부 간의 차이는 여전히 유지되고 있으며, 과도한 송사의 발생과 일시금의 지급은 산재보험의 계속적인 문제로 남아있다.

3) 복지국가의 출범과 산재보험의 변화

(1) 1948년 영국 국민보험

제2차 세계대전의 종료와 함께 복지국가가 출범하였고, 사회보장제도에도 많은 변화가 있었다. 그러나 산재보험의 변화는 상대적으로 크지 않았다. 다만, 영국은 1897년부터 유지되어 왔던 「노동자보상법」체계가 해체되고 1948년 국민보험제도로 대체되는 변화를 겪었다. 베버리지는 이미 거론한 일시금문제 외에도 노동자보상법체계의 다양한 문제를 지적하였다. 베버리지에 의하면 「노동자보상법」은, 첫째, 분쟁의 최후수단을 법률적 소송에 의존하여 잦은 송사를 야기시킨다는 점, 둘째, 노조를 제외하면 재해근로자들을 돕는 공적 시스템이 부재하다는 점, 셋째, 고용주의 경제적인 능력이 부족하면 보상이 불가능하다는 문제, 넷째, 민간보험회사들에 의존함으로써 야기되는 높은 행정비용의 문제, 다섯째, 오랜 시간이 지난 후 발현되는 직업병의 경우 보상책임을 가진 고용주를 확정하기 어려운 문제, 여섯째, 재해근로자들의 성공적인 직업 복귀가 거의 없다는 문제 등을 나타냈다(Beveridge,

1942: 36-38; Gordon, 1988: 142). 이에 따라 베버리지는 「노동자보상법」체계를 해체하고 산재보험을 다른 사회보험들과 통합하여 운영할 것을 권고하였다.

하지만 베버리지는 산재보험을 동액급여와 동액기여의 원칙에 따라 다른 사회보험들과 완전 통합하여 운영할지, 아니면 업무상재해와 비업무상재해를 구분하여 산재보험을 예외로 둘 것인지를 선택해야 했다. 이에 베버리지는 후자를 선택하였고 산업재해에 대한 특별처우(special provision)을 권고하였다. 그 근거로 ① 핵심적인 많은 산업들의 위험도가 매우 높으며, 이러한 산업에 종사하는 노동자들에게 위험에 대한 보상으로 특별처우을 제공하는 것이 필수적이라는 점, ② 산업재해의 희생자들은 명령에 의해 일하는 과정에서 재해를 당했기 때문에 일반적인 상황과는 다르다는 점, ③ 보통법상의 고용주 책임은 고용주의 자기과실이 입증된 경우에만 특별처우를 제공하기 때문에, 다른 산업재해에 대해서도 과실에 상관없이 보통법과 동일한 특별처우를 제공하는 것이 형평성의 측면에서 부합되며, 모순회피의 측면에서 바람직하다는 점을 들었다(Beveridge, 1942: 39).

1946년 국민보험은 산재보험의 재원을 통합 국민보험료로 마련하였다. 베버리지는 위험산업에 대해 추가 보험료를 징수할 것을 제안했지만 애틀리 정부는 채택하지 않았다(Gordon, 1988: 143). 국민보험제도는 재해근로자들에게 재해급여(injury benefit)를 제공하였는데, 베버리지가 제안한 특별처우를 반영하여 재해급여의 수준은 상병급여(sickness benefit) 수준을 초과도록 설정되었다(Massey, 1955: 348). 1948년 상병급여의 기준액은 주당 26실링이었지만, 재해근로자들은 주당 45실링을 최대 26주간 받을 수 있었다(Midwinter, 1994: 99). 그러나 1982년 대처 정부는 이러한 위험 프리미엄을 폐지하였고, 재해급여를 상병급여에 통합시켰다.

국민보험은 재해 발생 후 15주 이상 경과하였거나 직장에 복귀했을 때 20% 이상의 신체적 손상(physical disability)이 남아 있는 사람에게 장해급여를 지급하였다. 국민보험은 「노동자보상법」이 채택했던 '소득능력(earning capacity)' 대신 '신체적 손상'을 기준으로 장애 정도를 평가하였다. 이는 1944년 백서의 제안을 받아들인 것이며, 재해근로자들의 직장복귀나 재활치료 참여를 활성화시키기 위한 조치였다. 「노동자보상법」 시절 재해근로자들은 직장에 복귀하거나 재활치료를 통해 소득능력이 회복될 경우 장해급여가 중단되거나 삭감될 수 있다고 우려하였고, 이를 기피하였다. 그러나 장애정도를 평가하는 방식이 변경됨에 따라 재해근로자들은 안심하고 구직활동이나 재활치료에 참여할 수 있게 되었다(Gordon, 1988: 143).

(2) 산재보험과 다른 사회보장제도의 통합: 결과주의적 접근의 등장

산업재해는 고용주의 사업 이익을 위해 고용주가 제공한 근로조건에서 고용주의 지휘와 통제하에서 발생한 재해이기 때문에, 재해근로자가 전적으로 손실을 떠안아야 할 위험이 아니다. 고용주의 보상책임이 발생하며, 산재보험은 이러한 '보상(compensation)'의 측면을 반영한다. 통합적인 사회보험의 운영을 주장했던 베버리지 조차도 산업재해의 특수성을 감안하여 재해근로자에게 특별처우를 제안하였다. 그러나 특별처우는 법률적, 행정적으로 산업재해와 비산업재해를 구분해야 하는 필요성을 발생시키고, 자연스럽게 재해발생의 원인에 따라 급여지급 여부를 결정하는 원인주의적 접근으로 귀결된다. 재해의 원인이 업무 때문이라면 산재보험의 적용대상이 되겠지만, 그렇지 않은 경우에는 특별처우 대상에서 제외되는 것이다.

사회보장제도가 도입되었던 초창기에는 산재보험뿐만 아니라 다른 사회보장제도에도 이러한 원인주의적 접근이 폭넓게 존재하였다. 20세기 초 사회보장제도들은 음주경력자, 구빈작업장 입소 경력자, 도박 전력자 등의 수급권을 엄격하게 제한하였으며, 도덕성 심사도 성행하였다. 하지만 복지국가가 확대되면서 이러한 원인주의적 접근은 거의 대부분 소멸되었다. 그 이유로는, 첫째, 문제의 원인을 특정한 개인에게 귀착시키기 힘든 사회적 위험이 확대되면서 엄격한 원인주의적 접근의 적용이 불가능한 경우가 많아졌다(김상균, 1987; 28). 둘째, 사회권의 확대는 원인주의적 접근이 생존권과 인도주의적 관점에서 효과적이 않다는 인식을 확산시켰다. 예컨대, 어떤 노인이 무절제한 음주와 도박 때문에 노후생존의 위기에 처했다고 하자. 현대 복지국가는 이 노인에 대한 급여를 제한하지 않는다. 과거 잘못 때문에 굶어 죽게 내버려 둘 수는 없다는 것이다. 현대 국가는 생존권 보장 차원에서 최소한의 생계급여를 제공하는데, 이러한 접근을 결과주의라고 한다. 즉, 원인이 무엇이든 상관없이 현재의 결과적 상태만을 고려하는 것이다. 복지국가가 발전하면서 대부분의 사회보장제도는 대상자 선정에서 결과주의적 원칙을 견지하게 되었다.[3] 그 결과 업무상 재해 여부에 따라 적용대상을 구분하는 산재보험은 오늘날 원인주의적 접근을 채택하고 있는 거의 유일한 제도로 남게 되었다(석재은, 2003; 김진구, 2004).

그러나 복지국가 출범 이후 사회보장제도의 급여 수준이 크게 높아지면서, 베버리지가 언급한 특별처우가 의미없는 국가들이 나타나게 되었다. 1948년 영국은 전 국민에게 무상의료를 제공하면서 더 이상 업무상재해와 비업무상재해를 구분할 필요가 없게 되었다. 상병급여의 수준이 높아져서 산재보험의 휴업급여와 차이가 거의 없게 되면 업무상재해와 비업무상재해를 구분할 필요성이 사라진다. 1982년 영국의 재해급여가 폐지되고 상병급여에 통합되었다는 것은 이미 살펴 보았다. 영국은 이미 요양급여, 휴업급여, 유족급여에서 업무상재해와 비업무상재해를 구분하는 원인주의적 접근이 사라졌다.

전후 복지국가의 발달과 함께 산재보험의 원인주의적 접근은 점진적으로 약화되고 있다. 원인주의적 접근이 약화되는 경로는 크게 세 가지로 구분된다. 첫 번째 경로는 영국의 예처럼 산재보험의 일부 급여들이 다른 사회보장체계에 통합되어, 업무상재해와 비업무상재해의 구분이 무의미해지는 것이다. 산재보험급여는 크게 요양급여, 휴업급여, 장해급여, 유족급여, 재활급여로 구성된다(ILO, 1984: 44-45). 하지만 산재보험의 주요 급여들은 내용 면에서 의료보장제도의 요양급여와 상병급여, 공적연금제도의 장애연금과 유족연금, 그리고 장애인 재활서비스와 완벽하게 중복된다. 단지 특별처우에 따라 급여수준의 차이만 존재할 뿐이다. 이러한 급여수준의 차이 때문에 재해근로자들은 건강보험이나 공적연금보다 산재보험의 적용을 선호하게 되고, 업무상재해의 인정을 둘러싼 분쟁이 촉발된다. 그러나 영국처럼 전국적인 무상의료체계를 구축하고 높은 수준의 상병급여를 제공한다면, 이러한 구분은 무의미해진다. 이에 따라 산재보험의 요양급여와 휴업급여를 의료보장제도로 통합시킨 국가들이 나타났는데, 영국, 오스트리아, 덴마크 등이 대표적인 예라고 할 수 있다. 나아가 노르웨이와 룩셈부르크는 현금급여인 휴업급여와 유족급여를 각각 의료보장제도와 공적연금제도에 통합시켰다.

두 번째 경로는 첫 번째 경로의 확장판으로 산재보험의 모든 급여가 다른 사회보장제도로 통합되는 것이다. 이는 사실상 산재보험이 소멸되는 것을 의미한다. 네덜란드는 1967년부터 산재보험급여를 건강보험, 상병급여, 장애급여, 유족급여로 통

---

3) 제도에 따라 부분적으로 원인주의적 요소가 남아있는 경우도 있다. 예컨대, 비자발적인 실업자들에게 실업급여를 제공하지 않는다든가, 건강보험이 마약복용에 따른 치료비에 대해 보험적용을 하지 않는 경우는 원인주의적 요소에 해당될 수 있다. 원인주의와 결과주의에 대해서는 김태성, 김진수(2004: 167-169)를 참조할 수 있다.

합하였다. 이에 따라 1907년부터 운영해 왔던 네덜란드의 산재보험은 공식적으로 폐지되었다(Williams Jr., 1991: 138). 네덜란드는 더 이상 업무상재해와 비업무상재해를 구분하지 않으며, 이를 둘러싼 분쟁도 존재하지 않게 된 것이다. 네덜란드와 같이 완전통합에는 이르지 못했지만 영국은 요양급여, 휴업급여, 유족급여가 의료보장제도와 공적연금제도에 통합되어 있으며, 단지 장애연금에서만 보상적 프리미엄을 인정하고 있다. 이는 거의 완전통합에 다가선 형태이며, 장애급여마저 통합한다면 영국은 네덜란드에 이어 산재보험이 폐지하는 두 번째 국가가 될 것이다.

세 번째 경로는 산재보험의 독립된 틀을 유지하되, 비업무상재해로 보상범위를 확장시키는 형태이다. 이는 산재보험이 고용주 보험의 틀을 벗어나 강제가입식 상해보험으로 전환되는 것을 의미한다. 1925년 독일을 필두로 거의 모든 국가들이 출퇴근재해를 산재보험의 보상범위에 포괄하였다. 전후에는 노동과정과 전혀 상관없는 비업무상 사고까지 적용위험를 확장하고 있다. 예컨대, 독일의 산재보험은 학교교육과정에서 발생한 사고까지 보상하고 있으며, 스위스의 산재보험은 가입자들이 여가생활 중 발생한 사고까지 보상영역을 확장하였다. 이러한 적용범위의 확장은 산재보험의 고용주 책임보험적 성격을 약화시킨다. 즉, 산재보험의 가입대상이 노동자뿐만 아니라 학생, 직업훈련생, 자영업자 등으로 확대되고, 보험료 부담에 있어 고용주 유일부담의 원칙은 점차 완화된다. 특히 비업무상재해에 대해서는 노동자들도 보험료를 부담하는 것이 일반화됨에 따라 고용주 보험의 성격이 크게 완화되었다. 비업무상재해로 적용위험을 계속 확대하면 종국적으로 강제가입식 상해보험(accident insurance)에 도달하게 되는데, 이는 특별처우를 받던 산재보험의 실질적인 폐지를 의미한다는 점에서 두 번째 경로와 지향을 공유하고 있다. 뉴질랜드와 스위스, 그리고 서사모아가 이러한 상해보험적 경로의 전형으로 제시된다(Williams, Jr., 1991: 149). 단, 세 번째 경로는 사고성 재해에 국한되며 직업병을 포괄하지 않는다는 점에서 두 번째 경로로와 구분된다.

전후 복지국가의 발달과 함께 산재보험의 고용주보험적 성격과 원인주의 접근은 점차적으로 완화되어 왔다. 이미 언급한 바와 같이 산재보험의 주요 급여들은 다른 사회보장제도의 급여들과 내용면에서 중복되며, 다른 제도들의 급여수준이 높아지면 산재보험은 자연스럽게 다른 제도에 통합될 가능성이 높다. 산재보험은 산업재해에 대한 접근방법이 산재보상에서 사회보장으로 이행되는 과정에서 나타난 과도

기적인 형태이며, 이에 따라 노동법과 사회보장제도의 성격을 동시에 갖고 있는 중간적 속성의 제도로 볼 수 있다.

하지만 1980년대 이후 복지국가는 더 이상의 팽창을 멈추고 한동안 정체된 상태에 머물고 있다. 아직도 산재보험과 다른 사회보장제도의 격차가 유지되는 국가들이 많기 때문에, 현재와 같이 정체국면이 지속된다면 산재보험은 계속 운영될 가능성이 높다. 결국 산재보험의 운명은 다른 사회보장제도의 발전에 달려 있는 셈이다.

2. 한국 산재보험의 발전과정

지금까지의 논의과정을 통해 우리는 초창기 산재보험이 고용주책임법에 의한 고용주들의 산재보상 책임을 사회보험화한 것이며, 재해근로자들의 보호라는 노동법으로부터 출발하였음을 살펴보았다. 우리나라도 마찬가지였다. 한국의 산재보험은 「근로기준법」에 규정된 고용주의 재해보상책임을 강제보험화하는 조치로 출발하였다.

1) 1953년 근로기준법의 제정

우리나라에서 고용주책임에 근거한 재해보상의 효시는 식민지시대인 1938년 개정 「조선광업령」에서 찾을 수 있다(노동부, 2004: 6). 1915년 제정된 「조선광업령」은 1938년 개정되면서 제26조의 5에 "광업권자는 조선총독이 정하는 바에 의하여 광부가 업무상 부상을 당하거나 질병에 걸리거나 사망한 경우에 본인이나 그 유족 또는 본인의 사망 당시 그 수입에 의하여 생계를 유지한 자를 부조하여야 한다."고 규정하였다. 이 규정을 근거로 '조선광부부조규칙'이 제정되었고, 조선광부부조규칙은 미군정법령 제2호와 「제헌헌법」 제100조에 의해 해방 이후에도 존속되었으며, 1953년 「근로기준법」이 제정되면서 폐지되었다. 그러나 광부를 제외한 일반 노동자들을 대상으로 한 재해보상은 1953년 「근로기준법」이 제정될 때까지 존재하지 않았다.

우리나라 최초의 「근로기준법」은 1949년 전진한 사회부 장관의 주도로 사회부 노동국에서 만들어졌다. 「근로기준법」 초안은 법제처에 회부되어 심의 중이었으나,

1950년 한국전쟁이 발발하면서 입법과정이 연기되었다. 그 뒤「근로기준법」은 한국
전쟁이 채 끝나지 않은 1953년 5월 10일 부산의 피난 국회에서 전용우 의원의 발의
에 의해 제정되었다(김낙중, 1982, 159-173). 제정「근로기준법」은 제8장에 재해보상
에 대한 내용을 기술했는데, 이것이 우리나라 최초의 고용주책임에 의한 재해보상
규정이었다. 제정「근로기준법」의 재해보상 규정 중 주요 급여와 관련된 조항을 보
면 다음과 같다.

제78조 (요양보상) 근로자가 업무상 부상 또는 질병에 걸린 경우에는 사용자는 그 비용으
　　　　로 필요한 요양을 행하거나 또는 필요한 요양비를 부담하여야 한다.
제79조 (휴업보상) 전조의 규정에 의하여 요양 중에 있는 근로자에 대하여는 사용자는 근
　　　　로자의 요양 중 평균임금의 100분의 60의 휴업보상을 행하여야 한다.
제80조 (장해보상) 근로자가 업무상 부상 또는 질병에 걸려 완치 후 신체에 장해가 있는
　　　　경우에는 사용자는 그 장해 정도에 응하여 평균임금의 별표에 정한 일수를 승하여 얻
　　　　은 금액의 장해보상을 행하여야 한다.
제82조 (유족보상) 근로자가 업무상 사망한 경우에는 사용자는 그 유족에 대하여 평균임
　　　　금의 천 일분의 유족보상을 행하여야 한다.
제83조 (장사비) 근로자가 업무상 사망한 경우에는 사용자는 평균임금의 90일분의 장사
　　　　비를 지급하여야 한다.
제84조 (일시보상) 제78조의 규정에 의하여 보상을 받는 근로자가 요양개시 후 1년을 경
　　　　과하여도 부상 또는 질병이 완치되지 아니하는 경우에는 평균임금의 천 일분의 일시보
　　　　상을 행하여 그 후의 책임을 면할 수 있다.

　제정「근로기준법」에는 산재보험의 기초가 되는 요양급여, 휴업급여, 장해급여,
유족급여 및 장의비에 대한 근거 조항이 모두 포함되어 있으며, 이 조항들은 현행
「근로기준법」에도 기본 골격이 그대로 유지되고 있다. 나아가 70년이 지난 지금도
휴업보상과 유족보상, 장의비의 급여수준은 제정「근로기준법」과 동일하다. 장해보
상과 일시급여의 급여 수준은 1975년 1,340일분으로 상향조정되었다.
　제정「근로기준법」은 공포일로부터 90일이 지난 후에 시행될 예정이었으나, 전시
상황으로 불가능하였다. 1954년 4월 7일에 가서야 비로소 시행령이 마련되었으며,

16인 이상 사업체에 의무적용되었다. 그러나 휴전 이후에도 「전시근로동원법」 때문에 시행에 애를 먹었으며, 「근로기준법」 시행에 있어 핵심이 되는 근로감독관 규정은 1961년에야 공포되었다. 따라서 「근로기준법」은 사실상 궤상법률이란 평가를 면하기 어려웠다(노동부, 2004: 13). 나아가 재해보상은 사업주 개인의 재력에 의존하였기 때문에 실제적인 보상에 있어 많은 문제가 있었다. 대형 사고로 다수의 재해근로자가 발생하거나 사용주가 경영상의 어려움에 처할 경우 보상 자체가 불가능해지거나 지연되는 경우가 많았다. 또한 당시 노동자의 약한 협상능력과 「근로기준법」에 대한 전반적인 무지를 이용하여 「근로기준법」의 이행을 회피하는 고용주들이 많았던 관계로 그 실효성은 대단히 위축되었다(노동부, 2004: 18-19).

2) 1964년 산재보험제도의 도입

이미 제7장에서 고찰하였듯이 1962년 7월 28일 박정희 국가재건최고회의 의장이 김현철 내각수반에게 내린 지시각서는 산재보험의 시발점이었다(손준규, 1983: 80-81; 우명숙, 2007: 168). 지시각서에 따라 보건사회부는 산재보험법안과 의료보험법안을 마련하였고, 1963년 11월 5일 산재보험법안이 국가재건최고회의를 통과함에 따라 우리나라 최초의 사회보험 입법이 탄생되었다. 산재보험은 1964년 7월 1일부터 본격적으로 시행되었다.

「산재보험법」이 제정된 1963년 당시는 사회보험제도가 도입될 객관적인 여건이 아니었다. 취업률은 52%에 불과하였고 실업률은 8%였다. 이에 따라 실업과 일자리 부족이 가장 큰 사회적인 이슈로 부각되었다. 산업구조 또한 전근대적인 단계로서 농업의 비중이 63%였던 반면, 광공업 비중은 8.6%에 불과하였다(김장기, 윤조덕, 2012: 17). 나아가 1인당 GNP는 120달러에 불과하였다. 노동단체를 비롯한 관련 집단들의 요구가 있었던 것도 아니었다. 그럼에도 불구하고 군사정권이 산재보험을 도입한 이유에 대해서는 크게 두 가지 설명이 있다.

첫째, 군사정부의 정치적 고려 때문이라는 입장이다(권문일, 1989; 우명숙, 2007). 이승만 독재체제에 의해 오랫동안 억눌렸던 여러 가지 사회정치적 요구는 4·19 혁명 이후 한꺼번에 분출되었고, 이러한 분위기는 사회개혁에 관한 논의들을 촉발시켰다. 이에 군사정부는 이승만 정부나 장면 정부와 비교된 자신들의 개혁성을 보여 줄 필요가 있었다. 특히 군사정부는 국가가 사회 전반에 걸쳐 지도적인 역할을 수행해야 한다는 '국가지도성'을 지향하였고, 이는 산재보험의 탄생으로 귀결되었다는 것이다(우명숙, 2007: 171, 179-180). 또한 민정 이양을 앞둔 시기에 쿠데타로 집권한 정권의 정통성 부족을 보완하고, 정치적 정당성을 확보할 보조적 수단으로 산재보험이 선택되었다는 설명도 가능하다(권문일, 1989: 92-94; 김연명, 1989: 104).

둘째, 전문가집단의 헌신으로 산재보험의 도입을 설명하는 입장이다. 비록 사회보장제도심의위원회는 1962년 공식적으로 발족하였지만, 이미 1959년부터 사회보험에 대한 연구를 시작하였으며(손준규, 1983: 62) 장면 정부 시절부터 꾸준히 사회보험 입법을 건의하고 고위층을 설득하여 왔다. 나아가 1962년 박정희 의장이 지시각서를 내리는 데에도 사보심의 전문위원이 일정한 역할을 했다는 것이다(손준규, 1983: 81). 이러한 전문가집단의 노력과 헌신으로 산재보험이 결실을 맺었다는 설명이다(손준규, 1983: 101-105).

1964년 산재보험은 요양급여, 휴업급여, 장해급여, 유족급여, 장제급여, 일시급여 등 여섯 가지 급여를 제공했는데, 급여의 종류와 수준은 「근로기준법」과 완전히 일치했다. 나아가 적용범위에 대해서도 "「근로기준법」의 적용을 받는 사업 및 사업장에 대하여 이를 적용한다(제4조)."고 하였으며, '근로자' '임금' '평균임금'과 같은 핵심 용어의 개념에 대해서도 「근로기준법」을 준용하고 있었다(제3조 2호). 이러한 「근로기준법」에 대한 의존성은 산재보험이 「근로기준법」 제8장에 규정된 고용주의 재해보상책임에 대한 강제보험적 제도임을 의미하는 것이었다.

나아가 1964년 산재보험은 업무상 재해에 대해 "업무수행 중 그 업무에 기인하여 발생한 재해를 말한다."고 규정하여 영국의 1897년 「노동자보상법」에 기원을 둔 이 요건주의를 원칙으로 하였다. 즉, 업무수행성과 업무기인성을 동시에 증명해야만 업무상 재해로 인정받을 수 있었는데, 현대적 기준에서 보면 매우 엄격한 요건이었다. 따라서 이 규정은 산재 판정을 둘러싸고 수많은 재해근로자들의 원성의 대상이 되어 왔다. 이에 산재보험은 1982년부터 업무상재해에 대한 정의를 "업무상 사유에 의한 재해"로 개정하였다.

고용주가 산재보험료를 전액 부담하였으며, 산재보험은 5년간의 순보험료율을 기초로 한 업종별 경험요율체계를 채택하였다. 1964년 시행 당시 사업체들은 18개 업종으로 구분되었으며, 평균 2.3%의 보험료가 부과되었다. 산재보험의 재정은 산업재해보상보험특별회계를 통해 관리되었다(노동부, 2004: 629). 보건사회부 산하 노동청이 산재보험의 행정을 직접 관장하였으며 일선행정처리를 위해 산재보험사무소를 신설하였다. 산재보험사무소는 1974년부터 노동부 지방사무소로 개칭되었으며, 통상 노동사무소로 불렸다. 1964년 시행 당시에는 서울, 부산, 장성, 대구, 전주, 광주, 대전 등 7개의 사무소가 문을 열었다(노동부, 2004: 575).

표 9-2 산재보험의 기업규모별 및 업종별 적용확대 추이

연도	기업규모	업종관련 비고
1964.7.1	500인 이상	광업, 제조업
1965.1.1	200인 이상	전기가스업, 운수보관업 추가
1966.1.1	150인 이상	
1967.1.1	100인 이상	유기사업(연간 25,000인 이상)
1968.1.1	50인 이상	유기사업(연간 13,000인 이상)
1969.1.1		건설업, 수도업, 위생시설서비스업, 상업, 통신업, 서비스업 추가
1969.7.1		건설업은 공사금액 2,000만 원 이상
1972.1.1	30인 이상	
1973.1.1	16인 이상	건설업은 공사금액 1,000만 원 이상
1976.1.1	16(5)인 이상	광업, 제조업 중 화학, 석유, 석탄, 고무, 플라스틱제조업은 5인 이상
1982.7.1	10(5)인 이상	건설업은 공사금액 4,000만 원 이상. 벌목업 추가
1983.8.6		농산물위탁판매업 및 중개업 추가
1986.9.1		베니아판제조업 등 14개 업종 5인 이상 추가
1987.1.1		목재품제조업 등 20개 업종 5인 이상 추가
1988.1.1		전자제품제조업 등 16개 업종 5인 이상 추가
1992.7.1	5인 이상	광업, 임업, 수렵업, 도소매업, 부동산업 5인 이상 추가
1996.1.1		교육서비스업, 보건 및 사회복지사업 추가
1998.1.1		현장실습생 적용특례. 해외파견자 임의적용
1998.7.1		금융 및 보험업 추가
2000.7.1	1인 이상	농업,임업, 어업, 수렵업은 5인 이상. 중소기업사업주 임의가입
2001.1.1		국가 및 지방자체단체에서 직접 행하는 사업 추가
2008.7.1		특수형태근로종사자 임의가입
2018.1.1		출퇴근재해 보상 시작

출처: 고용노동부(2021a).
    노동부(2004).

1964년 산재보험은 광업과 제조업 사업체 중 상시근로자 500인 이상의 사업장을 대상으로 시작하였으며, 64개 사업장과 8만 1,798명의 근로자만이 적용되었던 미약한 제도로 출발하였다. 하지만 산재보험을 통해 사용주들은 「근로기준법」에 명시된 재해보상책임을 분산시킬 수 있었고, 급작스런 산재보상 부담의 증가를 막을 수 있었다. 반면 노동자들은 재해보상 청구권 행사를 간소화하고 신속한 보상을 받을 수 있었으며, 무엇보다도 국가라는 안정적인 보험자를 확보할 수 있었다(전광석, 1999: 328-330).

3) 산재보험 적용범위의 확대과정

1964년 500인 이상 사업체를 대상으로 출범한 산재보험은 먼저 적용대상을 확대하는 작업에 착수하였다. 출범 다음 해인 1965년 적용범위를 200인 이상 사업장으로 확대하였으며, 1967년에는 100인 이상, 1968년에는 50인 이상, 1972년에는 30인 이상, 1982년에는 10인 이상 사업체로 적용범위를 순차적으로 확대하였다. 1992년에는 대부분의 업종에서 5인 이상 사업체들이 산재보험에 적용되었으며, 2000년 7월 1일부터 산재보험은 전 사업장으로 확대되었다. 나아가 1998년 현장실습생 특례적용과 해외파견자 임의적용을 시작으로, 2000년에는 중소기업사업주, 2008년에는 특수형태근로자 등 「근로기준법」상 근로자로 분류되지 않는 대상자들에게 임의적용을 확대하였다. 〈표 9-2〉는 1964년 도입 이후 산재보험의 적용확대 과정을 나타낸 것이다.

4) 1977년 근로복지공사의 창설

1977년 6월 2일 설립된 근로복지공사의 공식적인 설립 목적은 '요양 또는 외과후 처리, 의료재활 또는 직업재활, 재해예방 등의 사업'을 관장하기 위함이었지만, 실제 설립목적은 진폐증에 대한 연구와 치료로 특화되어 있었다. 1970년대 광산지역의 직업병, 특히 진폐증이 크게 사회문제화되면서 이에 대한 대응으로 기획된 것이다. 설립 당시 근로복지공사는 장성병원(현 태백병원)을 인수하고 구내에 장성규폐센터를 설치하여 진폐증 예방과 연구사업에 매진하였다. 1983년에는 진폐증 전문병원인 동해병원을 개설하였고, 장성병원에 진폐연구소를 설치하였다. 나아가 1979년에는 산업재활원을 인수하여 재활지료사업을 시작하였다. 근로복지공단으로 개편하기 전까지 근로복지공사는 인천중앙병원, 장성병원 등 종합병원 6개소, 동해병원, 정선병원, 경기요양병원 등 특수병원 3개소, 인천재활공학연구소, 안산 재활훈련원, 광주재활훈련원 등 재활시설 3개소를 운영하였다(노동부, 2004: 928-947). 1995년 근로복지공사는 근로복지공단으로 확대개편되면서 산재보험의 관리운영기관으로 재설정되었다.

5) 1970~1989년 산재보험법의 개정: 근로기준법으로부터의 독립

1963년 「산재보험법」은 핵심 규정을 「근로기준법」에 의존했기 때문에 고용주의 재해보상책임에 대한 강제보험적 성격을 가졌다. 이러한 보상 중심의 노동법적 접근은 기본생활을 보장하는 사회보장적 측면을 약화시키기 때문에, 「근로기준법」으로부터 산재보험을 독립시켜 사회보장적 요소들을 강화하려는 시도가 나타났다.

첫째, 사회보장제도의 가장 큰 특징인 연금제의 도입이 시도되었다. 「근로기준법」은 기본생활의 보장보다 공정한 재해보상을 목표로 하기 때문에, 보상금 성격의 일시금 위주로 운영되었다. 이에 따라 초창기 산재보험은 「근로기준법」에 의거하여 유족보상, 장해보상, 일시보상을 일시금으로 지급하였다. 하지만 일시금은 생활안정을 보장하기에는 취약점을 갖고 있기 때문에 사회보장제도의 급여형태로는 부적절했다. 산재보험은 일시금 위주의 급여 운용에서 탈피하기 위해 1971년부터 장해급여와 유족급여에 대해 선택적 연금제를 도입하였고, 1989년에는 장해등급 1~3급의 장해급여에 대해 연금지급을 의무화하였다. 나아가 1983년 일시급여를 폐지하고 상병보상연금으로 대체하였다.

둘째, 「근로기준법」에 종속된 법규정을 정비하였다. 1986년 개정에서 「산재보험법」은 산재보험사업의 목적에 '재해예방사업과 기타 복지증진을 위한 사업'을 추가하여 산재보험이 「근로기준법」과 독립된 사업을 추진하고 있음을 분명히 하였다. 나아가 1989년 개정법은 산재보험의 적용범위를 「근로기준법」의 적용을 받는 사업 및 사업장'에서 '모든 사업 또는 사업장'으로 변경함으로써, 「산재보험법」과 「근로기준법」이 서로 독자적인 사업범위를 가짐을 명시하였다. 그러나 '근로자'나 '임금' '평균임금'과 같은 핵심 개념은 여전히 「근로기준법」에 의존하고 있기 때문에, 산재보험이 「근로기준법」으로부터 완전히 분리되었다고 평가하기는 힘들다.

셋째, 최저보상기준을 도입하였다. 「근로기준법」의 재해보상은 개별사업주 책임주의를 기초로 하기 때문에 보상관계는 고용주와 재해근로자 당사자의 관계로 제한되며, 이에 따라 최저수준의 보장은 불가능하다. 하지만 산재보험은 1977년부터 휴업급여를 제외한 현금급여들에 최저보상기준을 도입하였다. 나아가 1995년부터는 근로자의 평균임금이 최저임금액에 미달될 경우 그 최저임금액을 평균임금으로 하도록 규정하여, 휴업급여에도 최저보상기준을 도입하였다.

넷째, 산재보험과 「근로기준법」의 급여수준에 차등을 두기 시작하였다. 산재보험 도입 초기 「산재보험법」과 「근로기준법」의 급여수준은 동일하였으나 1971년부터 산재보험의 급여수준을 「근로기준법」보다 높게 상향조정하기 시작하였다. 1971년에는 장해급여에 한해 상향조정하였지만 1989년 개정 「산재보험법」은 모든 현금급여의 급여수준을 「근로기준법」보다 높도록 일괄적으로 인상하였다. 휴업급여는 평균임금의 60%에서 70%로, 유족급여는 1,000일분에서 1,300일분으로, 장의비는 90일분에서 120일분으로 인상하였으며, 장해보상일시금은 10%, 장애연금과 상병보상연금은 5% 상향조정하였다. 이로써 산재보험의 급여체계는 「근로기준법」으로부터 상당히 이탈되었다. 1989년 급여수준의 인상은 당시 정부의 노동통제전략의 변화를 반영한 것이었다. 1987~1988년 노동자대투쟁은 정부의 노동통제전략을 억압적인 노동배제전략에서 합법노조를 대상으로 한 포섭전략으로 전환시켰다(김준, 1989: 31-32; 홍덕률, 1991: 227-231). 노태우 정부는 전노협 건설을 추진하고 있던 민주노조세력에 대해서는 계속 억압적인 배제전략으로 대응했지만, 한국노총 등 협조적인 합법노조들에게는 「노동조합법」 및 「노동쟁의조정법」의 개정(1987), 최저임금제의 실시(1988), 「산업안전보건법」의 개정(1989), 「사내근로복지기금법」의 제정(1991) 등 노동유화적인 조치들을 제공하였다. 1989년 「산재보험법」의 개정도 이와 유사한 맥락을 갖는다.

6) 1995년 근로복지공단의 창설

1993년 12월 27일 「고용보험법」이 제정됨에 따라 노동부의 사회보험 관리체계가 쟁점으로 떠올랐다. 노동부는 이미 산재보험을 운영하고 있었기 때문에 고용보험과의 조정이 필요했다. 당시 노동부는 노사관계정책 중심에서 고용정책 중심으로 전환하고 있었기 때문에 산재보험 대신 고용보험을 직접 관장하기로 결정하였다.[4] 이에 따라 산재보험업무를 담당하고 있던 노동사무소를 직업안정기관으로 전환시켜 고용보험사무를 집행하게 하였다. 나아가 산재보험의 업무는 근로복지공사로 이관하기로 결정하였고, 산재보험업무의 비영리성을 고려하여 근로복지공사를 근로복지공단으로 개편하기로 하였다(유길상 외, 1995: 25-26). 이에 따라 근로복지공사는 1995년 5월 1일 근로복지공단으로 전환되었고 산재보험의 관리운영업무를 수행하게 되었다.

7) 2008년 특수형태근로자 적용확대

산재보험은 고용주의 재해보상 책임에 대한 강제보험적 성격을 갖고 있기 때문에, 적용대상자를 「근로기준법」상의 '근로자'로 엄격하게 제한하였다. 하지만 1994년과 1995년 골프장 캐디들이 잇달아 근무 중 사망하면서 특수형태근로자들의 산재보험 적용문제가 뜨거운 쟁점이 되었다. 특수형태근로자는 사용자의 지휘와 감독하에 있으면서도 직접적으로 임금을 받지 않기 때문에 노동법상 자영업자로 분류되는 근로자이다. 특수형태근로자들은 노동법과 「산재보험법」의 동시적용을 원했지만, 특수형태근로자들의 노조설립을 두려워한 노동부는 특수형태근로자들의 '근로자성'을 완강하게 거부하였다. 결국 특수형태근로자들은 「근로기준법」상의 '근로자'로서가 아니라 적용특례의 형식으로 산재보험에 적용될 수밖에 없었다. 2008년 특수형태근로자 중 골프장 캐디, 학습지교사, 보험모집인, 레미콘트럭 자차기사가 우선적으로 적용되었고, 이후 점진적으로 대상이 확대하여 현재 14직종이 산재보험의 적용을 받고 있다. 그러나 적용의 실효성에 대해 논란은 여전히 계속되고 있다.

---

4) 1963년 보건사회부의 외청으로 출범한 노동청은 1981년 노동부로 승격되었다. 그러나 1960~1980년대 독재정권 시절 노동부의 주요 업무는 노사관계정책에 집중되어 있었고, 사실상 노동운동 탄압이 주 업무였다. 그러나 민주화에 따라 노동운동은 합법화되었고, 노동부는 새롭게 정체성을 모색해야 했다.

산재보험의 이해

산재보험은 국민연금, 건강보험, 고용보험과 함께 4대 사회보험으로 일컬어지고 있다. 하지만 적용대상, 급여의 형태와 수준, 재원조달방법 등 구체적인 내용을 보면 산재보험에는 다른 세 개의 사회보험들과 질적으로 구분되는 상이한 특성이 있는 것을 발견하게 된다.

첫째, 산재보험은 위험의 발생 원인이 무엇인지 엄격하게 따진다. 즉, 재해나 질병이 업무와 관련되어 있는지를 판단하여 급여의 지급 여부를 결정한다. 이러한 원인주의적 접근은 현재 상태만으로 급여의 지급 여부를 결정하는 다른 사회보험들과 상당한 차이를 갖는 것이다.

둘째, 산재보험의 가입자는 고용주이며, 산재보험은 고용주의 보험이다. 즉, 노동법에 따른 고용주의 산재보상 책임을 사회보험화한 형태인 것이다. 따라서 산재보험의 보험료는 고용주가 전액 부담하며, 산재보험은 보험가입자와 급여수급자가 일치하지 않는 유일한 사회보험이다. 산재보험의 가입자는 고용주이지만, 급여수급자는 고용주에 속한 재해근로자이다.

셋째, 산재보험은 전적으로 고용주가 부담하는 고용주 보험이기 때문에 산재보험의 급여대상은 고용주에 속한 노동자들이다. 이에 따라 산재보험은 적용에 있어 고용주가 보상의무를 가진 노동자인지 아닌지, 즉 '근로자성'을 엄격하게 따진다.

　넷째, 산재보험은 산재보상 책임에 대한 보험이기 때문에, 보상금적 성격을 갖는 일시금 형태의 급여가 많다. 일시금은 안정성이 보장되지 않기 때문에, 다른 사회보험에서는 거의 없는 급여형태이다.

　마지막으로, 산재보험료율의 결정에는 산재 발생 실적에 비례하여 보험료율을 책정하는 경험요율 방식이 주로 사용된다. 이는 민간보험의 원칙인 공평(equity)의 원리를 반영한 것이며, 연대(solidarity)의 원리를 강조하는 다른 사회보험에서는 사용하지 않는 방식이다.

1. 업무상재해의 인정

　산재보험은 업무상재해를 대상 위험으로 한다. 1964년 도입 당시 산재보험은 영국의 1897년 「노동자보상법」에 기초를 둔 이요건주의(二要件主義)를 원칙으로 채택하였다. 즉, 업무수행성과 업무기인성이라는 두 가지 요건을 모두 충족시킬 경우에만 업무상재해로 인정하였다. 업무수행성(on the course of employment)은 근로자의 재해가 업무를 수행하는 과정에서 발생하였는가를 검증하는 것이다. 반면 업무기인성(out of employment)은 업무로 인하여 재해가 발생하였는가를 검증하는 것이다. 이요건주의는 지나치게 까다롭다는 지적을 받아 왔다. 외근, 출장, 재택근로, 유연근무제 등이 확산되면서 고전적인 업무수행성을 엄격하게 적용하기가 쉽지 않아졌을 뿐만 아니라, 다양한 직업병의 출현으로 업무기인성을 명확하게 입증하는 것이 어려워졌다.

　이러한 요구를 반영하여 산재보험은 1982년부터 이요건주의를 폐기하고 '업무상 사유'라는 단일요건으로 업무상재해 인정기준을 변경하였다. 즉, 업무상의 재해란 업무상의 사유에 따른 근로자의 부상·질병·장해 또는 사망을 말한다. 여기서 '업무상 사유'라 함은 업무와 재해 사이에 상당인과관계가 있음을 의미한다. 그러나 이러한 변경이 실질적인 이요건주의의 폐기를 의미하는지 의문시된다. 왜냐하면 법령의 세부조항들은 여전히 이요건주의를 요구하고 있기 때문이다. 「산재보험법」 제37조와 「산재보험법 시행령」 제34조는 업무수행성과 업무기인성을 모두 요구하는 것으로 해석될 소지가 있다.

「산재보험법」제37조는 "근로자가 다음 각 호의 어느 하나에 해당하는 사유로 부상·질병 또는 장해가 발생하거나 사망하면 업무상의 재해로 본다. 다만, 업무와 재해 사이에 상당인과관계(相當因果關係)가 없는 경우에는 그러하지 아니하다."라고 규정하고 있다. 제37조 1~3호는 각각 업무상 사고, 업무상 질병, 출퇴근재해를 정의하고 있다. 따라서 제37조는 업무상 사고, 업무상 질병, 출퇴근재해의 요건을 충족하더라도 단서조항에 의해 상당인과관계가 있어야만 업무상재해로 인정한다는 의미이기 때문에, 사실상 업무수행성과 업무기인성을 모두 요구하는 셈이다. 업무상재해는 업무상 사고, 업무상 질병, 출퇴근재해로 구분된다.

업무상 사고: 먼저, 업무상 사고는 근로자가 근로계약에 따른 업무나 그에 따르는 행위를 하던 중 발생한 사고를 의미한다. 여기에는 근로계약에 따른 통상적인 업무행위뿐만 아니라 여기 부수되는 필요 행위, 예컨대 작업의 준비, 작업종료 후 마무리, 생리적 행위 등의 과정에서 발생한 사고도 포함된다. 나아가 천재지변이나 화재 등의 돌발상황에서 긴급 피난이나 구조행위 중에 발생한 사고도 포함된다.

또한, 사업주의 지배하에 있지만 직접적인 관리를 벗어나 업무를 수행하는 과정에서 발생한 사고, 즉 출장이나 외근시 발생한 사고나 휴무일에 출근해서 발생한 사고도 업무상 사고로 간주된다. 업무의 성질상 업무장소가 일정하지 않은 근로자의 경우에는 최초로 업무장소에 도착하여 업무를 시작한 때부터 최후의 업무를 완수하고 퇴근하기 전까지 업무와 관련하여 발생한 사고를 업무상 사고로 인정한다.

나아가 사업주의 관리하에 있지만 업무를 수행하지 않는 경우에 발생한 사고도 업무상재해로 인정된다. 예컨대, 사내체육대회, 야유회, 등산대회, 회식 등 사내행사 중 발생한 사고도 사업주가 노무관리나 사업운영상 필요성을 인정하여 적극적이고 구체적으로 지시한 경우에는 업무상사고로 인정한다. 사업주가 제공한 시설물, 장비 또는 차량 등의 결함이나 관리소홀로 발생한 사고도 업무상 사고로 인정된다. 또한 휴게시간 중에 발생한 사고라도 사업주의 지배관리하에 있다고 볼 수 있는 행위로 발생한 사고는 업무상 사고로 인정된다.

업무상 질병: 「산재보험법」은 업무상질병을 세 가지로 구분한다. 첫째, 위험물질을 취급하다가 발생한 질병이다. "업무수행 과정에서 물리적 인자(因子), 화학물질, 분진, 병원체, 신체에 부담을 주는 업무 등 근로자의 건강에 장해를 일으킬 수 있는 요

인을 취급하거나 그에 노출되어 발생한 질병"이다. 이를 인정받기 위해서는 다음과 같은 세 가지 요건을 모두 충족해야 한다. ① 근로자가 업무수행 과정에서 유해·위험요인을 취급하거나 유해·위험요인에 노출된 경력이 있어야 한다. ② 유해·위험요인을 취급하거나 유해·위험요인에 노출된 업무시간, 업무에 종사한 기간 및 업무 환경 등을 비추어 볼 때 근로자의 질병이 유발될 수 있다고 인정되어야 한다. ①과 ②의 조건은 구체적인 업무수행성의 증명을 요구하는 것이다. ③ 근로자가 유해·위험요인에 노출되거나 유해·위험요인을 취급한 것이 원인이 되어 그 질병이 발생했다는 것이 의학적으로 인정되어야 한다. 즉, 업무기인성을 의학적으로 증명해야 한다. 결국 업무수행성과 업무기인성을 모두 요구하고 있는 것이다. 노동부는 1982년부터 이요건주의를 폐기하고 '업무상 사유'라는 단일요건으로 변경하였다고 주장하고 있지만, 하위 규정들은 여전히 두 가지 요건을 모두 요구하고 있다.

업무상 질병의 두 번째 경우는 업무상 부상이 원인이 되어 발생한 질병을 의미한다. 이 경우 ① 업무상 부상과 질병 사이의 인과관계가 의학적으로 인정되고, ② 기초질환 또는 기존 질병으로 의해 자연적으로 나타난 증상이 아닐 것이라는 두 가지 조건을 충족해야 한다. 단, 상당인관관계의 증명에서 업무가 질병의 유일한 원인일 필요는 없다. 즉, 다른 원인과 경합할 경우에도 업무가 질병의 악화에 영향을 미쳤다면 업무상 질병으로 인정된다.

업무상 질병의 세 번째 경우는 업무상 스트레스에 의한 질병이다. 산재보험은 직장 내 괴롭힘, 고객의 폭언 등으로 인한 정신적 스트레스가 원인이 되어 발생한 질병도 업무상 질병으로 인정하고 있다.

직업병은 업무상 사고와 달리 장기간에 걸쳐 발병하는 경우가 많다. 또한 업무기간 외에 발생할 가능성도 높으며, 노동관계상의 요인과 기타 요인이 복합적으로 작용할 가능성도 많다. 개인에 따라 질병의 발생이나 정도가 다를 수 있으며, 증상이 일반질병과 구분되는 특이성을 갖지 않는 경우도 많기 때문에 업무수행성과 업무기인성을 판단하기 쉽지 않다. 이에 따라 직업병의 신속한 판정을 위해 직업병 목록표를 활용하는 경우가 많다. 이러한 방식을 지정열거방식(Schedule or List System)이라고 하는데, 지금까지 인정된 직업병들의 목록표를 작성한 후 해당 질병이 발생하면 곧바로 직업병으로 간주하는 방식이다(이상국, 1994). 지정열거방식은 노동자의 입증책임이 경감되지만 범위가 제한되기 때문에 새로운 직업병에 유연하게 대처하기 힘들다. 따라서 일반정의방식(General Coverage System)에 의해 보완되는데, 이는 직업병에 대한 일반적인 정의만 규정하고 질병이 그 정의에 부합하는가를 판정하는 방법이다. 그러나 이 방법은 포괄성을 장점으로 하지만 입증부담이 노동자에게 있기 때문에 전문적 진단이 필요하다는 결점을 가진다. 우리나라의 산재보험은 「산재보험법시행령」 별표 3에 업무상 재해에 대한 구체적인 인정기준을 1~12호까지 열거하여 지정열거방식을 채택하고 있다. 나아가 13호에는 "1호부터 12호까지에서 규정된 발병요건을 충족시키지 못하였거나 규정된 질병이 아니더라도 근로자의 질병과 업무와의 상당인과관계가 인정된 경우에는 해당 질병을 업무상재해로 본다."고 규정하여 일반정의방식을 보완하고 있다.

업무상 질병에 대한 인정 여부는 근로복지공단 소속의 업무상질병판정위원회에서 담당한다. 심의가 필요한 질병이 근로복지공단에 신청되거나 청구되면, 근로복지공단 분사무소의 장은 판정위원회에 심의를 의뢰하고, 판정위원회는 20일 이내에 심의 결과를 소속기관의 장에게 알려야 한다.

출퇴근재해: 출퇴근재해는 업무상 재해 인정을 둘러싸고 최근까지 뜨거운 쟁점이 되어 왔다. '통근이 없으면 업무도 없다.'라는 주장에서 볼 수 있듯이 노동단체측은 출퇴근과 업무의 불가분성을 내세워 출퇴근재해를 업무상재해로 인정해야 한다고 주장하였다. 반면 반대론자들은 출퇴근이 업무와 밀접히 관련되더라도 일반적인 생활위험일 뿐이며, 시간적·공간적으로 업무에 속하지 않을 뿐만 아니라, 그것이 사업목적에 봉사하는 성격도 갖지 않기 때문에 업무상재해로 인정할 수 없다고 반박하였다. 출퇴근이 업무의 필수적인 조건임에도 불구하고 출퇴근재해는 그 발생원인이 제3의 원인이거나 자연현상에 의한 것이 많고, 출퇴근과정이 사업주의 지휘·통제하에 있다고 보기 어려웠기 때문에 업무수행성과 업무기인성을 인정받기 쉽지 않았다. 물론 사업주가 제공한 교통수단을 이용하는 과정에서 발생한 사고는 업무상재해로 인정되었지만, 개인적 차원의 출퇴근과정에서 발생한 재해는 업무상재해 인정과정에서 번번히 거부되어 왔다.

그러나 2018년 산재보험은 노동단체의 끈질긴 요구를 받아들였다. 개인적인 차원의 출퇴근이라도 통상적인 경로와 방법으로 출퇴근하는 과정에서 발생한 사고에 한해 업무상재해로 인정하기 시작한 것이다. 나아가 출퇴근 경로를 이탈하거나 중단하더라도 다음에 해당될 경우에는 출퇴근재해로 인정하였다.

① 일상생활에 필요한 용품을 구입하는 행위

② 학교 또는 직업교육훈련기관에서 교육이나 훈련 등을 받는 행위

③ 선거권이나 국민투표권의 행사

④ 아동 또는 장애인을 보육기관 또는 교육기관에 데려다주거나 데려오는 행위

⑤ 의료기관 또는 보건소에서 진료를 받는 행위

⑥ 의료기관 등에서 요양 중인 가족을 돌보는 행위 등 일상생활에 필요한 행위

그러나 출퇴근 경로와 방법이 일정하지 아니한 직종은 출퇴근재해 대상에서 제외되는데, 수요응답형 여객자동차운송사업, 개인택시운송사업, 퀵서비스업자 및 배달원은 출퇴근재해 대상에서 제외된다.

2. 산재보험의 적용범위

산재보험은 모든 사업과 사업장을 적용범위로 하고 있으며, 강제가입을 원칙으로 한다. 여기서 주의해야 할 것은 '근로자'가 아니라 '사업과 사업장'이라는 것이다. 개별 근로자를 가입대상이 하는 다른 사회보험들과 달리 산재보험은 「근로기준법」상의 재해보상 책임을 근거로 하고 있기 때문에 고용주가 가입자이며, 고용주가 운영하는 사업이나 사업장이 가입단위가 된다. 하지만 급여의 수급자는 해당 사업장에 속한 근로자이므로, 유일하게 가입자와 수급자가 일치하지 않는 사회보험이다. 이미 살펴본 바와 같이 1964년 500인 이상 사업장을 적용대상으로 출범한 산재보험은 2000년 7월 1일부터 1인 이상의 전사업장으로 적용범위를 확대하였으며, 2018년부터는 건설공사의 규모제한도 폐지하여 소규모 공사도 적용범위에 포함시키고 있다. 이에 따라 1964년 64개 사업장, 8만 1,798명의 근로자를 대상으로 시작한 산재보험은 2020년 현재 〈표 10-1〉과 같이 271만 9,308개 사업장, 1,897만 4,513명의 근로자로 적용규모를 확대하였다. 〈표 10-1〉은 연도별 산재보험적용 사업장 수와 근로자 수를 나타낸 것이다.

현재 산재보험의 적용을 받지 않는 근로자는 얼마 되지 않는다. ① 별도의 재해보상체계를 갖고 있는 공무원, 군인, 사립학교교원, 선원 등의 특수직역 근로자, ② 가

표 10-1   연도별 산재보험 적용대상의 확대추이

연도	사업장 수	근로자 수
1965	289	161,150
1970	5,588	779,053
1975	21,369	1,836,209
1980	63,100	3,752,975
1985	66,803	4,495,185
1990	129,687	7,542,752
1995	186,012	7,893,727
2000	706,231	9,485,557
2005	1,175,606	12,069,599
2010	1,608,361	14,198,748
2015	2,367,186	17,968,931
2016	2,457,225	18,431,716
2017	2,507,364	18,560,142
2018	2,654,107	19,073,438
2019	2,680,874	18,275,160
2020	2,719,308	18,974,513

출처: 고용노동부(2016, 2021a).

구 내에 고용이 된 근로자, ③ 농업, 임업, 어업 및 수렵업 중 법인이 아닌 자가 5인 미만의 근로자로 운영하는 사업에 고용된 근로자만이 산재보험에서 적용제외된다.

나아가 산재보험은 다른 사회보험들과 달리 근로형태에 따른 적용의 차이가 없다. 즉, 일용직 근로자나 파트타임 근로자, 임시직 근로자 등 제반 비정규직 근로자들도 산재보험의 적용를 받는 데 제한이 없다. 산재보험의 적용에서 중요한 것은 근로형태가 아니라 의무가입대상 사업장 여부이다. 일반적으로 비정규직 근로자의 가입을 제한하고 있는 다른 사회보험들과 비교할 때, 산재보험은 비교적 비정규직 근로자들의 접근성이 높다고 평가할 수 있다.

나아가 사업주의 산재보험 가입 여부와 보험료납부 여부도 근로자의 산재보험 적용에 영향을 주지 않는다. 사업주가 산재보험에 가입하지 않았거나 산재보험료를 납부하지 않았더라도, 재해 발생 당시 의무적용대상 사업장에 근무했다는 것만 증명하면 근로복지공단은 실사를 거쳐 재해근로자에게 산재보험급여를 지급한다. 대신 사업주는 미가입 기간에 해당하는 보험료를 일괄 납부해야 할 뿐만 아니라 근로복지공단이 재해근로자에게 지급한 산재보험급여액의 50%를 납부해야 한다.

이에 따라 산재보험에서는 비정규직 문제보다 「근로기준법」상의 '근로자' 개념 문제가 더 큰 쟁점이 된다. 「산재보험법」은 「근로기준법」의 '근로자' 개념을 준용한다. 즉, 「산재보험법」 제5조 2호에 의하면, 산재보험급여의 지급대상이 되는 근로자는 「근로기준법」상의 '근로자'이다. 「근로기준법」 제2조 1호에 의하면, '근로자'란 '직업의 종류와 관계없이 임금을 목적으로 사업이나 사업장에 근로를 제공하는 자'를 말한다. 뒤집어 말하면 임금을 목적으로 하지 않고 근로를 제공하는 자는 근로자가 아니라는 것이다. 따라서 직업훈련생이나 실습생, 가족노동자 등은 근로자의 범주에서 제외된다. 「근로기준법」 제2조 5호에 의하면, '임금'이란 '사용자가 근로의 대가로 근로자에게 임금, 봉급, 그 밖에 어떠한 명칭으로든지 지급하는 모든 금품'을 말한다. 여기서 핵심은 '사용자가 지급하는 금품'이라는 것이다. 따라서 사업주의 지휘와 감독하에 있지만 사용주로부터 직접 금품을 지급받지 않고, 이용자로부터 수고료나 봉사료 등의 명목으로 근로의 대가를 지불받는 사람은 「근로기준법」상의 근로자가 아닌 것이다. 산재보험은 이러한 사람을 공식적으로 특수형태근로종사자라고 규정한다.

이들은 「근로기준법」상의 근로자는 아니지만 근로자와 유사한 직업위험을 갖고 있기 때문에 업무상재해의 위협으로부터 보호를 받을 필요가 있다. 이에 산재보험은 특수한 근로자들을 특례조항을 활용하여 적용대상에 포괄하고 있다.

첫째, 1998년부터 현장실습생에 대한 특례가 신설되었다. 현장실습생도 근로자와 동일하게 급여를 지급하되 급여수준은 훈련수당 등 훈련으로 인해 지급받는 모든 금품에 준하며, 이것이 「최저임금법」상의 최저임금액에 미달할 경우 최저임금액을 훈련수당으로 간주한다.

둘째, 해외파견자에 대한 특례가 신설되었다. 국제법 체계 상 각국의 법령은 해당 국가에만 효력을 가지기 때문에 다른 국가에는 적용되지 않는다. 이러한 속지주의 원칙에 따라 산재보험은 원칙적으로 국내 사업장과 사업에 한정되어 적용된다. 이에 산재보험은 해외사업장에 파견근무하는 근로자를 보호하기 위해 1998년 해외파견자에 대한 특례를 신설하고, 근로복지공단의 승인을 거쳐 특례대상자에게 국내근무자와 동일하게 산재보험의 적용을 받도록 하였다.

셋째, 산재보험은 2021년 개정법을 통해 학생연구자에 대한 특례를 신설하였고,

2022년부터 적용을 시작하였다. 이에 따라 대학이나 연구기관의 연구개발과제에 참여하고 있는 대학생이나 대학원생 등 연구활동종사자는 산재보험의 적용을 받게 되었다.

넷째, 2000년부터 중소기업사업주에 대한 특례가 신설되었다. 300인 미만의 피고용자를 사용하는 사업주의 경우 공단의 승인을 거쳐 제도에 가입할 수 있으며, 이때 중소기업주의 임금은 매년 노동부 장관이 정하는 고시임금을 따르도록 되어 있다.

다섯째, 2008년부터 국민기초생활보장 수급자에 대한 특례가 신설되었다. 국민기초생활보장제도의 자활사업에 참여하는 수급자는 산재보험의 적용을 받으며, 수급자의 기준임금은 자활사업에 참여하여 받고 있는 자활급여액으로 한다.

여섯째, 2008년부터 특수형태근로종사자에 대한 특례가 신설되었다. 2008년에는 보험모집원, 레미콘기사, 학습지교사, 골프장 캐디 등 4개 직종이 우선적으로 적용되었다. 이후 점진적으로 대상직종을 확대하였는데, 〈표 10-2〉는 특수형태근로종사자들의 적용확대 과정을 정리한 것이다. 2022년 현재 14개 직종의 특수형태근로종사자가 산재보험의 적용를 받고 있으며, 가장 최근에는 2021년부터 소프트웨어기술자들이 적용을 받고 있다.

하지만 특수형태근로종사자들은 노동법상 자영업자로 분류되기 때문에, 산재보험료를 고용주가 전액 부담하지 않으며 노사가 1/2씩 부담해야 한다. 산재보험료는 고용주가 전액 부담하는 것이라는 인식이 강했기 때문에 노동단체들과 특수형태근로자들은 보험료의 공동부담에 강력히 반발하였다. 이에 노동부는 특수형태근로자가 적용을 원하지 않을 경우 적용제외를 신청할 수 있도록 하였다. 문제는 상당수의

표 10-2 **연도별 특수형태근로종사자들의 산재보험 적용추이**

연도	직종
2008	보험모집원, 레미콘기사, 학습지교사, 골프장 캐디
2009	택배기사, 전속 퀵서비스기사
2016	대출모집인, 신용카드모집인, 전속 대리운전기사
2020	수출입 컨테이너 지입차주, 시멘트 운송차주, 철강재 운송 차주 유해화학물질 및 고압가스 운송차주
2021	소프트웨어기술자

특수형태근로자들이 적용제외를 신청하여 실제 가입률이 매우 저조하다는 것이다. 특수형태근로자들이 적용제외를 선택하는 이유는 근로자 자신이 산재보험료 납부를 꺼리는 측면도 있지만, 고용주가 보험료 납부를 회피하기 위해 특수형태근로자들에게 강압적으로 적용제외 신청서를 종용하는 경우도 많기 때문이다.

이에 고용노동부는 2021년 7월부터 특수형태근로자들의 적용제외 신청에 있어 신청사유를 엄격하게 제한하기 시작하였다. 즉, ① 부상·질병, 임신·출산·육아로 1개월 이상 휴업하는 경우, ② 사업주의 귀책사유에 따라 1개월 이상 휴업하는 경우, ③ 사업주가 천재지변, 전쟁 또는 이에 준하는 재난이나 감염병법에 따른 감염병의 확산으로 불가피하게 1개월 이상 휴업하는 경우가 아닌 이상 특수형태근로자들은 적용제외를 신청할 수 없도록 하여, 사실상 특수형태근로자들의 산재보험 가입 의무화에 나섰다.

표 10-3 특수형태근로자들의 산재보험 가입 현황(2019. 7. 현재) (단위: 명, %)

연도	구분		전체	레미콘 기사	보험 설계사	학습지 교사	골프장 캐디	퀵 서비스	택배 기사	대출 모집인	카드 모집인	대리 운전
2015	등록 종사자		447,274	12,153	335,097	59,712	25,648	3,311	11,353	-	-	-
	가입	인원 수	44,497	4,605	27,931	5,445	1,076	1,691	3,749	-	-	-
		비중	9.95	37.89	8.34	9.12	4.20	51.07	33.02	-	-	-
2016	등록 종사자		481,763	12,469	340,537	60,188	27,504	4,233	11,297	8,032	17,475	28
	가입	인원 수	55,536	5,116	31,170	6,116	1,225	2,265	3,222	2,080	4,322	20
		비중	11.53	41.03	9.15	10.16	4.45	53.51	28.52	25.90	24.73	71.43
2017	등록 종사자		483,254	12,766	344,085	55,557	28,437	5,246	12,032	8,288	16,828	15
	가입	인원 수	60,124	5,687	33,408	8,500	1,194	2,944	3,485	1,936	2,959	11
		비중	12.44	44.55	9.71	15.30	4.20	56.12	28.96	23.36	17.58	73.33
2018	등록 종사자		473,977	12,963	341,039	46,934	28,256	7,746	14,649	8,307	14,075	8
	가입	인원 수	62,126	6,146	34,201	6,662	1,191	4,901	5,055	1,619	2,348	3
		비중	13.11	47.41	10.03	14.19	4.22	63.27	34.51	19.49	16.68	37.50
2019. 7	등록 종사자		474,681	7,661	342,607	45,971	30,803	10,461	15,652	8,058	13,459	9
	가입	인원 수	64,967	2,580	37,542	7,258	1,104	7,006	5,674	1,500	2,299	4
		비중	13.69	33.68	10.96	15.79	3.58	66.97	36.25	18.62	17.08	44.44

출처: 송옥주의원실 보도자료(2019. 9. 1.).

3. 산재보험 급여의 종류와 수준

현재 업무상재해로 요양 중인 근로자는 요양급여와 휴업급여 또는 상병보상연금을 지급받는다. 요양 종결 이후 장해가 남아 있는 근로자는 장해급여, 진폐연금, 간병급여, 작업재활급여를 제공받으며, 근로자가 사망했을 경우에는 유족급여와 장례비가 지급된다.

1) 요양급여

요양급여는 근로자가 업무상의 사유로 부상을 당하거나 질병에 걸린 경우 치료를 위하여 그에 소요되는 요양비를 지급하는 급여이다. 요양급여의 대상은 ① 진찰 및 검사, ② 약제 또는 진료재료와 의지 그 밖의 보조기의 지급, ③ 처치 및 수술, 그 밖의 치료, ④ 재활치료, ⑤ 입원, ⑥ 간호 및 간병, ⑦ 이송 등에 관한 제반 비용이다. 다만, 업무상재해가 3일 이내에 치유되는 부상이나 질병일 경우에는 요양급여를 지급하지 않고 「근로기준법」에 의하여 사용자가 요양비를 지급하도록 하고 있다.

2007년까지 「산재보험법」은 "요양급여는 요양비의 전액으로 한다."고 명시하였다. 그러나 현실적으로 상급병실 사용료나 선택진료비 등에서 본인부담금이 존재했기 때문에, 2008년부터는 요양급여 수준을 하위법령인 노동부령으로 정하도록 개정하였다. 산재보험은 요양비 전액에 준하는 요양급여 지급을 목표로 하지만 의료기관이 청구하는 대로 진료비를 지급하지 않는다. 만약 의료기관에서 청구한 대로 급여를 지급하게 되면 의료기관과 재해 근로자는 비용의 측면을 고려하지 않기 때문에 과잉진료의 위험이 존재하게 된다. 따라서 근로복지공단은 의료기관의 진료비를 심사하게 되는데, 그 심사의 준거가 되는 것은 '국민건강보험 요양급여기준'이다. 다만, 건강보험에서는 산재보험의 적용대상인 치과보철, 재활보조기구, 화상환자의 약제 및 치료재료, 한방 첩약 및 탕전료, 재활치료료 등이 비급여항목이기 때문에, 산재보험은 건강보험 비급여항목들에 대해 '산업재해보상보험 요양급여산정기준'을 별도로 정하여 운영한다.

산재보험은 기본적으로 치료비 전액을 지급하지만, 건강보험과 산재보험의 요양급여기준에 기재되어 있지 않은 항목, 업무상 부상이나 질병의 치료목적이 아닌 진료나 투약, 그리고 상급병실 사용료는 비급여대상으로 분류하여 재해근로자 본인이 전액 부담하도록 하고 있다. 이에 따라 건강보험의 비급여대상은 산재보험 요양급여 산정기준에서 별도로 정하지 않는 한 산재보험에서도 비급여대상이 된다. 근로복지공단의 용역조사에 의하면 2017년 5월 현재 비급여가 포함된 이종요양비[1] 중 비급여로 인한 조정금액이 상위 10%에 해당되는 내역서를 분석한 결과 산재보험의 비급여율은 18.7%로 분석되었다(신라대학교 산학협력단, 2017: 13). 상위 10%를 대상으로 했기 때문에 확대해석하기는 어렵지만, 상당한 규모의 비급여진료비가 존재하는 것으로 보인다.

이에 산재보험은 1999년부터 재해근로자기 비급여 진료비를 경감할 수 있도록 개별요양급여제도를 운영하고 있다. 개별요양급여제도란 산재보험의 비급여항목에 해당되는 진료항목이라도 개별 산재근로자의 진료에 필요하다고 판단되면 요양급여로 인정하는 제도이다. 이에 따라 재해근로자가 진료비내역서, 진료비 영수증, 진료기록부 등을 첨부하여 요양비 청구서를 근로복지공단에 제출하면 공단은 심의을 통해 지원여부를 결정하고 있다. 2016년의 경우 산재환자 56명이 개별요양급여제도를 통해 2억 7,175만 원을 수급하였다(의학신문, 2017. 6. 28.).

보통 요양급여는 근로복지공단이 의료기관에 직접 지급하지만, 부득이한 사유로 재해근로자가 자비로 지출한 진료비에 대해서는 재해근로자에게 직접 현금으로 지급하는데, 이를 요양비라고 한다. 통상 요양비가 발생하는 경우는 업무상 재해 판정이 길어진 경우와 산재보험 지정 의료기관이 아닌 비지정 의료기관을 이용하는 경우로 나뉘어진다.

업무상재해가 발생하여 근로복지공단에 요양급여를 신청하면, 공단은 7일 이내에 요양승인 여부를 통고해야 하지만, 업무상재해 여부가 모호할 경우 7일을 초과하는 경우가 많다. 이 경우 재해근로자는 일단 건강보험을 적용하여 자비로 진료비를 결제하고, 요양승인이 나면 그간 지출한 진료비를 근로복지공단에 요양비로 청구하여 환급받는다. 문제는 건강보험에서는 비급여항목이지만, 산재보험에서는 급

---

[1] 이종요양비란 산재 승인 전 회사나 재해근로자가 직접 병원에 지불한 의료비를 산재 승인 후에 환급받기 위하여 근로복지복단에 청구할 때 사용하는 요양비의 실무적인 명칭이다.

여가 적용되는 항목들이 있다는 것이다. 요양승인 전 재해근로자는 이 항목들에 대해 일반수가로 결제할 수밖에 없다. 그러나 요양승인 후 근로복지공단이 요양비를 환급해 줄 때는 재해근로자가 실제 지출한 일반수가액을 환불해 주지 않고, 산재보험 요양급여 산정기준에 의한 수가액을 기준으로 환불한다. 이 차액이 상당히 크기 때문에, 실제 진료비 지출액보다 재해근로자의 요양비 환급액이 훨씬 적다는 문제를 발생시킨다. 최근 건강보험의 급여대상항목이 확대되면서 이 문제는 많이 완화되었지만, 건강보험과 산재보험 간에 적용항목의 차이가 있는 한 실제 진료비 지출액과 요양비의 차이 문제는 계속 재해근로자들을 괴롭힐 것이다.

재해근로자는 원칙적으로 산재보험 지정 의료기관에서만 요양을 받아야 한다. 따라서 요양승인이 났을 때 재해근로자가 비지정 의료기관에서 요양을 받고 있으면, 근로복지공단은 재해근로자에게 산재보험 지정 의료기관으로 전원할 것을 통보한다. 이는 비지정병원의 경우 근로복지공단과 전산연결이 되어 있지 않아 요양급여의 직접지불이 불가능하기 때문이다. 따라서 재해근로자는 비지정병원에서 계속 치료를 받을 수는 있으나, 근로복지공단의 요양급여 지불이 불가능하기 때문에 자비로 치료비를 지불한 후 사후에 요양비를 환급받아야 한다. 하지만 사후 요양비 환급도 사전에 근로복지공단의 승인을 받아야 가능하다. 만약 전원통보에도 불구하고 공단의 승인 없이 비지정병원에서 임의로 치료를 계속 받으면 요양급여를 지급받을 수 없다(문은영, 2021). 문은영(2021)에 따르면 산재보험 지정 의료기관으로 지정된 병원은 전국의 의료기관 5만 5,069개소 중 10%인 5,203개소에 불과하다. 물론 대부분의 대형병원들은 산재보험 지정 의료기관으로 지정되어 있지만, 재해근로자들의 선택권을 넓히기 위해서는 산재보험 지정 의료기관을 지금보다 더 확대할 필요가 있다.

2) 휴업급여

휴업급여는 업무상재해로 요양 중인 근로자에게 요양으로 인하여 취업하지 못한 기간의 소득을 보전해 주기 위해 제공하는 현금급여이며, 평균임금의 70%를 지급한다. 여기서 평균임금은 「근로기준법」에 따라 '이를 산정하여야 할 사유가 발생한 날 이전 3개월 동안에 그 근로자에게 지급된 임금의 총액을 그 기간의 총 일수로 나눈 금액'을 말한다. 즉, 3개월간의 임금 평균액을 말하는 것이다. 단, 산출된 평균임금이 근로자의 통상임금보다 낮을 경우에는 그 통상임금액을 평균임금으로 한다. 통상임금이란 '근로자에게 정기적이고 일률적으로 소정근로 또는 총 근로에 대하여 지급하기로 정한 시간급 금액, 일급 금액, 주급 금액, 월급 금액 또는 도급금액'을 말한다. 즉, 시급액, 일당액, 주급액 등을 의미한다. 휴업급여도 요양급여와 마찬가지로 3일 이내에 치유되는 부상이나 질병일 경우에는 지급하지 않으며, 해당 기간 동안에는「근로기준법」에 의해 고용주가 보상한다.

평균임금의 70%인 휴업급여의 수준은 ILO의 권장기준인 2/3를 상회하고 있다. 그러나 대다수의 OECD 국가들에 비하면 낮은 수준이다. 〈표 10-4〉는 주요 국가들의 휴업급여 수준을 나타낸다. 〈표 10-4〉에 의하면 노르웨이와 룩셈부르크는 휴업급여로 소득의 100%를 보전해 주고 있으며, 남미 국가인 아르헨티나와 멕시코도 마찬가지이다. 〈표 10-4〉에는 러시아밖에 제시되지 않았지만 구사회주의권 국가들도 소득의 100%를 보전해 주는 국가들이 많다. 스웨덴, 독일, 브라질, 프랑스, 일본, 캐나다, 스위스, 호주, 뉴질랜드 등은 소득의 80% 이상을 지급한다. 우리나라와 동일한 70%나 그 이하를 지급하는 국가는 네덜란드, 벨기에, 미국 정도가 거론될 뿐이다. 우리나라도 국제적인 추세를 고려할 때 휴업급여 수준을 80%로 상향조정할 필요가 있다.

〈표 10-4〉를 보면 휴업급여의 급여지급기간을 제한한 국가와 그렇지 않은 국가로 나뉘어지는 것을 볼 수 있다. 스웨덴, 독일, 네덜란드, 오스트리아, 룩셈부르크 등은 급여지급기간을 제한하고 있는 반면, 벨기에, 프랑스, 캐나다, 스위스 등은 완쾌되거나 장해급여로 전환될 때까지 휴업급여를 제공하고 있다. 휴업급여의 지급기간을 제한한다는 것은 후속프로그램이 준비되어 있다는 것을 의미하는데, OECD 국가들의 경험상 후속프로그램은 장해급여일 수밖에 없다. 결국 휴업급여의 지급기간을 제한하는 문제는 휴업급여와 장해급여의 격차에 의해 좌우된다.

우리나라의 산재보험은 휴업급여의 지급기간에 제한을 두지 않는다. 즉, 업무상 사유로 인한 부상과 질병이 계속되는 한 휴업급여는 무기한 지급된다. 요양급여를 받고 있는 근로자가 2년이 지난 시점에서 중증요양상태를 측정한 결과 중증요양등급 1~3급에 해당되면 상병보상연금으로 전환되지만, 중증요양상태가 3급에 못 미칠 경우에는 휴업급여가 계속 지급된다. 이에 따라 재해근로자들이 휴업급여에 의

표 10-4 주요 국가의 산재보험 휴업급여 수준

급여	급여수준	통합여부
스웨덴	15~364일간 임금손실의 80% 지급(14일까지는 고용주가 80% 지급) 중증질환일 경우 최대 550일까지 75% 추가 지급	상병급여와 동일
네덜란드	104주 동안 임금의 70% 지급	상병급여와 통합
독일	78주 동안 총임금의 80% 지급	
오스트리아	12주까지 고용주가 100% 지급, 13~16주는 50% 지급 16주 이후 가입기간에 따라 보험조합에서 26~52주간 50% 지급	상병급여와 통합
벨기에	182일간 소득의 60% 지급(한 달간 고용주가 85.88~100% 지급)	상병급여와 통합
프랑스	평균임금의 80%(처음 28일간은 60%)	
이탈리아	평균임금의 75%(처음 90일간은 60%)	
룩셈부르크	평균임금의 100%(처음 77일은 사용자가 지급) 104주 기준기간 동안 52주까지 지급 가능	상병급여와 통합
노르웨이	최대 52주간 임금의 100%(처음 16일은 사용자가 지급)	상병급여와 통합
포르투갈	12개월간 총소득의 70%, 이후 회복이나 장애급여수급까지 75%	
러시아	회복되거나 장애급여 수급까지 총소득의 100% 지급	
스페인	12개월간 평균임금의 75% 지급. 재활치료 시 6개월 연장 가능	
스위스	3일 후부터 회복되거나 장애급여 수급 시까지 소득의 80% 지급	국가민간 혼합체계
아르헨티나	회복되거나 장애급여 수급까지 소득의 100% 지급	강제가입 민간보험
브라질	평균임금의 91%(15일간 사용자가 100% 지급)	
캐나다	지역에 따라 순소득의 75~90% 지급	
멕시코	최대 52주간 임금 100% 지급	
미국	3~7일의 대기기간 후 임금의 66.6% 지급	강제가입 민간보험
호주	주마다 다양하지만 적어도 13주간 최소 임금의 95% 이상	국가민간 혼합체계
일본	평균임금의 80%(휴업보상급부 60% + 휴업특별지급금 20%)	
뉴질랜드	총소득의 80%(7일간 사용자가 100% 지급)	강제상해 보험체계

출처: SSA (2018, 2019, 2020).

존하여 취업을 기피하는 것을 막기 위해서는 휴업급여의 지급기간을 제한해야 한다는 주장도 제기되지만, 지급기간을 제한하려면 적절한 후속프로그램이 마련되어야 한다(이정우, 2007: 101-103). 하지만 후속프로그램이 되어야 할 장해급여는 4급부터 일시금의 선택이 가능하기 때문에 생활보장의 측면에서 적절하지 않으며, 급여수준도 낮기 때문에 연금화에 문제점을 가진다. 연금형태의 적절한 후속프로그램이 마련되지 않는 한 휴업급여의 지급기간을 제한하기는 힘들다.

휴업급여가 지급기간의 제한없이 운영되면서 나타난 결과는 고령의 휴업급여 수급자가 증가하고 있다는 것이다(이정우, 2007: 88-89). 이에 2000년부터 노동부는 60세 이상 고령자들의 휴업급여액을 감액 조정하기 시작하였다.「산재보험법」제52조에 의하면 휴업급여는 '요양으로 취업하지 못한 기간'에 대해 지급하는 것인데, 60세 이상의 고령수급자의 경우에는 미취업상태가 요양 때문인지, 아니면 사회적인 정년에 해당되기 때문인지 불분명하다는 이유를 내세웠다. 물론 이는 표면적인 이유였고 산재보험지출을 억제하려는 측면이 더 많이 반영되었다. 이에 따라 노동부는 휴업급여 수급자의 연령이 61세가 넘을 경우 해마다 4% 포인트씩 감액조정하여 65세 이상이 되면 평균임금의 50%를 수급하도록 조정하고 있다.

휴업급여액은 평균임금의 70%로 계산되지만, 평균임금액이 지나치게 낮으면 최저생활이 위협을 받는다. 이에「산재보험법」제54조는 휴업급여 산정액이 최저 보상기준 금액의 100분의 80보다 낮으면, 평균임금의 90%와 최저보상기준액의 80% 중 적은 금액을 휴업급여액으로 하며, 이렇게 산출된 휴업급여액이「최저임금법」상의 최저임금보다 적을 경우 최저임금액을 휴업급여액으로 하도록 하였다. 이와 같이 휴업급여의 최저기준이 복잡하고 이상하게 산정되는 이유는 최저임금제도 시행 초기에 최저임금 수준이 기형적으로 낮았기 때문이다. 최저임금제도는 1988년부터 시행었지만 초기에는 최저임금의 수준이 너무 낮아 적용되는 노동자가 거의 없었으며, 2005년까지도 최저임금 수준은 근로자 평균임금의 25%에 불과하였다(정진호, 2008: 72). 2000년부터 산재보험은 근로자의 평균임금이 최저임금액에 미달하는 경우 그 최저임금액을 휴업급여액으로 하도록 하였으나, 최저임금액이 너무 낮았기 때문에 실효성에 의문이 제기되었다.

이에 노동부는 2008년부터 최저보상기준 금액의 100분의 80이라는 기준을 새로 추가하여 최저임금액을 보완하도록 한 것이다. 최저보상기준은 근로자 평균임금의

50%로 결정되기 때문에, 최저보상기준 금액의 100분의 80은 근로자 평균임금액의 40%를 의미하였다. 이는 당시 근로자 평균임금의 25%에 불과했던 최저임금액보다 높은 금액이었기 때문에 충분히 휴업급여의 최저기준을 보완할 수 있었다. 그러나 문재인 정부가 들어서면서 최저임금이 급격히 상승하였고, 최근 최저임금액은 근로자 평균임금액의 50%를 초과하고 있다. 따라서 2022년 최저임금액이나 최저보상기준은 모두 일급 7만 3,280원으로 설정되어 있다.[2] 최저임금이 상승하면서 최저보상기준의 80%라는 보완장치는 사실상 의미를 잃게 되었다. 산정방법이 복잡하지만 저소득 재해근로자들의 휴업급여액은 적어도 최저임금액 이상으로 설정되기 때문에 재해근로자들의 최저생활을 보장하기 위한 안전장치는 어느 정도 갖춘 셈이다.

산재보험은 2008년부터 최고보상기준액을 도입하여, 고액 급여에 대하여 상한선을 설정하였다. 최고보상기준액은 전체 근로자임금 평균액의 1.8배로 산정되며, 2022년 현재 23만 2,664원이다. 따라서 평균임금이 최고보상기준액을 초과하는 재해근로자는 최고보상기준액까지만 급여를 받을 수 있다. 최고보상기준은 휴업급여뿐만 아니라 장해급여, 유족급여, 상병보상연금 등 평균임금을 사용하는 모든 급여에 적용된다.

또한 노동부는 2008년 7월부터 부분휴업급여를 도입하였다. 그동안 휴업급여는 요양 중에 근로소득이 발생하면 휴업급여를 중단했기 때문에, 재해근로자들은 부분적인 근로가 가능하더라도 노동시장 참여를 시도하지 않았다. 이에 산재보험은 요양기간 중 근로를 하더라도 재해근로자의 취업시간 만큼 평균임금에서 취업시간에 대한 임금을 뺀 금액의 90%를 부분휴업급여로 지급하도록 하여[3] 근로동기의 하락을 억제할 수 있는 장치를 마련하였다.

---

2) 최저보상기준액은 전체 근로자 임금 평균액의 2분의 1과 최저임금액 중 높은 쪽으로 결정된다. 최근 몇 년간 최저보상기준액과 최저임금액이 똑같은 이유는 최저임금액이 계속해서 전체 근로자 임금 평균액의 2분의 1 수준을 초과했기 때문이다.

3) 평균임금이 100,000원으로 평소 70,000원의 휴업급여를 수급하는 자가 4시간 취업하여 36,000원의 근로소득을 받았다고 가정하자. 본문의 정의대로 부분휴업급여액을 계산하면, 취업시간의 부분휴업급여액은 $(100,000 \times 4/8 - 36,000) \times 0.9 = 12,600$원이다. 여기에 4시간은 취업하지 않았기 때문에 평소 휴업급여액의 4/8인 35,000원은 그대로 수급한다. 따라서 이 수급자의 부분휴업급여액은 47,600원이 된다. 여기에 근로소득 36,000원을 더하면 총소득은 83,600원으로 평소 휴업급여액 70,000원보다 높게 된다(근로복지공단 홈페이지의 예시).

재요양이란 요양급여를 받았던 사람이 완쾌된 후에 부상이나 질병이 재발하거나 악화되어 다시 받는 요양급여를 의미한다. 재요양 시에도 휴업급여를 지급받는데, 2008년 이전까지는 재요양 시점에서 재요양 휴업급여액을 다시 산정하지 않고, 처음 요양급여를 받았던 당시의 휴업급여액을 그대로 지급하였다. 그러나 요양종결 이후 재취업에 곤란을 겪고 있거나 저액의 장해보상연금을 받고 있는 근로자들은 소득이 요양 당시 휴업급여액에 미달하는 경우도 많았기 때문에 재요양을 신청하려는 동기를 가질 수 있었다(이정우, 2007: 96). 이러한 낭비를 방지하기 위해 산재보험은 2008년부터 재요양 휴업급여액을 재요양 신청 당시의 임금을 기준으로 다시 산정하고 있다. 재요양에 따른 휴업급여와 장해보상연금은 중복수급이 가능하지만 두 급여액을 합한 금액은 장해보상연금 산정 당시 평균임금의 70%를 상회할 수 없다.

일용직 근로자, 특히 건설일용직 근로자들은 일감수주나 계절, 날씨에 따라 불규칙한 근로일수를 특징으로 한다. 따라서 평균임금이 통상임금보다 적을 경우가 많으므로 평균임금 대신 통상임금을 기준으로 휴업급여액을 산출한다. 그러나 이 경우 실근무일수가 적은 건설일용직 근로자의 경우 휴업급여액이 실제 근로소득을 초과하는 경우가 발생할 수 있다. 이에 산재보험은 2001년 7월부터 통상근로계수를 도입하여 일용직 근로자들의 급여산정에 반영함으로써 적정급여수준을 유지하고자 하였다. 즉, 산재보험은 직종에 상관없이 모든 일용직 근로자들의 통상임금에 통상근로계수를 곱하여 급여를 산출하고 있는데, 통상근로계수는 도입 당시부터 현재까지 0.73이 적용되고 있으며, 실제 근로일수를 반영하여 3년마다 고시하고 있다.

3) 장해급여

장해급여는 부상이나 질병을 치유한 이후에도 장해가 남아 있을 경우 지급되며, 장해등급에 따라 지급방법과 지급액수가 차등화되어 있다. 우리나라는 장해등급을 신체적 손상 정도에 따라 14등급으로 구분한다.[4] 각 장해등급별 보상수준은 〈표 10-5〉와 같다.

장해급여의 지급 방법은 장해보상연금과 장해보상일시금으로 구분된다. 장해등

---

[4] 구체적인 장해등급표는 「근로기준법 시행령」 별표 6을 참조할 수 있다.

급 1~3급은 연금지급이 의무화되어 있다. 반면 8~14급은 장해급여일시금만 수령할 수 있다. 중간에 해당하는 4~7급은 연금과 일시금 중 선택이 가능하다. 장해등급 1등급의 경우 〈표 10-5〉에서 보는 바와 같이 평균임금의 329일분을 장애보상연금으로 지급하며 7등급의 경우에는 138일분을 제공한다. 이를 임금대체율로 환산하면 1급은 평균임금의 90.1%, 7등급은 평균임금의 37.8%에 해당된다. 장해보상일시금을 수급할 경우, 장해등급 4급은 1,012일분을 수급하며, 14급은 55일분을 받는다. 장해보상연금은 수급권자의 신청에 의해 미리 선급할 수도 있는데, 장해등급 1~3급은 1~4년 연금액의 1/2을 선급할 수 있으며, 4~7급은 1~2년 연금액의 1/2을 선급할 수 있다.

　이미 휴업급여에서 언급했지만 장해급여는 휴업급여 수급자들의 후속프로그램이 되어야 한다. 하지만 장해등급 4급 이하의 급여수준은 휴업급여에 비해 매우 낮고, 일시금의 비중이 높기 때문에 적절한 후속프로그램으로 기능하기가 쉽지 않아 보인다. 연금을 선택했을 경우 좀 더 인센티브를 주는 방안을 고려할 필요가 있다.

　우리나라 산재보험은 신체적 손상 정도에 따라 장해등급을 구분하고 있지만 장

표 10-5　산재보험 장해등급에 따른 장해급여 수준

장해등급	장해보상연금	장해보상일시금
제1급	329일분(90.1%)	1,474일분
제2급	291일분(79.7%)	1,309일분
제3급	257일분(70.4%)	1,155일분
제4급	224일분(61.4%)	1,012일분
제5급	193일분(52.9%)	869일분
제6급	164일분(44.9%)	737일분
제7급	138일분(37.8%)	616일분
제8급		495일분
제9급		385일분
제10급		297일분
제11급		220일분
제12급		154일분
제13급		99일분
제14급		55일분

출처:「산업재해보상보험법」[별표 2].

해에 따른 손실을 측정하는 방법은 국가마다 다르다. 이는 크게 세 가지로 구분된다 (Rejda, 1994: 329-331).

첫째, 실제 임금손실분(wage-loss approach)으로 손해를 측정하는 것이다. 즉, 재해 발생 전 임금과 이후 임금 사이의 차액을 보상하는 방법이다. 임금손실분 보상의 장점은 산재보험의 목적, 즉 업무상 재해로 인한 소득상실의 보전에 가장 충실한 방법이다. 나아가 실제 소득상실이 가장 큰 사람들, 즉 가장 경제적인 욕구가 큰 사람들에게 자원을 집중시킬 수 있다는 점에서 목표효율성이 크다. 하지만 재해 이후 소득이 늘어나면 급여가 감소되기 때문에 근로자들의 근로유인과 재취업 동기를 하락시킨다는 문제를 갖는다. 또한 재해 이후의 소득감소가 실제 재해 때문인지를 확정하기 힘들다. 예컨대, 경제침체 때문일 수도 있고 산업구조의 변화 때문일 수도 있는 것이다. 나아가 심각한 신체적 손상을 입었더라도 실제 소득손실이 없는 경우에는 전혀 보상이 없으므로 불공정성의 문제가 제기될 수 있다.

둘째, 근로소득능력의 상실(loss of earning capacity)로 장애의 손실을 측정하는 방법이다. 이 접근은 직종, 연령, 교육수준, 경력 등을 고려하여 미래의 소득상실분을 예측하여 보상하는 방법이며, 대체로 민사소송의 손해배상액 산정에서 많이 쓰인다. 그러나 근로소득능력의 상실에 대한 산정은 매우 주관적이며, 그 결과 많은 법률적 분쟁을 야기시킬 수 있다. 또한 이러한 접근이 미래의 소득을 정확히 예측할 수 있다는 객관적인 증거는 거의 없다. 나아가 신체적 능력이나 직업능력이 향상되면 급여액이 줄어들 가능성이 있기 때문에 재해근로자들이 재활프로그램을 참여하는 것을 기피하게 하는 요인으로 작용할 수 있다. 근로소득능력 상실로 장애의 손실을 측정하던 영국이 1946년「국민보험법」제정을 통해 신체적 손상으로 측정방법을 바꾼 이유는 재해 근로자들이 재활프로그램과 고용프로그램에 참여하기를 기피했기 때문이었다.

셋째, 우리나라나 영국처럼 신체적 손상을 중심으로 손실을 측정하는 방법이다. 신체적 손상은 상대적으로 간편하게 측정될 수 있다는 장점을 갖지만, 실제 재정손실을 직접적으로 반영하는 것은 아니라는 약점을 갖는다. 예컨대, 손가락이 절단된 피아니스트나 변호사의 손실은 똑같이 측정된다. 하지만 임금손실분이나 근로소득능력 상실로 손실을 측정할 경우 재해 근로자들은 급여액의 삭감을 우려하여 재취업프로그램이나 재활프로그램의 참여에 소극적일 수 있지만, 신체적 손상으로 측정할 경우에는 안심하고 참여할 수 있다는 장점을 갖는다.

산재보험은 장해급여에도 최저보상기준을 적용한다. 최저보상기준은 1977년부터 도입되었고 해마다 노동부 장관이 당해연도 최저보상기준액을 임의적으로 공시해 왔으나, 2008년부터는 측정방법이 구체적으로 명시되었다. 최저보상기준은 '전체 근로자 임금 평균액의 1/2'과 최저임금액 중 높은 금액으로 하며, 근로자의 평균임금이 최저보상기준보다 낮을 때는 최저보상기준액이 평균임금으로 적용된다. 2022년 현재 최저보상기준액은 73,280원이다. 나아가 장해급여는 휴업급여에서 언급한 최고보상기준의 적용도 받는다.

4) 유족급여와 장례비

유족급여는 근로자가 업무상의 사유로 사망한 경우 그 유족의 생활을 보장하기 위하여 연금 또는 일시금으로 지급하는 급여이다. 유족급여는 원칙적으로 유족보상연금으로 지급된다. 유족보상연금은 기본금액과 가산금액을 합친 금액으로 하는데 기본금액은 평균임금의 47%이며, 가산금액은 유족이 1명 증가할 때마다 1인당 5%씩 가산되는 금액을 의미한다. 가산금액은 20%의 한도가 있다. 따라서 유족이 한 명이면 기본금액 47%와 가산금액 5%를 합쳐 52%가 지급되며, 가산금액의 한도가 20%이므로 최대 67%까지 지급이 가능하다.

여기서 유족은 사망근로자와 생계를 같이하고 있던 자로서 ① 배우자, ② 부모 또는 조부모로서 각각 60세 이상인 사람, ③ 자녀로서 25세 미만인 사람, ④ 손자녀로서 19세 미만인 사람, ⑤ 형제자매로서 19세 미만이거나 60세 이상인 사람, ⑥ 이상의 규정에 속하지 않는 자녀·부모·손자녀·조부모 또는 형제자매로서 「장애인복지법」에 따른 장애의 정도가 심한 장애인이 해당된다. 배우자가 재혼하거나 자녀와 손자녀, 그리고 형제자매가 해당 연령조건을 초과하거나, 장애인의 장애정도가 회복될 경우에는 유족연금 수급권이 상실된다.

만약 여기에 해당하는 유족이 없을 경우에는 연금 대신 유족보상일시금이 지급되는데, 사망근로자 평균임금의 1,300일분이 유족에게 지급된다. 다만, 유족이 원할 경우 유족보상일시금의 100분의 50을 일시금으로 지급하고 유족보상연금을 100분의 50으로 감액조정할 수 있다. 유족급여는 장해급여와 마찬가지로 최고보상기준과 최저보상기준의 적용을 받는다.

장례비는 업무상재해로 사망한 경우 장례비용으로 지급되며, 평균임금의 120일분을 장례를 행하는 유족에게 지급한다. 다만, 장례를 지낼 유족이 없거나 그 밖에 부득이한 사유로 유족이 아닌 사람이 장례를 지낸 경우에는 장례를 지낸 사람에게 평균임금의 120일분 범위에서 실제 비용을 지급한다. 2001년 7월부터는 장례비에 최고한도와 최저한도가 도입되었다. 이는 실비보상적 성격이 강한 장례비에 소득비례원칙을 적용하는 것이 적절하지 않다는 지적에 따른 것이다. 장례비 최고금액은 전년도 장례비 수급권자에게 지급된 1인당 평균 장례비 90일분에 「산재보험법」 최고보상기준금액의 30일분을 더한 금액으로 계산된다. 마찬가지로 장례비 최저금액은 전년도 장례비 수급권자에게 지급된 1인당 평균장례비 90일분에 산재보험법 최저보상기준금액의 30일분을 더한 금액으로 계산된다. 이러한 방식으로 계산된 2022년 장례비 최고금액과 최저금액은 각각 1,677만 5,750원과 1,208만 2,820원이다.

5) 상병보상연금

상병보상연금은 요양급여를 받는 근로자가 요양 개시 후 2년이 경과하여도 부상 또는 질병이 치료되지 않고 중증요양상태등급의 기준에 해당될 때 지급하는 급여이다. 업무상재해가 발생하면 재해근로자는 요양급여와 휴업급여를 받는데, 상병보상연금은 3급 이상의 중증요양상태등급에 해당되는 2년 이상의 장기요양자에게 휴업급여에 갈음하여 지급한다. 따라서 상병보상연금이 지급되면 휴업급여의 지급은 중단된다. 상병보상연금의 수급요건이 되는 중증요양상태등급은 장해급여의 1~3급과 동일하다. 결국 상병보상연금은 휴업급여에서 장해급여로의 부분적 전환을 의미하는 것이다.

상병보상연금은 1983년 일시급여를 연금화하기 위해 도입되었으며, 상병보상연금의 도입과 함께 일시급여는 폐지되었다. 따라서 상병보상연금은 1983년 이전의 일시급여와 마찬가지로 「근로기준법」의 일시보상을 갈음하며, 재해근로자에 대한 사용주의 고용관계 부담을 완화시켜 준다. 「근로기준법」 제23조 2항은 "사용자는 근로자가 업무상 부상 또는 질병의 요양을 위하여 휴업한 기간과 그 후 30일 동안 또는 산전·산후의 여성이 이 법에 따라 휴업한 기간과 그 후 30일 동안은 해고하지 못한다."고 규정하고 있다. 따라서 아무런 단서조항이 없다면 요양기간이 아무리 장기화되더라도 고용주는 재해근로자를 해고하지 못하고 계속 고용관계를 유지해야 한다. 그러나 「근로기준법」 제23조 2항의 단서 조항은 "다만, 사용자가 제84조에 따라 일시보상을 하였을 경우 또는 사업을 계속할 수 없게 된 경우에는 그러하지 아니하다."라고 규정하여 재해근로자에게 일시보상을 하면 고용관계를 정리할 수 있게 하였다. 「근로기준법」 제84조는 재해근로자가 "요양개시 후 2년을 경과하여도 부상 또는 질병이 완치되지 아니하는 경우에는 평균임금의 1,340일분의 일시보상을 행하여 그 후의 이 법에 의한 모든 보상책임을 면할 수 있다."고 규정하여 일시보상과 고용관계를 설명하고 있다. 상병보상연금은 이러한 「근로기준법」상의 일시보상과 동일한 기능을 한다.

「산재보험법」 제80조 4항은 이에 관하여 다음과 같이 규정하여 상병보상연금이 「근로기준법」상의 일시보상을 갈음하며, 따라서 사용주와 재해근로자 사이의 고용계약관계가 종료됨을 명시하고 있다. "요양급여를 받는 근로자가 요양을 시작한 후 3년이 지난 날 이후에 상병보상연금을 지급받고 있으면 「근로기준법」 제23조 제2항 단서를 적용할 때 그 사용자는 그 3년이 지난 날 이후에는 같은 법 제84조에 따른 일시보상을 지급한 것으로 본다." 상병보상연금과 일시보상의 차이는 일단 일시금으로 지급하는 근로기준법에 비해 산재보험은 연금을 지급함으로써 장기적인 생활안정에 보다 주안점을 두고 있다. 또한 산재보험은 경과기간을 3년으로 설정하여 근로기준법의 2년보다 1년을 더 연장함으로써, 재해근로자에게 좀 더 유리한 측면을 제공한다.

만약 요양기간이 2년 이상 경과하더라도 중증요양등급 3급 이내에 속하지 못하여 상병보상연금을 받지 못하는 재해근로자가 「근로기준법」상의 일시보상도 받지 못했다면, 그의 고용계약관계는 계속 유효하며, 요양급여와 휴업급여를 계속 받을 수 있다.

상병보상연금도 휴업급여와 마찬가지로 60세 이상 고령자의 연금액을 감액조정한다. 상병보상연금 수급자가 61세를 초과할 경우 해마다 4% 포인트씩 감액조정되어 65세 이상이 되면 20%의 삭감이 이루어진다. 따라서 65세 이상의 중증요양등급 1급 수급자는 급여수준이 평균임금의 90.1%에서 70.1%로 하향된다.

상병보상연금은 저소득자에 대한 보호도 휴업급여와 동일하게 적용된다. 「산재보험법」 제67조 1항은 상병보상연금 산정에서 평균임금이 최저임금액의 70%보다 적을 경우 최저임금액의 70%를 평균임금으로 한다고 규정하고 있으나 곧바로 2항에서 1항에 의해 산정한 평균임금액이 "제54조에서 정한 바에 따라 산정한 1일당 휴업급여 지급액보다 적으면 제54조에서 정한 바에 따라 산정한 금액을 1일당 상병보상연금 지급액으로 한다."고 규정하고 있다. 결국 휴업급여의 하한선을 준용하는 것이다. 이미 살펴본 바와 같이 휴업급여의 하한선은 최저보상기준의 80%, 평균임금의 90%, 그리고 최저임금액 중 하나로 결정되므로 최저임금액의 70%보다 적어질 가능성은 전혀 없다. 결국 상병보상연금의 하한선은 휴업급여와 동일하게 적용된다. 나아가 최고보상기준도 상병보상연금에 동일하게 적용된다.

재요양을 시작한 지 2년이 경과한 후에 부상이나 질병의 상태가 중증요양상태등급 1~3급에 해당될 경우에도 상병보상연금은 동일하게 지급된다. 단, 재요양의 경우에는 평균임금의 하한선을 계산할 때 휴업급여를 준용하지 않고 최저임금의 70% 값으로 한다. 재요양을 통해 상병보상연금을 받게 된 자가 장해보상연금을 받고 있을 경우에는 상병보상연금액과 장해보상연금액의 차액 만큼만 지급하며, 만약 장해등급 1~3급에 해당되어 상병보상연금액과 장해보상연금액이 동일할 경우에는 상병보상연금을 지급하지 않는다.

6) 간병급여

간병급여는 요양급여가 종료된 이후에도 의학적으로 간병이 필요한 장해급여수급자들이 실제로 간병을 받을 경우 지급되는 보험급여이며, 2000년 7월 신설되었다. 산재보험은 2000년 7월 이전에도 요양급여의 항목으로 간병비용을 보상해 왔으나, 요양이 종결된 재해근로자들에게는 법적 근거가 없었기 때문에 간병비를 계속 지급할 수 없었다. 이에 노동부는 간병급여를 새롭게 신설하여 요양급여를 받고 있지 않더라도 후유장애로 인해 지속적인 간병이 필요한 장해급여수급자에게 간병비를 지급하도록 개선하였다.

간병급여는 상시간병과 수시간병으로 구분된다. 상시간병은 요양을 받은 자가 ① 신경계통의 기능, 정신기능 또는 흉복부 장기의 기능에 장해등급 제1급에 해당하는 장해가 남아 있거나, ② 두 눈, 두 팔 또는 두 다리 중 어느 하나의 부위에 장해등급 제1급에 해당하는 장해가 남고 다른 부위에 제7급 이상에 해당하는 장해가 남아 있는 경우에 해당된다. 반면 수시간병은 ① 신경계통의 기능, 정신기능 또는 흉복부 장기의 기능에 장해등급 제2급에 해당하는 장해가 남아 있거나, ② 장해등급 제1급에 해당하는 장해를 가진 경우에 해당된다. 간병급여액은 해마다 노동부 장관이 고시한다. 2022년의 경우 상시간병급여액은 전문간병인의 경우 4만 4,760원, 가족 및 기타 간병인의 경우 4만 1,170원이며, 수시간병급여액은 전문간병인의 경우 2만 9,840원, 가족 및 기타 간병인의 경우 2만 7,450원이다.

7) 진폐연금

진폐증(pneumoconiosis)은 호흡을 통하여 폐에 들어온 광물성의 미세한 먼지가 쌓이게 된 결과 폐에 조직 반응이 일어나 폐가 굳어져서 제 역할을 하지 못하게 되는 질병을 의미한다. 현대의학의 수준으로는 치료를 하더라도 이전의 상태로 돌아오지 않는 비가역적 영구불치의 직업성 질환이다. 산업혁명과정에서 산업화의 동력은 증기기관이었고, 광업은 초기 산업화과정의 핵심산업이었다. 산업화를 경험한 모든 나라에서 진폐증은 피할 수 없는 상처였고, 광산에 대한 고용주책임법의 적용은 산업화의 필수적인 과정이었다. 1954년 처음으로 보고된 이후 진폐증은 우리나라 직업병의 역사를 이루었으며, 지금도 많이 발병된다. 고용노동부에 의하면, 2020년 876명의 진폐환자가 발생하였고, 412명이 진폐증으로 사망하였다. 전체 직업병 사망자의 35%에 해당한다(고용노동부, 2021b: 438).

2010년 노동부는 진폐증 근로자에 대한 보상체계를 진폐보상연금으로 일원화하였다. 2010년 이전 진폐증 근로자들의 산재보험 급여액은 요양 여부에 따라 크게 차이났다. 진폐증 근로자가 합병증 등을 이유로 장기간 요양을 하게 되면 휴업급여와 상병보상연금을 받을 수 있을 뿐만 아니라, 사후에도 쉽게 업무상 사망으로 인정되었다. 따라서 요양을 받지 않고 장해급여만을 받고 있는 다른 진폐근로자에 비하여 더 많은 혜택을 받았다. 이는 진폐증 근로자들의 요양을 조장하는 유인기제로 작용하였다. 이에 노동부는 진폐증 근로자들에 대해서는 기존의 현금성 산재보험급여, 즉 휴업급여, 장해급여, 상병보상연금, 유족급여를 지급하지 않고, 요양 여부와 관계없이 진폐보상연금만을 지급받도록 단일화하였다.

진폐보상연금은 기초연금과 진폐장해연금의 합으로 결정된다. 여기서 기초연금

표 10-6 진폐장해등급 기준 및 급여수준

등급	구 분	등급
제1급	진폐의 병형이 제1형 이상이면서 심폐기능에 고도 장해가 남은 사람	132일분 (36.1%)
제3급	진폐의 병형이 제1형 이상이면서 심폐기능에 중등도 장해가 남은 사람	
제5급	진폐의 병형이 제4형이면서 심폐기능에 경도 장해가 남은 사람	72일분 (19.7%)
제7급	진폐의 병형이 제1형, 제2형 또는 제3형이면서 심폐기능에 경도 장해가 남은 사람	
제9급	진폐의 병형이 제3형 또는 제4형이면서 심폐기능에 경미한 장해가 남은 사람	24일분 (6.5%)
제11급	진폐의 병형이 제1형 또는 제2형이면서 심폐기능에 경미한 장해가 남은 사람, 진폐의 병형이 제2형, 제3형 또는 제4형인 사람	
제13급	진폐의 병형이 제1형인 사람	

출처: 「산업재해보상보험법」 [별표 6].
「산업재해보상보험법 시행령」 [별표 11의 2].

은 최저임금액의 60%로 결정되며, 진폐장해연금은 진폐장애등급에 따라 3단계로 차등화되어 있다. 〈표 10-6〉은 진폐장해등급 판정기준과 진폐장해연금의 수준을 나타낸 것이다.

진폐장해등급은 7단계로 구성되어 있으며, 진폐장해등급 1급과 3급의 근로자에게는 평균임금의 36.1%를 지급한다. 5급과 7급의 진폐증 근로자는 19.7%를 지급받으며, 9급 이하의 경우에는 6.5%를 지급받는다. 진폐장해연금의 기초가 되는 평균임금은 근로자의 평균임금과 고용노동부 장관이 매년 고시하는 진폐고시임금 중 큰 금액으로 결정된다. 하지만 진폐증은 잠복기가 길기 때문에 퇴직하고 오래 시간이 경과한 후 발병하는 경우가 많다. 따라서 근로자의 평균임금을 확인하기 어렵기 때문에 대부분 진폐고시임금을 적용한다. 2022년 현재 진폐고시임금은 12만 9,257원 55전이다. 이렇게 계산된 평균임금에 〈표 10-6〉과 같은 비율을 곱하여 진폐장해급여를 산출하고, 여기에 기초연금을 더하여 진폐보상연금액을 결정한다. 복잡하기 때문에 2022년도 진폐장해등급 1급 환자의 장해보상연금을 실제로 구해보자. 먼저, 기초연금은 최저임금액의 60%이기 때문에 최저시급 9,160원을 기초로 산정하면 [9,160×8×0.6×365/12]=1,337,360원이다. 여기에 진폐장해연금은 진폐고시임금의 36.1%이므로 [129,257.55×365×0.361/12]≒1,419,302원이 산출된다. 따라서 2022년도 진폐장해등급 1급 근로자의 장해보상연금은 275만 6,662원이다. 나아가 진폐환자에 대한 유족급여도 진폐유족연금으로 일원화되었으며, 진폐보상연금과 같은 금액을 지급한다.

8) 직업재활급여

　2007년 이전까지 산재보험은 재해보상 중심으로 운영되었으며, 재활서비스를 소홀히 한다는 비판을 받아 왔다. 이에 산재보험은 재해근로자들의 재활과 직업복귀를 지원하기 위하여 2008년 7월부터 직업재활급여를 신설하여 60세 미만의 장해등급 1～12급에 해당하는 근로자를 대상으로 여러 가지 프로그램을 실시하고 있다.

　직업훈련비용 및 직업훈련수당 지원: 대상자가 직업훈련을 원할 경우 공단과 계약을 체결한 직업훈련기관에서 직업훈련을 실시하도록 하며, 여기에 소요되는 비용을 노동부 장관이 고시한 금액 내에서 훈련기관에 지급한다. 또한 직업훈련 대상자에게는 직업훈련기간 동안 최저임금액에 상당하는 직업훈련수당을 지급한다.

　직장복귀지원금: 사업주가 장해급여 수급자를 요양 종결일이나 직장 복귀일로부터 6개월 이상 고용하고 임금을 지급한 경우 직장복귀지원금을 지급한다. 원직장 복귀 후 1개월이 경과되면 청구할 수 있으며 최대 12개월간 지원받는다. 장해등급에 따라 지원수준은 상이하며, 2022년 현재 장해등급 1～3급은 월 80만 원, 4～9급은 월 60만 원, 10～12급은 월 45만 원을 지원한다.

　직장적응훈련비 및 재활운동비 지원: 사업주가 장해급여 수급자에게 직무수행이나 직무전환에 필요한 직장적응훈련이나 재활운동을 실시한 경우 지원한다. 단, 장해급여 수급자가 요양 종결일이나 직장 복귀일로부터 6개월 이내에 훈련이나 재활운동을 시작해야 하며, 훈련이나 재활운동이 끝난 뒤 6개월 이상 고용을 유지해야 한다. 2022년 현재 직장적응훈련비는 월 45만 원, 재활운동비는 월 15만 원 범위 내에서 최대 3개월간 지원받을 수 있다.

9) 유족특별급여 및 장해특별급여

　특별급여는 민사상 손해배상청구를 대체하기 위해 만든 급여이다. 업무상재해 발생 시 재해근로자는 재해보상을 반드시 「근로기준법」이나 산재보험으로 처리할 필요는 없다. 고용주의 고의나 과실로 인하여 재해가 발생되었다면, 재해근로자는 산재보험급여에 더하여 민법상의 손해배상청구를 할 수 있다. 그러나 민사소송은 불필요한 송사비용이나 시간상의 낭비를 초래하는 비효율성을 가진다. 이에 산재보험은 불필요한 민사소송을 줄이기 위해 특별급여제도를 도입하였고, 민사상 손해배상액과 동일한 금액을 특별급여의 형태로 재해근로자들에게 지급한다. 특별급여의 지급은 고용주와 재해근로자 간의 합의를 전제로 하며, 특별급여 지급액은 고용주가 부담하되, 1년간 4회 분할납부가 가능하다. 특별급여에는 장해특별급여와 유족특별급여가 있다. 장해특별급여는 장해등급 또는 진폐장해등급 1~3급에 해당되는 재해근로자가 대상이 되며, 유족특별급여는 유족급여 내지 진폐유족연금 수급자가 대상이 된다.

그러나 이 제도는 활용실적이 매우 저조하며, 특히 최근에는 사용실적이 거의 없기 때문에 사문화된 제도에 가깝다. 장해특별급여의 경우 제도가 도입된 1982년부터 2020년까지 단 1건만 지급되었다. 유족특별급여 역시 제도가 도입된 1971년 이후 2020년까지 50년간 25건만이 지급되었으며, 최근 25년간은 단 2건만이 지급되었다(고용노동부, 2021a: 292-299). 이와 같이 특별급여의 이용이 저조한 이유는 사용주의 유인요인이 크지 않기 때문이다. 특별급여가 성립하기 위해서는 사용자와 재해근로자간의 합의가 전제되어야 한다. 이는 사용자가 스스로 100%의 과실을 인정하는 것인데, 특별한 경우가 아니고서는 과실상계방식에 의해 손해배상액이 결정되는 민사법정에서 시시비비를 가려보기도 전에 자신의 과실을 100% 인정하는 고용주는 거의 없을 것이다. 또한 합의가 가능하다면 공상처리를 할 것이므로 4회 분할납부가 꼭 필요한 사업주가 아니라면 굳이 산재보험을 이용하는 번거로움을 선택할 필요가 없다.

10) 평균임금의 조정

1971년 산재보험에 처음 연금이 도입된 이후 모든 현금성 급여가 연금으로 전환되었다. 급여의 연금화는 장기수급자를 증가시켰고, 인플레이션에 따른 연금의 가치 하락을 방지하기 위한 장치가 필요하게 되었다. 이에 산재보험은 1973년부터 평균임금 조정제도를 실시하고 있다. 평균임금의 증감은 보험급여 산정 사유가 발생한 날로부터 1년이 지난 후에 적용한다. 현재 산재보험은 근로자들의 연령에 따라 다른 조정방식을 사용한다. 즉, 62세 미만인 수급자는 기본적으로 전체 근로자의 임금 평균액 변동에 따라 조정하며, 62세 이상인 수급자는 소비자물가변동률에 따라 조정한다.[5] 이때 적용되는 근로자 임금 평균액의 증감률과 소비자물가변동률은 매년 고용노동부 장관이 고시한다. 62세 미만의 수급자에 적용되는 임금평균액 증감률은 다음의 식과 같이 산출된다.

$$\text{전체 근로자의 임금평균액 증감률} = \frac{\text{평균임금 증감사유 발생일에 속하는 연도의 전전 보험연도의 7월부터 직전 보험연도의 6월까지의 근로자 1명당 월별 월평균 임금총액의 합계}}{\text{평균임금 증감사유 발생일에 속하는 연도의 3년 전 보험연도의 7월부터 전전 보험연도의 6월까지의 근로자 1명당 월별 월평균 임금총액의 합계}}$$

반면 62세 이상의 수급자는 소비자물가변동률에 의해 조정되는데 그 식은 다음과 같다.

$$\text{소비자물가 변동률} = \frac{\text{평균임금 증감사유 발생일에 속하는 연도의 전전 보험연도의 7월부터 직전 보험연도의 6월까지의 월별 소비자물가지수 변동률의 합계}}{12}$$

인플레이션의 조정에는 보통 소비자물가 상승률, 임금 상승률, GNP 상승률 등의 디플레이터가 사용된다. 경험적으로 임금상승률이 소비자물가상승률보다 높기 때문에, 임금상승률이 수급자들이 더 유리하다. 2008년 이전까지 산재보험은 연령에 상관없이 통상임금 변동률에 따라 평균임금을 조정하여 왔으나, 2008년부터 현행과 같이 연령을 기준으로 이원화된 방식을 사용하고 있다. 산재보험의 지출비용을 절감하기 위한 목적으로 시행된 조치였으며, 노동부가 고령의 수급자들에게 불리

---

5) 2012년 이전에는 60세를 기준으로 하였으나, 2013년부터 기준연령을 상향조정하기로 하였다. 이에 따라 2013년에는 61세로 변경되었으며, 향후 5년마다 1세씩 상향조정하여 2033년 이후에는 65세가 되도록 조정할 예정으로 있다.

한 디플레이터를 강요한 개악조치였다.

11) 병급조정

산재보험의 주요 급여들은 다른 사회보험들과 대상위험이 중복된다. 즉, 요양급여는 건강보험과 중복되며, 휴업급여는 실업급여와 중복된다. 장해급여와 유족급여 역시 국민연금의 장애연금과 유족연금과 중복된다. 중복되는 경우 대부분 산재보험의 급여수준이 다른 사회보험들보다 높은데, 이는 산재보험이 산재'보상'에 대한 특별처우를 반영하기 때문이다. 따라서 수급자의 입장에서 다른 사회보험보다 산재보험의 적용을 받는 것이 유리하며, 실제 병급조정이 필요한 경우 산재보험을 선적용하는 방식으로 조정이 이루어진다.

먼저, 산재보험의 요양급여와 건강보험이 중복될 경우 산재보험이 우선적으로 적용된다. 재해근로자의 입장에서 전액지급을 목표로 하는 산재보험의 적용을 받는 것이 유리하기도 하지만, 재해근로자에 대한 치료비의 지급은 「근로기준법」에 규정된 고용주의 의무이기 때문에 산재보험의 요양보험을 선적용하는 것이 논리적으로 타당하다. 만약 전 국민의 보험료로 조성된 건강보험기금을 재해근로자의 진료에 적용한다면 고용주의 책임을 국민에게 떠넘기는 것이기 때문에 잘못된 접근이다.

건강보험을 제외한 중복수급문제는 대부분 국민연금과 관련되어 있다. 실제 중복수급이 발생하고 있는 산재보험과 국민연금 급여들 간의 조정방식은 〈표 10-7〉

표 10-7 산재보험과 국민연금의 병급조정방식

산재보험과 국민연금의 병급 상황	조정방식
산재보험 장해급여 + 국민연금 장애연금	국민연금 50% 감액 지급
산재보험 장해급여 + 국민연금 노령연금	조정 안함
산재보험 유족급여 + 국민연금 유족연금	국민연금 50% 감액 지급
산재보험 휴업급여 + 국민연금 노령연금	조정 안함
산재보험 휴업급여 + 국민연금 장애연금	조정 안함
산재보험 상병보상연금 + 국민연금 노령연금	조정 안함
산재보험 상병보상연금 + 국민연금 장애연금	조정 안함

출처: 이정우(2007: 97).

에 정리되어 있다. 〈표 10-7〉에 따르면 산재보험과 국민연금 간에는 수급사유가 동일한 장해급여와 장애연금, 유족급여와 유족연금 사이에만 병급조정이 이루어지고 있으며, 지급사유가 다른 나머지 병급 상황에 대해서는 조정이 이루어지지 않고 있다. 유족급여와 장해급여의 조정은 산재보험 급여를 우선적으로 100% 지급하고, 국민연금 급여를 50% 감액하여 지급하는 방식으로 이루어진다.

병급조정의 표면적 이유는 다른 일반 수급자들과의 '형평성'과 '과잉급여'를 내세우고 있지만, 실제로는 수급자들의 급여삭감을 통해 재정건전성을 이루려는 의도로 보인다. 하지만 병급조정은 단순한 정책 선택 차원의 문제가 아니라, 수급자들의 수급권과 충돌되는 문제이기 때문에 조정 여부와 범위는 신중하게 결정해야 한다. 비록 지급사유가 동일하더라도 국민연금과 산재보험은 수급권의 발생 사유가 다르다. 국민연금은 보험료를 납부하여 얻은 획득권적 성격을 갖는 반면, 산재보험은 업무상 재해, 즉 피해를 당했기 때문에 생성된 보상권이다. 따라서 각각의 권리가 침해되지 않도록 신중한 접근이 요구된다.

12) 산재보험 급여의 지출 현황

〈표 10-8〉은 산재보험 급여의 지출 현황을 나타낸다. 〈표 10-8〉에 의하면 산재보험의 총급여지출액은 2020년 현재 5조 9,968억 원이며, 약 6조 원을 기록하고 있다. 이는 2005년의 3조 257억 원과 비교하면 1.82배 정도 상승한 것이지만 같은 기간 우리나라의 1인당 GDP가 1.69배 상승한 것을 감안하면, 최근 산재보험 급여지출이 특별히 크게 증가했다고 보기는 힘들다. 경제규모가 확대되는 정도에 맞춰 그 수준을 유지하고 있다고 보는 편이 적절할 것이다.

이러한 산재보험의 안정적 기조는 최근 가파르게 급여지출이 증가하고 있는 국민연금, 건강보험, 고용보험, 노인장기요양보험 등 다른 사회보장제도와 대조적이다. 산재보험의 급여지출이 안정적으로 유지되고 있는 이유는 산재발생률 자체가 경향적 감소추세에 있기 때문이며, 나아가 2000년 전 사업장 확대조치 이후 특별한 보장성 확대조치가 없었기 때문이다.

표 10-8 연도별 산재보험급여지출 변화추이
(단위: 백만 원, %)

연도	전체	요양급여	휴업급여	상병보상	장해급여	유족급여	장의비	간병급여	직업재활
1985	185,998 (100)	82,362 (44.3)	34,428 (18.5)	702 (0.3)	45,869 (24.7)	20,741 (11.2)	1,872 (1.0)	–	–
1995	1,133,577 (100)	279,418 (24.6)	357.981 (31.6)	25,557 (2.3)	295,680 (26.0)	160,912 (14.2)	13,981 (1.2)	–	–
2005	3,025,771 (100)	769,166 (25.4)	938,439 (31.0)	140,345 (4.6)	922,185 (30.5)	220,576 (7.3)	21,221 (0.7)	13,836, (0.5)	–
2015	4,079,108 (100)	783,256 (19.2)	816,880 (20.0)	162,571 (4.0)	1,710,783 (42.0)	508,938 (12.5)	24,344 (0.6)	57,278 (1.4)	14,964 (0.4)
2016	4,280,054 (100)	838,072 (20.0)	876,672 (20.5)	158,876 (3.7)	1,772,502 (41.4)	538,712 (12.6)	24,917 (0.6)	56,058 (1.3)	14,241 (0.3)
2017	4,436,037 (100)	843,740 (19.0)	921,179 (20.8)	152,639 (3.4)	1,832,567 (41.3)	589,255 (13.3)	27,750 (0.6)	54,897 (1.2)	14,007 (0.3)
2018	5,033,901 (100)	1,015,138 (20.2)	1,107,405 (22.0)	154,100 (3.1)	1,998,757 (39.7)	656,225 (13.0)	32,267 (0.6)	54,966 (1.1)	14,827 (0.3)
2019	5,529,359 (100)	1,085,076 (19.6)	1,319,084 (23.9)	148,719 (2.7)	2,157,725 (39.0)	710,174 (12.8)	31,838 (0.6)	53,633 (1.0)	23,108 (0.4)
2020	5,996,819 (100)	1,309,810 (21.8)	1,413,340 (23.6)	146,042 (2.4)	2,257,946 (37.6)	761,244 (12.7)	34,179 (0.6)	52,002 (0.9)	22,252 (0.4)

출처: 고용노동부(2021a: 292-299).

4. 산재보험의 재정운용과 행정체계

1) 산재보험의 재정운용

산재보험의 재원조달은 보험료에 의존하고 있으며 고용주가 전액 부담하고 있다. 산재보험 보험료 부과체계는 민간보험의 원리인 등급요율과 개별실적요율을 근간으로 한다는 점에서 다른 사회보험들과 확연히 구분된다. 통상적으로 사회보험은 사회연대 원리를 강조하기 때문에 가입자들의 위험도에 상관없이 모든 가입자에게 정률의 보험료를 동일하게 부과한다. 하지만 산재보험은 사회보험이면서도 고용주 책임보험의 성격을 갖고 있기 때문에, 고용주 개인이 책임져야 할 책임의 범위를 명확히 하고, 이에 비례하여 보험료에 차등을 둔다. 따라서 산재보험은 사회보험이면서도 민간보험의 원리인 경험요율을 기반으로 한다.

　산재보험은 먼저 등급요율체계인 업종별 보험료율체계를 기본으로 하여 업종에 따라 보험료를 차등부과한다. 등급요율(class rate)은 동일 등급에 속하는 위험에 대해 동일한 보험요율, 즉 평균요율을 적용하는 방식이다. 따라서 산재보험료율은 매년 6월 30일 과거 3년 동안의 보수총액에 대한 산재보험급여총액의 비율을 기초로 하며, 보험사업관리비용, 재해예방 및 재해근로자의 복지증진에 드는 비용 등을 고려하여 결정된다. 업종별 보험료율은 매년 노동부 장관이 고시하는데 2022년도 산재보험의 업종별 보험료율은 〈표 10-9〉와 같다.

　〈표 10-9〉에 따르면 2022년 현재 28개 업종 중 최고보험료율은 석탄광업 및 채석업으로 185/1,000이며 최저보험료율은 전문·보건·교육·여가 관련 서비스업

표 10-9 2022년도 업종별 산재보험료율 (천분율)

사 업 종 류	요율	사 업 종 류	요율
1. 광업		**4. 건설업**	36
석탄광업 및 채석업	185	**5. 운수 · 창고 · 통신업**	
석회석 · 금속 · 비금속 · 기타광업	57	철도 · 항공 · 창고 · 운수관련서비스업	8
2. 제조업		육상 및 수상운수업	18
식료품 제조업	16	통신업	9
섬유 및 섬유제품 제조업	11	**6. 임업**	58
목재 및 종이제품 제조업	20	**7. 어업**	28
출판 · 인쇄 · 제본업	10	**8. 농업**	20
화학 및 고무제품 제조업	13	**9. 기타의 사업**	
의약품 · 화장품 · 연탄 · 석유제품 제조업	7	시설관리 및 사업지원 서비스업	8
기계기구 · 금속 · 비금속광물제품 제조업	13	기타의 각종사업	9
금속제련업	10	전문 · 보건 · 교육 · 여가관련 서비스업	6
전기기계기구 · 정밀기구 · 전자제품 제조업	6	도소매 · 음식 · 숙박업	8
선박건조 및 수리업	24	부동산 및 임대업	7
수제품 및 기타제품 제조업	12	국가 및 지방자치단체의 사업	9
3. 전기 · 가스 · 증기 · 수도사업	8	**10. 금융 및 보험업**	6
		* 해외파견자: 14/1,000	

출처: 고용노동부고시 제2021-95호.

과 금융 및 보험업의 6/1,000이다. 사업별 평균 보험료율은 14.3/1,000이며, 여기에 출퇴근재해 보험료율인 10/1000이 더해져, 평균 산재보험료율은 15.3/1,000이다. 출퇴근재해 보험료율은 모든 업종에 동일하게 부과되는데, 이는 출퇴근재해가 특정 고용주에게 책임을 부과하기 힘든 특성을 갖고 있기 때문에 고용주들이 공동으로 대응하는 것을 의미한다. 일본 노재보험의 예를 따른 것이며, 출퇴근재해 보험료율은 매년 노동부 장관이 고시한다. 여기에 해당 사업의 임금총액이 곱해져서 사업장의 일차적인 산재보험료액이 결정된다.

산재보험 보험료율체계에서 업종의 수는 계속 줄어들고 있다. 산재보험이 도입된 이후 사업장들은 보통 50~60개의 업종으로 분류되었고, 1992년에는 74개 업종으로 세분화되기도 하였다. 그러나 최근 산재보험은 유사업종들을 대폭 통폐합하여 28개 업종으로 축소하였다. 이는 사회연대적 측면에서 바람직한 변화라고 평가된다. 지나치게 업종이 세분화되고 업종 간 보험료율의 격차가 크게 되면, 영세사업장이 많거나 위험률이 높은 업종의 보험료율이 큰 폭으로 상승한다. 이는 위험분산효과를 떨어뜨릴 뿐만 아니라 보험공동체의 연대성에도 바람직하지 못한 결과를 발생시킨다. 나아가 어느 업종에 속하느냐에 따라 보험료율이 크게 달라지기 때문에, 이를 둘러싼 행정적 잡음이 끊이지 않았다. 특히 이러한 문제는 한 사업체가 두 개 이상의 업종에 걸쳐 있을 때 많이 발생하는데, 이를 확인하고 분류하는 업무량도 상당한 편이었다. 따라서 업종별 분류체계를 지금보다 더 간소하는 것이 적절하며, 궁극적으로는 단일보험료율 체계로 전환하는 것이 바람직하다.

일차적인 등급요율이 결정되면 산재보험은 개별사업장의 산재발생 정도에 따라 개별실적요율을 추가로 적용한다. 개별실적요율은 사업주의 산재예방 노력을 제고시킨다는 명분으로 1964년 산재보험 도입 때부터 실시하고 있다. 개별실적요율이 적용되기 위해서는 보험관계가 성립한 후 3년이 경과하여야 하며, ① 건설업 중 일괄적용을 받는 사업으로서 매년 당해 보험연도의 2년 전 보험연도의 총공사실적이 60억 원 이상인 사업, ② 건설업 및 벌목업을 제외한 사업으로서 상시근로자 수가 30명 이상인 사업이어야 한다.

개별실적요율이 적용되면, 사업체의 과거 3년간 보험료 납부액에 대한 보험급여 총액의 비율, 즉 수지율을 기초로 보험료의 증감이 이루어진다. 수지율이 85% 이상이거나 75% 이하일 때 업종별 등급요율은 20% 범위 내에서 증감된다. 2020년의 경우 개별실적요율의 적용을 통해 보험료율이 인하된 사업장은 5만 3,634개소였으며, 인상된 사업장은 4,104개소였다(고용노동부, 2021a: 98). 인하된 사업장이 인상된 곳보다 10배 이상 많았다.

　고용노동부는 사업장의 산재 예방 노력을 제고시킨다는 명분을 내세워 개별실적요율의 조정폭을 계속 확대해 나갔다. 1964년 도입 당시 30%를 시작으로 한 조정폭은 1986년 40%로 확대되었으며, 1996년에는 50%까지 확대되었다. 그러나 개별실적요율에 의한 보험료율의 조정은 인상보다 인하가 훨씬 많았고, 대기업 사업장은 거의 대부분 인하되었다. 결국 개별실적요율은 산재예방보다 대기업의 산재보험료를 깎아 주기를 위해 확대된 것이었다. 경제단체들은 줄기차게 개별실적요율의 확대를 요구해 왔고, 고용노동부도 이에 적극적으로 동조해 왔다. 그러나 조정폭이 확대되면서 노동현장에서는 고용주들이 산재예방에 투자하기보다는 산재 은폐에만 열을 올리는 부작용이 나타나게 되었다. 보험료가 큰 폭으로 인상되는 것을 피하기 위해 고용주들은 갖은 방법을 동원하여 재해근로자들의 산재 신고를 가로막았다. 이에 따라 노동현장에서는 개별실적요율이 대기업의 보험료를 깎아 주고 산재 은폐만 조장하는 장치로 비판받게 되었다(임준, 2014: 10-11). 이러한 비판이 쏟아지자 결국 고용노동부는 2019년부터 개별실적요율의 조정폭을 20%로 대폭 낮추어 운영하고 있다.

　대기업 편향의 개별실적요율에 대한 비판이 쇄도하자, 고용노동부는 이를 의식하여 2014년부터 산재예방요율제도를 도입하여 운영하고 있다. 이는 소규모사업장의 보험료를 인하해 주기 위한 장치로서, 대기업 편향의 개별실적요율과 균형을 맞추기 위한 것이었다. 산재예방요율제도는 「산업안전보건법」에 따른 안전관리자의 고용의무가 없는 50인 미만의 제조업, 임업, 위생 및 유사서비스업의 사업장을 대상으로 한다. 여기에 속한 사업장이 산재예방을 위한 세 가지 프로그램, 즉 유해위험요인에 대한 위험성평가, 사업주의 재해예방교육 이수 및 산재예방 계획 수립, 52시간 이하로 주간 근로시간 단축을 실시할 경우 프로그램당 10%씩 보험료율을 인하하여 최대 30%의 산재보험료율 인하가 가능하도록 하는 제도이다. 2020년도 산재예방요율의 적용을 통해 보험료율이 인하된 사업장 수는 4만 3,785개소로 나타났다(고용노동부, 2021a: 99).

　〈표 10-10〉은 산재보험기금의 수입과 지출 현황을 나타낸다. 2020년 현재 산재

연도	수입			지출			비율	
	계(a)	보험료(b)	기타 수입	계(c)	보험급여(d)	기타 지출	c/a	d/b
1995	1,453,523	1,130,354	323,169	1,421,030	1,133,577	287,453	97.8	100.3
2005	3,503,789	3,182,164	321,625	3,675,151	3,025,779	649,372	104.9	95.1
2015	6,635,043	6,065,842	569,201	4,972,711	4,079,108	893,603	74.9	67.2
2016	7,113,509	6,288,064	825,445	5,147,282	4,280,054	867,228	72.3	68.0
2017	7,289,479	6,434,242	855,237	5,307,775	4,436,037	871,738	72.8	68.9
2018	7,995,078	7,352,754	642,324	5,950,889	5,033,901	916,988	74.4	68.5
2019	8,067,258	7,545,811	521,447	6,449,626	5,529,359	920,267	79.9	73.3
2020	8,287,818	7,112,057	1,175,761	7,077,073	5,996,819	1,080,254	85.4	84.3

표 10-10　연도별 산재보험기금 수지현황　(단위: 백만 원, %)

출처: 고용노동부(2021a: 371-374).

보험의 총 보험료수입은 7조 1,120억 원이었다. 6조 원 규모인 보험급여 지출비용을 고려하면, 보험료를 급여지출액보다 1조 원 이상을 초과징수하고 있음을 알 수 있다. 2015~2019년까지는 매년 2조 원 정도를 초과징수하였으나, 2020년에는 초과징수 규모가 절반 수준으로 축소되었다. 2020년 본격화된 코로나 바이러스 사태로 인하여 휴폐업과 실업이 증가하면서 보험료 수입이 크게 감소하였고, 2018년 문재인 케어 이후 요양급여의 적용대상항목이 확대되면서 보험급여지출이 꾸준히 증가한 결과로 보인다.

　그럼에도 불구하고 산재보험기금은 보험료율의 인상 없이도 안정적으로 유지되고 있다. 2020년 보험료 수입과 전년도 이월금, 기금운영 수입 등을 합한 산재보험기금의 총수입액은 8조 2,787억 원인 반면, 보험급여지출과 관리운영비 등을 포함한 총지출액은 7조 770억 원을 기록하였다. 이에 따라 2020년 현재 1조 2천억 원 정도의 산재보험기금이 유지되고 있다. 이러한 기금 상황을 반영하여 2021년 고용노동부는 평균 산재보험료율을 2020년의 1.56%에서 1.53%로 인하하였고, 2022년에는 2021년의 보험료율을 동결하였다. 산재보험 급여의 획기적인 변화가 없는 한 산재보험의 재정은 현 상태를 안정적으로 유지할 것으로 보인다.

2) 행정체계 및 권리구제

산재보험의 주무부서는 고용노동부이며, 산재보험과 관련된 주요 정책들을 결정한다. 즉, 보험적용대상이나 보험급여의 조정과 결정에 관한 사항, 산재보험료율의 결정에 관한 사항, 산재보험 및 예방기금의 운용에 관한 사항, 산재예방사업의 계획과 추진에 관한 사항 등을 관장한다.

산재보험업무의 실무집행은 근로복지공단이 담당한다. 근로복지공단은 1977년 재해근로자들의 치료와 재활을 지원하기 위해 설립된 근로복지공사로 출발하였으나, 1995년부터 산재보험제도의 제반 업무를 노동부로부터 이관받아 시행하고 있다. 근로복지공단은 보험가입자 및 수급권자에 관한 기록의 관리 및 유지, 보험료 및 기타 징수금의 징수, 보험급여의 결정과 지급, 보험급여 결정 등에 관한 심사청구의 심리·결정, 산재보험시설의 설치·운영 등 실제적인 실무를 수행해 왔다. 하지만 사회보험의 징수업무가 통합되면서 2011년부터 보험료징수와 관련된 업무는 국민건강보험공단으로 이관되었다.

요양신청서가 접수되면 근로복지공단은 그 사실을 고용주에게 통고하고 재해경위, 재해일자, 산재보험 적용 여부 등에 대하여 서면, 유선, 현장조사 등의 방법으로 재해조사를 실시한다. 신청인과 고용주의 의견이 다를 경우 고용주는 10일 이내에 보험가입자 의견서를 제출할 수 있다. 근로복지공단은 필요에 따라 해당 자문의사나 자문의사회의에 직무관련성에 대해 자문하고, 조사결과를 종합하여 최종 승인 여부를 결정한다. 나아가 업무상 질병은 업무상질병판정위원회의 심의를 거친다. 원칙적으로 공단은 신청서를 접수하고 7일 이내에 승인 여부를 신청자에게 통지해야 한다.

요양 불승인 처분을 받고 처분에 이의가 있을 경우 신청인은 처분이 있음을 안 날부터 90일 이내에 처분을 내린 근로복지공단 지사를 경유하여 공단 산재심사실에 심사청구를 하거나 관할 행정법원에 행정소송을 제기할 수 있다. 근로복지공단은 공단본부에 심사청구가 송부된 날로부터 60일 이내에 심리·결정해야 하지만, 부득이한 사유가 있을 경우 1차에 한하여 최대 20일간 연장하는 것이 가능하다. 심사청구에 대한 심의는 공단 내부에 구성된 산업재해보상보험심사위원회에서 대부분 이루어지는데, 심사위원회는 주로 외부전문가들로 구성된다.

근로복지공단 본부의 심사청구 결정에도 불복하는 신청자는 고용노동부 산재보험재심사위원회에 재심사를 청구할 수 있다. 단, 업무상질병판정위원회의 심의를 거쳐 불승인이 결정된 경우에는 심사청구 절차 없이 곧바로 처분지사를 경유하여 산재보험재심사위원회에 재심사를 청구할 수 있다. 재심사청구는 심사청구에 대한 결정을 안 날부터 90일 이내에 제기해야 한다. 산재보험재심사위원회는 고용노동부 산하 기구로 재심사청구를 심의·재결하는 기능을 하고 있으며, 90명 이내의 전문가 집단으로 구성된다. 재심사청구에 대한 처리절차는 심사청구와 동일하다. 즉, 60일 이내에 결정하여야 하며, 20일 이내에서 1차례 연장이 가능하다.

5. 한국 산재보험의 쟁점

현재 한국 산재보험의 가장 큰 문제는 업무상재해의 인정을 둘러싼 노사 간의 갈등이 크다는 것이다. 원인주의를 채택하고 있는 모든 국가들의 공통적인 문제이지만, 우리나라는 부실한 의료보장제도로 인하여 문제가 더 심각하다. 현재 우리나라의 의료보장제도는 상병급여를 지급하지 않기 때문에 휴업급여를 대체할 프로그램이 없다. 만약 요양불승인 처분을 받을 경우 의지할 수 있는 소득보장 프로그램이 전혀 없는 것이다. 나아가 그간의 보장성 확대조치에도 불구하고 건강보험과 산재보험의 요양급여는 여전히 상당한 격차를 갖고 있다. 의료보장체계의 미비는 산재 인정을 받은 경우와 그렇지 못한 경우의 차이를 크게 하기 때문에, 재해 근로자들은 산재 인정을 받는 데 전력할 수밖에 없다. 이는 산재 처리를 기피하는 고용주들과의 갈등을 야기시키기 때문에 업무상재해 인정 문제는 오늘날까지도 노사갈등의 주요 원인으로 작용하고 있다. 이에 따라 산재보험과 관련된 노동계의 요구도 사전승인제도의 폐지에 주로 초점을 맞추고 있다(임준, 2014: 16).

사전승인제도란 재해근로자가 산재보험으로 치료받기 위해 근로복지공단의 사전승인을 받아야 하는 제도를 의미하며, 노동계는 이를 폐지하자는 것이다. 즉, 근로복지공단의 승인이 있기 전이라도 산재요양기관의 재량적 판단에 의해 일단 산재보험을 적용하여 재해근로자들에게 요양급여를 지급하고, 이후 산재 판정이 내려지면 판정결과에 따라 사후정산하자는 것이다. 이를 '선보상 후판정'체계라고 부른다. 현재 산재보험은 업무상 재해 여부가 모호한 경우 산재보험 급여를 지급하지 않고 있으며, 이는 재해 근로자들의 상당한 고통을 초래하고 있다. 근로복지공단의 늦장 행정이나 사업주의 협조 지연으로 곤란을 겪고 있는 근로자들에게 '선보상 후 판정'체계는 상당한 도움을 줄 것이 분명하다.

하지만 문제는 산재로 인정되지 않을 경우 선보상분을 환수해야 하는 문제가 발생한다. 사후환수조치에 대해 재해 근로자들이 반발할 것은 너무나 자명하기 때문에 새로운 갈등의 원천으로 작용할 가능성이 높으며, 자칫하면 문제를 산재판정 전에서 산재판정 후로 이전하는 조삼모사에 그칠 위험성을 갖는다. 따라서 '선보상 후 판정'체계를 도입하더라도 사후환수를 둘러싼 갈등을 방지하기 위해서는 산재요양기관이 처음 산재보험 적용여부를 결정할 때, 잘못 판단하는 오판율을 최소화하는 장치가 요구된다. 이를 위해 산재보험지정의료기관에는 일정 수 이상의 산업의학전문의들을 의무적으로 배치하고, 합리적 기준을 바탕으로 전문의들이 산재보험 적용여부를 판단하는 충분한 시스템이 구축되어야 한다.

그러나 '선보상 후판정'체계의 도입은 산재적용의 편의성을 개선할 수 있지만, 업무상재해 판정의 엄격성을 완화하는 것은 아니다. 현재 근로복지공단처럼 불승인 판정을 남발한다면 사후환수를 둘러싼 부작용만 커질 수 있다. 업무수행성과 업무기인성이 부족함에도 불구하고 출퇴근재해를 업무상재해로 인정한 것처럼 업무상재해에 대한 유연한 해석과 접근이 필요하다. 이와 관련하여 최근 사법부는 업무수행성과 업무기인성을 적용함에 있어 폭넓게 해석하는 방향으로 판단하고 있다. 이에 따라 산재보상과 관련된 민사소송에서 재해근로자가 승소하는 경우가 늘고 있다. 문제는 이러한 사법부의 경향을 근로복지공단이 반영하지 않는다는 것이다. 일차적인 산재판정 기관인 근로복지공단은 이요건주의에 기반한 과거의 협소한 판단을 고집하고 있다. 심지어 사법부가 인정한 사항 조차도 불승인 판정을 내리고 있는 상황이다. 이에 따라 재해근로자들은 많은 시간과 비용을 낭비하며 소송을 제기하고 있다.

근로복지공단이 협소한 판단을 고집하는 데에는 일정정도 급여를 지급하는 기관으로서 예산을 고려할 수밖에 없는 사정이 작용하는 것으로 판단된다. 이에 따라 근로복지공단과 독립된 산재판정기관을 설립하여 운영하는 것이 필요하다. 이와 관련하여 임준(2014: 18)은 산재보험심사평가원의 신설을 주장한다. 이는 2000년 국민건강보험 출범 당시 의료보험연합회로부터 심사기능을 분리시켜 건강보험심사평가원을 설립했던 것과 유사한 방식이며, 보험자와 독립된 심사기구를 설립하여 판정의 객관성을 확보하기 위한 방안이다. 산재보험심사평가원은 산재의료기관의 산업의학전문의들이 신청한 산재 승인 요청과 급여 청구의 적정성을 평가하는 기능을 담당하며, 전문적인 판단을 위해 산업의학전문의들과 법률전문가들의 참여가 필수적으로 요구된다. 전문가에 의한 평가원의 형태가 됐든 노사정 대표의 참여에 의한 심사위원회의 형태가 됐든 근로복지공단과 독립된 객관적인 심사기구의 설립이 필요할 것으로 판단된다.

실업보험의 역사적 고찰

거의 모든 국가에서 실업보험은 사회보험 중 가장 마지막으로 도입되었다. 이는 실업자 구제, 즉 근로능력이 있는 빈민에 대한 복지가 어느 사회에서나 쉽게 합의되지 못하는 논쟁의 대상이 되었기 때문이다. 근로능력이 있는 빈민에 대한 차별적 처우는 16~17세기 빈민법체제까지 거슬러 올라간다. 1601년 엘리자베스 빈민법의 예에서 볼 수 있듯이 근로능력이 있는 빈민에 대한 지원은 강제노역 이외에 다른 조치가 없었다. 이러한 처우의 기저에는 실업과 빈곤이 나태와 부도덕한 습성 때문이며, 이들에 대한 복지는 도덕적 해이를 부채질할 뿐이라는 강력한 믿음이 깔려 있었다. 그 결과 19세기 말까지도 구빈작업장의 입소는 국가의 유일한 실업자 대책이었다.

1. 실업보험의 발전과정

1) 실업보험의 등장

(1) 겐트 시스템

구빈작업장 이외에 국가의 실업구제책이 전무한 상황에서 노동조합들은 자체적인 실업기금을 마련하여 대응할 수밖에 없었다. 1831년 영국의 주물공노조가 최초로 자체 실업기금을 조성한 것으로 알려져 있으며, 노조들의 실업기금은 점차 유럽으로 확산되어 나갔다(Alber, 1982: 152). 고용이 안정된 숙련공 노조가 실업기금을 운영했던 이유는 실직한 동료들의 빈곤을 완화하고 새로운 조합원을 끌어들일 수 있을 뿐만 아니라 소위 '산업예비군'들과의 경쟁에서 최저임금을 보장하기 위해서였다(Alber, 1982: 152). 그러나 노조의 실업기금은 전적으로 조합원들이 납부하는 회비에 의해 운영되었기 때문에 급여의 수준은 낮았고 수급요건은 엄격하였다. 이러한 이유로 노조의 실업기금 이외에 또 다른 지원의 필요성이 대두되었다(박노호, 2019: 130).

1873년 4월 8일 비인증권거래소의 폭락을 계기로 세계 장기불황이 촉발되면서 약 20여 년에 걸친 경기침체와 고실업 국면이 지속되었다. 이에 따라 정부의 실업자 구제에 대한 정치적 요구가 증가하였다. 1891년 스위스 사회민주당 전당대회는 실업자들에 대한 공적인 지원을 요구하였고, 이에 따라 1893년 베른(Bern)시는 지방정부가 재정을 보조하는 임의가입방식의 실업기금을 처음으로 발족시켰다. 그리고 이러한 방식은 인근의 스위스나 독일의 다른 도시로 확산되었다(Alber, 1982: 152; Gordon, 1988: 227). 하지만 이러한 임의가입 방식은 역선택의 문제, 즉 실업위험이 높은 사람들만 집중 가입하는 문제에 대응하지 못함에 따라 일찌감치 실패로 끝났다(Gordon, 1988: 227).

반면 벨기에의 겐트(Ghent)시는 1901년부터 노조의 자체 실업기금을 지방정부가 재정지원하는 프로그램을 실시하였다. 겐트시는 실업급여 지급액의 50~75% 정도를 보조하였다(Alber, 1982: 152-153). 이러한 시스템은 '정부의 재정지원을 통해 노조가 실업기금을 운영하는' 겐트 시스템(Ghent System)의 원형이 되었다. 이러한 겐트 시스템은 벨기에, 네덜란드, 덴마크, 프랑스, 독일, 이탈리아의 많은 도시들에서 연달아 실시되었다. 1905년 프랑스는 처음으로 겐트 시스템을 전국으로 확대하였으며, 노르웨이(1906), 덴마크(1907)가 뒤를 이었다(Gordon, 1988: 227). 이어 네덜란드(1916), 핀란드(1917), 벨기에(1920), 스위스(1924)도 겐트 시스템을 도입하였고 1934년 스웨덴이 마지막으로 합류하였다.

그러나 겐트 시스템에 대한 노조의 반응은 국가에 따라 상이했다. 노르웨이의 노조지도자들은 겐트 시스템을 거부하였고, 운영을 보이콧했다. 프랑스의 노조들은 소극적인 반응으로 제도를 사문화시켰다. 이들은 국가의 참여가 노조의 자율성을 침해할 것이라고 우려하였으며, 실업 가능성이 높은 미숙련의 비노조원을 받아들임으로써 보험료 수입은 줄고 급여지출만 늘어날 것이라고 반대하였다. 결국 프랑스, 노르웨이, 벨기에, 스위스 등은 강제가입방식의 실업보험체계로 전환하였다(Alber, 1982: 153).

(2) 1911년 영국의 국민보험법

국가에 의한 강제가입방식의 실업보험을 최초로 도입한 국가는 영국이었다. 1873년 시작된 세계 장기불황은 영국 노동자들과 빈민들의 삶을 피폐하게 만들었다. 1886년 2월 8일 런던 트라팔가 광장에서 발생한 실업자들의 대규모 시위와 폭동은 구빈작업장체제에 의존했던 정부로 하여금 실업대책의 변화를 모색하지 않을 수 없게 만들었다. 결국 지방행정청의 수장이었던 체임벌린(Joseph Chamberlain)은 근로능력이 있는 자에 대한 원외구호를 금지했던 1834년 빈민법의 원칙을 깨고 임시적인 공공근로사업을 실시할 수밖에 없었다. 그러나 1889년 찰스 부스(Charles Booth)의 빈곤조사는 런던에 통제하기 힘든 대규모 빈곤이 존재하며, 그 원인은 불안정한 일자리와 저임금임을 고발하였다. 보어전쟁(1899~1902)이 끝나고 실업률이 6%로 치솟자 1905년 캠벨베너먼(Henry Campbell-Bannerman) 자유당 내각은 지방정부가 구제가치가 있는[1] 실업자들에게 16주간의 공공근로사업을 시행할 경우 중

---

1) 1869년 창립된 영국의 민간자선단체인 자선조직협회(Charity Organozation Society: COS)는 원조의 제공에 있어 빈민들을 구제가치가 있는 빈민(respectable poor)와 없는 빈민으로 구분하였다. 구체가치가 있는 빈민은 자립의지가 있는 빈민으로 청결하고, 건전하며, 예의 바르고, 감사할 줄 아는 빈민들인 반면, 불결하고, 술

양정부가 보조금을 지급하는 「실업자법(The Unemployed Workmen Act)」을 제정하였다. 그러나 만성적인 일자리 부족에 시달리던 노동자들에게 지방정부의 임시조치는 큰 효과가 없었다.

1908년 애스퀴스 내각의 상무성 장관에 취임한 처칠은 근본적인 노동시장의 개혁을 추구하였고, 베아트리스 웹(Beatrice Webb)이 주장했던 전국적인 직업소개망의 구축을 추진하였다. 그 결과 1909년 「직업소개소법(Labour Exchange Act)」이 통과되었고, 직업소개소의 초대 책임자로 베버리지가 임명되었다. 이에 따라 1910년 61개의 직업소개소가 설치되었고, 1913년에는 430개로 확대되었다. 1911~1914년 동안 실업자들의 68%가 직업소개소에 등록하였고, 기업들은 직업소개소를 통해 손쉽게 인력을 충원하였다(임영상, 1983: 154). 직업소개소는 효과적으로 마찰적 실업을 줄였으나, 처칠과 베버리지는 실업보험이 직업소개망을 보완할 필요성이 있다고 생각했다. 직업소개소가 일자리와 일자리 사이의 시간적 간격을 줄였지만, 여전히 시간적인 간격이 있었고 이 기간 동안 소득을 보완해 줄 실업보험이 필요하다고 생각했던 것이다(임영상, 1983: 157).

영국의 실업보험은 1911년 「국민보험법」을 통해 도입되었다. 1911년 실업보험은 경기순환적 실업이 자주 발생하는 건축업, 기계공업, 제철업, 자동차제조업, 제재업, 조선업 등을 중심으로 적용되었다. 고용주와 노동자가 각각 2.5펜스의 보험료를 부담하였고 정부는 노사보험료 합계액의 1/3을 부담하였다. 실업이 발생되면 실업자들은 1주일간의 대기기간을 거친 후 1년에 최대 15주 동안 주당 7실링의 실업급여를 수급할 수 있었다. 하지만 주당 급여액은 5주간의 보험료 납입액을 초과할 수는 없었다(Gordon, 1988: 228). 직업소개소가 실업보험료의 징수와 급여행정을 맡았으며, 1913년까지 230만 명의 노동자들이 실업보험에 가입하였다.

그러나 파업으로 인한 실업에 대해서는 급여가 지급되지 않았으며, 근로자가 정당한 사유 없이 이직하거나 본인의 과실로 해고되었을 경우에는 6주간 급여가 정지되었다. 처칠은 보험의 문제에 도덕의 문제를 결부시키는 것을 탐탁치 않게 생각했

에 취해 있고, 욕 잘하고, 다른 사람을 존중할 줄 모르는 자들은 구제가치가 없는 빈민으로 분류되었다(원석조, 2018: 117). 빈곤을 정신적인 문제로 파악한 COS는 구제가치가 있는 빈민들만을 대상으로 집중적인 지원을 하였으며, 구제가치가 없는 빈민에게는 어떠한 도움도 제공하지 않았다. 이러한 COS의 원칙은 공공복지에도 침투하여 20세기 초반 많은 사회복지입법에 반영되었다.

다. 음주 등 무절제한 생활습관 때문에 일자리를 잃은 사람이라도 보험료를 납부해서 수급자격을 얻었다면 실업보험을 지급해야 한다고 주장했다. 하지만 처칠의 주장은 상무성 차관 루웰린 스미스(Hubert Llewellyn Smith)의 반대에 부딪쳤다. 루웰린 스미스는 개인 과실에 의한 실업은 보호대상에서 배제해야 한다고 주장하였으며, 처칠은 이를 뚫지 못했다. 루웰린 스미스의 주장은 당시 공공행정에 지배적이었던 COS의 원칙을 반영한 것이었다. 하지만 실업자들에게는 재심청구권이 있었고, 실제 음주나 개인적인 문제로 실업급여가 제한되었던 경우는 거의 없었다고 한다(Gordon, 1988: 228).

제1차 세계대전이 끝나자 영국의 실업보험은 유럽 대륙으로 확산되었다. 대공황 발생 전까지 1919년 이탈리아, 1920년 오스트리아, 1924년 폴란드와 스위스, 그리고 1927년 독일 등의 국가들이 영국식 실업보험을 도입하였다.

(3) 1935년 미국의 사회보장법

1929년 10월 미국의 월스트리트에서 시작하여 전 세계적으로 확산된 대공황은 빠르고, 그리고 깊숙이 미국 사회를 침몰시켰다. 1929~1932년 실업자 수는 150만 명에서 1,283만 명으로 폭증하였으며, 25%의 기록적인 실업률을 나타냈다. 유례없는 대량실업 사태를 맞아 실업보험에 대한 요구도 거세졌다. 20세기 초반 산재보험과 의료보험 도입운동을 전개했던 미국노동법협회(AALL)는 1930년 실업보험의 모델법안을 만들어 각 주에 배포하였다. 이에 따라 주의회에는 수많은 실업보험법안들이 제출되기 시작했다(Rimlinger, 1971: 284). 1931년 17개 주에서 실업보험법안이 제출된 것을 시작으로 1933년에는 24개 주에서 65개의 실업보험법안이 제출되었다. 그리고 1934년에도 9개 주에서 21개의 법안이 의회에서 다루어졌다. 그러나 주의회의 상하원 중 한 군데라도 통과한 경우는 1933년 7개 주, 1934년 1개 주에 불과하였으며, 실제 실업보험이 도입된 곳은 1932년 위스콘신주가 유일했다(Wittee, 1936: 158). 1932년 2월 위스콘신주는 미국 최초로 실업보험을 운영하기 시작하였다.

대규모의 법안이 제출되었음에도 불구하고 위스콘신주를 제외한 모든 주에서 실업보험 도입이 실패했던 이유는 주의 경쟁력 약화에 대한 우려 때문이었다. 즉, 실업보험을 도입하게 되면 고용주는 무거운 부담을 지게 되고, 실업보험이 없는 주와의 경쟁에서 약점을 가질 수밖에 없다는 것이다(Wittee, 1936: 158; Rimlinger, 1971:

285). 결국 산재보험처럼 주정부 차원에서 실업보험을 단계적으로 도입하는 것은 힘들었고, 모든 주에 통일적으로 적용되는 연방 차원의 실업보험 입법에 기댈 수밖에 없었다.

AALL을 중심으로 전개된 주정부 입법활동과는 별개로 연방정부에 실업보험을 요구하는 움직임도 활발하게 나타났다. 가장 대표적인 움직임은 런딘법안(Lundeen bill)이었다. 런딘법안은 미네소타농민노동당 출신의 런딘(Ernest Lundeen) 상원의원이 1934년 의회에 제출한 법안이며, 정부와 고용주의 부담으로 모든 실업자들에게 대기기간 없이 즉시 주당 10달러, 피부양자 1인당 3달러의 실업급여를 제공하는 내용이었다(Rimlinger, 1971: 272). 런딘법안은 대중적 지지를 받지 못했지만, 1934년 2월 5일 의회에 제출된 와그너-루이스법안(Wagner-Lewis bill)은 각계의 폭넓은 지지를 받았다. 와그너-루이스법안은 10인 이상 사업체의 고용주들에게 지불임금 총액(payroll)의 5%를 과세하여 조성된 기금을 통해 실업보상을 한다는 내용을 담고 있었는데, 만약 고용주가 주정부에서 운영하는 자체 실업보험에 보험료를 납부할 경우 연방보험료가 감면되는 상쇄(offset) 조항을 두고 있었다(Wittee, 1936: 159). 따라서 주정부가 연방정부 실업보험의 적용을 피하려면 자체 실업보험을 운영할 수밖에 없었고, 이는 실업보험 실시 여부에 따른 주의 경쟁력상의 문제를 제거할 수 있었다. 와그너-루이스법안은 당대 사회보험 전문가인 루비노프(Dr. I. M. Rubinow)나 AFL 의장인 그린(William Green), 퍼킨스 노동부 장관 등 각계각층으로부터 지지를 받았으며, 특히 루스벨트 대통령은 세입위원회 위원장인 도우턴(Robert L. Doughton) 상원의원에게 와그너-루이스법안의 통과를 촉구하는 편지를 보낼 정도로 강력한 지지를 보냈다.

그러나 정작 루스벨트 대통령은 1834년 4월 의회 회기를 마칠 때까지 와그너-루이스법안을 통과시키지 않았는데, 그 이유는 사회보장제도들을 따로따로 도입하지 않고 한꺼번에 통합적으로 도입하기를 원했기 때문이었다. 그리고 루스벨트 대통령은 1834년 6월 8일 의회교서에서 실업보험을 비롯한 사회보장제도의 도입을 예고하였고, 사회보험 도입의 기본 방향에 대해 ① 여러 가지 사회보험제도를 하나하나 개별적으로 도입하지 않고, 한 번에 도입할 것이며 실업과 노령이 핵심을 이룬다. ② 주정부와 연방정부의 협조하에 도입될 것이다. ③ 일반조세보다는 보험료를 재원으로 할 것이다. ④ 연방정부 주도로 전국단위로 실시할 것(Roosevelt, 1934:

7-8)이라고 천명하였다. 곧이어 6월 28일 행정명령을 통해 경제보장위원회(The Committee on Economic Security)가 구성되었고, 퍼킨스 노동부 장관이 위원장을 맡았다. 나아가 위스콘신주 실업보험의 도입을 주도했던 위스콘신학파의 올트마이어(Arthur J. Altmeyer)가 기술위원장에, 그리고 위트(Edwin E. Witte)가 실무위원장에 임명되었다.

　1935년「사회보장법」을 통해 도입된 미국의 실업보험은 와그너-루이스법안과 위스콘신주의 실업보험이 혼합된 형태였다. 실업보험을 연방정부의 프로그램으로 할 것인지 주정부의 자율적인 프로그램으로 할 것인지 여부가 경제보장위원회에서 장시간 논의되었지만, 연방프로그램은 위헌의 소지가 있었다. 연방정부와 주정부의 사무가 헌법에 의해 엄격하게 분리되는 미국에서 실업자에 대한 보호는 통상적으로 연방정부보다는 주정부의 책임이라고 믿어졌고, 연방정부는 세금을 부과하는 과세권을 가졌지만, 주 내 기업의 행동을 강제할 수는 없었다. 따라서 과세권을 통해 모든 주의 공동행동을 유도하는 방안을 찾을 수밖에 없었는데, 와그너-루이스 법안의 상쇄조항은 여기에 중요한 아이디어를 제공하였다(Rimlinger, 1971: 286).「사회보장법」은 4인 이상을 고용하고 있는 고용주에게 매년 지불임금총액의 3%를 실업보험료로 부과하도록 규정하였다. 그러나, 주정부가 연방정부의 기준에 맞춰 자체적인 실업보험을 운영하고 여기에 고용주가 보험료를 납부할 경우 연방보험료의 90%가 면제되도록 하였다. 따라서 주정부에서 운영하는 프로그램이 있다면 연방보험료는 0.3%가 된다. 실업보험을 통한 연방정부의 개입을 막기 위해서 주정부는 실업보험을 운영할 수밖에 없었는데, 그 결과 1937년까지 모든 주에서 실업보험이 도입되었다. 주정부 프로그램이 연방정부의 승인을 받기 위해서는 몇 가지 기준을 충족해야 했다. 여기에는 공적인 고용사무소를 통해 실업급여를 지급할 것, 중앙집중적 기금투자를 위하여 실업보험기금을 재무성의 특별회계에 예탁하여 관리할 것, 실직자들에게 공정한 재심청구권을 보장할 것, 실업자에게 함량미달의 직업의뢰를 거부할 권리를 보장할 것 등이 포함되었다(Gordon, 1988: 232).

　1932년 위스콘신주 실업보험의 특징은 고용주책임 시스템이며 실업에 대한 고용주의 책임과 부담을 직접적으로 연계시키는 것이었다. 산재보험에 대한 연구를 통해 사회보험의 예방적 기능을 강조했던 커먼스(John R. Commons)의 이론에 기초하였으며, 실업보험에 산재보험과 같은 경험요율(experience rating)을 도입함으로써 실업의 예방을 극대화한다는 것이다. 이러한 경험요율 시스템은 1935년 실업보험에 그대로 반영되었다. 주정부 실업보험에 납부하는 2.7%의 보험료는 고용주가 발생시킨 실업 실적에 따라 할증되거나 할인되었다. 이러한 고용주책임주의에 입각한 경험요율 규정은 미국 실업보험의 독특성을 규정하였다. 그러나 근로자의 보험료 공동부담 문제, 급여의 수급요건, 급여의 수준 등은 주정부 자율에 맡겨졌으며, 주정부에 따라 실업보험은 상이한 형태를 가지게 되었다.

2) 1970~1980년대 경제위기와 실업보험의 변화

제2차 세계대전이 끝나고 1947년 마셜플랜이 본격적으로 가동되면서 세계경제는 약 20여 년에 걸친 장기호황국면에 진입하였다. 대부분의 서구 선진국가들은 1950년대 연평균 4.4%의 경제성장률을 기록하였고, 1960년대에도 연평균 5%의 높은 성장률을 나타냈다(김태성, 성경륭, 1993: 113). 나아가 안정된 물가상승률과 완전고용 수준의 낮은 실업률을 유지하였을 뿐만 아니라, 생산성도 지속적으로 상승하였다. 노동자들의 실질임금도 크게 상승하여 대중소비가 비약적으로 증가되었으며, 사회적 합의에 의해 출범한 복지국가 프로그램들은 경제에 확실한 유효수요를 공급해 주었다. 나아가 1944년 브레튼우즈와 GATT체제가 성립하면서 세계무역도 크게 확장되었고, 자본주의의 황금기(Golden Age of Capitalism)로 불리는 대호황기를 구가하였다.

장기호황국면에서 실업보험은 마찰적 실업과 경기적 실업에 대응하는 최적의 실업대책이었다. 계절적 실업을 제외하면 실업은 크게 세 가지 유형으로 구분된다(배무기, 1989: 133-135). 경기적 실업(cyclical unemployment)으로 경기순환 과정의 후퇴기와 침체기에 기업의 인력축소와 수요부족으로 발생하는 실업이다. 마찰적 실업(frictional unemployment)이란 구직을 하는 실업자와 미충원 상태의 일자리가 서로 공존하지만 적절하게 연결되지 못해 발생하는 실업이다. 구조적 실업(structural unemployment)은 기술이나 산업구조의 변화 때문에 노동력의 수요구조가 변화되었지만 기존 산업의 노동자들이 변화에 대응하지 못해 발생하는 실업이다. 구조적 실업의 상황에서는 새로운 기술의 일자리와 낡은 기술의 구직자가 공존하지만 필요기술과 보유기술이 불일치하기 때문에 실업이 장기화되는 경향을 갖는다. 완전

| 표 11-1 | 1950~1983년 주요 국가의 경제지표 |

국가	평균 실업률				물가상승률			실질 GDP 증가율		
	1952 ~1964	1965 ~1973	1973 ~1979	1980 ~1983	1950 ~1973	1973 ~1979	1980 ~1983	1950 ~1973	1973 ~1979	1980 ~1983
미국	5.0	4.5	6.5	8.4	2.7	8.2	8.2	2.2	1.9	0.7
영국	2.5	3.2	4.6	9.0	4.6	15.4	10.7	2.5	1.3	0.4
프랑스	1.7	2.4	4.2	7.6	5.0	10.7	12.1	4.1	2.6	1.1
독일	2.7	0.8	3.1	5.7	2.7	4.7	5.1	5.0	2.6	0.5
이탈리아	5.9	3.4	6.0	8.6	3.9	16.3	17.5	4.8	2.0	0.6
일본	1.9	1.3	1.8	2.3	5.2	10.0	4.3	8.4	3.0	3.9

출처: Glyn et al. (1988: 110).

고용에 가까웠던 장기호황기의 실업은 대부분 마찰적 실업과 경기적 실업이었다. 나아가 경기의 하락국면은 짧고 일시적이었다. 그 결과 실업보험 이외에 다른 고용정책의 필요성은 높지 않았다. 실업급여를 받으면서 얼마간 대기하고 있으면 쉽게 재취업이 가능했기 때문에 실업급여만으로도 마찰적 실업과 경기적 실업에 효과적으로 대응할 수 있었다. 그 결과 스웨덴 등의 일부 국가를 제외하면 적극적 노동시장정책에 투자한 국가들은 많지 않았다.

그러나 1973년 오일쇼크를 계기로 전후 호황기는 중대한 변화국면을 맞는다. 〈표 11-1〉은 주요 국가들의 1950~1983년 기간의 경제지표들을 나타낸 것이다. 〈표 11-1〉에 의하면 안정적으로 관리되던 물가상승률은 오일쇼크 이후 원자재 가격의 폭등으로 인하여 1973~1979년 두 배 이상 상승하였고, 2차 오일쇼크 직후인 1980년대에도 줄어들지 않았다. 실질 GDP 증가율은 크게 축소되었으며, 1980년대로 들어가면 실업률은 두 배 이상 폭등하였다. 본격적인 스태그플레이션 국면이 시작된 것이었다.

1970년대 경제위기의 원인은 오일쇼크만이 아니었다. GATT체제의 성립 이후 확장된 세계무역 시장에 신흥공업국가들이 본격적으로 가세하였고, 시장의 경쟁은 갈수록 격화되었다. 제조업을 중심으로 서구 국가들의 주요 산업들은 빠르게 경쟁력을 잃었고 사양산업화되어 갔다. 대량생산체제의 제조업이 구조조정의 위기에 직면하고 빠른 속도로 탈산업화되자 전통적인 실업보험도 어려움에 봉착하게 되

표 11-2   1973~1983년 주요 국가들의 실업자 중 장기실업자의 비중

국가	1973	1983		
	12개월 이상	6개월 이상	12개월 이상	24개월 이상
오스트리아	7.4	25.8	9.0	–
벨기에	51.0	77.9	62.8	42.8
핀란드	–	38.3	14.6	4.7
프랑스	21.6	67.0	42.2	19.4
독일	8.5	54.1	28.5	9.3
아일랜드	–	50.9	31.0	–
이탈리아	–	–	41.9	18.4
네덜란드	12.8	69.6	43.7	–
노르웨이	–	20.0	6.7	–
스페인	–	71.0	53.6	29.8
스웨덴	4.5	24.9	10.3	–
영국	26.9	58.1	36.5	17.1
미국	3.3	23.9	13.3	–

출처: Reubens (1990: 174).

었다. 1970~80년대 실업문제는 높은 실업률 자체도 문제였지만 〈표 11-2〉와 같이 장기실업자들이 크게 증가하면서 심각성이 더해졌다(Reubens, 1990: 174). 이는 제조업이 사양화되고 탈산업사회로 전환되면서 실업의 주된 성격이 구조적 실업으로 변화된 것을 의미하는 것이었다. 높은 실업률과 장기실업자의 증가는 보험료수입의 감소와 급여지출의 급증을 통해 실업보험에 심각한 재정문제를 발생시켰으며, 구조적 실업에 대응할 수 있는 실업대책의 전환을 요구하게 되었다.

3) 적극적 노동시장정책의 증가

실업보험 중심의 실업정책이 한계에 봉착하자 복지국가들은 실업대책의 패러다임을 실업보험에서 적극적 노동시장정책으로 전환하였다. 즉, 실업을 줄이고 고용을 늘리는 쪽으로 개입하기 시작한 것이다. 이러한 전환의 기저에는 후한 실업보험

이 실업자들의 행위와 실업률에 부정적인 영향을 미치며, 나아가 일자리를 공급하는 것이 실업보험을 통해 소득을 지원하는 것보다 비용면에서 더 효율적이라는 인식이 깔려 있었다(OECD, 1984: 81; 홍경준, 1993: 202).

먼저, 장기호황기간 중 확대된 실업보험이 고실업과 장기실업의 원인이라는 주장이 명확한 검증 없이 영미권을 중심으로 확산되었다(Reubens, 1990: 189-192). 복지를 '유연성 부족'과 동일시하는 이러한 시각은 1980년대 신보수주의 정권이 복지국가의 주요 프로그램들을 공격하는 이념적 배경이 되었다. 특히 정치적으로 취약한 실업자와 빈민들이 공격의 주요 타겟이 되었으며, 복지국가 프로그램 중 공공부조와 실업급여가 가장 크게 타격을 받았다. 그 결과 상당수의 국가에서 실업보험은 1980~1990년대 급여수준이 하락하거나 급여지급기간이 축소되는 수난을 겪었다(OECD, 1999: 93-94). 1873년 장기불황이나 1929년 대공황과 같은 경제적 재난들은 실업문제의 구조적 성격을 드러냈고 이를 통해 실업보험과 같은 의미있는 진전이 있었지만, 근로능력이 있는 실업자를 바라보는 빈민법적 시각은 변화되지 않고 잠복되어 계속 이어지고 있었던 것이다. 이러한 시각은 '고용은 적극적이고 소득지원은 소극적'이라는 이분법으로 변형되었고, 빈민법의 작업장검사의 원칙은 근로연계복지(Workfare)나 활성화정책(Activation Policy)이라는 이름으로 부활하였다.

실업보험이 축소의 수난을 겪은 반면 적극적 노동시장정책은 실업정책의 확고한 대안으로 떠올랐다. 1970년대 중반부터 많은 국가들은 고용증진 프로그램들을 실시하였는데, 초기에 자주 활용된 프로그램은 근로시간 단축이었다. 특히, 독일에서 근로시간 단축은 직업훈련이나 고용장려금 등 다른 적극적 노동시장정책들보다 비용효과적이라고 분석되면서 적극적으로 활용되었다(Reubens, 1990: 196). OECD 국가 중 독일, 프랑스, 벨기에, 영국 등 11개국에서 근로시간 단축을 도입하였다(OECD, 1984: 141-142).

직업훈련은 노동력의 질적 변환을 도모한다는 점에서 구조적 실업에 가장 적극적으로 대응할 수 있는 대안이었다. OECD 국가 중 호주, 독일, 미국, 네덜란드 등 11개국이 직업훈련 프로그램을 실업급여의 대안으로 적극적으로 활용하였다. 이외에도 임시 공공근로사업이나 자업업 창업의 지원, 실업자 고용장려금 등이 고용을 창출하는 정책으로 활용되었다(OECD, 1984: 140-148; Reubens, 1990: 194-199).

1950~1960년대 임시적 성격에 머물렀던 적극적 노동시장정책들은 고실업 국

면이 1990년대까지 만성화되자 고용정책의 중심적인 정책으로 제도화되었다. 특히 독일은 1969년 「고용촉진법(Arbeitsforderungsgesetz)」을 제정하여 실업보험기금을 적극적 노동시장정책의 재원으로 활용하였으며, 사회보험의 형태로 두 정책을 통합시켰다. 이러한 정책은 적극적 노동시장정책과 실업보험의 연계효과에도 불구하고, 재원이 실업보험과 통합됨에 따라 실업급여지출이 급증할 경우 기금부족으로 인해 적극적 노동시장정책에 대한 지출을 충분히 늘리지 못하는 문제점을 드러냈다. 이에 따라 독일의 시스템은 일반재원으로 재원을 조달하는 스웨덴에 비해 효과적이지 못하다고 분석되기도 하였다(Schmid & Reissert, 1988: 145-146; 박준식, 김영범, 2009: 202). 그럼에도 불구하고 오스트리아, 캐나다, 일본 등은 독일을 모델로 하여 적극적 노동시장정책과 실업급여를 사회보험의 형태로 통합하여 운영하는 시스템을 도입하였다. 특히 일본의 고용보험(雇傭保險)은 1993년 우리나라 「고용보험법」의 제정에 결정적인 영향을 주었다.

2. 한국 고용보험의 발전과정

1) 1995년 고용보험의 도입

1980년대 후반 한국경제는 심각한 인력난을 경험하였다. 1962년 본격적으로 산업화에 들어선 한국경제는 저임금과 장시간 노동을 무기로 저가의 표준화된 제품을 선진국 시장에 대량수출함으로써 고도성장을 지속할 수 있었다. 저숙련, 저임금체제가 장기간 유지될 수 있었던 것은 농촌 사회의 해체로 인해 수많은 농촌 인구가 도시로 몰리면서 산업예비군으로 기능했기 때문이었다. 그러나 1980년대 말 시초축적 과정이 마무리됨에 따라 한국경제는 심각한 인력난에 직면하게 된 것이었다. 더욱이 1980년대 말 고도성장에 따른 인력수요의 증가와 1987~1988년 노동자 대투쟁으로 인한 실질임금의 증가는 한국 경제가 더 이상 과거처럼 저숙련, 저임금체계에 의존하는 것이 가능하지 않음을 의미하는 것이었다.

이에 노태우 정부는 첨단산업의 육성, 성장산업의 고부가가치화, 사양산업의 합리화를 통한 산업구조조정을 꾀하는 한편, 체계적인 산업인력의 육성과 관리 방안을 모색하였다. 이는 제7차 경제사회개발 5개년 계획을 통해 구체화되었다. 산업인력 관리의 핵심 과제로는 지능교육 위주로의 교육체계 개편, 직업훈련의 내실화, 유휴인력의 산업인력화 유도 및 고용보험의 실시 등이 선정되었다. 특히 고용보험은 마찰적 실업을 해소하고 인력수요의 증가를 조절하기 위한 직업안정대책의 일환으로 설계되었다(대한민국 정부, 1992: 52). 이로써 제7차 경제사회개발 5개년 계획은 처음으로 고용보험의 도입을 공식화하였다.

　그러나 제7차 경제사회개발 5개년 계획은 고용보험이 실업자들의 기본생활을 보장하는 사회보장정책이 아니라 산업구조조정을 지원하기 위한 인력관리정책임을 분명히 했다. 제7차 경제사회개발 5개년 계획에 따르면 "선진국에서는 실업수당의 지급을 위주로 하는 실업보험제도를 도입, 운영하였으나 근로의욕 저하, 보험재정의 적자 등의 부작용을 초래하였다. 우리나라의 경우 이러한 부작용을 최소화하고 노동의 효율성 제고 및 산업구조조정을 뒷받침하는 데 중점을 두어 고용보험제도를 도입할 계획이다. 즉, 인력정보의 체계적 활용, 직업안정기능의 강화, 전직훈련 지원 등을 통하여 인력의 수요와 공급을 원활히 연결하고 유휴인력의 산업인력화를 촉진시키는 제도로 발전시켜 나간다는 것"이었다(대한민국 정부, 1992: 119). 이에 따라 "실업급여는 저부담 저복지를 원칙으로 추진할 것"임을 명시적으로 밝혔다(노사관계부문 실무대책반, 1993). 제7차 경제사회개발 5개년 계획에서 고용보험 도입에 관한 계획은 한국노동연구원이 담당하였다(노동부, 2005: 12). 한국노동연구원은 처음부터 일본의 고용보험을 벤치마킹하였으며, 고용보험의 생산적인 인력관리 기능을 강조하였다.

　제7차 경제사회개발 5개년 계획의 주요 내용들은 1992년 12월 실시된 제14대 대통령선거에서 김영삼 후보의 핵심 공약이 되었다. 김영삼 정부의 출범과 함께 고용보험의 실시를 비롯한 제7차 경제사회개발 5개년 계획의 주요 내용들은 '신경제정책'으로 재포장되었고, 이제 고용보험은 신경제정책 노사관계 재정립부문의 일환으로 추진되었다(한국사회과학연구소, 1993: 164). 노동부는 한국노동연구원이 중심이 된 고용보험연구기획단(1993)의 연구결과를 토대로 1993년 7월 30일「고용보험법」제정안을 입법 예고하였다.

　고용보험연구기획단의 시행방안은 일본「고용보험법」을 벤치마킹하였다. 일본은 1947년 제정된「실업보험법(失業保險法)」을 1974년「고용보험법(雇傭保險法)」으로 전환시켰다. 명칭의 변화뿐만 아니라 실업보험 내에 적극적 노동시장정책을 보험사업으로 추가시켰다. 즉, 기존의 실업급부(失業給付)에 더해 고용개선사업(雇傭改善事業), 능력개발사업(能力開發事業), 고용복지사업(雇傭福祉事業) 등 3사업을 보험료 수입으로 시행한 것이다. 이 중 고용개선사업과 능력개발사업은 적극적 노동시장정책이었다(유동철, 1993: 62-65). 고용보험연구기획단은 일본 고용보험의 3사업 중 고용개선사업과 능력개발사업을 우리나라 고용보험의 주요사업으로 옮겨 놓았다.

고용보험연구기획단의 시행방안에 의하면 고용보험사업은 고용안정사업, 능력개발사업, 실직근로자 생활안정사업 등 3사업으로 구성되었다(고용보험연구기획단, 1993: 10-11). 「고용보험법」 입법 예고안은 이미 공언한 대로 '저복지' 수준이었다. 먼저, 고용보험의 적용범위는 10인 이상 사업장이었으며, 모든 비정규적 근로자들은 제외되었다. 5~9인 사업장의 경우 이미 국민연금, 의료보험, 산재보험 등이 적용되고 있었기 때문에 적용상 기술적인 어려움이 없었음에도 불구하고 별다른 이유 없이 적용대상에서 제외되었다. 이는 실업급여 대한 욕구가 큰 계층보다 보험재정의 안정성과 제도의 연착륙을 우선시한 결과였다. 기준기간과 피보험단위기간은 각각 18개월과 12개월로 설정되어, 계절 근로자나 일용직 근로자들의 실업급여 수급을 사실상 불가능하게 만들었다. 국제비교적 측면에서 보면 대기기간은 14일로 불필요하게 킨 반면 연령과 피보험단위기간에 따라 60~210일로 설정된 급여지급일수는 지나치게 짧았다.

낮은 수준의 고용보험 계획안에도 불구하고 경제부처들과 기업들은 입법 예고안에 거세게 반발하였다. 먼저, 상공부는 기업들의 현실적인 여건을 고려하여 적용범위를 150인 이상 사업체로 제한해야 한다고 주장하였다. 나아가 경제기획원은 시행 자체를 1~2년 연기해야 한다고 주장하였다. 그러나 대통령의 공약사항을 이행해야 한다는 대전제에 관련 부처들이 합의함에 따라, 적용범위나 행정체계와 같은 민감한 쟁점사항들은 하위법령으로 미뤄 둔 채 「고용보험법」은 1993년 12월 1일 국회를 통과하였다. 이에 따라 1995년 7월 1일부터 고용보험이 시행될 예정이었으나, 시행과정은 순탄하지 않았다. 「고용보험법」이 제정된 후에도 경제기획원은 시행연기에 대한 고집을 굽히지 않고, 특히 경제기획원 예산국은 고용보험 기반정비사업에 대한 예산 배정을 거부하였다. 이에 따라 7월 1일 예정된 고용보험의 시행은 무

산될 위기에 몰렸다. 결국 관련부처는 1994년 말에야 시행령에 합의하였고 시행을
3개월 앞둔 1995년 4월 6일 시행령을 공포할 수 있었다. 시행규칙이 공포된 것은 시
행을 한 달도 남기지 않았던 6월 12일이었다.

안 그래도 낮은 수준이었던 고용보험은 경제부처의 훼방을 거치면서 더욱 낮은
수준으로 추락하였다. 고용보험의 적용범위는 실업급여의 경우 30인 이상 사업체,
고용안정사업과 직업능력개발사업의 경우 70인 이상 사업체라는 우스꽝스런 형태
로 결정되었다. 고용보험료율은 기업규모에 따라 임금총액의 0.9%에서 1.3%가 부
과되었다. 실업급여 보험료율은 0.6%에 불과하였으며, 노사가 각각 1/2인 0.3%를
부담하였다. 1995년 도입기에는 근로자의 고용보험료가 너무 적어 사업체에 따라
분기별로 부과하기도 하였다. 급여지급기간은 처음 입법 예고안보다 연령에 따라
좀 더 세분화되었고, 연령과 피보험단위기간에 따라 30~210일 동안 지급하는 것으
로 설계되었다(김진구, 1995: 246-263).

1995년 시행 당시 실업급여 수급을 위한 피보험단위기간은 12개월이었기 때문에,
1996년 상반기까지는 실업급여 수급자가 발생할 수 없었다. 1996년 7월 1일 전국의
고용안정센터는 아침부터 잔뜩 긴장하였다. 실업자들은 모두 실업급여를 받는 것으
로 오해하던 사람들이 많았던 시절이었다. 노동부는 신청자들이 크게 몰릴 것으로
예상하였고, 엄격한 지급 심사를 일선 고용안정센터에 하달해 놓은 상태였다. 노동
부는 1996년 하반기에만 약 9만 9천여 명의 실업급여 수급자가 발생할 것으로 예상
하고 있었다(매일경제, 1996. 1. 31.). 그러나 노동부의 예상을 깨고, 실제 실업급여 수
급자 수는 참담할 정도로 적었다. 〈표 11-3〉은 실업급여가 지급되기 시작한 1996년
하반기와 외환위기 국면으로 들어가지 직전인 1997년 상반기의 실업급여 지급통계

표 11-3 실업급여 지급 직후 실업급여 지급 현황   (단위: 명, 천 원)

구분		구직급여	상병급여	취직촉진수당	조기재취직수당	직업능력개발수당	광역구직활동비	이주비	합계
1996. 7~12	금액	9,961,863	28,423	473,279	469,545	3,670	64	0	10,463,098
	인원	7,192	29	832	815	14	3	0	8,063
1997. 1~6	금액	28,358,694	98,278	1,231,126	1,217,925	13,060	73	68	29,688,098
	인원	21,038	116	2,248	2,212	32	3	1	23,402

출처: 한국노동연구원(1997).

를 나타낸 것이다. 〈표 11-3〉에 의하면 1996년 하반기(7~12월) 구직급여 수급자는 7,192명에 불과했으며, 상병급여와 취직촉진수당을 합쳐도 8,063명에 그쳐 노동부 예상치의 1/10에도 못 미쳤다. 1997년 상반기는 외환위기의 전조로 한보사태가 발생하였고 삼미, 진로, 미도파, 한신공영 등의 대기업이 부도나는 등 고용불안정이 본격적으로 시작되던 시기였다. 그러나 실업급여 수급자 수는 2만 3,402명에 그쳐 실업자 수 대비 실업급여수급자 수를 산출하기도 민망한 실적을 기록하였다. 1995년 고용보험이 시행되었지만 시행 직후에는 사실상 유명무실한 제도였다. 그러나 1997년 하반기 한국 사회를 강타한 외환위기는 이러한 상황을 완전히 바꿔 놓았다.

2) 1998년 외환위기와 고용보험의 전사업장 확대적용

외환위기가 발생하기 1년 전인 1996년 11월의 실업자 수는 44만 3천 명이었으며, 실업률은 완전고용에 가까운 2.0%였다. 그럼에도 불구하고 당시 언론들은 "실업률 증가 7년만에 최고"라는 제목으로 실업통계를 보도하였다(한겨레신문, 1996. 12. 28.). 한국 사회에서 1995~1996년은 마지막으로 2% 이하의 실업률을 기록했던 시기였다. 이와 대조적으로 1년 뒤인 1997년 12월 실업자 수는 65만 8천 명을 기록하였다. 한 달이 지난 1998년 1월 실업자 수는 27만 6천 명이 증가한 93만 4천 명이 되었다. 다시 한 달이 지난 2월 실업자 수는 30만 명이 증가한 123만 5천 명을 기록하였고, 이후 25개월 동안 실업자 수는 100만 명 밑으로 떨어지지 않았다. 1999년 2월 정점에 도달했을 때 실업자 수는 178만 1천 명이었으며, 실업률은 8.5%였다. 수많은 기업들이 도산하였고, 살아남은 기업들도 대규모 인력 구조조정을 실시하였다. 한국경제연구원의 조사에 의하면 1999년 12월을 기준으로 대기업의 75.8%, 중견기업의 64%, 영세기업의 61.9%가 정리해고를 경험하였다(매일경제, 2020. 3. 25.).

하지만 초유의 대량 실업사태에 대응하기에 고용보험을 비롯한 우리나라의 사회적 안전망은 너무나 미흡했다. 실업급여의 적용범위는 30인 이상 사업체에 한정되었으며, 그나마도 제도를 시행한 지 3년도 채 지나지 않았다. 그 결과 실업급여의 지급일수도 30~120일이 고작이었다. 상당수 실업자들은 고용보험의 적용조차 받지 못했으며, 실업급여를 받더라도 두세 달 받으면 끝이었다. 그나마도 실업급여를 제외하면 아무런 대책도 없었다.

표 11-4 고용보험의 적용범위 확대

사업명	적용범위				
	1995 .7. 1.~ 1997. 12. 31.	1998. 1. 1.~ 1998. 2. 28.	1998. 3. 1.~ 1998. 6. 30.	1998. 7. 1.~ 1998. 9. 30.	1998. 10. 1. ~
실업급여	30인 이상	10인 이상	5인 이상	5인 이상	1인 이상
고용안정/ 직업능력개발사업	70인 이상	50인 이상	50인 이상	5인 이상	1인 이상

출처: 이인재 외(2010: 366).

　새로 출범한 김대중 정부는 1998년 2월 '98 실업대책 및 세부사업계획'을 발표하였고, 연간 실업률 5%에 맞춰 5조 원의 실업대책예산을 편성하였다. 그러나 불과 한달만에 실업자 수가 예측치를 훌쩍 뛰어넘음에 따라 IBRD 지원자금 중 1조 원과 공무원 봉급의 삭감으로 조성된 1조 2천억 원을 추가로 긴급지원해야만 했다(김상균, 1998: 98). 이렇게 조성된 기금은 실업급여의 지급확대, 생활안정자금 대부, 일자리 창출 등에 긴급 투입되었다.

　낮은 수준으로 출발했던 고용보험은 정부의 지원에 힘입어 순식간에 개선되었다. 먼저, 실업급여 수급률이 실업자의 폭증을 따라잡지 못하게 되자 정부는 긴급하게 고용보험의 적용범위를 확대하였다. 〈표 11-4〉는 1998년 한 해 동안 나타난 고용보험 적용범위의 변화과정을 나타낸 것이다. 1995년 7월 1일 고용보험은 노동부와 경제부처 간의 힘겨루기 끝에 실업급여 30인 이상, 고용안정사업 및 직업능력개발사업 70인 이상이라는 우스꽝스런 적용범위로 출발했지만, 외환위기라는 외부충격 한 방에 거의 두 달에 한 번꼴로 시행령이 개정되었다. 결국 10개월 만에 1인 이상의 전 사업장으로 확대되었다. 그 결과 고용보험은 우리나라 사회보험 중 가장 늦게 도입되었지만 가장 빨리 전 사업장으로 사업장 적용이 확대된 제도가 되었다. 이는 제도 시행 후 불과 3년 만의 일이었다.

　나아가 고용보험은 1998년 3월 1일부터 실업급여의 기준기간과 피보험단위기간을 각각 12개월과 6개월로 단축함으로써 실직자들의 수급자격 취득을 용이하게 하였다. 또한 1998년 2월 20일 모든 수급자들에게 60일간의 특별연장급여를 일괄적으로 지급하는 한편, 금여지급기간을 확대하였다. 1998년 3월 1일부터 소정급여일수가 30일에 불과했던 '25세 미만 구간'을 30세 미만 구간에 통합하여 최저지급일수를 60일로 늘렸으며, 2000년 4월 1일부터는 모든 구간의 소정급여일수를 30일씩 일괄적으로 상향조정하여 90~240일로 증가시켰다. 나아가 보험료율도 인상되어 실업급여 보험료는 0.6%에서 1.0%로 인상되었으며, 고용안정사업과 직업능력개발사업의 보험료율도 각각 0.1% 포인트와 0.2% 포인트씩 상향조정되었다. 외환위기는 실업급여의 적용범위, 수급자격요건(피보험단위기간), 급여지급기간 등을 획기적으로 개선하였고, 고용보험 도입과정에서 나타났던 경제부처와 노동부의 지리한 공방을 무색하게 만들었다.

3) 2001년 모성보호사업의 실시

우리나라의 모성보호정책은 1953년 「근로기준법」의 제정과 함께 시작되었으며, 「근로기준법」은 60일간의 산전산후 유급휴가, 산전산후 해고 제한, 생리휴가 등을 규정하였다(장지연, 2004: 17). 1987년 제정된 「남녀고용평등법」은 육아휴직제도를 신설하였지만, 아쉽게도 무급휴직이었다. 이에 여성노동자단체들은 유급 산전산후휴가를 3개월로 늘리는 것과 무급인 육아휴직을 유급화하는 것을 정부와 경영자단체에 끊임없이 요구하였다. 그러나 경영자단체들은 완강하게 거부하였고, 오히려 정부에 생리휴가의 폐지를 청원하였다.

하지만 1990년대 중반부터 '모성보호비용의 사회화'에 대한 논의가 활발해지면서 모성보호의 비용을 고용주들에게 전담시키기보다는 사회보장을 통해 해결해야 한다는 주장이 힘을 얻게 되었다. 고용주가 모성보호 비용을 부담하게 되면 보호대상은 여성 노동자로 제한되며, 모성보호 문제는 산전산후휴가나 육아휴직 같은 휴가 문제로 귀착될 수밖에 없었다. 하지만 출산과 육아는 여성 노동자들만의 문제가 아니라 모든 여성들의 문제이기 때문에 모성보호의 비용은 노사 간의 문제를 넘어 사회적인 분담체계를 확립하는 것이 바람직하였다.

따라서 여성계와 노동계는 산전산후휴가의 연장과 육아휴직의 유급화에 필요한 재원을 사회보험을 통해 추진하기로 합의하였고, 의료보험, 고용보험, 제3의 기금 창설을 재원조달방법으로 검토하기 시작하였다. 1996년 세계화추진위원회 여성정책소위원회에서 가장 먼저 검토한 대안은 의료보험이었다. 그 이유는, 첫째, 대다수의 선진국에서 출산과 관련된 의료서비스나 출산수당은 의료보장제도에서 지원하고 있었으며, 둘째, 당시 70인 이상 사업체를 대상으로 고용안정사업을 실시하고 있던 고용보험보다 5인 이상 사업체에 적용되고 있던 직장의료보험이 적용범위 면에서 훨씬 유리했으며, 셋째, 당시 직장의료보험의 적립금이 상당하여 재정적 여력이 있었을 뿐만 아니라 이러한 재정적 여력의 상당분이 미혼여성 덕택이라는 주장이 가능했기 때문이었다(장지연, 2004: 26). 하지만 보건복지부는 다른 나라보다 보험료율이 크게 낮은 상태에서 출산휴가 급여를 지급하는 것은 불가능하다고 회피하였다. 나아가 법제화 작업이 구체화되던 2001년 건강보험은 심각한 재정위기에 빠졌고, 건강보험을 통해 재원을 조달하는 것이 현실적으로 불가능하게 되었다.

반면, 노동부는 고용보험이 모성보호비용을 분담할 경우 고용보험의 재정이 불안정해져서 제2의 사회보험 파탄이 일어날 수 있다고 과장하였고, 고용보험은 실업자를 구제하는 것이 주목적이므로 출산휴가급여에 사용하는 것은 본래의 기능을 벗어나는 것이라고 회피하였다. 불과 7년 전 노동부는 고용보험이 단순한 실업자 구제책이 아니라 적극적이고 생산적인 노동시장정책이라고 자랑하였다. 하지만 막상 여성노동자들의 고용안정을 위해 적극적으로 지출해야 할 상황에 직면하자 실업자 구제가 고용보험의 주목적이라고 태세 전환에 나선 것이다. 이러한 태세 전환의 보람도 없이 산전산후휴가의 연장과 육아휴직 유급화의 비용은 별다른 대안이 없었기 때문에 고용보험에 부과되었다. 고용보험은 2001년 11월 1일부터 산전후휴가급여와 육아휴직급여를 도입하였다. 고용보험은 「근로기준법」에 보장된 60일의 유급휴가를 초과한 30일의 휴가에 대해 통상임금을 산전후휴가급여로 지급하였으며, 육아휴직급여로 월 20만 원을 정액으로 지급하기 시작하였다. 고용보험이 계획에 없던 모성보호 비용을 떠맡게 됨에 따라 노동부는 당시 추진하고 있었던 일용직 고용보험의 실시를 2004년으로 연기하였다.

4) 비정규 취업자 적용확대

1998년 외환위기 국면을 계기로 전 사업장으로 적용범위를 확대한 고용보험은 2004년 일용직 고용보험을 시작으로 정규직근로자뿐만 아니라 불안정 근로계층으로 적용범위를 넓히기 시작하였다. 특히 2020년 코로나 바이러스 국면을 계기로 문재인 정부는 '전 국민 고용보험 로드맵'을 공식화하여 고용보험의 적용범위를 근로자를 넘어 전 국민으로 확대하도록 하였다.

(1) 2004년 일용직 고용보험 실시

외환위기로 인한 고실업 국면이 한창이던 1999년 7월 23일 김대중 정부는 김종필 국무총리가 주재한 실업대책위원회에서 일용직 근로자들의 고용보험 적용을 확정하였고, 2002년부터 일용직 고용보험이 실시될 것을 예고하였다(한겨레신문, 1999. 7. 24.). 그러나 고용보험이 뜻하지 않게 모성보호사업을 맡게 됨에 따라 일용직 고용보험은 2년이 연기된 2004년 1월 1일부터 시행되었다. 쟁점이 되었던 일용직 근로자의 실업 인정요건은 실업급여 신청일 이전 1개월간 '근로일수가 10일 미만인 상태'로 정해졌다(방하남 외, 2008: 5). 나아가 일용직 근로자들의 고용관리를 위해 근로내역확인서와 전자카드가 도입되었다.

(2) 2012년 자영업자 고용보험 실시

노동부는 2006년 1월 1일부터 5인 미만의 근로자를 사용하는 자영업자들의 고용보험 임의가입을 허용하였으나, 고용안정사업과 직업능력개발사업의 가입만을 허용했기 때문에 생활안정 기능이 없었다. 그러나 2008년 금융위기 이후 자영업자의 폐업이 잇따르자 자영업자 고용보험에 대한 필요성이 제기되었다. 이에 노동부는 2009년 11월 6일 자영업자들의 실업급여 임의가입을 골자로 하는「고용보험법」개정안을 입법 예고하였다. 그러나 2010년 이후 금융위기 국면이 진정되자 개정안은 정쟁법안에 밀려 입법처리가 지연되었다. 결국 2011년 6월에서야 개정안이 통과되었고 2012년 1월 22일부터 자영업자 고용보험이 시행되었다. 자영업자 고용보험은 50인 미만의 근로자를 사용하는 자영업자들을 대상으로 한 임의가입방식이었다. 소득이 불규칙한 자영업자의 특성을 감안하여 기준소득을 5등급으로 구분하고 자영업자들이 선택할 수 있도록 하였다. 보험료율은 일반 노동자들보다 높은 기준소득의 2.25%였으며, 1년 이상 보험료를 납부해야 실업급여를 신청할 수 있었다. 나아가 매출 감소나 자연재해 등으로 불가피하게 폐업한 경우에 한해서만 실업급여를 지급하도록 하였다.

(3) 2020년 전 국민 고용보험 로드맵

2020년 1월 코로나 바이러스가 상륙한 데 이어 3월 12일 WHO가 팬데믹 선언을 하면서 우리나라는 또다시 경제위기에 직면하였다. 특히 외환위기 이후 고용보험 등 사회안전망이 정비된 정규직 근로자들보다 사회보험의 사각지대에 놓여 있던 자영업자들과 비정규직 근로자들이 더 큰 타격을 입었다. 정부는 수차례의 임시적인 재난지원금과 소상공인 피해지원금으로 위기에 대응하였으나, 팬데믹 국면이 장기화됨에 따라 근본적인 대책을 요구하는 목소리가 늘어났고, 기본소득이나 전 국민 고용보험같은 대안들이 거론되기 시작하였다(남재욱, 2020).

이에 문재인 정부는 불안정 근로계층에 대한 소득보장의 기본방향을 전 국민 고

표 11-5 전 국민 고용보험 로드맵 일정

추진과제	2021년				2022년				2023년			
	1Q	2Q	3Q	4Q	1Q	2Q	3Q	4Q	1Q	2Q	3Q	4Q
특수고용노동자 중 산재보험 적용 직종 고용보험 적용			━	━	━	━	━	━	━	━	━	━
1단계 플랫폼 노동자 선정 및 고용보험 적용					━	━	━	━	━	━	━	━
기타 특고 및 플랫폼 직종 고용보험 적용							━	━	━	━	━	━
자영업자 고용보험 적용방안 논의			━	━	━	━	━	◆	◆	◆	◆	◆
일용지급명세서 매월 제출 (「소득세법」 개정)	━	━										
미가입 근로자 직권가입 확대			━	━	━	━	━	━	━	━	━	━
소득기반 고용보험 체계 운영방안 논의					━	━	━					
국세청-근로복지공단 소득정보 공유시스템 구축		━	━	━	━	━	━	━	━	━	━	━

출처: 관계부처 합동(2020b: 26).

용보험 확대로 설정하고, 2020년 12월 23일 전 국민 고용보험 로드맵을 발표하여 고용보험의 단계적인 확대 방안을 공개하였다. 1995년 도입된 고용보험은 정규직 임금근로자를 기반으로 설계된 제도였기 때문에, 최근 크게 확산되고 있는 임시 · 일용직 노동자, 하청 · 파견노동자, 특수고용노동자, 플랫폼 노동자, 영세 자영업자의 보호에는 한계를 가질 수밖에 없었다. 정부는 모든 취업자들을 고용보험의 틀로 보호하고자 임금 중심체계에서 소득기반체계로 전환할 것을 결정하였고, 보호의 시급성과 현실적인 관리능력을 고려하여 단계적인 적용확대 방안을 강구한 것이다. 정부가 발표한 전 국민 고용보험 로드맵의 구체적인 일정은 〈표 11-5〉와 같다.

고용보험의 단계적 적용확대 계획에 따라 2020년 12월 10일부터 예술인 고용보험이 실시되었고, 2021년 7월 1일부터 특수고용노동자 중 산재보험의 적용을 받고 있는 보험설계사, 학습지 방문강사, 교육교구 방문강사, 택배기사, 대출모집인, 신용카드회원 모집인, 방문판매원, 대여제품 방문점검원, 가전제품 배송설치기사, 방과후학교 강사, 건설기계조종사, 화물차주 등 12직종이 고용보험에 적용되었다. 2022년 1월에는 1단계 플랫폼 노동자 적용대상으로 선정된 퀵서비스기사, 배달 라이더, 대리운전기사가 고용보험의 적용을 받기 시작했으며, 자영업자 고용보험의 구축을 위한 사회적 논의를 시작할 예정이다. 나아가 근로복지공단과 국세청은 월별소득관리시스템과 소득기반체제 구축작업을 진행할 예정이다.

고용보험의 이해

「고용보험법」 제1조는 우리나라 고용보험의 목적을 "실업의 예방, 고용의 촉진 및 근로자 등의 직업능력의 개발과 향상을 꾀하고, 국가의 직업지도와 직업소개 기능을 강화하며, 근로자 등이 실업한 경우에 생활에 필요한 급여를 실시하여 근로자 등의 생활안정과 구직 활동을 촉진"하는 것으로 설정하고 있다. 즉, 고용보험은 실업급여의 제공뿐만 아니라 다양한 노동시장정책적 목적을 갖고 있다. 이에 따라 고용보험은 전통적인 실업보험과 달리 실업급여사업뿐만 아니라 고용안정사업, 직업능력개발사업, 모성보호사업 등 사회보장 외적인 사업들도 다양하게 포함하고 있다. 이 책은 고용보험사업 중 사회보장제도의 성격을 갖고 있는 실업급여사업과 모성보호사업을 중심으로 고용보험을 개괄할 것이다.

1. 고용보험의 적용범위

현재 고용보험의 당연적용 대상은, 첫째, 근로자를 고용하는 모든 사업이나 사업장이며, 해당 사업의 근로자는 당연가입대상자가 된다. 다만, 근로자를 고용하고 있더라도 산업의 특성과 규모를 고려하여 다음과 같은 사업은 당연가입대상에서 제외하고 있다.

① 농업, 임업 및 어업 중 법인이 아닌 자가 상시 4명 이하의 근로자를 사용하는 사업
② 건설업자 등이 아닌 자가 시공하는 총공사금액 2천만 원 미만인 공사, 연면적 100제곱미터 이하인 건축물의 건축 또는 연면적이 200제곱미터 이하인 건축물의 대수선에 관한 공사
③ 가구 내 고용활동 및 달리 분류되지 않은 자가소비 생산활동

나아가 당연가입사업에 고용된 근로자라도 다음과 같은 근로자는 적용제외된다.

① 노령연금의 수급연령인 65세 이후에 새롭게 고용된 사람. 단, 이 경우 실업급여는 적용제외되지만 고용안정 및 직업능력개발사업은 적용된다.
② 월간 소정근로시간이 60시간 미만(주간 근로시간이 15시간 미만)인 초단기 근로자. 하지만 3개월 이상 계속 근로를 제공하거나 1개월 미만 동안 고용되는 일용근로자는 적용대상이다.
③ 공무원, 「사립학교교직원연금법」 적용자, 별정우체국 직원. 단, 임기제 공무원은 본인 의사에 따라 실업급여에 한해 가입할 수 있다.

둘째, 문화예술용역 관련 계약을 체결한 「예술인복지법」상의 예술인도 고용보험의 당연적용대상이다. 고용보험은 2021년부터 임금근로자 이외에 예술인과 노무제공자로 적용범위를 확대하였다. 먼저, 예술인은 예술활동증명이 가능한 「예술인복지법」상의 예술인 중 문화예술용역 관련 계약을 체결하고 자신이 직접 노무를 제공하는 예술인을 의미하며, 용역계약상의 '기간과 소득'을 기준으로 고용보험에 가입한다. 고용안정사업과 직업능력개발사업은 적용되지 않으며, 실업급여와 모성보호급여를 수급할 수 있다.

셋째, 노무제공계약을 맺은 노무제공자도 고용보험의 당연적용대상이다. 노무제공자란 근로자가 아니면서 다른 사람의 사업을 위하여 직접 노무를 제공하고 일정한 대가를 지급받는 계약, 즉 노무제공계약을 맺은 사람을 의미한다. 이는 노동부가

특수고용노동자와 플랫폼 노동자를 법률적으로 지칭하기 위해 만든 개념이다. 현재 특수고용노동자들 중 산재보험 적용 경험이 있는 보험설계사, 학습지 방문강사, 교육교구 방문강사, 택배기사, 대출모집인, 신용카드회원 모집인, 방문판매원, 대여제품 방문점검원, 가전제품 배송설치기사, 방과후학교 강사, 건설기계조종사, 화물차주 등 12직종이 2021년 7월부터 고용보험에 적용되고 있다. 플랫폼 노동자는 2022년 1월부터 대리운전기사와 퀵서비스기사, 배달라이더 등이 고용보험에 적용되고 있다.

자영업자는 고용보험의 임의가입대상자이다. 사업자등록을 한 50인 미만 사업장에 한해 본인의 희망에 따라 가입할 수 있으며, 실업급여, 고용안정사업, 직업능력개발사업의 적용을 받을 수 있다. 나아가 당연가입 대상사업이 아닌 경우에도 사업주는 근로자 과반수 이상의 동의를 얻은 후 근로복지공단의 승인을 통해 고용보험

표 12-1 연도별 고용보험 적용 추이 (단위: 개소, 명)

연도	사업장	전체	성별	
			남자	여자
1996	43,723	4,330,885	3,155,323	1,175,562
2000	693,414	6,747,263	4,633,208	2,114,055
2005	1,148,474	7,965,597	5,241,103	2,724,494
2010	1,408,061	10,131,058	6,310,423	3,820,635
2011	1,508,669	10,675,437	6,569,800	4,105,637
2012	1,610,713	11,152,354	6,784,700	4,367,654
2013	1,747,928	11,571,213	6,971,699	4,599,514
2014	1,935,302	11,930,602	7,114,807	4,815,795
2015	2,107,071	12,363,063	7,298,294	5,064,769
2016	2,174,508	12,655,202	7,411,114	5,244,088
2017	2,211,482	12,958,825	7,527,620	5,431,205
2018	2,308,327	13,432,497	7,714,821	5,717,676
2019	2,359,526	13,864,138	7,874,174	5,989,964
2020	2,395,603	14,111,690	7,962,147	6,149,543
2021	2,511,690	14,550,033	8,157,629	6,392,404

출처: 한국고용정보원(2006, 2022).

에 임의가입할 수 있다.

〈표 12-1〉은 고용보험이 실시된 이후 적용사업장과 피보험자 수의 추이를 나타낸다. 1996년 4만 3,723개의 사업체와 433만 명의 피보험자로 출발한 고용보험은 2021년 12월 현재 251만 개의 사업장과 1,455만 명의 피보험자가 가입되어 있다. 이러한 양적 성장에도 불구하고 고용보험 가입률은 우리나라 전체 취업자 2,730만 명[1] 중 53.3%이며, 임금근로자 2,087만 명을 기준으로 하면 69.7%로 나타난다. 여전히 많은 고용보험 적용의 사각지대가 있는 것이다.

〈표 12-2〉는 장지연과 홍민기(2020)가 2019년 8월 경제활동인구 근로형태별 부가조사를 기초로 산출한 고용보험의 사각지대를 나타낸다. 〈표 12-2〉에 의하면 2019년 8월 현재 우리나라 전체 취업자 중 고용보험 가입자는 49.4%에 불과하다. 2021년 12월과 비교하면 3.9% 포인트 낮은 수치이다. 비가입자 중 5.4%는 고용보장이 되어 있는 공무원이나 사립학교교직원 등이기 때문에 실제 고용보장률은 54.8%이다. 취업자 중 45.2%가 고용보장의 사각지대에 있는 것이다. 이 중 고용보험 적용제외 대상 근로자가 6.5%이며, 자영업자나 특수고용노동자, 플랫폼노동자와 같은 비임금근로자들이 24.9%를 차지한다. 나아가 고용보험 미가입자는 13.8%로 나타났다. 이러한 사각지대의 해소를 위해 문재인 정부는 2020년 12월 전 국민 고용보험 로드맵을 발표하고 비임금근로자와 자영업자에 대한 단계적인 적용확대를 추진하고 있다.

표 12-2 **고용보험의 사각지대(2019. 8.)**   (단위: 천 명, %)

	취업자				
비임금근로자	임금근로자				계
	고용보험적용 제외	고용보험 미가입	특수직역	고용보험 가입	
6,799	1,781	3,781	1,469	13,528	27,358
(24.9)	(6.5)	(13.8)	(5.4)	(49.4)	(100.0)
제도적 사각지대		미가입			

출처: 장지연, 홍민기(2020: 73).

---

1) 2021년 12월 통계청 경제활동인구조사 기준

2. 고용보험료

1995년 7월 고용보험은 기업규모에 따라 임금 총액의 0.9~1.3%의 보험료로 출발하였으며, 이 중 실업급여의 보험료는 0.6%에 불과했다. 그러나 1998년 외환위기의 고실업 국면이 본격화됨에 따라 실업급여 보험료율은 0.6%에서 1.0%로 상승되었으며, 고용안정사업 역시 휴업지원금이 급증하면서 0.1% 포인트 상향조정되었다. 아울러 1999년 직업훈련의무제가 폐지됨에 따라 의무업체였던 1,000인 이상 사업장의 직업능력개발사업 보험료 특례적용도 자연스럽게 폐지되었고 0.7%의 보험료가 부과되기 시작하였다.

그러나 외환위기 국면이 진정되자 2003년부터 실업급여 보험료는 0.1% 포인트, 고용안정사업 보험료는 0.15% 포인트 인하 조정되었다. 2006년 고용안정사업과 직업능력개발사업의 재정이 통합됨에 따라 고용안정/직업능력개발사업으로 일원화

표 12-3 고용보험 보험료율 변화과정

사업명		1995 7.1	1999 1.1	2003 1.1	2006 1.1	2011 1.1	2012 1.22	2013 7.1	2019 10.1	2019 10.1	2020 12.10	2021 7.1
실업급여	근로자	0.3	0.5	0.45	0.45	0.55	0.55	0.65	0.8	0.8	0.8	0.8
	사용자	0.3	0.5	0.45	0.45	0.55	0.55	0.65	0.8	0.8	0.8	0.8
고용안정/직업능력개발사업(사용자부담)	고용안정사업	0.2	0.3	0.15								
	150인 미만	0.1	0.1	0.1	0.25	0.25	0.25	0.25	0.25	0.25	0.25	0.25
	150인 이상 (우선지원)	0.3	0.3	0.3	0.45	0.45	0.45	0.45	0.45	0.45	0.45	0.45
	150인 이상~1000인 미만	0.5	0.5	0.5	0.65	0.65	0.65	0.65	0.65	0.65	0.65	0.65
	1000인 이상 국가, 지자체	0.05	0.7	0.7	0.85	0.85	0.85	0.85	0.85	0.85	0.85	0.85
자영업자							2.25	2.25	2.25	2.25	2.25	2.25
예술인 고용보험	근로자										0.8	0.7
	사용주										0.8	0.7
특수고용 고용보험	근로자											0.7
	사용주											0.7

되서 보험료가 부과되기 시작하였다. 실업급여사업과 고용안정/직업능력개발사업의 회계는 독립적으로 분리되어 운영된다.

　한동안 안정적이었던 실업급여 보험료는 2010년대 들어 가파르게 상승하였다. 2011년 1.1%로 인상된 데 이어, 2013년에도 1.3%로 상향조정되었다. 특히 2017년 실업급여 수준의 상향조정으로 고용보험기금이 위기에 처하자, 2019년 실업급여 보험료율을 1.6%로 인상하였고, 2022년 7월에도 1.8%로 인상할 예정이다. 제도 출범 이후 실업급여의 보험료율은 가파르게 상승하였지만, 고용안정/직업능력개발사업의 보험료율은 거의 변화가 없다.

　지금 현재 고용보험기금의 적자는 심각한 상황이다. 2조 원이 넘는 부족분을 공적기금대출로 매우고 있는 상황이며, 문제는 앞으로 더 심각해진다는 것이다(한국일보, 2021. 8. 29.). 현재 정부는 전 국민 고용보험 로드맵에 따라 비임금 취업자 전체로 고용보험을 확대할 예정이기 때문에, 실업 위험성이 높은 가입자들이 대폭적으로 추가될 것으로 예상된다. 획기적인 재정대책이 요구되지만 이미 크게 인상된 보험료의 상향조정보다는 국고지원의 확대가 더 적절해 보인다. 현재 정부는 모성보호사업 일반회계 부담분, 두루누리 사회보험료 지원사업에 의한 영세사업장 가입자 지원분 등 약 1조 원 정도를 일반회계에서 지원하고 있다. 하지만 불안정 고용층의 가입을 확대시키려면, 지금보다 지원규모를 크게 증가시킬 필요가 있다.

　2012년 1월 시작된 자영업자 고용보험에 가입한 자영업자들은 기준소득의 2%와 0.25%를 각각 실업급여와 고용안정/직업능력개발사업의 보험료로 납부해야 한다. 반면 2020년 12월과 2021년 7월 적용되기 시작한 예술인과 특수고용노동자들은 실업급여사업만 적용되며 1.4%의 보험료를 노사가 절반씩 부담한다.

　고용보험료는 고용노동부 일반회계로 운영되는 두루누리 사회보험료 지원사업의 지원을 받을 수 있다. 2022년 현재 10인 미만 사업에 고용된 근로자 중 월평균보수가 230만 원 미만인 신규가입 근로자와 해당 사업주가 지원대상이다. 36개월간 고용보험료의 80%가 지원된다. 단, 전년도 재산의 과세표준액 합계가 6억 원 이상이거나 종합소득이 3,800만 원 이상인 자는 지원대상에서 제외된다.

3. 고용보험사업

1) 실업급여사업

(1) 구직급여의 수급요건

고용보험가입자가 실직하게 되면 구직급여를 신청할 수 있다. 단, 일용직 근로자는 신청일 이전 1개월간 10일 미만을 근로하거나 신청일 이전 14일간 연속해서 근로내역이 없는 경우에도 구직급여를 신청할 수 있다. 그러나 고용보험은 실업 중인 모든 사람에게 구직급여를 제공하지 않는다. 실업자들이 구직급여를 수급하기 위해서는 특정한 자격요건을 충족시켜야 한다. 여기에는 크게 세 가지가 있는데, 첫째, 실업발생 이전에 일정한 양의 보험료를 납부하여 피보험단위기간[2]을 충족할 것, 둘째, 실업자가 지속적으로 노동시장에 참여하고 있음을 증명할 것, 셋째, 실업급여의 부자격요건에 해당되지 않을 것을 요구하고 있다(김진구, 여유진, 1998: 234).

먼저, 구직급여의 신청자격을 얻기 위해서는 실업 전 18개월(기준기간) 동안 피보험단위기간이 통산 180일 이상이어야 한다. 단, 초단시간근로자는 기준기간이 24개원로 완화된다. 1995년 제도 도입 당시 18개월의 기준기간 동안 12개월 이상의 피보험단위기간을 요구하였던 것과 비교하면 피보험요건은 상당히 완화되었다.

둘째, 지속적으로 노동시장에 참여하고 있음을 증명해야 한다. 「고용보험법」이 정의하는 '실업'이란 근로의 의사와 능력이 있음에도 불구하고 취업하지 못한 상태를 의미한다. 즉, 비자발적 실업에 한정하여 실업을 정의하고 있기 때문에 구직급여를 수급하기 위해서는 근로의사와 능력이 있음을 증명해야 한다. 근로의사를 증명하기 위해 실업자는 이직 후 워크넷(WorkNet)을 통해 구직등록을 하고, 고용센터에 방문하여 실업인정을 받아야 한다. 실업인정을 받은 뒤에도 1주 내지 4주에 한번씩 고용센터를 방문하여 기간 동안의 구직노력을 증명하고 실업인정을 받아야만

---

2) 피보험단위기간이란 실제 보수지급의 기초가 된 날을 모두 합산한 기간을 의미하며, 실제 근무일에 유급휴가와 유급휴일 등을 포함한 개념이다. 그러나 무급휴일, 보수가 지급되지 않는 무단결근일 등은 제외된다. 따라서 피보험단위기간은 전체 재직기간과 다름을 유의해야 하며, 특히 주5일제 사업장에서 토요일은 통상 무급휴일이므로 근로계약서나 단체협약에서 따로 명기하지 않는 한 피보험단위기간에 산입되지 않는다.

구직급여를 계속 지급받을 수 있다. 단, 고용센터에서 온라인 실업인정 대상자로 지정을 받은 경우에는 온라인 실업인정이 가능하지만 원칙적으로는 고용센터를 방문해서 재취업활동을 증명해야 한다.

셋째, 부자격요건(disqualifications)에 해당되어서는 안 된다. 현재 고용보험에서 규정하고 있는 부자격요건으로는 첫째, 정당한 사유없이 자기사정으로 이직한 경우이다. 직장을 옮기거나 자영업을 하기 위해 이직한 경우는 수급자격을 상실한다. 나아가 정당한 사유없는 자발적 이직도 자격이 박탈된다. 문제는 해고보다 권고사직이나 의원면직이 일반화된 우리나라 노동시장의 관행에서 자발적 이직과 불가피한 실업을 구별해 내기 힘들다는 것이다. 이에 정부는 「고용보험법 시행규칙」별표 2을 통해 수급자격이 제한되지 않는 정당한 이직 사유를 규정하고 있다. 이는 다음과 같다.

「고용보험법 시행규칙」별표 2

1. 다음 각 목의 어느 하나에 해당하는 사유가 이직일 전 1년 이내에 2개월 이상 발생한 경우

    가. 실제 근로조건이 채용 시 제시된 근로조건이나 채용 후 일반적으로 적용받던 근로조건보다 낮아지게 된 경우

    나. 임금체불이 있는 경우

    다. 소정근로에 대하여 지급받은 임금이 「최저임금법」에 따른 최저임금에 미달하게 된 경우

    라. 「근로기준법」제53조에 따른 연장근로의 제한을 위반한 경우

    마. 사업장의 휴업으로 휴업 전 평균임금의 70퍼센트 미만을 지급받은 경우

2. 사업장에서 종교, 성별, 신체장애, 노조활동 등을 이유로 불합리한 차별대우를 받은 경우

3. 사업장에서 본인의 의사에 반하여 성희롱, 성폭력, 그 밖의 성적인 괴롭힘을 당한 경우

   3의2. 「근로기준법」제76조의2에 따른 직장 내 괴롭힘을 당한 경우

4. 사업장의 도산ㆍ폐업이 확실하거나 대량의 감원이 예정되어 있는 경우

5. 다음 각 목의 어느 하나에 해당하는 사정으로 사업주로부터 퇴직을 권고받거나, 인원감축이 불가피하여 고용조정계획에 따라 실시하는 퇴직 희망자의 모집으로 이직하는 경우

가. 사업의 양도·인수·합병

나. 일부 사업의 폐지나 업종전환

다. 직제개편에 따른 조직의 폐지·축소

라. 신기술의 도입, 기술혁신 등에 따른 작업형태의 변경

마. 경영의 악화, 인사 적체, 그 밖에 이에 준하는 사유가 발생한 경우

6. 다음 각 목의 어느 하나에 해당하는 사유로 통근이 곤란(통근 시 이용할 수 있는 통상의 교통수단으로는 사업장으로의 왕복에 드는 시간이 3시간 이상인 경우를 말한다)하게 된 경우

가. 사업장의 이전

나. 지역을 달리하는 사업장으로의 전근

다. 배우자나 부양하여야 할 친족과의 동거를 위한 거소 이전

라. 그 밖에 피할 수 없는 사유로 통근이 곤란한 경우

7. 부모나 동거 친족의 질병·부상 등으로 30일 이상 본인이 간호해야 하는 기간에 기업의 사정상 휴가나 휴직이 허용되지 않아 이직한 경우

8. 「산업안전보건법」 제2조 제2호에 따른 '중대재해'가 발생한 사업장으로서 그 재해와 관련된 고용노동부 장관의 안전보건상의 시정명령을 받고도 시정기간까지 시정하지 아니하여 같은 재해 위험에 노출된 경우

9. 체력의 부족, 심신장애, 질병, 부상, 시력·청력·촉각의 감퇴 등으로 피보험자가 주어진 업무를 수행하는 것이 곤란하고, 기업의 사정상 업무종류의 전환이나 휴직이 허용되지 않아 이직한 것이 의사의 소견서, 사업주 의견 등에 근거하여 객관적으로 인정되는 경우

10. 임신, 출산, 만 8세 이하 또는 초등학교 2학년 이하의 자녀(입양한 자녀를 포함한다)의 육아, 병역법에 따른 의무복무 등으로 업무를 계속적으로 수행하기 어려운 경우로서 사업주가 휴가나 휴직을 허용하지 않아 이직한 경우

11. 사업주의 사업 내용이 법령의 제정·개정으로 위법하게 되거나 취업 당시와는 달리 법령에서 금지하는 재화 또는 용역을 제조하거나 판매하게 된 경우

12. 정년의 도래나 계약기간의 만료로 회사를 계속 다닐 수 없게 된 경우

13. 그 밖에 피보험자와 사업장 등의 사정에 비추어 그러한 여건에서는 통상의 다른 근로자도 이직했을 것이라는 사실이 객관적으로 인정되는 경우

문제는 실업자 본인이 이상과 같은 사유를 입증해야 한다는 것이다. 임금체불, 초과노동, 직장 내 괴롭힘, 성희롱 등과 같이 사용자가 결사적으로 공개를 방해하는 사안을 입증하는 것은 쉬운 일이 아니다. 따라서 입증책임의 벽에 막혀 급여 신청을 포기하는 경우도 상당하다(퍼블릭뉴스, 2021. 8. 17.).

　　둘째, 자신의 중대한 귀책사유로 인해 해고된 경우이다. 예컨대, 법률 위반으로 금고 이상의 형을 선고 받고 해고된 경우, 공금횡령, 회사기밀 누설, 기물 파괴 등으로 회사에 막대한 재산상의 손해를 끼쳐 해고된 경우, 정당한 사유 없이 장기간 무단결근하여 해고된 경우 등은 실업급여를 수급할 수 없다.

　　셋째, 수급자가 고용센터장이 소개하는 직업에 취직할 것을 거부하거나 지시한 직업훈련 등을 거부하는 경우, 그리고 재취업촉진을 위한 직업지도를 거부하는 경우에도 부자격요건에 해당된다. 그러나 이 경우에는 급여자격이 완전 박탈되는 것이 아니라 일정 기간 급여지급이 중지된다. 직업소개와 직업지도의 거부는 2주간, 직업능력개발훈련의 거부는 4주간 급여지급이 중단된다.

　　넷째, 허위나 부정한 방법으로 실업급여를 받았거나 받으려고 한 자도 부자격요건에 해당된다. 이 경우 실업급여의 지급은 금지되고 실업급여를 지급받은 것으로 간주된다. 나아가 부정수급자는 지급된 급여를 반환해야 하고, 상황에 따라 추가 징수액을 납부해야 하다. 또한 사업주와 연대책임으로 5년 이하의 징역 또는 5천만 원 이하의 벌금에 처해질 수도 있다.

　　부자격요건과 관련된 쟁점은 자발적 실업자에 대한 급여의 중단이 지나치게 가혹하다는 것이다. 자발적으로 이직했더라도 구직이 장기화된다는 것은 근로의사가 있음에도 취업을 못하고 있는 비자발적 실업 상태로 전환되었다는 것을 의미한다. 따라서 실업기간 전체에 대해 실업급여 지급을 중단시키는 것은 가혹하며, 일정 기간이 지난 후에는 실업급여를 제공하는 것이 논리적으로 타당하다.

(2) 실업급여의 종류와 수준

① 구직급여

실업급여는 〈표 12-4〉와 같이 구직급여, 상병급여, 연장급여, 그리고 취업촉진수당으로 구분된다. 구직급여는 실업급여를 대표하는 급여이며, 실직자들의 생활안정과 구직지원을 위해 제공된다. 통상 '실업급여'라고 지칭할 때 구직급여를 의미하기도 한다. 구직급여액은 퇴직 전 평균임금의 60%가 제공된다. 고용보험 실시 이후 계속 평균임금의 50%를 제공하였으나, 2019년 10월 1일부터 60%로 인상되었다. 그러나 1일 6만 6,000원의 상한액이 정해져 있기 때문에 월간 198만 원 이상을 구직급여로 수급하는 것은 불가능하다. 나아가 하한액은 「최저임금법」상 시간급 최

표 12-4 실업급여의 종류

급여종류		내용
구직급여		실직자의 재취업활동을 지원하기 위한 기본급여. 평균임금의 60%를 소정급여일수에 따라 지원
상병급여		실업신고 이후 질병, 부상, 출산 등으로 취업이 불가능 경우 지급. 지원내용은 구직급여와 동일함
연장 급여	훈련연장급여	고용센터장의 직업능력개발 훈련지시에 의한 훈련을 수강하는 자에게 소정급여일수를 초과하여 지급. 최대 2년까지 수급 가능
	개별연장급여	소정급여일수 소진 이후에도 취직이 특히 곤란하고 생활이 어려운 수급자에게 지급하는 연장급여. 최대 60일간 구직급여의 70% 지급
	특별연장급여	실업 급증 상황이 발생한 경우 고용노동부 장관이 정하는 기간 내에 구직급여 소진자들에게 일괄적으로 지급하는 연장급여
취업 촉진 수당	조기재취업수당	잔여소정급여일수 2분의 1이상 남기고 재취업한 경우 미지급일수의 2분의 1을 취업한 후 12개월이 경과한 후 일시금으로 지급
	직업능력개발수당	고용센터장이 지시한 직업능력개발훈련을 받는 날에 한정하여 지급. 2021년 현재 일 7,530원
	광역구직활동비	고용센터의 소개로 거주지로부터 거리가 25킬로미터 이상인 지역에서 구직 활동을 하는 경우 지급
	이주비	취업하거나 고용센터장이 지시한 직업능력개발 훈련 등을 받기 위해 주거를 이전하는 경우 지급

저임금의 80%로 규정되어 있다. 2019년 10월 1일 이전에는 최저임금액의 90%가 하한액이었으나, 최근 최저임금이 가파르게 상승하면서 상한액과 하한액의 차이가 없어졌다. 이에 따라 하한선은 최저임금의 80%로 하향조정된 것이다. 단, 최저임금 액의 80%에 해당하는 금액이 2019년도의 하한액인 60,120원보다 적으면, 60,120원을 하한액으로 적용한다. 2022년 현재 최저임금액(9,160원)의 80%로 계산된 하한액은 58,624원이지만, 60,120원보다 적기 때문에 2022년 현재 하한액은 60,120원이다. 하한액과 상한액을 고려한 월간 구직급여액은 약 180~198만 원 사이에 위치하므로, 구직급여는 사실상 정액급여화되었다고 볼 수 있다.

실업을 신고해도 구직급여는 곧바로 지급되지 않고 7일간의 대기기간(waiting period)을 갖는다. 이 기간 동안 급여는 지급되지 않는다. 대기기간이 지나고 실업인정을 받으면 구직급여가 지급되며, 개인이 구직급여를 수급할 수 있는 소정급여일수는 피보험기간과 연령, 장애 여부에 따라 차등화되어 있다. 1995년 출범 당시 고용보험은 많은 비판에도 불구하고 30~210일의 짧은 소정급여일수를 운영하였다. 그러나 곧바로 외환위기가 발생하자 문제점이 드러났고, 2000년 4월 1일부터 소정급여일수는 90~240일로 확대되었다. 이후 20년간 변화가 없었으나, 2019년 10월 1일부터 120~270일로 확대되었다. 〈표 12-5〉는 현재 운영 중인 구직급여의 소정급여일수를 나타낸다.

표 12-5 구직급여의 소정급여일수

연령 및 가입기간	1년 미만	1년 이상 3년 미만	3년 이상 5년 미만	5년 이상 10년 미만	10년 이상
50세 미만	120일	150일	180일	210일	240일
50세 이상 및 장애인*	120일	180일	210일	240일	270일

* 장애인이란 「장애인고용촉진 및 직업재활법」에 따른 장애인을 의미함

② 상병급여

상병급여는 실업신고 후 질병, 부상, 출산 등으로 취업이 불가능하여 실업인정을 받지 못하는 경우에 지급된다. 7일 이상 요양할 경우 증명서를 제출하여 청구하며, 출산일 경우에는 45일간 지급된다. 급여수준은 구직급여와 동일하다. 고용보험의 상병급여를 이해할 때 주의할 점은 고용보험가입자가 질병, 부상, 출산 등으로 퇴직

하여 소득을 상실했을 때 지급하는 급여가 아니라는 것이다. 상병급여는 실업을 신고한 실업자가 실업인정을 못 받기 때문에 지급하는 급여이다. 따라서 고용보험의 상병급여는 서구 국가들이 의료보장제도에서 전통적으로 운영하는 상병급여제도와는 전혀 다른 제도이다. 만약 현재 고용보험가입자가 질병, 부상, 출산 등을 이유로 퇴직한다면, 상병급여는 커녕 자발적 이직의 요소가 많기 때문에 구직급여 받기도 쉽지 않으며, 상병과 퇴사 간의 불가피성을 심사받아야 한다.

③ 연장급여

연장급여는 소정급여일수를 소진한 이후에도 구직급여를 지급할 필요성이 인정되는 경우 지급하는 급여이다. 훈련연장급여는 현재 실업급여수급자로서 고용센터장의 직업능력개발 훈련지시에 의한 훈련을 수강하는 자에게 소정급여일수를 초과하여 지급하는 구직급여를 의미한다. 최대 2년간 구직급여의 100%를 수급할 수 있다.

개별연장급여는 소정급여일수 소진 이후에도 취직이 곤란하고 생활이 어려운 수급자에게 지급하는 연장급여로 최대 60일까지 구직급여의 70%를 지급할 수 있다. 일종의 실업부조 기능을 하는 급여로 볼 수 있다. 개별연장급여의 지급 여부는 임금수준, 재산상황, 부양가족 등을 고려하여 고용센터의 장이 결정한다.

특별연장급여는 외환위기와 같이 실업이 급증하였을 경우 고용노동부 장관이 정하는 기간 내에 구직급여가 종료된 자들에게 구직급여의 70%를 최대 60일간 일괄적으로 연장하여 지급하는 급여이다. 외환위기 당시인 1998년 7월 15일부터 1999년 12월 31일까지 운영되었던 것이 유일한 경험이다.

④ 취업촉진수당

취업촉진수당은 조기재취업수당, 직업훈련수당, 광역구직 활동비, 이주비로 구성된다. 조기재취업수당은 소정급여일수를 1/2 이상 남기고 재취업한 경우 미지급 액수의 절반을 취업 후 12개월이 지난 후에 일시금으로 지급하는 수당이다. 실업자가 실업급여를 수급하게 되면 초기에는 의중임금(reservation wage)이 높기 때문에 쉽게 재취업하지 않고, 소정급여일수 후반에 재취업하는 경향이 있다. 이에 따라 불필요하게 실업기간이 늘어나는 낭비가 발생하는데, 조기재취업수당은 이러한 낭비를 방지하고 재취업 인센티브를 높이려는 의도로 도입된 것이다. 그러나 수당의 주요 수급자들이 취약계층이 아닌 남성, 30대 이하, 고학력자에 집중되면서 사중손실 (deadweight loss)이 크고 대상효율성이 떨어지는 것으로 평가되고 있다(김동헌, 박 혁, 2011: 101; 2012: 40-42). 이에 따라 존폐 논란이 계속되고 있으며, 2000년대 초반 보다 수급요건을 크게 강화하여 엄격하게 운영하고 있다. 나아가 반복수급을 방지하기 위해 재취업일 이전 2년 이내에 조기재취업수당 수급했던 경험이 있는 자는 수급을 제한한다.

직업능력개발 수당은 수급자격자가 고용센터장이 지시한 직업능력개발훈련 등을 받는 기간에 대해 받는 급여이다. 직업능력개발수당은 직업능력개발훈련을 받는 날에 한해 지급되며, 수당액은 노동부 장관의 고시에 의해 정해진다. 2022년 현재 1일 7,530원이다.

광역 구직활동비는 수급자가 고용센터의 소개에 따라 광범위한 지역에 걸쳐 구직활동을 하는 경우에 지급된다. 거주지로부터 방문 사업장까지의 거리가 25킬로미터 이상인 경우 지원을 받을 수 있다. 철도, 자동차, 선박은 실비로 지급되며, 숙박비는 공무원여비규정에 따른다. 2022년 현재 하루 70,000원 이내로 지급된다.

이주비는 수급자격자가 취업하거나 고용센터장이 지시한 직업능력개발 훈련 등을 받기 위해 주거를 이전하는 경우에 받는다. 5톤 이하의 이사화물에 대해서는 실비지원되며, 5톤 초과 7.5톤 이하의 이사화물에 대해서는 실비의 1/2이 지원된다.

(3) 실업급여의 지급현황

1997년 실업급여 수급자 수는 4만 9천 명에 그쳤으나, 외환위기를 겪으면서 단숨에 48만 명까지 증가하였으며 급여지출규모도 9,361억 원으로 확대되었다. 금융위기를 계기로 2009년 수급자 수는 150만 명을 돌파하였고, 지출규모도 4조 원을 돌파하였다. 최근 코로나 바이러스 사태를 계기로 수급자 수는 180만 명까지 치솟았으며, 지출규모도 12조 원을 넘어섰다.

2020년 지출액이 2019년에 비해 50% 가까이 급증한 것은 수급자 수가 증가했을 뿐만 아니라 2019년 10월 구직급여의 대체율이 60%로 상승한 효과와 소정급여일수가 늘어난 효과가 복합적으로 작용한 결과로 보인다. 월별 통계에 의하면 2022년 1월 현재 구직급여 수급자 수는 60만 2,330명이며, 이는 같은 기간 실업자의 52.7%에 해당하는 수치이다.

표 12-6 연도별 실업급여 지급 추이 (단위:명, 백만 원)

연도	전체		구직급여		조기재취업수당		상병급여	
	인원	금액	인원	금액	인원	금액	인원	금액
1997	49,177	78,737	44,334	75,947	4,481	2,558	257	212
1998	411,686	799,416	392,569	783,118	17,712	15,260	1,366	1,019
1999	484,772	936,163	455,355	911,287	25,153	22,222	4,163	2,637
2000	332,692	470,793	303,859	443,545	24,710	24,879	4,059	2,361
2001	327,280	719,490	289,536	667,060	33,766	49,406	3,804	2,985
2002	416,041	839,315	366,270	773,856	43,690	61,049	5,872	4,371
2003	502,211	1,030,304	444,061	945,599	51,537	79,852	6,422	4,824
2004	707,432	1,448,306	619,420	1,327,384	81,419	114,859	6,340	6,025
2005	812,768	1,751,974	706,645	1,602,875	99,925	143,209	5,801	5,839
2006	943,542	2,074,004	816,692	1,834,039	121,232	234,116	5,179	5,785
2007	1,009,180	2,434,032	855,749	2,117,168	147,688	310,475	5,307	6,326
2008	1,162,534	2,865,256	981,985	2,466,521	174,403	391,613	5,436	6,867
2009	1,528,407	4,116,404	1,299,567	3,589,872	221,389	517,083	6,585	8,921
2010	1,336,439	3,686,530	1,236,985	3,477,987	91,864	198,663	6,864	9,386
2011	1,278,106	3,561,353	1,163,732	3,337,080	107,472	214,555	6,353	9,296
2012	1,267,427	3,676,666	1,146,106	3,431,424	114,006	234,374	6,816	10,429
2013	1,290,686	3,883,507	1,162,387	3,611,415	120,486	259,631	7,349	11,991
2014	1,296,505	4,156,135	1,205,908	3,966,862	82,461	175,432	7,647	13,357
2015	1,307,963	4,547,337	1,235,387	4,369,655	63,854	161,586	8,248	15,563
2016	1,303,691	4,895,396	1,217,684	4,671,572	77,344	205,706	8,234	17,632
2017	1,295,789	5,242,526	1,211,635	5,009,912	76,223	214,278	7,510	17,855
2018	1,417,296	6,688,424	1,332,927	6,436,738	76,141	229,537	7,712	21,578
2019	1,546,993	8,385,895	1,457,240	8,076,322	83,216	290,033	6,058	18,993
2020	1,804,372	12,184,153	1,717,717	11,845,590	81,292	321,014	4,808	16,907

출처: 한국고용정보원(각 년도).

2) 모성보호사업

고용보험이 본격적으로 모성보호사업을 시작한 것은 2001년 11월 1일 출산전후 휴가급여와 육아휴직급여를 도입하면서였다. 하지만 1995년 출범 당시에도 이미 고용안정사업을 통해 육아휴직장려금과 직장보육시설의 인건비를 사업주들에게 지원하고 있었다. 현재 고용보험이 운영하고 있는 모성보호사업은 출산전후휴가급 여, 유산 및 사산휴가 급여, 배우자 출산휴가, 육아휴직급여, 육아기 근로시간 단축 사업이 있다.

(1) 출산 관련 휴가

① 출산전후휴가급여

「근로기준법」에 의하면 근로자는 90일(다태아: 120일)의 출산전후휴가를 보장받 는다. 이때 90일 중 60일은 유급휴가이며, 이 기간 동안 사용자는 통상임금을 지급 한다. 나머지 30일에 대해서는 고용보험의 실업급여기금에서 출산전후휴가급여를 지급한다. 단, 우선지원대상기업은 90일 휴가기간 모두 고용보험이 출산전후휴가 급여를 지원한다.[3] 근로자가 출산전후휴가급여를 받기 위해서는 피보험단위기간 이 휴가 종료일 이전까지 통산 180일 이상이어야 한다.

출산전후휴가급여는 통상임금 지급을 원칙으로 하지만 고용보험이 지급하는 30일 (다태아: 45일)에 대해서는 200만 원의 상한선이 적용된다. 우선지원대상기업의 경 우 고용보험이 최대 200만 원의 범위에서 통상임금을 지급하며, 통상임금이 200만 원을 초과할 때에는 사용자가 처음 60일간의 초과분을 지급해야 한다. 이상의 내용 을 정리하면 〈표 12-7〉과 같다.

---

3) 우선지원대상기업은 ① 제조업: 500인 이하 사업장, ② 광업, 건설업, 운수업, 출판·영상·방송통신 및 정보 서비스업, 사업시설관리 및 사업지원서비스업, 전문·과학 및 기술 서비스업, 보건업 및 사회복지서비스업: 300인 이하 사업장, ③ 도매 및 소매업, 숙박 및 음식점업, 금융및 보험업, 예술, 스포츠 및 여가관련 서비스 업: 200인 이하 사업장 ④ 기타: 100인이하 사업장을 의미한다.

표 12-7 출산전후휴가의 급여수준

구분	최초 60일(다태아 75일)	마지막 30일(다태아 45일)
우선지원 대상기업	정부가 최대 월 200만 원의 지원금을 지급하고 통상임금에서 부족한 부분은 사업주가 지급	정부가 통상임금 지급 (최대 200만 원 까지)
대규모기업	사업주가 통상임금을 지급	정부가 통상임금 지급 (최대 200만 원 까지)

② 유산 및 사산휴가 급여

나아가 고용보험은 2006년 1월부터 유산과 사산시에도 휴가급여를 지급하기 시작하였다. 여성근로자가 임신 16주 이후 유산하거나 사산할 때에는 유산휴가급여나 사산휴가를 지급받으며, 자격조건과 급여수준은 출산전후휴가급여와 동일하다.

③ 배우자 출산휴가

또한 고용보험은 2019년 10월부터 배우자 출산휴가를 제공하고 있다. 2019년 10월 1일 「남녀고용평등과 일가정 양립지원에 관한 법률」이 개정되면서 배우자의 유급휴가가 3일에서 10일로 확장되었다. 고용보험은 우선지원대상기업 소속 근로자들의 배우자출산휴가 중 최초 5일분의 통상임금(상한액 382,770원, 하한액 최저임금)을 배우자출산휴가급여로 지급하기 시작하였다. 배우자출산휴가는 출산전후휴가급여와 마찬가지로 피보험단위기간이 휴가 종료일까지 통산 180일 이상이어야 한다.

④ 고용보험 미적용자 출산급여

고용보험사업은 아니지만 출산과 관련하여 정부는 2019년 7월 1일부터는 고용보험 행정체계를 통해 '고용보험 미적용자 출산급여'를 지급하고 있다. 소득활동을 하고 있지만 고용보험의 출산전후휴가급여를 지원받지 못하는 출산여성에게 3개월간 월 50만 원의 출산급여를 지급한다. 이 사업은 정부의 저출산대책사업의 일환으로 시행되는 사업이며, 정부의 일반회계로 재원을 조달한다. 지원대상은 출산전 18개월 동안 3개월 이상의 소득활동을 했고 출산일 당시도 소득활동을 하고 있던 근로자이다. 따라서 고용보험에 가입하고 있지만 피보험단위기간이 180일에 미달하여 출산전후휴가급여의 수급권이 없는 근로자, 고용보험 적용제외 사업의 근로자 및 적용제외 근로자, 고용보험 미가입 사업장의 근로자, 자영업자, 사업자등록을 하지 않은 특수형태 근로자나 프리랜서 등도 출산급여를 받을 수 있다.

(2) 육아휴직급여

「남녀고용평등과 일·가정 양립 지원에 관한 법률」에 의하면 8세 이하 또는 초등학교 2학년 이하의 자녀를 가진 근로자는 1년 이내에서 육아휴직을 사용할 수 있다. 부모가 모두 근로자라면 한 자녀에 대해 부모가 각각 1년씩 사용할 수 있으며, 부부가 동시에 사용하는 것도 가능하다. 다만, 무급휴가이기 때문에, 고용보험은 육아휴직급여를 지급하여 근로자들의 육아휴직을 지원한다. 육아휴직급여액은 통상임금의 80%이다. 단 월 150만 원의 상한액과 월 70만 원의 하한액이 적용된다. 한부모 근로자는 처음 3개월간 통상임금의 100%(상한액: 250만 원)를 지급하고 이후에는 80%(상한 150만 원)를 지원한다.

하지만 육아휴직 급여액의 25%는 직장 복귀 6개월 후에 합산하여 일시불로 지급한다. 즉, 휴가기간에는 매월 육아휴직급여액의 75%만 수급하고 직장복귀 6개월 후 미지급된 25%를 일시금으로 수급하는 것이다. 따라서 휴가기간 중 일반 근로자가 실제 수령하는 육아휴직급여액은 통상임금의 60%이다. 육아휴직급여는 휴직 개시일 전까지 근로자의 피보험단위기간이 통산 180일 이상이어야 하며, 사업주로부터 30일 이상의 육아휴직을 부여받아야 한다.

나아가 고용보험은 남성의 육아휴직 사용을 장려하기 위해 2014년 10월 1일부터 소위 '아빠의 달 육아휴직' 또는 '아빠 육아휴직 보너스제'라는 특례지원제도를 실시하고 있다. 같은 자녀에 대하여 부모가 순차적으로 모두 육아휴직을 사용하는 경우, 두 번째 사용한 사람의 육아휴직 첫 3개월간 급여는 통상임금의 100%(상한액: 250만 원)가 지급되며, 이 기간에는 25% 사후지급제도가 적용되지 않는다.

2022년부터 실시된 '3+3 부모육아휴직제'는 자녀가 생후 12개월 전까지 부모가 동시에 또는 순차적으로 육아휴직할 경우, 부모 모두 첫 3개월간 통상임금의 100%를 육아휴직급여로 지급하는 제도이다. '3+3 부모육아휴직제'의 적용받으려면 두 번째 육아휴직자의 육아휴직 시작일에 자녀의 나이가 12개월 이전이어야 한다. 따라서 자녀의 나이가 12개월을 넘기면 '아빠 육아휴직 보너스제'를 이용해야 한다.

(3) 육아기 근로시간 단축사업

고용보험은 2014년 10월 1일부터 육아기 근로시간 단축사업을 실시하고 있다. 「남녀고용평등과 일·가정 양립 지원에 관한 법률」에 의하면 8세 이하 또는 초등학교 2학년 이하의 자녀를 가진 근로자는 근로시간 단축을 신청할 수 있다. 육아기 근로시간 단축이 허용되면, 주당 근로시간은 15~35시간 미만으로 제한된다. 육아기 근로시간 단축은 1년 미만의 기간에서 사용할 수 있으며, 육아휴직 미사용 기간을 가산할 경우 최대 2년까지 사용이 가능하다. 분할기간이 3개월 이상이면 분할 사용도 가능하다.

육아휴직급여와 마찬가지로 남녀 모두 사용가능하고 육아휴직 개시일 전까지 근로자의 피보험단위기간이 통산 180일 이상이어야 한다. 또한 사업주로부터 30일 이상의 육아기 근로시간 단축을 부여받아야 한다. 육아기 근로시간 단축사업의 급여는 매주 최초 5시간분에 대해 통상임금의 100%(상한액: 200만 원, 하한액: 50만 원)를 적용하며, 나머지 근로시간 단축분에 대해서는 80%(상한액: 150만 원, 하한액: 50만 원)를 적용하여 지급한다.

(4) 모성보호사업의 운영 현황

2001년 모성보호사업을 실시한 이후 급여지출실적을 정리하면 〈표 12-8〉과 같다. 2002년 모성보호사업은 출산전후휴가급여와 육아휴직급여를 합쳐 2만 6,474명에게 256억 원을 지급하는 데 그쳤으나, 해마다 가파르게 증가하며 2020년 현재 18만 3,198명에게 1조 4,993억 원을 지급하는 거대제도로 변모하였다.

초창기에는 출산전후휴가급여가 육아휴직급여를 압도하였으나, 신생아 수가 감소하면서 2010년 이후 출산전후휴가급여의 증가세는 정체된 반면, 육아휴직급여는 급여수준이 확대됨에 따라 큰 폭으로 증가하였다. 이에 따라 지출금액 기준으로 육아휴직급여는 모성보호사업의 81%를 차지하여 출산전후휴가급여를 압도하고 있다. 특히 남성들의 육아휴직 사용이 큰 폭으로 증가하였다. 2002년 육아휴직을 이용한 남성은 78명에 불과하였으나 2020년 2만 7,423명으로 351배 증가하였으며, 지급액도 5,400만 원에서 2,349억 원으로 증가하였다.

최근 모성보호사업이 2조 원에 육박하는 거대제도가 되면서, 고용보험 편입 당시 논란이 되었던 사업주체 문제가 또다시 떠오르고 있다. 출산과 육아는 근로자만의

| 연도 | 출산전후휴가급여 | | 육아휴직급여 | | | | | |
| | | | 합계 | | 남 | | 여 | |
	신규인원	금액	신규인원	금액	신규인원	금액	신규인원	금액
2002	22,711	22,601	3,763	3,087	78	54	3,685	3,033
2005	41,104	46,041	10,700	28,242	208	487	10,492	27,755
2010	80,532	192,564	41,733	178,121	819	2,539	40,914	175,582
2011	96,335	232,915	58,136	276,261	1,402	5,761	56,734	270,499
2012	99,405	241,900	64,071	357,797	1,790	9,153	62,281	348,644
2013	96,584	235,105	69,618	420,248	2293	11,691	67,325	408,557
2014	94,346	236,845	76,831	500,645	3,421	17,918	73,410	482,727
2015	95,259	259,011	87,339	619,666	4,872	27,425	82,467	592,241
2016	90,467	248,034	89,795	625,243	7,616	40,057	82,179	585,186
2017	81,710	243,400	90,122	680,430	12,042	61,734	78,080	618,696
2018	77,062	249,330	99,199	839,083	17,662	105,729	81,537	733,354
2019	74,095	269,686	105,165	1,058,853	22,297	173,780	82,868	885,073
2020	71,943	287,170	112,038	1,212,143	27,421	234,927	84,617	977,216

표 12-8 모성보호사업실적 (단위: 명, 백만 원)

출처: 한국고용정보원(각 년도).

문제가 아니기 때문에 전 국민의 출산과 육아를 지원하기 위해서는 고용보험보다 건강보험이나 일반조세로 모성보호사업을 하는 것이 바람직하다. 2001년 건강보험의 재정위기 때문에 불가피하게 고용보험이 모성보호사업을 운영해 왔으나, 근로자나 '휴가' 문제를 뛰어넘어 전 국민을 대상으로 모성보호사업을 전개하기 위해서는 사업을 고용보험으로부터 독립시킬 필요가 있다. 이와 관련하여 고용주와 정부의 재원으로 운영되는 스웨덴의 부모보험과 같은 방식도 대안으로 고려될 수 있다(박선권, 2018).

3) 고용안정사업

고용안정사업은 직업능력개발사업과 함께 적극적 노동시장정책으로 고용보험에 편입되었다. 고용안정사업은 산업구조의 변화와 기술진보과정에서 근로자의 고용안정을 보장하고 실업을 예방하며, 기업의 고용조정을 합리적으로 지원하는 것을 목적으로 한다. 그러나 도입 의도와 달리 실제 운영과정에서는 인력의 구조조정을 지원하는 기능보다 경기위기 때마다 실직위험자들에 대해 구제지원금을 제공하는 기능이 더 두드러졌다. 즉, 1998~2000년 외환위기, 2009년 금융위기, 2020년 코로나 바이러스 위기 등 경제재난이 닥칠 때마다 고용안정사업은 휴업지원금이나 휴직지원금을 비약적으로 확대시켜 대량실업의 위기에 몰린 근로자들을 보호하고 구제하는 기능을 담당해 왔다.

또한 고용안정사업은 고용촉진사업을 통해 노동시장의 취약계층을 지원해 왔고, 이는 고용안정사업에서 상당히 높은 비중을 차지하였다. 즉, 고용촉진사업은 고령자, 여성, 청년 등 정권이 바뀔 때마다 포커스그룹을 옮겨 가면서 취약계층을 지원하였고, 최근에는 청년들을 중심으로 지원을 강화하고 있다. 코로나 바이러스 사태가 발생하기 직전인 2019년 고용안정사업의 지출규모는 1조 8,472억 원이었다. 이중 68.6%인 1조 2,677억 원이 청년층 지원인 중소기업청년추가고용장려금(8,896억 원)과 청년내일공제지원금(3,780억 원)으로 사용되었다.

2020년 고용안정사업의 지출규모는 2019년보다 무려 2조 7,884억 원이 증가한 4조 6,357억 원이었다. 이는 코로나 바이러스 사태에 따른 정부지원금이 큰 폭으로 증가했기 때문이며, 증가분 중 1조 6천억 원은 고용유지지원금으로 지출되어 실업위기에 몰린 노동자들을 긴급지원하였다. 아울러 9,355억은 중소기업청년추가고용장려금과 고용촉진지원금과 같은 고용취약계층 지원에 사용되었다.

고용안정사업은 고용보험에 속해 있지만 국민의 기본생활을 보장하는 사회보장제도의 성격보다 노동시장의 구조조정을 지원하는 적극적 노동정책정책의 성격이 강하다. 따라서 이 책은 간략하게 〈표 12-9〉로 고용안정사업에 대한 설명을 대체하고자 한다. 〈표 12-9〉는 2022년 현재 운영되고 있거나, 신규신청은 중단되었지만 계속사업으로 진행되고 있는 고용안정사업들을 간략하게 정리한 것이다. 각 사업의 수급요건, 지원대상, 지원규모에 대한 상세한 내용은 고용보험 홈페이지를 참조할 수 있다.

표 **12-9** 현재 시행 중인 고용안정사업 프로그램

사업명	내용
고용유지지원금	사업주가 감원하지 않고 휴업, 휴직 등 고용유지 조치를 할 경우 지원
고용환경개선 지원금	기숙사, 구내식당 등 고용환경개선을 할 경우 지원
시간제일자리 지원금	사업주가 시간제 일자리를 새로 만들 경우 지원
지역성장산업 고용지원	성장유망업종 및 지역특화산업 기업이 실업자를 신규고용할 경우 지원
전문인력 채용지원금	우선지원대상 기업에서 전문인력을 신규고용하거나 지원받을 경우 지원
정규직 전환지원금	기간제 근로자 등을 정규직으로 전환한 사업주에게 지원
고령자 계속고용장려금	중소·중견기업이 고용연장제도를 도입하는 경우 지원
고용촉진장려금	장애인, 여성, 고령자, 청소년 등 취업 곤란자를 고용할 경우 지원
출산육아기고용안정지원	육아휴직 또는 육아기 근로시간단축을 부여할 경우 지원
지역고용촉진지원금	고용위기지역으로 지정된 지역에서 고용을 창출할 경우 지원
직장보육시설지원	직장어린이집을 운영할 경우 인건비와 운영비를 일부 지원
건설근로자 고용안정지원금	고용관리책임자를 지정/신고하여 고용보험 사무처리를 할 경우 지원
일가정양립환경개선지원금	시차출퇴근제, 선택근무제 등 유연근무제를 도입할 경우 지원
중소기업청년추가 고용장려금	중소/중견기업이 청년(15~34세)을 정규직으로 추가 고용할 경우 지원
신중년적합직무 고용장려금	만 50세 이상의 실업자를 신중년 적합직무에 채용할 경우 지원
일자리함께하기 지원금	교대제 도입확대, 근로시간 단축 등으로 실업자를 고용할 경우 지원
청년채용특별장려금	중소기업청년추가고용장려금의 후속정책
워라밸일자리 장려금	전일제 근로자의 소정근로시간 단축을 할 경우 지원
국내복귀기업지원금	국내복귀기업으로 지정된 후 5년 이내에 신규고용할 경우 지원

4) 직업능력개발사업

직업능력개발사업은 근로자에게 직업생활 전 기간을 통하여 자신의 직업능력을 개발·향상시킬 수 있는 기회를 주기 위한 사업이며 직업훈련을 지원하는 사업이

다. 직업능력개발사업의 프로그램은 필요에 따라 시기마다 변화되지만, 현재 시행되고 있는 대표적인 프로그램은 사업주를 대상으로 한 사업주 직업능력개발훈련지원과 유급휴가훈련지원, 그리고 국민을 대상으로 한 국민내일배움카드 사업으로 구분된다.

사업주 직업능력개발훈련 지원은 사업주가 소속 근로자, 채용예정자, 구직자 등의 직무능력향상을 위하여 직업훈련을 실시한 경우, 이에 소요되는 비용의 일부를 지원하는 제도이다. 집체훈련, 현장훈련, 원격훈련 등 훈련 유형에 따라 지원방법과 지원수준이 달라진다.

유급휴가훈련지원은 「근로기준법」상의 유급휴가와는 별도로 재직 근로자에게 유급휴가를 부여하여 실시하는 직업능력개발훈련의 비용과 임금을 지원하는 프로그램이다. 지원대상은 우선지원대상기업이나 150명 미만 사업장인 사업주이며, 정부 표준훈련비 80~100%와 1일 4만 원의 한도에서 최저임금액의 100%(중소기업은 150%)를 인건비로 지원한다.

현재 실업자와 근로자의 직업능력개발 지원사업은 국민내일배움카드로 통합되어 있다. 국민내일배움카드는 국민 스스로 직업능력개발훈련을 실시할 수 있도록 훈련비를 지원하는 바우처 프로그램이다. 국민내일배움카드는 2006년의 시범사업을 토대로 2007년 3월 1일부터 '근로자능력개발카드제'로 출발하였고, 노동부가 인정한 훈련과정을 수강할 경우 실수강료를 지원하는 제도였다. 2000년대 중반부터 직업훈련의 패러다임이 공급자에서 수요자 중심으로 전환되면서, 근로자능력개발카드제는 훈련참여자의 선택권을 확대하고 훈련기관 간의 경쟁을 통해 훈련의 질을 향상시키는 '직업능력개발계좌제'로 전환되었다. 2008년 9월부터 직업능력개발계좌제는 대구와 광주에서 시범사업으로 시작되었고, 2009년부터 전국적으로 확대되었다(김용성, 2020: 5). 그러나 직업능력개발계좌제라는 명칭이 어렵고 딱딱하다는 여론에 따라 2010년 10월부터 '내일배움카드'로 명칭을 바꿨다. 실업자와 재직자로 구분되어 운영되던 내일배움카드는 2020년부터 국민내일배움카드로 통합운영되고 있다.

국민내일배움카드의 지원대상은 실업자, 재직자, 특수형태근로종사자, 자영업자이며 고용보험가입 여부와는 상관없다. 단, 공무원, 사립학교 교직원, 재학생(졸업 예정자 제외), 연매출 1억 5천만 원 이상의 자영업자, 월급여 300만 원 이상인 45세 미만의 대기업종사자와 월평균소득 300만 원 이상의 특수형태근로종사자, 만 75세 이상인 사람 등은 지원대상에서 제외된다. 지원대상자는 신청을 통해 카드(유효기간 5년)를 발급받은 후 고용노동부가 훈련비지원 대상으로 공고한 훈련과정을 수강하게 되면 교육비의 45~85%를 지원받을 수 있다. 연간 최대 300만 원, 5년간 최대 500만 원까지 지원받을 수 있지만, 교육비는 무료가 아니며 15~55%를 본인이 부담한다.

2020년 1월 직업능력개발사업의 월간 지출액은 1,331억 원이다. 이 중 실업자내일배움카드를 포함한 국민내일배움카드가 801억 원을 차지하였고, 사업주 직업능력개발훈련 지원이 261억 원이었다. 두 사업의 비중이 직업능력개발사업의 80%를 차지하여 절대적임을 알 수 있다(한국고용정보원, 2022: 7).

5) 자영업자 고용보험

고용보험은 2006년 1월부터 자영업자들이 고용안정사업과 직업능력개발사업에 임의가입할 수 있도록 하였고, 2012년 1월 22일부터는 실업급여로 범위를 확대하였다. 50인 미만의 근로자를 고용한 자영업자는 본인이 희망에 의해 고용보험에 가입할 수 있으며, 가입 당시 사업자등록을 하고 실제 사업을 하고 있어야 한다. 가입 시에는 고용안정사업, 직업능력개발사업, 실업급여에 모두 가입해야 하지만, 실업급여 중 연장급여와 조기재취업수당은 적용되지 않는다.

소득이 불규칙한 자영업자의 특성상 자영업자는 실제 소득으로 보험료 및 실업급여액을 산정하지 않고, 고용노동부 장관이 고시하는 7등급의 기준보수 중 본인의 선택에 의해 기준보수를 결정한다. 2022년 현재 자영업자의 기준보수액은 〈표 12-10〉과 같다. 보험료는 기준보수액의 2.25%이며, 2.0%는 실업급여, 0.25%는 고용안정/직업능력개발사업의 보험료율에 해당된다. 중소벤처기업부는 2018년부터 1인 자영업자 고용보험료 지원사업을 시행 중이다. 1인 자영업자의 경우 1~2등급은 보험료의 50%, 3~4등급은 30%, 5~7등급은 20%를 지원받는다.

자영업자가 폐업 이후 구직급여를 수급하기 위해서는, 첫째, 폐업일 이전 24개월 동안 1년 이상 가입하여 보험료를 납부한 기록이 있어야 하며, 둘째, 직업센터를 통해 적극적인 재취업 노력을 증명해야 하고, 셋째, 폐업사유가 비자발적이어야 한

표 12-10 자영업자 고용보험 기준보수액

등급	1등급	2등급	3등급	4등급	5등급	6등급	7등급
보수액	1,820,000	2,080,000	2,340,000	2,600,000	2,860,000	3,120,000	3,380,000

다. 즉, 매출액 감소, 적자 지속, 자연재해, 건강 악화 등과 같이 부득이한 사정으로 사업을 지속하기 어려울 경우에만 구직급여를 지급한다. 부득이한 사유에 대한 입증, 즉 3개월 월평균 매출액이 20% 이상 감소했다거나 3분기 연속 적자를 기록했다는 등에 대한 입증은 일반 구직자와 마찬가지로 신청한 자영업자가 해야 한다. 구직급여액은 기준보수의 60%이며, 피보험기간에 따라 120~210일의 소정급여일수가 부여된다.

지극히 당연한 결과이지만 자영업자들의 고용보험 가입률은 높지 않다. 임의가입의 특성상 역선택이 작용하기 때문에, 고용보험 가입을 희망하는 자영업자들은 주로 사업의 상황이 좋지 못한 사람들이다. 그런데 노동부는 항상 수급자들의 입장보다 오남용에 더 신경을 쓰기 때문에 수급조건을 까다롭게 만든다. 예컨대, 자영업자들의 1년 생존율이 65%밖에 되지 않는 상황에서, 1년 이상 보험료를 납부해야만 구직급여를 받을 수 있도록 규정하면 쉽게 가입할 자영업자는 많지 않다. 소상공인시장진흥공단에 의하면 2020년 7월 현재 고용보험에 가입한 자영업자는 3만 6,209명이며, 전체 자영업자 556만 명 중 0.65%에 불과하였다(동아일보, 2021. 9. 8.).

자영업자들의 고용보험 가입이 부진한 이유에 대해서는 첫째, 자영업자들의 잦은 폐업과 1년 생존율을 고려할 때, 1년의 피보험기간이 지나치게 길다는 점, 둘째, 고용보험에 가입할 경우 건강보험 등 다른 사회보험료도 추가 납부할 가능성이 있다는 점, 셋째, 3개월 월평균 매출액의 20% 이상 감소, 3분기 연속 적자 등 부득이한 사유를 입증하기가 까다롭다는 점, 넷째, 저축성 보험이 아닌 소멸성 보험임에도 불구하고 보험료율이 근로자들보다 높다는 점, 다섯째, 정부의 홍보부족으로 자영업자의 60% 이상이 자영업자 고용보험에 대해 모르고 있다는 점 등이 거론되고 있다(동아일보, 2021. 9. 8.; 김진선, 2020: 8; 오민홍 · 정남기, 2020: 29).

4. 전 국민 고용보험 로드맵과 향후 과제

문재인 정부는 2020년 12월 23일 전 국민 고용보험 로드맵을 발표하여, 비임금 취업자들에 대한 소득보장의 기본방향을 전 국민 고용보험 확대로 설정하였다. 이에 따라 2020년 12월 10일부터 예술인 고용보험의 실시를 시작으로 비임금 취업자들에 대한 적용을 확대하고 있다.

1) 예술인 고용보험

2011년 시나리오 작가이자 단편영화 감독이었던 최고은 씨가 빈곤 속에서 갑상선 항진증과 췌장염을 앓다가 사망하였다. 이 사건을 계기로 사회보장의 사각지대에 방치된 예술인들의 빈곤문제가 사회적 이슈가 되었고, 2011년 11월 17일 「예술인복지법」이 제정되었다. 이에 따라 예술인들은 2012년부터 중소기업사업주 특례 형식으로 산재보험에 임의가입할 수 있게 되었다. 당초 관련단체들과 정치권은 산재보험뿐만 아니라 고용보험도 「예술인복지법」에 포함시킬 것을 요구했으나, 임금근로자 중심 체계를 벗어날 생각이 없었던 노동부는 "고용보험의 기본원리에 중대 변경을 가져올 수 있다."는 이유로 완강하게 반대하였다.

그러나 이후에도 영화산업노조나 문화연대 등은 예술인 고용보험의 실시를 지속적으로 요구해 왔고, 2017년 문재인 정부가 출범하면서 예술인 고용보험은 본격적으로 논의되기 시작하였다. 결국 2020년 5월 20일 「고용보험법」 개정안이 국회를 통과하면서 예술인 고용보험은 입법화에 성공하였고(노성준, 2020: 4), 2020년 12월 10일부터 전 국민 고용보험 로드맵의 일환으로 시행되었다. 처음에는 임의가입방식이 검토되었지만, 2018년부터 논의 방향이 전환되면서 강제가입방식으로 시행되었다.

예술인 고용보험의 가입 대상은 예술활동증명이 가능한 「예술인복지법」상의 예술인들 중에서 문화예술용역 관련 계약을 체결하고 자신이 직접 노무를 제공하는 예술인들이다. 단, 문화예술용역 계약이 월평균소득 50만 원 미만이거나 65세 이상의 신규용역계약자는 적용에서 제외된다.[4] 용역계약상의 '기간과 소득'을 기준으로 고용보험에 가입하며, 고용안정/직업능력개발사업은 적용되지 않고 실업급여와 모성보호급여만 수급할 수 있다.

보험료 부과의 기초가 되는 보수액은 「소득세법」상 사업소득과 기타소득에서 비과세소득과 경비 등을 제외하는 방식으로 구해지는데, 구체적으로 보면, 용역계약상의 계약금액에서 계약금액에 0.25를 곱한 액수를 차감하여 산출한다. 즉, 보수액 = 계약급액－(계약금액×0.25)로 구해지며, (계약금액×0.25)를 기준경비로 간주하는 것이다. 단, 보수액을 산정하기 곤란한 경우나 월평균보수가 월단위 기준보수보다 낮은 경우에는 80만 원을 하한선으로 적용한다. 보험료율은 현재 1.4%이며 계약사업주와 예술인이 1/2씩 부담하고, 예술인 부담분은 계약사업주가 원천징수하여 납부한다. 보험료의 상한선은 전전년도 보험가입자 평균 고용보험료의 10배로 결정되며, 2022년 현재 월 44만 1,150원이다.

예술인 고용보험의 수급요건 중 구직노력 증명이나 부자격요건의 적용은 일반적인 구직급여와 차이가 없지만, 피보험단위기간 요건은 이직일 이전 24개월 동안 피보험단위기간이 9개월 이상일 것을 요구한다. 나아가 이직일 이전 24개월 중 3개월 이상 예술인으로 피보험자격 유지해야 한다. 계약기간이 1개월 미만인 단기예술인은 2개 이상 사업에 종사할 경우 실업을 신고한 사업 이외의 사업에서 90일 이상 단기예술인으로 종사했을 것을 요구한다. 급여수준은 기초일액의 60%가 지급되며, 기초일액은 이직일 이전 1년간의 평균 보수액을 일액으로 환산한 액수이다. 근로자들과 마찬가지로 6만 6천 원의 상한선이 적용되며, 연령과 피보험기간에 따라 120~270일간의 소정급여일수가 부여된다.

예술인 출산전후급여(유산 및 사산 포함)의 수급요건은 출산 전 피보험단위기간이 3개월 이상이어야 하고, 출산 후 12개월 이내에 신청해야 한다. 또한 출산전후급여 지급기간에는 노무제공을 하지 않아야 한다. 출산 전후 90일(다태아는 120일) 동안 출산 전 1년간의 월평균보수의 100%를 지급한다. 상한액은 매월 200만 원이며, 하한액은 매월 60만 원이다.

---

4) 계약금액이 50만 원 미만이지만 건별 합산 월평균소득이 50만 원 이상인 경우에는 예술인의 직접신청에 의해 당연적용된다.

2) 특수고용근로자 고용보험

전 국민 고용보험 로드맵에 따라 2021년 7월 1일부터 특수고용 근로자들도 고용보험에 적용되기 시작하였다. 산재보험의 적용을 받고 있는 특수고용노동자 중 골프장 캐디를 제외한 ① 보험설계사, ② 신용카드모집인, ③ 대출모집인, ④ 학습지교사, ⑤ 교육교구방문강사, ⑥ 택배기사, ⑦ 대여제품방문점검원, ⑧ 가전제품배송·설치기사, ⑨ 방문판매원, ⑩ 화물차주, ⑪ 건설기계조종사, ⑫ (초·중등)방과후학교 강사 등 12개 직종이 우선적으로 적용되었다. 고용보험에 가입하기 위해서는 노무제공계약을 통해 얻은 월 보수가 80만 원 이상이어야 하고, 65세 이후에 신규로 노무제공계약을 체결한 경우는 적용제외된다.

보험료 부과의 기초가 되는 보수액은 예술인과 마찬가지로 「소득세법」상 사업소득과 기타소득에서 비과세소득과 경비 등을 제외한 금액의 방식으로 구해지는데, 구체적으로 보면 용역계약상의 계약금액에서 계약금액에 직종별 공제율을 곱한 액수를 빼서 산출한다. 직종별 공제율은 직종에 따라 상이한데, 최저 18.4%(방과후학교 강사)에서 최고 26.8%(가전제품배송·설치기사)까지 다양하다. 보험료율은 1.4%이며 노사가 1/2씩 부담한다. 사업주가 보험료를 원천공제하며, 두루누리 사회보험료 지원사업 대상자는 보험료의 80%를 지원받을 수 있다.

구직급여를 받기 위해서는 이직일 이전 24개월 동안 피보험단위기간이 9개월 이상이어야 한다. 구직노력 증명과 부자격요건의 적용에 대해서는 일반적인 구직급여와 차이가 없지만, 특수고용근로자는 소득의 감소를 정당한 이직 사유로 본다. 이직 직전 3개월의 보수가 전년 동일기간보다 30% 이상 감소했거나 직전 12개월 동안에 전년도 월평균보수보다 30% 이상 감소한 달이 5개월 이상이면 구직급여를 받을 수 있지만, 해당 사실을 본인이 입증해야 한다. 소득감소로 이직한 경우 대기기간은 소득감소율이 30% 이상인 경우는 4주, 50% 이상인 경우는 2주로 설정되며, 통상적인 대기기간보다 길다. 구직급여와 출산전후급여의 수준과 운영방식은 예술인과 동일하다.

3) 전 국민 고용보험 로드맵의 과제

전 국민 고용보험 로드맵에 따라 플랫폼 노동자인 대리운전기사와 퀵서비스기사, 배달라이더가 2022년 1월부터 고용보험에 의무적용되기 시작하였다. 2022년 새로 가입된 플랫폼 노동자들은 플랫폼 노동자들 중에서 전속성이 강한 편이기 때문에 특수고용 노동자들과 동일한 방식으로 확대되었다. 고용노동부에 의하면 2021년 8월 11일 현재 예술인 고용보험 가입자 수는 6만 905명이며, 가입대상자의 86%가 가입을 마친 것으로 나타났다(한겨레신문, 2021. 8. 21.). 특수고용근로자들 역시 2021년 11월 현재 50만 3,218명이 새로 피보험자격을 취득하여 순조롭게 출발하였다(고용노동부, 2021c).

그러나 지금까지 확대된 적용대상은 이미 산재보험의 적용대상이었기 때문에, 비교적 쉽게 접근할 수 있는 대상자들이었다. 올해 새로 적용된 대리운전기사와 퀵서비스기사도 전속기사는 이미 산재보험의 적용경험이 있기 때문에 적용을 확대하는 데 큰 어려움이 없을 것으로 판단된다. 문제는 지금부터이다. 산재보험 적용 경험도 없고 전속성도 취약한 가사노동자나 웹툰/웹소설 작가, IT 개발자, 일러스트레이터 등 수많은 플랫폼 노동자들의 적용에는 난관이 예상된다. 특수고용 노동자나 플랫폼 노동자들의 사회보험 가입에 있어 가장 큰 난관은 '고용주' 찾기이다. 즉, 누가 보험료를 원천징수하고 절반을 부담해 줄 것인가를 확정하는 문제이다. 지금까지 적용된 대상자들은 전속성이 강했기 때문에 준정규직처럼 관리할 수 있었지만 고용주를 확정하기 어려운 노동자들은 일용직노동자와 같은 방식으로 적용할 수밖에 없다. 국세청과 결합된 월별 소득관리체계가 구축되지 않는 한 적용의 실효성은 떨어질 수밖에 없다.

정부는 전 국민 고용보험 로드맵을 효과적으로 실행하기 위해 국세청의 소득관리체계를 연간 소득관리체계에서 월별 소득관리체계로 전환할 예정이다. 이미 프리랜서의 사업소득에 대해서는 월별 소득파악체계를 실시하고 있으며, 2022년 9월까지 상용직 근로자와 특수고용노동자로 확대할 예정이다. 또한 실시간 소득자료 관리 시스템의 개발도 추진하고 있다. 나아가 2022년 9월까지 국세청의 소득자료 관리 시스템을 근로복지공단과 실시간 공유하는 전산시스템을 구축하여 전 국민 고용보험 로드맵을 뒷받침할 계획이다. 월별 소득관리체계가 성공적으로 마무리된다면 플랫폼 노동자들의 적용확대는 순조롭게 진행될 수 있지만, 수십 년간 연간소득 신고체계로 운영되어 온 국세청의 조세관리체계를 월별 단위로 전환하는 것은 쉬운 일이 아니다.

전 국민 고용보험 로드맵에 의하면, 2021년 상반기부터 정부는 자영업자단체, 관계부처 및 전문가들로 구성된 사회적 대화기구를 만들고 구체적 방안을 논의해서 2022년 중에 자영업자에 대한 단계별 적용방안을 마련하겠는 구상이다. 그러나 역선택이 작용하는 임의가입방식을 고수하는 한 의미있는 자영업자의 적용확대는 기대하기 힘들다. 임의가입방식은 재정불균형을 유발할 가능성이 높으며, 가입률을 높이는 데도 한계가 있다. 결국 강제가입방안이 실효성있는 대책이지만, 자영업자들의 강력한 반발이 예상된다. 자영업자를 강제가입시킨 국가들은 많지 않다. 정부는 전 국민 고용보험의 예로 프랑스, 스웨덴, 영국을 거론하고 있지만, 자영업자들을 실업보험에 강제가입시키는 국가는 사실 이 나라들이 거의 전부라고 볼 수 있다. 자영업자의 소득보장이 필요한 것은 분명한 사실이지만, 굳이 고용관계를 전제로 한 고용보험을 이용햐야 하는지에 대해서는 진지하게 검토해 볼 필요도 있다.

국민취업지원제도의 이해

국민취업지원제도는 2021년 시행된 '한국형 실업부조'제도이다. 그러나 국민취업지원제도는 실업자들의 생활안정보다 고용촉진에 주안점을 두고 있으며, 국민취업지원제도가 제공하는 고용촉진지원금은 실업부조의 성격보다는 취업지원서비스에 대한 참여수당의 성격이 더 강하다. '한국형'이라고 명명된 이러한 특성은 실업부조의 도입으로 완결된 고용안전망을 구축하여 고용보험의 사각지대를 해소할 수 있을 것이라고 기대했던 사람들에게 큰 실망감을 안겼다.

역사적으로 실업부조는 실업보험를 보완하기 위해 도입되었다. 어느 사회에서나 실업자 구제, 즉 근로능력이 있는 빈민에 대한 복지는 환영받지 못하는 논쟁적인 정책이었다. 19세기 말부터 노동조합이 자체적인 실업보험을 운영하였고 1911년 영국에서 국가 실업보험이 도입되긴 하였으나, 대부분 단기 프로그램이었고 적용범위도 경기순환에 민감한 산업을 벗어나지 못했다. 따라서 실업보험은 경제위기가 발생하여 실업의 규모가 커지고 장기실업자들이 증가할 경우 충분한 지원을 하지 못하는 경우가 많았다. 실업부조는 실업급여를 소진한 장기실업자들이나 실업보험의 적용이 쉽지 않은 신규실업자 또는 비정규직 실직자들을 지원함으로써 실업보험을 보완하였고 실업자들이 빈곤으로 떨어지는 것을 방지하는 역할을 수행하였다.

국가의 사회보장체계에 따라 실업부조가 반드시 필요한 것은 아니다. 실업보험의 적용범위가 보편적이고 수혜율이 높으며, 공공부조제도가 잘 뒷받침되어 있는 나라에서는 실업보험과 공공부조의 사이에 굳이 실업부조를 끼워 넣을 필요가 없다. 실제 OECD 국가들 중에서 실업급여 수급률이 높은 벨기에, 네덜란드, 덴마크, 노르웨이, 스위스 등의 국가들은 실업보험과 공공부조체계로 실업문제에 대응하고 있다(이병희, 2013: 128). 그러나 우리나라는 저소득 실직자들의 실업급여 수급률이 매우 낮고, 국민기초생활보장제도의 적용을 받는 근로빈곤층이 제한적이기 때문에 실업부조의 필요성이 매우 높은 상황이다(이병희, 2018a: 41-42).

1. 국민취업지원제도의 도입과정

1) 저소득 실업자보호제도안

우리나라에서 처음으로 실업부조의 도입이 쟁점화된 시기는 1997년 외환위기에 따른 대량실업사태 국면이었다. 건국 이래 초유의 경제위기 사태가 전개되었고 수많은 실업자들이 양산되었지만 실업자들에 대한 고용안전망은 전무하였다. 1995년 7월 출범한 고용보험은 적용범위가 30인 이상 사업체로 제한되었으며, 시행된 지 3년도 채 되지 않았기 때문에 가입자들의 피보험단위기간이 너무 짧아 무용지물이나 다름없었다. 나아가 생활보호제도는 근로능력이 있는 빈곤층을 아예 지원대상에서 배제하였다. 따라서 외환위기 당시 수많은 실업자들은 정부의 아무런 지원도 받지 못한 채 속절없이 빈곤층으로 전락하였고, 정부는 임시적인 공공근로나 한시적인 생활보호로 대응할 수밖에 없었다. 이에 노동부와 보건복지부는 제각각 저소득 실업자들을 대상으로 한 정책방안을 구상하였다. 보건복지부는 자활사업 참여를 조건으로 근로능력이 있는 빈곤층에게도 생계급여를 지급하는 국민기초생활보장제도를 마련하였다. 반면 노동부는 '저소득 실업자보호제도'를 제안하였는데, 당시 이 제안은 실업부조안으로 알려졌다.

저소득 실업자보호제도는 국민기초생활보장제도의 시행을 전제로, 기초생활보장대상자 중 근로능력이 있는 사람들의 자활과 재취업을 촉진하는 제도로 기획되었다(황덕순 외, 1999: 2, 10). 저소득 실업자보호제도의 기본구상을 요약하면 다음과 같다. 프로그램의 대상자는 근로능력이 있지만 미취업상태인 자활보호대상자와 실업으로 인해 저소득상태로 떨어진 실업자들로 한다. 저소득 실업자보호제도는 이들에게 구직등록을 우선적으로 요구하고, 취업알선을 기본적으로 제공한다. 즉각적인 취업가능성이 떨어지는 대상자들에게는 직업훈련과 실직자재취직훈련을 지원하며, 취업자이더라도 소득이 빈곤선에 못 미칠 경우 취업의 성격을 고려하여 보호방식을 재구성한다. 소득지원은 취업가능성과 고용보험의 적용상태, 생계급여 수급여부 등을 고려하여 대상자의 상황에 따라 실업급여, 훈련연장급여, 개별연장급여, 생계급여, 공공근로, 실업자재취직훈련수당 등을 복합적으로 고려하여 제공한다(황덕순 외, 1999: 2, 100). 그러나 소득지원은 저소득 실업자보호제도나 자활지원계획에 참여하는 것을 조건으로 제공한다(황덕순 외, 1999: 112).

　저소득 실업자보호제도안은 기본적인 구성에 있어 조건부수급자제도와 유사한 방식을 취하고 있지만, 보건복지부는 저소득 실업자보호제도를 국민기초생활보장제도와 대립되는 것으로 파악하였다. 나아가 참여연대를 비롯한 시민단체와 사회복지학계도 저소득 실업자보호제도안에 대해 기초생활보장제도를 하지 말자는 제도로 인식하고 부정적인 입장을 취했다(보건복지부·한국보건사회연구원, 2020: 109-110). 시민단체와 사회복지학계가 수년간 공들여 추진해 온 기초생활보장제도가 이제 시행을 눈앞에 둔 시점이었다. 이때 느닷없이 제시된 저소득 실업자보호제도안에 대해 시민단체와 사회복지학계는 일종의 훼방이라고 생각했던 것이다. 결국 저소득 실업자보호제도안은 사장되었고 국민기초생활보장제도의 자활사업이 근로능력이 있는 빈곤층에 대한 대책으로 추진되었다. 그러나 자활사업은 차상위계층으로 참여가 제한되었기 때문에 적용범위가 협소하였고, 자활후견기관을 중심한 사업의 성과도 미진하게 나타났다(노대명, 2002; 이인재, 이성수, 2002).

2) 취업성공패키지의 실시

　2008년 리먼 브라더스(Lehman Brothers) 사태를 계기로 우리나라에서도 금융위기가 본격화되었고 실업이 다시 급증하기 시작하였다. 이에 노동부는 2009년부터 저소득층 취업패키지 지원사업을 시작하였다. 이 사업은 사례관리를 통해 '진로 및 경로설정 → 취업능력증진 → 취업알선'이라는 3단계 취업지원서비스과정을 제공하는 사업이었다. 저소득층 취업패키지 지원사업은 2010년 취업성공패키지사업으로 개칭되었으며, 초창기에는 최저생계비의 160% 이하의 저소득 실업자들과 고용취약층인 특수계층을 대상으로 사업을 시작하였다. 그러나 2012년 독립적으로 운영되던 청·장년층 내일희망찾기사업이 취업성공패키지사업으로 흡수통합되면서 사업은 패키지 I과 패키지 II로 구분되기 시작하였고, 참여자 수도 2011년 6만 3,965명에서 2012년 14만 3,249명으로 크게 확장되었다. 2013년 9월부터는 자활역량평가점수가 80점 이상인 국민기초생활보장제도의 조건부수급자들이 취업성공패키지 I에 배치되었으며, 2015년에는 보건복지부의 자활프로그램이었던 희망리본사업이 취업성공패키지로 통합되면서 자활사업 대상자들로 적용범위를 넓혀 갔다(김호원, 이종구, 2018: 69-74; 김종수, 2019: 195).

그러나 2017년 문재인 정부가 한국형 실업부조제도의 도입을 추진하면서, 취업성공패키지사업은 국민취업지원제도로의 전환을 준비하기 시작하였다. 2019년 한국형 실업부조 추진의 1단계로 청년구직활동지원금이 제도화되면서, 취업성공패키지사업의 청년층 참여자들이 분리되었다. 국민취업준비제도로의 전환이 확정된 2020년에는 시스템을 국민취업준비제도에 맞춰 축소운영하였다. 그 결과 2018년 31만 1천 명에 이르던 참여목표인원은 2020년 14만 명으로 대폭 축소되었다(고용노동부, 2019: 3). 2021년 1월부터 국민취업준비제도가 정식 출범하면서 취업성공패키지사업은 공식적으로 폐지되었고 패키지 I과 패키지 II는 통합되어 국민취업준비제도 II유형으로 전환되었다.

취업성공패키지사업의 가장 큰 문제점은 입법적인 근거를 가진 권리형 급여가 아니라는 것이었다. 즉, 법률적 근거 없이 임의적으로 제공되는 비권리형의 재량급여였다. 따라서 실업자들이 지원요건을 갖추더라도 수급권은 법적으로 보장받는 권리가 아니기 때문에 국가의 프로그램 제공 의무는 발생하지 않았다. 그 결과 사업의 규모는 수급권자의 숫자가 아니라 예산사정에 따라 결정되었으며, 경기가 어려울수록 더 많은 지원이 필요했음에도 불구하고 이러한 필요를 충족시키지 못하는 문제가 발생하기도 하였다(관계부처 합동, 2019: 1).

또한 취업성공패키지사업은 실업부조로 기능하기에 소득지원 수준이 낮았다.[1] 특히 생계급여를 수급하는 조건부수급자들에게는 별도의 훈련참여수당이 지급되지 않았다. 따라서 자활역량평가에서 80점 이상의 높은 점수를 획득하여 집중취업 대상이 된 수급자들이 지역자활센터사업에 참여한 수급권자들보다 불이익을 받는 결과가 초래되기도 하였다(김종수, 2019: 201). 나아가 3단계인 구직활동단계에서는 사실상 소득지원이 전혀 없었다(관계부처 합동, 2019: 1).

　취업성공패키지는 사례관리를 통해 3단계의 취업지원서비스를 제공하는 데 주안점을 둔 사업이었다. 따라서 전달체계와 전문인력이 사업의 성패를 가름하는 결정적인 요소였다. 그러나 2018년 당시 전국 100개 정도의 고용센터로 30만 명이 넘는 참여자들에게 체계적인 사례관리를 제공하기에는 한계가 있었다(송선영, 2019: 71; 김덕호, 2020: 36). 이에 따라 취업성공패키지사업은 대규모로 민간위탁되었는데, 2017년의 경우 전체 31만 6천 명의 참여자 중 II유형인 19만 5천 명은 전원 민간위탁되었다. 민간위탁운영기관의 상담사는 1인당 연간 120건이 넘는 케이스의 과중으로 질 높은 서비스를 제공하지 못했다(프라임경제, 2017. 6. 1.). 나아가 성과측정지표인 취업률은 취업기간에 상관없이 인턴이나 아르바이트도 취업률에 포함시켰기 때문에 민간위탁운영기관들은 질 높은 일자리를 알선하기보다는 우선 취업시키는 데 중점을 두었다(김덕호, 2020: 36). 이에 따라 취업알선에 초점을 두지 못하고 형식적 사례관리가 무분별하게 남용되는 문제점이 고착되었다(송선영, 2019: 56).

3) 한국형 실업부조

　취업성공패키지사업이 임의사업으로서의 한계에 봉착하자, 고용노동부는 이를 발전시켜 한국형 실업부조로의 전환을 모색하였다(이병희, 2013: 139). 고용노동부는 한국노동연구원에 한국형 실업부조의 실시방안에 대한 연구용역을 의뢰했고, 2013년 지금의 국민취업지원제도 I유형의 내용을 담은 보고서가 발간되었다(이병희 외, 2013). 이에 따라 '한국형 실업부조'는 본격적인 정책의제로 등장하기 시작하였다.

　'한국형'이라는 수식어를 붙었다는 것은 한국형 실업부조가 전통적인 실업부조와

---

1) 2020년을 기준으로 취업성공패키지사업은 훈련비를 제외하고 패키지 I의 1단계 참여수당으로 25만 원, 2단계 참여수당으로 최대 40만 원(6개월)을 지급하였으며, 취업성공 시 150만 원의 취업성공수당을 제공하였다. 반면, 패키지 II는 1단계 참여수당으로 20만 원을 지급하였으며, 2단계 참여수당은 패키지 I과 동일하게 지급하였다. 하지만 취업성공수당은 지급하지 않았다(고용노동부, 2019: 3).

많이 다르다는 것을 암시한다. 이에 대해 한국형 실업부조를 제안한 사람들은 "실업부조는 일정한 요건을 충족하면 현금급여를 제공하는 권리보장형 제도인 반면, 한국형 실업부조는 적극적 노동시장에 성실하게 참여하는 자에게 조건부 현금급여를 제공한다. 한국형 실업부조에서는 '선취업지원 후생계지원 방식'을 통해 더 나은 일자리로의 이동을 중시한다."고 언급하였다(이병희, 2013: 138). 즉, 한국형 실업부조가 '한국형'인 이유는 적극적 노동시장 프로그램의 참여를 전제로 현금급여의 수급권을 보장하는 국가와 수급자 간의 상호의무 원칙에 입각해 있다는 것이다(이병희, 2018b: 7). 이는 욕구충족의 원칙에 기반하여 최저소득보장을 목표로 운영되어 온 일반적인 실업부조와는 완전히 대비되는 것이다(이병희, 2013: 126). 하지만 근로를 조건으로 공공부조를 지급하는 근로연계복지 프로그램은 이미 1990년대부터 미국과 영국을 중심으로 광범위하게 시행 중이기 때문에 굳이 '한국형'이라는 수식어가 필요했는지 의문이다.

하여튼 한국형 실업부조의 제안자들은 적극적 노동시장정책으로서의 실업부조를 제안한 이유에 대해 우리나라 저소득실업자들의 동태적 특성을 제시한다. 우리나라의 근로빈곤층은 실직위험이 높지만 장기적으로 실업상태에 머무르지 않으며, 상대적으로 구직경험률이 높다. 구직경험률이 높은 이유는 우리나라 근로빈곤층들이 끊임없이 일자리의 상향이동을 꾀하고 있기 때문이다. 따라서 근로빈곤층에 대한 지원은 단순한 취업촉진에 머물러서는 안 되며, 더 나은 일자리를 지향하는 취업지원이 필요하다(이병희, 2013: 138; 2017: 5). 이에 따라 한국형 실업부조는 소득보장제도이면서도 동시에 보다 나은 일자리를 지향하는 고용정책적 목표를 가져야 한다. 현금급여는 보충급여방식이 아니라 구직활동이 가능한 수준의 정액급여로 제공되고, 수급기간도 한시적이며, 재참여제한도 설정되는 방향으로 설계되어야 한다(이병희, 2017: 7). 실업부조가 최저소득보장이 아니라 보다 나은 일자리의 취업과 취업지원프로그램의 참여를 지향한다면 가구원들의 중복참여를 제한할 이유가 없다. 따라서 보장단위도 가구가 아닌 개인으로 설정하는 것이 합리적이며, 보충급여방식이 아닌 정액수당형식이 적절하다는 것이다.

하지만 이러한 설명은 한국형 실업부조가 노동시장 프로그램에 부수되는 참여수당의 또 다른 이름일 뿐이라는 오해를 일으킬 소지가 있다. 즉, 법률적 뒷받침과 지급액수만 달라졌을 뿐 취업성공패키지와 다른 점이 뭐냐는 의문이 제기된다. 한국형 실업부조는 소득자산조사에 기반한다는 점에서 공공부조의 성격을 갖지만, 기본생활의 보장을 목표로 하지 않기 때문에 실업부조로 보기 힘들다. 취업지원프로그램에 부수되는 참여수당이라고 보는 것이 합리적이다.

4) 국민취업제도의 도입

박근혜 정부 기간 잠재되어 있던 한국형 실업부조가 다시 수면 위로 떠오르게 된 계기는 문재인 정부의 출범이었다. 문재인 정부의 출범 당시 대통령직인수위원회의 역할을 했던 국정기획자문위원회는 2017년 7월 '문재인 정부 국정운영 5개년 계획'을 발표하였고, 여기에서 '한국형 실업부조'의 도입을 공표하였다. 곧이어 사회적 여론을 수렴하기 위해 한국형 사회부조안은 경제사회노동위원회에 부쳐졌고, 2019년 3월 5일 경제사회노동위원회는 고용보험제도 내실화, 한국형 실업부조의 조속한 도입, 고용서비스 인프라 확충을 내용으로 하는 고용안전망 강화를 위한 합의문을 발표하여 제도의 도입을 지원하였다. 합의안의 주요 내용은 ① 고용서비스와 생계지원을 결합한 실업부조제도를 조속히 도입하고, ② 실업부조를 법제화하며, ③ 기준중위소득 50% 이하의 저소득층을 대상으로 도입한 후 단계적으로 확대하며, ⑤ 최저생계를 보장하는 수준의 정액급여를 지급하고, ⑤ 수급기간은 6개월을 원칙으로 한다는 것이었다(송은희, 2020: 57).

이어서 정부는 2019년 6월 4일 '국민취업지원제도 추진방안'을 발표함으로써, 한국형 실업부조제도의 정식 명칭과 주요 내용을 공개하였고,「구직자 취업촉진 및 생활안정지원에 관한 법률」을 입법 예고하였다. 국민취업지원제도는 한국형 실업부조와 기존의 취업성공패키지를 I유형과 II유형으로 통합한 제도였다. I유형은 기준중위소득의 150% 이하에 해당하는 저소득가구 실업자들에게 취업지원서비스 참여를 전제로 월 50만 원의 구직촉진수당을 6개월간 지급하는 내용을 담고 있었으며, 「구직자 취업촉진 및 생활안정지원에 관한 법률」에 의해 보장받는 권리형 급여이다. 반면 II유형은 기존의 취업성공패키지 I과 II를 통합한 프로그램이며, 비권리형의 재량사업이었다. 국민취업지원제도는 법정 권리형 급여와 비권리형의 재량급여가 한 제도 안에서 운영되는 독특한 특성을 갖고 있었다.

국민취업지원제도는 2020년 7월 1일부터 시행될 예정이었으나, 2020년 4월 총선을 앞두고 자유한국당은 「구직자 취업촉진 및 생활안정지원에 관한 법률」을 선심성 포퓰리즘 정책으로 분류하고 국회처리를 지연시켰다. 결국 법률은 총선이 끝난 2020년 5월 20일 국회 본회의를 통과하였고, 이에 따라 국민취업지원제도의 시행은 2021년 1월 1일로 연기될 수밖에 없었다.

2. 국민취업지원제도의 현황

1) 국민취업지원제도의 적용대상

국민취업지원제도는 권리형 프로그램인 한국형 실업부조와 기존의 취업성공패키지를 통합하여 운영하고 있다. 2021년 새로 도입된 한국형 실업부조는 국민취업지원제도 I유형에 해당된다. I유형은 요건심사형과 선발형으로 구분된다. 요건심사형은 정해진 요건을 충족하면 의무적으로 구직촉진수당 자격을 인정하는 권리형 프로그램이다. 따라서 기존의 취업성공패키지 프로그램에 비해 엄격한 방법으로 대상자를 선발한다. 요건심사형 참여자로 선정되기 위해서는 〈표 13-1〉과 같이 네 가지 요건을 충족해야 한다. 첫째, 연령이 15~69세 사이의 근로 가능연령이어야 하며, 둘째, 지원자의 가구소득이 기준중위소득의 60% 이하이어야 한다. 셋째, 지원자 가구의 재산이 4억 원 이하이면서, 넷째, 최근 2년 안에 100일 또는 800시간 이상의 취업경험이 있어야 한다. 한국형 실업부조의 초기안에서는 '구직경험'을 선발요건으로 제안하였으나, 2019년 6월 실시방안에서 '취업경험'으로 강화되었다. 나아가 2021년 1월 처음 도입 시에는 기준중위소득의 50% 이하의 소득기준과 3억 원 이하의 재산기준으로 출발하였으나, 9월부터 현재의 기준으로 완화되었다. 국민취업지원제도의 소득자산조사는 국민기초생활보장제도와 달리 소득인정액을 산정하지 않는다. 나아가 취업성공패키지사업 때처럼 국민건강보험료로 소득조사를 대리하지 않고 타 기관과 연계하여 실제 소득과 재산액을 산출한다.

국민취업지원제도 I유형의 선발형은 요건심사형의 필요요건 중 취업경험을 적용하지 않고 대상자를 선발한다. 즉, 연령, 소득, 재산요건만을 적용하며, 기준은 요건심사형과 동일하다. 그러나 I유형의 선발형은 권리형이 아닌 예산 범위 내에서 일정

표 13-1 국민취업지원제도의 유형별 지원대상 요건

필요요건		연령	소득	재산	취업경험
I 유형	요건심사형	15~69세 (고용요건 등 고려, 고시로 69세까지 참여자격 인정)	중위소득 60% ↓	4억 이하	최근 2년 이내 100일 또는 800시간 이상
	선발형		중위소득 60% ↓ (청년특례 120% ↓)	4억 이하 (청년의 경우 고시로 별도 규정)	최근 2년 이내 100일 또는 800시간 미만
II 유형	저소득층 등		중위소득 60% ↓ 특정계층	×	×
	청·장년층		중위소득 100% ↓ 청년 소득제한 ×	×	×

출처: 고용노동부(2020b: 11).

한 심사를 통해 대상자가 선발되는 비권리형으로 운영된다. 선발형 참여자들은 가구소득, 재산, 미취업기간, 미취학 연령의 자녀 유무, 유사프로그램 수혜 여부를 기초로 산출된 점수가 기준점수 이상일 경우 선발될 수 있지만, 기준점수는 예산 상황에 따라 유동적이다(고용노동부, 2020a: 27-28). 따라서 지원이 필요한 불경기에 오히려 지원이 축소되었던 기존 취업성공패키지 프로그램의 문제점이 그대로 재현될 가능성도 있다.

나아가 I유형의 선발형은 2019년 2월 시행된 청년구직활동지원금을 통합하여 청년특례 대상자를 별도로 선발하고 있다. 즉, 18세부터 34세까지의 청년층에 대해서는 가구소득이 기준중위소득의 120% 이하인 경우까지 신청을 허용하고 있다. 단, 이 경우에도 신청한 청년, 본인의 소득은 기준중위소득의 60% 이하이어야 한다.

그러나 위의 조건들을 모두 충족시키더라도 다음에 해당하는 사람들은 구직촉진수당 자격, 즉 I유형에 선발될 수 없다.

① 즉시 취업이 어려운 사람들. 상급학교 진학을 위해 학교에 재학 중이거나 학원을 수강 중인 경우, 군복무 중인 경우, 심신상의 이유 및 간병 등으로 즉시 취업이 어려운 경우

② 국민기초생활보장제도의 생계급여수급자

③ 고용보험의 구직급여를 받고 있거나 지급이 끝난 후 6개월이 지나지 않은 사람

④ 「고용정책기본법」에 의한 재정일자리사업 중 직접 일자리사업 참여가 종료된 지 6개월이 지나지 않은 사람

⑤ 구직활동참여의 조건으로 월평균 50만 원 이상 또는 총지원금액 300만 원 이상의 수당을 지급하는 국가나 지자체의 사업에 참여 중이거나 수당을 지급받은 후 6개월이 지나지 않은 사람

⑥ 신청인 본인의 월평균총소득이 1인 가구 기준중위소득의 60% 이상인 사람

⑦ 취업의사가 없거나, 훈련참여나 수당수급만을 목적으로 참여를 희망하는 사람으로서 직업안정센터의 장이 취업지원서비스 참여가 어렵다고 결정한 경우

II유형 참여자들에게는 구직촉진수당을 제공하지 않고, 취업성공패키지와 마찬가지로 참여수당 등 취업활동 비용만을 지원해 준다. II유형의 참여자는 크게 네 가지 유형으로 구분된다.

첫째, 저소득층이다. 먼저, 15~69세 구직자 중 I유형에 해당하지 않으면서 소득요건을 충족하는 사람, 즉 중위소득의 60% 이하인 사람을 대상으로 하며, 재산요건과 취업경험을 적용하지 않는다. 그다음으로 기초생활보장수급자 중 조건부수급자들이나 일반수급자들 중 희망자들이다. 단, 일반수급자 중 근로능력이 없는 사람들은 참여가 제한된다. 나아가 보장시설 수급자 중에서도 근로능력이 있다고 판단되는 경우에는 지자체나 보장시설로부터 추천을 받아 참여할 수 있다.

둘째, 고용취약계층에 해당하는 특정계층이다. 즉, ① 노숙인 등 비주택거주자, ② 북한이탈주민, ③ 신용회복지원자, ④ 결혼이민자 및 결혼이민자의 외국인 자녀, ⑤ 학교 중도탈락, 가출, 비진학 등의 위기청소년, ⑥ 구직단념 청년(니트족), ⑦ 여성가구주, ⑧ 국가유공자, ⑨ 월소득 250만 원 미만인 특수형태근로종사자, ⑩ 건설일용근로자, ⑪ FTA 피해 실직자, ⑫ 미혼모·미혼부·한부모, ⑬ 기초연금 수급자, ⑭ 연간 매출액 1억 5천만 원 이하의 영세자영업자 등은 신청에 의해 II유형에 참여할 수 있다.

셋째, 청년층으로 18~34세의 사람들은 소득조건에 상관없이 참여할 수 있다. 고졸이하 비진학청년, 대학교 및 대학원의 마지막 학기 재학생, 학점은행제·사이버대·방송통신대·야간대학(대학원)의 학생, 대졸 이상 미취업자 등이 참여할 수 있다.

마지막으로, 중하위 중장년층으로 35~69세의 구직자 중 가구소득이 기준중위소득의 100% 이하인 사람도 II유형에 참여할 수 있다. 나아가 산재 장해자, 고용위기 지역 및 고용재난지역 등의 이직자,「기업활력 제고를 위한 특별법」시행에 따른 중장년 참여자, 특별고용지원업종의 실직자, 일자리안정자금 지원요건에 해당하는 이직자 등도 참여를 허용하고 있다.

I유형이나 II유형에 상관없이 국민취업지원제도의 지원을 받은 참여자들은 의존성을 방지하기 위하여 취업지원이 종료된 후 3년간 재참여가 제한된다. 다만, 합리적인 사유가 있는 경우에는 고용센터별 운영위원회의 결정을 통해 제한기간을 1년으로 완화할 수 있으며, 2021년 1월 국민취업지원제도가 시행되기 전에 취업성공패키지 프로그램이나 청년구직활동지원금을 받던 사람들은 지원 종료 후 6개월이 지나면 신청이 가능하다. 부정행위 등으로 구직촉진수당 등의 지급을 취소당한 부정수급자들은 5년간 지원 신청이 불가능하다.

2) 국민취업지원제도의 지원내용[2)]

국민취업지원제도와 국민기초생활보장제도의 자활사업는 저소득 실업자들을 주 대상으로 소득지원을 매개로 한 취업프로그램을 제공한다는 점에서 유사성을 지닌다. 다만, 정책지향 면에서 소득보장에 중심을 두고 있는 자활사업에 비해 국민취업지원제도는 고용촉진을 더 중요시한다는 점에서 차이를 갖는다. 자활사업과 마찬가지로 국민취업지원제도의 지원도 크게 취업지원 프로그램의 제공과 소득지원으로 구분될 수 있다.

(1) 취업지원서비스의 제공

취업성공패키지는 기본적으로 진단 및 경로설정(1단계) → 직업능력 증진(2단계) → 취업알선(3단계)이라는 단계별 프로세스를 통해 취업지원서비스를 제공해 왔다. 국민취업지원제도 업무매뉴얼에 의하면 II유형은 여전히 취업성공패키지의 3단계

---

2) 이하의 내용들은 특별한 언급이 없는 한 고용노동부의 2021년 국민취업지원제도 매뉴얼(고용노동부, 2020a 및 2020b)을 참고하여 작성하였다.

서비스를 제공하지만(고용노동부, 2020b: 77), I유형은 단계를 따로 구분하지 않고 참여기간 전체를 통해 통합적인 취업지원서비스를 지원하고 있다(고용노동부, 2020a: 92). 그러나 실제 제공하는 취업지원서비스는 큰 차이가 없다. I유형이나 II유형에 상관없이 국민취업지원제도의 취업지원서비스는 취업활동계획의 수립, 취업지원 프로그램, 구직활동지원 프로그램, 사후관리로 구성된다.

① 1단계: 취업활동계획(IAP)의 수립

먼저, 프로그램 참가자는 고용센터의 상담자와 심층상담, 상호협의를 통해 취업역량과 직업선호도에 따라 취업활동계획을 수립한다. 이를 위해 참여자는 3~5일 간격으로 고용센터 담당자와 주기적으로 상담하고 직업심리검사(직업선호도 검사 등)를 받는다. 고용센터 담당자는 취업역량평가를 실시하여 취업활동계획의 수립 및 취업지원서비스의 제공에 활용한다. 참여자는 위의 과정에 참여할 의무가 있다. 취업활동계획서를 제출하면 맞춤형 취업지원 프로그램을 받을 수 있고, I유형의 경우엔 구직촉진수당의 지급이 시작되며 II유형은 1단계 참여수당을 지급받는다. 취업활동계획은 1개월 안에 수립하는 것을 원칙으로 하며, 필요시 7일간 연장될 수 있다.

② 2단계: 맞춤형 취업지원 프로그램의 지원

개인별 취업활동계획을 바탕으로 고용센터는 취업의욕과 직업적응능력을 높여 취업에 성공할 수 있도록 맞춤형 취업지원 프로그램을 진행한다. 여기에는 ⓐ 취업의욕 고취를 위한 각종 심리상담, 취업상담, 진로상담 프로그램, ⓑ 직업능력개발을 위한 직업훈련, 창업지원, 해외취업지원 및 그 밖의 일경험 프로그램, ⓒ 취업의 장애요인을 해소하기 위한 각종 복지 지원 및 금융지원 연계 프로그램 등이 포함된다. 취업성공패키지 프로그램에서는 2단계의 시간을 최대 8개월로 규정하고 있으나 국민취업지원제도는 단계별 기간을 설정하지 않는다.

③ 3단계: 구직활동지원

나아가 국민취업지원제도는 참여자의 취업을 위해 구직활동지원 프로그램 진행한다. 월 1회 이상 상담하여 구직활동에 필요한 프로그램을 안내하고, 일자리를 소개하거나 각종 고용 정보를 제공한다. 구직활동지원 프로그램은 일자리정보 탐색

방법, 면접기법, 이력서 및 자기소개서 작성방법 등 구직기술 향상프로그램과 구인구직 만남의 날이나 채용박람회 참여지원, 동행면접, 채용대행 등 취업알선 프로그램을 제공한다. 취업성공패키지 프로그램에서는 3단계의 시간을 최대 3개월로 규정하고 있으나 국민취업지원제도는 설정하지 않는다.

④ 사후관리

국민취업지원서비스 기간이 종료된 후에도 취업하지 못한 수급자에게 연락을 취하는 등 지속적인 관리를 수행한다. 사후관리를 통해 취업알선서비스와 미취업자의 취업의지를 고취시키기 위한 상담서비스를 제공한다. 취업자에 대해서는 근무상황 등에 대한 사후 모니터링을 실시함으로써 원만한 직장적응을 지원한다. 사후관리는 3개월간 실시하는 것을 원칙으로 하며, 수급자의 상황에 따라 1개월 연장될 수 있다.

국민취업지원제도의 취업지원서비스의 기간은 최대 12개월을 원칙으로 한다. 기존의 취업성공패키지과정을 준용하는 II유형은 단계별 과정, 즉 1단계는 1개월, 2단계는 8개월, 3단계는 3개월 과정의 합이 12개월 이내에 종결됨을 원칙으로 하며, I유형은 단계를 구분하지 않지만 전체 서비스 제공 기간을 12개월로 제한하는 것은 마찬가지이다. 단, 수급자의 서비스 연장이 필요한 경우 최대 6개월간 연장이 가능하다. 사후관리를 포함한 취업지원서비스의 지원기간은 〈표 13-2〉와 같다.

표 13-2 국민취업지원제도 취업지원서비스 및 사후관리기간

참여내용	기본 참여기간	연장기간	사후관리 기간	사후관리기간 연장	최대 참여 가능 기간
기간	최대 12개월	최대 6개월	최대 3개월	최대 1개월	1년 10개월

출처: 고용노동부(2020b: 78).

(2) 소득지원

국민취업지원제도는 구직활동 이행을 전제로 현금수당을 지급한다. 따라서 I유형과 II유형 모두 개인별 취업활동계획이 수립된 이후 현금수당을 지급하기 시작하며, 매 지급시기마다 활동계획의 이행사항을 확인한 후 수당을 지급한다.

① 구직촉진수당

I유형의 경우에는 구직촉진수당을 지급한다. 구직촉진수당은 매월 50만 원을 6개월간 지급하며, 최대 300만 원까지 지급한다. 급여수준은 제도설계 당시인 2018년 국민기초생활보장제도의 1인 가구 생계급여 보장기준이었던 50만 1,632원에 맞춰서 결정되었다. 하지만 제도도입이 지연되면서 시차가 발생하였다. 즉, 2022년 현재 1인 가구 생계급여 보장기준은 58만 3,444원이며 8만 원의 격차가 생긴 것이다. 구직촉진수당의 지급기간과 월지급액은 수급자와 상담자의 협의에 의해 취업지원서비스 제공기간 내에서 분할지급이 가능하다.

수급자가 정당한 사유 없이 수립된 취업활동계획을 따르지 않을 경우 해당 지급주기의 구직촉진수당은 지급이 중단된다.[3] 또한 수급자가 취업활동계획의 일부를 이행하지 않을 경우 구직촉진수당은 감액조정된다. 지급정지가 아니라 감액조정된다는 것은 적어도 취업활동계획의 50% 이상을 이행했음을 의미한다. 지급정지가 3회가 되면 나머지 구직촉진수당 수급권은 완전히 소멸된다. 나아가 수급자들은 구직촉진수당 지급주기에 발생한 근로소득, 사업소득, 재산소득, 이전소득을 고용센터에 반드시 신고해야 한다. 만약 지급주기 중 발생한 소득액이 구직촉진수당액(50만 원)을 초과할 경우 해당 지급주기의 구직촉진수당은 정지된다. 정지 횟수가 3회가 되면 수급자격인정을 철회하고 취업지원서비스의 제공은 중단된다.

② II유형 참여수당

II유형의 경우에는 취업지원서비스의 단계에 따라 1단계 참여수당, 훈련참여지원수당, 구직활동비용을 지원한다. 1단계 참여수당은 취업활동계획 수립후 식비와 교통비조로 15만 원이 지급되며, 프로그램 수행 여부에 따라 〈표 13-3〉과 같이 3~10만 원이 추가 지급된다.

2단계에는 직업훈련참여자들에게 훈련참여지원수당이 지급된다. 훈련참여지원

---

3) 단, ① 소개된 일자리나 직업 또는 직업능력개발훈련 등이 개인의 취업활동계획과 맞지 않는 경우, ② 수급자가 취업지원이나 구직활동지원 프로그램에 참여하기 위해서는 거주지의 이전이 필요하지만 이전이 어려운 경우, ③ 소개된 일자리나 직업의 임금수준이 같은 지역의 같은 업무 임금수준의 80%에 미치지 못하는 경우 등 수급자의 근로조건이 고용노동부 장관이 정하는 기준에 해당하는 경우, ④ 천재지변 또는 그에 준하는 재해로 취업지원나 구직활동지원 프로그램에 참여할 수 없는 경우는 구직촉진수당의 지급이 중단되지 않는다.

표 13–3 국민취업지원제도 Ⅱ유형 참여자의 1단계 참여수당 지급액

기본 지급액		추가 지급액			계	
저소득층	청년·중장년층	구분	저소득층	청년·중장년층	저소득층	청년·중장년층
15만 원	15만 원	중소기업탐방 (2일 이하) 수료자	5만 원	3만 원	20만 원	18만 원
		단기집단 및 취업특강, 심리안정프로그램 2회	5만 원	3만 원	20만 원	18만 원
		집단상담프로그램, 중소기업탐방(3일 이상), 생애경력설계프로그램 (20시간 이상) 수료자	10만 원	5만 원	25만 원	20만 원

출처: 고용노동부(2020b: 153).

수당은 단위기간 1개월 기준으로 훈련일수 1일당 1만 8천 원을 지급하며, 월간 최대 금액은 28만 4천 원이다. 훈련참여지원수당은 수당을 목적으로 장기간 훈련을 수강하는 도덕적 해이를 방지하기 위해 6개월만 지급한다. 나아가 생계급여 수급자 등 다른 제도의 지원을 받고 있는 사람들에게는 지급되지 않는다.

3단계에서는 집중취업상담을 위해 30분 이상 고용센터나 위탁기관을 방문했거나 취업알선을 실시한 방문참여자에게 교통비 지원조로 월 1회 2만 원을 지급한다.

③ 취업성공수당

국민취업지원제도는 참여자들의 신속한 취업과 근속을 유도하기 위해 취업성공패키지에서 제공했던 취업성공수당을 계속 지급하고 있다. 수급자가 취업했을 경우 150만 원의 취업성공수당을 지급하되, 6개월 근속 시 1차로 50만 원을 지급하고, 이후 6개월을 추가 근속할 경우 100만 원을 지급하여 장기근속을 유도하고 있다. 지급 대상은 I유형과 II유형 참여자들 중에서 가구소득이 기준중위소득의 60% 이하인 사람들과 II유형의 특정계층 참여자들로 제한된다. 나아가 취업한 일자리는 시간제 등 근로조건에 상관없이 주 30시간 이상 근로하는 고용보험 적용 일자리이어야 하며, 특수고용근로자의 경우 근속기간 중 월평균 소득이 250만 원 이상이거나 월평균 매

출액이 1,250만 원이어야 한다. 창업자는 사업자등록을 하고 사업을 위한 전용공간을 확보했으며, 매출이 발생했을 경우에 한해 취업성공수당을 지급받을 수 있다.

3) 국민취업지원제도의 전달체계 및 재정

국민취업지원제도의 행정체계는 고용노동부가 기획과 총괄업무를 담당하며, 일선 행정은 고용복지부 산하의 고용센터에서 집행한다. 고용센터는 수급자격의 인정과 수당의 지급, 부정수급의 적발과 제재 업무 등을 전담하지만, 취업지원서비스의 제공은 고용센터와 함께 여성가족부의 여성새로일하기센터(새일센터)나 지자체의 일자리센터와 같은 유관 고용서비스 제공기관 또는 민간위탁 운영기관에서 일부 기능을 분담한다. 국민취업지원제도의 행정체계를 그림으로 나타내면 [그림 13-1]과 같다.

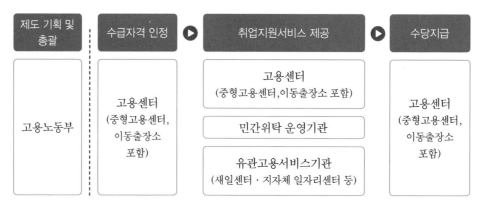

[그림 13-1] 국민취업지원제도의 행정체계

출처: 고용노동부(2020a: 11).

2021년 계획에 따르면 I유형의 청년특례자 10만 명과 저소득층 참여자를 제외한 II유형 참여자의 대부분인 17만 명은 민간위탁 운영기관에서 취업지원서비스를 제공받을 예정이다. 나아가 청년특례자를 제외한 I유형 대상자 중 1만 8천 명은 새일센터에서, 1만 명은 지자체 일자리센터에서 담당할 예정이다. 즉, 전체 취업지원서비스 제공 예정자 59만 명 중 절반인 29만 8천 명에 대해 유관기관이나 민간위탁 운영기관을 통해 서비스를 제공할 계획으로 있다.

| 표 13-4 | 국민취업지원제도의 운영목표와 예산 |

유형구분		2021년			2022년		
		지원인원		예산규모	지원인원		예산규모
Ⅰ 유 형	요건심사형	25만 명	40만 명	1조 1,558억 원	25만 명	50만 명	1조 4,909억 원
	선발형 청년	10만 명			17만 명		
	선발형 저소득	5만 명			8만 명		
Ⅱ 유 형	저소득	4만 명	19만 명		1만 명	10만 명	
	청년	13만 명			8만 명		
	중장년	2만 명			1만 명		

출처: 고용노동부(2020a: 8).

〈표 13-4〉는 국민취업지원제도의 운영목표와 예산규모를 나타내고 있다. 고용노동부는 2021년 Ⅰ유형으로 요건심사형에 25만 명, 청년특례로 10만 명, 취업경험이 없는 선발형 저소득층으로 5만 명 등 총 40만 명에게 서비스를 지원하고, Ⅱ유형으로 19만 명을 지원할 계획이었다. 이를 위해 총 1조 1,558억 원의 예산을 배정하였다. 그러나 실제 지원자는 42만 3천 명으로 목표치에 미달했으며, 그중 Ⅰ유형 참가자는 34만 1천 명이었다. 하지만 고용노동부는 2022년에도 60만 명을 지원한다는 계획을 유지함과 동시에 Ⅱ유형을 9만 명 줄이는 대신 Ⅰ유형을 10만 명 늘리도록 계획함으로써 보장성을 강화하였다. 이에 따라 예산액도 1조 4,909억 원으로 증액되었다.

3. 국민취업지원제도의 쟁점

국민취업지원제도는 고용보험과 국민기초생활보장제도의 사각지대에 위치했던 저소득 실업자, 비정규직 근로자, 영세자영업자, 특수고용근로자, 그리고 노동시장에 진입하려는 청년층이나 경력단절 여성들에게 소득과 취업지원서비스를 지원하는 고용안전망을 제공했다는 점에서 의의를 가질 수 있다. 나아가 비권리형 제도였던 취업지원 프로그램에 대해 법적 근거를 제공했다는 점에도 의의를 평가받을 수 있다. 국민취업지원제도가 시행된 지 1년 정도밖에 지나지 않았고 전체적인 통계작업도 정리되지 않았기 때문에, 사업을 평가하기에는 아직 이른 시점이며, 본격적인 평가연구들도 거의 없는 상황이다. 그러나 2019년 도입방안이 발표된 이후 도입방안을 중심으로 몇 가지 중요한 문제점들이 제기되었다.

가장 많이 제기된 문제는 국민취업지원제도의 소득보장 기능이 취약하다는 것이었다. 구직촉진수당의 낮은 급여액과 짧은 수급기간으로 인해 국민취업지원제도는 실업부조로 부르기 어려운 수준이라는 것이다. 송은희(2020: 59-60)는 실효적인 실업부조가 되려면 구직촉진수당을 평균임금의 20~25%(약 80만 원)로 상향조정하고 가구특성에 맞는 수당을 지급해야 한다고 지적하였다. 또한 지급기간은 최소 1년으로 해야 한다고 권고하였다. 나아가 서채완(2019: 33)도 수급권자의 기본권보장의 관점에서 낮은 급여수준과 짧은 수급기간의 문제점을 지적하였으며, 은민수(2019: 19; 2020:48)도 다른 국가들과의 비교를 통해 6개월의 수급기간이 짧다는 점을 지적하였다. 나아가 은민수(2019: 20)는 국민취업지원제도가 일자리 제공이나 훈련 등과 같은 노동시장 프로그램에 지나치게 치중하여 상대적으로 소득지원을 소홀히 한 정책지향의 문제점을 지적하였다. 또한 그는 산업구조의 변화와 일자리창출의 한계를 인정하고 실업부조의 개념을 확대하여 최저소득의 보장을 중요하게 고려해야 함을 주문하였다.

그러나 개인 단위로 설계된 국민취업지원제도의 급여수준은 형평성 차원에서 같은 공공부조제도인 국민기초생활보장제도의 1인 가구 생계급여액에 연동될 수밖에 없다. 다만, 법제화가 지연되면서 2018년 생계급여 보장기준을 고려하여 책정했던 구직촉진수당액에 8만 원의 격차가 발생하였다. 이에 따라 구직촉진수당액을 58~60만 원으로 인상하여 격차를 보전함과 동시에, 국민기초생활보장제도의 1인가구 생계급여 보장기준에 연동하도록 법률로 의무화하는 조치가 검토될 필요가 있다. 나아가 취업지원서비스가 제공되는 전 기간에 걸쳐 구직촉진수당이 지급되는 것이 바람직하며, 국민취업지원제도가 최대 12개월의 서비스 제공기간을 규정하고 있는 만큼 구직촉진수당도 최대 12개월 동안 지급하는 것이 바람직하다. 다만, 수당지급기간이 길어지면 취업시점도 늦춰지는 문제점이 발생할 수 있으므로 고용보험의 조기재취업수당과 같은 장치의 도입도 검토할 필요가 있다.

송선영(2019: 56-57)은 국민취업지원제도의 전달체계에 의문을 제기한다. 국민취업지원제도는 더 나은 일자리를 목표로 한 적극적 노동시장 프로그램으로 기획되었기 때문에, 제도의 성패는 취업지원서비스의 성공적인 제공에 달려 있다. 따라서 서비스 전달체계의 전문성과 혁신적인 개혁이 전제되지 않은 한 국민취업지원제도의 정책적 효과를 기대하기 어렵다는다는 것이다. 2020년 현재 전국의 고용센터는 171개이며, 국민취업지원제도의 공식적인 전달체계로 지정된 고용플러스센터는 98개에 불과하다. 반면 2021년 국민취업지원세도의 정책목표는 연간 59만 명으로 취업성공패키지사업 때보다 두 배 가까이 늘어났다. 나아가 문제점으로 지적되고 있는 민간위탁기관도 I유형의 청년특례자 10만 명과 II유형의 17만 명을 담당할 예정이었다. 고용노동부가 기존의 취업지원 전달체계를 총체적으로 혁신하지 않는다면 국민취업지원제도의 내실화를 꾀하는 것은 쉽지 않을 것이다(송선영, 2019: 57).

　마지막으로, 국민취업지원제도는 저소득 근로계층을 지원하는 제도들, 예컨대 근로장려금, 자녀장려금, 고용보험의 고용안정사업이나 직업능력개발사업, 국민기초생활보장제도의 자활사업 등과 목적과 기능 면에서 유사한 측면이 많기 때문에 통합과 개편논의가 제기되는 것은 불가피해 보인다. 국민취업지원제도는 저소득 실업자를 지원하는 소득보장의 측면과 고용촉진을 위한 적극적 노동시장정책적 측면을 동시에 갖고 있다. 향후 개편방향은 국민취업지원제도의 어떤 측면을 더 중요시하느냐에 따라 달라질 수 있다.

　은민수(2019; 21-24; 2020:48)는 저소득 실업자의 소득지원 기능에 초점을 맞춰 국민취업지원제도를 근로장려금, 자녀장려세제, 조세지출제도과 함께 근로기초소득제도(guarantee income)로 통합할 것을 주장하고 있다. 반면 국민취업지원제도의 적극적 노동시장정책적 특성에 주목한다면, 국민기초생활보장제도의 자활사업과의 유사성에 주목할 수밖에 없다. 송선영(2019: 90)은 사회보장체계의 제도 간 정합성 측면에서 국민취업지원제도와 자활사업이 지속적으로 분리된 제도로서 유지되는 것이 바람직한가라는 의문을 제기한다. 현재 국민취업지원제도는 근로빈곤층의 소득보장제도로서의 위상보다는 적극적 노동시장정책으로서의 위상이 더 강하다. 반면 자활제도는 근로를 수단으로 한 '복지서비스의 제공', 즉 빈곤층의 소득보장정책으로서의 위상이 더 강하다. 국민취업지원제도가 근로능력이 있는 정책대상을 중심으로 취업지원서비스와 소득보장제도로서 위상을 강화하게 된다면 취업지원과 조건부과의 실효성 측면에서 두 제도는 통합될 필요가 있다는 것이다. 현재 저소득 근로계층을 대상으로 한 제도들의 난립을 고려할 때, 어떤 형태로든 국민취업지원제도의 재편 논의가 제기될 가능성이 높다고 하겠다.

근로장려세제와 자녀장려세제

근로장려세제는 일정 소득 이하의 근로소득이 있는 가구를 대상으로 적용되는 환급형 세액공제(refundable tax credit)제도이며, 근로활동에 참여하고 있는 저소득 가구에 대한 소득지원을 목적으로 하는 프로그램이다(최현수, 2003: 17). 근로장려세제는 외환위기 이후 급증했던 근로빈민층을 지원하고 사회 양극화문제를 해소하기 위해 2006년 노무현 정부가 도입하였다. 자녀장려세제도 근로장려세제와 마찬가지로 환급형 세액공제제도이며, 저소득층의 자녀양육 부담을 완화하기 위하여 2014년 박근혜 정부가 도입한 제도이다. 근로장려세제와 자녀장려세제의 가장 큰 특징은 소득세체계를 통해 급여가 제공되기 때문에 사회보장제도가 조세제도와의 연계를 통해 운영된다는 것이다. 근로장려세제와 자녀장려세제는 일선 서비스 행정기관의 급여행정체계에 익숙한 사회복지 관련자들에게 생소하게 느껴질 수 있다. 따라서 환급형 세액공제제도의 기원이 되는 미국 근로소득세액공제제도(Earned Income Tax Credit: 이하 EITC)의 기본구조에 대한 이해로부터 논의를 시작하고자 한다.

1. EITC의 발전과정과 기본구조

1) 부의 소득세

EITC는 1975년 미국 포드 행정부가 도입한 프로그램이다. 그러나 EITC에 대한 아이디어는 1943년 라이스 윌리엄스(Juliet Rhys-Williams)가 제기한 기본소득 모델까지 거슬러 올라간다(Gordon, 1988: 300; 박능후, 2003: 7). 베버리지위원회의 위원이었던 라이스 윌리엄스는 베버리지보고서가 명성을 높이고 있던 제2차 세계대전 당시 베버리지의 사회보험 중심적 접근을 비판하였고, 대안으로 조세와 사회보장급여를 통합한 보편적 사회배당금(social dividend)을 주장하였다. 조세와 사회보장급여의 통합에 대한 그녀의 아이디어는 당시 경제학자, 언론인, 그리고 자유당이나 보수당의 정치인들로부터 많은 관심을 받았지만, 구체적인 대안으로 발전되지 못했다(Sloman, 2016: 203). 하지만 라이스 윌리엄스의 아이디어는 1962년 프리드먼(Milton Friedman)의 부의 소득세(Negative Income Tax: 이하 NIT) 구상으로 발전하였다.

NIT는 특정 가구의 소득이 가구규모별로 설정된 최저보장수준에 미달될 때, 그 차액의 일정비율만큼을 조세환급의 형태로 정부가 지급해 주는 제도였다. 즉, 면세점을 상회하는 소득에 대해서는 소득세를 납부해야 하지만, 면세점 이하에 대해서는 부(-)의 소득세가 발생하여 정부로부터 소득보조를 받는 것이다(박능후, 2003: 8). 프리드먼에 의하면, "연방정부는 1인당 600달러의 소득에 대해 면세를 해 준다. 만약 개인의 과세소득이 면세점에서 100달러가 미달되고 보조율이 50%라면, 개인은 50달러를 환급받는다. 보조율이 일정하다면 전혀 소득이 없더라도 300달러를 받을 수 있다(Friedman, 1962: 235)." 이를 그림으로 표현하면 [그림 14-1]과 같다. 프리드먼의 아이디어는 [그림 14-1]에서 대각선인 과세 전 소득을 NIT의 적용을 통해 굵은 실선과 같이 변화시킨다는 것이다. [그림 14-1]에 의하면 면세점은 600달러이며, 600달러 이하의 저소득층은 600달러에 미달되는 차액의 50%를 NIT로 보조받는다. 이에 따라 소득이 전혀 없을 경우에도 300달러를 보조받으며, 이는 모든 사람들에게 300달러의 최저소득을 보장하는 것을 의미한다.

프리드먼은 미국의 복지체계가 너무나도 세분화되어 있어 수많은 유사프로그램

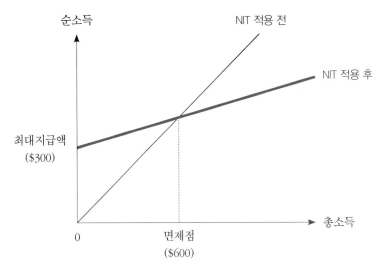

[그림 14-1] 프리드먼의 부의 소득세

들과 중복프로그램들이 난무하기 때문에 '빈곤퇴치'라는 명분으로도 정당화되기 어려운 낭비를 초래하고 있다고 비판하였다. 이에 반해 NIT는 가장 간결한 형태의 제도이다. 빈곤문제만을 집중해서 다루고, 개인에게 가장 유용한 현금을 지급하기 때문에, 가장 일반적으로 적용될 수 있는 제도이다. 따라서 당시 미국에 난무했던 수많은 특화된 프로그램들을 대체할 수 있으며, 이를 통해 낭비를 최소화할 수 있다고 주장하였다(Friedman, 1962: 235-237).

1960년대 말부터 프리드먼의 제안은 공공부조의 대안으로 주목받기 시작하였다. 이는 빈곤과의 전쟁 기간 동안 막대한 예산을 공공부조에 투입하고도 정작 빈곤 해소의 측면에서 전혀 성과가 없었던 당시의 상황을 반영한 것이다. NIT가 공공부조의 대안으로 주목받자 미국 정부는 1968년부터 시범사업을 시작하였다. 시범사업은 1968년 뉴저지주의 3개 도시를 필두로 1969년 아이오와주와 노스캐롤라이나주의 농촌지역, 1971년 인디애나주의 개리(Gary), 1971년 시애틀과 덴버까지 총 4회에 걸쳐 진행되었다. 그러나 시범사업의 결과는 NIT에 근로유인을 감소시키는 약점이 있다는 것이었다(김재진, 2009: 41-46).

[그림 14-1]을 보면 소득이 없을 때 NIT 보조금은 300달러로 가장 많지만 소득이 증가할수록 보조금은 줄어들고, 소득이 600달러가 되면 0이 된다. 만약 소득이 0에서 400달러로 증가하면, 보조금은 소득증가분의 50%인 200달러가 감소되어 100달

러로 줄어든다. 프리드먼이 제시한 모형의 급여감소율은 50%이다. 결국 NIT는 점증구간이나 평탄구간 없이 처음부터 끝까지 점감구간으로만 구성되기 때문에 근로동기를 약화시키는 약점을 갖는다. 물론 프리드먼도 이 점을 분명하게 인지하고 있었다. "이 제도 역시 도움을 받는 사람들의 스스로 도우려는 의욕을 감소시킨다. 그러나 이 제도는 최저보장수준까지 소득을 보충해 주는 제도가 야기하는 것처럼 의욕을 완전히 없애 버리는 것이 아니다. 추가 소득은 항상 더 많은 지출이 가능하도록 해 준다는 것을 의미한다(Friedman, 1962: 235)." 즉, 프리드먼은 NIT가 어느 정도 근로동기를 하락시키는 약점을 갖고 있지만, 급여감소율 100%의 보충급여방식으로 운영되는 다른 공공부조들보다는 낫다고 주장했던 것이다. 그러나 철저하게 빈곤을 개인의 의지 부족 때문으로 믿는 미국의 보수주의자들은 프리드먼의 기대와 달리 이 정도의 근로유인 감소효과도 허용하지 않았다.

NIT 시범사업이 진행 중이던 1969년 닉슨 대통령은 TV 연설을 통해 NIT 아이디어를 아동지원 프로그램에 적용시킨 가족지원계획(Family Assistance Plan: 이하 FAP)의 도입을 전격 발표하였다. FAP는 언론과 대중에게 최저보장소득(Minimum Guaranteed Annual Income)을 지급하기 위한 제도로 선전되었다. 하지만 실제 목적은 수급자 수와 예산의 폭증에도 불구하고 도덕적 해이 논란이 끊이지 않았던 AFDC 프로그램을 대체하기 위해 기획된 제도였다. FAP는 18세 미만의 아동이 있는 가족을 대상으로 하였으며, 소득이 없는 4인 가족의 경우 최대 1,600달러를 보조한다는 계획이었다. 나아가 처음부터 끝까지 점감구간이었던 NIT 모형과는 달리, 0~720달러 가구소득까지는 최대지급액을 보조하는 평탄구간으로 설정되었다. 보조금은 720달러부터 50%의 점감률로 감소되어 3,920달러에 이르면 0이 되도록 설계된 제도였다(Lampman, 1969: 19). 닉슨은 사회복지 관계자들과 복지수급자들로부터 FAP가 지지받을 것으로 기대했으나, 의외로 많은 비판을 받았다.

FAP에 대한 비판은 좌우로부터 동시에 제기되었다. 개혁주의자들은 소득보장수준이 너무 낮고, 아동이 있는 가정에만 보조금이 한정되어 보편적이지 않으며, 근로연계적 성격이 너무 강하다고 비판하였다.[1] 결국 빈곤층을 억압하고 공공부조제

---

1) FAP 초안은 적절한 일자리나 훈련과정을 거부할 경우 보조금을 삭감할 수 있도록 하였다. 6세 미만의 자녀를 둔 한부모 어머니는 이러한 의무조치에서 면제되었지만, 6세 이상의 자녀를 둔 경우에는 예외없이 적용되도

도를 후퇴시키는 결과를 초래할 것이라고 우려하였다. 반면, 우파들은 개인의 근로
노력과 강하게 연계되지 않은 빈곤층 지원은 도덕적 가치를 파괴하고 사회를 붕괴
시킨다고 비판하였다(김재진, 2009: 61-52). 1972년 FAP는 하원을 통과하였으나, 상
원의 통과는 쉽지 않았다. 이에 닉슨 정부는 보조금의 근로연계를 강화하고, 적용
기준소득을 4,320달러까지 확대하며, 일부 소득구간의 보조금을 푸드스탬프(food
stamp)로 대체하여 예산을 절감할 수 있는 수정안을 상원에 제출하였으나, 보수적
인 상원의 벽에 막혀 FAP의 입법화는 실패로 끝났다. 결국 1972년 FAP는 공식적으
로 폐기되었다.

2) EITC의 도입과 기본구조

EITC는 NIT의 약점으로 지적되었던 근로유인 감소를 보완한 제도였다. EITC는
크게 두 가지 측면에서 NIT를 보완하였다. 첫째, 적용대상을 전체 저소득층이 아니
라 근로소득이 있는 근로빈곤층(working poor)으로 한정하였다. EITC를 받기 위해
서는 일단 취업해야 되기 때문에 저소득층의 취업 동기를 강화할 수 있다는 것이다.
둘째, 소득세 환급구조를 변경하여 근로소득이 증가하면 소득세 환급액도 늘어나
는 점증구간을 보강하여 근로유인을 보완하였다. [그림 14-2]는 1978년부터 정착
된 미국 EITC의 기본구조를 나타낸 것이다. NIT는 소득이 0일 때, 최대급여액(Cm)
을 받으며, 전체 구간이 점감구간이었지만, EITC는 [그림 14-2]와 같이 전체 구간을
3단계로 구분한다.

먼저, EITC는 근로소득 가구만을 대상으로 하기 때문에, 소득이 없으면 지원금
도 없다. 즉, 소득이 0이면 급여액도 0이다. 소득이 발생하면 EITC 급여액도 정률
적으로 증가하는데 [그림 14-2]와 같이 EITC 급여액은 최대지급액 Cm에 도달하
는 근로소득 Ea까지 계속 상승한다. 이와 같이 급여액이 상승하는 0~Ea 구간을 점
증구간(phase-in range)이라고 한다. Ea를 초과하면 급여액은 근로소득 Eb에 도달
할 때까지 한동안 Cm을 유지한다. 이 구간을 평탄구간(plateau range)이라고 하며,

록 계획되었다(Lampman, 1969: 20). 이는 의심의 여지없이 AFDC를 겨냥한 규정이었다. 나아가 상원에 제출
된 수정안에서는 규정을 더욱 강화하여 의무면제가 되는 자녀의 연령을 6세에서 3세 미만으로 축소하였다.

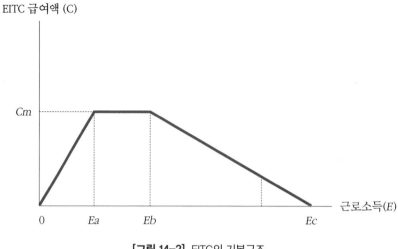

[그림 14-2] EITC의 기본구조

[그림 14-2]에서 Ea~Eb 구간을 의미한다. 평탄구간이 넓을수록 최대지급액 Cm을 지급받는 사람들이 늘어나므로 평탄구간의 폭은 제도의 관대성을 알 수 있는 척도가 된다. 근로소득 Eb부터는 급여액이 감소하기 시작하고 적용기준소득인 근로소득 Ec에 도달하면 급여액은 0이 된다. 급여액이 감소되는 Eb~Ec 구간을 점감구간(phase-out range)이라고 한다. 이를 EITC의 적용 전후의 소득 변화로 나타내면 [그림 14-3]과 같다.

　EITC가 자랑하는 근로유인효과는 0~Ea 구간인 점증구간에서 집중적으로 발생

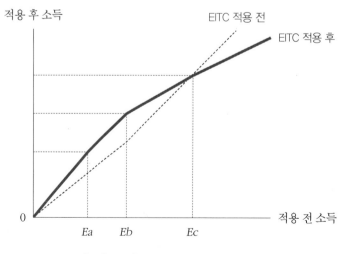

[그림 14-3] EITC 적용 전후 소득 변화

한다. 이 구간에서는 근로소득의 증가에 따른 소득효과도 일부 발생하지만, EITC 급여의 증가에 따른 대체효과가 크게 나타기 때문이다. 대체효과의 크기는 최대지급액(Cm)의 수준과 점증률의 영향을 받기 때문 일률적으로 정해지지 않으며, 제도의 구조에 따라 상이하다. 평탄구간에서는 대체율의 변화없이 소득효과만 발생하므로 최대지급액(Cm)의 수준이 영향을 미친다. 점감구간은 NIT와 동일한 구조를 가지며, 소득효과와 대체효과가 모두 근로동기에 부정적으로 작용한다.

　통상적으로 EITC는 근로유인 측면에서 장점을 갖는 것으로 알려져 있으나, 이론적으로 EITC의 근로유인효과는 분명하지 않으며, 실제 근로유인효과는 최대지급액이나 점증률과 점감률, 점증구간, 평탄구간, 점간구간의 설정 등 제도의 구성요소에 따라 다르다. 그러나 EITC는 1975년 도입된 이후 성장을 거듭하고 있고, 오늘날 미국 사회보장제도 중에서 OASDI 다음으로 많은 적용대상자를 기록할 만큼 확대되었다(Maag, 2018: 17). 이는 미국에서 EITC의 근로유인 효과에 대한 평가가 나쁘지 않다는 것을 반증한다.

　EITC는 미국의 상원의원이었던 롱(Russell Long)에 의해 추진되었다. 1972년 FAP 입법과정 당시 상원의 재정위원장이었던 롱은 FAP의 강력한 반대자로 활약하였다. 롱은 FAP 대신에 저소득 노동자들의 사회보장세 부담을 경감시키는 방안에 몰두하였다. 당시 사회보장세는 10%였고 롱은 이에 해당하는 근로소득의 10%를 사회보장세에서 환급해 주는 계획안을 구상하였다. 그러나 사회보장세에 면세점을 설정하여 직접적으로 감면해 주는 방법은 행정적으로 매우 복잡했기 때문에, 포드 정부는 사회보장세는 그대로 두고 1975년 「조세감면법(Tax Reduction Act of 1975)」을 통해 EITC를 도입하였다. 초창기 EITC는 소득이 면세점 이하이지만 사회보장세는 납부해야 하는 위치의 저소득 노동자를 대상으로 하였다. 이들에게 연간 200달러의 범위 내에서 전년도 소득의 10%를 환급해 주는 체계로 출발하였고, 평탄구간 없이 점증구간과 점감구간으로만 구성되어 있었다(최현수, 2002: 204; 김재진, 2009: 52).

　그러나 카터 정부는 EITC를 공공부조 수급자를 줄이고 근로유인을 높이며, AFDC를 대체할 수 있는 유력한 대안으로 인식하였다. 카터 행정부는 1978년 EITC를 「내국세법(Internal Revenue Code)」에 편입시켜 정식제도로 발전시켰다. 이에 따라 EITC는 [그림 14-2]와 같이 평탄구간을 보강하였고, 적용대상과 급여수준을 확대해 나가기 시작하였다. 나아가 FAP 논쟁 때부터 줄곧 환급형 세액공제제도에 대

해 반대 입장을 견지해 왔던 복지찬성론자들의 인식도 변화되기 시작하였다. EITC
는 근로빈곤층의 소득을 확충하는 기제로서 효과적일 뿐만 아니라, 급격한 복지예
산의 증액 없이도 적절한 급여를 제공할 수 있으며, 공공부조제도가 아닌 조세체계
를 통해 저소득층을 지원하기 때문에 스티그마를 줄일 수 있다는 것이었다(최현수,
2002: 205). 좌우의 긍정적인 평가가 확산되면서, EITC의 확대에는 거칠 것이 없었다.

1980년대 이후 EITC는 민주당 정부나 공화당 정부에 상관없이 정부가 교체될
때마다 경쟁적으로 확대되었다. 레이건 정부는 1986년 「조세감면법」의 개정을 통
해 점증률을 14%로 상승시키고 점감률을 10%로 감소시켜, 최대지급액 구간과 적
용 기준소득을 확대하였다.[2] 부시 정부는 1990년 「총액예산조정법(Omnibus Budget
Reconciliation Act)」의 개정을 통해 2자녀 가구에 대한 혜택을 증가시켰다. 이를 통
해 EITC는 자녀 수에 따라 차등화된 급여산정방식을 정착시켰다. 1993년 클린턴 정
부도 「총액예산조정법」을 개정하여 점증률의 상향조정을 통해 최대지급액 지급구
간을 크게 증가시켰으며, 미약한 수준이지만 자녀가 없는 가구에 대해서도 처음으
로 EITC를 적용하기 시작하였다(최현수, 2002: 205-206; 김재진, 2009: 53-54). 2009년
오바마 정부는 금융위기 타개책으로 제정된 「경기부양법(American Recovery and
Reinvestment Act)」을 통해 3명 이상의 자녀를 가진 가정과 맞벌이 가정에 대한 EITC
급여액을 강화하는 한시적 조치를 시행하였다. 이 조치에 대한 여론의 지지가 높아
지자 2009년 임시체계는 영구적인 체계로 정착되어 〈표 14-1〉과 같은 체계로 현재
까지 유지되고 있다. 이상과 같이 거침없는 팽창과정을 거쳐 EITC는 오늘날 수급자
규모 면에서 OASDI 다음에 위치할 정도로 확장되었다. 이는 EITC가 미국 사회에서
정치적 지형에 상관없이 폭넓은 지지를 획득했기 때문이다. 2023년 4월 15일 이후
지급예정인 2022년 현재 미국 EITC의 급여산정체계는 〈표 14-1〉과 같다.[3] 현재
미국의 EITC는 자녀수와 가구구성에 따라 급여산정기준이 차등화되어 있으며, 자
녀가 3명 이상인 맞벌이 가정의 경우 부부합산 조정총소득(Adjusted Gross Income:
AGI)[4]이 5만 9,187달러의 가구까지 EITC의 보조를 받을 수 있고, 최대지급액은

---

2) 최대지급액이 고정된 상태에서 점증률을 높이면, 평탄구간에 도달하는 경계소득(Ea)이 단축되어 최대급여
   액 지급구간(평탄구간)이 늘어난다. 최대지급액이 고정된 상태에서 점감률을 감소시키면 평탄구간 경계소
   득에서 지급액이 0에 도달하는 소득까지의 폭(Eb~Ec)이 증가되기 때문에 적용기준소득(Ec)이 높아진다.
3) 미국의 소득신고기간은 다음 연도 4월 15일까지이다.

표 14-1 2022년 미국 EITC 급여수준

자녀 수	최대지급액	적용기준 AGI (홀벌이 가정)	적용기준 AGI (맞벌이 가정)
0	$560	$16,480	$22,610
1명	$3,733	$43,492	$49,622
2명	$6,164	$49,399	$55,529
3명 이상	$6,935	$53,057	$59,187

6,935달러이다.

미국의 EITC는 환급형 세액공제제도의 국제적인 확산에 영향을 주었다. 1986년부터 영국은 가족공제(Family Credit)를 도입하였고, 이 제도는 1999년 근로가정세액공제(Working Families Tax Credit: WFTC)로 전환되었다. 2003년 WFTC는 다시 근로세액공제(Working Tax Credit: WTC)제도로 변경되어 현재 시행 중이다. WTC는 영국의 대표적인 환급형 세액공제제도이며, EITC와 동일한 역할을 한다. 나아가 프랑스도 2002년부터 근로장려제도(Prime pour l'Emploi: PPE)를 도입하였으며(재정경제부, 2007: 8), 호주, 캐나다, 뉴질랜드, 네덜란드, 핀란드 등의 국가도 유사한 제도를 운영하고 있다(김재진 외, 2012: 9; 윤희숙, 2012: 2).

그러나 EITC의 국제적인 확산은 주로 영어권 국가들에 제한되어 있다. 유럽 국가들은 환급형 세액공제제도의 도입에 제한적이며, 도입하더라도 미국처럼 폭넓게 활용하지 않고 있다. 유럽 국가들의 경우 이미 아동수당과 보육서비스를 중심으로 아동양육 지원체계가 구조화되어 있기 때문에, 주로 자녀가 있는 가정을 지원하는 EITC의 필요성이 높지 않을 수 있다. 나아가 노동시장의 유연성이 높고 저임금 근로자가 많은 미국과 달리 최저임금이나 노동자보호와 관련 규제가 엄격한 유럽 국가들에서는 EITC의 근로유인효과가 제한적이기 때문에(윤희숙, 2012: 3), EITC가 그다지 매력적이지 않을 수 있다. 또한 미국에서 EITC 확대의 주요 동기가 되었던 근로유인 효과는 유럽에서 관심 높은 주제가 아니다. 자유주의적 빈곤관이 지배적인

---

4) 조정총소득(Adjusted Gross Income)은 근로소득, 재산소득(이자소득, 배당소득 등), 연금소득을 합산한 금액에서 개인퇴직계좌(Individual Retirement Account) 납입금, 학자금대출 이자 등 일부 공제항목을 제외한 소득을 의미한다(최현수, 2007: 111). 우리나라의 과세표준액과 유사하다.

영미권 국가들에서는 근로유인효과가 주요 관심사이지만, 유럽 대륙권 국가들에서는 상대적으로 근로유인효과에 대한 관심도가 떨어지는 것으로 나타난다(Reubens, 1990: 190).

2. 근로장려세제의 도입과 발전과정

미국의 EITC는 2006년 노무현 정부에 의해 근로장려세제라는 이름으로 우리나라에 도입되었다. 1997년 외환위기로 인해 실업이 급증하자 김대중 정부의 정책적 우선순위는 실업극복에 맞추어졌다. 때마침 근로연계복지(welfare to work)를 내용으로 하는 영국 블레어 정부의 '제3의 길' 노선이 각광을 받자, 김대중 정부는 '생산적 복지'라는 모토 아래 실업문제에 접근하였다. 이 과정에서 대표적인 근로조건부 복지로 평가받던 EITC를 도입하자는 제안이 사회과학계에서 잇따라 제기되었다(김태성, 2000; 황덕순, 2000; 김형기, 2000; 유태균, 2000).

2001년 8월 김대중 정부는 IMF의 구제금융 195억 달러를 전액 상환하여 공식적으로 외환위기 국면에서 벗어났고, 고용 상황을 비롯한 제반 경제적 여건이 호전되었다. 그러나 한국 사회는 비정규직 노동층이 크게 증가하면서 사회의 양극화 문제가 이슈화되기 시작했다. 1990년대부터 진행되어 온 노동시장의 유연화는 외환위기를 계기로 극대화되었고, 불안정 고용층의 증가는 근로빈곤층(working poor)을 확산시켜 분배상태를 악화시켰다. 이에 EITC는 근로빈곤층을 지원하여 양극화를 해소할 수 있는 적절한 대안으로 부상하였다.

2003년 노무현 정부의 대통령직인수위원회는 '근로빈곤계층에게 장려금을 지급하는 EITC 시범사업 실시'를 복지분야 정책과제에 포함시켰고, EITC의 도입은 본격적인 정책 아젠다로 부상하였다. 2004년 출범한 빈부격차 · 차별시정위원회는 EITC의 도입에 가장 적극적이었다. 위원회는 산업구조와 노동시장의 양극화에 따라 일을 해도 빈곤에서 벗어나기 어려운 근로빈곤층이 증가한 결과, 실업률의 안정에도 불구하고 빈곤율이 상승하고 있다고 보았다. 나아가 국민기초생활보장제도는 빈곤감소 효과가 매우 낮으며, 차상위계층을 지원 대상에서 제외함으로써, 한 번 빈곤계층으로 떨어질 경우 빈곤의 재생산 및 악순환이 계속되고 있다고 파악하였다.

위원회는 기존의 사회보험제도로는 근로빈곤층의 문제에 접근하는 데 한계가 있으며, 근로빈곤층의 저임금 수준을 개선하기 위해서는 EITC의 도입이 필요하다고 보았다(김대성, 김연아, 2007: 56).

이에 대해 재정경제부는 도입에 반대하였으나, 제도 자체에 대한 반대라기보다는 시기상조론에 가까웠다. 즉, 재정경제부도 EITC가 바람직한 제도라고 인정했지만, 이 제도를 도입하기 위한 소득파악 인프라가 구축되어 있지 않기 때문에 당시 시점에서 제도를 도입하는 것은 실효성이 떨어진다고 보았다. 2000년대 초반은 신용카드와 현금영수증의 사용이 이제 막 확대되기 시작한 초기상태였기 때문에 영세사업장의 소득파악률이 높지 않았으며, 일용직 노동자들에 대한 소득신고시스템도 구축되지 않은 상황이었다.

하지만 노무현 정부의 시행 의지는 강력했고, 결국 인프라 확충을 전제로 한 EITC의 단계적 도입을 확정하였다. 이에 따라 2005년 1월 빈부격차·차별시정위원회 산하에 EITC 연구기획단이 설치되었다. 기획단의 검토 결과를 기초로 노무현 정부는 2005년 8월 국정과제회의에서 2007년 EITC를 도입하여 2008년에 최초의 급여를 지급하는 방안을 확정하였다. 나아가 공모를 통해 한국 EITC 제도의 이름을 '근로소득지원세제'로 결정하였다(최현수, 2007: 99). 이 과정에서 민주노동당은 EITC제도가 미국의 신자유주의적인 제도로서 최저임금제도를 약화시켜 저임금구조를 고착시킬 위험성이 크다는 이유로 제도도입에 반대하는 목소리를 냈지만(성은미, 2005: 37-41), 정책결정과정에 실질적인 영향을 주지는 못했다.

2005년 12월 재정경제부는 산하에 EITC의 설계와 입법화를 추진하기 위한 '근로소득지원세제 추진기획단'을 구성되었다. 이를 계기로 EITC 도입의 중심축은 빈부격차·차별시정위원회에서 재정경제부로 이동하였다. 재정경제부는 2006년 7월 제도의 명칭을 재공모하며 '근로소득지원세제'에서 '근로장려세제'로 변경하였고, 8월 21일 '2006년 세제 개편안'을 통해 근로장려세제 시행방안을 공식화하였다. 제도의 명칭 변경은 중요한 의미를 갖는다. EITC는 '근로빈민의 지원'과 '근로유인'이라는 두 가지 측면에서 지지된다. 미국의 EITC는 AFDC의 대안으로 부상되었기 때문에 근로유인의 측면에 초점을 맞춘 제도였다. 반면 빈부격차·차별시정위원회의 문제제기는 주로 비정규직 노동층을 중심으로 한 근로빈민에 대한 지원문제였다. 노무현 정부 초창기 EITC의 도입에 대한 논의는 주로 근로빈민에 대한 효과적인 지원 차원에서 이루어졌다면, 2015년 12월 추진주체가 재정경제부로 이관된 이후에는 근로유인 차원으로 무게중심이 이동되었다. 이는 명칭이 '지원체계'에서 '근로장려'로 변경된 데서도 나타나며(최현수, 2007: 101), 제도도입 후 진행된 제도의 평가나 분석의 초점이 근로빈민에 대한 보호 측면보다는 노동공급효과나 근로유인효과에 집중되는 원인이 되었다.

정부는 당초 2007년 소득을 토대로 2008년 9월부터 근로장려금을 지급할 예정이었으나, 소득파악 인프라 구축이 지연되면서 근로장려세제의 시행은 1년 연기되었다. 2006년 12월 국회는 근로장려세제를 입법하지만, 적용시기를 1년 유예하고 2009년부터 급여를 지급하는 것으로 수정하여「조세특례제한법」개정안을 통과시켰다. 근로장려세제를「소득세법」이 아닌「조세특례제한법」을 통해 입법화한 이유는 개인단위로 구조화된 소득세체계에 가구단위로 운영되는 근로장려세제를 담는 것이 힘들었으며,「소득세법」에는 환급형 세액공제(refundable tax credit)에 대한 개념이 없기 때문이었다. 반면「조세특례제한법」은 근로장려금을 기납부세액으로 간주하여 운영할 수 있었다(최현수, 2007: 107-108).

2006년 입법된 근로장려세제의 적용대상은 근로소득가구에 한정되었으며, 자영업자는 단계적 조치에 의해 2014년부터 적용할 계획이었다. 근로소득가구도 다음과 같은 세 가지 요건을 모두 충족해야 했다. 첫째, 18세 미만의 자녀를 2명 이상 부양하는 가구, 둘째, 부부합산 총소득이 연간 1,700만 원 미만인 근로자가구, 셋째, 무주택자이며, 일반재산의 합계액이 1억 이하인 가구. 나아가 국민기초생활보장제도의 급여를 3개월 이상 수급한 경우도 근로장려금 신청대상에서 제외되었다. 이 중 가장 쟁점이 되었던 내용은 국민기초생활보장수급자의 제외 문제였다. 이 문제는 빈부격차·차별시정위원회 산하 EITC 연구기획단 때부터 첨예하게 논쟁이 되었다. 기초생활보장수급자를 배제해야 한다는 측은 높은 최저생계비를 보장받는 수급자에게 근로장려세제를 적용하는 것은 과도한 급여 지급이라는 것이었다. 나아가 통합급여체계와 보충급여방식 때문에 수급자들의 탈수급동기가 악화된 상황에서 소액의 근로장려금을 지급하더라도 근로유인효과는 제한적이라는 이유를 제시하였다. 반면 기초생활보장수급자를 포함시켜야 한다는 측은 수급자들이 소득지원을 가장 필요로 하는 계층이며, 근로능력이 있는 수급자들의 근로유인을 제고할 수 있다는 논거를 제시하였다. 빈부격차·차별시정위원회가 관장할 때는 기초생활보장수급자를 포함시켜야 한다는 주장이 우세하였지만, 재정경제부로 주도권이 넘어가면서 반대 의견이 주류를 이루었다(최현수, 2007: 114-115). 결국 기초생활보장수급자들은 2014년에 가서야 근로장려금을 지급받을 수 있었다.

근로장려세제의 급여산정 구조는 미국의 EITC를 벤치마킹한 것이었다. [그림 14-4]는 2006년 입법 당시 근로장려세제의 급여산정체계를 나타낸 것이다. 미국의 EITC와 마찬가지로 점증구간, 평탄구간, 점감구간의 3단계로 구성되었다. 점증구간의 경계소득은 800만 원이었는데, 이는 당시 최저임금을 받는 노동자가 법정 최대근로시간인 40시간을 일했을 경우 받는 연간소득을 고려하여 정해진 것이었다. 평탄구간의 경계소득인 1,200만 원은 가구당 근로인원을 1.5명으로 가정하여 점증구간과 동일한 방식으로 산출한 수치였다. 적용기준소득 1,700만 원은 4인 가족 차상위계층의 최저생계비를 감안한 수치였다. 그리고 점증구간의 점증률 10%는 1975년 미국이 EITC 제도를 도입할 당시의 점증률을 참조한 것이며, 경계소득과 점증률이 결정됨에 따라 최대급여액 80만 원과 점감률은 자연스럽게 도출되었다(최현수, 2007: 116).

그러나 [그림 14-4]의 급여산정체계는 2009년 근로장려세제가 시행되기도 전에 개정되었다. 서브프라임 모기지사태로 촉발된 세계 금융위기가 2008년 리먼 브라더스의 파산을 계기로 우리나라에서도 본격화되었다. 이에 이명박 정부는 근로빈곤층을 지원하기 위하여 2008년 말 세법을 개정하여 근로장려금 수준을 상향조정하였다. 이에 따라 두 명 이상의 자녀를 부양하는 가구로 제한됐던 부양아동기준은

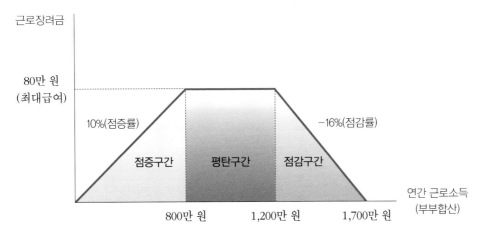

[그림 14-4] 2006년 입법 당시 근로장려세제의 급여산정체계

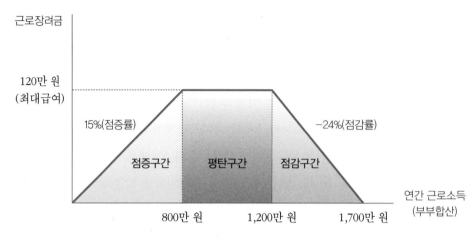

[그림 14-5] 2009년 개정 근로장려세제 급여산정체계

'1명 이상'으로 완화되었으며, 무주택 기준은 기준시가 5천만 원 이하의 소규모 1주택자도 지급받을 수 있도록 완화되었다. 나아가 급여산정체계는 [그림 14-5]와 같이 변경되었다. 2006년 입법안과 비교할 때, 구간별 경계소득과 적용기준소득의 변화는 없으나 최대지급액이 80만 원에서 120만 원으로 인상되었다.

2011년 제2차 근로장려세제의 변화는 무자녀 가정으로의 적용범위 확대와 부양자녀 수에 따른 급여산정체계의 차등화로 요약될 수 있다. 재정경제부는 2000년대 이후 1·2인 가구가 확산되자 당초 2030년에서나 적용할 예정이었던 무자녀가구에 대해 조기적용을 결정하였고, 무자녀 가구 중 배우자가 있는 가구에 한해 근로장려금을 지급할 수 있도록 세법을 개정하였다. 아울러 특수고용노동자 중 소득파악 정도가 진전된 보험판매원과 방문판매원에 대해서도 근로장려세제를 적용시켜 자영업자 적용확대의 첫발을 내딛었다. 부양자녀 수에 따라 급여산정체계를 차등화한

표 14-2 2011년 개정 근로장려세제 급여산정체계

자녀수	총소득기준	최대지급액	점증률	점감률
0	1,300만 원 미만	연 70만 원	11.7%	−17.5%
1명	1,700만 원 미만	연 140만 원	17.5%	−28%
2명	2,100만 원 미만	연 170만 원	18.9%	−18.9%
3명 이상	2,500만 원 미만	연 200만 원	22.2%	−15.4%

출처: 최현수(2011: 7).

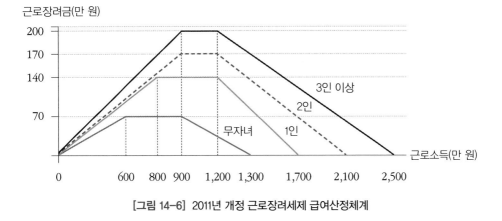

[그림 14-6] 2011년 개정 근로장려세제 급여산정체계

것은 저출산대책과의 연계성을 고려한 조치였다. 근로장려세제는 미국의 EITC와 같이 자녀 수가 0, 1명, 2명, 3명 이상인 경우로 범주화하였고, 구체적인 급여산정체계는 〈표 14-2〉와 같다. 이에 따라 자녀 수가 3명 이상인 다자녀 가구의 경우 적용범위는 연소득 2,500만 원의 가구까지 확대되었고, 근로장려금의 최대지급액도 연간 200만 원으로 상향조정되었다. 그 결과 근로장려금의 산정체계는 [그림 14-6]과 같이 변경되었다. 이러한 조정에도 불구하고 가장 대상자가 많은 한 자녀 가구는 2006년 설정된 급여산정구조가 그대로 적용되었기 때문에 근로장려금의 가치는 심각하게 하락하였다.

　2012년 제18대 대통령선거과정에서 박근혜 후보는 저출산대책과 관련된 공약으로 자녀장려세제의 도입을 내세웠고, 2015년부터 자녀장려금이 지급되었다. 이에 따라 부양아동 수에 따라 차등화된 구조를 갖고 있던 근로장려세제의 개편이 불가피하게 되었다. 2014년 근로장려세제 개편의 특징은 자녀장려세제와의 중복을 피하기 위해 부양아동 수에 따른 차등화를 폐지하고 맞벌이 가구와 홑벌이 가구에 따라 급여산정기준을 차등화한 것이다. 그동안 근로장려세제는 부부합산소득을 기준으로 하면서도 홑벌이 가구와 맞벌이 가구를 구분하지 않았기 때문에 2인의 소득이 합산되는 맞벌이 가구가 불리하다는 평가를 받아 왔다. 이는 저임금 여성노동자의 노동시장 참여를 꺼리는 원인이 될 수 있다는 측면에서 문제로 지적되었다. 이에 따라 2014년 개편은 여성의 경제활동 참여를 촉진하기 위해 맞벌이 가구의 혜택을 강화하는 데 초점이 맞춰졌다. 2014년 근로장려세제의 급여산정체계는 〈표 14-3〉과

표 14-3 **2014년 개정 근로장려세제 급여산정체계**

자녀 수	점증구간	평탄구간	점감구간	최대지급액
단독가구	0~600만 원	600~900만 원	900~1,300만 원	70만 원
홑벌이 가구	0~900만 원	900~1,200만 원	1,200~2,100만 원	170만 원
맞벌이 가구	0~1,000만 원	1,000~1,300만 원	1,300~2,500만 원	210만 원

출처: 최현수(2013: 7).

같다.

맞벌이 가구의 경우 연소득 2,500만 원까지 근로장려금을 지급받을 수 있으며, 연간 최대지급액은 210만 원으로 설계되었다. 홑벌이 가구는 연소득 2,100만 원 미만인 가구에게 최대 170만 원을 지급하였다. 여기에 자녀 1인당 50만 원의 자녀장려금이 추가되기 때문에 급여수준은 2011년에 비해 크게 상승한 것으로 평가된다. 이에 따라 근로장려세제의 급여산정체계는 [그림 14-7]과 같이 변경되었다.

2014년 근로장려세제는 급여산정체계의 변경 이외에도 박근혜 대통령의 공약에 따라 2006년 입법 당시 논란이 되었던 국민기초생활수급자들도 근로장려금을 받을 수 있도록 하였다. 아울러 2012년부터 단독가구도 근로장려세제의 적용을 받기 시작하였다. 2012년 60세 이상 단독가구를 시작으로 단계적으로 적용을 확대하여 2016년에는 30세 이상의 단독가구까지 적용하도록 결정하였다. 나아가 2015년부터는 일부 고소득 전문직종을 제외한 사업소득자(자영업자)들도 적용되도록 하였다. 또한 재산기준을 1억 원에서 1억 4천만 원으로 완화하였고, 주택소유규정을 폐

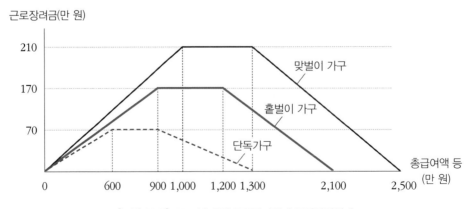

[그림 14-7] 2014년 개정 근로장려세제 급여산정체계

지하였다. 그러나 재산기준이 완화된 구간(1억 원~1억 4천만 원)의 가구에게는 근로장려금과 자녀장려금의 50%를 감액조정하여 지급하였다.

　2014년 이후에는 급여산정체계의 변경과 같은 구조변화는 나타나지 않았다. 그러나 2018년 문재인 정부의 모수적 개혁은 지금까지의 구조개선을 뛰어넘는 획기적인 개혁으로 평가된다. 먼저, 모든 구간의 최대지급액을 상향조정하여 맞벌이 가정의 경우 최대 300만 원을 수급할 수 있도록 하였으며, 평탄구간을 확대하여 최대지급액을 수급하는 가구를 크게 증가시켰다. 단독가구의 연령요건을 폐지하여 20대 미혼 노동자도 근로장려금을 수급할 수 있도록 하였으며, 재산기준도 2억으로 확대하였다. 또한 매년 9월 지급하던 근로장려금의 지급시기도 근로소득가구에 한해 반기별 지급이 가능하도록 조치하였다. 이에 따라 〈표 14-4〉에서 볼 수 있듯이 2018년 근로장려금 수급가구 수와 지급규모는 전년도에 비해 크게 확대되었다.

　〈표 14-4〉는 2009년 근로장려세제 도입 이후 2020년 현재까지 근로장려금 수급가구 수와 총지급액의 변화추이를 나타낸다. 2008년 소득을 근거로 2009년 지급된

표 14-4 연도별 근로장려금 수급가구 수 및 지급액

연도	수급자가구 수	총지급액(백만 원)
2008	590,720	453,731
2009	566,080	436,903
2010	522,098	402,003
2011	752,049	614,021
2012	783,397	561,761
2013	846,018	774,492
2014	1,281,856	1,056,562
2015	1,439,146	1,057,397
2016	1,655,058	1,196,707
2017	1,793,234	1,338,096
2018	4,102,022	4,504,865
2019	4,214,277	4,391,528
2020	4,206,833	4,428,643

출처: 재정경제부(각 년도).

근로장려금 수급가구는 59만 명이었으며, 총지급액은 4,537억이었다. 2011년까지 급여산정체계의 변화가 없었기 때문에 이후 2년간 수급가구와 총지급액은 조금씩 감소하였다. 그러나 2011년 다자녀가구에 대한 지급액을 높이고 적용기준소득을 1,700만 원에서 2,500만 원으로 확대하면서 수급가구는 75만 명으로 증가하였고 총지급액도 6,140억 원으로 상승하였다. 2014년부터 국민기초생활보장수급자와 단독가구, 그리고 자영업자의 적용이 단계적으로 확대되면서 해마다 수급가구 수와 총지급액은 점진적으로 늘어났다. 그리고 2018년 문재인 정부의 대대적인 개선조치에 힘입어 수급가구는 2017년 179만 가구에서 2018년 410만 가구로, 지급액 규모는 1조 3,381억 원에서 4조 5,048억 원으로 크게 상승하였다. 근로장려세제의 확대에는 별다른 비토세력이 없기 때문에 근로장려금의 증가추이는 당분간 계속될 것으로 예상된다.

3. 근로장려세제의 현황

2022년 현재 근로장려세제의 총급여액 기준과 근로장려금 산출방법은 〈표 14-5〉와 같이 가구구성에 따라 차등화되어 있다.[5] 단독가구의 경우 연간 총급여액[6]이 2,200만 원 미만일 때 근로장려금 지급대상이 되며, 400만~900만 원 미만의 가구는 150만 원을 지급받는다. 400만 원 미만의 가구는 총급여액이 증가할수록 근로장려금 지급액도 상승하며, 점증률은 37.5%(150/400)이다. 반면 900~2,200만 원 미만의 가구는 총급여액이 증가할수록 근로장려금은 감소되며, 점감률은 11.5%이다.

홑벌이 가구는 총급여액이 3,200만 원 미만의 가구까지 지급대상이 되며, 700~1,400만 원 미만의 가구는 260만 원을 수급한다. 700만 원 미만 가구는 점증구

---

5) 가구구성에서 단독가구는 배우자, 부양자녀, 70세 이상 직계존속이 모두 없는 가구를 의미한다. 반면 홑벌이 가구는 배우자의 총급여액이 3백만 원 미만이거나, 배우자 없이 부양자녀가 있는 가구, 또는 연간 소득 100만 원 이하의 70세 이상 직계존속이 있는 가구 중 하나에 해당되는 가구이다. 맞벌이 가구는 배우자의 총급여액이 3백만 원 이상인 가구를 의미한다.

6) 여기서 총급여액은 근로소득, 사업소득, 이자소득, 배당소득, 연금소득, 기타소득, 종교인소득을 합산한 금여액이며, 사업소득은 사업소득 총수입금액에 업종별 조정률을 곱하여 산출한다.

표 14-5　2022년 근로장려금 산정방식

가구구성	총급여액	근로장려금 산출액
단독 가구	400만 원 미만	총급여액×150/400
	400만 원 이상 900만 원 미만	150만 원
	900만 원 이상 2,200만 원 미만	150만 원−(총급여액−900만 원)×150/1,300
홑벌이 가구	700만 원 미만	총급여액×260/700
	700만 원 이상 1,400만 원 미만	260만 원
	1,400만 원 이상 3,200만 원 미만	260만 원−(총급여액−1,400만 원)×260/1,800
맞벌이 가구	800만 원 미만	총급여액 × 300/800
	800만 원 이상 1,700만 원 미만	300만 원
	1,700만 원 이상 3,800만 원 미만	300만 원−(총급여액−1,700만 원)×300/2,100

출처: 「조세특례제한법」 제100조의5.

간에 해당되며, 점증률은 37.1%이다. 반면 1,400~3,200만 원의 가구는 점감구간에 해당되며, 총급여액이 증가하면 14.4%의 점감률로 근로장려금이 감소된다. 맞벌이 가구가 근로장려금의 지급대상이 될 수 있는 총급여액은 3,800만 원 미만이며, 800~1,700만 원 미만의 가구는 300만 원을 수급할 수 있다. 800만 원 미만은 점증구간이며, 점증률은 단독가구와 마찬가지로 37.5%이다. 총급여액이 1,700만 원 이상이면 14.3%의 점감률로 근로장려금은 하락한다. 이를 그림으로 나타내면 [그림

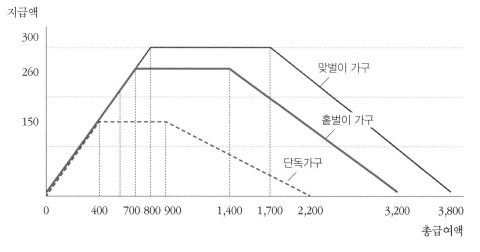

[그림 14-8] 2022년 현재 근로장려세제 급여산정체계

14-8]과 같다.

2009년 도입 당시 근로장려세제는 부양자녀가 1명 이상인 가구만을 대상으로 시작하였지만, 2011년부터 단계적으로 무자녀 가구를 포함하기 시작하여 2011년에는 배우자가 있는 무자녀 가구, 2012년에는 60세 이상의 단독가구, 2016년에는 50세 이상, 2017년에는 40세 이상, 2018년 30세 이상의 단독가구를 적용대상에 포함하였다. 그리고 2019년부터 30세 미만의 단독가구로 적용범위를 확대하여 단독가구의 연령제한을 폐지하였다.

근로장려금을 지급받기 위해서는 총급여액 요건 외에 재산요건도 충족시켜야 한다. 즉, 전체 가구원이 소유하고 있는 재산의 합계액이 2억 원 미만이어야 한다.[7] 나아가 재산의 합계액이 1억 4천만 원에서 2억 원 미만에 해당되는 가구는 〈표 14-5〉에 의해 산출된 근로장려금의 50%만 지급받는다. 제도 도입 초기에는 주택요건을 요구하여 무주택자나 일정 가격 이하의 1주택자만을 적용대상으로 하였으나, 2018년 폐지되었다. 즉, 주택소유 여부는 근로장려금 수급 여부에 직접적인 영향을 주지 않는다. 그러나 주택소유는 재산액에 영향을 주기 때문에 영향력이 완전히 사라졌다고 보기는 힘들다.

나아가 다음에 해당하는 경우는 근로장려금 신청대상에서 제외된다. 첫째, 대한민국 국적을 보유하지 않은 사람. 다만, 외국인 중에서 대한민국 국적자와 혼인했거나 대한민국 국적의 부양자녀를 가진 사람은 신청대상으로 인정된다. 둘째, 해당 소득세 과세기간 중 다른 거주자의 부양자녀인 사람. 셋째, 본인이나 배우자가 고소득 전문직 사업을 하고 있는 가구.[8] 입법 당시 논란이 되었던 국민기초생활보장수급자의 경우 2014년부터 신청대상에 포함되었다. 국민기초생활보장제도에서는 소득인정액 산정 시 근로장려금을 실제소득에서 제외시키기 때문에 기초생활보장 수급자들은 생계급여의 감액조정 없이 근로장려금을 동시에 수급할 수 있다.

근로장려세제는 신청주의를 채택하고 있기 때문에 근로장려금을 받기 위해서는

---

7) 재산에는 토지, 건물(주택 포함), 자동차(비영업용에 한정), 전세금, 예금, 적금, 부금, 저축성보험, 주식, 채권, 회원권 등이 포함된다.

8) 근로장려금 신청대상에서 제외되는 전문사업은 다음과 같다. 변호사업, 심판변론인업, 변리사업, 법무사업, 공인회계사업, 세무사업, 경영지도사업, 기술지도사업, 감정평가사업, 손해사정인업, 통관업, 기술사업, 건축사업, 도선사업, 측량사업, 공인노무사업, 의사업, 한의사업, 약사업, 한약사업, 수의사업

매년 5월 종합소득세 신고기간에 신청을 해야 한다. 국세청은 신청내용의 적정 여부를 심사하여 9월 30일 전까지 근로장려금을 지급한다. 그 결과 근로장려금은 저소득 근로가구의 추석보너스라고 불려지기도 한다. 근로장려금은 연간 1회 지급하는 것이 원칙이지만, 과세기간 소득이 근로소득만 있는 가구에 한해 반기지급을 허용한다. 반기별 수급자는 근로장려금 산정액의 35%를 반기별로 지급받고, 소득귀속연도 다음 해 5월 정기신청 시 환급금액과 반기별 기지급금액을 비교하여 정산한다.

　근로장려세제는 제도 도입 당시 소득파악 인프라의 부족으로 인해 시기상조를 주장하는 약간의 반대가 있었지만, 다른 사회보장제도와 비교하면 대단히 순조롭게 제도의 도입과 확대가 진행된 편이다. 이는 별다른 비토세력이 없었기 때문이다. 다른 사회보장제도들은 대부분 도입과 확대과정에서 재정경제부가 예산 배정을 무기로 강력한 비토세력의 역할을 해 왔다. 그러나 근로장려세제는 재정경제부가 주무부처로서 주요 확대과정을 주도함에 따라 순조롭게 제도가 팽창되었다. 미심쩍은 근로유인효과에도 불구하고 재정경제부는 조직의 영향력을 높이기 위해 앞으로도 근로장려세제와 자녀장려세제를 계속 확충해 나갈 가능성이 높다. 다만, 근로장려세제는 주된 정책대상이 근로빈민층이며, 노동부의 고용보험, 국민취업지원제도, 보건복지부의 국민기초생활보장제도의 자활사업 등과 대상층이 상당히 중복된다. 저소득 근로계층에 대한 효과적인 지원을 위해서는 제도 간의 적절한 역할분담과 체계적인 연계가 필요한바, 이에 대한 부처 간의 협업체계가 필요할 것으로 판단된다.

4. 자녀장려세제의 이해

1) 아동세액공제제도의 이해

　자녀장려세제(Child Tax Credit)는 자녀가 있는 가구의 양육부담을 덜어 주기 위하여 운영되는 환급형 세액공제제도(refundable tax credit)이다. 우리나라는 박근혜 대통령의 공약으로 제기되어 2015년부터 자녀장려금을 지급하기 시작하였다. 자녀장려금의 원형이 되는 아동세액공제(Child Tax Credit: CTC)는 미국, 영국, 호주, 캐나다, 뉴질랜드 등 주로 영어권 국가들에서 활성화되어 있다(김재진, 2014: 29). 반면 아동수당과 보육서비스를 중심으로 아동양육 지원체계가 구조화되어 있는 유럽에서는 환급형 세액공제제도의 역할과 범위가 제한적이다. 영어권 국가들 중에서도 CTC가 가장 활성화되어 있고 중산층 이상의 대상까지 포괄하고 있는 국가는 미국이다. 현재 미국은 CTC를 유럽의 아동수당 수준까지 확대하는 문제를 두고 뜨거운 논쟁을 벌이고 있다. 이 책에서는 현재 가장 큰 역동성을 보이고 있는 미국을 중심으로 CTC의 기본구조를 살펴보고자 한다.

미국의 CTC는 클린턴 정부가 복지개혁의 맥락에서 제정한 1997년 「조세감면법(Taxpayer Relief Act of 1997)」을 통해 제도화되었다. CTC는 미국 중산층 가정의 자녀 양육 부담을 완화시키기 위해 세 부담을 경감해 주는 것을 목적으로 도입되었다. 1998년 도입 당시에는 17세 미만의 자녀 1인당 최대 400달러를 세액에서 공제해 줬으며, 환급형 제도는 아니었다. 공제세액의 환급은 세 명 이상의 자녀를 둔 가정에 한해 제한적으로 이루어졌을 뿐이었다. 1999년 최대공제액이 500달러로 인상되었지만, CTC가 환급형 세액공제제도로서 자리매김하게 된 것은 2001년 EITC와 연계되면서부터였다.

2001년 자녀 두 명을 둔 EITC 수급가구의 급여액은 연간 소득 1만 20달러 가구부터 더 이상 증가하지 않았다. 이에 따라 CTC는 1만 불 이상 소득 가구들에 대한 환급을 강화하였고, EITC 감소분을 보완해 주는 역할을 하였다. 그 결과 CTC의 최저소득기준은 한동안 EITC와 연계되었다. 그러나 2008년부터 CTC는 EITC와의 연계를 파기하고 최저소득기준을 8,500달러로 하향조정하여 독립적으로 운영되기 시작하였다. 코로나 바이러스 비상체제로 들어가기 직전인 2020년까지 최저소득기준은 2,500달러까지 하락하였다(Urban-Brookings Tax Policy Center, 2021).

2012년 「미국조세감면법(The American Taxpayer Relief Act of 2012)」에 의해 CTC제도의 최대공제액은 1,000달러로 상승하였다. 2017년 트럼프 행정부가 제정한 「조세감면 및 일자리법(Tax Cuts and Jobs Act of 2017)」에 의해 최대공제액은 2,000달러로 인상되었고, 2020년까지 유지되었다. CTC는 17세 미만의 자녀 1인당 최대 2,000달러의 세액공제를 제공한다. 연소득이 2,500달러 미만인 가구는 대상에서 제외된다. [그림 14-9]의 회색선과 같이 CTC는 EITC와 마찬가지로 점증구간, 평탄구간, 점감구간으로 구성되지만, 점증구간이 아주 짧고 평탄구간이 매우 넓기 때문에 20만 달러 미만의 홑벌이 가구는 대부분 자녀 1인당 2,000달러를 공제받는다.

홑벌이 가정은 20만 달러의 가구까지, 맞벌이 가정은 40만 달러의 가구까지 최대 지급액을 받으며, 이를 초과하면 5%의 점감률로 감액조정된다. 그 결과 홑벌이 가정의 경우에는 24만 달러, 맞벌이 가정의 경우에는 44만 달러의 가구까지 수혜대상 가구가 된다. 따라서 미국의 CTC를 저소득층을 위한 제도로 보는 것은 어불성설이다. 이미 언급한 것처럼 중산층 가정 또는 준상류층 가정의 양육 부담을 완화해 주기 위한 제도로 보는 것이 합리적이다. 하지만 CTC는 부분환급형 제도이다. 최대공제액이 전액 현금으로 환급되지 않았다. 일차적으로 납부세액으로 상쇄되며, 현금으로 받는 부가아동세액공제(Additional CTC)은 최대 1,400달러로 제한된다(Urban-Brookings Tax Policy Center, 2021).

2020년부터 전 세계를 강타한 코로나 바이러스 사태가 발생하자, 바이든 정부는 CTC를 비상체제로 전환시켰다. 2020년 CTC체제는 본래 2025년까지 효력을 갖고 있었지만, 2021년 3월 「미국구조계획법(American Rescue Plan Act)」에 의해 일시 중단되었다. 그리고 2021년에 한정된 임시조치가 시행되어 CTC는 크게 확장되었다.

2021년 임시조치는, 첫째, 자녀 1인당 2,000달러였던 최대공제액을 2021년에 한해 6세 미만 아동은 3,500달러로 인상하며, 6∼17세 미만 아동은 3,000달러로 상향 조정하였다.

둘째, 수혜가구를 2,500달러 이상의 가구로 제한했던 최저소득기준을 철폐하였다. 이에 따라 자녀를 가진 모든 저소득 가정들은 소득 유무에 상관없이 CTC의 공제대상이 될 수 있었다.

셋째, 부분환급형 제도로 운영되었던 CTC를 완전환급형 제도로 전환하였다. 이에 따라 최대공제액 전액을 현금이나 수표로 지급받게 되었다.

넷째, 코로나 바이러스 사태로 침체된 경기를 부양을 위해 선지급제도(Adcance CTC)를 실시하였다. 매년 4월 15일 소득신고기간 이후 한 차례 지급하던 공제액을 소득신고 이전이라도 신청에 의해 예상공제액의 50%를 선지급하고 소득신고 후에 사후정산하도록 하였다.

2020년과 2021년 CTC를 비교하면 [그림 14-9]와 같다. [그림 14-9]는 홑벌이 가구의 급여산정체계를 나타낸 것이다. [그림 14-9]의 회색선은 2021년 이전의 CTC를 나타내고 있다. 이미 설명한 바와 같이 2,500달러부터 세액공제를 적용하기 시작

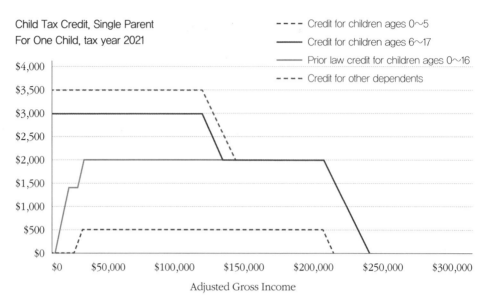

[그림 14-9] 2021년 현재 미국의 CTC와 이전 체계 비교

하며, 20만 달러의 가구까지는 최대액인 2,000달러를 공제받는다. 그리고 20만 달러부터 5%의 점감률로 하락하여 24만 달러가 되면 공제액이 0이 된다. 그러나 2021년의 CTC를 나타내는 청색선들은 최저소득기준과 점증구간 없이 곧바로 소득이 0인 가구부터 최대공제액을 지급하기 시작한다. 이후 소득이 높아짐에 따라 2단계에 걸쳐 점감을 거치게 된다. 1단계는 6세 미만이나 6세 이상 여부에 상관없이 11만 2,500달러부터 공제액이 줄어들기 시작하여, 2020년의 최대공제액이었던 2,000달러에 도달할 때까지 5%의 점감률로 하락한다. 2단계는 2020년 체제와 마찬가지로 20만 달러부터 점감이 시작되며, 5%의 점감률로 공제액이 감소하여 24만 달러가 되면 공제액이 0이 된다.

이와 같은 바이든 대통령의 CTC 확대조치는 미국인들의 폭넓은 지지를 받았으며, 언론들은 미국에도 아동수당이 도입된 것으로 의미를 부여하였다. 실제 많은 미국의 언론들은 임시조치를 아동수당으로 표현하기도 하였고, 국내에도 비슷한 취지로 보도되기도 하였다(김태근, 2021: 60-61; 한겨레신문, 2021. 2. 16.).

그러나 문제는 확대조치가 2021년에 한해 한시적으로 시행되는 임시조치였다는 것이다. 따라서 2022년에는 다시 2020년 CTC체계로 환원되어야 했다. 이에 바이든 행정부는 2021년 확대조치를 2025년까지 연장하는 방안을 마련하였고, 이를 '보다 나은 재건 계획(Build Back Better Plan)'에 포함시켰다. 미국 아동의 빈곤율은 14%에 육박했고, 절대빈곤 가구에 속하지 않더라도 전체 아동의 40%가량이 생활필수품 조달에 어려움을 겪는 경제적 궁핍에 있었기 때문에 아동지원에 대한 공감대는 충분히 형성되어 있었다. 나아가 상당수의 공화당 의원들도 CTC 확대에 동의하고 있었고, 일부 의원들은 직접 입법을 준비하기도 했기 때문에(김태근, 2021: 63-64), CTC 확장안, 그 자체는 문제가 되지 않았다. 문제는 엄청난 예산투입이었다.

트럼프 정부와 바이든 정부는 코로나 바이러스 사태를 맞아 2020년 긴급지원과 2021년「미국구조계획법」을 통해 이미 4조 달러 이상을 시중에 풀어 놓은 상태였다. 미국경제는 시중 유동성이 넘치면서 오일쇼크 이후 최대의 인플레이션이 진행되었고, 미국인들의 생활은 심각한 타격을 받고 있는 상태이다. '보다 나은 재건법'은 주로 무상아동보육, CTC 확대, 육아휴직과 병가휴직의 지원, 오바마케어의 지원, 커뮤니티 칼리지의 무료화 등 사회서비스 확충에 1조 8천억 달러를 투입하는 내용을 담고 있었다. 이에 공화당은 인플레이션 심화를 이유로 바이든 정부의 경기부양책에 대해 전면 반대를 선언하였다. 여기에 일부 민주당 상원의원들이 동조하면서 2021년 12월 '보다 나은 재건법'의 의회 통과는 무산되었다.

이에 따라 2021년 한시적으로 운영되었던 CTC 비상체제는 2022년 1월부터 2020년 체제로 환원되었다. 가장 심각한 타격을 받은 계층은 저소득층이었다. 2020년 체제는 2,500달러 미만의 저소득가구를 CTC 지원대상에서 배제하고 있기 때문이다. 의회 통과가 무산된 '보다 나은 재건법'은 사실상 폐기되었고, 2022년 3월 현재 민주당은 '보다 나은 재건법' 내에서 의회 통과가 가능한 프로그램들을 선별하여 독립적인 법률로 입법하는 방안을 추진하고 있다. CTC 확대가 독립법안으로 재추진될지는 좀 더 지켜보아야 한다.

2) 자녀장려세제의 현황

자녀장려세제는 2012년 제18대 대통령선거 과정에서 박근혜 후보의 공약이었다. 박근혜 정부는 출범하자마자 2013년 3월 제1차 사회보장기본계획을 통해 자녀장려세제의 도입을 확정하였고, 2014년 1월 1일「조세특례제한법」을 개정하여 자녀장려세제를 도입하였다. 자녀장려세제는 2014년도 과세자료를 기초로 2015년부터 자녀장려금을 지급하기 시작하였다. 미국의 CTC가 광범위한 중산층과 준상류층을 대상으로 운영되고 있는 반면, 우리나라의 자녀장려세제는 저소득층 지원에 초점을 맞추고 있었다. 적용대상은 18세 미만의 자녀를 부양하는 연간 총소득 4,000만 원 미만의 가구였으며, 여기서 연간 총소득은 부부합산소득을 기준으로 하였고, 총소득의 개념은 근로장려세제와 동일하였다.

가구의 재산액은 1억 4천만 원 미만이었으며, 재산의 종류와 평가방법은 근로장려세제와 동일하였다. 가구의 재산액이 1억 원에서 1억 4천만 원 사이에 있는 가구에 대해 자녀장려금을 50% 감액하였는데, 이 역시 근로장려세제와 동일한 내용이었다. 나아가 2015년 자녀장려세제는 무주택자나 1주택자에게만 신청자격을 부여했다. 자녀장려금은 자녀 1인당 50만 원이 지급되었으며, 자녀 수에 대한 제한은 없었다. 다만, 홑벌이 가구는 총소득 2,100만 원의 가구까지 50만 원이 제공되고 이후 점감되는 반면, 맞벌이 가구는 총소득 2,500만 원까지 50만 원이 제공되었다. 가구 구분에 상관없이 자녀장려금의 최저보장금액은 30만 원이었다. 이를 그림으로 나타내면 [그림 14-10]과 같다. 자녀장려금과 근로장려금의 중복수급은 가능했지만, 기초생활보장제도의 생계급여 수급자는 생계급여 안에 자녀를 포함한 가구 구성원에 대한 요소가 반영되어 있다는 이유로 자녀장려금 적용대상에서 제외되었다.

2018년 문재인 정부는 장녀장려금의 최대급여수준을 70만 원으로 인상하고, 일부 조건을 합리화하였다. 2018년 체제는 현재까지 유지되고 있다. 2022년 현재 자녀장려세제의 적용범위는 도입 당시와 마찬가지로 18세 미만의 자녀를 부양하는

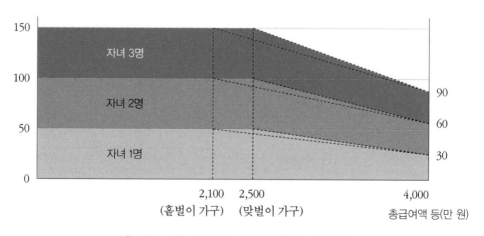

[그림 14-10] 2015년 자녀장려세제의 급여산정체계

연간 총소득 4,000만 원 미만의 가구이다. 단, 자녀장려세제는 기본적으로 세액공제제도이기 때문에 신고소득이 전혀 없는 가구는 적용대상에서 제외되며, 최소한의 신고소득이 있어야 한다. 2021년 국세청의 신청안내서에 따르면 자녀장려금을 신청할 수 있는 최소소득은 4만 원이다(국세청, 2021: 34). 가구의 재산액은 2억 미만이어야 하며, 재산액이 1억 4천만 원에서 2억 원 사이에 있는 가구는 자녀장려금이 50% 감액지급된다. 주택기준은 폐지되었으며, 나머지 자격요건은 근로장려세제와 동일하다.

도입 당시 제외되었던 생계급여 수급자도 2018년부터 적용대상이 되었다. 근로장려금과 마찬가지로 자녀장려금도 소득인정액 산정 시 실제소득에서 제외되기 때문에 기초생활보장 수급자들은 생계급여의 감액조정 없이 자녀장려금을 수급할 수 있다. 단, 4만 원 이상의 신고소득은 있어야 한다.

자녀장려세제의 실시와 함께 18세 미만 자녀에 대한 소득공제는 자녀세액공제로 전환되었고, 자녀장려금과 자녀세액공제는 동시에 적용될 수 없다. 따라서 자녀장려금을 받을 경우 자녀세액공제는 적용되지 않으며, 자녀장려금을 지급받지 않는 가구에 한하여 자녀세액공제가 적용된다.

자녀 1인당 최대지급액은 70만 원이며, 최저보장수준은 50만 원이다. 구체적인 급여산정방식은 〈표 14-6〉과 같다. 최대지급액과 최저보장수준만 올랐을 뿐 평탄구간의 경계소득과 적용기준소득의 도입 당시와 동일하다. 이에 따라 2022년 현재 자녀장려금의 산정방식을 그림으로 나타내면 [그림 14-11]과 같다. 자녀장려금의 신청은 근로장려금과 같이 이루어진다. 따라서 매년 5월 종합소득세 신고기간에 신

표 14-6 **2022년 자녀장려금 산정방식**

가구구성	총급여액	자녀장려금 산출액
홑벌이 가구	2,100만 원 미만	부양자녀 수×70만 원
	2,100만 원 이상 4,000만 원 미만	부양자녀 수×[70만 원−(총급여액−2,100만 원) ×20/1,900]
맞벌이 가구	2,500만 원 미만	부양자녀 수 × 70만 원
	2,500만 원 이상 4,000만 원 미만	부양자녀 수×[70만 원−(총급여액−2,500만 원) ×20/1,500]

출처: 「조세특례제한법」 제100조의29.

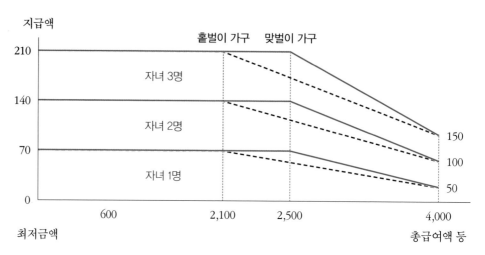

[그림 14-11] 2022년 현재 자녀장려세제 급여산정체계

청해야 하며, 국세청은 신청내용의 적정 여부를 심사하여 9월 30일까지 자녀장려금을 지급한다.

2015년 도입 때부터 2020년 현재까지 자녀장려금 수급가구 수와 총지급액은 〈표 14-7〉과 같다. 2014년도 과세소득을 기준으로 2015년 처음 지급된 자녀장려금의 수급가구는 107만 4,814가구였으며, 총지급액은 6,579억 원이었으나, 저출산과 적용범위의 동결로 인하여 계속 축소되고 있다. 2018년 자녀장려금의 상향조정에도 불구하고 수급가구 수의 하락 추이는 멈추지 않았고, 총지급액만 7,544억 원으로 상승되었다. 2021년 9월 국세청은 69만 9,183가구에게 6,017억 원의 자녀장려금을

표 14-7 **연도별 자녀장려금 수급가구 수 및 지급액**

연도	수급가구 수	총지급액(백만 원)
2014	1,074,814	657,898
2015	943,860	570,023
2016	1,061,797	563,670
2017	937,139	491,706
2018	879,302	754,361
2019	732,133	638,344
2020	699,183	601,695

출처: 재정경제부(각 년도).

지급하였다.

　2000년대 들어 우리나라의 합계출산율은 기록적으로 하락하였고, OECD 국가 중 최하위 수준으로 떨어졌다. 이에 따라 노무현 정부부터 거의 모든 정부는 저출산 대책을 앞다투어 실시하였다. 그 결과 현재 외국에서 시행되고 있는 아동지원 프로그램들은 거의 모두 도입된 상황이다. 하지만 이제 교통정리가 필요한 상황이다. 현재 저소득 아동을 지원하는 소득지원 프로그램으로는 아동수당, 양육수당(농어촌 양육수당, 장애아동 양육수당 포함), 영아수당, 보육료 지원, 무상보육 누리과정 지원, 장애아동수당, 자녀세액공제 그리고 자녀장려금 등이 있으며, 부모들도 헷갈릴 정도로 어지럽게 지원되고 있다. 각 제도의 특성을 고려하여 제도마다 분명한 역할을 부여하고, 제도 간의 역할분담을 명확하게 할 필요가 있다.

● 제1부 사회보장의개요

● 제2부 공적연금

제3부 의료보장

제4부 노동복지

● 제5부 **공공부조**와 **범주형 수당**

공공부조의 역사적 고찰

1. 공공부조의 발전과정

공공부조는 사회보장제도 중 가장 오래된 제도이다. 공공부조는 사회복지정책의 출발이었으며, 공공부조의 역사는 16세기 빈민법체제까지 거슬러 올라간다. 빈민법체제는 이미 제2장에서 살펴 보았기 때문에, 이 장에서는 1945년 이후의 발전과정에 집중할 것이다.

제2차 세계대전이 끝나자 영국과 스웨덴을 비롯한 유럽 국가들은 일제히 사회보장제도의 확충에 나섰다. 그러나 공공부조는 이 과정에서 완전히 밀려났다. 이는 대부분의 국가들이 공공부조를 주변적인 제도로 생각했기 때문인데, 여기에는 베버리지보고서의 영향이 크게 작용하였다. 베버리지는 공공부조가 장기적으로 크게 축소될 것으로 파악하였다. 베버리지는 복지국가의 예산 추정에서 1945년 공공부조의 예산을 4천 7백만 파운드로 추산하였지만, 1965년에는 3천 2백만 파운드로 축소될 것으로 예측하였다(Beveridge, 1942: 199). 베버리지는 복지국가가 구축되더라도 공공부조는 계속 필요하지만, 사회보험과 아동수당이 체계적으로 정비되면 대상자 수는 현저히 감소될 것으로 예측하였다. 따라서 공공부조는 복지국가 체계에서 주변적 제도로 규정되었고(Purdy, 1988: 202), 점차 소멸될 것으로 가정되었다(지은정, 2006: 182).

이에 따라 1950~1960년대 공공부조는 복지국가의 정책적 우선순위에서 밀려났다. 그러나 미국은 이러한 국제적인 흐름과 정반대로 청개구리처럼 움직였다. 오히려 미국은 1964년 빈곤과의 전쟁을 통해 공공부조 중심으로 사회보장제도의 확충에 나섰다.

1) 1964년 미국의 빈곤과의 전쟁

다른 나라들이 복지국가 확충에 전력을 다하던 1950년대 미국은 매카시즘 광풍이 몰아치면서 사회는 극우·보수적인 분위기에 휩싸였다. 이에 따라 복지국가의 확충은커녕 기존에 있던 제도마저 인종 차별을 통해 무력화시키려는 시도들이 곳곳에서 나타났다. 주정부의 자율성이 컸던 공공부조제도의 타격이 가장 심각했는데, 보수적인 주정부는 어머니가 일을 하는 가구에 대해 ADC 지급을 거부하였고, 1년 이상의 거주기간을 요구하였다. 급여신청자들을 위협하기 위해 복지사무소 밖에 경찰을 배치하기도 하였다(박병현, 2016: 227).

1960년 케네디 대통령이 취임하면서 미국도 사회보장제도를 확충하기 시작하였지만, 국제적인 추세와는 반대로 공공부조를 중심으로 빈곤문제에 접근하였다. 이는 미국이 빈곤문제를 구조적인 문제가 아니라 지엽적인 문제로 파악했기 때문이었다. 1950~1960년대 미국은 더 이상 좋을 수 없는 풍요로운 사회를 구가하였다. 실질임금은 크게 상승하였고, 노동자들의 소비수준과 생활수준은 윤택해졌다. 자동차와 가전제품은 더 이상 상류층의 전유물이 아니었다. 일자리도 여유가 있었으며, 기업의 생산성도 크게 향상되어 성장률은 꾸준히 상승하였다.

많은 미국인들이 미국에서 빈곤은 퇴치되었다고 생각할 즈음 갈브레이스(John Kenneth Galbraith)는 1958년 『풍요로운 사회(The Affluent Society)』라는 책을 출간하여 풍요로운 사회에도 여전히 심각한 빈곤이 있음을 경고하였다. 갈브레이스는 이를 개별적인 빈곤(case poverty)과 지역적인 빈곤(insular poverty)으로 구분하였다. 지역적인 빈곤은 주로 애팔래치아 지역, 웨스트 버지니아, 오자크 고원, 미시시피 유역 등 낙후지역의 빈곤을 지칭하였다. 이어 1962년 해링턴(Michael Harrington)

은『또 다른 미국: 미국의 빈곤(The Other America: Poverty in United State)』이라는 책을 발간하였고, 비교적 잘 차려입은 빈민층의 이면에 숨어 있는 빈곤의 실체를 폭로하였다. 해링턴은 빈민들이 빈곤문화 속에 살고 있고, 이에 따라 빈곤이 악순환되기 때문에 포괄적인 빈곤문화에 대한 공격이 필요하다고 주장하였다. 1963년 맥도널드(Dwight McDonald)는『뉴요커(The New Yorker)』에 '우리들의 보이지 않는 빈곤(Our Invisible Poverty)'이라는 제목으로 해링턴의 책에 대한 서평을 기고하였다. 이를 계기로 미국의 빈곤문제는 전국적인 논쟁으로 확대되었으며 빈곤과의 전쟁에 대한 여론을 형성하게 되었다(남세진, 최성재, 1990: 4-6). 그러나 미국인들의 폭로조차 빈곤문제를 개인적 차원이나 특정 지역에 한정된 문제로 인식하였고, 그 결과 대안도 빈민이나 빈곤지역에 한정된 공공부조를 중심으로 마련되었다.

빈곤과의 전쟁은 1964년 1월 린든 존슨(Lyndon Baines Johnson) 대통령이 연두교서에서 빈곤과의 전면전을 선포하면서 시작되었다. 이어 8월 20일「경제기회법(Economic Opportunity Act)」이 의회를 통과함에 따라 본격적인 '위대한 사회' 프로그램이 시작되었다. 하지만 1964년 8월 린든 존슨 대통령이 의회에서 승인받은 전쟁은 빈곤과의 전쟁만이 아니었다. 그 해 8월 미국 의회는 통킹만 결의안(Gulf of Tonkin Resolution)을 채택함으로써, 미국은 공식적으로 베트남전쟁에 뛰어들었다. 린든 존슨 대통령은 당시 미국의 경제력으로 두 전쟁이 양립 가능하다고 판단하였으나, 시간이 갈수록 오판이었음이 드러났다. 베트남전쟁이 미궁에 빠지면서 천문학적 예산이 투입되었고, 빈곤과의 전쟁 내내 제약요소로 작용하였다.

「경제기회법」이 제정됨에 따라 빈곤과의 전쟁을 진두지휘할 경제기회사무국(Office of Economic Opportunity)이 대통령 직속으로 설치되었고, 미국평화봉사단(Pease Corps)의 단장이자 케네디 대통령의 매제인 사전트 슈라이버(Sargent Shriver)가 초대 국장으로 선임되었다.「경제기회법」은 교육과 훈련을 통해 사회에서 경쟁할 수 있는 기회를 높이는 기회평등전략에 초점을 맞추었다. 즉, 미국인들답게 직접적인 소득지원보다는 스스로의 노력과 경쟁을 통해 빈곤에서 벗어나게 하자는 자유주의적 이데올로기를 반영시킨 것이었다. 이에 따라 시작된 잡코어 프로그램(Job Corps)이나 네이버후드 유스코어 프로그램(Neighborhood Youth Corps),[1] 헤드 스타

1) 잡코어나 네이버후드 유스코어는 주로 16~21세의 중퇴 청소년들에게 취업기회를 제공할 목적으로 시작된

트 프로그램(Head Start),[2] 업워드 바운드 프로그램(Upward Bound),[3] 비스타 프로그램(Volunteer in Service to America: VISTA)[4] 등은 전통적인 기회평등전략에 기초한 프로그램들이었다. 나아가 린든 존슨 정부는 부유한 가정의 자녀와 저소득층 자녀의 학력 격차를 축소시키고 동등한 교육기회를 제공하기 위해 1965년 4월 「초중등교육법(Elementary and Secondary Education Act)」을 제정하였다. 이를 통해 각급 학교에서 실시되는 전문 역량 개발, 교육 기자재 구입, 교육지원 서비스, 부모참여 프로그램 등에 보조금을 지급하였다.

「경제기회법」에 의해 실시된 프로그램 중 특이한 프로그램은 지역사회행동(Community Action) 프로그램이었다. 1963년 케네디 대통령은 차기 대선을 겨냥하여 당시 경제자문위원회 위원장이었던 헬러(Walter Heller)에게 빈곤문제를 해결할 수 있는 새로운 방안을 찾을 것을 지시하였다. 헬러는 청소년특별위원회로부터 지역사회행동 프로그램을 소개받았다. 자조정신이 투철했던 헬러는 기존의 빈곤정책들과 달리 가난한 사람들이 대상이 아닌 주체가 되어 능동적으로 지역사회에 맞는 빈곤프로그램을 개발하고 운영한다는 지역사회행동 프로그램의 기본원리에 흠뻑 빠졌다. 헬러는 지역사회행동 프로그램을 빈곤과의 전쟁에 있어 핵심 프로그램으로 설정하였고 프로그램 시행기관에 대해 재정적 지원을 아끼지 않았다(김덕호, 1997: 184-192).

「경제기회법」이 통과되자마자 린든 존슨 대통령은 1964년 8월 31일 「푸드스탬프법(Food Stamp Act of 1964)」에 서명함으로써, 본격적인 공공부조의 확충에 나섰다. 「푸드스탬프법」은 케네디 정부가 1961년부터 운영하던 파일럿 프로그램을 정식 프

프로그램이다. 잡코어는 무료교육과 직업훈련을 제공한 반면, 네이버후드 유스코어는 취업경험프로그램과 취업지원서비스를 중심으로 운영되었다. 잡코어는 캠프 입소를 통해 프로그램이 제공되지만 네이버후드 유스코어는 집에서 통학하면서 프로그램에 참여하였다. 현재는 잡코어만 미국 노동부 프로그램으로 운영되고 있다.
2) 저소득층의 아동들을 유아시절부터 빈곤문화에서 단절시키기 위한 목적으로 실시되었다. 3~5세 유아에게 포괄적인 교육, 건강, 영양 및 부모참여 서비스를 제공하는 양육 프로그램이며 현재도 운영되고 있다.
3) 저소득층 청소년들의 상급학교 진학을 목표로 한 프로그램이었다. 주로 대학교 캠퍼스에서 서머캠프 형식으로 학습 프로그램이나 취업 프로그램을 제공하였으며, 이를 기초로 후속 서비스와 개인교습 서비스를 제공하였다. 지금은 트리오프로그램(TRIO Programs)이라는 이름으로 제공된다.
4) 미국평화봉사단(Pease Corps)의 미국판 프로그램이었다. 자원봉사자들이 지역사회 봉사를 통해 취약계층에게 교육과 직업훈련을 제공하도록 조직하는 프로그램이었다. 현재는 어메리코어(AmeriCorps) 네트워크로 통합되었다.

로그램으로 전환시키는 것이었으며, 주정부가 연방의 규정에 맞춰 독자적인 프로그램을 만들어 운영하면, 연방정부가 재정을 지원하는 방식으로 입법되었다.[5] 나아가 린든 존슨 정부는 1965년 7월 수정 「사회보장법」을 통해 메디케어와 메디케이드를 도입하였다. 메디케어는 주로 노인들을 위한 공공보험이었고 메디케이드는 저소득층을 위한 공공부조프로그램으로 대상층에 제한이 있었지만, 두 제도를 통해 미국은 연방정부가 운영하는 최초의 의료보장제도를 도입하게 되었다.

　나아가 1967년 제정된 수정 「사회보장법(Social Security Amendments of 1967)」은 AFDC 수급자들의 근로유인을 높이기 위하여 근로소득공제를 강화하였다. 소위 '30과 1/3'의 원칙(Thirty and One-third Rule)이라고 불리는 새로운 규정이 만들어졌는데, 이는 AFDC 수급자의 소득을 산정할 때, 근로소득 중 처음 30달러와 나머지 소득의 1/3을 산정에서 제외한다는 내용이었다. 이 조치는 그동안 100%의 급여감소율로 운영되어 왔던 AFDC의 근로유인 감소효과를 보완하기 위한 조치였다(Rein, 1973: 1; Murray, 1984: 214). 1962년 케네디 정부가 이미 AFDC 급여산정에서 노동비용과 보육서비스 비용을 공제해 주었기 때문에, AFDC 급여액은 크게 상승하였다.

　빈곤과의 전쟁 프로그램 중 잡코어나 헤드 스타트, 비스타 프로그램, 그리고 메디케어 등은 상당한 호평을 받았고 현재까지 존속되고 있지만, 지역사회행동 프로그램과 메디케이드, 그리고 AFDC 개선조치는 끔찍한 비판에 시달려야 했다. 지역사회행동 프로그램을 적극 추천한 헬러는 프로그램이 시작되지마자 빈곤문제와 흑인문제는 서로 중첩되어 있다는 것을 깨달았다. 지역사회행동 프로그램을 주도했던 빈곤지역의 리더들은 급진적인 일탈행위를 불사했으며, 국민들은 블랙파워와 지역사회행동을 동일시하게 되었다(김덕호, 1997: 193). 지역사회행동 프로그램이 빈곤과의 전쟁에 대한 이미지를 먹칠하자, 결국 린든 존슨 대통령은 지역사회행동 프로그램을 주도했던 경제기회사무국을 불신하였고, 사무국의 담당 프로그램을 다른 관련부처로 이관하였다. 힘이 빠진 경제기회사무국은 1981년까지 존속하였으나 레이건 정부의 등장과 함께 문을 닫았다.

　빈곤과의 전쟁은 AFDC 수급자들의 소득수준을 개선시켰지만 수급자를 급증

---

5) 2008년부터 푸드스탬프는 SNAP(Supplemental Nutrition Assistance Program)으로 이름이 변경되었고, 쿠폰에서 EBT카드로 형식도 변경되었다.

시키는 문제를 파생시켰다(Murray, 1984: 166). 머레이(Murray, 1984: 166)에 의하면 1950년대 ADC 수급자는 7% 증가하는 데 그쳤으나,[6] 1960년부터 1964년의 기간에는 24% 증가하였으며, 1965년부터 1969년 사이에는 무려 125%가 증가하였다. 머레이는 이러한 AFDC 수급자의 증가를 '30과 1/3의 원칙'에 의한 것이라고 주장하였다. 나아가 빈곤과의 전쟁과 상관없이 대법원은 AFDC와 관련된 차별적 관행들에 대해 계속해서 위헌판결을 내림으로써 AFDC 수급자들의 상황을 개선시켰다. 1968년 대법원은 킹 대 스미스(King v. Smith)의 판결을 통해 부양의무가 없는 남자가 단순히 체류하는 것만으로 AFDC 수급권을 박탈할 수 없다고 판시하였다.[7] 이는 남자가 잠시 체류한 것을 꼬투리 잡아 AFDC 수급권을 박탈했던 주정부의 '남자체류의 원칙(Man-in-the-house Rule)'을 위헌으로 판단한 것이지만, 이 판결은 AFDC 수급자를 급증시키는 또 하나의 요인으로 작용하였다. AFDC 수급자의 급증은 베트남전쟁으로 재정적인 압박을 받고 있던 미국 정부의 또 다른 골칫거리가 되었으며, AFDC는 보수주의자들의 주요 공격대상이 되었다. 1996년 TANF로 대체될 때까지 AFDC는 끊임없는 이념적 공격과 논란에 시달려야 했다.

2) 1970~1980년대 위기 이후 공공부조 지출의 증가

베버리지의 예상과 달리 시간이 지나도 공공부조의 비중은 줄어들지 않았다. 특히 1970년대 스태그플레이션 위기가 시작되자 공공부조 지출은 크게 증가하기 시작하였다. 〈표 15-1〉은 1970~1985년 OECD 주요 국가들의 GDP 대비 공공부조 지출의 변화추이를 나타낸다. 주요 국가들은 대부분 경제위기 직전인 1970년보다

---

6) ADC(Aid to Dependent Children)는 1962년 AFDC(Aid to Families with Dependent Children)로 명칭이 변경되었다.
7) 앨라배마의 댈러스 카운티에 살고 있던 스미스 여사는 생물학적 아버지의 지원 없이 네 명의 자녀를 양육하고 있었다. 따라서 그녀는 AFDC 수급자격이 있었지만, 그녀와 내연관계에 있는 윌리엄스 씨 때문에 수급자격을 인정받지 못했다. 이미 아홉 명의 자녀를 두고 있는 윌리엄스는 스미스 여사 집에 주말에만 방문하고 있던 상황이었다. 주정부는 윌리엄스를 '대리아빠(substitute father)'로 규정하고 수급권을 박탈했던 것이다. 그러나 대법원은 이에 대해 위헌으로 판단하였다. 「사회보장법」에서 아버지가 없어야 한다는 규정은 실질적인 남성 부양자가 없어야 한다는 취지이므로 부양의무가 없는 남자가 단순 체류하는 것만으로 수급권을 박탈해서는 안 된다는 것이다. 즉, 주정부에 위임된 정책사항에 대한 주법은 연방법의 목적에 부합해야 한다고 판시한 것이다.

국가	1970	1975	1980	1985
캐나다	4.4%	5.0%	4.6%	5.2%
미국	2.5%	3.6%	3.3%	2.8%
호주	5.4%	8.6%	8.8%	9.7%
벨기에	1.8%	2.2%	2.4%	2.4%
핀란드	1.2%	1.3%	1.8%	2.1%
프랑스	2.2%	2.4%	2.3%	2.5%
서독	2.3%	3.5%	3.0%	2.7%
네덜란드	1.8%	3.5%	3.8%	6.0%
스웨덴	2.9%	3.2%	2.9%	3.2%
영국	2.5%	3.0%	4.2%	6.0%

표 15-1 1970~1985년 주요 국가의 GDP 대비 공공부조 지출변화 추이

출처: Gordon (1988: 309).

1975~1985년의 공공부조 지출이 증가하였으며, 특히 네덜란드와 영국은 급격한 증가를 나타냈다.

1970년대 이후 공공부조 지출이 증가한 가장 중요한 원인은 당연히 장기적인 경기침체 때문이었다. 장기적인 경기침체는 실질소득을 감소시키고 실업과 빈곤을 늘림으로써, 공공부조 수급자 수를 증가시킬 수밖에 없었다. 유연적 생산체제의 확산도 공공부조 수급자 수의 증가에 일조하였다. 유연적 생산체계는 주변부 인력을 유연적 노동으로 대체하거나 외주화를 진행하였고, 파트타임 노동을 중심으로 불안정 고용층을 증가시켰다. 근로빈민(working poor)의 증가는 일을 하면서도 빈곤한 새로운 공공부조 수급자들이 증가켰을 뿐만 아니라 공공부조 수급자의 '실업의 덫(unemployment trap)' 현상을 심화시켰다. 취업할 일자리가 형편없어짐에 따라 공공부조에 안주하는 수급자들이 점점 증가된 것이다(Standing, 1990: 451).

1970~1980년대 공공부조 지출이 증가한 또 다른 이유는 가족구조의 변화에 따른 노인 가구나 여성세대주 가구의 증가였다. 특히 미국에서 이혼과 미혼모의 증가에 따른 여성세대주 가구의 증가는 AFDC 지출 확대의 중요한 원인으로 간주되었고, 인종문제와 중첩되면서 유색인종에 대한 차별로 비화되었다. 〈표 15-2〉는 1973~1983년 미국의 인종별 여성세대주 가구의 비율을 나타낸 것이다. 1973~1983년 전체 여성

세대주 가구의 비중은 12.2%에서 15.4%로 3.2% 포인트 증가하였지만, 흑인과 히스패닉 가구의 여성세대주 가구 비율은 각각 7.3% 포인트와 6.1% 포인트 증가하였다. 특히 흑인 가구의 경우 AFDC가 확장되기 전인 1960년 여성세대주 가구 비율은 21.7%였지만 1983년 41.9%를 기록하여 20.2% 포인트 증가하였다.

유색인종을 중심으로 여성세대주 가구가 증가하자 백인 보수주의자들은 과도한 비난을 퍼부었다. 보수주의자들은 AFDC가 유색인종 가구의 의도적인 이혼을 유도하고, 많은 자녀의 출산을 조장한다고 비난하였으며, 나아가 미혼여성들의 혼외출산을 증가시켜 미혼모가구를 양산한다고 주장하였다. 물론 경험적 증거가 있는 것은 아니었다. 유색인종 부부의 이혼사유 중 AFDC 수급권을 목적으로 한 이혼은 전체 이혼 중 1~5%에 불과하였다(박병현, 2016: 238). 보수주의자들은 AFDC 수급자들이 급여 증액을 목적으로 출산을 반복하여 다자녀 가구를 형성한다고 비난하였으나, 실제 AFDC 수급가구와 일반가구의 평균 가구원 수는 차이가 없었다(이선우, 1997: 193). AFDC가 혼외출산을 양산한다고 비난하였지만, AFDC의 급여수준이 높은 주가 낮은 주에 비해 더 높은 혼외출산이나 10대 출산율을 기록하지 않았으며,

표 15-2 | 1973~1983년 미국의 인종별 여성세대주 가구 비율의 변화추이

연도	백인	흑인	히스패닉	전체
1960	8.1	21.7	–	10.0
1973	9.6	34.6	16.7	12.2
1974	9.9	34.0	17.4	12.4
1975	10.5	35.3	18.8	13.0
1976	10.8	35.9	20.9	13.3
1977	10.9	37.1	20.0	13.6
1978	11.5	39.2	20.3	14.4
1979	11.6	40.5	19.8	14.6
1980	11.6	40.2	19.2	14.6
1981	11.9	41.7	21.8	15.1
1982	12.4	40.6	22.7	15.4
1983	12.2	41.9	22.8	15.4

출처: 박병현(2018: 262).

미혼모에 대한 지원수준이 더 높은 유럽의 10대 임신율은 미국보다 더 낮게 나타났다(이선우, 1997: 194). 현대사회로 올수록 여성세대주 가구가 증가하는 것은 미국뿐만 아니라 전 세계적으로 나타나는 현상이며, 이것이 복지 때문인가는 불확실하다. 그러나 경험적 근거에 상관없이 AFDC의 가족해체 효과와 의존성 조장 효과는 미국인들의 신념이 되었다.

1970~1980년대 공공부조 지출이 증가함에 따라 복지국가들은 대대적인 공공부조 개혁에 나섰다. 개혁은 수급자들의 근로활동 참여를 강화하는 근로연계복지(workfare)의 방향이었으며, 유난히 근로유인에 관심이 높은 영미권 국가들을 중심으로 진행되었다.

3) 1996년 미국 클린턴 정부의 복지개혁

1967년 미국은 이미 근로동기 프로그램(Work Incentive: WIN)을 실시하여 근로연계복지의 도입에 선도적인 역할을 하였다. 1967년 AFDC 수급자들은 WIN 프로그램에 등록하여 취업알선서비스나 직업훈련에 참여할 것을 요구받았다. 나아가 수급자들이 훈련에 실질적으로 참여할 수 있도록 약물치료나 보육서비스, 교통편의도 함께 제공되었다. 하지만 WIN 프로그램은 실패로 끝나고 말았다. WIN 프로그램 초창기에는 적절한 보육서비스가 뒷받침되지 못했기 때문에 젊은 엄마들이 영유아를 집에 두고 훈련에 참여하거나 취업하는 것을 꺼렸다. 나아가 의회나 관련 공무원들 조차 어린 자녀를 떼어 두고 엄마를 노동시장에 내모는 것에 대해 망설였기 때문에, 효과적인 운영이 어려웠다(이선우, 1997: 195). 1970년 WIN 프로그램에 등록된 16만 7천 명의 수강생 중 1/3이 중도탈락하였으며, 일자리를 얻은 사람은 2만 5천 명에 불과하였다(박병현, 2016: 242). 1971년부터 WIN은 훈련 중심에서 취업알선 중심으로 전환하였으나, 충분한 예산이 뒷받침되지 못한 관계로 내실있는 프로그램으로 운영되지 못했다. AFDC 수급자들은 급여를 받기 위해 형식적으로 등록하는 경우가 많았다.

레이건 정부는 1988년 「가족지원법(Family Support Act)」을 제정하여 비효율적으로 운영되던 WIN 프로그램을 폐지하였고, 직업기회 및 기초기술(Job Opportunities and Basic Skills: JOBS) 프로그램으로 대체하였다. 3세 이상의 자녀를 둔 AFDC 수급자들은 JOBS 프로그램에 등록해서 일을 하거나 직업훈련을 받아야 했다. 단, 고등학교를 마치지 못한 수급자는 고등학교에 다니는 것으로 대신할 수 있었다. JOBS 프로그램은 WIN 프로그램에 비해 훨씬 강도 높은 의무를 부과했음에도 불구하고 WIN 프로그램과 마찬가지로 실패하였다. 미국은 1980년대까지 경기침체가 계속되고 있었고, 노동시장에는 최저임금 일자리만 만연하였다. 이러한 일자리는 의료보험도 제공하지 않았기 때문에 AFDC 수급자들은 급여를 계속 받으면서 메디케이드 자격을 유지하는 것이 훨씬 유리하였다. 더구나 JOBS 프로그램 수료자들의 기술수준은 일반인들보다 낮았기 때문에 취업도 쉽지 않았다.

1992년 대선과정에서 민주당의 클린턴 후보는 '우리가 알고 있는 복지의 종식(Ending Welfare as We Know It)'이라는 정책방향을 내세웠다. 미국에서 '복지(welfare)'라는 단어는 통상적으로 공공부조를 의미하기 때문에, 클린턴의 정책방향은 당연히 AFDC의 개편으로 받아들여졌다. 클린턴 대통령의 AFDC 개편에 대한 초기 구상도 과거 근로연계복지의 큰 틀을 벗어나지 않았다. 클린턴 대통령의 초기 구상은 2년간 급여를 받은 복지수급자는 취업을 하도록 노력해야 하고(two years and you work), 취업되지 않을 경우 지역사회의 근로활동에 참여하는 것을 의무화하는 내용이었다(황덕순 외, 2002: 95; Ellwood, 2001).

그러나 클린턴의 구상은 저임금 일자리의 조건을 개선함으로써 실질적인 탈빈곤효과를 발생시키도록 하는 정책들을 병행하여 추진한다는 점에서 과거의 근로연계복지 프로그램들과 큰 차이가 있었다. WIN 프로그램이나 JOBS 프로그램은 수급자를 훈련시킨 후 저임금 노동시장에 방치함으로써 취업자들을 열악한 일자리에 몰아넣거나, 취업을 기피하게 만드는 빈곤의 덫 현상을 심화시켰기 때문에 모두 실패하였다. 이에 대한 반성으로 클린턴 정부는 근로연계복지와 병행하여 충분한 보수지불(make work pay)정책을 추진함으로써 빈곤의 덫 현상을 예방하고자 하였다. 이에 따라 클린턴 정부는 1993년 EITC 급여수준을 대폭 개선하였고, 1996년과 1997년 두 차례에 걸쳐 최저임금을 시간당 5.15달러로 인상하여 저임금 일자리의 조건을 개선하였다.

그러나 상원과 하원을 모두 장악하고 있던 공화당은 더 급진적인 개혁을 원했다. 1994년 중간선거에서 공화당은 '미국과의 계약(Contract with America)'이라는 공약을 내세웠고, 이를 통해 다음과 같은 공공부조의 개혁을 요구하였다. 첫째, 주정부에 대한 연방정부의 지원 방법을 총괄보조금(block grants)방식으로 변경하여 주정부가 자율적으로 공공부조제도를 운영하도록 하며, 향후 5년간 현재의 지원수준을 유지한다. 둘째, 총괄보조금 지급의 조건으로 주정부에 운영지침을 부과한다. 지침에는 10대 미혼모에게는 급여를 지급하지 않을 것, 현재 수급자가 아이를 더 낳을 경우에도 급여를 추가 지원하지 않을 것, 이민자에게는 급여를 지급하지 않을 것, 아버지의 부양비 지급의무를 강화할 것, 평생 수급기간을 5년으로 제한할 것, 5년이 지난 후에는 교육이나 훈련, 지역사회서비스와 같은 어떤 서비스도 제공하지 않을 것, 푸드스탬프나 메디케이드, EITC 등 다른 프로그램도 삭감할 것 등을 포함되어 있었다(황덕순 외, 2001: 96).

결국 복지개혁은 공화당을 중심으로 진행되었으며, 1996년 제정된「개인의 책임과 취업기회 조정법(Personal Responsibility and Work Opportunity Reconciliation Act: PRWORA)」은 클린턴의 초기구상안보다는 공화당의 개혁안을 더 많이 반영하였다. 이에 클린턴 대통령은 합법이민자들에 대한 급여의 축소와 푸드스탬프의 삭감 등을 이유로 거부권 행사를 시사하였다. 그러나 클린턴 대통령은 전년도인 1995년 말 예산안과 연방부채 상한선 축소 문제로 거부권을 행사하였고 연방정부 역사상 가장 긴 정부 셧다운 사태를 겪었기 때문에, 또 다시 거부권을 행사하는 것은 정치적 부담이 따를 수밖에 없었다. 결국 클린턴 대통령은 8월 22일 법안에 서명함으로써, PRWORA는 공식적인 법률로 성립되었다.

PRWORA의 가장 큰 특징은 AFDC가 폐지되고, 그 자리를 일시가족부조(Temporary Assistance for Needy Families: TANF)가 대체한 것이다. TANF로의 전환에 따른 가장 큰 변화는 수급자들의 평생수급기간이 5년으로 제한된다는 것이었다. AFDC는 연방정부가 정한 자격요건을 충족할 경우 빈곤가구는 수급권(entitlements)을 갖게 되며, 수급기간에 제한이 없었다. 그러나 TANF는 생애기간 중 최대 5년에 한해서만 지급받는 일시적 급여(temporary benefit)이며, 누구에게도 수급권이 보장되지 않는다(황덕순 외, 2001: 100). 만약 주정부가 5년 이상으로 수급기간을 부여할 경우 초과분에 대해서는 전적으로 주정부가 재원을 부담해야 한다. 다만, 수급자 가운데 20%는 5년을 초과하더라도 연방정부의 계속지원이 가능한 예외조항이 마련되었다.

나아가 TANF 수급자는 급여 수급 후 24개월 이내에 근로활동에 참여해야 하며,

주정부는 2002년까지 근로활동 참여가구의 비중을 50%까지 높여야 했다. 특히, 양부모 가구는 1999년까지 이 비율이 90% 이상이 되도록 해야 했다. 이에 따라 TANF를 수급하는 편부모 가구는 주당 20시간 이상, 양부모 가구는 주당 35시간 이상 근로활동을 해야 했다. 근로활동이 여의치 않을 경우에는 OJT, 현장실습, 지역사회 봉사활동, 최대 12개월의 직업훈련, 최대 6주간의 구직활동, 보육봉사활동 등으로 대체할 수 있으며, 중·고등학생의 경우 학교 출석으로 대체할 수 있다. 하지만 직접 취업을 촉진하기 위하여 훈련이나 교육은 전체 수급자의 20% 이내로 제한되었다(황덕순 외, 2001: 102; 김환준, 2003: 134). 이에 따라 1988년부터 운영되어 오던 JOBS 프로그램은 폐지되었다. 근로활동 참여가 면제되는 경우는 1세 미만의 자녀가 있거나 6세 미만의 자녀가 있는 편부모가 보육시설을 찾지 못하는 경우로 제한되어 상당히 엄격하게 운영되었다. 그러나 주에 따라 장애나 질병이 있는 경우, 장애인가족을 돌보는 경우, 고령인 경우, 가정폭력 피해자인 경우, 보육시설을 구할 수 없는 경우, 임신 중인 경우는 근로활동이 면제되기도 한다. 근로활동을 거부할 경우 급여의 삭감이나 중지와 같은 강력한 제재조치가 취해진다.

주정부에 대한 연방정부의 지원은 총괄보조금으로 제공되었다. 이에 따라 주정부는 연방정부의 지침을 벗어나지 않는 범위 내에서 자율적으로 빈곤아동 가구에 대한 복지제도를 운영할 수 있게 되었다. 연방정부의 총괄보조금은 1996년부터 2003년까지 매년 164억 달러로 고정된다. 주정부가 총괄보조금을 받기 위해서는 1994년도 AFDC 지출비용의 80% 이상을 TANF에 계속 투입해야 한다.[8) 이 비율은 수급자들의 근로활동 참여율이 목표를 충족하면 75%로 낮아진다. 총괄보조금은 수급자 수의 감축과 복지지출의 절감을 유도하기 위해 기획된 것이었다. 과거 매칭 시스템은 수급자 수와 복지급여가 증가할 경우 연방지원금도 자동적으로 증가했기 때문에 복지를 확대시키는 작용을 하였다. 그러나 총괄보조금체제는 총괄보조금 이외에 다른 지원을 하지 않는다. 이에 따라 연방정부의 지출은 제한되며, 주정부는 복지지출을 절감할 경우 여유자금을 운영할 수 있기 때문에 수급자 수를 감축하는 유인을 갖는다(황덕순 외, 2001: 99).

또한 PRWORA는 빈곤아동의 아버지에 대해 부양의무를 강화하였다. TANF 수급

---

8) 이는 주정부의 재정분담 노력유지의무(Maintenance od Effect: MOE)에 의한 것이다.

자는 주정부가 동거하지 않는 배우자로부터 양육비를 청구할 수 있도록 협조해야 하며, 이유없이 협조를 거부할 경우 최소 25%의 급여를 삭감하거나 지급을 중단하였다. 주정부는 자녀양육비를 지급하지 않는 배우자에 대해 운전면허나 전문직 면허, 사냥이나 낚시 등의 면허에 대해 정지명령을 내리도록 하였다. 나아가 10대 임신과 출산을 억제하기 위하여 10대 미혼모의 TANF 수급요건을 강화하였다. 10대 미혼모가 자녀를 출산하여 TANF 급여를 받기 위해서는 반드시 부모나 다른 어른의 보호를 받을 수 있는 장소에서 생활해야 했으며, 반드시 학교를 다녀야 했다. AFDC 급여가 마약구입자금으로 사용된다는 여론의 비판을 의식하여, 마약전과자에 대해서는 TANF의 수급자격을 박탈하였다. 불법이민자에 대한 공공부조 지급은 이미 예전부터 금지되어 있었지만 PRWORA는 합법이민자의 수급권도 제한하였다. 미국에 입국한 지 5년 미만의 영주권자에게 연방정부의 지원으로 TANF 급여를 지급하는 것은 금지되었다(이선우, 1997: 205).[9]

  TANF 이외에도 PRWORA는 공공부조에 있어 몇 가지 중요한 변화를 가져왔다. 먼저, 푸드스탬프의 예산이 크게 삭감되었다. PRWORA 제정 이전보다 20%가 삭감되었는데, 이로 인해 110만 명의 아동을 포함하여 260만 명이 빈곤선 아래로 떨어질 것으로 예상되었다. 자녀가 없는 18세~50세 사이의 수급자는 3년 동안 3개월만 푸드스탬프를 수급할 있도록 제한하였으며, 비동거 배우자에 대한 양육비 청구에 협조하지 않는 편부모는 푸드스탬프 지급을 중단하였다(이선우, 1997: 210). 메디케이드의 수급요건도 크게 강화하였다. 임산부나 아동이 아닌 TANF 수급자가 근로의무을 거부할 경우 메디케이드는 중단되었다. 합법이민자라도 5년간은 응급의료만 제공하였으며, 10년 이상 사회보장세를 납부한 경력이 있어야 완전한 메디케이드와 SSI 급여를 받을 수 있게 되었다.

  1996년 복지개혁은 공공부조의 패러다임을 소득보장에서 고용촉진으로 전환시키는 계기되었다. 즉, 수급자들의 수급권을 한시적인 급여로 제한하는 한편 강력한 근로의무를 부과하여 취업 중심의 정책으로 전환한 것이었다. 이를 통해 정부는 공공부조 수급자들이 의존성을 줄이고 취업을 확대하여 공공부조지출이 줄어들 것으로 기대하였다. 하지만 수급자들은 한층 강화된 처벌조항 때문에 저임금 일자리를

---

9) 주정부 자체예산으로 영주권자를 지원하는 것은 가능하다는 것을 의미한다.

전전해야 하는 상황에 내몰리게 되었다.

일단 복지개혁 이후 공공부조 수급자들의 노동시장 참여율은 긍정적으로 나타났다. [그림 15-1]은 복지개혁 실시 전후 공공부조를 수급했던 편모들의 노동시장 참여율을 나타낸 것인데, 1996~1997년 이후 참여율이 크게 증가하는 것을 볼 수 있다. 이에 따라 수급자 수는 빠르게 감소하였다. 1994년에는 503만 가구의 1,416만 명이 AFDC 수급자였지만, 2000년 TANF 수급자는 220만 가구의 580만 명을 기록하여 60% 가까이 감소하였다. 이에 따라 미국의 중위소득과 빈곤율은 크게 개선되었다(김환준, 2003: 136). 그러나 이 시기는 묘하게도 1990년대 중반 미국경제의 회복기와 정확하게 일치한다. 1970년대 경제위기 이후 미국 경제는 장기간의 침체를 겪었지만, 1990년대 중반부터 서서히 회복기로 접어들었다. 따라서 복지개혁 이후 나타났던 공공부조 수급자들의 노동시장 참여와 빈곤율의 감소가 복지개혁 때문인지 아니면 경제성장 때문이지 구분하기 힘들게 되었다. 이에 대한 경험적 분석들의 결과는 엇갈리지만, 1990년대 이후 공공부조 수급자들의 취업 증가와 수급자 감소의 상당 부분은 경제회복으로 설명된다. 이는 2001년 9·11 테러 이후 일시적인 경기후퇴기 동안 대부분의 주에서 수급자 수가 급증했던 사실을 보면 명확해진다.

그러나 경기순환에 대한 반응으로 단순화하기에는 과거 경험에 비해 수급자의 감소폭이 지나치게 크기 때문에 정책적 요인을 완전히 무시하기는 힘들다. 따라서 공공부조 수급자들의 감소는 경제회복뿐만 아니라 1993년과 2000년의 EITC 개선,

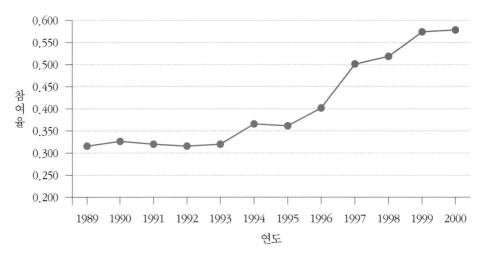

[그림 15-1] 1997년 복지개혁 전후 공공부조수급 편모들의 노동시장 참여율 변화
출처: 김영순(2002: 327).

1996년 복지개혁, 1996년과 1997년에 걸친 연방 최저임금의 인상, 1997년 CTC의 도입 등과 같은 근로유인 정책들이 복합적으로 작용한 결과로 보는 것이 타당할 것이다(김환준, 2003: 142-143).

4) 1998년 영국 블레어 정부의 뉴딜 프로그램

1970년대 경제위기 이후 영국의 공공부조 수급자 수도 크게 증가하였다. 1948년 공공부조 수급자의 수는 총인구의 3.0%에 불과하였으나, 1974년에는 7.5%, 1997년에는 무려 17.2%가 공공부조 수급자였다. 약 1,000만 명의 영국인들이 공공부조 수급자였던 것이다(김영순, 2000: 205). 1998년 실업수당을 받고 있는 실업자는 130만명, 소득보조를 받고 있는 한부모는 약 100만 명, 근로연령에 있는 장애나 휴업수당(Disability or Incapability Benefits) 수급자는 280만 명에 달하였다(김영순, 2000: 205). 특히 실업문제가 심각하여 1997년 실업수당 신청자는 550만 명에 달했으며, 그중 50만 명 이상은 1년 이상 장기실업자였고, 청년장기실업자는 8만 5천 명이었다(하세정, 2008: 68).

전통적으로 노동당은 강제노동에 반대해 왔지만, 장기실업자와 청년실업자, 한부모 가정에 대한 공공부조를 줄이지 않고서는 사회보장비용의 급증 문제를 해결할 수 없으며, 근본적인 방법은 이들을 노동시장으로 복귀시키는 것이라고 생각을 전환하였다. 이러한 구상은 1995년 11월 노동당 예비내각의 재무성 장관이었던 고든 브라운(James Gordon Brown)이 '일을 위한 복지(Welfare to Work)' 프로그램을 처음 발표하면서 구체화되었다(김영순, 2000: 212).

때마침 시작된 미국의 복지개혁은 1997년 집권한 블레어 정부에 중요한 준거를 제공하였다. 노동당 정부는 클린턴 정부와의 적극적인 교류를 통해 미국의 아이디어와 경험을 도입하였고(김영순, 2002: 329), 이를 통해 독자적인 근로연계복지 프로그램을 만들어 나갔다. 1997년 노동당은 뉴딜(New Deal) 계획을 발표하였다. 뉴딜 프로그램은 1997년 7월 한부모뉴딜(NDLP)의 시범사업으로 시작되었으며, 1998년 1월 청년뉴딜(NDYP)이 12곳의 선도지역에서 운영되면서 정식 프로그램으로 출발하였다. 청년뉴딜은 4월 전국으로 확대되었으며, 곧이어 8월에는 장기실업자뉴딜(New Deal for the Long-term Unemployed: NDLTU)이 시작되었다(Hasluck, 2000a: 1).

표 15-3 | 뉴딜계획 주요 세부프로그램

프로그램명	프로그램 내용
청년뉴딜 프로그램 New Deal for Young People	18~24세의 청년층 장기 실업자에게 적용. 6개월 이상 실업급여를 받을 경우, 계속 지급신청을 위해서는 적극적인 구직활동을 증명해야 함
25세 뉴딜 프로그램 New Deal 25 plus	25세 이상의 장기실업자에 적용. 최근 21개월 중 18개월 이상 실업급여 신청자는 계속 지급신청을 위해 적극적인 구직활동을 증명해야 함
50세 뉴딜 프로그램 New Deal 50 plus	50세 이상의 노령 장기실업자들을 위해 특화된 프로그램. 6개월 이상 특정 실업급여 신청자에게 적용
한부모뉴딜 프로그램 New Deal for Lone Parents	한부모의 구직활동을 돕기 위해 특화된 프로그램. 구직활동을 강제하기보다는 육아 등의 한부모와 관련된 구직 애로사항을 돕기 위해 마련
장애인뉴딜 프로그램 New Deal for Disabled People	장애를 가진 구직자를 위해 특화된 프로그램. 정부조직보다는 대체로 자원봉사 단체 등에서 관련 프로그램 제공

출처: 하세정(2008: 69).

편부모뉴딜도 시범사업을 마치고 10월부터 정식으로 출범하였다. 2000년 4월부터 장기실업자뉴딜이 25세 뉴딜과 50세 뉴딜로 분화되었으며, 2001년 7월에는 장애인 뉴딜이 시작되었다. 1998년부터 블레어 정부가 실시한 뉴딜 프로그램을 정리하면 〈표 15-3〉과 같다.

이 중 근로의무가 부과되는 프로그램은 청년뉴딜과 25세 뉴딜이었다. 미국은 실업자를 대상으로 한 공공부조 프로그램이 없기 때문에 TANF가 집중적인 근로연계복지의 대상이 되었지만, 영국은 실업부조인 구직자수당(Jobseeker's Allowance: JSA)이 있었기 때문에 JSA 수급자들이 우선적인 근로연계 대상이 되었다. 영국 근로연계 프로그램의 특징은 실업자의 연령에 따라 24세 미만, 25~50세, 50세 이상으로 프로그램을 세분화한 것이다. 이 중 가장 많은 예산이 투입되었던 프로그램은 청년뉴딜이었다.

청년뉴딜은 16~24세의 청년실업자들을 대상으로 하며 일자리나 교육훈련 기회를 제공하되, 이를 거부하는 사람들은 JSA 수급권을 박탈하였다. 청년뉴딜과정은 3단계로 이루어지는데, 먼저 제1단계는 4개월의 진입단계로 취업을 위한 기초교육과 훈련을 제공한다. 진입단계가 끝나면 제2단계 근로연계 프로그램으로 들어가는데, 여기에는 네 가지 선택지가 있다. 즉, ① 52주간의 학교교육이나 훈련, ② 취업. 이 경우 정부는 26주간의 고용보조금을 지급한다. ③ 6개월간의 자원봉사기구 활동, ④ 6개월간의 환경보호사업단 활동 중 한 개를 선택하여 의무를 이수해야 한다. 다른 선택지는 없으며 네 가지를 모두 거부할 경우 JSA 수급권은 박탈된다. 마지막으로 제3단계는 13주간의 사후관리가 제공된다(김영순, 2000: 214; 여유진, 2011: 5).

장기실업자뉴딜(NDLTU)은, 첫째, 상담원의 도움으로 장기실업자가 자신의 구직상황을 객관적으로 평가할 수 있는 기회를 제공하고, 둘째, 직업기술, 실습기회, 자격증 취득, 근로의욕 및 자신감 획복, 구직기술 등과 관련된 프로그램을 제공하여 취업경쟁력을 높이며, 셋째, 고용주들의 채용과정에 참여할 수 있도록 도움을 준다(Hasluck, 2000b: 2). 사업 초기에는 근로의무가 부과되지 않았다. 그러나 2000년 4월부터 25세 뉴딜과 50세 뉴딜로 구분되면서 25세 뉴딜에는 의무를 부과하기 시작하였다. 25세 뉴딜 대상자가 참여를 거부하면 청년뉴딜과 마찬가지로 JSA 수급권이 박탈된다. 반면 50세 뉴딜은 근로의무를 부과하지 않으며, 자발적인 선택에 의해 참여할 수 있다.

장애인뉴딜은 장애 관련 수당을 받고 있는 사람들이 구직을 원할 경우 안정적인 일자리를 찾도록 도와주는 프로그램이며, 고용안정센터(Jobcentre Plus)와 연계를 맺은 '잡 브로커스(Job Brokers)'라는 공공, 민간, 또는 비영리조직에 의해 서비스가 운영된다(Lewis et al., 2005: 2). 50세 뉴딜과 마찬가지로 자발적인 참여에 의해 이루어지며, 근로의무는 부과되지 않는다.

한부모뉴딜은 한부모들이 취업하거나 근로시간을 늘리는 것을 도와주는 프로그램이다. 상담원은 참여자들의 취업지원과정과 직업훈련 탐색과정, 급여신청과정을 도와주며, 취업인터뷰에 참석하기 위한 여비나 보육서비스 비용, 직업훈련 참여비용 등에 대한 재정지원을 제공한다(Dolton & Smith, 2011: 4). 한부모뉴딜의 참여는 자발적으로 이루어지며 의무는 부과되지 않는다.

영국의 뉴딜계획은 미국과 달리 즉각적인 취업보다 취업가능성을 높이는 직업훈련이나 교육에 비중을 두고 있다. 또한 뉴딜 프로그램마다 표적집단에 특화된 전문적인 취업지원서비스를 제공한다. 물론 서비스의 질은 보장할 수 없지만, 적어도 개입 전략만 놓고 볼 때는 미국보다 고용안정을 지향하는 방향성이 뚜렷하다고 볼 수 있다. 이는 미국과 영국의 노동시장의 차이를 반영한 것으로 보인다. 노동시장의 유연화가 크게 진전되어 별다른 훈련 없이도 취업 가능한 저임금 일자리가 도처에 깔려 있는 미국에서는 즉각적인 취업전략이 가능하다. 그러나 청년실업이 적체되어 있고, 노동자보호가 발달되어 경직된 노동시장구조를 갖고 있는 유럽에서는 직업기술의 보강 없이 신규취업을 늘리는 것은 쉽지 않다. 따라서 뉴딜 프로그램은 취업가능성의 향상 없이는 장기실업에서 벗어나기 힘든 영국의 상황을 반영한 것으로 보인다.

영국의 뉴딜 프로그램도 미국과 마찬가지로 충분한 보수지불(make work pay)정책에 의해 뒷받침되었다. 클린턴 정부가 1996년과 1997년에 걸쳐 최저임금을 인상했던 것과 마찬가지로, 영국도 1999년 최초로 최저임금제도를 도입하여 뉴딜 프로그램을 지원하였다. 나아가 클린턴 정부가 EITC와 CTC를 통해 복지개혁을 지원했던 것처럼, 영국도 1999년 가정세액공제(Working Family Tax Credit: WFTC)를 개편하고 자녀세액공제(Children's Tax Credit)를 신설하였다.

영국의 뉴딜 프로그램도 미국의 복지개혁과 마찬가지로 수급자의 감소 면에서는 성공적이라는 평가를 받고 있다. 2000년 프로그램 탈피자 수는 청년뉴딜의 경우 19만 8,600명, 25세 뉴딜은 13만 2,600명을 기록하였다. 한부모뉴딜은 자발적인 프로그램임에도 불구하고 2001년 참여자가 10만을 넘어섰고, 안정적인 일자리에 대한 취업 성공률도 40~50%에 이르렀다(여유진, 2011: 5). 그러나 미국과 마찬가지로 이러한 성과는 1990년대 중반 세계경제의 회복기와 맞물려 있었기 때문에, 뉴딜 프로그램의 순효과라고 단정하기는 힘들다.

2. 한국 공공부조의 발전과정

1) 1944년 조선구호령

우리나라에서 근대적인 공공부조제도가 처음 법제화된 것은 일제 식민지 시기였던 1944년 3월 1일 「조선구호령(朝鮮救護令)」의 제정이었다. 조선구호령은 1932년부터 실시된 일본의 「구호법(救護法)」을 식민지에 적용한 것이며, 빈민들에 대한 구호의 내용을 담고 있었다. 1944년 3월은 태평양전쟁이 한창 치열하게 진행 중이었으며,「국가총동원법(國家總動員法)」에 의해 인적, 물적 자원이 강제적으로 징발되고 있었기 때문에 일본인들 조차 초근목피의 내핍상태에서 허덕였던 시점이었다. 따라서 식민지의 구호령이 실효성이 있었겠는가에 대한 의구심을 가질 수밖에 없다. 일부의 연구들은「조선구호령」시행세칙의 입법목적에 대한 서술 중 "결전을 앞두고 국민생활의 계조를 확보하고, 건강한 국민과 강건한 군사의 배양을 육성"이라는 구절을 인용하여, 조선구호령이 전시동원체제에서 군사인력 동원을 위한 목적으로 제정되었다고 분석한다(류진석, 1989: 362; 조성은, 2019: 13).

「조선구호령」이 어떤 메커니즘을 통해 군사인력 동원에 기여하는지 의심스럽지만, 우리나라 공공부조의 역사에서「조선구호령」의 의의는 식민지시대에 실효성이 있었는지, 또는 입법목적이 무엇이었는지에 있지 않다.「조선구호령」은 미군정기에도「군정법령」제21호의 규정에 의해 계속 효력을 유지하였으며, 1948년 정부수립 이후에도「제헌헌법」부칙 제100조에 근거하여 우리나라 공공부조 정책의 근거 법령으로 기능하였다. 1961년 군사정부의 구법정리사업과정에서「조선구호령」은 형식적으로 폐지되고「생활보호법」으로 대체되었지만, 실질적인 내용은 그대로 승계되었다. 따라서「조선구호령」은 1982년 생활보호 체계의 전면 개편이 있기 전까지 약 40년간 우리나라 공공부조제도의 기본 틀로 기능해 왔다는 점에서 의의를 갖는다.

「조선구호령」의 기본골자는, 첫째, ① 65세 이상의 노약자, ② 13세 이하의 아동, ③ 임산부, ④ 불구·폐질, 질병, 상이 및 정신 또는 신체 장애자를 대상으로 구호를 제공한다. 단, 아동이 거택구호를 받아야 하는 경우 부윤 또는 읍면장의 판단에 따라 그 어머니도 구호를 받을 수 있었다. 부양의무자가 부양을 할 수 있는 때에는 급박한 사정이 없는 한 구호하지 않는다.

둘째, 구호는 해당 지역의 부윤 또는 읍면장이 담당하며, 거택보호를 원칙으로 하였다. 다만, 거택구호를 할 수 없거나 부적당한 경우에는 구호시설에 수용하여 구호한다.

셋째, 구호의 종류는 ① 생활부조, ② 의료, ③ 조산, ④ 생업부조로 규정하였다. 그러나 구호를 받는 자가 사망한 경우 매장한 자에게 매장비를 지급하고, 매장할 사람이 없을 때는 부윤 또는 읍면장이 매장하도록 규정하였기 때문에 사실상 오늘날의 장제급여도 실시하고 있었다. 즉, 국민기초생활보장제도의 생계급여, 의료급여,

해산급여, 장제급여는 이미 「조선구호령」 시절부터 규정되어 있었다.

1945년 해방 이후 성립된 미군정은 1945년 10월 9일 「군정법령」 제11호를 공포하여 일제법령 중에서 「정치범처벌법」 「예비검속법」 「치안유지법」 「출판법」 「정치범보호관찰령」 「신사법(神社法)」 「경찰의 범죄즉결례」를 폐지하였다. 이어 1945년 11월 2일 「군정법령」 제21호를 통해 일제시기에 적용 되던 법령 중에서 이미 폐지된 것을 제외하고는 미군정청이 폐지할 때까지 효력을 유지하도록 하였다. 결국 일본의 패전에도 불구하고 「조선구호령」은 미군정기에도 공공부조의 근거법령으로 존속되었다. 그러나 좌우익 정치단체들의 극한대립과 200만 명이 넘는 해외동포의 귀환, 열악한 재정상황 등으로 인해 실효성 있는 구호를 지급하기 힘들었으며, 미군정의 응급구호는 전재민 구호만으로도 벅찬 상황이었다(구자헌, 1970: 198-199; 조성은, 2019: 13-14).

1948년 8월 15일 정부수립 이후에도 「조선구호령」의 효력은 계속 유지되었다. 1948년 7월 17일 제정된 「제헌헌법」은 법적 안정성을 위하여 부칙 제100조에 "현행법령은 이 헌법에 저촉되지 아니하는 한 효력을 가진다."고 규정함으로써, 1948년 7월 16일 이전 제정된 법령들의 효력을 인정하였다. 나아가 법령의 위헌성을 판정하기 위한 주체나 절차를 규정하지 않았기 때문에 「조선구호령」은 1950년대에도 빈민구호사업의 근거 법령으로 계속 기능하였다. 1953년에서 1955년 사이 이승만 정부는 「조선구호령」을 대체하기 위해 전문 9장 57조로 구성된 '국민생활보호법안'을 마련하였고 법제실에 제출될 예정이라는 언론 보도가 이어졌으나, 1956년부터 국민생활보호법안에 대한 언론보도는 자취를 감추었다(이흥재, 2011: 386).

2) 1961년 생활보호법의 제정

「생활보호법」은 1961년 12월 30일 제정되었으며, 1962년 1월 1일부터 시행에 들어갔다. 「생활보호법」은 군사정부의 구법(舊法)정리사업의 일환으로 제정되었다. 이미 고찰한 바와 같이 식민지 시대인 1944년 제정된 조선구호령은 「군정법령」 제21호와 「제헌헌법」의 부칙에 의해 효력을 유지하여 장면 정부까지도 공공부조사업의 근거 법률로 기능하였다. 그러나 이는 「조선구호령」만 해당되는 문제가 아니었다. 「제헌헌법」이 1948년 7월 16일 이전에 제정된 법령들의 효력을 인정함으로써, 일제시대 때 제정된 법령을 넘어 대한제국 시절에 제정된 법령들도 효력을 유지했던 경우가 많았다. 제1공화국과 제2공화국은 한국전쟁, 전후복구, 권력투쟁 등 다양한 이유로 법치국가의 근간인 법령정비작업을 도외시하였다. 그 결과 우리나라는 정부 수립 후 10년이 넘도록 대한제국, 조선총독부, 미군정, 대한민국 등 4개의 정치주체들이 제정한 네 가지 문자의 법령들이 뒤범벅된 상태에 있었다. 정부 수립 이후 1961년까지 13년간 폐지된 구법령은 136건, 제정된 법령은 94건에 불과하였다(허영란, 2010: 20).

1961년 5·16 군사쿠데타로 집권한 군사정부는 이러한 구법령의 정비작업을 과거 정권의 무능을 부각시키고 혁명정부의 추진력과 필요성을 보여 줄 기회로 삼았다(허영란, 2010: 19). 더욱이 국민들은 일본말로 쓰여진 왜색법령에 대해 강한 거부감을 갖고 있었기 때문에 구법정리사업은 쿠데타에 대한 정치적 지지를 강화할 것으로 기대하였다. 쿠데타 발생 두 달 뒤인 1961년 7월 15일 국가재건최고회의는 "구법정리에 관한 특별조치법을 제정하여 현재도 효력이 존속 중인 일제법령 또는 군정법령 약 사백 건을 정리하기 위해 내각수반 하에 법령정비위원회를 설치키로 하였다."고 발표했다(동아일보 1961. 7. 16.). 그리고 8월 31일 「시장법(市場法)」을 시작으로 군사정부 특유의 속도전으로 구법정비작업을 전개하여 1962년 1월 20일 사업을 마무리할 때까지 총 613건의 구법령을 폐지하고 533건의 법령을 새로 제정하였다(허영란, 2010: 20). 과거 정권의 13년간 실적의 5배를 불과 6개월만에 해치운 것이었다. 그러나 당연한 귀결이지만 이러한 속도전의 결과는 졸속이라는 평가를 면하기 어려웠다. 현실에 맞게 신중하게 법령을 개편했다기보다는 구법령의 단순한 번역에 가까운 경우도 상당하였다.

「생활보호법」의 제정은 군사정부의 구법정리사업의 일환이었고, 「조선구호령」을 대체한 것으로 보도되었다(조선일보, 1961. 12. 17.). 구법정리과정에서 「조선구호령」의 폐지나 「생활보호법」의 제정과 관련된 내용은 언론에 보도되지 않았다. 구법 속에 포함된 작은 원소였을 뿐이었으며, 그만큼 여론의 관심도 전혀 없었다. 불과 6개월로 예정된 시간제약 속에서 「생활보호법」이 「조선구호령」을 뛰어넘는 개혁적 내용을 담기는 쉽지 않았다. 다른 532개의 법령과 마찬가지로 「생활보호법」은 「조선구호령」의 핵심 내용을 거의 그대로 승계할 수밖에 없었다.

1961년 제정된 「생활보호법」의 대상자는 ① 65세 이상의 노쇠자, ② 18세 미만의 아동, ③ 임산부, ④ 불구, 폐질, 상이 기타 정신 또는 신체의 장애로 인하여 근로능력이 없는 자, ⑤ 기타 보호기관이 보호를 필요하다고 인정하는 자였다. 「조선구호령」과 비교하면 아동의 연령이 13세에서 18세로 상향조정되었고, 보호기관의 재량에 의해 대상자를 선정할 수 있는 근거를 마련하였다는 점에서 약간의 차이를 갖는다. 보호대상자를 부양의무자가 없거나 부양의무자가 있어도 부양할 능력이 없는 경우로 제한한다거나 아동을 보호하는 어머니도 보호한다는 규정은 「조선구호령」과 동일하였다. 「생활보호법」은 보호의 종류로 생계보호, 의료보호, 해산보호, 상장보호를 규정했는데, 「조선구호령」과 용어만 달라졌을 뿐 동일한 내용을 담고 있다.

「생활보호법」은 1962년 1월 1일부터 시행에 들어갔으나, 초창기 운영은 전근대적이었다. 국민의 절대다수가 보릿고개를 피할 수 없었던 절대빈곤기에 내실 있는 급여를 제공한다는 것은 애초부터 기대하기 힘들었다. 시행 초창기에는 과학적인 방법에 의한 최저생계비의 계측이 없었으므로 보건사회부가 책정 예산을 감안하여 임의로 대상자 선정기준을 결정하였다. 1975년 이전까지는 재산을 고려하지 않고 소득과 경작지 면적만으로 대상자를 선정하였다. 1966년의 경우 도시지역은 월소득 600원 미만, 농어촌 지역은 월소득 400원 미만과 경작지 3단보(900평) 미만이 책정기준이었다(보건복지부, 2020: 50). 1965년 생활보호대상자는 거택구호자가 13만 3,718가구 28만 7,640명, 영세민이 74만 118가구 356만 3,179명으로 기록되고 있다. 여기서 거택구호자는 근로능력이 없는 노인, 아동, 장애인, 만성질환자 등을 의미하며, 영세민은 「생활보호법」에 의한 기타 해당자로 보호기관의 재량에 따라 지정된 사람들을 의미하였다.

하지만 생계급여는 거택구호자들에게만 주어졌으며, 하루 밀가루 250g을 지급하는 게 전부였다. 1960~1970년대 거택구호자들은 밀가루로 생계급여를 지급받았다. 1978년에 가서야 하루 밀가루 350g과 혼합곡(정부미) 1홉이 지급됨으로써, 비로소 쌀 구경을 할 수 있었다. 영세민들은 생계급여에서 배제되었으며, 주로 자조근로사업을 통해 정부의 보조를 받았다(구자헌, 1970: 208-210). 이미 1962년부터 영세민 실업자구제사업은 생활보호사업과 별도로 시행되었으며, 미국의 PL 480호 잉여농산물 원조를 기반으로 하였다. 이는 영세민들에 대한 주요 지원수단이었다. 영세민 실업자구제사업은 1964년 자조근로사업이라는 이름으로 공식화되었으며, 1968년 「자활지도에 관한 임시조치법」이 제정되면서 법률적 기반을 마련하였다. 자활사업은「국민기초생활보장법」이 제정되기 전까지 근로능력이 있는 영세민들의 주요 생계수단으로 기능하였다.

3) 1976년 의료보호법의 제정

1961년「생활보호법」은 구호대상자들에게 의료보호를 제공한다고 규정하였으나, 당시 우리나라는 현대적 의미의 의료보호제도를 실시할 형편이 못 되었다. 쿠데타 직후인 1961년 당시 우리나라의 1,487개 읍면 중 45%인 676개의 읍면이 의사가 1명도 없는 무의면(無醫面)이었기 때문에 의료보호제도를 실시할 의료기관 자체가 없었다(보건사회부, 1962: 24). 따라서 정책의 우선순위는 자연스럽게 무의면 해소를 위한 보건소의 건립에 두어졌다. 뿐만 아니라 해마다 수백 명씩 사망자를 내는 콜레라, 뇌염, 결핵, 소아마비 등이 주기적으로 발생함에 따라 정부는 개별진료보다는 집단적인 방역에 역량을 집중할 수밖에 없었다(구자헌, 1970: 218-224).

따라서 의료보호사업은 1950년대와 마찬가지로 빈곤층에 대한 무료 구료사업에서 크게 벗어날 수 없었다. 민간의료기관이나 지역의사단체에게 일정한 수의 가난한 환자를 배정해서 무료진료를 받게 하거나 의료기관이 순회진료를 실시하도록 권장하는 것이었다(보건복지부, 2020: 57). 무의면 지역의 저소득층 주민들은 의료기관의 자선순회진료에 건강을 의지할 수밖에 없었던 상황이었다.

보건사회부는 새마을사업의 일환으로 의료기관들의 무료진료를 조직화하여 1972년 8월 2일부터 새마을진료사업을 실시하였다. 새마을진료사업은 대한병원협회의 협조로 의료기관들이 발급한 새마을진료권을 통해 영세민 약 20만 명에게 의료기관의 무료진료를 받도록 하는 사업이었다. 무료진료 대상 영세민들은 동사무소에서 새마을진료권을 지급받아 발급한 의료기관에서 무료로 진료를 받을 수 있었다. 그러나 의료기관들은 새마을진료권 환자들에 대해 무성의한 진료와 푸대접, 노골적인 외면과 기피, 무례한 진료, 심지어 진료비를 받는 기망행위 등을 자행하여 언론의 질타를 받았다.[10] 의료기관의 무책임한 행위의 이면에는 정부의 무료구료

---

10) 조선일보(1974. 2. 19.). "외면당하는 새마을진료권"; 동아일보(1975. 2. 12.). "새마을무료진료권제도, 병원 무성의로 실효없어"; 데일리메디(2010. 2. 18.). "굴곡 많은 한국 병원사, 그때를 아십니까?"

단가와 시중의료수가 사이의 심각한 격차문제가 있었다. 1974년 11월 26일 중앙일보 보도에 의하면 서울시립남부병원의 하루 평균 외래환자 진료비는 187원이었으나 정부의 구료단가는 하루 50원에 불과하였다. 더욱이 자발적 참여로 시작된 새마을진료사업은 1974년 보건사회부가 15%의 무료진료를 의무화하면서 의료기관의 반발은 더욱 거세졌다.

새마을진료사업의 실시에도 불구하고 1970년대 초반 저소득층의 의료방치문제는 심각한 사회적 이슈가 되었다. 특히 1972년 부산의대부속병원을 비롯한 5개 병원이 입원비가 없다거나 응급실 수속을 밟지 않았다는 등 이유로 응급환자의 수술을 거부하고 14시간 동안 방치하여 사망에 이르게 한 사건은 당시 사회에 큰 충격을 주었다(동아일보, 1972. 8. 12.). 당시 저소득층에 대한 의료기관들의 진료거부는 공공연한 일이었으며, 1976년에도 16명의 병원장이 진료거부와 의료부조리 혐의로 구속되는 사태가 발생하였다(황병주, 2011: 440). 그런데 저소득층의 의료방치문제는 국내를 넘어 당시 국제사회에서 북한이 남한을 공격하는 주요 레퍼토리로도 활용되었다. "남한 사회에서 가난한 사람들은 아파도 병원에 못 가고 길거리에서 죽어가고 있다."는 요지였는데, 뼈아픈 것은 그것이 어느 정도는 사실이었다는 것이다.

저소득층 의료보장제도의 확충을 결심한 박정희 대통령은 1976년 1월 15일 연두기자회견에서 "모든 국민이 싼 비용으로 의료혜택을 받도록 하기 위한 국민의료제도를 확립하여 내년부터 시행하겠다."고 밝혔고, 이어 1976년 2월 10일 보건사회부 연두순시에서 "스스로 질병을 치료할 수 있는 생활수준의 사람들은 천천히 하고, 그 수준 이하의 사람들이 의료혜택을 받을 수 있도록 새마을진료권을 연차적으로 확대하는 등 단계적으로 해결하여 의료보험에까지 이를 수 있도록 하라."고 지시함으로써 1977년 의료보호제도의 도입을 예고하였다. 나아가 보건사회부는 1976년 9월 13일 국민의료 시혜 확대방안을 발표하여 「의료보험법」과 「의료보호법」의 시안을 공개함으로써 도입을 확정하였다.

보건사회부는 1977년 1월 4일 '의료보호에 관한 규칙'을 제정하여 의료보호사업을 생활보호사업의 일환으로 시작하였다. 그러나 1977년 8월 31일 의료보호의 대상자가 기존의 생활보호대상자를 넘어 원호구호대상자, 비상재해 이재민, 인간문화재, 월남귀순자, 성병감염자 등으로 확대되자, 「생활보호법」으로부터 독립하여 별도의 대상자체계를 갖는 「의료보호법」 제정을 추진하였다. 이에 따라 1977년

12월 31일 「의료보호법」이 제정되었다. 의료보호사업의 실시에도 불구하고 새마을 진료사업의 문제점은 그대로 답습되었다. 정부는 재정상의 이유로 의료보호수가를 의료보험보다 낮게 책정하였다. 나아가 정부는 일부 비용을 의료기관에 전가하거나 상습적으로 진료비 지불을 지연하여 의료기관들이 의료보호 환자를 기피하도록 부채질하였다. 1990년에 가서야 의료보험과 의료보호의 수가 격차는 해소되었으며, 2003년 의료급여 진료비 관리체계가 지방자치단체에서 건강보험공단으로 일괄 위탁되면서 고질적인 진료비 지불 지연문제는 해소될 수 있었다.

4) 1982년 생활보호사업의 전면 개편

1973년 오일쇼크를 계기로 PL 480호 잉여농산물 원조가 중단되었지만 자활사업은 정부의 일반예산으로 계속 실시되었다. 1974년에는 긴급조치 제3호의 후속조치로 '영세민 긴급취로구호대책 요강'이 만들어졌고, 영세민 긴급취로구호사업은 전국적인 규모로 실시되었다. 당시 오일쇼크로 인한 영세민들의 곤란에 대응하기 위한 대규모 사업이었으며, 1974년 사업의 지원대상은 43만 4천 세대, 199만 5천 명이었다. 이는 당시 총인구의 약 6%에 이르는 인원이었다(보건복지부, 2020: 75). 영세민 긴급취로구호사업은 1975년부터 새마을 운동의 일환으로 전환되었으며, '새마을 노임소득사업'이란 명칭으로 변경되었다. 1976년 새마을 노임소득사업은 200억의 예산으로 44만 6,881세대, 연인원 1,284만 명을 지원하였으며, 1979년까지 시행되었다. 그러나 박정희 대통령의 서거와 함께 새마을운동이라는 단어가 모든 정책에서 삭제됨에 따라 취로사업으로 명칭을 변경하여 명맥을 유지하였다.

1978년 12월 이란혁명을 계기로 제2차 오일쇼크가 발생하자 정부는 경제안정화종합시책의 일환으로 영세민들에게 연 500만 명의 취로구호사업 제공, 연탄가격 차액보조, 중학교 수업료 면제 등을 추진하였다. 이에 따라 1979년 3분기부터 생활보호대상자 자녀들의 중학교 수업료가 면제되기 시작하였는데, 이는 교육급여의 시작을 의미하는 것이었다.

1982년 이전까지 근로능력이 있는 사람들은 영세민이라는 이름으로 취로구호를 통해 지원을 받았지만 공식적인 생활보호대상자는 아니었다. 임시적인 구호대상자였을 뿐이었다. 근로능력이 있는 사람들이 우리나라 공공부조체계에 공식적으로 편입된 것은 1982년 생활보호체계의 전면 개편 때부터였고, 자활보호대상자라는 이름으로 포괄되기 시작하였다. 1980년 출범한 전두환 정부는 민주정치의 토착화, 복지국가의 건설, 정의사회의 구현을 새 정부의 모토로 내걸었고, 복지국가 건설의 일환으로 제2차 오일쇼크로 경제적 위기에 몰린 영세민에 대한 종합적인 대책을 수립하였다.

1982년 12월 31일 전면 개정된 「생활보호법」은 1961년 제정 이후 20년 만에 개정된 것이었다. 1982년 「생활보호법」은 생활보호대상자를 시설보호, 거택보호, 자활보호로 구분하여 관리하도록 하였다. 노인, 아동, 장애인, 만성질환자 등 근로능력이 없는 사람들로만 구성된 세대는 시설보호대상자와 거택보호대상자로 지정하였으며, 근로능력이 있는 사람이 소속된 세대는 자활보호대상자로 분류하였다. 근로능력이 없는 시설보호대상자와 거택보호대상자에게는 실질적인 최저생활을 보장하지만, 자활보호대상자에게는 실효성 있는 자활대책을 제공하는 것을 목적으로 하였다(서상목, 1981: 48).

나아가 별도로 실시되고 있던 교육급여와 자활급여를 생활보호사업으로 편입시켜, 보호의 종류를 생계보호, 의료보호, 해산보호, 장제보호, 교육보호, 자활보호 등 6종으로 확대하였다. 시설보호대상자와 거택보호대상자는 이러한 여섯 가지 보호를 모두 수급할 수 있었지만, 자활보호대상자들은 최저생활 보장의 핵심이 되는 생계급여를 받을 수 없었다. 자활보호대상자들은 자활사업 참여를 통해 소득을 획득해야 했다. 나아가 1982년 「생활보호법」은 인구의 도시집중을 방지하기 위해 6대 도시(서울, 부산, 인천, 대구, 광주, 대전) 전입자는 2년간 생활보호대상자 지정에서 제외하였다. 반면 6대 도시에서 지방으로 이주하는 영세민에게는 이주비를 지원하고, 취업을 알선하거나 생업자금을 융자하는 혜택을 제공하였다.

1982년 「생활보호법」의 주안점은 자활보호사업에 있었다. 정부는 일시적인 취로사업 중심에서 벗어나 영세민에게 안정된 일자리를 제공하기 위해 영세민 직업훈련, 직업보도, 생업자금지원 등의 프로그램을 마련하였다. 그러나 양성훈련 중심의 초보적인 직업훈련과 동사무소 사회담당자가 담당하는 직업보도사업이 효과적으로 운영되기는 힘들었으며, 생업자금융자는 지원액수나 대상자 수에 있어 지나치게 제한적으로 운영되었다. 즉, 취로사업 중심의 과거 패턴을 바꾸기에 역부족이었다.

1982년 전면 개편 이후 1997년 외환위기가 도래할 때까지 생활보호제도는 큰 변화 없이 유지되었다. 1980~1990년대 정치사회의 민주화가 급속하게 진행되었고, 세계화의 확산에 따른 국제경쟁력의 강화가 핵심적인 화두로 자리잡았지만, 안정적 경제성장이 지속되었기 때문에 빈곤문제는 사회의 관심을 끌지 못했다. 그 결과 외환위기로 대규모 빈곤이 사회문제화될 때까지 생활보호제도에는 주목할 만한 변화가 거의 나타나지 않았다. 1987년 사회복지전담공무원 체계가 시작된 것, 1990년대 초반 생계급여의 현금 지급이 정착된 것, 1996년 자활사업의 모태가 되는 자활지원센터 시범사업이 시작된 것, 1997년 8월 대상자 선정과 급여산정의 지표로 최저생계비를 공식적으로 규정한 것 정도가 주목할 만한 변화라고 할 수 있다.

5) 1997년 외환위기와 초기 빈곤 대책

　1997년말 시작된 외환위기는 대량실업을 발생시켰다. 실업자들과 노숙자들이 온 거리를 메웠지만, 우리나라의 사회적 안전망은 형편없이 미약했다. 1960년대 산업화 이후 한국 사회는 유례없는 고도성장을 기록하였고, 별다른 고용정책 없이도 완전고용에 가까운 고용수준을 유지하였다. 안정적인 고용수준은 별다른 재분배정책 없이도 꾸준히 분배상태를 개선시켰다. 1965년 우리나라의 절대적 빈곤율은 40.9%였지만, 1991년에는 7.6%로 하락하였다. 1965년 도시가구소득의 지니계수는 0.343였지만, 1996년에는 0.295로 개선되었다(김태성, 손병돈, 2002: 133-150). 이러한 낙수효과에 흠뻑 취한 한국 사회는 별다른 투자없이 사회적 안전망을 무방비 상태로 방치해 왔으며, 외환위기의 급습에 속수무책일 수밖에 없었다. 거리로 쏟아져 나오는 실업자들에 대한 안전장치는 전혀 없었으며, 실업자들은 속절없이 빈곤층으로 떨어졌다. 가족은 해체되었고, 혹독했던 겨울이 지나고 1998년 봄이 되자 집계조차 할 수 없는 수많은 노숙자들이 전국의 역사와 공원을 메웠다. 1995년 실시된 고용보험은 실업보험이라도 부르기도 민망한 수준이었고, 생활보호제도는 근로능력이 없는 극빈층만을 보호할 뿐이었다.

　체계적인 사회적 안전망이 없었던 상황에서 김대중 정부가 초기에 취할 수 있는 정책은 임시적인 응급조치일 수밖에 없었다. 먼저, 보건복지부, 노동부, 환경부, 행정자치부 등 정부의 모든 부서가 동원되어 임시적인 공공근로 일자리를 만들었고, 외환위기가 종료 될 때까지 총 6조 원 이상의 공공근로사업을 집행하였다. 나아가

1998년 4월 20일부터 생활보호제도에 '한시적 생활보호'를 임시로 도입하여 생계비를 지급하기 시작하였다. '한시적 생활보호'의 소득기준은 생계보호 22만 원, 자활보호 23만 원으로 일반수급자와 동일했지만, 재산기준은 2,800만 원/2,900만 원에서 4,400만 원으로 완화되었다. 이에 따라 1998년 한시적 생활보호제도는 31만 명의 실업자를 보호하였다(보건복지부, 1999: 86).

　　고용보험의 고용안정사업과 직업능력개발사업도 응급구호대책으로 전락하였다. 1998년 고용안정사업은 전체 지출액의 55.3%인 965억 원을 휴업지원금으로 지출하여, 휴폐업 사업장에서 쏟아져 나올 실업자들을 방어해야 했다. 직업능력개발사업은 애초에 계획에도 없던 '실업자 재취직훈련지원' 프로그램을 긴급하게 신설하여 전체 사업비의 74.1%인 1,912억 원을 집행해야 했다(고용보험연구센터, 1999 참조). 이 사업은 1998년 한 해에만 15만 명 이상의 실직자들에게 직업훈련 프로그램을 수강하게 하고 최저임금의 70%를 수당으로 지급하는 프로그램이었는데, 능력개발보다는 임시적인 소득지원책의 성격을 가졌다.

　　이상과 같은 임시적인 조치들을 통해 대량실업에 대응하는 한편, 김대중 정부는 사회적 안전망에 대한 제도적 정비에 나섰다. 우선 민망한 수준의 고용보험 개혁에 착수하여, 1998년 10월까지 적용대상을 전 사업장으로 확대하고, 급여지급기간을 늘렸으며, 수급요건을 완화하였다. 나아가 연장급여를 신설하는 등의 대수술을 통해 고용보험을 정비하였다. 그러나 이러한 개선에도 불구하고 실업급여가 지급되기 위해서는 최소한 6개월의 피보험단위기간이 필요했기 때문에 급박하게 쏟아져 나오는 실업자들을 당장 구제하기에는 한계가 있었다. 제도적인 사각지대에 놓여 있던 저소득 실업자들에 대한 즉각적인 안전장치가 요구되었던 것이다.

6) 2000년 국민기초생활보장제도의 도입

　　저소득 실업자에 대한 즉각적인 대책으로 노동부의 실업부조안과 보건복지부의 국민기초생활보장제도안이 대립되었다. 외환위기의 시작부터 노동부와 한국노동연구원은 다양한 계층과 업종, 산업 등에 대한 실업대책들을 개발했는데, 실업부조안은 저소득 실업자보호대책의 일환으로 제시된 것이었다. 노동부에 있어 저소득 실업자대책의 핵심은 고용이었고, 고용가능성을 높이기 위해서는 체계적인 취업알선이나 직업훈련 등이 필요한데, 이와 연계된 소득지원 프로그램으로 실업부조제도를 운영해야 한다는 것이었다(보건복지부, 2020: 109). 그러나 이러한 노동부의 저소득층 실업자보호 대책안은 근로능력이 있는 저소득층으로 적용범위를 확대하고자 했던 국민기초생활보장안과 적용대상에 있어 직접적으로 충돌하였다. 결국 시민운동의 지지를 받고 있던 국민기초생활보장안이 대안으로 채택되었다. 하지만 노동부는 근로능력이 있는 실업자에게 생계급여를 지급할 경우 저임금 노동시장이 붕괴될 가능성이 크다고 우려하였다. 이에 따라 '근로'나 '구직'을 생계급여의 지급조건으로 할 것을 요구하였다.

국민기초생활보장안은 저소득층 실업자에 대한 대책으로 출발한 것은 아니었다. 국민기초생활보장안은 1994년 창립된 참여연대 사회복지위원회가 출범 때부터 추진해 온 국민생활최저선 확보운동의 연장선에서 제기된 법안이었다. 외환위기가 발생하자 참여연대 사회복지위원회는 26개 시민단체와 연대하여 1998년 7월 국회에「국민기초생활보장법」입법청원안을 제출하였다. 이 입법청원안은 대상자 선정에 있어 인구학적 기준을 폐지하고 소득인정액으로 일원화하며, 최저생계비를 계측하여 이를 기준으로 대상자를 선정하고 급여수준을 결정하며, 주거급여를 신설하는 등의 내용을 담고 있었다(강신욱, 허선, 정호원, 2004: 35). 이러한 입법청원안은 같은 해 10월 새정치국민회의 이성재 의원 등에 의해 의원입법되었다. 하지만 대량실업국면이 악화일로에 있었고, 그 와중에 국민연금의 도시지역 확대, 의료보험 통합, 의약분업 실시 등을 준비하고 있었던 김대중 정부와 보건복지부에게 국민기초생활보장법안은 정책적 우선순위가 아니었다.

그럼에도 불구하고 입법청원에 참여했던 시민운동단체들은 1999년 3월 '국민기초생활보장법 제정 추진 연대회의'를 구성하였고, 관계당국자들을 접촉하여「국민기초생활보장법」의 제정을 설득하였다. 이러한 노력 덕분인지 김대중 대통령을 비롯한 중요한 정책결정자들은 국민기초생활보장제도에 대해 충분히 인지하고 있었고(보건복지부, 2020: 98-99), 대량실업 국면이 서서히 안정화되면서 실업이나 위기극복 이외의 다른 아젠다에도 숨통이 트이게 되었다. 국민연금의 도시지역 확대에 따른 한바탕 소동이 일단락된 1999년 6월 21일 김대중 대통령은 울산을 방문하던 중 '중산층과 저소득 서민들이 안심하고 살 수 있도록「국민생활보장기본법」을 제정하겠다.'고 밝힘에 따라「국민기초생활보장법」의 제정은 공식화되었다. 이에 따라

「국민기초생활보장법」의 입법화는 일사천리로 진행되었고 「국민기초생활보장법」은 1999년 9월 7일 제정·공포되었다.

2000년 10월 1일부터 시행된 국민기초생활보장제도는 대상자 선정에 있어 인구학적 기준을 폐지하였고 소득인정액과 부양의무자만으로 대상자 선정을 합리화하였다. 나아가 주거급여를 신설하고 긴급급여를 공식화함으로써 급여의 종류를 확대하였다. 또한 최저생계비 계측을 공식화하고 최저생계비를 기준으로 대상자 선정기준과 급여의 수준을 결정하도록 하였다. 생계급여액의 산정방식은 정액급여방식에서 최저생계비와 소득인정액의 차액을 보전해 주는 보충급여방식으로 전환되었다. 나아가 취로사업 중심의 자활보호체계를 개인에 따라 차별화된 자활서비스를 제공하는 자활사업 중심 체계로 개편하였다.

7) 2015년 개별급여체제의 도입

송파 세 모녀는 식당일을 하는 63세 어머니의 소득으로 월 150~160만 원가량의 정기적인 수입이 있었다. 삼십대인 두 딸은 신용불량 상태인데다가 첫딸은 오랫동안 고혈압과 당뇨를 앓고 있었지만 병원 이용 기록은 찾을 수 없었다. 둘째 딸은 만화가가 되고 싶어 했지만 아르바이트를 전전했다. 그들은 매달 50만 원의 월세를 내야 하는 주거빈곤층이었다(김윤영, 2015: 48). 2014년 2월 송파 세 모녀가 생활고를 비관해 동반자살한 사건은 사회에 큰 충격을 주었고, 이를 계기로 우리나라의 부실한 기초보장체계와 복지 사각지대의 문제가 사회적 관심으로 떠올랐다. 이에 정부는 2014년 12월 「국민기초생활보장법」을 개정하여 기초생활보장체제를 통합급여체제에서 개별급여체제로 전환하고 소위 '맞춤형 급여체제'라고 명명하였다. 나아가 개별급여의 대상자 선정기준을 최저생계비에서 '기준 중위소득'을 기초로 한 상대적 빈곤 측정방식으로 변경하였다. 이에 따라 국민기초생활보장제도는 2015년 7월 1일부터 개별급여체제라는 새로운 전기를 맞게 되었다.

국민기초생활보장제도는 기초생활수급자에게 모든 급여가 집중되는 통합형 급여체계로 운영되어 왔다. 따라서 기초생활수급자에서 탈락할 경우 생계급여뿐만 아니라 의료급여, 주거급여, 교육급여 등의 지급도 정지되었다. 나아가 통신요금이나 전기요금, 가스요금의 경감, 주민세의 면제 등 사회적 지원도 중단되었기 때문에 수급자들의 탈수급 동기는 크게 약화되었다. 특히 자활사업에 참여하여 최저생계비를 초과하는 소득이 발생할 경우 모든 급여가 중단되었기 때문에, 통합형 급여체계는 자활사업의 자립효과를 저해하는 중요한 요인 중 하나로 간주되어 왔다(이인재, 이성수, 2002: 54; 노대명, 2002: 73-74).

이에 보건복지부는 2011년 1월부터 이행급여 특례제도를 도입하여 탈수급동기의 하락을 완화하고자 하였다. 이행급여 특례란 수급자의 근로소득이나 사업소득이 증가하여 기초생활급여가 중지된 가구 중 소득인정액이 150% 이하인 가구에 대해 2년간 한시적으로 의료급여와 교육급여의 혜택을 유지시켜 주는 제도였다. 그러나 2년간의 유예조치로는 한계를 가질 수밖에 없었기 때문에, 사회복지학계에서는 꾸준히 기초생활급여의 대상자 선정기준을 다양화하는 개별급여제도의 도입을 주장하였다. 이에 따라 보건복지부는 세 모녀 사건을 계기로 2015년 7월부터 국민기초생활보장제도를 개별급여체제로 전환하였다.

나아가 2015년 국민기초생활보장제도는 대상자 선정기준을 최저생계비 계측방식에서 상대적 빈곤 측정방식으로 전환하였다. 우리나라 공공부조제도에서 대상자 선정과 급여액 산정에 최저생계비 계측치를 적용하기 시작한 것은 2003년 소득인정액 개념을 도입하면서부터였다. 그러나 2003년 이전에도 최저생계비 계측은 이루어져 왔다. 1997년 개정 「생활보호법」은 객관적인 최저생계비를 계측하고 이를 감안하여 대상자를 선별하도록 규정하였으며, 이를 토대로 1999년부터 한국보건사회연구원은 공식적인 최저생계비를 계측하였다. 2015년 상대적 빈곤 측정방식으로 전환하기 전까지 1999년, 2004년, 2007년, 2010년, 2013년 등 5차례의 공식적인 최저생계비 계측이 있었다.[11] 이 조사들은 모두 1899년 라운트리(Seebohm Rowntree)가 요크시 빈곤조사에서 사용했던 전물량방식을 기초로 하였다. 그러나 경제가 성장하면 최저생계비 계측방식에 의한 측정치의 상대적 가치는 하락된다. 실제 조사가 거듭될수록 최저생계비의 상대적 가치는 계속 하락되어 왔다. 이에 따라 중앙생활보장위원회나 학계를 중심으로 상대적 빈곤 측정방식의 도입이 꾸준히 논의되었

---

11) 1999년 공식적인 최저생계비의 계측 이전에도 보건복지부의 용역에 따라 한국보건사회연구원은 1989년과 1994년 전물량방식으로 최저생계비를 계측하였으며, 이 조사들은 공식적인 최저생계비 계측조사의 초석이 되었다(김미곤 외, 2009: 28; 박순일 외, 1994 참조).

고(김미곤 외, 2009: 3-4), 2015년 개별급여체제 도입을 계기로 빈곤의 측정방식도 변경하였다.

　2015년 생계급여의 대상자 선정기준은 가구의 소득인정액이 기준중위소득의 30% 이하인 가구로 하되, 처음에는 28%에서 시작하고 매년 1% 포인트씩 상향조정하여 2017년에 30%에 도달하도록 하였다. 생계급여의 기준이 중위소득의 30%로 설정된 이유는 기존 최저생계비 계측방식에 따른 생계급여의 기준이 중위소득의 27% 수준이었으며, 소비지출액이 경상소득을 초과하는 적자가구가 주로 중위소득의 30% 이하에 분포한다는 점을 고려한 것이었다(노대명 외, 2013: 256). 나아가 의료급여의 대상자 선정기준은 기준중위소득의 40% 이하, 주거급여는 43% 이하, 교육급여는 50% 이하로 결정되었다. 교육급여는 부양의무자기준을 폐지하였으며, 2018년에는 주거급여도 부양의무자기준을 폐지하였다. 2021년 10월부터는 생계급여의 부양의무자기준도 크게 완화되었다.

　2015년 개별급여체제에 대한 비판은 개별급여체제보다 상대적 빈곤 측정방식에 집중되었다. 특히 상대적 빈곤 측정방식의 고유한 문제, 즉 기준선 선택의 자의성 문제가 집중적으로 거론되었다. 상대적 빈곤 측정방식은 중위소득이나 소비의 몇 %를 기준선으로 정해야 하지만, 이에 대한 결정이 자의적이며, 별다른 과학적 근거가 없다는 점이 가장 큰 약점으로 지적된다(이두호 외, 1991: 52). 따라서 상대적 빈곤선 방식은 최저생계비가 성취한 권리성 급여를 행정부의 재량급여로 전락시켰다는 비판이 제기되었다(문진영, 2015: 228; 보건복지부, 2020: 167). 그러나 전물량방식도 필수품목을 둘러싼 연구자의 주관성과 자의성을 피할 수 없다(김미곤 외, 2009: 3-4; 이승윤, 김윤영, 2016: 122-124). 개별급여체제 이전에도 중앙생활보장위원회에서는 외식비나 핸드폰을 필수품목으로 볼 것인지, TV 화면 사이즈의 기준을 어떻게 할 것인지 등을 두고 논란이 끊이지 않았다. 나아가 한국경총이나 양대노총이 상반된 의미에서 터무니없는 최저생계비를 발표하여 정치적 주장의 근거로 삼았던 것을 보면 전물량방식의 자의성도 상대적 빈곤 측정방식에 비해 적다고 볼 수 없다.

　자의성의 문제에도 불구하고 상대적 빈곤 방식은 장기적으로 진일보한 측면을 갖는다. 경제규모의 성장과 절대적 빈곤의 감소 추세가 지속되는 한 절대적 빈곤 측정치의 가치 하락은 불가피하며, 상대적 빈곤 방식으로의 전환은 이미 예정된 수순이었다. 다만, 문제는 개별급여체제의 도입에도 불구하고 대상자 선정기준의 수준은 거의 변화되지 않았다는 것이다. 개별급여체계의 선정기준은 기존 최저생계비 계측방식에 따른 선정기준을 그대로 유지하는 소극적인 방식으로 결정되었으며, 획기적인 개선을 시도하지 않았다. 이에 따라 2015년 개별급여체제의 도입에도 불구하고 복지 사각지대는 거의 해소되지 않았다. 보건복지부는 개별급여체제의 도입을 이른바 '세 모녀법'이라고 요란하게 홍보하였지만, 정작 개별급여체계로의 전환을 통해 송파의 세 모녀가 받을 수 있는 기초생활보장급여는 생계급여, 의료급여, 주거급여 중 아무 것도 없었다(김윤영, 2015: 49).

국민기초생활보장제도의 이해

국민기초생활보장제도는 우리나라의 대표적인 공공부조제도이며, 국민들의 최저생활보장을 목적으로 한다. 국민기초생활보장제도는 매우 복잡한 제도이지만 가장 단순하게 요약하면 가구의 소득인정액이 대상자 선정기준에 미달하고 대상자를 부양할 능력 있는 부양의무자가 없을 때 국가가 소정의 급여를 지급하는 제도이다. 따라서 ① 대상자 선정기준, ② 소득인정액, ③ 부양의무자, ④ 급여의 종류를 이해하면 국민기초생활보장제도에 대한 기본적인 윤곽을 이해할 수 있다.

1. 국민기초생활보장제도의 대상자 선정기준

국민기초생활보장제도는 2015년부터 기준중위소득을 중심으로 한 상대적 빈곤선 측정방법으로 대상자를 선정하고 있다. 기준중위소득은 '보건복지부 장관이 급여의 기준 등에 활용하기 위하여 중앙생활보장위원회의 심의·의결을 거쳐 고시하는 국민 가구소득의 중위값'을 의미한다. 2015년부터 2017년까지 기준중위소득은 통계청이 매년 실시하는 가계동향조사 원자료를 이용하여 중위소득을 측정하고 과거 3개년 동안의 평균증가율을 2번 적용해서 산출하였다.

예컨대, 2017년의 기준중위소득을 결정해야 한다고 가정해 보자. 현행법은 매년 7월 다음 연도에 적용될 기준중위소득을 발표하도록 하고 있기 때문에, 2017년 기준중위소득은 늦어도 2016년 여름에 결정해야 한다. 하지만 2016년 여름에는 2017년도 가계동향조사 데이터는커녕 2016년도 데이터도 산출되지 않은 상태이다. 따라서 2017년도 기준중위소득은 그나마 가장 최근 연도인 2015년도 가계동향조사의 중위소득으로 산출할 수밖에 없다. 하지만 2년의 시차가 있기 때문에 이를 보정하기 위해 과거 3개년 동안의 평균증가율을 2번 적용한다. 실제 2017년도의 기준중위소득은 2015년도 가계동향조사의 중위값인 418만 9,755원에 2013~2015년 기간의 중위소득 평균증가율인 3.26%를 2번 적용하여 446만 7,380원을 산출한 것이다. 따라서 기준중위소득은 실제 당해년도의 중위소득값이 아니라 과거소득으로 산출한 추정치일 뿐이다.

하지만 2018년 가계동향조사의 표본 확충과정에서 노년층의 비중이 과거에 비해 크게 증가함에 따라 통계의 연속성에 문제가 발생하였다. 나아가 소득과 관련된 국가의 공식통계가 가계동향조사에서 가계금융복지조사로 넘어가게 됨에 따라 향후에는 기준중위소득을 가계금융복지조사를 기초로 산정하도록 변경되었다. 하지만 2017년 기준중위소득값과 가계금융복지조사의 중위소득값(4,860,000)의 차이가 지나치게 컸기 때문에 두 조사 간의 격차를 조정할 필요가 있었다. 이에 따라 보건복지부는 6년에 걸쳐 보정을 거친 후 데이터를 이행하기로 결정하였다(보건복지부,

표 16-1 연도별 기준중위소득

연도	1인	2인	3인	4인	5인	6인
2015	1,562,337	2,660,196	3,441,364	4,222,533	5,003,702	5,784,870
2016	1,624,831	2,766,603	3,579,019	4,391,434	5,203,849	6,016,265
2017	1,652,931	2,814,449	3,640,915	4,467,380	5,293,845	6,120,311
2018	1,672,105	2,847,097	3,683,150	4,519,202	5,355,254	6,191,307
2019	1,707,008	2,906,528	3,760,032	4,613,536	5,467,040	6,320,544
2020	1,757,194	2,991,980	3,870,577	4,749,174	5,627,771	6,506,368
2021	1,827,831	3,088,079	3,983,950	4,876,290	5,757,373	6,628,603
2022	1,944,820	3,260,085	4,194,701	5,121,080	6,024,515	6,907,004

2020: 184). 따라서 현재는 기준중위소득의 산출에 있어 가계동향조사와 가계금융
복지조사가 병행사용되고 있는 셈이다. 이와 같은 일련의 과정을 통해 산출된 기준
중위소득을 연도별로 제시하면 〈표 16-1〉과 같다. 〈표 16-1〉에 따르면 2022년 현
재 4인 가구의 기준중위소득은 512만 1,080원이며, 1인 가구는 194만 4,820원이다.

〈표 16-1〉과 같이 기준중위소득은 가구규모에 따라 제시된다. 4인 가구의 기준
중위소득을 1로 두고 가구균등화지수를 적용하여 가구규모별 기준중위소득을 산출
하는데, 2020년까지 국민기초생활보장제도의 가구균등화지수는 OECD 균등화지수
방식을 채택하여 왔다. OECD 균등화지수는 성인 1명 추가될 때마다 0.7, 아동 1명
추가될 때마다 0.5의 가중치를 추가하는 방식이다. 국민기초생활보장제도는 OECD
균등화지수방식을 사용하되, 개별 가구의 실제 구성을 반영하지 않고, 표준가구, 즉
1인 가구는 성인 1명, 2인 가구는 성인 2명, 3인 가구는 성인 2명과 아동 1명, 이후 추
가되는 가구원은 모두 아동이라는 가정에 기초해서 균등화지수를 적용해 왔다. 그
러나 최근 1·2인 가구가 크게 증가함에 따라 1·2인 가구의 실제 지출규모를 고
려하여 최저생계비를 현실화해야 한다는 지적이 제기되었다. 이에 2021년부터는
1·2인 가구의 가중치를 상향조정하는 균등화지수의 변화가 있었다. 2021년 균등
화지수의 변화는 〈표 16-2〉와 같다.

표 16-2 2021년 가구균등화지수의 변화

연도	1인 가구	2인 가구	3인 가구	4인 가구	5인 가구	6인 가구
기존	0.370	0.630	0.815	1	1.185	1.370
조정	0.400	0.650	0.827	1	1.159	1.307

국민기초생활보장제도의 대상자 선정기준은 기준중위소득에 급여의 종류에 따
라 상이한 비율을 적용하여 산출한다. 생계급여는 기준중위소득 30%, 주거급여는
46%, 교육급여는 50%, 의료급여는 40%의 비율이 각각 적용되는데, 비율은 「국민기
초생활보장법」과 「주거급여법」에 명문화되어 있다. 이에 따라 2022년 현재 급여종
류별 대상자 선정기준은 〈표 16-3〉과 같다. 4인 가구 기준으로 교육급여는 소득인
정액이 256만 5,400원 이하의 가구가, 주거급여는 235만 5,679원 이하의 가구가, 의
료급여는 204만 8,432원 이하의 가구가, 생계급여는 153만 6,324원 이하의 가구가

표 16-3 2022년 국민기초생활보장제도 대상자 선정기준

	1인 가구	2인 가구	3인 가구	4인 가구	5인 가구	6인 가구
생계급여 선정기준 (기준중위소득 30% 이하)	583,444	978,026	1,258,410	1,536,324	1,807,355	2,072,101
의료급여 선정기준 (기준중위소득 40% 이하)	777,925	1,304,034	1,677,880	2,048,432	2,409,806	2,762,802
주거급여 선정기준 (기준중위소득 46% 이하)	894,614	1,499,639	1,929,562	2,355,697	2,771,277	3,177,222
교육급여 선정기준 (기준중위소득 50% 이하)	972,406	1,630,043	2,097,351	2,560,540	3,012,258	3,453,502

수급대상자로 선정될 수 있다.

2. 소득인정액의 산정

국민기초생활보장제도에서 사용하는 소득인정액은 측정대상의 경제적 능력을 종합적으로 파악하기 위해 소득과 재산을 동시에 반영시키는 측정지표이며, 가구의 실제 소득이 아니다. 소득인정액은 소득에 보유재산의 가치를 합산한 경제적 능력에 대한 지표일 뿐이다. 국민기초생활보장제도에서 소득인정액은 '개별가구의 소득평가액과 재산의 소득환산액을 합산한 금액'으로 정의된다. 즉, 소득인정액은 〈식 16-1〉과 같이 측정한다.

소득인정액 = 소득평가액 + 재산의 소득환산액   〈식 16-1〉

소득인정액은 재산의 소득환산액뿐만 아니라 각종 추정소득, 간주소득 등이 포함되어 있고 일부 소득액은 공제되기 때문에, 실제 소득과는 큰 차이가 있음에 유의해야 한다.

1) 소득평가액의 산정

소득평가액은 〈식 16-2〉와 같이 계산된다. 실제 소득에는 근로소득, 사업소득, 재산소득, 사적이전 소득, 부양비, 공적이전 소득, 보장기관 확인소득 등이 포함되는데, 사실상 수급자에게 들어오는 모든 소득을 의미한다.[1] 소득을 측정함에 있어 모든 소득을 고려하는 이유는 국민기초생활보장제도가 최저생활 보장에 있어 가장 마지막에 고려되는 최후의 안전망이기 때문이다. 「국민기초생활보장법」 제3조 2항은 "부양의무자의 부양과 다른 법령에 따른 보호는 이 법에 따른 급여에 우선하여 행하여지는 것으로 한다. 다만, 다른 법령에 따른 보호의 수준이 이 법에서 정하는 수준에 이르지 아니하는 경우에는 나머지 부분에 관하여 이 법에 따른 급여를 받을 권리를 잃지 아니한다"고 규정하고 있다. 즉, 본인의 노력, 가족의 지원, 공적, 사적이전 등을 통해 빈곤 탈피에 최선을 다해야 하며, 그럼에도 불구하고 최저수준에 미달될 때, 국민기초생활보장제도가 그 차액에 대해 보충하는 것을 원칙으로 한다는 것이다.

소득평가액 = 실제 소득 − 가구특성별 지출비용 − 근로소득공제   〈식 16-2〉

실제소득의 산정에 있어 자주 논란이 되었던 소득은 부양비와 보장기관 확인소득이었다. 부양비란 부양능력이 '미약'한 부양의무자가 일정액의 부양비를 부담하는 것으로 간주하여 책정한 소득이다. 따라서 수급자에게 실제 발생한 소득은 아니다. 부양의무자의 부양능력이 '미약'으로 판정될 경우 보장기관은 부양의무자가 생계 또는 의료급여액의 10~30%를 부양비로 부담하는 것을 전제로 수급자를 선정한다. 그리고 실제 행정에서는 부양의무자의 의무 이행 여부와 상관없이 부양비가 지급된 것으로 간주하고 실제 소득으로 측정하는 것이다. 이러한 이유로 통상 부양비는 '간주 부양비'로 불린다. 그러나 수급자의 입장에서는 발생하지도 않은 소득 때

---

1) '실제 소득'에 산정되지 않는 소득은 다음과 같다.
　① 퇴직금, 현상금, 보상금, 근로장려세제에 의한 근로장려금, 자녀장려세제에 의한 자녀장려금
　② 보육·교육 등을 전제로 받는 보육료, 학자금 등의 금품
　③ 지방자치단체가 국민기초생활보장제도의 범위나 수준을 초과하여 지급하는 금품

문에 급여액이 삭감되는 불이익을 받아 왔다. 하지만 2021년 10월부터 생계급여의 부양의무자 기준이 완화되어 생계급여에서는 부양능력에 따른 부양의무자의 분류 체계가 없어졌다. 따라서 간주부양비는 현재 의료급여에서만 실제 소득에 반영되고 있다.

보장기관 확인소득이란 수급자의 신고소득이 생활실태나 소비지출액과 현저한 차이가 있고, 수급자의 소득관련 자료가 없거나 불명확하며, 소득관련 자료의 신뢰성이 떨어질 경우 보장기관이 주거 및 생활실태 사실조사 등을 실시하여 추가 소득이 확인될 경우 이를 근거로 가산하는 소득을 의미한다. 가장 흔한 경우는 조건부 수급자가 조건을 불이행할 경우, 즉 근로를 하지 않거나 자활사업에 참여하지 않을 경우 주거 및 생활실태 사실조사를 통해 보장기관 확인소득을 산정하는 경우이다. 2015년 이전까지 보장기관들은 별다른 법률적 근거 없이 부정수급 의심자들에게 '추정소득'을 일방적으로 부과해 왔다. 그러나 2014년 서울행정법원은 이를 위법으로 판단하였다(박영아, 2015: 25-26). 이에 보건복지부는 추정소득의 명칭을 보장기관 확인소득으로 바꾸고, 시행령에 규정하여 법률적인 근거를 마련하였다. 나아가 주거 및 생활실태 사실조사를 통해 추가 소득이 확인된 경우에만 보장기관 확인소득을 반영하도록 하고 있다.

가구특성별 지출비용은 가구의 특성상 추가 지출을 필요로 하는 가구의 관련 소득과 사회적 공헌에 의한 소득으로 구분된다. 가구특성별 지출비용은 소득 산정에 반영되지 않으며, 실제 소득에서 차감된다.

가구특성별 지출비용에는, 첫째, 장애인 지원과 관련된 소득이 있다. 즉, 장애인 가구는 특성상 추가 지출이 더 필요하다는 것을 반영하는 것이다. 가구특성별 지출비용에 포함되는 장애인 관련 소득은 ① 「장애인연금법」에 따른 기초급여액 및 부가급여액, ② 「장애인복지법」에 따른 장애수당과 장애아동수당, ③ 「자동차손해배상 보장법」에 따른 재활보조금이 있다.

둘째, 질병치료와 관련된 소득이다. ① 만성질환 등의 치료·요양·재활로 인하여 3개월 이상 지속적으로 지출하는 의료비, ② '희귀질환자 의료비 지원사업'에 따른 의료비 중 호흡보조기 대여료, 기침유발기 대여료 및 간병비, 특수식이구입비, ③ 「한센인 피해사건의 진상규명 및 피해자 지원 등에 관한 법률」에 따른 위로지원금은 가구특성별 지출비용으로 분류된다.

셋째, 양육 관련 지원금들로 아동양육에 따른 추가 비용을 보전한다. ①「한부모가족지원법」에 따른 아동양육비 및 추가 아동양육비, ② '한부모가족지원사업 안내'에 따른 청소년 한부모 자립지원촉진수당, ③ '아동분야 사업안내'에 따른 소년소녀가정 부가급여, ④「자동차손해배상 보장법」에 따른 피부양보조금, ⑤「입양특례법」에 따른 양육보조금, ⑥ 15만 원 이내의 농어민 가구의 보육시설 이용 자부담분은 가구특성별 지출비용으로 분류된다.

마지막으로, 사회공헌과 관련하여 실제 소득에 반영하지 않는 항목들이다. ① 국가유공자, 독립유공자, 보훈대상자, 체육유공자에 대한 생활조정수당, ② 참전명예수당 중 1인 가구 기준 중위소득의 20% 이하에 해당하는 금액, ③「독립유공자예우에 관한 법률」에 따른 독립유공자 (손)자녀 생활지원금, ④「국민체육진흥법」에 따른 국제경기대회 입상자가 국민체육공단으로부터 받은 연금 월정금, ⑤ 국제장애인기능올림픽대회에 입상자가 한국장애인고용공단으로부터 받는 연금은 가구특성별 지출비용으로 분류된다.

모든 근로소득은 실제 소득에 반영된다. 나아가 국민기초생활보장제도는 보충급여 방식으로 운영되기 때문에 실제소득에 반영된 근로소득은 생계급여액에서 전

표 16-4 수급자 유형에 따른 근로소득 공제율

공제대상 수급자	공제대상 소득	공제율
• 등록장애인	장애인 직업재활사업 및 정신질환자 직업재활사업 참여소득	20만 원 공제 후, 50% 추가 공제
• 24세 이하에 해당하는 수급자 • 대학생	근로 · 사업소득	40만 원 공제 후, 30% 추가 공제
• 아동시설퇴소 및 가정위탁보호종료 후 5년 이내의 자립준비청년	근로 · 사업소득	50만 원 공제 후, 30% 추가 공제
• 25세 이상 초 · 중 · 고등학생　• 등록장애인 • 75세 이상 노인　• 북한이탈주민	근로 · 사업소득	20만 원 공제 후, 30% 추가 공제
• 65세 이상~74세 이하 노인 • 임신 중이거나 분만 후 6개월 미만의 여성 • 사회복무요원, 상근예비역	근로 · 사업소득	30%
• 행정기관 및 공공기관의 행정인턴 참여자	행정인턴 참여소득	30%

액 차감된다. 이에 따라 근로소득이 증가하더라도 증가분은 생계급여액에서 100% 차감되므로 수급자들의 근로동기 상실은 피할 수 없다. 이러한 근로동기 하락효과를 완화하기 위해 국민기초생활보장제도는 소득평가액의 산정에서 근로소득과 사업소득에 대해 일부분을 빼 주는 근로소득 공제를 실시하고 있다. 현재 25~64세의 생계·주거·교육급여 수급자의 근로·사업소득은 30%의 공제가 기본으로 적용된다. 나아가 〈표 16-4〉의 대상에 해당하는 생계·의료·주거·교육급여 수급자의 근로·사업소득은 〈표 16-4〉에 적시된 공제율이 적용된다. 자활사업참여자의 경우 자활근로소득(근로유지형·Gateway 제외)도 30%의 공제율이 적용되지만, 공제분은 자활장려금의 형태로 지급된다.

2) 재산의 소득환산액

재산의 소득환산액은 〈식 16-3〉과 같이 계산된다. 국민기초생활보장제도에서 재산은 일반재산, 금융재산, 자동차로 분류된다. 나아가 일반재산은 주거용 일반재산을 별도로 분류한다.

재산의 소득환산액 = (일반·금융재산의 종류별가액 − 기본재산액 − 부채 +

자동차 재산가액) × 재산의 종류별 소득환산율　　　　　　　〈식 16-3〉

일반재산에는 주택, 토지, 건축물, 항공기, 선박, 각종 회원권 등이 포함되며, 임차보증금(전세금)도 일반재산에 속한다. 주거용 재산은 수급자가 거주하는 주택과 임차보증금을 의미하며, 대도시의 경우 1억 2000만 원, 중소도시는 9,000만 원, 농어촌지역은 5,200만 원까지만 주거용으로 인정된다. 초과분은 일반재산으로 분류된다. 의료급여의 경우에는 대도시 1억, 중소도시 6,800만 원, 농어촌지역 3,800만 원의 기준이 별도로 적용된다.

금융재산은 현금, 예금, 적금, 주식, 어음, 채권, 신탁재산, 보험 등의 거의 모든 금융자산이 포함된다. 그러나 재산의 소득환산액 산정과정에서 생활준비금 명목으로 금융재산 중 500만 원을 공제하기 때문에, 실제로는 500만 원을 초과한 금융재산으로 측정된다. 나아가 수급자들의 재산형성을 지원하기 위하여 수급자가 3년 만

기 이상의 장기금융저축에 가입한 경우 저축액에 대해 연간 500만 원, 최대 3년간 1,500만 원까지 금융재산에서 공제한다.

자동차는 가구원 명의의 자동차이며, 보험개발원의 자동차가액정보를 우선적으로 반영한다. 단, 장애인사용 자동차로서 중증장애인이 직접 운행하는 배기량 2,000CC 미만의 자동차나, 배기량이나 차종에 상관없이 부양의무자 명의의 자동차에 대해서는 가구당 1대씩 재산에서 제외한다. 나아가 생업용자동차에 대해서는 자동차 가격의 50%만 반영한다.

재산유형에 따른 소득환산율은 주거용 재산은 월 1.04%, 일반재산은 월 4.17%, 금융재산은 월 6.26%, 자동차는 월 100%이다. 그러나 수급가구의 기본적인 생활과 주거를 위해서는 기본적인 재산이 필요하다. 따라서 소득환산율을 적용하기에 앞서 재산액 중 기본생활과 주거를 위해 최소로 필요하다고 인정되는 정도의 재산을 '기본재산액'이라는 명목으로 공제한다. 기본재산액은 지역에 따라 차등적용되는데, 대도시는 6,900만 원, 중소도시는 4,200만 원, 농어촌지역은 3,500만 원이 공제된다. 단, 의료급여의 경우에는 대도시 5,400만 원, 중소도시 3,400만 원, 농어촌지역 2,900만 원이 별도로 적용된다. 기본재산액의 공제는 주거용 재산, 일반재산, 금융재산 순으로 적용되며, 공제여력이 남더라도 100% 환산율이 적용되는 자동차에 대해서는 기본재산액을 공제하지 않는다.

재산의 소득환산액을 산출하기 위해서는 먼저, 일반재산과 금융재산을 합산한다. 이때 근로능력이 없는 자들만으로 구성된 가구에 대해서는 재산범위특례를 적용하여 대도시 1억 원, 중소도시 7,300만 원, 농어촌지역 6,000만 원을 환산대상 소득에서 제외한다.[2] 단, 금융재산은 대도시 5,400만 원, 중소도시 3,400만 원, 농어촌 2,900만 원까지만 제외 가능하며, 100% 환산율이 적용되는 자동차가 없어야 한다. 나아가 경매나 가압류, 개발제한 구역으로 처분이 불가능하거나 재산소유자가 정신질환, 가출, 실종, 소년소녀가장 등으로 처분이 곤란한 경우도 재산범위특례를 적용받을 수 있다. 수급자의 소득과 재산의 형태 및 구성에 변화가 전혀 없으나 소득가액만 상승한 경우도 재산범위특례를 적용받을 수 있지만, 적용기간은 최대 3년으로 제한된다.

---

2) 의료급여대상자는 각각 8,500만 원, 6,500만 원, 6,000만 원이 적용된다.

일반재산과 금융재산을 합산한 이후 기본재산액과 부채를 차감하고 자동차의 가격을 합산하여 순재산을 산출한다. 부채를 차감하는 순서는 기본재산 차감과 동일하다. 잔여재산에 재산 종류에 따른 환산율을 곱하여 최종적인 재산의 소득환산액을 산출한다. 자동차는 일부 예외를 제외하고 자동차가액의 100%가 월소득으로 간주되기 때문에 자동차가 있는 가구는 기초생활대상자로 선정되기 어렵다. 여기에는 기초생활보장 수급자가 자동차를 소유해서는 안 된다는 정책 당국의 강력한 의지가 반영되어 있다.

재산의 소득환산액은 실제 존재하지 않는 일종의 가상소득이다. 정부가 수급자에게 허용하는 재산의 범위는 최대 6,900만 원, 재산범위특례자는 1억 원이다. 이를 초과하는 수급자들은 발생하지 않은 소득 때문에 최저보장수준에 미달되는 급여를 받게 되며, 보충급여의 원칙에 따라 초과분이 커지면 커질수록 최저생활수준에서 멀어질 수밖에 없다.

3. 부양의무자 기준

소득평가액과 재산의 소득환산액을 합산하여 산출한 소득인정액이 대상자 선정기준에 미달된다면, 주거급여와 교육급여를 수급할 수 있다. 주거급여와 교육급여에는 부양의무자 규정이 적용되지 않는다. 그러나 생계급여와 의료급여는 소득인정액이 대상자 선정기준에 미달하더라도 부양능력을 가진 부양의무자가 없을 것을 요구한다. 「국민기초생활보장법」에서 부양의무자란 1촌의 직계혈족 및 그 배우자를 의미한다. 2021년 9월까지만 해도 생계급여는 수급자들과 유사한 방식으로 부양의무자들의 소득인정액을 산출하여 부양능력을 엄격하게 판정해 왔다. 그 결과 소득인정액 조건이 충족됨에도 불구하고 연락이 단절되었거나 부양능력이 떨어지는 가족 때문에 기초생활보장급여를 수급할 수 없는 빈민들이 양산되었고, 부양의무자 기준은 사각지대의 주범으로 비판의 대상이 되어 왔다.

이에 문재인 정부는 2021년 10월 1일부터 생계급여의 부양의무자 기준을 크게 완화하였다. 비록 '생계급여 부양의무자 기준, 60년 만에 폐지'라는 타이틀로 홍보되었지만 완전폐지는 아니었다. 연소득이 1억 원 이상이거나 재산액이 9억 원을 초과하는 부양의무자가 있을 경우 신청자는 여전히 생계급여 대상에서 제외되었다. 나아가 의료급여는 과거와 같은 부양의무자 기준을 유지하고 있다. 의료급여에서 부양의무자 기준이 계속 존속되는 이유는 예산문제 이외에는 다른 이유가 없다. 정부는 2022년 1월부터 의료급여 수급자의 부양의무자 가구에 기초연금 수급 노인이 있으면 부양의무자 기준을 면제하기 시작하였다. 하지만 정부는 2023년 '제3차 기초생활보장 종합계획'에 가서야 의료급여의 부양의무자기준을 종합적으로 검토할 계획이기 때문에 의료급여의 부양의무자 기준은 적어도 2023년까지는 유지될 것으로 보인다. 빠른 시간 안에 의료급여의 부양의무자 기준에 대한 완화조치가 이루어져야 한다.

4. 국민기초생활제도의 급여

1) 생계급여

가구의 소득인정액이 〈표 16-3〉에 제시된 생계급여 선정기준 이하로 산출되면, 생계급여수급자로 인정되어 소정의 생계급여를 수급할 수 있다. 생계급여액은 보충급여의 원리에 따라 대상자 선정기준인 생계급여 최저보장수준에서 가구의 소득인정액을 차감한 급액으로 결정된다. 현금지급을 원칙으로 하며, 특별한 사정이 없는 한 매월 20일 은행이체를 통해 지급된다.

그러나 근로능력이 있는 수급자의 경우 소득인정액이 생계급여 선정기준 이하에 해당되더라도 무조건적으로 생계급여를 지급하지 않는다. 원칙적으로 근로능력이 있는 수급자는 모두 '조건부수급자'로 지정되며, 자활사업에 참가할 것을 조건으로 생계급여를 지급한다. 근로능력이 있는 수급자란 18세 이상 64세 이하의 수급자를 의미하며, 다만 해당 연령층이라도 ① 중증 장애인, ② 질병, 부상, 후유증으로 인하여 치료나 요양이 필요한 사람 중 근로능력평가 결과 근로능력이 없다고 판정된 사람은 조건부과에서 제외된다. 근로능력의 평가는 국민연금공단에 위임하여 수행한다. 국민연금공단은 의학적 평가와 활동능력 평가를 토대로 수급자의 최종 근로능력을 판정한다. 판정의 유효기간은 통상 1년이며 질병과 부상에 의해 근로능력 없는 것으로 판정된 수급자들은 매년 근로능력을 재평가받아야 한다. 하지만 중세가 고착상태에 들어간 경우는 최대 3년까지 유효기간이 연장될 수 있다.

조건부수급자라도 다음에 해당되는 사람은 조건부과를 유예할 수 있다. 먼저, 개별가구 또는 개인의 여건 등으로 자활사업에 참가하기가 곤란한 경우이다. 조건부과유예자에는 ① 미취학 자녀, 질병·부상 또는 장애 등으로 거동이 곤란한 가구원, 치매 등으로 보호가 필요한 가구원을 양육·간병 또는 보호하는 수급자, ② 재학생, ③ 고용촉진사업이나 직업재활사업에 참가하고 있는 장애인, ④ 임신 중이거나 분만 후 6개월 미만인 여자, ⑤ 사회복무요원 등 법률상 의무를 이행 중인 사람, ⑥ 근로 또는 사업에 종사하는 대가로 수급자 1인당 90만 원 이상의 소득을 얻고 있는 사람 등이 해당된다. 또한 ① 입영예정자 또는 전역자, ② 교도소, 구치소, 치료감호시설 등에서 출소한 사람, ③ 보장시설에서 퇴소한 사람, ④ 학교 졸업자, ⑤ 질병이나 부상 등으로 2개월 이상 치료를 받고 회복 중인 사람 등은 환경 변화의 적응을 위해 3개월간 조건부과를 유예한다.

나아가 조건제시유예자는 조건부수급자 중 조건이행이 불가능한 특별한 사유를 인정받아 단기적으로 자활사업 참여를 유보할 수 있는 자를 의미한다. 여기에는 ① 도서벽지에 거주하는 수급자, ② 북한이탈주민, ③ 영주귀국 사할린 한인, ④ 12개월 이하의 영아를 양육하고 있는 수급자, ⑤ 사회봉사명령을 이행중인 자, ⑥ 외국인 수급자, ⑦ 질병과 부상 등으로 단기적인 집중치료가 필요한 수급자, ⑧ 시험준비생, ⑨ 취업준비생, ⑩ 실업급여수급자, ⑪ 20세 이상의 초·중·고생 또는 초·중·고 및 대학교 휴학생, ⑫ 원격대학, 학점은행제대학 재학생, ⑬ 월소득이 60만 원 이하이지만 자활사업 참여보다 현재 소득활동을 하는 것이 적절한 사람이 해당된다.

조건부수급자가 조건을 이행하지 않으면, 가구의 생계급여 중 본인 몫에 해당하는 급여는 지급이 중지된다. 조건 이행의 기준은 자활근로사업이나 자활기업에 하루 6시간 이상 주 3일 이상 참여하거나 주 4일간 22시간 이상 참여하는 것이다. 이러한 조건 이행 기준을 위반하거나, 3회 이상 2일 이상 연속 불참할 경우, 월 조건부과일수의 1/3 이상 불참할 경우에는 생계급여가 중단된다. 나아가 상습적인 결근, 조퇴, 지각, 음주, 근무지 이탈, 사업 방해, 정당한 지시의 불이행, 타참여자에 대한 폭력·폭행·폭언 등 불성실한 행위자에 대해서도 생계급여를 중지시킬 수 있다.

그러나 조건의 이행을 전제로 생계급여를 지급하는 조건부수급자제도는, 첫째,

생계를 미끼로 사실상 강제근로를 부과하고 있기 때문에 강제근로 금지의 원칙에 위반된다는 점, 둘째, 자유롭게 노동을 할 권리 또는 자신에게 맞지 않는 노동을 거부할 권리를 침해하고 있다는 점, 셋째, 조건 불이행 시 급여지급을 완전 중지하는 것은 인간답게 살 권리를 박탈한다는 점에서 비판을 받고 있다(문준혁, 2019: 142-147). 즉, 수급자의 존엄을 침해하고 빈곤을 형벌화하고 있다는 지적이다(빈곤사회연대, 2019). 유럽의 활성화정책들도 우리나라의 조건부수급자제도와 유사한 논란을 겪고 있으며, 특히 독일의 법원은 급여의 완전 지급중지에 대해 과도한 제한이라고 판단하였다. 수급자 본인의 생계급여 전액을 정지시키는 현행 지침은 「헌법」 제34조 1항에 대한 위헌의 소지가 있다고 볼 수 있다(문준혁, 2019: 147).

2) 의료급여

(1) 의료급여의 대상자

의료보호는 생활보호사업의 일환으로 시작되었으나, 1977년 적용대상자가 생활보호대상자를 넘어 원호구호대상자, 비상재해의 이재민, 인간문화재, 월남귀순자, 성병감염자 등으로 크게 확대되자, 「생활보호법」으로부터 독립하여 독자적인 의료보호법체계를 갖추었다. 지금도 의료급여 대상자들은 「국민기초생활보장법」의 범위를 크게 벗어난다. 「국민기초생활보장법」상 의료급여대상자는 가구의 소득인정액이 기준중위소득의 40% 이하인 경우에 선정될 수 있다. 〈표 16-3〉에 의하면 2022년 현재 4인 가구 기준으로 소득인정액이 204만 8,432원 이하에 해당되면 의료급여대상자로 선정된다. 하지만 의료급여대상자는 「국민기초생활보장법」뿐만 아니라 다양한 법률에 의해 선정될 수 있다. 의료급여대상자는 1종과 2종으로 구분된다. 의료급여 1종 수급자는 다음과 같다.

① 국민기초생활보장제도 수급자 중 근로능력이 없는 사람들로만 구성된 세대

② 「국민기초생활보장법」에 의해 보장시설에서 급여를 받고 있는 사람

③ 결핵질환자, 희귀질환자, 중증난치성질환자 및 중증질환등록자 개인

④ 의료급여특례자 개인 및 자활급여특례 또는 구직촉진수당지급에 따른 특례 가구원 중 ③에 해당하는 개인, 나머지 가구원은 2종으로 분류된다.

⑤ 행려환자

⑥ 「재해구호법」에 따른 이재민

⑦ 「의사상자 등 예우 및 지원에 관한 법률」에 따른 1~6급 의상자

⑦ 「입양특례법」에 따라 국내에 입양된 18세 미만의 아동

⑧ 「독립유공자예우에 관한 법률」「국가유공자 등 예우 및 지원에 관한 법률」 및 「보훈 보
   상대상자지원에 관한 법률」의 적용을 받고 있는 사람과 그 가족

⑨ 「무형문화재 보전 및 진흥에 관한 법률」에 따라 지정된 국가무형문화재의 보유자 및 그
   가족

⑩ 「북한이탈주민의 보호 및 정착지원에 관한 법률」의 적용을 받고 있는 사람과 그 가족

⑪ 「5·18민주화운동 관련자 보상 등에 관한 법률」에 따라 보상금 등을 받은 사람과 그
   가족

⑫ 「노숙인 등의 복지 및 자립지원에 관한 법률」에 따른 노숙인

의료급여 1종 수급자에는 다른 법률에 의해 다양한 대상자들이 포함되지만, 1종 수급자의 절대다수는 국민기초생활보장 수급권자 중 근로능력이 없는 사람만으로 구성된 세대원들이다. 국민기초생활보장 수급권자 중 1종 수급권자에 해당되지 않는 사람들은 의료급여 2종 수급자로 분류된다.

(2) 급여의 수준(본인부담률)

의료급여의 운영방식은 건강보험의 요양급여와 크게 다르지 않다. 의료급여 수급자가 의료기관을 통해 의료급여를 제공받으면 소정의 본인부담금을 납부하고, 의료기관은 건강보험심사평가원에 진료비를 청구한다. 건강보험심사평가원이 건강보험공단에 심사 결과를 통보하면, 건강보험공단은 의료기관에 의료급여의 기금 부담분을 지급한다. 의료급여와 건강보험의 가장 큰 차이는 의료급여의 본인부담금이 건강보험에 비해 크게 낮다는 것이다. 먼저, 〈표 16-5〉는 의료급여 1종 수급자의 본인부담률을 나타낸다.

〈표 16-5〉에 따르면 의료급여 1종 수급자는 입원진료 시 본인부담금이 면제된다. 외래진료의 경우 원내 직접 조제를 하지 않는 경우 1차 의료기관은 1,000원, 2차 의료기관은 1,500원, 3차 의료기관은 2,000원을 본인부담금으로 납부한다. 처방전에

| 표 16-5 | 의료급여 1종 수급자의 본인부담률 |

의료급여기관		의료급여의 내용	본인부담금
제1차 의료급여기관 (의원, 보건의료원)	외래	원내 직접 조제	1회 방문당 1,500원
		그 밖의 외래진료	1회 방문당 1,000원
		특수장비촬영(CT, MRI, PET)	특수장비총액의 5%
	입원		무료
제2차 의료급여기관	외래	원내 직접 조제	1회 방문당 2,000원
		그 밖의 외래진료	1회 방문당 1,500원
		특수장비촬영(CT, MRI, PET)	특수장비총액의 5%
	입원		무료
제3차 의료급여기관	외래	원내 직접 조제	1회 방문당 2,500원
		그 밖의 외래진료	1회 방문당 2,000원
		특수장비촬영(CT, MRI, PET)	특수장비총액의 5%
	입원		무료
보건소, 보건지소, 보건진료소		외래, 입원진료	무료
약국 및 한국희귀의약품센터		보건소, 보건지소, 보건진료소의 처방 조제	무료
		의료기관 및 보건의료원의 처방 조제	처방전 1매당 500원
		직접 조제	처방전 1매당 900원

의한 약국 조제약의 본인부담금은 500원이다. 따라서 지역의 1차 의료기관을 방문하여 처방전을 받아 약국에서 약을 조제할 경우 1회당 1,500원의 비용이 소요된다.

2007년 6월까지 의료급여 1종 수급자들의 외래진료 본인부담금은 완전 면제였다. 그러나 보건복지부는 '의료쇼핑'과 같은 오남용 방지를 명분으로 2007년 7월 1일부터 1종 수급자들에게 〈표 16-5〉와 같은 본인부담을 부과하기 시작하였다. 그러나 소액의 본인부담금이지만 저소득층에게는 부담으로 작용하기 때문에 의료이용을 포기하는 의료 과소이용현상(underconsumption)이 나타날 것이라는 우려가 제기되었다. 이에 보건복지부는 선택병의원제도와 건강생활유지비를 신설하여 의료 과소이용을 방지하고자 하였다.

선택병의원제도는 수급자가 우선적으로 진료를 받는 의료기관을 선택병의원으로 지정하면, 해당병의원에서 발생하는 본인부담금과 처방전에 의해 조제된 약제비의 본인부담금을 면제하는 제도이다. 원칙적으로 선택병의원은 1차 의료급여기관 중 한 개를 지정해야 한다. 그러나 6개월 이상 지속적인 진료가 필요한 복합질환자는 추가 지정이 가능하며, 중증질환자와 희귀난치성질환자는 2차나 3차 의료급여기관의 지정도 가능하다. 따라서 1종 수급자가 선택병의원을 이용하면 무료로 의료서비스를 이용할 수 있다.

그러나 선택병의원이 아닌 다른 의료기관을 이용할 경우에는 본인부담금을 지급해야 한다. 예컨대, 고혈압환자가 지역의 내과의원을 선택병의원으로 지정하면 지병의 치료는 무료로 가능하지만, 긴급하게 정형외과나 치과 등을 이용할 경우에는 본인부담금을 납부해야 한다. 이에 따른 부담을 감소시켜 주기 위해 정부는 건강생활유지비를 신설하였다. 정부는 의료급여 1종 수급자들에게 건강생활유지비 명목으로 매월 6천 원을 가상계좌로 지급하며, 이를 통해 선택병의원이 아닌 다른 의료기관의 외래진료 본인부담금을 납부할 수 있도록 하였다. 통상적인 의료이용을 할 경우 1차 의료기관에서 1,000원, 약국에서 500원이 소요되므로 월 4회 정도의 이용이 가능한 셈이다. 의료급여 1종 수급자 중 4대 중증질환자, 희귀난치성 질환자, 결핵질환자, 행려환자, 18세 미만인 아동 및 청소년, 20세 이하 중·고생, 가정간호대상자, 임산부 등은 선택병의원을 지정하지 않더라도 본인부담금 면제 대상이다. 단, 임산부가 건강생활유지비를 이용할 경우는 면제 대상에서 제외된다.

〈표 16-6〉에 따르면 의료급여 2종 수급자들은 1종 수급자와 달리 입원진료 시 급여비용 총액의 10%를 본인부담금으로 납부한다. 외래진료의 경우 1차 의료기관의 본인부담금은 1종 수급자와 차이가 없으나 2차와 3차 의료급여기관을 이용할 경우 급여비용 총액의 15%를 납부해야 한다. 나아가 CT, MRI, PET 등 특수장비촬영비용의 본인부담률도 1종 수급자보다 10% 포인트 높다. 2종 수급자 중 본인부담금 감면의 혜택을 받는 특례대상자는 다음과 같다.

① 자연분만 및 제왕절개분만 산모(입원): 본인부담 없음
② 6세 미만 아동(입원): 본인부담 없음
③ 6세 이상 15세 이하 아동(입원): 급여비용 총액의 3%
④ 중증질환자 중 뇌혈관 및 심장질환자(수술·약제투여·입원): 최대 30일간 본인부담

표 16-6 의료급여 2종 수급자의 본인부담률

의료급여기관	의료급여의 내용			본인부담금
제1차 의료급여기관 (의원, 보건의료원)	외래	원내 직접 조제		1회 방문당 1,500원
		그 밖의 외래진료		1회 방문당 1,000원
		특수장비촬영(CT, MRI, PET)		특수장비총액의 15%
	입원			급여비용총액의 10%
제2차 의료급여기관	외래	만성 질환자 해당 질환 진료	원내 직접 조제	1회 방문당 1,500원
			그 밖의 외래진료	1회 방문당 1,000원
			특수장비촬영 (CT, MRI, PET)	특수장비총액의 15%
		만성질환자 외		급여비용총액의 15%
	입원			급여비용총액의 10%
제3차 의료급여기관	외래			급여비용총액의 15%
	입원			급여비용총액의 10%
보건소, 보건지소, 보건진료소	외래, 입원진료			무료
약국 및 한국희귀의약품센터	보건소, 보건지소, 보건진료소의 처방조제			무료
	의료기관 및 보건의료원의 처방 조제			처방전 1매당 500원
	직접 조제			처방전 1매당 900원

없음

⑤ 중증외상환자(권역외상센터 입원) 최대 30일간 본인부담 없음

⑥ 임신부: 급여비용 총액의 5%

⑦ 5세 이하의 조산아 및 저체중 출생아 병원급 이상(외래): 급여비용 총액의 5%

⑧ 정신질환으로 병원급 이상 외래 이용 시 급여비용 총액의 10%, 단, 조현병은 5%

⑨ 치매치료 입원 및 병원급 이상 외래: 급여비용 총액의 5%

⑩ 1세 미만 아동의 외래 치료: 의원급 면제. 병원급 이상은 급여비용 총액의 5%

　　이상과 같이 볼 때 의료급여는 건강보험의 요양급여에 비해 상당히 관대한 수준이다. 특히 1종 수급자는 선택병의원제도와 건강생활유지비를 활용할 경우 명목적

으로는 거의 무료로 의료서비스를 이용할 수 있다. 그러나 건강보험의 비급여항목과 선별급여/예비급여항목은 의료급여에 대해서도 동일하게 적용된다. 즉, 비급여항목에 대해서는 수급자가 비용을 전액 부담해야 하며, 선별급여/예비급여에 대해서도 건강보험과 마찬가지로 비용의 30~90%를 지불해야 한다. 그 결과 명목상 진료비가 무료인 의료급여 1종 수급자들도 수백만 원 이상의 의료비를 부담할 수 있으며, 이는 아주 드문 상황도 아니다. 결국 비급여항목의 문제는 건강보험의 보장성뿐만 아니라 의료급여의 보장성에도 영향을 미친다.

건강보험과 달리 의료급여는 기금의 부담으로 의료급여를 받을 수 있는 상한일수가 아직도 운영되고 있다. 현재 운영되고 있는 상한일수는 ① 중증질환, 희귀·중증난치질환(결핵 포함) 등에 대해서는 각 질환별 연간 365일, ② 만성질환으로 고시된 질환자의 경우 각 질환별 연간 380일, ③ 위에 해당하지 않은 질환에 대해서는 모두 합산하여 연간 400일 등이다.

각 시도는 국고보조금과 지방정부 출연금으로 의료급여기금을 조성한 뒤, 국민건강보험공단과 건강보험심사평가원에 위탁하여 의료급여 행정을 담당하도록 하고 있다. 나아가 의료급여는 건강보험에서 제공하는 요양비, 임신·출산진료비, 장애인보조기 지원 등도 거의 유사하게 운영한다.

본인부담상한제의 경우 1종 수급자의 상한액은 매 30일간 5만 원이며, 초과금액은 전액 기금이 부담한다. 2종 수급자는 연간 80만 원이며, 건강보험 1분위와 비슷한 수준이다. 본인부담 보상금제도는 수급자의 급여대상 본인부담금이 대통령령에서 정한 금액을 초과한 경우, 초과금액의 50%를 보상하는 제도이다. 1종 수급자는 매 30일간 2만 원, 2종 수급자는 매 30일간 20만 원을 초과하면 초과분의 50%가 환급된다. 본인부담상한제와 본인부담 보상금제도의 적용에 있어 비급여항목과 선별/예비급여가 제외되는 것은 건강보험과 동일하다. 따라서 의료급여가 수백만 원이 넘는 재난적 의료비에 무기력한 것도 건강보험과 마찬가지이다. 비급여항목을 해결하지 않고서는 어떠한 의료보장제도도 보장성을 확보할 수 없다.

2020년 현재 의료급여 수급자 수는 152만 6천 명이며, 이 중 1종 수급자가 114만 7천 명을 차지하고 있다. 2020년 의료급여 환자들의 총진료비는 9조 488억 원이었으며, 이 중 8조 8290억 원이 기금부담금이었다. 본인부담률은 2.43%였지만, 비급여항목이 제외된 수치이기 때문에 실제 의료급여 환자들의 본인부담률은 더 높을

연도	수급자 수			의료비용		
	계	1종	2종	총진료비(A)	급여비(B)	B/A
2015	1,544	1,078	466	5,982,270	5,893,563	98.52
2016	1,509	1,066	444	6,737,496	6,631,869	98.43
2017	1,486	1,065	420	7,115,740	6,974,944	98.02
2018	1,485	1,082	403	7,807,037	7,635,486	97.80
2019	1,489	1,104	384	8,589,968	8,385,526	97.62
2020	1,526	1,137	389	9,048,869	8,829,036	97.57

표 16-7 의료급여 수급자 수와 비용 (단위: 천 명, 백만 원)

출처: 건강보험심사평가원, 국민건강보험공단(2021b).

것이다. 2020년 의료급여 지출액은 당해년도 생계급여 예산액(4조 3,379억 원)의 2배가 넘는 거대한 규모이다. 이에 따라 보건복지부는 2021년 10월 부양의무자 기준을 완화하면서도 재정부담 때문에 의료급여를 제외시켰다. 빠른 시간 안에 의료급여의 부양의무자 기준도 완화하는 조치가 필요하다.

의료급여사업은 아니지만 보건복지부는 차상위 본인부담경감대상자 지원사업을 실시하고 있다. 2008년 이전까지 차상위계층의 희귀질환자 · 중증난치질환자 · 중증질환자와 만성질환자, 그리고 18세 미만의 아동은 의료급여대상자였다. 그러나 2008~2009년에 걸쳐 이명박 정부는 차상위계층의 의료급여수급자를 건강보험가입자로 전환시켰고, 해당자는 의료보장 혜택이 축소되는 위기에 빠졌다. 이에 보건복지부는 건강보험가입자로 전환된 차상위계층의 희귀질환자 · 중증난치질환자 · 중증질환자와 만성질환자, 그리고 18세 미만의 아동에 대해 본인부담금을 의료급여 2종에 준하는 수준까지 경감시켜 주고 있다. 차상위 본인부담경감대상자 지원사업은 경감분의 차액과 건강보험료를 건강보험에 지원하는 형식으로 이루어지고 있다.

3) 주거급여

주거급여는 수급자들에게 임차료와 주택 수선유지비를 지급하여 최소한의 주거 안정을 도모하기 위한 급여이다. 주거급여는 2000년 10월 국민기초생활보장제도 도입과 함께 시작되었다. 2015년 6월까지는 보건복지부가 운영하였으며, 최저생계비와 연동되어 주거급여액이 결정되었다. 그러나 2015년 7월부터 주무부처가 국토교통부로 이관되면서 기존과는 다른 새로운 형태의 주거급여제도로 변화되었다. 현재 주거급여는 국토교통부가 운영하지만, 기초생활보장급여 신청의 혼선을 피하기 위해 주거급여의 신청은 읍면동 주민자치센터에서 이루어진다.

「국민기초생활보장법」에 의하면 주거급여의 선정기준은 기준중위소득의 46% 이상이다. 기준중위소득 방식이 처음 도입된 2015년에는 기준중위소득의 43%를 기준으로 하였으나, 2019년, 2020년, 그리고 2022년에 각각 1% 포인트씩 상향조정하여 현재 주거급여대상자의 선정기준은 〈표 16-3〉에서 보듯이 기준중위소득의 46%로 결정된다. 2022년 현재 4인 가구 기준으로 소득인정액이 235만 5,697원 이하에 해당되는 가구는 주거급여를 수급할 수 있다. 나아가 2018년 10월부터는 주거급여에 대한 부양의무자 기준의 적용이 폐지되었다.

주거급여는 크게 임차급여와 수선유지급여로 구분된다. 임차급여는 타인의 주택 등에 거주하면서 임대차계약 등을 체결하고 실제 임차료를 지불하는 사람에게 임차료를 지원한다. 임차급여의 지급기준인 기준임대료는 매년 국토교통부 장관이 수급자의 가구규모, 소득인정액, 거주형태, 임차료 부담수준 및 지역별 기준임대료 등을 고려하여 정하는데, 2022년 현재 기준임대료는 〈표 16-8〉과 같다. 소득인정액이 생계급여 선정기준 이하인 사람들, 즉 소득인정액이 기준중위소득의 30% 이하인 사람들은 기준임대료 액수를 주거급여로 지급받는다. 다만, 수급자가 실제 지불하는 임차료가 기준임대료보다 적은 경우에는 실제 임차료를 지급한다. 소득인

표 16-8 **2022년 주거급여 기준임대료**

가구규모	1급지 (서울)	2급지 (경기·인천)	3급지 (광역시·세종시)	4급지 (그 외 지역)
1인 가구	327,000	253,000	201,000	163,000
2인 가구	367,000	283,000	224,000	183,000
3인 가구	437,000	338,000	268,000	218,000
4인 가구	506,000	391,000	310,000	254,000
5인 가구	524,000	404,000	320,000	262,000
6~7인 가구	621,000	478,000	379,000	310,000

* 8~9인 가구는 6~7인 가구 기준임대료의 10%를 가산. 10인 가구 이상 가구 2인 증가 시 10% 가산

정액이 생계급여 선정기준을 초과하는 경우, 즉 소득인정액이 기준중위소득의 30%
에서 46% 사이에 위치한 사람들은 기준임대료에서 자기부담분을 차감하여 주거급
여액을 산정한다. 여기서 자기부담분은 소득인정액에서 생계급여 선정기준을 차감
한 금액의 30%로 계산한다. 단, 수급자의 실제 임차료가 주거급여 기준임대료의 5
배를 초과한 경우에는 임차급여를 1만 원으로 한다.

수선유지급여는 본인 명의의 주택에 거주하는 수급자에게 주택 및 거주시설의
수선유지비를 지급하는 급여이다. 수선유지급여를 받기 위해서는 구조안전, 설비,
마감 등을 기준으로 주택노후도를 평가해야 한다. 주택노후도 점수에 따라 경보수,
중보수, 대보수로 보수범위가 결정되며, 지원기준금액도 결정된다. 2022년 현재 수
선유지급여의 지원기준금액은 〈표 16-9〉와 같다. 소득인정액이 생계급여 선정기
준 이하인 가구에게는 수선비용의 100%를 지급하고, 생계급여 선정기준부터 기준
중위소득의 35% 이하인 가구는 수선비용의 90%를 지원한다. 나아가 기준중위소득
의 35~46% 이하인 가구는 수선비용의 80%를 지원한다.

나아가 임차급여 또는 수선유지급여를 받는 수급자의 19~30세 미만의 미혼자녀
가 취학, 구직 등의 목적으로 부모와 거주지를 달리하는 경우에도 '청년주거급여'라
는 명목으로 별도의 임차급여를 지급한다. 예컨대, 청년주거급여 대상의 원가구가
4인 가구였다면 이를 3+1로 가구 분리를 허용하는 것이며, 지원기준은 〈표 16-8〉
과 동일하다.

표 16-9 ┃ 2022년 주거급여 수선유지급여 지급기준

	경보수	중보수	대보수
노후도 점수	36점 이하	36점 초과~68점 이하	68점 초과
수선금액	457만 원	849만 원	1,241만 원
수선주기	3년	5년	7년
보수 범위	건축 마감 불량 및 채광, 통풍, 주택 내부시설 일부 보수	주요 설비 상태의 주요 결함으로 인한 보수	지반 및 구조물의 결함으로 인한 보수
수선내용 (예시)	마감재 개선 도배, 장판 및 창호 교체 등	기능 및 설비 개선 창호, 단열, 난방공사 등	구조 및 거주 공간 개선 지붕, 욕실, 주방 개량 등

4) 교육급여

　　교육급여는 학교나 시설에 입학한 기초생활보장 수급자에게 입학금, 수업료, 학용품비 등을 지원하는 급여이다. 1982년 생활보호제도의 개편으로 도입되었으며, 2015년 7월부터 주무부처가 보건복지부에서 교육부로 변경되었다. 따라서 시도교육청에서 운영하고 있으며, 주거급여와 마찬가지로 부양의무자기준이 적용되지 않는다. 그러나 신청의 혼선을 피하기 위해 교육급여의 신청은 읍면동 주민자치센터에서 이루어지고 있다.

　　〈표 16-3〉과 같이 교육급여의 선정기준은 기준중위소득의 50%선이며, 2022년 현재 4인 가구 기준으로 소득인정액이 256만 540원 이하인 가구는 교육급여를 수급할 수 있다. 교육급여는 다음과 같은 학교 또는 시설에 입학하거나 재학 중인 사람에게 지급된다. ① 초등학교, ② 중학교 및 고등공민학교, ③ 고등학교 및 고등기술학교, ④ 특수학교, ⑤ 각종학교(초등학교・공민학교・중학교・고등공민학교・고등학교・고등기술학교와 유사한 학교), ⑥ 학교 형태의 평생교육시설. 단, 평생교육시설은 고등학교 졸업 이하의 학력이 인정되는 시설만 해당된다. 수급자가 중학교 의무교육을 받거나 국가유공자 자녀, 북한이탈주민자녀 등과 같이 다른 법령에 따라 학비를 감면 받는 경우에는 감면 범위에 해당하는 학비는 교육급여에서 지원되지 않는다.

　　교육급여는 교육활동지원비, 수업료, 입학금, 교과서 지원으로 구분되며, 2022년 현재 급여수준은 〈표 16-10〉과 같다. 현재 의무교육 대상이 아닌 고등학생은 입학금과 수업료, 그리고 교과서대가 전액 지원된다. 부교재비나 학용품비를 의미하는 교육활동지원비는 초・중・고생에 각각 연간 33만 1천 원, 46만 6천 원, 55만 4천 원이 지원된다.

표 16-10 | 2022년 교육급여 수준

급여항목	지급대상	급여수준	지급방법
교과서, 입학금 및 수업료	고등학생	전액	학교로 지급
교육활동지원비	초등학생	연 1회 331,000원	수급자에게 현금지급
	중학생	연 1회 466,000원	
	고등학생	연 1회 554,000원	

5) 해산급여와 장제급여

해산급여는 생계급여, 주거급여 및 의료급여 중 하나 이상의 급여를 받는 수급자가 분만했을 때 지급하는 급여이다. 해산급여액은 출생아 1명당 70만 원을 현금으로 지급한다. 장제급여도 해산급여와 마찬가지로 생계급여, 주거급여 및 의료급여중 하나 이상의 급여를 받는 수급자가 대상이며, 수급자가 사망했을 때 지급하는 급여이다. 장제급여는 실제로 장제를 실시하는 사람에게 지급하며, 장제급여액은 1구당 80만 원이다.

6) 자활급여

자활급여는 자활사업을 통해 근로능력 있는 저소득층이 스스로 자활할 수 있도록 자활능력을 배양하고 기능습득을 지원하며 근로기회를 제공하는 급여이다. 자활급여는 다음과 같은 급여를 실시한다. ① 자활에 필요한 금품의 지급 또는 대여, ② 근로능력의 향상 및 기능습득의 지원, ③ 취업알선 등 정보의 제공, ④ 근로기회의 제공, ⑤ 자활에 필요한 시설 및 장비의 대여, ⑥ 창업교육, 기능훈련 및 기술·경영 지도 등의 창업지원, ⑦ 자활에 필요한 자산형성 지원 등이다.

(1) 자활급여 대상자

자활사업의 참가자는, 첫째, 조건부수급자들이다. 생계급여 신청자의 소득인정액이 선정기준에 미달하여 수급권자가 되면 수급권자는 먼저 근로능력을 판정받는다. 근로능력이 없는 사람은 조건없이 생계급여를 받지만 근로능력이 있는 사람들은 조건부수급자가 되거나, 조건부과유예자 또는 조건제시유예자로 분류된다. 조건부수급자들은 초기 상담을 갖고, 자활역량평가점수를 기초로 자활사업에 배치된다. 수급자의 자활역량평가점수가 80점 이상이면 집중취업지원 대상자로 분류되어고용노동부의 국민취업지원제도 Ⅱ유형에 배치된다.

반면 자활역량평가점수가 80점 미만이 사람들은 비취업대상자로 분류되며, 이중45~80점 미만인 사람들은 근로능력강화 대상자이다. 이들은 지역자활센터나 민간위탁기관에서 운영하는 시장진입형, 인턴·도우미형, 사회서비스형 자활근로사업

표 16-11 자활역량평가에 따른 자활사업 배치

평가 결과	사업		실시기관	기준
80점 이상 (집중취업지원 대상자)	국민취업지원제도 Ⅱ유형		고용센터	−근로능력과 욕구가 높아 노동시장 에서의 취업이 가능한 자
80점 미만 (근로능력강화 대상자)	자 활 근 로	시장진입형 인턴 · 도우미형 사회서비스형	지역자활센터, 민간위탁기관	−자활근로 프로그램 참여욕구가 높 은 자 −일용 · 임시직으로 직업경험이 있 는 자
45점 미만 (근로의욕증진 대상자)		근로유지형	지자체, 지역자활센터	−노동강도가 낮은 사업에 참여 가 능한 자 −간병 · 양육 등 가구여건상 관내 사업만 참여 가능한 자

에 배치된다. 45점 미만인 사람들은 근로의욕증진 대상자로 지정되며, 시군구 지역
자활센터에서 운영하는 근로유지형 자활근로사업에 참여하게 된다.

자활사업에는 조건부수급자들 이외에도 자활급여 특례자, 일반수급자, 의료급여
가구의 가구원, 차상위계층, 보장시설 수급자 등도 참여할 수 있다.

첫째, 자활급여 특례자들은 조건부수급자 및 일반수급자가 자활사업에 참가하
여 발생한 소득으로 인하여 소득인정액이 의료급여의 선정기준인 기준중위소득의
40%를 초과한 자를 의미한다. 생계급여가 중단되는 대신 자활급여와 의료급여 및
교육급여, 해산급여, 장제급여를 수급할 수 있다.

둘째, 일반수급자도 참여할 수 있다. 조건부과유예자, 조건제시유예자 및 의료,
주거, 교육급여수급자 중 희망자는 참여할 수 있으며, 근로능력이 없음으로 판정된
생계급여대상자도 기초자치단체장의 판단에 따라 참여할 수 있다.

셋째, 근로능력이 있는 의료특례가구의 가구원들 중 희망자도 참여가 가능하다.

넷째, 근로능력이 있는 차상위계층들도 참여할 수 있다. 차상위계층이란 소득인
정액이 기준중위소득의 50% 이하인 사람 중 비수급권자를 의미한다.

다섯째, 보장시설 수급자 중 근로능력이 있는 사람들도 참여할 수 있다.

(2) 지역자활센터

자활프로그램은 지역자활센터에서 이루어진다. 지역자활센터는 1996년 자활시범사업 과정에서 자활지원센터라는 이름으로 설립되었다. 2000년 10월 국민기초생활보장제도의 출범과 함께 자활후견기관으로 명칭이 변경되었고, 2006년 12월부터 현재의 이름으로 운영되고 있다. 지역자활센터는 지역사회복지사업 및 자활지원사업의 수행능력과 경험이 있는 비영리법인과 단체가 우선적으로 지정되며, 지역에 해당 법인이 없거나 자활사업 수행이 어렵다고 판단되는 경우에는 지방자치단체에서 직접 지역자활센터를 운영할 수 있다. 2021년 현재 전국적으로 250개의 지역자활센터가 지정되어 자활사업을 수행하고 있다.

지역자활센터는 다음과 같은 업무를 수행한다.

① 자활의욕 고취를 위한 교육: 근로능력이 있는 저소득층의 자활의욕을 고취시키고 기초능력을 배양하기 위한 교육프로그램을 개발하고 운영한다. 전문교육과정은 광역자활센터나 자활연수원과 연계하여 진행한다.

② 자활을 위한 정보를 제공하고 상담과 직업교육을 실시하는 한편 취업알선을 제공한다.

③ 자영업 창업 지원 및 기술, 경영 지도: 창업을 통해 자활할 수 있도록 기술, 경영지원을 하고, 창업 후에도 적극적인 사후관리를 통해 완전 자립할 수 있도록 지원한다.

④ 자활기업의 설립 및 운영지원: 기초생활보장수급자 등 저소득층이 모여 경제적으로 자립할 수 있는 자활기업을 설립해 자립할 수 있도록 체계적으로 지원한다.

⑤ 사회서비스지원 사업: 장애인, 산모 및 신생아, 노인돌보미 바우처 사업 등 사회서비스사업을 위탁하여 수행한다.

⑥ 자활사업 참여나 취업 및 창업으로 인하여 지원이 필요하게 된 가구에 대하여 사회복지서비스 등 필요한 서비스를 연계해 준다.

⑦ 통장 사례관리: 보건복지부의 근로빈곤층 자산형성 지원사업에 참여하고 있는 수급자에 대한 사례관리 및 자립역량교육을 지원한다.

(3) 자활급여의 내용

자활사례관리: 지역자활센터의 자활사례관리사는 자활사업참여자의 개인별 자립경로(IAP)와 개인별 자활지원계획(ISP)을 수립한다. 그리고 게이트웨이 전담관리자는 자활프로그램 참여에 앞서 자활사업에 대한 기본 지식과 소양을 익히도록 사전교육훈련을 실시하는데, 이를 게이트웨이(Gateway) 과정이라고 한다. 게이트웨이 과정에는 모든 신규참여자가 참여하며, 기존 자활사업참여자 중 취업에 실패했거나 자활경로를 재설정할 필요가 있는 사람이 참여한다. 게이트웨이 과정은 2개월 이내를 원칙으로 하지만, 1개월의 추가 연장이 가능하다. 통상 3개월이 소요된다. 게이트웨이 과정 참여자에게는 사회서비스형 자활근로사업의 급여가 지급된다. 교육, 훈련과 관련된 비용은 고용보험의 내일배움카드로 지원된다.

자활근로사업: 보건복지부가 비취업대상자에게 제공하는 자활근로사업은 주로 간병, 집수리, 청소, 폐자원재활용, 음식물재활용사업을 5대 전국표준화사업으로 하여 중점적으로 추진한다. 자활근로사업은 〈표 16-12〉에서 볼 수 있듯이 크게 네 가지로 구분된다. 시장진입형 자활근로사업이란 매출액이 총사업비의 30% 이상 발생하고, 일정기간 내에 자활기업 창업을 통한 시장진입을 지향하는 사업단의 사업이다. 사업단은 3년 이내에 자활기업을 창업해야 한다.

사회서비스형 자활근로사업은 즉각적인 시장진입보다는 사회적으로 유용한 일자리를 제공하여 참여자의 자활능력을 개발하고 의지를 고취시켜 향후 시장진입을 준비하는 사업이다. 하지만 사회서비스형 자활근로사업이라도 매출액은 총사업비의 10% 이상 발생하여야 한다.

인턴 · 도우미형 자활근로는 지자체, 지역자활센터, 사회복지시설 및 일반기업체 등에서 자활사업대상자가 자활인턴사원으로 근로를 하면서 기술과 경력을 쌓은 후 취업을 통한 자활을 도모하는 취업유도형 자활근로사업이다. 인턴형은 자활기업이나 사업체에서 자활급여 대상자가 인턴으로 근로할 경우 6개월간 지원한다. 인턴 근무 업체에서 지원기간의 연장을 요청할 경우 고용유지확약서를 조건으로 12개월의 추가 연장이 가능하다. 복지도우미형은 읍면동 사무소에서 홍보 · 안내 업무를 하거나 사회복지담당 공무원의 업무수행을 보조할 경우 지원한다. 자활도우미형은 자활사업실시기관 사업담당자의 업무를 보조할 경우 지원한다. 원칙적으로 1년간 참여할 수 있으며, 최대 1년간 2회까지 참여기간을 연장할 수 있다. 사회복지시설

표 16-12 2022년 자활근로사업별 자활급여 단가

구분	시장진입형/기술·자격자	사회서비스형/기술·자격자	근로유지형
지급액계	58,660/62,660	51,350/55,350	30,120
급여단가	54,660/58,660	47,350/51,350	26,120
실비	4,000	4,000	4,000
표준소득액(월)	1,421,160	1,231,100	679,120
비고	1일 8시간, 주 5일		1일 5시간, 주 5일

* 복지·자활도우미인턴형 급여는 시장진입형, 사회복지시설도우미는 사회서비스형 단가 적용
* 표준소득액은 자활근로 사회보험 소득신고 등 월평균 소득 적용이 필요한 경우 활용

도우미형은 사회복지시설의 보조인력으로 근무할 경우 지원한다. 1년간 참여할 수 있으며, 6개월의 추가 연장이 가능하다.

근로유지형 자활근로사업은 근로능력이나 자립의지가 현저히 떨어지는 수급자들을 대상으로 시행되며, 참여대상도 생계급여나 의료급여 수급자, 자활특례자로 제한된다. 노인이나 장애인 등에 대한 가사도우미, 지역환경 정비, 공공시설물 관리 보조 등 노동강도는 약하지만 지역사회에 필수적인 공공서비스 제공사업 중심으로 추진된다.

2022년 자활근로사업별 자활급여의 단가는 〈표 16-12〉와 같다. 시장진입형이나 인턴·도우미형의 경우 하루에 5만 8,660원에서 6만 2,660원을 지급받으며, 사회서비스형의 경우 일당 5만 1,350원에서 5만 5,350원을 지급받는다. 근로유지형의 경우에는 3만 120원의 일당이 적용된다.

자활사업 참여자의 자활근로 참여기간은 자활사업에 안주하는 것을 방지하기 위해 최대 60개월로 제한된다. 단, 근로유지형 자활근로는 연속 참여기간에 제한 없으며, 게이트웨이 기간은 참여기간에 포함되지 않는다.

자활기업: 자활급여는 자활기업에 대한 지원을 포함한다. 자활기업은 2인 이상의 수급자 또는 차상위자가 상호협력하여, 조합 또는 사업자의 형태로 탈빈곤을 위한 자활사업을 운영하는 업체를 의미한다. 2000년 국민기초생활보장제도의 출범과 함께 자활공동체라는 이름으로 시작되었으며, 2012년 자활기업으로 명칭이 변경됨과 동시에 설립요건이 완화되었다. 자활기업으로 인정받기 위해서는 ① 2인 이상의 수급자 또는 차상위자로 구성되어야 한다. ② 조합 또는 「부가가치세법」상 1인 이상

사업자로 사업자등록을 해야 한다. ③ 해당 설립 및 인정요건을 자활기업으로 인정받은 후에도 계속해서 유지해야 한다.

　자활기업이 지원을 받기 위해서는 인정요건을 충족함과 동시에 구성원 중 기초생활수급자 및 차상위자가 1/3 이상이어야 하며, 기초생활보장 수급자는 반드시 1/5 이상이어야 한다. 사회형 자활기업의 경우에는 전체 구성원이 5인 이상이며, 고용된 구성원 중 30% 이상이 「사회적기업육성법 시행령」 제2조에 따른 취약계층에 해당되는 사람들이며, 설립 후 만 3년이 경과한 사업체나 법인인 경우에는 지원을 받을 수 있다.

　이상의 요건을 충족시킨 자활기업은 자활사업단 구성원의 자활기업 전환비율에 따라 적립된 창업자금의 50%(1/3 미만 전환 시)에서 100%(1/2 이상 전환 시)까지 창업자금지원으로 지원받을 수 있다. 나아가 기초생활수급자 및 차상위계층의 참여를 촉진하고 경영안정화를 도모하기 위해 한시적 인건비를 지원한다. 지원대상별 한시적 인건비 지원의 수준은 〈표 16-13〉과 같다.

　또한 자활기업은 자활기금(또는 신용보증기금)을 활용한 사업자금 융자 지원, 전문컨설턴트와 연계한 창업 컨설팅 지원, 최대 5천만 원까지 기계설비 구입 및 시설보강 사업비 지원, 자활기금 또는 중앙자산키움펀드를 활용한 사업개발비 지원, 탈수급자에 대한 4대 보험의 기업부담금 지원, 국공유지 우선임대, 공공기관이 실시하는 사업의 우선 위탁, 공공기관의 조달구매 시 자활기업 생산품과 서비스 우선구매, 자

표 16-13　지원대상별 자활기업 한시적 인건비 지원 수준

구 분	수급자	비수급자	전문인력
지원 금액	-인건비: 시장진입형 자활근로 기준 인건비(급여) -기타 수당 등: 주차 · 월차 수당, 실비		월 250만 원 이내 (기업부담 4대 보험 포함)
지원 기간	최대 5년 (2년까지) 100% (2년 초과 5년까지) 50%	최대 1년 (6개월까지) 100% (6개월~1년까지) 50%	최대 5년
재원	자활근로사업비	지역자활사업지원비 (활성화지원금), 수익잉여금	자활기금 또는 중앙자산키움펀드
신청 기간	지원요건을 충족 시 신청 (1년 단위 적절성 판단)	인정과 동시 신청	지원요건 충족 시 신청 가능 (1년 단위 적절성 판단)

출처: 보건복지부 자립지원과(2022: 117).

활기업 당 2억 원까지 전세점포 임대 지원 등 다양한 혜택을 제공받을 수 있다.

자활장려금: 자활장려금은 기초생활보장 수급자들의 자활사업 참여를 유인하고 근로동기를 강화하기 위해 자활사업 급여의 30%를 공제해 주는 제도이다. 2000년 10월 국민기초생활보장제도의 출범과 함께 도입되었으며, 초기에는 공제율이 10~15%에 머물렀기 때문에 근로유인효과가 미약하였다. 그러나 공제율은 점진적으로 인상되었고 2002년부터 30%를 유지하고 있다. 2016년 근로장려세재와의 통합을 명분으로 폐지되었으나, 2018년 다시 부활하였다.

자활장려금은 자활근로사업과 자활기업에 참여하여 얻은 소득에 적용되지만, 게이트웨이 과정과 근로유지형 자활근로사업은 제외된다. 또한 참여자 중 차상위계층과 보장시설 수급자에게는 지급하지 않는다. 자활근로소득 공제와 노인, 장애인, 대학생, 만 24세 이하 등의 근로소득공제가 중복될 경우 둘 중에 수급자에게 유리한 것을 적용한다. 나아가 자활근로소득의 30%가 생계급여지급액보다 높을 경우 자활장려금은 생계급여 지급액과 동일한 액수로 지급된다.

자산형성지원사업: 자산형성지원사업이란 수급자 및 차상위자가 자활에 필요한 자산을 형성할 수 있도록 재정적으로 지원하는 사업으로 보건복지부는 가입대상에 따라 희망키움통장Ⅰ, 희망키움통장Ⅱ, 내일키움통장, 청년희망키움통장, 청년저축계좌사업을 운영하여 저축액의 일부를 매칭방식으로 지원한다. 통장별로 가구당 1인에게 1회에 한해 지원하며, 지원금을 한 번이라도 수령한 경우 해당사업에 재가입할 수 없다.

7) 긴급급여와 긴급복지지원

긴급복지지원이란 생계곤란의 위기상황에 처하여 도움이 필요한 사람에게 일시적으로 신속하게 지원하는 것을 의미한다. 국민기초생활보장제도는 신청 후 30일 이내에 선정 여부를 통지한다. 그러나, 선정기준의 엄격성과 복잡한 절차 때문에 갑자기 발생한 위기상황에 대하여 유연하게 대처하기 어렵다. 이에 「국민기초생활보장법」은 2000년 제정 당시부터 긴급급여제도를 규정하였고, 급여실시 여부가 결정되기 전이라도 수급권자에게 긴급한 필요가 있다고 인정될 때에는 급여의 일부를 행할 수 있도록 하였다.

그러나 2004년 11월 영양결핍 상태의 5세 아동이 숨진 채 장롱 속에서 발견된 대구 불로동 사건이 발생하면서, 긴급급여체계의 허점이 문제점으로 부각되었다. 이에 보건복지부는 국민기초생활보장제도의 규정만으로는 위기에 대해 신속하게 대응하기 어렵다고 판단하였고, 신속 대응 시스템의 구축과 지원대상자 발굴체계의 강화를 위해 특별법의 제정을 추진하였다. 그 결과 2005년 12월 31일 「긴급복지지원법」이 제정되었다. 「긴급복지지원법」은 5년간 한시적으로 운영될 예정이었으나, 2009년 부칙개정을 통해 계속 존속하게 되었다. 따라서 현행 「국민기초생활보장법」 제27조 2항에 규정된 긴급급여의 내용은 「긴급복지지원법」에 의해 '긴급복지지원' 이라는 이름으로 집행되고 있다.

(1) 긴급복지지원 대상자

긴급복지지원은 위기상황으로 생계유지가 어렵게 된 사람들을 대상으로 한다. 긴급복지지원이 인정하는 위기상황의 사유는 다음과 같다.

① 주 소득자가 사망, 가출, 행방불명, 구금시설 수용 등으로 소득을 상실한 경우
② 중병 또는 부상을 당한 경우
③ 가구구성원으로부터 방임 또는 유기되거나 학대 등을 당한 경우
④ 가정폭력으로 원만한 가정생활을 하기 곤란하거나 성폭력을 당한 경우
⑤ 화재 또는 자연재해 등으로 인해 거주하는 주택 또는 건물에서 생활하기 곤란한 경우
⑥ 주 소득자나 부소득자의 휴업, 폐업 또는 사업장 화재 등으로 실질적인 영업이 곤란한 경우
⑦ 주 소득자나 부소득자의 실직으로 소득을 상실한 경우
⑧ 다음의 기준에 따라 지방자치단체의 조례로 정한 사유가 발생한 경우
　－가구원의 보호, 양육, 간호 등의 사유로 소득활동이 미미한 경우
　－국민기초생활보장 급여가 중지된 경우
　－국민기초생활보장 급여를 신청했으나 아직 결정되기 전이거나 수급자로 결정되지 않은 경우
　－수도, 가스 등의 공급이 그 사용료의 체납으로 인하여 상당한 기간 동안 중단된 경우
　－사회보험료, 주택임차료 등이 상당한 기간 동안 체납된 경우

⑨ 그 밖에 보건복지부 장관이 고시하는 다음과 같은 사유가 발생한 경우

　　-주 소득자와 이혼한 때

　　-단전된 경우(전류 제한기를 부설한 경우 포함)

　　-가족으로부터 방임·유기 또는 생계유지의 곤란 등으로 노숙을 하는 경우

　　-겨울철 복지사각지대 발굴 대상자로 생계가 어려운 경우

　　-통합사례관리 대상자로서 생계가 어려운 경우

　　-자살한 자의 유족, 자살 시도자 또는 그 가족 등 자살 고위험군으로 생계가 어려운 경우

　　-주 소득자 또는 부소득자가 무급휴직 등으로 소득을 상실한 경우

　　-자영업자, 특수형태근로종사자, 프리랜서 주 소득자나 부소득자의 소득이 급격히 감
　　　소한 경우

(2) 긴급복지지원의 급여

긴급복지 대상자가 발생하면 시장, 군수, 구청장은 지체없이 다음과 같은 급여를 지급한다.

① 생계지원: 위기상황으로 인하여 생계유지가 곤란한 사람은 생계유지에 필요한 비용이나 현물을 지원받을 수 있다. 생계지원액은 4인 가구 기준으로 126만 6,900원이며, 3개월간 월 단위로 지원된다. 3개월 이후에도 위기상황이 계속될 경우 긴급지원심의위원회의 심의를 거쳐 추가로 3개월간 연장지원이 가능하다.

② 의료지원: 중병 또는 부상으로 인하여 의료비를 감당하기 곤란한 사람은 의료서비스 지원을 받을 수 있다. 의료급여수급자는 원칙적으로 긴급지원대상자가 될 수 없지만 수술이나 중환자실 이용 등 긴급한 사유로 의료비를 감당하기 어려운 경우에 한해 예외적으로 의료지원이 가능하다. 의료지원 대상자에게는 최대 300만 원까지 약제비, 본인부담금, 비급여항목에 대해 지원하며, 1회 지원을 원칙으로 한다. 비급여항목 중 비급여 입원료와 비급여 식대는 지원하지 않으며, 1회 지원 후에도 위기상황이 계속되는 경우에는 긴급지원심의위원회의 심의를 거쳐 1회 추가 지원이 가능하다.

③ 주거지원: 위기사유의 발생으로 거처가 필요한 사람에게 임시거소를 제공하

거나 이에 해당하는 비용을 지원한다. 주거비 지원은 중소도시 3~4인 가구 기준으로 42만 2,900원이며, 3개월간 지원이 가능하다. 3개월 이후에도 위기상황이 계속될 경우 긴급지원심의위원회의 심의를 거쳐 추가로 9개월간 연장지원이 가능하다.

④ 사회복지시설 이용지원: 위기사유의 발생으로 필요가 인정되는 사람들에게 3개월간 사회복지시설의 입소나 서비스의 이용을 제공한다. 3개월 이후에도 위기상황이 계속될 경우 긴급지원심의위원회의 심의를 거쳐 추가로 3개월간 연장지원이 가능하다.

⑤ 교육지원: 긴급지원 급여를 받는 가구원 중 초 · 중 · 고생으로 학비 지원이 필요하다고 인정되는 사람은 수업료, 입학금, 교육활동지원비 등을 지원받을 수 있다. 초등학생은 교육활동지원비로 연간 22만 1,600원, 중학생은 연간 35만 2,700원, 고등학생은 연간 43만 2,200원과 수업료 및 입학금을 지원받는다.

⑥ 그 밖의 지원: 긴급지원을 받는 가구 중 그 밖의 지원이 필요하다고 인정되는 사람들은 연료비나 그 밖의 지원을 받을 수 있다. 지원 항목은 동절기(10~3월) 연료비로 월 9만 8,000원, 가구원 출산 시 해산비로 70만 원, 가구원 사망 시 장제비로 80만 원, 단전 시에는 최대 50만 원의 전기요금을 지원받는다.

긴급복지지원 급여는 선지원 후처리의 원칙에 따라 지급된다. 즉, 위기상황에 처한 자 등의 지원요청 또는 신고가 있는 경우 긴급지원담당 공무원은 접수 후 1일 이내에 현장을 확인하고 긴급지원의 필요성을 판단한 뒤 72시간 이내에 우선지원을 실시한다. 그리고 나중에 소득, 재산 등을 조사하여 지원의 적정성을 심사한다. 나아가 긴급복지지원 급여는 단기급여를 원칙으로 한다. 통상 3개월을 지급하고 추가 연장을 하더라도 의료지원을 제외하고 6개월을 넘지 않는다. 지원이 종료되면 2년이 경과될 때까지 동일한 위기사유로 다시 지원받을 수 없다.

나아가 긴급복지지원에는 다른 법률 지원 우선의 원칙이 적용된다. 즉, 「재해구호법」「국민기초생활보장법」「의료급여법」「사회복지사업법」「가정폭력방지 및 피해자보호 등에 관한 법률」「성폭력방지 및 피해자보호 등에 관한 법률」 및 「사회복지공동모금회법 등 다른 법률」에 따라 긴급지원의 내용과 동일한 내용의 지원을 받고 있는 경우에는 긴급지원이 제외된다.

8) 국민기초생활보장제도의 지출 현황

　2020년 현재 국민기초생활보장 수급자 수는 213만 4,186명이다. 이 수치에는 2021년 10월부터 실시된 생계급여의 부양의무자 기준 완화 조치가 반영되어 있지 않다. 따라서 최근 수급자 수는 더 많이 늘었을 것이다. 문재인 정부 들어 주거급여의 부양의무자 기준이 폐지되고 적용범위가 확대되면서 수급자 수는 꾸준히 증가하였다. 특히 2020년 코로나 바이러스 사태가 발생하면서 매월 신청자 수가 폭증하였고, 2019년에 비해 수급자 수는 25만 명 이상 급증하였다. 코로나 바이러스 사태가 진정될 때까지 당분간 수급자 수는 계속 증가할 것으로 예상된다.

표 16-14　국민기초생활보장 수급자 수　　(단위: 가구, 명)

연도	계		일반수급자		시설수급자
	가구	인원	가구	인원	인원
2015	1,014,177	1,646,363	1,014,177	1,554,484	91,879
2016	1,035,435	1,630,614	1,035,435	1,539,539	91,075
2017	1,032,996	1,581,646	1,032,996	1,491,650	89,996
2018	1,165,175	1,743,690	1,165,175	1,653,781	89,909
2019	1,281,759	1,881,357	1,281,759	1,792,012	89,345
2020	1,459,059	2,134,186	1,459,059	2,046,213	87,973

출처: 보건복지부(2021b).

　〈표 16-15〉는 국민기초생활보장제도와 관련된 예산규모를 정리한 것이다. 참여연대 사회복지위원회가 매년 11월 『월간복지동향』을 통해 공개하는 예산분석을 기초로 하였다. 따라서 〈표 15-15〉에는 정부의 일반예산 부담금만 반영되며, 지자체 부담금은 반영되어 있지 않다.

　2022년 현재 국민기초생활보장제도와 관련 일반예산은 약 16조 8천억 원이다. 이 중 절반가량인 8조 1천억 원을 의료급여가 사용하고 있다. 그다음으로 생계급여, 주거급여 등이 높은 비중을 차지하고 있다. 2021년 10월 생계급여의 부양의무자 기준이 완화되면서 생계급여의 예산이 600억 원 이상 증가하였다. 2018~2021년 자료는 결산 기준이지만, 2022년 자료는 예산안 기준이다. 코로나 바이러스 사태로 인하여

표 16-15　**국민기초생활보장 예산규모**　　　　　　　　　　　　　　　(단위: 백만 원)

	2018	2019	2020	2021	2022
보건복지부 예산	9,824,045	11,010,233	12,233,815	14,140,756	14,459,582
생계급여	3,721,567	3,761,705	4,337,925	4,655,454	5,264,772
의료급여	5,373,249	6,437,402	7,003,762	7,680,461	8,123,234
해산장제급여	25,042	33,881	31,504	33,308	34,812
긴급복지	111,304	162,587	165,628	681,544	215,639
자활사업	375,627	524,002	580,754	687,887	696,342
기타	217,256	90,656	114,242	402,102	124,783
타 부처 예산	1,256,454	1,804,638	1,734,124	2,090,938	2,304,093
주거	1,125,210	1,672,930	1,632,475	1,987,925	2,181,925
교육	131,244	131,708	101,649	103,013	122,168

* 2018~2021년도는 결산 기준, 2022년도는 예산 기준
출처: 참여연대 사회복지위원회, 월간복지동향 보건복지 분야 예산안 분석: 기초생활보장 분야.

대상자가 급증하면서 최근 국민기초생활보장 예산은 항상 추가경정예산에서 추가 편성되었기 때문에, 2022년 기초생활보장제도의 실제 지출액은 〈표 16-15〉에 제시된 예산안보다 많을 것으로 예상된다.

5. 국민기초생활보장제도의 과제

국민기초생활보장제도에서 빈곤의 사각지대를 창출하는 가장 큰 원인은 부양의무자 기준이었다. 다행히 2015년 교육급여, 2018년 주거급여의 부양의무자 기준이 폐지된 데 이어, 2021년 10월부터 생계급여의 부양의무자 기준이 크게 완화되어 빈곤 사각지대는 크게 감소될 것으로 기대된다. 그러나 기초생활보장급여 중 가장 큰 비중을 차지하고 있는 의료급여의 부양의무자 기준은 과거와 같이 존속되고 있기 때문에 부양의무자 기준과 관련된 사각지대 문제가 완전히 해소되었다고 보기 힘들다. 빠른 시간 안에 의료급여의 부양의무자 기준에 대한 완화조치가 필요하다.

나아가 소득인정액 산정과정에서 실제 존재하지 않는 가상소득들의 문제점을 개선해야 한다. 먼저, 부양비는 부양능력이 미약한 부양의무자가 지급할 것을 전제로

하는 소득이지만, 실제 행정에서는 부양의무자의 의무 이행 여부와 상관없이 부양비가 지급된 것으로 간주하여 실제 소득으로 측정해 왔다. 따라서 수급자의 입장에서는 발생하지도 않은 소득 때문에 급여액이 삭감되는 불이익을 받아 왔다. 2021년 10월부터 생계급여에서는 부양의무자 기준의 완화조치로 부양의무자 분류체계가 없어졌기 때문에 부양비가 사라졌지만 의료급여에서는 아직도 유효하다. 부양비라는 가상소득을 없애기 위해서는 의료급여에서도 부양의무자 기준을 완화하는 조치가 필요하다.

보장기관 확인소득은 과거 추정소득이라고 불렸다. 추정소득은 수급자의 소득신고가 신뢰성이 떨어진다고 판단할 경우 보장기관이 일방적으로 추정하여 부과하는 소득이었으며, 법적인 근거도 없었다. 권위주의적 행정의 표본이었으며, 관존민비적 사고를 드러내는 어처구니없는 행정이었다. 2014년 서울행정법원은 이를 위법으로 판단하여 금지시켰지만, 보건복지부는 보장기관 확인소득으로 명칭을 바꾸고 「국민기초생활보장법 시행령」을 보강하여 계속 실시하고 있다. 법원의 판단을 의식한 보건복지부는 주거 및 생활실태 사실조사를 통해 추가 소득이 확인된 경우에만 보장기관 확인소득을 반영시키도록 지도하고 있으나, 일선 보장기관은 과거 추정소득 때의 관행을 지속하는 경우가 많다. 추가 소득이나 은닉소득이 확인되지 않았음에도 불구하고 근로능력이 있다거나 조건부수급자가 조건을 불이행했다는 이유로 보장기관 확인소득을 산정하는 경우가 많기 때문에 이에 대한 개선이 요구된다.

현재 재산의 소득환산율은 주거용 재산은 월 1.04%, 일반재산은 월 4.17%, 금융재산은 월 6.26%, 자동차는 월 100%이며 지나치게 높다. 이에 따라 기본재산액을 초과하는 재산을 가진 사람들은 수급자가 되기 힘든 상황이며, 설령 수급자가 된다고 하더라도 환산소득이라는 가상의 소득 때문에 최저생계수준에도 못 미치는 급여를 받게 된다. 실제 수급자들의 재산규모는 대도시지역 기본재산액에도 못 미치는 5천만 원 이하가 87.6%를 차지하고 있다(보건복지부, 2021b: 79). 더욱이 최근 주택가격이 크게 상승하고, 베이비부머 세대가 노인으로 편입되면서 충분한 소득이 없는 노인이 재산으로 인해 수급자에서 탈락할 가능성이 높아지고 있다. 자동차의 경우도 과거에는 국민정서상 반감이 있었지만 현재는 부의 상징보다는 생업수단이나 필수재로 의미가 변경되고 있다. 재산의 소득환산방법에 대한 전면적인 재검토가 필요한 상황이다(보건복지부, 2020: 152).

2015년 개별급여제도가 도입되었으나 전반적인 대상자 선정기준이 상향조정될 필요가 있다. 현재 생계급여의 선정기준인 기준중위소득의 30%는 인간다운 생활을 하기에 무리가 있으며, 상대적 빈곤 측정방식에서 통용되는 기준에 비해 상당히 낮은 수준이다. 예산제약 때문에 단기간에 기준선을 대폭 상향조정하기는 힘들겠지만, 단계적으로 기준중위소득의 50%에 근접하도록 장기적인 계획을 마련할 필요가 있다.

자활사업은 근로능력이 있는 수급자들의 자활역량을 강화하고 기본생활을 보장해 주기 위해 도입되었으나, 사실상 실패한 것으로 보인다. 수급자들의 자활효과도 크지 않을 뿐만 아니라 지나치게 엄격한 조건부과와 보장기관 확인소득의 산정으로 인해 근로능력이 있는 수급자들의 보호에도 성공적이지 못했다. 나아가 최근 청년실업을 이유로 저소득 근로계층을 대상으로 하는 제도들이 난립하고 있기 때문에 대규모 교통정리가 필요해 보인다. 예컨대, 자활사업은 근로장려금, 자녀장려금, 고용보험의 고용안정사업이나 직업능력개발사업, 국민취업지원제도 등과 목적과 가능 면에서 유사한 측면이 많다. 특히 국민취업지원제도와는 프로그램의 구성면에서도 상당히 유사하기 때문에 장기적으로는 통합하는 것이 바람직해 보인다.

아동 관련 수당

2022년 현재 정부가 제공하고 있는 아동 관련 수당은 〈표 17-1〉과 같이 요약된다. 우리나라 아동복지정책은 1961년 「아동복리법」에 의해 시작되었다. 「아동복리법」은 1959년 이승만 정부가 기초한 법이었지만 정치적 격변 속에서 처리가 지연되었고(동아일보, 1959. 11. 14.), 5·16 군사정권에 의해 비로소 입법되었다. 「아동복리법」은 당시 수많은 전쟁고아와 미아를 보호하고 있던 아동복지시설들의 설립과 운영에 관한 기준을 마련하였고 법적 근거를 제공함으로써 아동복지정책의 발전에 기여하였다. 그러나 「아동복리법」은 제정 후 30년이 넘도록 실질적인 경제적 지원을 제공하지 못했고 선언적 입법 내지 규제입법에 머무르는 한계를 보였다.

우리나라의 아동 관련 수당은 취약아동에 대한 선별적 지원으로 시작되었다. 1985년 소년소녀가장세대에 대한 보호조치가 시행되었다. 이 조치는 소년소녀가장세대에게 거택보호 수준의 생활보호 급여를 확대지원하는 차원이었다. 하지만 보건사회부는 생활보호 급여에 더해 교육비나 피복비, 교통비, 영양급식비 등에 해당하는 추가 물품들을 일종의 부가수당으로 지급하기 시작하였다(동아일보, 1985. 12. 13.). 지금은 지방정부로 이양되었고 '소년소녀가정 부가급여'라는 이름으로 지급되고 있지만, 당시 추가 급여들은 아동과 관련된 가장 오래된 수당 형태의 지원이라고

표 17-1 아동 관련 수당의 현황

제도	도입연도	근거법	주요대상
소년소녀가정 부가급여 (지방정부 이양)	1985	「아동복지법」	만 18세 미만의 소년소녀가정
한부모가족 아동양육비	1992	「한부모가족지원법」	기준중위소득 52% 이하인 가족의 만 18세 미만 자녀
장애입양아동 양육보조금	1996	「입양특례법」	만 18세 미만의 입양장애아동
위탁가정 양육보조금 (지방정부 이양)	2000	「아동복지법」	만 18세 미만의 가정위탁아동
장애아동수당[1]	2002	「장애인복지법」	만 18세 미만 차상위계층 이하의 장애아동
농어촌 양육수당	2004	「농림어업인 삶의 질 특별법」	86개월 미만의 농어업인 가구 아동
입양아동 양육수당	2007	「입양특례법」	만 18세 미만의 입양아동
양육수당	2009	「영유아보육법」	24~86개월 사이의 모든 아동
장애아동 양육수당	2012	「장애아동복지지원법」	24~86개월 사이의 모든 장애아동
아동수당	2018	「아동수당법」	96개월 미만의 모든 아동
영아수당	2022	「아동수당법」	24개월 미만의 아동 (2022.1.1. 이후 출생아부터 적용)

볼 수 있다. 그러나 소년소녀가정 부가급여는 법률에 의한 지급되는 법정급여가 아
니라 임의급여의 성격을 가졌다.

아동 관련 수당 중 가장 오래된 법정급여는 1992년 「모자복지법」에 의해 지급한
아동양육비로 파악된다. 이어 1996년 국내 입양 장애아동을 대상으로 장애아동 양
육보조금을 지급하기 시작하였고, 2002년에는 장애아동부양수당이라는 이름으로
지금의 장애아동수당을 도입하였다(동아일보, 2001. 12. 28.).

취약아동이 아닌 일반 아동을 대상으로 처음 수당을 제공한 것은 2009년 양육수

---

1) 장애아동수당에 대한 설명은 제18장을 참조하시오.

당이였다. 시행 초기 양육수당은 소득 하위 70% 이하의 가구를 대상으로 하였지만, 2013년부터 무상보육과 연계되어 취학 전 6세 미만의 모든 아동에게 확대되었다. 나아가 2018년 아동수당도 소득 하위 90% 이하의 가구를 대상으로 도입되었지만, 2019년 1월부터 보편적 복지로 전환되었다. 이에 따라 우리나라 아동 관련 수당 체계는 보편적 복지 중심으로 재편되었다.

1. 아동수당

1) 아동수당의 발전과정

우리나라에서 아동수당(children's allowance)은 보편적 수당으로 인식되고 있다. 즉, 아동수당은 별도의 자산조사 없이 모든 아동에게 양육비를 제공하여, 아동 양육에 따른 경제적 부담을 경감하고 건강한 성장 환경을 조성하는 제도로 이해된다. 아동수당은 종종 가족수당(family allowance)과 혼용되기도 하며, 우리나라의 통상적인 인식과 달리 사회보험이나 공공부조로 운영되기도 한다(이선주 외, 2006: 45-55; 최영, 2017: 11-12). 하지만 우리나라에서 주로 참조하고 있는 유럽의 복지국가들이 대부분 아동수당을 보편적 수당으로 운영하고 있기 때문에, 아동수당은 보편적 수당라는 인식이 일반화되어 있다.

그러나 아동수당의 시작은 보편적 수당이 아니라 저소득층을 대상으로 한 공공부조방식에서 비롯되었다. 아동수당의 효시는 1926년 뉴질랜드의 「가족수당법(Family Allowances Act)」이다. 이 법은 2명 이상의 15세 미만 자녀가 있는 가구 중에서 자산조사를 통해 주당 소득이 4파운드 미만인 저소득가구를 선정하는 전형적인 공공부조제도였다. 1927년 호주의 뉴사우스웨일즈(New South Wales)주도 이와 유사한 제도를 운영하였다(Gordon, 1988: 282).

반면 아동수당에 처음으로 관심을 가진 유럽의 국가는 프랑스와 벨기에였고, 이들은 근로자 임금지원제도로 아동수당을 도입하였다. 제1차 세계대전 기간 동안 생활물가가 급등하면서 임금인상의 압력이 높아졌다. 이에 고용주들은 자녀가 있는 노동자를 지원하되, 전체적인 임금의 인상을 회피하기 위한 수단으로 아동수당을 고려하기 시작하였다. 전쟁기간에는 고용주가 개별적으로 근로자에게 가족수당을 지급하였지만, 전쟁이 끝나자 고용주들은 가족수당을 운영하기 위한 평준화기금(equalization funds)을 설립하였고, 이를 통해 가족수당을 지급하였다(Gordon, 1988: 282). 1918년 에밀 로마네(Emile Romanet)가 그르노블(Grenoble)에서 설립한 평준화기금이 최초의 형태였는데, 이 기금은 고용주가 자녀가 많은 근로자를 고용함으로써 발생하는 경쟁력상의 불이익을 분산시키려는 목적으로 회원 기업의 노동자들에게 가족수당을 지급하였다(Obinger et al., 2018: 131). 평준화기금은 전국적으로 확대되어 1925년 프랑스에는 180개의 평준화기금이 운영되고 있었다(Cooter, 1992: 248).

하지만 평준화기금의 확산은 고용주의 기금 가입 여부에 따른 가족수당의 격차 문제를 발생시켰다. 1920~1930년대 출산율의 정체 현상이 나타나자, 벨기에(1930)와 프랑스(1932)는 제조업의 임노동자들을 대상으로 한 강제가입방식의 가족수당제도를 도입하였다. 벨기에와 프랑스의 가족수당은 출산율 제고뿐만 아니라 평준화기금 적용여부에 따른 가족수당의 격차를 해소하려는 목적도 갖고 있었다(Gordon, 1988: 282-283). 따라서 가족수당의 비용은 고용주들이 부담하였으며, 임금총액에 대한 과세를 통해 재원을 마련하였다. 1939년 9월 제2차 세계대전이 시작되기 전까지 뉴질랜드(1926), 벨기에(1930), 프랑스(1932), 이탈리아(1936), 스페인, 헝가리(1938), 네덜란드(1939) 등 7개국이 아동수당을 도입하였지만(Gordon, 1988: 283), 대부분 임금지원 프로그램이거나 공공부조제도들이었으며 보편적 수당과는 거리가 멀었다.

그러나 1945년 제2차 세계대전이 끝나자 아동수당은 빠르게 확산되었고, 1950년대 초반에 이르면 미국을 제외한 대부분의 선진 복지국가들은 아동수당을 도입하였다(Gordon, 1988: 283). 나아가 전간기에 도입한 국가들과 달리 제2차 세계대전 이후 아동수당을 도입한 국가들은 대부분 보편적 수당방식을 채택하였다. 전간기에 공공부조나 임금지원제도로 아동수당을 도입한 호주(1941), 뉴질랜드(1946), 프랑스(1946) 등의 국가들도 보편적 방식으로 전환하여 아동수당은 곧 보편적 수당이라는 인식을 확산시키는 계기가 되었다.

이와 같이 보편적 방식의 아동수당이 확산된 데는 베버리지보고서의 영향이 컸던 것으로 평가된다(김진석, 2016: 35; 최성은 외, 2009: 34). 베버리지는 아동수당을 빈곤 퇴치를 위한 세 가지 전제조건 중 하나로 제시하였다(Beviridge, 1942: 7-8, 153).

베버리지가 아동수당의 도입을 주장한 이유는 크게 세 가지였다. 첫째, 노동시장에서 노동자들의 임금은 노동생산성에 의해 결정되기 때문에 가족 수가 반영되지 않는다(Beviridge, 1942: 154). 따라서 임금체계를 통해 아동들의 최저수준(national minimum)을 보장하는 것은 불가능하며, 임금체계와는 별도로 지급되는 아동수당이 필요하다는 것이다. 둘째, 사회보장제도가 아동들의 최저수준을 보장하기 위하여 급여액에 가족 수를 반영하게 되면 아동 수가 많은 실업자의 사회보장 급여액은 근로소득을 초과할 위험, 즉 열등처우(less eligibility)의 원칙과 충돌할 위험이 발생한다(Beviridge, 1942: 7-8, 154; Harris, 1994: 30). 이를 피하기 위해서는 근로기간이나 실업기간에 상관없이 항상적으로 제공되는 아동수당이 필요하다. 셋째 전쟁의 사상자들이 급증했던 당시 상황에서 아동수당은 출산율을 제고할 수 있는 효과적인 수단이다. 베버리지는 당시의 재생산율로는 영국 종족(the British race)의 존속이 어려울 것이라고 걱정했다(Beviridge, 1942: 154).

1940~1950년대 도입된 보편적 아동수당들은 한동안 큰 변화 없이 안정적으로 유지되었다. 그러나 최근 복지국가가 재편기에 들어서면서 소득에 연계하여 아동수당액을 차등화하는 경향이 점차적으로 증가하고 있다(이선주 외, 2006: 45). 덴마크는 2014년부터 기준소득액을 초과하는 소득의 2%를 아동수당에서 차감하는 방식으로 고소득층의 아동수당액을 감액하고 있다(조성은 외, 2018: 23). 2021년 현재 기준소득액은 81만 8,300덴마크 크로네(약 1억 4,800만원)이다.[2] 캐나다도 1989년부터 덴마크와 유사한 감액조정을 하고 있다(조영훈, 2016: 457). 2021년 현재 연간소득이 32,028달러를 초과할 경우 아동수당액은 감액된다.

영국도 2013년부터 보편적으로 지급되던 아동수당을 조세제도와 연동시켜 감액하고 있다. 2021년 현재 연간소득 5만 파운드부터 감액이 시작되며, 6만 파운드 이상일 경우에는 아동수당액이 전액 세금으로 환수(claw-back)된다. 이른바 '고소득자 아동수당세(high income child benefit charge)'를 도입한 것이다(김수정, 2018: 445). 2015년에는 프랑스도 「사회보장재정법」의 개정을 통해 아동수당액을 가족의 기준소득에 따라 차등화하였다(신윤정, 2017: 31).

---

2) 별도의 언급이 없는 한 이하에서 인용되는 국가별 통계치는 European Commission, Employment, Social Affairs & Inclusion 홈페이지를 참조하였다.

일본도 2012년 개편된 어린이(子ども)수당이 재정문제로 실패한 이후 아동수당은 후퇴를 거듭하고 있다. 2021년 현재 연수입이 960만 엔 이상의 가구에 대해서는 아동의 연령에 상관없이 아동수당액을 5,000엔으로 삭감한다. 2022년 10월부터는 연수입 1,200만 엔 이상의 가구를 아동수당 지급대상에서 제외시켜 5,000엔마저도 지급하지 않을 예정으로 있다. 이에 따라 일본의 아동수당은 보편적 수당에서 공공부조제도로 퇴행할 가능성이 매우 높다.

아동수당을 운영하는 대부분의 국가는 수당액을 아동의 연령이나 출생순서에 따라 차등화한다. 벨기에, 네덜란드, 캐나다, 노르웨이, 오스트리아, 덴마크 등의 국가들은 연령에 따라 아동수당액을 차등지급한다. 반면, 프랑스, 영국, 스웨덴, 핀란드, 독일 등의 국가들은 출생순서에 따라 수당액을 차등화한다. 아동의 연령에 따라 차등화하는 국가들은 아동의 연령에 따른 양육비 부담의 차이를 고려한 것으로 판단된다. 하지만 차등의 방향은 일치하지 않는다. 벨기에, 네덜란드, 오스트리아는 아동의 연령이 높을수록 수당액이 증가하지만, 캐나다, 노르웨이, 덴마크는 연령이 어릴수록 수당액이 증가한다. 이는 국가마다 아동의 연령에 따른 양육조건이 차이가 있음을 나타낸다. 그러나 출생순서에 따라 수당액을 차등화하는 국가들은 영국을 제외하고 모두 출생순서가 늦을수록 수당액을 증가시킨다. 이는 출산장려적 의미를 갖고 있는 것이다(최영, 2017: 14).

2) 2018년 아동수당의 도입과정과 현황

2000년대에 들어오면서 한국 사회에서도 저출산·고령화문제가 미래를 위협하는 심각한 사회문제로 제기되었고, 이에 따라 2005년부터 저출산대책들이 강도 높게 진행되었다. 하지만 아동수당은 2017년 제19대 대통령선거 전까지 정책적인 이슈로 부각되지 못했다. 「저출산·고령사회기본법」이 제정된 이후 아동수당은 몇 차례 의원입법이 발의되었으나(김인희, 2018: 91-98), 법안들은 본격적인 의제로 형성되지 못한 채 사장되었다. 많은 국가에서 출산율 제고를 위해 아동수당을 도입했던 국제적인 사례를 고려하면 한두 번쯤은 정책적 논쟁이 형성됐을 법도 했지만, 실제 정책과정에서 아동수당은 보육문제에 우선순위가 밀렸던 것이다(김수정, 2018: 457).

2000년대 초반 여성의 사회진출이 증가했음에도 불구하고 취업모들이 아동을 맡길 수 있는 보육시설은 절대적으로 부족하였다. 따라서 초창기 저출산대책의 기본방향은 보육서비스의 확대에 맞춰질 수밖에 없었다. 보육서비스에 대한 지원이 확대되자, 보육료 지원대상 아동과 보육시설 미이용 아동 간의 형평성 문제가 불거졌다. 그 결과, 2010년 전후로는 양육수당의 도입문제가 정책적 쟁점이 되었다. 2013년 무상보육체계가 일단락될 때까지 저출산대책의 우선순위는 보육서비스와 양육수당에 있었다.

그러나 보육서비스와 양육수당의 지급에도 불구하고 출산율은 하락을 멈추지 않았고, 결국 우리나라의 합계출산율은 OECD 국가 중 최저수준으로 떨어지고 말았다. 자연스럽게 저출산 대책으로서의 보육서비스와 양육수당에 대한 효과성에 의문이 제기될 수밖에 없었다(유해미, 2017: 121). 선행정책들의 효과성이 의심스럽게 되자 아동수당은 마치 다음 차례라는 듯이 자연스럽게 제기되었다. 2016년 말부터 국회에는 의원입법으로 10여 건이 넘는「아동수당법」제정안들이 폭주하였다(김인희, 2018: 99-100; 김수정, 2018: 442).〈표 17-2〉와 같이 제19대 대통령선거에 참여했던 모든 후보는 아동수당을 공약으로 내걸었다. 수당액도 10만 원으로 거의 비슷했기 때문에, 아동수당의 도입은 시간문제였고 적용범위만이 쟁점이 될 것으로 예측되었다.

문재인 정부가 출범하자 2017년 8월 보건복지부는「아동수당법」제정안을 입법예고하였고, 2018년 7월부터 0~5세 아동을 대상으로 월 10만원을 지급하는 보편적인 아동수당 계획안을 공개하였다. 예산제약을 반영하여 지급대상을 0~5세로 제

표 17-2 제19대 대통령선거(2017. 5. 9) 후보들의 아동수당 공약 비교

대통령 후보	대상연령	수당액	추정예산
문재인(더불어민주당)	0~5세	월 10만원 (단계적 인상)	2조 6천억 원
홍준표(자유한국당)	초·중학생 (소득하위 50%)	월 15만 원	4~5조 원
안철수(국민의당)	0~11세 (소득하위 80%)	월 10만 원	6조 9천억 원
유승민(바른정당)	초·중·고생	월 10만 원	6조 9천억 원
심상정(정의당)	0~11세	월 10만 원	6조 원

출처: 김수정(2018: 441).

한하자는 안에 대해 국회는 쉽게 합의를 도출하였다. 하지만 예상대로 고소득층에 대한 지급문제가 쟁점으로 떠올랐다. 자유한국당과 국민의당은 양육수당과의 중복 문제, 불확실한 출산율 효과, 소득재분배 효과의 부재 등과 같이 합리적인 이유로 아동수당의 보편적 지급을 반대하기도 했지만, '금수저 퍼주기'와 같은 식상하고 저급한 선별주의 논리를 주로 동원하였다. 이에 박능후 보건복지부 장관은 '아동수당은 저소득층을 지원하는 공공부조가 아니라 아동의 권리성에 입각한 것'이라고 확인하며, '소수의 아이들을 제외하는 것에서 얻는 경제적 이득보다, 사회통합 차원이나 아동의 권리 차원에서 전체 아동을 포함하는 것이 제도의 개념에 맞고, 이것이 기본적인 철학'이라고 주장하면서 맞섰으며, 더불어민주당 의원들도 보건복지부의 주장에 동조하였다(김인희, 2018: 113-114).

아동수당은 전액 조세로 운영되기 때문에 예산편성과 밀접히 관련될 수밖에 없었다. 이에 따라 국회는 「아동수당법」 제정안과 기초연금 상향조정안을 2018년도 예산안과 연계하여 처리하기로 결정하였다. 결국 12월 4일 더불어민주당, 자유한국당, 국민의당은 2018년 9월 1일부터 '2인 가구 기준으로 소득 하위 90% 이하의 0~5세 아동'에게 '월 10만 원'을 지급하는 합의안을 도출하였다. 보건복지부는 이에 반발 했지만, 2018년 2월 28일 '소득 하위 90%' 안은 3당 합의대로 국회 본회의를 통과하였다. 이에 따라 우리나라 0~5세의 아동 253만 명 중 94%인 238만 명에게 아동수당이 지급될 것으로 예측되었고, 약 15만 명이 제외되는 것으로 추정되었다(연합뉴스, 2018. 2. 23.).

아동수당은 3당 합의대로 2018년 9월 1일 시작되었으나, 시행준비와 동시에 재정효율성문제가 빠르게 이슈화되었다. 공공부조의 고질적인 행정비용문제가 도마 위에 오른 것이었다. 소득기준을 적용한다는 것은 결국 대상집단 전체에 대한 자산조사가 필요하다는 의미이기 때문에, 수급 배제 인원 수와 상관없이 선별비용의 크기는 고정적이며, 조사 대상자의 규모에 비례한다. 이에 따라 수급을 제한하는 소득기준이 높을수록, 즉 배제되는 아동 수가 적을수록 선별지급의 편익은 감소한다(고재이, 2018: 17-18). 아동수당처럼 소득 상위 10%만을 배제한다면, 막대한 선별비용에 비해 절감액이 크지 않아 재정효율성이 떨어질 수밖에 없다. 2018년 1월 한국보건사회연구원은 3당 합의안대로 아동수당을 지급할 경우 선별에 필요한 행정비용은 770~1,150억 원에 이르지만, 선별에 따른 예산절감액은 1,800억 원에 불과하기 때문에 재정효율성이 떨어진다고 경고했다(한겨레신문, 2018. 1. 15.; 국민일보 2018. 1. 23.).

이미 1월부터 언론을 통해 재정효율성문제가 제기되었지만, 정치권은 귀담아 듣지 않았다. 하지만 막상 소득자산조사에 들어가자 지방정부들의 불만이 터져 나왔고 보편적으로 수당을 지급하자는 요구가 잇따르면서, 정치권은 당황하기 시작하였다. 농어촌 지역의 기초자치단체들은 몇 명 되지도 않는 제외대상 아동을 찾느라 보조인력까지 투입하면서 군내 아동을 전수조사하는 것에 대해 행정낭비라고 생각했다(국민일보, 2018. 7. 12.). 결국 7월 2일 성남시의 은수미 시장은 자체 조례 제정을 통해 0~5세의 모든 아동에게 아동수당을 지급하겠다고 선언하였다(동아일보, 2018. 7. 3.). 이를 계기로 선별비용문제는 전국적인 이슈가 되었고, 선별적 아동수당에 대한 언론들의 논조도 급격히 비판적으로 돌아섰다.

9월 1일 예정대로 아동수당은 지급되었지만, 문재인 대통령은 곧바로 9월 3일 청와대수석회의에서 자산조사와 관련된 아동수당의 문제점을 지적하였고, 국회에서 재논의할 것을 촉구하였다(경향신문, 2018. 9. 3.). 이에 기다렸다는듯이 더불어민주당의 정춘숙 의원은 9월 6일 소득과 재산에 상관없이 모든 가구에 아동수당을 지급하도록 하는 「아동수당법」개정안을 발의하였다. 결국 2018년 11월 5일 여야 5당 원내대표들은 모든 아동으로 지원범위를 확대하는 「아동수당법」개정에 합의하였고, 2018년 12월 27일 「아동수당법」개정안은 국회를 통과하였다. 이에 따라 2019년 1월부터 아동수당은 6세 미만의 모든 아동으로 확대됨에 따라 명실상부한 보편적 수당으로 성립되었다.

표 17-3 아동수당 지급현황

적용기간	지급대상	지급대상 인원 수	예산액
2018. 9. 1.~2018. 12. 31.	만 5세 미만 소득 하위 90%	238만 명	7,096억 원
2019. 1. 1.~2019. 8. 31.	만 6세 미만 전체 아동	247만 명	2조 1,627억 원
2019. 9. 1.~2019. 12. 31.	만 7세 미만 전체 아동		
2020. 1. 1.~2020. 12. 31.	만 7세 미만 전체 아동	263만 5천 명	2조 2,834억 원
2021. 1. 1.~2021. 12. 31.	만 7세 미만 전체 아동	247만 2천 명	2조 2,195억 원
2022. 1. 1.~	만 8세 미만 전체 아동	273만 명	2조 4,039억 원

출처: 보건복지부(각 년도).

〈표 17-3〉은 아동수당제도가 시행된 2018년 9월부터 현재까지 지급대상의 변화와 지급 대상아동 수, 그리고 예산규모를 나타낸 것이다. 2022년 현재 아동수당은 8세 미만의 전체 아동 273만 명에게 월 10만 원을 지급하고 있으며, 예산액은 2조 4,039억 원이 책정되어 있다.

유럽 복지국가들은 대부분은 16~18세의 아동까지 아동수당을 지급하고 있으나, 우리나라는 아직 8세에 그치고 있다. 장기적으로 「아동복지법」이 규정하고 있는 18세까지 적용범위를 확대할 필요가 있다. 나아가 유럽 국가들은 통상적으로 100~150 유로 이상을 아동수당으로 지급하고 있다. 우리나라도 예산이 허용하는 범위내에서 15만 원 이상으로 수당액을 높일 필요가 있다. 출산율 제고의 차원에서 출생순위에 따른 수당액의 차등화를 고려할 수도 있지만, 아동수당의 출산율 제고 효과는 경험적으로 거의 검증되지 않았기 때문에(김대철, 2018: 7 참조), 필수적인 요구사항은 아니라고 판단된다.

비록 우리나라에서 아동수당이 저출산 대책의 맥락에서 도입되었지만, 아동수당은 아동의 기본적인 생존과 건강한 발달을 도모하는 것을 근본적인 목적으로 한다(최영, 2019: 32). 소득재분배나 출산율의 제고 역시 중요한 사회정책의 목표이지만, 아동수당에서는 이차적인 효과일 뿐이다. 따라서 고소득층에 대한 감액 조정이나 지급 제한, 출생순위에 따른 수당액의 차등화 등은 근본적인 목적과 충돌하지 않는 범위 내에서 신중하게 검토되어야 한다.

2. 보육비 지원, 양육수당 및 영아수당

1) 우리나라 보육정책의 발전과정

(1) 1991년 「영유아보육법」의 제정

1961년 「아동복리법」은 그동안 미인가시설로 운영되고 있던 탁아시설을 아동복리시설로 규정하여 우리나라 보육정책의 토대를 마련하였다. 나아가 1960년대 박정희 정부는 정부의 부담을 줄이기 위해 시설구호 아동의 탈시설화와 가정복귀를 추진하였고, 입양과 위탁보호, 탁아서비스를 권장하였다. 이에 따라 1969년에는 전

국적으로 399개의 탁아소가 운영되었으며, 3만 4,446명의 아동들을 보호하기도 하였다(이혜경, 1993: 206-209). 하지만 아동의 양육은 일차적으로 가정이 담당해야 하며, 국가는 특수한 취약계층에 대해서만 보조적인 책임을 진다는 사회적 인식이 강했기 때문에 대부분의 아동은 가정에서 양육되었다. 보육에 대한 수요는 제한적이었고, 탁아소에서 제공하는 서비스의 내용도 수용보호 수준을 넘지 못하였다.

1980년대 초반에는 「유아교육진흥법」이 보육서비스를 관장하였다. 1980년대 초반 조기교육에 대한 관심이 증가하자 제5공화국 정부는 유아교육의 활성화에 우선순위로 두었고, 영부인의 관심사와 맞물리면서 1982년 「유아교육진흥법」을 제정하였다. 「유아교육진흥법」은 어린이집, 새마을협동유아원, 농번기탁아소, 직장탁아소, 민간시설탁아소 등 다양하게 운영되던 보육시설들을 새마을유아원으로 통일하여, 보육서비스체계를 유치원과 새마을유아원으로 이원화하는 내용을 담고 있었다. 이에 따라 새마을협동유아원을 운영하고 있던 내무부를 중심으로 보육행정체계가 일원화되었고, 「아동복지법 시행령」에서 탁아시설이 삭제되면서 보육서비스는 아동복지법의 규율대상에서 벗어나게 되었다. 새마을유아원은 유치원과 비슷하게 반일제로 운영되어 기혼여성의 양육부담을 해소시켜 주기에는 역부족이었다. 또한 주로 도시주택가에 집중되어 있었기 때문에, 탁아의 필요성이 절실했던 빈민지역이나 농촌지역은 거의 혜택을 받지 못하였다(강현구, 2014: 127). 그동안 자생적으로 운영되어 왔던 지역탁아소들은 이러한 조치에 대해 불만을 가졌지만, 강압적인 5공화국 초기 국면에서 영부인이 중심이 된 새세대육영회가 깊이 관여했던 새마을유아원 사업에 대해 적극적으로 반대하기는 힘들었다.

그러나 1980년대 후반 한국경제는 그동안 고도성장을 뒷받침해 줬던 농촌 젊은이들의 무작정 상경이 현저하게 감소하면서 심각한 인력난에 직면하였다. 특히 저임금 여성노동력의 부족이 심각했는데, 이는 경제수준이 상승하면서 10대 여성들이 취업보다 진학을 선택했기 때문이었다. 10대 여성들의 경제활동참여율은 1975년 47.6%에서 1990년 16.7%로 급감하였다(장하진 외, 2001: 13). 미혼여성들의 노동력이 부족해지자 기혼여성들의 취업률이 증가하기 시작하였다. 1977년 여성노동자 중 기혼여성이 차지하는 비율은 8.4%에 불과하였으나, 1987년에는 25.3%로 3배 이상 증가하였다. 특히 제조업 생산직에서 기혼여성의 증가가 두드러졌다(조순경, 1989: 100). 1980년대까지 여성 노동시장을 특징지웠던 '결혼퇴직제'는 제조업 생산직을 중심으로 서서히 허물어져 가고 있었다.

　기혼여성들의 취업이 증가하면서 아동보육에 대한 수요도 크게 증가하였다. 전국의 공단지역이나 빈곤지역에는 기혼여성 근로자들을 지원하기 위한 비영리 민간 탁아소들이 우후죽순 생겨나기 시작하였고 이들의 상당수는 지역운동이나 여성운동과 관련이 있었다. 이들은 1987년 지역사회탁아소연합(이하 지탁연)을 결성하면서「영유아보육법」의 제정을 추동하게 된다.[3]

　한편「유아교육진흥법」체제는 1988년 제6공화국이 시작되면서 붕괴되었다. 1988년 말부터 5공비리청문회가 시작되자 새세대육영회는 불법정치자금을 모집한 5공비리의 핵심조직으로 지목되어 검찰의 수사를 받았으며, 새마을유아원이라는 이름은 구시대의 유물처럼 유신의 잔재로 치부되었다. 공공탁아의 주무부처도 내무부에서 보건사회부로 다시 이관되었으며, 1982년「유아교육진흥법」제정과 함께「아동복지법 시행령」제2조에서 삭제되었던 탁아시설은 1989년 다시 아동복지시설로 부활되었다. 나아가 보건사회부는 1990년 '탁아사업실시·운영규정'을 제정하여 탁아사업을 정비하였다.

　그러나 정부 주도로 탁아사업을 부활시켜 민간탁아소의 난립을 막고 기존의 시설들을 재정비하겠다는 정부의 의지는 시설기준의 강화로 이어졌고, 이에 기존의 민간탁아소들은 불법화되고 위축될 것이라는 우려가 커졌다(강현구, 2014: 137). 지탁연을 중심으로 한 민간 비영리 탁아소들은 탁아시설 수와 수용력을 강화해야 하는 상황임에도 불구하고 오히려 정부는 시설 및 운영 기준을 강화하여 기존의 시설들을 크게 위축시킨다고 비판하였다. 나아가 이들은「아동복지법 시행령」으로는 탁아소 확대의 필요성에 충분히 대처할 수 없다고 주장하였고, 독립적인 탁아입법의 제정을 촉구하였다. 지탁연의 입장에 한국여성단체연합, 한국여성노동자회 등의 여성운동단체들이 가세하였다. 결국 1989년 11월 10일 여성운동가 출신인 평민당의 박영숙 의원에 의해 탁아복지법안이 국회에 발의되었다(강현구, 2014: 141).[4] 하지만 민정당과 보건사회부는 자녀양육의 책임은 궁극적으로 부모에게 있기 때문에 국가

---

3) 지탁연의 모태가 되는 지역사회아동교사회는 1986년 2월 결성되었다(지역사회탁아소연합, 1995: 12).

4) 박영숙 의원이 탁아복지법안을 발의하고 2주 후인 11월 24일 통일민주당의 신상우 의원이 대표 발의한 '영유아보육시설 설치 및 운영에 관한 법률안'도 국회에 제출되었다.

의 개입을 확대하는 것은 가정의 결속과 안정을 해칠 수 있다는 이유로 탁아입법에 대해 강력하게 반대하였다(강현구, 2014: 142). 결국 1990년 1월 민정당, 통일민주당, 공화당의 합당으로 거대여당이 탄생하면서 탁아복지법의 도입은 좌절되었다.

그러나, 1990년 3월 10일 망원동 지하 셋방에서 부모가 일하러 나간 사이 화재가 발생하여 다섯 살과 세 살의 어린 남매가 질식사하는 사건이 발생하였다. 화재 당시 부모는 아이들이 밖에 나가지 못하도록 방문과 현관문을 밖에서 잠근 상태였다. 이 사건은 대중가수가 노래로 만들만큼 사회에 큰 충격을 주었으며, 아동보호와 탁아에 대한 사회적 관심을 극대화시켰다. 1991년 지방선거를 목전에 둔 상황에서 이 사건은 민자당의 태도를 돌변시켰다. 시행령 개정으로 어떻게 하기에는 일이 너무 커졌고, 적어도 새로운 제도를 하나 만드는 정도의 성의는 보여줘야 했다. 서둘러 법안을 마련하였고, 6월 공청회를 거쳐 11월 20일 민자당 신영순 의원의 의원입법 형태로 '영유아의 보호·교육에 관한 법률안'을 국회에 제출하였다. 탁아복지법을 추진했던 평민당은 민자당의 급속한 법안처리에 놀라 충분한 의견수렴을 거쳐야 한다면서 속도조절을 요구하였다. 그러나 1991년 3월 지방선거를 눈앞에 둔 민자당은 1990년 12월 18일 영유아보육법안을 서둘러 국회 본회의에서 통과시켰고, 「영유아보육법」은 1991년 1월 14일 정식으로 공포되었다(강현구, 2014: 149).[5]

1991년 제정된 「영유아보육법」의 의의는 다음과 같다. 첫째, 「아동복지법」(보건사회부), 「유아교육진흥법」(내무부, 교육부), 「남녀고용평등법」(노동부)으로 분산화되어 있던 보육관련 법률체계와 주무부서를 보건사회부로 통합하여 일원화하였다. 나아가 보육시설을 국공립보육시설, 민간보육시설, 직장보육시설, 가정보육시설로 구분하여 보육서비스를 체계화하였다. 이에 따라 기존에 운영되었던 새마을유아원은 대부분 국공립보육시설로 전환되었다.

둘째, 「아동복지법」에 의해 국가, 지방자치단체, 법인으로 제한되어 있던 보육시설의 설립주체가 개인으로 확대되었다. 이를 통해 1980년대 자생적으로 운영되고 있던 민간 비영리탁아소들의 설립근거를 제공하였고, 향후 보육시설의 양적 확대에 기여하였다.

셋째, 제한된 범위이지만 보육에 있어 국가의 책임을 규정하였다. 즉, "국가와 지

---

5) 영유아의 보호·교육에 관한 법률안은 상임위 심의과정에서 「영유아보육법」으로 명칭이 변경되었다.

방자치단체는 보호자와 더불어 영유아를 건전하게 보육할 책임을 진다." 나아가 보육비용은 보호자가 부담하는 것을 원칙으로 하지만 "생활보호대상자와 저소득층 자녀의 보육비용은 국가가 전부 또는 일부를 부담해야 한다."고 명시하여 국가의 책임과 선별적인 보육비 지원을 규정하였다. 이에 따라 1992년부터 정부는 차상위계층 이하의 저소득층에게 보육료를 지원하기 시작하였다.

1991년 「영유아보육법」은 보호자 부담의 원칙을 고수함으로써 완전한 국가책임으로 나아가지 못했다는 한계를 가졌다. 그러나 당시만 해도 아동은 가정에서 양육되어야 한다는 신념이 강했기 때문에 전면적인 국가책임제를 선언하기에는 시기적인 제약이 있었던 것으로 판단된다. 이에 따라 법률의 지원대상을 전체 아동으로 확장하지 못하고 '근로 또는 질병 기타 사정으로 인하여 보호하기 어려운 영아 및 유아'로 규정하여 선별주의적 접근을 취할 수밖에 없었던 한계를 갖게 되었다. 또한 시설의 운영주체를 폭넓게 확대함으로써 우리나라 보육서비스체계가 민간보육시설 중심으로 구축되는 계기를 제공하였다. 특히 이러한 경향은 1998년 민간보육시설의 설치가 허가제에서 신고제로 전환되면서 더욱 가속화되었다(김수정, 2014: 73). 그러나 당시 보건사회부과 여성개발원의 추산에 의하면 당장 보육서비스가 필요한 아동은 82만 명이 넘었다(중앙일보, 1991. 5. 17.). 단기간에 국공립보육시설을 확충하기는 어려웠기 때문에, 민간 중심의 확대는 불가피한 선택이었다고 볼 수 있다.

(2) 2004년 영유아보육법의 개정과 보편적 보육 선언

2000년대 초반부터 국가적 이슈가 된 저출산 문제는 보육서비스의 확충을 추동하였다. 2004년 3월 노무현 정부는 「영유아보육법」을 개정하여 '근로 또는 질병 기타 사정으로 인하여 보호하기 어려운 영아 및 유아'에 한정되어 있던 지원대상을 6세 미만의 모든 영유아로 확대하여 보육서비스의 보편적 제공을 위한 법적 기반을 마련하였다. 같은 해 6월 보육정책의 주무부처를 보건복지부에서 여성가족부로 이관하였고, 2005년 5월 「저출산・고령사회기본법」을 제정하여 5년마다 중장기 기본계획을 수립하여 추진하는 체계를 구축하였다(김은정, 2017: 7).

여성가족부는 2006년 7월 1차 저출산・고령사회기본계획(새싹플랜)을 확정하였고, 보육료지원의 확대, 국공립보육시설의 확충, 보육시설의 전문성 제고 등을 추진하였다. 이에 따라 가정에 대한 보육료 지원액은 노무현 정부 기간 동안 50% 이상

인상되었고, 도시근로자가구 월평균소득의 50% 선에 머물던 보육료 지원대상을 월평균소득의 80% 가구까지 확대하였다. 나아가 보육예산은 2002년 2,103억 원에서 2007년 1조 435억 원으로 증가시켰다(김수정, 2014: 74). 그러나 노무현 정부는 재정부담으로 인해 국공립시설의 확대에 미온적이었으며, 이미 상당 정도 성장해 있었던 민간 보육시설을 이용하고자 하였다. 따라서 증액된 예산은 대부분 시설지원과 저소득층에 대한 차등보육료 지원으로 투입되었다. 노무현 정부는 '민간에 의존한 공공성'을 확충하고자 했던 것이다(김수정, 2014: 74). 따라서 노무현 정부 동안 보육시설의 확충은 대부분은 민간과 가정보육시설을 통해 이루어졌다.

(3) 2009년 양육수당의 도입과 2013년 무상보육 실시

이명박 정부에서도 보육서비스의 확대는 계속되었다. 2008년 3월 이명박 정부가 들어서자마자 보육업무는 여성부에서 보건복지가족부로 이관되었고, 보건복지가족부는 '아이사랑플랜'을 추진하였다. 이명박 정부는 보육료 지원대상가구를 2010년까지 소득하위 70% 가구까지 확대하였고, 마침내 2012년에는 소득수준에 상관없이 모든 0~2세 영아와 5세 아동에게 보육료 지원을 확대하여 '무상보육' 시대를 열었다.

나아가 시설에 직접 지불하던 보육료 지원방식을 아이사랑카드라는 바우처(voucher)방식으로 전환하여 정책수혜자들의 체감성을 높였다. 통상 사회복지서비스 부문에서 바우처 방식은 서비스 공급주체 간의 경쟁을 통해 서비스의 질을 향상시켜려는 목적으로 도입된다(김태성, 2018: 409). 하지만 당시 부모들은 이미 보육시설을 선택하는 데 제약이 없었기 때문에 공급주체 간의 경쟁이 아이사랑카드를 도입한 직접적인 이유라고 보기는 힘들다. 이와 관련하여 전재희 보건복지가족부 장관은 2008년 10월 「영유아보육법」 개정안에 대해 "보육 전자바우처 제도 도입을 통해 보육비 지원에 대한 부모의 체감도가 높아지고, 보육에 대한 참여와 관심이 높아질 것"이라고 기대감을 표출하였다(김수정, 2014: 80). 아이사랑카드는 '카드결제'를 통해 부모들이 복지 지원액을 직접 확인하고 정부의 지원을 인지할 수 있도록 하는 정치적인 이익 때문에 도입되었다고 보는 것이 타당하다.

아이사랑플랜의 핵심계획 중 하나는 양육수당이었다. 양육수당은 아동을 보육시설에 보내지 않고 가정에서 양육하는 부모에게 양육비를 지원하는 제도이며, 도입당시 OECD 국가들 중에서 오스트리아, 체코, 핀란드, 프랑스, 독일, 헝가리, 아일랜드, 룩셈부르크, 폴란드, 슬로바키아, 호주 등 11개 국가에서 실시되고 있었다(신윤정 외, 2009: 25). 양육수당은 영아를 둔 부모들의 양육비 부담을 절감시켜 줌과 동시에 보육료 지원을 받는 시설이용 아동들과의 형평성 차원에서 기획되었다. 당시 0~2세 아동들 중 보육시설을 이용하지 않는 아동은 69%였고, 영아를 둔 취업모 중 조부모나 친인척 또는 가사 대리인에게 아이를 맡기는 가정양육의 비율은 80.3%에 달했다. 따라서 양육비용은 매우 높았지만 보육료 지원을 받는 시설이용 아동들과 달리 정부로부터 아무런 지원을 받지 못하고 있었다(한유미, 2010: 2).

이에 따라 정부는 2009년 7월부터 양육수당을 도입하여, 최저생계비의 120% 이하에 해당하는 차상위계층 가구를 대상으로 2세 미만 아동 중 보육시설을 이용하지 않는 아동에게 매월 10만 원의 양육수당을 지급하기 시작하였다. 양육수당은 도입 초기 아동수당과 혼동되기도 하였다. 그러나 아동수당은 자녀 양육비용을 보편적으로 지원함으로써 아동의 빈곤을 예방하는 사회보장급여인 반면, 양육수당은 자녀를 양육하고 있는 부모의 양육노동에 대한 지원이다. 따라서 아동수당은 아동의 생존권적 기본권에 기초하는 반면, 양육수당은 부모의 양육노동에 대한 사회적 가치를 기반으로 한다고 볼 수 있다(홍승아, 2011: 92-94). 양육수당은 부모가 취업을 포기한 보상으로 사용하거나 자녀를 돌봐 주는 친척이나 이웃, 베이비시터 등에게 지불할 수도 있기 때문에 부모들에게 선택의 자유를 제공한다는 장점을 갖는다(한유미, 2010: 3).

양육수당의 주요 반대자는 페미니스트였다. 양육수당은 보육시설을 이용하지 않고 가정에서 자녀를 돌보는 보호자에게 제공되는데, 이때 보호자가 주로 여성이라는 점에서 페미니스트들은 양육수당이 여성의 노동시장 참여에 부정적인 효과를 가질 것이라고 우려하였다. 즉, 양육수당은 여성을 가정의 양육자라는 전통적인 성별분업체계로 회귀시킬 수 있고, 노동과 양육의 평등한 남녀분담으로부터 멀어지게 할 위험이 크다고 우려한 것이다(유해미, 2012: 11; 홍승아, 2011: 112-113). 또한 양육수당은 가정에서 양육되는 아동 수를 증가시킴으로써 전문적인 케어와 교육이 아닌 비전문적인 케어를 조장할 수 있다는 우려도 제기되었다(최은영, 2010: 8).

페미니스트의 우려에도 불구하고 양육수당은 2010년 서울시 무상급식 문제로 촉발된 무상복지 논쟁에 합류하면서 빠르게 확대되었다. 2011년에는 2세 아동으로 범위가 확대되었으며, 0세 아동의 수당액이 월 20만 원으로 인상되었다. 2010년 6월 지방선거, 2011년 오세훈 서울시장의 전격사퇴 파동, 2012년 4월 총선을 거치면서 무상복지의 위력을 실감한 박근혜 후보는 2012년 제18대 대통령선거에서 무상보육과 양육수당의 확대를 공약으로 내세웠다. 2013년 박근혜 정부가 출범하자 무상보육과 양육수당의 전면적 확대는 별다른 정치적 반대 없이 곧바로 실행되었다. 보육료 지원의 범위가 소득계층에 상관없이 0~5세의 전체 아동으로 확대되면서 무상보육제도가 실시되었고, 양육수당도 보육시설을 이용하지 않는 모든 취학 전 아동에게 소득수준에 상관없이 지급되었다.

표 17-4 연도별 보육료 지원액 및 양육수당액 변화 추이(2009~2022)

연도	보육료 지원(원)					양육수당액(원)			
	0세	1세	2세	3세	4~5세	0세	1세	2세	3~6세[4]
2009[1]	383,000	337,000	278,000	191,000	172,000	100,000	100,000	−	−
2010[2]	383,000	337,000	278,000	191,000	172,000	100,000	100,000	−	−
2011[2]	394,000	347,000	286,000	197,000	177,000	200,000	150,000	100,000	−
2012[3]	394,000	347,000	286,000	197,000	177,000	200,000	150,000	100,000	−
2013	394,000	347,000	286,000	220,000	220,000	200,000	150,000	100,000	100,000
2014	394,000	347,000	286,000	220,000	220,000	200,000	150,000	100,000	100,000
2015	406,000	357,000	295,000	220,000	220,000	200,000	150,000	100,000	100,000
2016	418,000	368,000	304,000	220,000	220,000	200,000	150,000	100,000	100,000
2017	430,000	378,000	313,000	220,000	220,000	200,000	150,000	100,000	100,000
2018	441,000	388,000	321,000	220,000	220,000	200,000	150,000	100,000	100,000
2019	454,000	400,000	331,000	220,000	220,000	200,000	150,000	100,000	100,000
2020	470,000	414,000	343,000	240,000	240,000	200,000	150,000	100,000	100,000
2021	484,000	426,000	353,000	260,000	260,000	200,000	150,000	100,000	100,000
2022	499,000	439,000	364,000	280,000	280,000	200,000	150,000	100,000	100,000

1) 보육료 지원은 소득 하위 60% 이하, 양육수당은 최저생계비의 120% 이하
2) 보육료 지원은 소득 하위 70% 이하, 양육수당은 최저생계비의 120% 이하
3) 보육료 지원의 경우 0, 1, 5세 전체아동, 2~4세 소득하위 70% 이하, 양육수당은 최저생계비의 120% 이하
4) 2013년: 36개월~취학 전, 2014~2018: 36~83개월, 2019~2020: 36~85개월, 2021: 36~86개월
출처: 보건복지부(각 년도).

2) 보육료 지원과 양육수당의 현황

대한민국 국적을 가진 만 0~5세의 영유아는 보육료 지원을 받을 수 있다. 영유아 보육시설을 이용하는 아동의 보호자로서 친권자, 후견인, 그 밖에 사실상의 보호자가 신청할 수 있으며, 아이행복카드라는 바우처 형태로 지원된다. 정부지원 보육료의 수준은 〈표 17-4〉와 같이 0세의 경우 매월 49만 9천 원, 1세는 43만 9천 원, 2세는 36만 4천 원이 지원된다.

3~5세는 누리공통과정 지원으로 28만 원이 지급되며, 「유아교육법」에 의해 3년을 초과하여 지원받을 수 없다. 3~5세의 보육료 지원은 유아교육지원특별회계에서 재원을 담당하고 있다.

양육수당은 86개월 미만의 초등학교 취학 전 아동이 지급대상이며 보육시설을 이용하지 않을 경우 지원받을 수 있다. 단, 2022년 출생 아동은 영아수당의 적용을 받는다. 2022년 현재 수당액은 〈표 17-4〉와 같이 월령에 따라 10~20만 원이 차등지급된다. 양육수당액은 2011년 이후 10년이 넘도록 한 차례의 인상도 없었다. 양육수당에 부정적인 보육시설들과 여성계의 입장을 반영한 것으로 판단되며, 이러한 상대가치의 저하는 〈표 17-5〉에서 보는 바와 같이 양육수당을 받는 아동의 비율이 점진적으로 하락되는 주요 원인으로 작용하고 있다.

〈표 17-5〉는 무상보육과 보편적인 양육수당이 제공되기 시작한 2013년부터 2020년까지 정부의 보육 지원을 받은 아동 수의 변화추이를 나타낸 것이다. 양육수당이 취학 전 전체 아동으로 확대된 2013년 양육수당을 수급한 아동은 106만 명이었으며, 전체 지원아동의 41.8%였다. 그러나 2020년에는 전체 지원아동의 34.3%인 63만 7천 명으로 감소하였다. 해당 기간 유치원 원아 수를 포함하면 우리나라 보육대상아동의 33.2%에서 25.8%로 감소한 것이다. 반면 보육료지원 아동은 2013년 147만 명에서 2020년 122만 명으로 감소하였으나, 이는 저출산에 따른 전체 영유아 수의 감소에 따른 것이며, 같은 기간 전체 지원아동에서 차지하는 비중은 58.2%에서 65.7%로 상승하였다. 2020년 코로나 바이러스 사태가 없었다면 증가폭은 더 컸을 것으로 판단된다. 제도 도입과 함께 순식간에 100만 명을 뛰어 넘었던 양육수당 수급자 수가 8년만에 63만명으로 축소된 이유는 저출산에 의한 신생아 수의 감소에도 기인하지만, 2011년 이후 양육수당액이 그대로 유지되면서, 상대적인 가치가 큰

표 17-5 연도별 보육료 지원 아동 수 및 양육수당 수급 아동 수의 변화 추이　　(단위: 명, %)

지원방법		2013	2014	2015	2016	2017	2018	2019	2020
보육료지원	계	1,474,645 (58.2)	1,482,767 (59.4)	1,438,167 (58.8)	1,433,789 (60.6)	1,431,940 (63.1)	1,395,933 (65.2)	1,343,679 (67.1)	1,223,945 (65.7)
	0세	146,347 (27.5)	136,768 (26.3)	135,498 (26.0)	139,224 (27.7)	138,025 (30.3)	125,169 (30.1)	124,377 (31.6)	114,567 (32.1)
	1세	323,921 (48.3)	339,448 (52.3)	305,815 (49.6)	315,244 (50.8)	327,865 (54.4)	315,134 (51.1)	290,341 (58.8)	259,848 (58.3)
	2세	398,996 (73.3)	407,407 (73.7)	416,195 (75.9)	383,287 (76.6)	387,735 (78.4)	393,818 (81.7)	370,541 (84.8)	316,883 (83.3)
	3~5세	605,381 (76.8)	599,144 (77.4)	580,659 (76.3)	596,034 (80.2)	578,315 (80.9)	561,812 (81.2)	558,420 (82.4)	532,647 (78.5)
양육수당	계	1,060,484 (41.8)	1,012,336 (40.6)	1,009,346 (41.2)	933,153 (39.4)	836,290 (36.9)	745,677 (34.8)	658,450 (32.9)	637,476 (34.3)
	0세	385,585 (72.5)	383,389 (73.7)	386,361 (74.0)	363,178 (72.3)	317,981 (69.7)	291,106 (69.9)	269,362 (68.4)	241,922 (67.9)
	1세	346,952 (51.7)	309,908 (47.7)	310,212 (50.4)	305,911 (49.2)	274,578 (45.6)	236,328 (42.9)	203,769 (41.2)	186,074 (41.7)
	2세	145,049 (26.7)	145,075 (26.3)	132,195 (24.1)	117,302 (23.4)	106,954 (21.6)	88,440 (18.3)	66,223 (15.2)	63,487 (16.7)
	3~6세	182,898 (23.2)	173,964 (22.5)	180,578 (23.7)	146,762 (19.8)	136,777 (19.1)	129,803 (18.8)	119,096 (17.6)	145,993 (21.5)
지원총계		2,535,129 (100)	2,495,103 (100)	2,447,513 (100)	2,366,942 (100)	2,268,230 (100)	2,141,610 (100)	2,002,129 (100)	1,861,421 (100)

* 괄호안 %는 해당 연령에서의 백분율을 의미함
출처: 보건복지부(각 년도).

폭으로 하락되었기 때문인 것으로 판단된다.

〈표 17-5〉를 보면 연령이 어릴수록 양육수당을 지급받는 아동의 비율이 높고, 연령이 높을수록 보육료 지원을 선택하는 아동의 비율이 높은 것을 알 수 있다. 이는 부모들이 0~1세의 영아에 대해서는 교육보다는 가정에서의 안전한 보호를, 2세 이상의 유아에 대해서는 전문적인 교육을 선호하고 있음을 보여 준다. 0~1세 아동의 부모들이 여전히 양육수당을 선호함에도 불구하고 정부는 10년이 넘도록 양육수당수준을 동결하여 영아 부모들의 부담을 가중시켰다.

이에 정부는 2022년 영아수당을 도입하여 0~1세 아동들의 양육비 지원액을 30만 원으로 인상하였다. 영아수당은 2020년 수립된 제4차 저출산·고령사회기본계획에 의해 추진된 제도이며, 2021년 12월 「영유아보육법」이 아닌 「아동수당법」의 개정을 통해 법적 기틀이 마련되었다. 영아의 특성상 보육시설 이용이 어려운 현실을 고려한 것으로 개정 「아동수당법」은 2022년 1월 1일 이후 출생한 0~1세 영아들에 대해 보육시설 이용 여부에 상관없이 매월 50만 원을 지원하되, 2022년에는 선제적으로 30만 원을 지급하고 2025년까지 단계적으로 목표액에 도달한다는 내용을 담고 있다. 이에 따라 0~1세의 보육료 지원과 양육수당은 영아수당으로 통합되었고 (관계부처 합동, 2020a: 79), 0~1세 부모들은 보육시설과 가정양육을 자유롭게 선택할 수 있게 되었다. 단, 2025년까지는 보육료 지원액과 영아수당액 간의 금액차가 있으므로 아이행복카드에 의한 보육료 지원과 영아수당의 현금지급이 혼용될 예정이다. 0~1세 아동이 영아수당으로 이동하면, 2020년 기준으로 양육수당 수급자는 20만 9,480명이며 전체 보육대상아동[6]의 8.4%에 불과하게 된다. 24개월 이상 아동의 경우 전문적인 시설교육이 중요한 연령임을 고려할 때, 양육수당을 아동수당에 통합하든가 폐지하는 것을 고려할 필요가 있다.

3. 기타 아동 관련 수당

1) 소년소녀가정 지원 및 가정위탁아동 양육보조금

(1) 소년소녀가정 지원

소년소녀가정에 대한 지원사업은 아동에 대한 경제적 지원과 관련하여 가장 오랜 역사를 갖는다. 1985년부터 보건사회부는 '소년소녀가장세대 보호대책'이라는 이름으로 소년소녀가장세대에게 생활보호급여, 즉 생계보호와 의료보호를 제공하였다. 여기에 더해 입학금, 수업료, 피복비, 학용품비, 교통비, 영양급식비 등을 지원하였다. 당시 공공부조제도는 현금급여를 지급하지 않았기 때문에 이러한 부가

---

6) 〈표 17-5〉에 제시된 보건복지부의 보육지원 아동 수 + 교육부의 유치원 원생 수

물품은 일종의 수당 지원으로 볼 수 있다.

그러나 UN 인권위원회는 1996년부터 소년소녀가정제도가 아동에게 위험을 초래할 수 있다는 이유로 폐지를 권고하였다. 이에 따라 보건복지부는 1999년부터 15세 미만의 아동 단독세대에 대한 소년소녀가정 지정을 제한하였고, 대신에 가정위탁제도를 대안으로 추진하였다. 단, 15세 이상의 아동이 「아동복지법」에 의해 후견인을 선임한 경우에는 소년소녀가정으로 추가 지정할 수 있다(보건복지부, 2021: 131). 그러나 가정위탁제도로 정책방향이 결정되면서 소년소녀가정의 수는 급감하였고, 2020년 12월 현재 소년소녀가정은 3세대, 세대원은 6명에 불과하여 사실상 소멸된 상황이다.

나아가 보건복지부가 수행하던 소년소녀가정 지원사업은 지방자치단체로 이양되었다. 소년소녀가정은 국민기초생활보장 수급자 중 18세 미만의 아동이 실질적으로 가정을 이끌어 가고 있는 세대이다. 따라서 가구 구성은 18세 미만의 아동으로만 구성된 세대 또는 18세 미만의 아동이 부양능력이 없는 부모와 동거하는 세대를 의미한다. 이들에게는 생계급여, 의료급여, 교육급여가 제공된다. 나아가 초창기 지원되었던 부가물품은 1990년대 생계보호가 현금으로 지급되면서 부가급여로 변경되었다. 지방자치단체가 자율적으로 소년소녀가정에 지급하며, 보건복지부는 월 20만 원 이상 지급하도록 권고하고 있다(보건복지부, 2021a: 133).

(2) 가정위탁아동 양육보조금

보건사회부는 1988년부터 인천과 광주에서 가정위탁보호제도 시범사업을 실시하였고 1991년 전국으로 확대할 계획이었다. 하지만 시범사업은 위탁가정에 대한 지원이나 지도의 미비로 인해 실패로 끝났다(허남순, 2000: 270). 가정위탁보호제도가 부활한 계기는 1999년부터 신규 소년소녀가정의 지정이 제한되면서부터였다. 2000년 보건복지부는 「아동복지법」을 개정하여 가정위탁제도의 법률적 근거를 정비함과 동시에 가정위탁 양육보조금을 지급하기 시작하였다. 가정위탁 양육보조금은 소년소녀가정 지원사업과 마찬가지로 지방자치단체 이양사업으로 출발하였다. 2000년 보건복지부는 지방정부에 위탁아동 1인당 월 6만 5천 원을 가정위탁 양육보조금으로 지급하도록 권고하였는데, 이는 당시 소년소녀가정 부가급여와 동일한 금액이었다.

가정위탁사업의 대상아동은 18세 미만의 아동(고등학교 재학 중인 경우는 18세 이상인 경우도 포함)으로서 ① 보호자가 없거나 보호자로부터 이탈된 아동, ② 아동을 학대하는 등 보호자가 아동을 양육하기에 적당하지 않거나 능력이 없는 상황의 아동이다. 2세 이하의 아동은 가정위탁으로 우선적으로 배치된다. 가정위탁아동은 부양의무자의 부양을 받을 수 없는 것으로 간주되어 자동적으로 기초생활보장 수급자로 선정된다. 이에 따라 생계급여, 의료급여, 교육급여를 받지만 위탁가정과는 별도 가구로 취급되어 개인 단위로 보장받는다.

가정위탁아동은 기초생활보장 급여에 더하여 가정위탁 양육보조금을 지급받는데, 보건복지부는 2020년 2월부터 지방정부에 가정위탁 양육보조금 액수를 연령에 따라 차등지급하도록 권고하고 있다. 2022년 현재 권고액은 〈표 17-6〉과 같다.

나아가 위탁가정에는 신규 책정 시 100만 원 이상의 아동용품구입비가 지급되도록 권고되고 있으며, 2006년부터 위탁아동에 대한 상해보험 가입비가 지원된다. 2022년 현재 1인당 연 6만 8,500원 이내에서 보험에 가입할 수 있다. 2010년부터는 심리검사 및 치료비가 지원되기 시작하였으며, 2022년 현재 심리정서치료비 월 20만 원 이내, 심리검사비 1회 20만 원, 교통비 월 2만 원 이내에서 지원되고 있다.

보건복지부는 위탁아동이 18세가 되어 가정위탁보호가 종료된 이후 아동의 자립을 위해 지방정부에게 종료아동 1인당 500만 원 이상의 자립정착금 또는 대학진학자금을 지급하도록 권고하고 있다. 또한 위탁보호가 종료된 지 3년 이내의 아동 중에서 보호종료일 직전 2년 이상 연속해서 보호를 받았던 아동에 대해서 매월 30만 원의 자립수당을 최대 36개월 동안 제공한다.

표 17-6 **가정위탁 양육보조금 지급수준**

연령	지급액
7세 미만(83개월까지)	월 30만 원 이상
7세부터 13세 미만(84개월~155개월)	월 40만 원 이상
13세 이상(156개월부터)	월 50만 원 이상

출처: 보건복지부(2021a: 95).

2) 한부모가족 아동양육비

한부모가족이란 모자가족 또는 부자가족으로서 18세 미만(취학 중인 경우에는 22세 미만)[7]의 아동을 양육하는 가족이다. 이때 한부모란 ① 배우자와 사별 또는 이혼했거나 배우자로부터 유기(遺棄)된 사람, ② 정신 또는 신체장애로 인해 6개월 이상 장기간 근로능력을 상실한 배우자를 가진 사람, ③ 미혼모 또는 미혼부, ④ 배우자의 생사가 분명하지 않은 사람, ⑤ 가정폭력 등 배우자 또는 배우자 가족과의 불화 등으로 인해 가출한 사람, ⑥ 배우자의 군복무나 장기복역으로 인해 부양을 받을 수 없는 사람 등을 의미한다.

저소득 한부모가족에 대한 양육비 지원은 「모자복지법」에 의해 1992년부터 실

표 17-7 저소득 한부모가족 아동양육비 지원액과 지원연령 변화추이

연도	지원액	지원연령
1992	1인당 월 9,600원 [1일 분유 80g, 320원 상당]	3세 이하 아동
1993	1인당 월 10,500원(1일 분유 80g(350원))	3세 이하 아동
1994~1996	1인당 월 12,000원(1일 분유 80g(400원))	6세 이하 아동
1997~1998	1인당 월 15,000원(1일 분유 80g(500원))	6세 이하 아동
1999	1인당 월 15,750원(1일 525원)	6세 이하 아동
2000~2001	1인당 월 16,230원(1일 541원)	6세 이하 아동
2002~2003	1인당 월 17,040원(1일 568원)	6세 이하 아동
2004	1인당 월 20,000원	6세 이하 아동
2005~2007	1인당 월 50,000원	6세 이하 아동
2008	1인당 월 50,000원	8세 이하 아동
2009	1인당 월 50,000원	10세 이하 아동
2010~2012	1인당 월 50,000원	12세 이하 아동
2013~2014	1인당 월 70,000원	12세 이하 아동
2015~2016	1인당 월 100,000원	12세 이하 아동
2017	1인당 월 120,000원	13세 이하 아동
2018	1인당 월 130,000원	14세 이하 아동
2019~2022	1인당 월 200,000원	18세 이하 아동

출처: 김은지, 황정임(2012: 34).
　　 여성가족부(2022: 157-158).

7) 아동이 군복무를 했을 경우 군복무기간만큼 적용연령은 연장된다.

시되었다. 처음에는 3세 이하 아동이 있는 모자가정생활등급 7등급 이하의 저소득 모자가정에 하루 분유 80g(320원 상당)을 지급하는 것으로 시작하였다(김은지, 황정임, 2012: 32). 1992년부터 현재까지의 아동양육비 지원액과 지원연령의 변화추이는 〈표 17-7〉을 참조할 수 있다.

1995년부터 부자가정에 대해서도 지원하기 시작하였고, 2005년 6월부터는 사업의 주무부처가 보건복지부에서 여성가족부로 이관되었다. 2007년에는 「모자복지법」이 「모·부자복지법」을 거쳐 「한부모가정지원법」으로 개칭되었고, 조손가정도 지원대상에 포함하기 시작하였다.

2010년부터는 24세 이하의 청소년 한부모에 대한 지원이 별도로 시행되었다. 2012년에는 5세 이하 아동에 대해 월 5만 원의 추가 양육비를 지원하기 시작하였으며, 한부모가족복지시설 입소가구에 대해서도 월 5만 원의 생활보조금을 지원하기 시작하였다.

2019년에는 아동양육비의 지원연령을 14세에서 18세로 확대하였으며, 양육비 지급액도 13만 원에서 20만 원으로 대폭 인상하였다. 나아가 2021년부터는 25~34세 이하의 청년 한부모가족에 대해 추가 아동양육비를 지급하고 있다(여성가족부, 2021: 157-158).

(1) 저소득 한부모가족 아동양육비

한부모가족 중 가구소득이 기준중위소득의 52% 이하인 저소득층 가구와 조손가구는 한부모가정 아동양육비를 비롯한 경제적 지원을 받을 수 있다. 지원의 종류와 수준은 〈표 17-8〉과 같다. 저소득 한부모가족에게는 기본적으로 자녀 1명당 월 20만 원의 양육보조비가 제공된다. 단, 긴급복지나 가정위탁 양육보조금을 받고 있는 경우는 지급대상에서 제외되며, 기초생활보장제도의 생계급여 수급자는 2021년 5월부터 월 10만 원의 아동양육비만 제공된다.

조손가구이거나 5세 미만의 아동을 양육할 경우에는 월 5만 원의 추가 아동양육비가 지급된다. 25~34세의 청년 한부모가족은 5세 이상의 자녀를 양육하더라도 월 5만 원의 추가 아동양육비를 지원받으며, 5세 미만의 아동을 양육할 경우에는 추가 아동양육비가 10만 원으로 증액된다. 나아가 기초생활보장제도의 교육급여 대상자가 아닌 경우, 즉 기준중위소득 50~52%의 한부모가족이나 조손가족의 중·고생

표 17-8 저소득 한부모가족 아동양육비 지원 종류와 수준

지원종류	지원대상	지원금액
아동양육비	만 18세 미만 자녀	자녀 1명당 월 20만 원
	국민기초생활보장 생계급여 수급자의 만 18세 미만 자녀	자녀 1명당 월 10만 원
추가 아동양육비	조손 및 만 35세 이상 미혼 한부모가족의 만 5세 이하 아동	자녀 1명당 월 5만 원
	만 25~34세 이하 한부모가족의 만 5세 이하 아동	자녀 1명당 월 10만 원
	만 25~34세 이하 한부모가족의 만 6~18세 미만 아동	자녀 1명당 월 5만 원
아동교육지원비 (학용품비)	기준중위소득 50~52% 이하인 가족의 중·고생 자녀	자녀 1명당 연 8만 3천 원
생계비 (생활보조금)	한부모가족복지시설에 입소한 한부모가족	가구당 월 5만 원

출처: 여성가족부고시 제2021-54호.

자녀들에게는 2022년 현재 연간 8만 3천 원의 아동교육지원비를 지급한다. 또한 일시지원시설을 포함하여 한부모가족 복지시설에 입소한 가족에게는 월 5만 원의 생활보조금을 제공한다.

(2) 청소년 한부모가족 아동양육비

청소년 한부모는 다른 한부모들과 마찬가지로 빈곤과 자녀양육·가사부담 등의 어려움을 겪지만 여기에 더해 학업중단이나 취업훈련 부족의 문제도 겪기 때문에 이를 지원할 필요가 있다. 이에 따라 여성가족부는 2010년부터 '청소년 한부모 자립 지원사업'을 신규로 실시하였다. 이에 따라 청소년 한부모에 대한 지원기준과 급여 수준은 별도로 규정되었으며 이는 〈표 17-9〉와 같다.

한부모가족의 부 또는 모가 24세 이하이면 청소년 한부모가족으로 지정되며, 가구소득이 기준중위소득의 60% 이하에 해당될 경우 자녀 1명당 월 35만 원의 양육보조금을 지원받는다. 일반 한부모가족과 마찬가지로 긴급복지나 가정위탁 양육보조금을 받고 있는 경우는 지급대상에서 제외되며, 기초생활보장제도의 생계급여수급자에게는 월 25만 원의 양육보조금만 제공한다. 그 밖에도 검정고시 학습비와 자

표 17-9 저소득 청소년 한부모가족 아동양육비 지원 종류와 수준

지원종류	지원대상	지원금액
아동양육비	기준중위소득 60% 이하인 청소년 한부모 가족의 자녀	자녀 1명당 월 35만 원
	국민기초생활보장 생계급여를 받는 청소년 한부모의 자녀	자녀 1명당 월 25만 원
검정고시 학습비	기준중위소득 60% 이하인 부 또는 모가 검정고시 학원을 수강할 경우	가구당 연 154만 원 이내
고등학생 교육비	기준중위소득 52~60%인 부 또는 모가 고등학교 재학 중인 경우	수업료, 입학금, 교과서대 실비
자립지원 촉진수당	기준중위소득 60% 이하인 부 또는 모가 학업이나 취업활동을 하는 경우	가구당 월 10만 원
아동교육지원비 (학용품비)	기준중위소득 50~52% 이하인 가족의 중·고생 자녀	자녀 1명당 연 8만 3천 원
생계비 (생활보조금)	한부모가족복지시설에 입소한 기준중위소득 52% 이하의 가족	가구당 월 5만 원

출처: 여성가족부고시 제2021-54호.

립지원촉진수당이 추가되며, 기초생활보장제도의 교육급여 대상자가 아닌 경우에는 고등학교 교육비가 별도로 지원된다. 아동교육지원비와 시설 입소 가족에 대한 생활보조금은 일반 한부모가족과 동일하게 지급된다.

3) 입양가정 양육지원

한국전쟁 이후 해외입양은 고아 구제를 위한 임시적인 조치로 시작되었다. 전쟁 직후 정부는 빈곤아동과 고아아동의 구제 차원에서 해외입양을 역점산업으로 추진하였지만, 이를 통해 국가가 해야 할 아동보호의 책임을 방기해 왔던 측면도 있다(한국일보, 2019. 6. 6.). 그러나 경제규모가 성장했음에도 불구하고 해외입양은 줄어들지 않았다. 정작 해외입양아 수가 급증한 시기는 한국 사회가 안정을 찾고 사회경제적 도약을 이룩하던 1970년대와 1980년대였다. 이는 전문적인 해외입양기관을 중심으로 해외입양이 '산업화'되었기 때문이었다(프레시안, 2017. 9. 18.). 해외입양사업을 독점하고 있던 전문기관들은 돈 안 되는 국내입양보다는 수수료가 높은 해외

입양을 선호했고 이에 매진하였다. 한국전쟁이 끝난 1953년부터 최근까지 약 20만 명의 아이들이 해외로 입양되었다(한국일보, 2019. 6. 6.).

그러나 1988년 서울 올림픽을 전후로 미국과 해외언론들이 한국을 '고아 수출국'으로 소개하는 기사를 잇따라 보도하면서, 우리나라의 국제 이미지는 크게 실추되었다. 이에 정부는 1990년 국외입양 요건을 강화하여 해외입양을 억제하기 시작하였고, '국내입양 활성화 대책'을 마련하여 국내입양을 지원하기 시작하였다. 이러한 조치의 일환으로 장애입양아동 양육보조금이 도입되었다. 1996년부터 장애아동을 입양하는 가정에 대해 매월 1인당 10만 원의 양육보조금과 의료비를 지급하기 시작한 것이다.

나아가 노무현 정부는 2006년 저출산·고령사회기본계획을 통해 국내입양 활성화를 도모하였다. 이를 위해 장애아동뿐만 아니라 18살 미만의 모든 입양아동에 대해 매월 10만 원의 양육수당을 지급하고 200만 원에 달하는 부대수수료도 지원하는 계획을 마련하였다. 이에 따라 2007년 1월부터 13살 미만의 모든 입양아동을 대상으로 입양아동 양육수당제도가 도입되었으며, 매월 10만 원의 수당을 지급하기 시작하였다.

입양가정 양육지원수당은 입양아동 양육수당과 장애아동 양육보조금으로 구분된다. 2022년 현재 입양아동 양육수당은 18세 미만의 모든 입양아동에게 매월 1인당 20만 원씩 지급된다. 장애아동 양육보조금의 경우 '장애의 정도가 심한 장애아동'은 매월 1인당 62만 7천 원이 지급되며, '장애의 정도가 심하지 않은 장애아동'은 55만 1천 원이 지급된다. 나아가 장애입양아동은 의료비지원 명목으로 연간 260만 원 한도 내에서 본인부담금을 지원한다. 단, 비급여항목은 제외되며, 장애인보조기구 지원액은 연간 의료비 지원 한도액의 50% 이내로 제한된다(보건복지부, 2021a: 34-38).

4) 농어촌 양육수당과 장애아동 양육수당

2003년부터 한·칠레 자유무역협정(FTA)이 가시화되면 농민들의 반발이 거세졌다. 정부는 농가부채 경감과 농어촌 복지지원을 통해 이를 무마하기 위해 노력하였다. 이에 「농어업인 부채경감에 관한 특별조치법」 개정안과 「농림어업인 삶의 질 향상 및 농산어촌지역 개발 촉진에 관한 특별법」안이 마련되었다. 결국 2004년 2월

16일 한 · 칠레 FTA 비준안과 두 법안은 동시에 국회를 통과하였고, 「농어업인 삶의 질 특별법」에 의해 농어민들에 대한 영유아보육료 지원사업이 시작되었다.

농어촌 양육수당 대상자는 농어촌지역에 거주하는 농어업인 가구의 초등학교 미취학아동이며, 어린이집 · 유치원 · 종일제 아이돌봄서비스 등을 이용하지 않고 가정에서 양육되는 86개월 미만의 영유아이다. 나아가 보호자는 단순히 농어촌에 거주하는 사람이 아니라 「농어업 · 농어촌 및 식품산업기본법 시행령」과 「임업 및 산촌 진흥촉진에 관한 법률 시행령」에 의해 농업인, 임업인, 어업인의 자격을 인정받는 실제 농어업 종사자들이어야 한다.

농어촌 양육수당은 월령에 따라 차등화되어 있다. 0~11개월의 아동은 20만 원, 12~23개월의 아동은 17만 7천 원, 24~35개월의 아동은 15만 6천 원, 36~47개월의 아동은 12만 9천 원, 48~86개월 미만의 아동은 10만 원을 지급받는다. 2013~2020년 기간 동안의 농어촌 양육수당 지급현황은 〈표 17-10〉과 같다. 2020년 현재 전국 3,020명의 아동들에게 농어촌 양육수당을 지급하고 있으며, 지급아동 중 0~1세 아동이 76.7%를 차지하여 높은 비중을 나타내고 있다.

표 17-10 농어촌 양육수당 지급현황(2013~2020)   (단위: 명)

연령	2013	2014	2015	2016	2017	2018	2019	2020
계	5,301	3,479	3,023	3,161	3,381	3,293	3,174	3,020
0세	3,252	1,057	1,043	1,403	1,478	1,414	1,372	1,207
1세	1,310	973	1,054	1,013	1,277	1,233	1,129	1,110
2세	541	896	470	448	368	422	416	386
3~5세	198	553	456	297	258	224	257	317

출처: 보건복지부(각 년도).

장애아동 양육수당은 2012년 「장애아동복지지원법」이 제정됨에 따라 기존의 양육수당에서 독립하여 독자적인 급여체계를 갖추면서 만들어졌다. 장애아동수당은 양육수당 및 농어촌 양육수당과 마찬가지로 보육시설을 이용하지 않고 가정에서 양육되는 86개월 미만의 미취학 상태를 조건으로 한다. 장애유형과 장애등급에 상관없이 모든 장애아동을 대상으로 한다. 0~35개월의 장애아동에는 월 20만 원의 장애아동수당을 지급하며, 36개월 이상 86개월 미만의 장애아동에게는 매월 10만 원

표 17-11	장애아동 양육수당 지급 현황 (2013~2020)						(단위: 명)	
연령	2013	2014	2015	2016	2017	2018	2019	2020
계	2,112	2,032	2,169	2,171	2,274	2,221	1,779	1,599
0세	6	7	9	10	11	12	9	3
1세	200	194	242	244	245	246	220	132
2세	560	529	528	543	561	515	465	376
3~5세	1,346	1,302	1,390	1,374	1,457	1,448	1,085	1,088

출처: 보건복지부(각 년도).

의 수당을 제공하기 때문에, 대체적으로 양육수당에 비해 수당액이 높은 편이다. 2013~2020년 기간 동안의 장애아동 양육수당의 지급현황은 〈표 17-11〉과 같다.

2020년 현재 전국 1,599명의 장애아동들에게 장애아동 양육수당을 지급하고 있는데, 장애아동 양육수당은 일반 양육수당과 달리 연령층이 높아지면서 지급아동 수가 증가한다. 이는 장애의 발견과 관련된 것으로 영아기보다는 유아기에 장애가 발견될 가능성이 높다는 점을 반영한 것이다. 최근의 저출산 추세를 반영하여 장애아동양육수당을 지급받는 장애아동 수도 2019년부터 급격하게 하락하고 있다.

장애인 관련 수당

현재 우리나라의 장애인 소득보장제도는 사회보험, 사회보훈 프로그램, 그리고 공공부조제도로 구성되어 있다. 먼저, 사회보험제도로는 국민연금이 장애연금을 운영하고 있으며, 산재보험 역시 장해급여와 상병보상연금, 진폐보상연금 등을 제공하고 있다. 나아가 공무원연금과 사립학교교직원연금 역시 장해급여와 비공무상 장해급여를 운영한다. 국가보훈처가 관장하는 사회보훈 프로그램으로는 국가유공자와 보훈보상대상자의 보훈급여금이 있고, 보훈급여금은 생활수준이나 상이등급에 따라 생활조정수당, 간호수당, 부양가족수당, 중상이부가수당 등을 지급하고 있다. 그리고 공공부조제도로는 저소득 장애인을 대상으로 한 장애인연금, 장애수당, 장애아동수당이 운영되고 있다. 사회보험제도는 이미 제4장과 제10장에서 살펴보았으므로 이 장에서는 공공부조제도에 집중할 것이며, 아쉽게도 사회보훈 프로그램은 여건상 생략하도록 하겠다.

1. 장애수당

장애수당은 저소득층 장애인을 대상으로 장애로 인해 발생하는 추가 지출비용을 보전하기 위한 부가수당의 성격으로 도입되었다(윤상용, 2007: 43). 우리나라 최초의 장애인복지법인 1981년 「심신장애자복지법」은 "국가 또는 지방자치단체는 심신장애의 정도가 중하여 자립하기가 심히 곤란한 심신장애자를 부양 또는 보호하는 자에 대하여 부양수당을 지급할 수 있다."고 규정하여 부양수당의 근거를 마련하였다. 하지만 실제 수당이 지급되지는 않았으며, 수당이 지급되기 시작한 것은 1989년 노태우 정부가 「심신장애자복지법」을 「장애인복지법」으로 개정하면서부터였다. 수당이 지급된 1990년부터 2018년까지 장애수당의 변화는 〈표 18-1〉에 정리되어 있다.

1990년 보건사회부는 생계보조수당이라는 이름으로 생활보호대상자와 의료부조 대상자인 장애인 중 정신지체와 다른 장애가 중복된 장애인에 한정하여 월 2만 원을 지급하였다. 하지만 곧바로 하반기부터 지체장애 1급과 정신지체장애 1급, 그리고 주된 장애가 1급과 2급인 중복장애인[1]도 수급가능하도록 지급범위를 확대하였고, 1992년부터는 중복장애가 아닌 시각 1급 장애인도 수당을 받도록 하였다. 이후 지급범위는 점진적으로 확대되어 1999년부터는 생활보호대상자인 2급 이상의 장애인과 정신지체 3급 중복장애인까지 수당을 지급받았다. 나아가 2000년 장애의 범주가 확대됨에 따라 보건복지부는 기존의 5개 장애유형, 즉 지체, 정신지체, 청각, 시각, 언어장애에 더하여 뇌병변, 정신, 신장, 자폐 등 10개 장애유형으로 적용범위를 확대하였고, 생계보조수당의 이름도 지금과 같이 '장애수당'으로 변경하였다. 하지만 1990년 생계보조수당이 도입된 후 2000년까지 장애수당액은 2만 원에서 4만 5천 원으로 인상되는 데 그쳤다.

제도 도입 후 한동안 장애수당의 지급범위는 생활보호대상자인 중증장애인으로 제한되었지만, 노무현 정부가 들어서면서 팽창하기 시작하였다. 먼저, 2005년부터 지급범위가 장애등급에 상관없이 모든 기초생활보장 장애인으로 확대되었다. 이 조

---

1) 장애 2급의 장애인으로서 해당 장애유형 외에 다른 유형의 장애가 하나 이상 더 있는 장애인을 의미한다. 중복합산에 의해 2급으로 상향 조정된 장애인을 의미하는 것이 아니다.

표 18-1 **장애수당의 변화과정**

적용기간	액수	지급대상	수급자 수
1990	2만 원	생활보호 및 의료부조대상자 장애 1급 및 장애 2급 중복장애 정신지체장애와 기타 장애 중복자	6,530
1991			7,146
1992			11,586
1993			12,696
1994			13,990
1995	3만 원		14,000
1996	4만 원		14,000
1997	4만 5천 원	(거택보호) 장애1, 2급, 정신지체 3급 중복장애	42,368
1998		(자활보호) 1급, 2급 중복, 정신지체 3급 중복	42,368
1999		생활보호대상자 장애 1급 및 장애 2급 정신지체장애 1급, 2급 및 3급 중복장애	60,658
2000			76,899
2001			98,628
2002	5만 원		102,539
2003	5만 원		110,606
2004	6만 원		126,061
2005	중증: 6만 원/경증: 2만 원	모든 장애등급으로 적용확대 경증: 3~6급	337,259
2006	중증: 7만 원/경증: 2만 원		346,024
2007	중증: 13만 원/ 차상위: 12만 원 경증: 3만 원	차상위계층 적용확대	398,197
2008			433,413
2009			486,642
2010	3만 원	장애인연금제도 시행 국민기초생활보장 및 차상위계층 경증(3~6급) 연금제도로 전환	308,243
2011			316,861
2012			318,434
2013			320,029
2014			320,318
2015	4만 원		327,881
2016			336,224
2017			343,662
2018			352,117

출처: 변용찬 외(2007: 52).
　　　보건복지부(2014, 2018b).

치를 통해 10만 명 정도에 머물던 장애수당 수급자 수는 33만 7천 명으로 급증하였다. 나아가 2007년에는 차상위계층까지 적용범위를 확대하였고, 장애수당액도 7만 원에서 두 배 가까운 13만 원으로 대폭 인상하였다. 이에 따라 기초생활보장 중증장애인에게는 13만 원, 차상위 중증장애인에게는 12만 원, 경증장애인에게는 3만 원의 장애수당을 지급하였으며, 지급인원도 2009년까지 48만 6천 명으로 확대되었다.

노무현 정부의 장애수당 확대정책과 2007년 기초노령연금의 도입은 장애인연금의 밑바탕이 되었다. 2010년 도입된 장애인연금은 중증장애인들의 소득보장 프로그램으로 자리매김되었고, 장애수당은 장애인연금에서 제외된 저소득 경증장애인들의 부가수당으로 다시 전환되었다. 이에 따라 장애수당은 2010년부터 기초생활보장 수급자나 차상위계층인 18세 이상의 3~6급 경증장애인들을 대상으로 지급되기 시작하였다. 2022년 현재 장애수당액은 4만 원으로 2015년부터 같은 수준을 유지하고 있다. 장애수당액은 매우 낮은 수준이지만 장애인연금의 부가급여액과 연동되어 있기 때문에, 수당액의 인상은 전체적인 장애인 소득보장체계 차원에서 검토되어야 한다.

2. 장애아동수당

장애아동수당은 기초생활보장대상자 및 차상위계층인 18세 미만의 재가 장애아동에게 제공하는 수당이다. 이를 통해 장애로 인한 추가 비용을 지원함으로써 장애아동의 양육환경을 개선하고 장애아동가구의 생활안정을 도모한다(이선우, 2010: 139-140). 1999년 2월 김대중 정부는 「장애인복지법」을 개정하여 '장애아동부양수당'을 새로 규정함으로써 장애아동수당에 대한 법적 근거를 마련하였다. 그러나 김대중 정부는 외환위기에 따른 실업극복에 역량을 집중하고 있었기 때문에 장애아동부양수당은 정책적 우선순위에서 밀려났다. 2002년 외환위기가 어느 정도 마무리되자 정부는 기초생활보장대상자인 18세 미만의 장애 1급 아동에게 매월 4만 5천 원의 장애아동부양수당을 지급하기 시작하였다. 제도의 도입 이후 현재까지 장애아동수당의 변화과정은 〈표 18-2〉와 같다.

2002년부터 2006년까지 장애아동부양수당은 월 4만 5천 원에서 7만 원으로 인상

적용기간	액수	지급대상
2002~2003	4만 5천 원	국민기초생활보장대상자 1급
2004~2005	5만 원	
2006	7만 원	
2007~2009	기초/중증: 20만 원/ 차상위중증: 15만 원 경증: 10만 원	국민기초생활보장대상자 및 차상위계층 (중증) 1급, 2급 및 3급 지적 중복장애 (경증) 3~6급 장애
2010~2022		국민기초생활보장대상자 및 차상위계층 (중증) 1급, 2급 및 3급 중복장애 (경증) 3~6급 장애

표 18-2 장애아동수당의 변화과정

되었지만, 지급대상은 여전히 장애 1급 아동으로 제한되었다. 그러나 2007년 노무현 정부는 장애수당과 마찬가지로 장애아동수당의 지급대상과 지급액을 대폭 확대하였다. 먼저, 수당의 명칭을 장애아동부양수당에서 지금의 장애아동수당으로 변경하였다. 나아가 지급범위를 기초생활보장 1급 장애아동에서 차상위계층의 모든 장애아동으로 확대하였다. 또한 지급액수를 기초생활보장대상 중증 장애아동은 20만 원, 차상위계층 중증 장애아동은 15만 원, 경증 장애아동은 10만 원으로 대폭 인상하였다. 그 결과, 2006년 3,217명에 머물렀던 장애아동수당 수급 아동 수는 2007년 1만 4,895명으로 증가하였고, 2011년 2만 3,586명으로 증가하여 역대 최대치를 기록하였다(보건복지부, 2014, 2018b). 하지만 저출산에 따른 신생아 수의 감소로 인하여 2011년 이후 수급 아동 수는 감소추세로 전환하였고, 2021년 11월 현재 1만 6,471명이 수당을 지급받고 있다.

2007년 만들어진 장애아동수당의 골격은 현재까지 큰 변화없이 이어지고 있다. 특히 장애아동수당액의 경우 15년 동안 전혀 변화가 없는데, 이는 장애아동에게 중복지급되는 다른 수당들이 많이 신설되었기 때문이다. 2009년부터 저소득층 영유아들을 대상으로 양육수당이 지급되기 시작하였다. 특히 「장애아동복지지원법」이 제정됨에 따라 2012년부터는 장애아동 양육수당제도가 신설되었고 소득수준에 상관없이 모든 장애아동에게 수당을 제공하고 있다.[2] 따라서 차상위계층 이하의 취학전 장애아동들은 장애아동수당과 장애아동 양육수당을 병급할 수 있게 되었다. 나아가

2018년부터는 아동수당이 도입되었으며, 2022년부터 영아수당이 지급되기 시작하였다. 그 결과 장애아동들은 연령에 따라 장애아동수당, 장애아동 양육수당, 아동수당, 영아수당을 병급받을 수 있게 되었다. 예컨대, 차상위계층 이하의 0~1세 장애영아의 경우 영아수당 30만 원, 아동수당 10만 원, 장애아동수당 20만 원 등 최대 60만 원을 수급할 수 있다. 장애아동의 부모들도 혼돈스러워하는 이러한 병립은 가까운 시일 내에 조정될 필요가 있다. 아동수당이 18세 미만으로 확대되는 것을 전제로 장애아동수당을 모든 장애아동에게 지급하는 보편적 수당으로 전환시킨 뒤, 「아동수당법」에 통합시키는 것이 바람직할 것으로 판단된다.

3. 장애인연금

장애인연금은 장애로 인해 생활이 어려운 중증장애인에게 생활안정을 지원하기 위한 제도이다. 장애인연금은 장애인단체들의 오랜 숙원이었다. 2002년 9월 장애인들의 생존권 투쟁과 최저생계비 위헌확인소송을 주도했던 장애인 운동가 고 최옥란 씨의 사망을 계기로 '장애인연금법제정공동대책 위원회'가 출범하였다. 이 단체는 같은 해 제16대 대통령 선거에 출마한 노무현 후보와 이회창 후보로부터 장애인연금의 도입을 약속받았으나, 노무현 정부는 2007년 장애수당과 장애아동수당을 대폭 확대하는 방식으로 공약을 대신하였다(유동철, 2009: 19-20).

장애인연금에 대한 논의는 2007년 「기초노령연금법」이 제정되면서 다시 활성화되기 시작하였다. 2007년 제2차 국민연금 개혁 과정에서 기초노령연금이 도입되자 장애인 국회의원들은 장애인의 소외문제를 제기하였다. 이에 국회는 2007년 6월 29일 「기초노령연금법」 통과 당시 "장애인의 사회보장 강화를 위해 별도의 법안을 마련하기로 한다."는 부대 결의를 채택하였다(이진숙, 이석형, 2010: 17; 윤상용 외, 2010: 21). 이에 따라 보건복지부는 장애인연금 도입을 위한 준비에 착수하였는데, 보건복지부의 장애인연금안의 내용은 기초노령연금과 거의 동일했다. 즉, 18세 이

---

2) 2013년부터는 비장애아동들에게도 소득수준에 상관없이 양육수당을 지급하기 시작하였다. 이 책의 제17장 참조

표 18-3 장애인연금의 변화과정

연도	소득인정액 기준(원)		기초급여 (원)	부가급여(만 원)			수급자 수 (명)
	단독	부부		기초생활	차상위	일반	
2010	500,000	800,000	90,000	6(15)1)	5	–	257,968
2011	530,000	848,000	91,200	6(15)	5	–(2)1)	308,759
2012	551,000	881,600	94,600	6(15)	5	–(2)	305,513
2013	580,000	928,000	97,100	8(17)	7(14)	2(4)	304,574
2014	870,000	1,392,000	200,000	8(28)	7	2(4)	329,242
2015	930,000	1,488,000	202,600	8(28)	7	2(4)	342,444
2016	1,000,000	1,600,000	204,010	8(28.26)	7	2(4)	350,161
2017	1,190,000	1,904,000	206,050	8(28.401)	7	2(4)	359,986
2018	1,210,000	1936000	250,000	8(28.605)	7	2(4)	364,712
2019	1,220,000	1,952,000	300,000	8(33)	7	2(4)	368,716
2020	1,220,000	1,952,000	300,000	8(38)	7	2(4)	375,759
2021	1,220,000	1,952,000	300,000	8(38)	7	2(4)	371,413
2022	1,220,000	1,952,000	307,500	8(38)	7	2(4)	–

1) 괄호 안은 65세 이상
출처: 보건복지부(각 년도).

상의 소득 하위 70%인 중증장애인에게 기초노령연금액과 연계된 기초급여를 제공하는 내용을 담고 있었다. 다만, 「장애인연금법」은 기초노령연금과 달리 장애인들의 특별지출비용을 반영한 부가급여의 내용도 담고 있었다. 통합민주당의 박은수 의원도 장애인운동 쪽의 요구를 담은 입법안을 마련하였지만, 주로 정부안을 반영한 장애인연금법안이 2010년 3월 31일 국회 본회의를 통과하였다. 이에 따라 2010년 7월 1일부터 장애인연금이 지급되기 시작하였고, 장애인연금의 도입 이후 현재까지의 변화과정은 〈표 18-3〉과 같이 정리될 수 있다.

　2010년 장애인연금은 소득인정액 기준으로 장애인 단독가구 50만 원, 부부가구 80만 원 이하인 가구를 대상자로 선정하였다. 이는 기초노령연금에 비해 약 30만 원 정도 낮은 기준액이었다. 하지만 기초노령연금이 기초연금으로 전환된 2014년부터는 기초연금과 동일한 소득인정액 기준을 사용하였다. 그러나 2018년부터 다시 기초연금보다 기준액을 하향하였다. 2018년 장애인연금의 단독가구 기준소득

은 121만 원으로 책정되어 기초연금(131만 원)에 비해 10만 원 정도 낮게 설정되었
으나, 시간이 갈수록 격차가 확대되었다. 장애인연금의 기준소득액은 2019년부터
2022년 현재까지 동결되어 단독가구 기준으로 122만 원에 머물고 있는 반면, 기초
연금의 기준액은 180만 원까지 상향되어 현재 58만 원의 격차가 형성되었다.

장애인연금과 기초연금은 똑같이 소득 하위 70% 이하의 계층에게 연금을 지급하
는 것을 목표로 한다. 따라서 장애인연금과 기초연금의 소득인정액 기준의 격차가
확대되었다는 것은 그만큼 노인과 장애인의 소득격차가 확대되었다는 것을 의미한
다. 시간이 지남에 따라 국민연금을 비롯한 공적연금 수급자가 증가하면서 노인들
의 소득은 개선된 반면, 공적연금에서 소외된 장애인들의 소득은 계속 정체되어 있
는 상황을 반영한 결과로 보인다.

장애인연금의 기초급여는 철저하게 기초노령연금이나 기초연금에 연동되어 왔
다. 반면 부가급여는 기초생활보장대상자의 경우 6만 원, 차상위계층은 5만 원으로
시작하여 현재까지 12년 동안 고작 2만 원이 인상되었을 뿐이다. 정권이 바뀔 때마
다 기초연금액이 급증하였기 때문에 기초급여를 중심으로 장애인연금액을 증액시
킬 수밖에 없었던 사정이 있었지만, 이를 감안하더라도 부가급여액의 변동은 지나
치게 인색한 감이 없지 않다.

장애인연금 수급자 수는 제도가 시작된 2010년 약 25만 7,968명이었으나, 2021년
현재 37만 1,412명으로 확대되었다. 2021년 장애인연금의 예산은 8,291억 원이었으
며, 2022년에도 비슷한 수준인 8,326억 원이 책정된 상황이다.

2022년 현재 장애인연금의 지급대상은 18세 이상의 중증장애인으로 본인과 배
우자의 소득인정액이 장애인 단독가구는 월 122만 원, 부부가구는 192만 5천 원 이
하인 등록장애인이다. 여기서 중증장애인이란 장애인등급제 폐지 이전을 기준으
로 장애 1급과 2급, 그리고 장애 3급 중복장애인을 의미한다. 18세 이상 3급 이하의
경증장애인은 장애수당의 지급대상이 되며, 18세 미만의 장애인은 장애아동수당의
대상이 된다. 소득인정액의 산출방법은 기본적으로 기초연금과 동일하다. 다만, 소
득평가액 산정과정에서 근로소득공제액이 79만 원으로 기초연금(98만 원)에 비해
적게 공제된다.[3] 나아가 장애인연금은 가구의 소득인정액과 상관없이 대상자가 공

---

3) 장애인연금과 기초연금의 소득인정액 산출방식은 이 책의 제5장을 참조하시오.

무원연금, 사립학교교직원연금, 군인연금 등 특수직역연금으로부터 퇴직급여나 장해급여 또는 유족급여 등을 수급하고 있을 경우에는 대상에서 제외된다.

　장애인연금은 기초급여와 부가급여로 구분된다. 장애인에 대한 소득지원은 장애인들의 기초생활을 보장하기 위한 소득보전의 측면과 장애인의 특별지출비용을 지원하기 위한 추가 비용 보전의 성격으로 구분된다(유동철, 2009: 20). 장애인연금은 기초급여와 부가급여를 구분하여 기초급여는 소득보전의 측면을 반영하고, 부가급여는 추가 지출비용 보전의 성격을 반영하는 것으로 설계되었다(유동철, 2010: 42). 그러나 실제 운영에서 이러한 구분은 생각만큼 명확하지 않다.

　2022년 현재 장애인연금의 기초급여는 모든 대상자들에게 매월 30만 7,500원씩 지급된다. 기초연금과 마찬가지로 부부 장애인 가구는 연금액의 20%가 감액조정되고, 소득의 역전을 방지하기 위한 소득구간별 감액조치도 적용된다. 나아가 65세 이상의 고령 장애인은 기초연금을 수급하며, 장애인연금의 기초급여 지급대상에서 제외된다. 그러나 「국민기초생활보장법」은 장애인연금을 가구특성별지출로 분류하여 소득인정액 합산에서 제외시키지만, 기초연금은 소득인정액에 포함시켜 보충급여방식으로 산출되는 생계급여에서 전액 삭감한다. 이에 따라 65세 이상의 고령장애인 중 기초생활보장수급자는 사실상 장애인연금의 기초급여에서 배제되는 효과를 갖는바, 장애인연금에서는 이러한 손실을 부가급여의 차등화를 통해 보전해 주고 있다.

　〈표 18-4〉는 2022년 현재 장애인연금 부가급여액을 나타낸다. 65세 미만의 경우 기초생활보장 수급자는 8만 원, 차상위계층은 7만 원, 차상위계층 이상의 일반 수급자에게는 2만 원의 부가급여가 기본적으로 제공된다. 따라서 65세 미만의 기초생활보장 장애인은 감액조정이 없을 경우 기초급여와 부가급여를 합쳐서 38만 원의 장애인연금을 수급할 수 있다. 이 액수는 국민기초생활보장제도에서 가구특성별지출로 분류되기 때문에 생계급여에서 삭감되지 않고 수급자의 순소득이 된다. 하지만 65세 이상 고령장애인은 기초급여 대신 기초연금을 수급하기 때문에 30만 원의 기초연금액이 생계급여에서 전액 삭감된다. 따라서 장애인연금은 손실액을 감안하여 생계급여와 의료급여를 받는 65세 이상 고령장애인에게 기초급여를 받을 경우 수급가능한 38만 원을 전액 부가급여로 보전해 주고 있다.

　보장시설 입소 장애인에게는 원칙적으로 부가급여를 제공하지 않는다. 다만, 보

표 18-4 장애인연금 부가급여수준

구분	65세 미만	65세 이상
기초생활보장 수급자(생계급여, 의료급여 수급)	8만 원	38만 원
보장시설 수급자(생계급여, 의료급여 수급)	–	–
보장시설 수급자(급여특례/생계급여, 의료급여 수급)	–	7만 원
차상위계층(주거급여, 교육급여 수급)	7만 원	7만 원
차상위계층(급여특례/ 주거급여, 교육급여 수급)	–	14만 원
차상위 초과(일반)	2만 원	4만 원

출처: 보건복지부(각 년도).

장시설수급자 부가급여특례자에 한해 예외적으로 매월 7만 원의 부가급여를 지급한다. 장애인연금 도입 당시, 즉 2010년 7월 1일 보장시설에 입소해 있던 기초생활보장 장애인들은 중증 7만 원, 경증 2만 원의 장애수당을 받고 있었다. 이에 따라 당시 65세 이상의 중증장애인으로 입소해 있던 사람(1945년 6월 30일 이전 출생자) 중 기초생활보장수급자에 한하여 손실 보전 차원에서 당시 지급하던 장애수당 7만 원을 부가급여로 계속 지급하고 있다.

차상위계층은 가구소득이 기준중위소득의 50% 이하인 장애인이며, 국민기초생활보장제도에서 주거급여와 교육급여 수급자에 해당된다. 차상위계층에게는 기본적으로 연령에 상관없이 매달 7만 원의 부가급여를 제공한다. 단, 차상위계층 부가급여특례자에 한해 예외적으로 매달 14만 원을 제공한다. 장애인연금 도입 당시, 즉 2010년 7월 1일 차상위계층 장애인들은 장애수당으로 매달 12만 원을 받았다. 이에 따라 당시 65세 이상의 중증장애인으로서 차상위 장애수당을 받고 있던 사람(1945년 6월 30일 이전 출생자)에 한하여 당시 지급했던 장애수당 12만 원을 차상위계층 부가급여특례라는 이름으로 계속 지급하였다. 2013년 차상위계층 부가급여특례 급여액은 14만 원으로 인상되었고 지금도 같은 액수로 지급되고 있다. 차상위계층 이상의 일반 수급자는 65세 이상인 경우 월 4만 원, 65세 미만인 경우 월 2만 원의 부가급여를 지급받는다.

장애인연금은 명목적으로 기초생활보장의 측면을 갖는 기초급여와 추가 지출비용 보전의 측면을 갖는 부가급여로 구분된다. 그러나 실제 사회보장제도는 장애인연금을 주로 추가 비용 보전적 수당으로 간주하고 있다. 만약 장애인연금의 기초급여가 기초생활 보장의 기능을 담당하고 있다면, 같은 목적의 기초연금이나 생계급여와 기능상 중복된다. 따라서 논리적으로 보면 장애인연금의 기초급여는 기초연금과 마찬가지로 국민기초생활보장제도의 소득인정액 산정에 포함되어야 된다. 하지만 실제 국민기초생활보장제도는 장애인연금액 전체를 가구특성별지출로 분류하여 소득인정액 산정에서 제외시킨다. 이는 장애인연금의 기초급여가 기본생활을 보장하기에 불충분할 뿐만 아니라 부가급여도 자체만으로는 장애특성에 따른 추가 지출비용을 보전하기 부족하다는 것을 반증하는 것이다. 2017년 장애인실태조사에 의하면 장애특성에 따른 중증장애인의 추가 지출비용은 월평균 24만 2,500원 정도이기 때문에, 현재 부가급여수준으로는 이를 충당하기 어렵다(박진우, 2020: 4). 따라서 기초급여를 포함한 장애인연금액 전체를 가구특성별지출로 분류하더라도 자연스럽게 받아들여지고 있는 상황이다. 부가급여를 현실화할 필요가 있으며, 현재 명목상으로는 기초급여이지만 실제 사회보장체계에서는 부가급여로 다루어지고 있는 기초급여의 성격을 재정립할 필요가 있다.

강신욱, 허선, 정호원(2004). 국민기초생활보장법 제정과정 분석. 한국보건사회연구원 연구보고
　　서 2004-29.

강철구(1983). 독일 사회정책의 제전제. 한국사회과학연구소 편, 복지국가의 형성. 민음사.

강희정(2018). 문재인 케어의 쟁점과 정책 방향. 보건복지포럼, 255, 23-37.

강현구(2014). 아동권리관점에서 본 영유아보육법과 유아교육법의 형성과정 및 법령 분석.
　　서울대학교 박사학위논문.

건강보험심사평가원, 국민건강보험공단(2021a). 2020 건강보험통계연보.

건강보험심사평가원, 국민건강보험공단(2021b). 2020년 의료급여통계.

고경심(1989). 농어촌 의료보험 시정운동에 대한 평가. 보건과사회연구회 편, 한국의료보장연
　　구. 청년세대.

고경화(2006). 국민연금의 한계, 기초연금의 대안. 경영계, 335, 18-21.

고용노동부(2016). 2015년도 산재보험사업연보.

고용노동부(2019). 2020년도 취업성공패키지 업무매뉴얼.

고용노동부(2020a). 2021년 국민취업지원제도 업무매뉴얼 Ⅰ유형.

고용노동부(2020b). 2021년 국민취업지원제도 업무매뉴얼 Ⅱ유형.

고용노동부(2021a). 2020년도 산재보험사업연보.

고용노동부(2021b). 2020년도 산업재해 현황분석.

고용노동부(2021c). 전국민 고용보험의 성공적인 안착. 보도자료.

고용보험연구기획단(1993). 고용보험제도 실시방안연구(종합편). 한국노동연구원.

고용보험연구센터(1999). 고용보험동향. 제4권 1호.

고재이(2018). 아동수당 지급 예산 현황과 논점. 보건복지포럼 제256호.

관계부처 합동(2019). 고용안정망을 완성하는 국민취업지원제도 추진방안.

관계부처 합동(2020a). 제4차 저출산·고령사회기본계획.

관계부처 합동(2020b) 모든 취업자를 실업급여로 보호하는 전국민 고용보험 로드맵.

구자헌(1970). 한국사회복지사. 한국사회복지연구소.

국민건강보험공단(2017a). 국민건강보험 40년사: 전국민 건강보장 확대를 위해 걸어온 길(통사편).

국민건강보험공단(2017b). 국민건강보험 40년사: 전국민 건강보장 확대를 위해 걸어온 길(부문사편).

국민건강보험공단(2018). 노인장기요양보험 10년사.

국민건강보험공단(각 년도). 노인장기요양보험통계연보.

국민건강보험공단 건강보험정책연구원(각 년도). 건강보험환자진료비실태조사.

국민연금공단(2021a). 국민연금 공표통계 2021년 7월 기준.

국민연금공단(2021b). 2020년 국민연금 통계연보.

국민연금관리공단(1998). 국민연금 10년사.

국민연금연구원(2021). 2020 국민연금 생생통계 Facts Book.

국세청(2021). 2021년 근로장려금 신청안내.

국회예산정책처(2020). 2020 NABO 장기 재정전망.

국회예산정책처(2021). 2021년도 예산안 총괄 분석 Ⅰ.

권문일(1989). 한국사회보장입법의 형성에 관한 연구: 산업재해보상보험제도와 의료보험을 중심으로. 서울대학교 석사학위논문.

권문일(1998). 국민연금개선안에 대한 평가와 향후 과제. 한국사회과학연구소 사회복지연구실 편, 한국 사회복지의 현황과 쟁점. 인간과 복지.

권문일(2004. 6. 16.). 국민연금 강제 가입토록 하는 까닭은?. 오마이뉴스.

권문일(2005). 국민연금 장애연금의 특성과 개선. 덕성여대 사회과학연구소 사회과학연구, 11.

권문일(2015). 1998년 제1차 국민연금개혁의 과정과 내용. 한국사회보장학회 정기학술발표논문집 2015년 1집. 33-51.

권중돈(1995). 노인복지서비스의 최근 동향. 한국사회과학연구소 사회복지연구실 편, 한국 사회복지의 이해. 동풍.

권혁창, 정창률(2015). OECD 국가들의 연금개혁의 효과성 연구. 한국노인복지학회 2015년도 국제추계학술대회 자료집.

권혁창, 정창률, 염동문(2018). OECD 국가들의 경제수준에 따른 연금개혁의 효과분석. 사회과학연구, 34(2), 81-104.

김경자(2015). 국민건강보험제도 수가 결정구조. 월간 복지동향, 206, 5-11.

김기덕(1995). 미국 의료보장 개혁의 내용과 의미. 한국사회과학연구소 사회복지연구실 편, 한국사회복지의 이해. 동풍.

김낙중(1982). 한국노동운동사-해방후 편-. 청사.

김대성, 김연아(2007). 정책논변모형을 통한 근로장려세제(EITC) 도입 담론분석. 한국정책연구, 7(2), 45-67.

김대철(2018). 아동수당제도가 출산율 제고에 미치는 효과. 재정정책논집 제20권 제2호.

김대환(1987). 국제 경제환경의 변화와 중화학공업의 전개. 한국경제론. 까치.

김덕호(1997). '빈곤과의 전쟁'을 통해서 본 1960년대 미국의 복지정책. 서양사론, 55, 171-201.

김덕호(2020). 청년 취업성공패키지 프로그램이 노동시장 성과에 미치는 영향. 노동정책연구, 20(1), 29-63.

김동헌, 박혁(2011). 조기재취업수당의 제도 변화에 따른 효과분석: 2006년의 제도 변화가 실업기간에 미치는 효과를 중심으로. 사회보장연구, 27(1), 89-103.

김동헌, 박혁(2012). 조기재취업수당의 제도 변화에 따른 참여율과 참여자 특성 변화. 노동정책연구, 12(4), 25-44.

김미곤, 여유진, 이상은, 정재훈, 김계연, 양시현, 오지현, 김민희, 임미진(2009). 최저생계비 계측방식 개선방안에 관한 연구. 한국보건사회연구원, 정책보고서 2009-68.

김보영(2008). 영국 전 거주민 무상의료서비스 NHS의 현황과 우리나라 개혁 모델로서의 함의. 국제노동브리프 2008년 5월호. 12-15.

김상균(1986). 영국의 사회보장. 신섭중 외, 각국의 사회보장. 유풍출판사.

김상균(1987). 현대사회와 사회정책. 서울대학교 출판부.

김상균(1998). IMF 시대의 실업과 그 대책. IMF 시대 한국 사회·경제위기, 어떻게 극복할 것인가?. 제1회 서울대학교 사회과학대학 심포지움 자료집.

김상균(2010). 낙타와 국민연금. 학지사.

김수정(2014). 보육서비스의 트릴레마 구조와 한국 보육정책의 선택. 경제와 사회, 105(64-93).

김수정(2018). 아동수당의 제도적 배경과 쟁점. 페미니즘연구, 18(1), 435-467.

김수완(2012). 한국 연금개혁에서의 정치적 공간의 성격. 연금연구, 2(2), 29-47.

김연명(1989). 한국 의료보험제도의 발달 및 형태규정요인에 관한 연구. 보건과사회연구회 편, 한국의료보장연구. 청년세대.

김영범(2002). 한국 사회보험의 기원과 제도적 특징: 의료보험과 국민연금을 중심으로. 경제와 사회, 55, 1-34.

김영순(1996). 복지국가의 위기와 재편: 영국과 스웨덴의 경험. 서울대학교 출판부.

김영순(2000). '제3의 길' 위의 복지국가 블레어정부의 『일을 위한 복지』 프로그램. 한국정치학회보, 33(4), 203-220.

김영순(2002). 지구화시대의 정책모방 미국, 영국, 한국의 근로연계복지 비교연구. 한국정치학회보, 36(4), 321-342.

김영순(2005). 연금개혁의 정치 서구 3개국 사례를 통해 본 구조적 개혁의 정치적 조건들. 사회보장연구, 21(2), 1-28.

김영순, 조형제(2010). 개혁의 법칙을 넘어?-2009~2010 미국 의료보험 개혁의 정치. 경제와 사회, 87, 104-133.

김영순, 최현수, 이윤경, 방효정(2007). 복지국가유형별 사회서비스의 발전과정과 시사점. 보건복지포럼, 125, 37-61.

김용성(2020). 내일배움카드제 훈련이 취업성과에 미치는 영향. 노동경제논집, 43(1), 1-34.

김윤영(2015). 맞춤형 개별급여 평가와 전망: 후퇴 일로의 기초생활보장제도를 바로 잡자. 월간 복지동향, 205, 48-54.

김은정(2017). 자녀 양육 지원 정책 현황과 추진 과제. 보건복지포럼 2017년 6월호. 7-17.

김은정, 양난주, 김사현(2021). 노인장기요양제도에서 가족요양 선택이유와 관련요인 연구. 사회복지연구, 52(4), 131-164.

김은지, 황정임(2012). 저소득 한부모 가족 아동양육비 지원방안 연구. 한국여성정책연구원 연구보고서, 19, 1-153.

김인희(2018). 입법 연혁을 통해 본 아동수당법의 가능성과 한계. 사회보장법연구, 7(1), 75-129.

김장기, 윤조덕(2012). 2011 경제발전경험모듈화사업: 산재보험제도의 구축과 운영. 기획재정부.

김재진(2009). 미국 EITC의 태동과 시대상황. 재정포럼, 156, 36-59.

김재진(2014). 자녀장려세제(CTC) 도입의 정책적 함의와 기대효과. 재정포럼 제213권. 26-33.

김재진, 송은주, 이정미(2012). 주요국의 자영업자에 대한 근로장려세제 적용기준 연구. 한국조세연구원 세법연구센터.

김종수(2019). 실업부조제도로서 자활급여 및 국민취업지원제도에 관한 검토. 사회보장법연구, 8(2), 171-211.

김준(1989). 제6공화국의 노동통제정책. 경제와 사회, 3, 17-41.

김진구(1995). 고용보험제도 도입의 성과와 한계. 한국사회과학연구소 사회복지연구실 편, 한국사회복지의 이해. 동풍.

김진구(2003). 산재 보상제도의 유형에 대한 연구: 원인주의와 결과주의의 대립을 중심으로. 사회복지연구, 22, 33-55.

김진구(2004). 국민건강보험료 부담의 형평성에 관한 연구. 사회복지연구, 25, 39-63.

김진구, 여유진(1998). 한국의 고용보험제도. 한국사회과학연구소 사회복지연구실 편, 한국사회복지의 현황과 쟁점. 인간과복지.

김진석(2016). 아동수당 도입의 함의와 쟁점. 월간 복지동향, 218, 33-40.

김진선(2020). 자영업자에 대한 고용보험 적용 경과 및 향후과제. 국회입법조사처, NAES 현안분석.

김진수(2018). 한국 노인장기요양보험의 평가와 발전과제. 한국장기요양학회 2018년 춘계학술대회자료집, 64-80.

김태근(2017). 오바마케어 대체에 실패한 트럼프케어: 미국 의료보험정책의 정치사회적 함의. 국제사회보장리뷰, 2, 37-48.

김태근(2021). 미국 정부의 확장적 사회정책 아동수당 확대를 중심으로. 국제사회보장리뷰, 17, 59-66.

김태성, 성경륭(1993). 복지국가론. 나남.

김태성(2000). 생산적 복지, 무엇을 해야 하나?. 사회복지연구, 16, 25-48.

김태성(2018). 사회복지정책 입문(제3판). 청목출판사.

김태성, 김진수(2004). 사회보장론(개정판). 청목출판사.

김태성, 손병돈(2002). 빈곤과 사회복지정책. 청목출판사.

김형기(2000). 생산적 복지를 위한 근로자 조세지원제도 연구. 황덕순 편, 생산적 복지를 위한 노동정책연구. 한국노동연구원.

김호원, 이종구(2018). 취업성공패키지 사업 변천과정과 시기별 특징 비교분석에 관한 연구. 경영사연구, 33(2), 61-84.

김환준(2003). 미국 복지개혁의 성과와 한계. 한국사회복지학, 53, 129-154.

김홍식(2012). 사회구성주의와 미국의료보장의 역사적 기원: 사회의료보험 도입의 실패와 메디케어 도입의 성공을 중심으로. 사회와 역사, 96, 151-182.

남세진, 최성재(1990). 미국의 대빈곤전쟁(War on Poverty)에 관한 연구: Head Start Program을 중심으로. 사회복지연구, 2, 1-37.

남재욱(2020. 6. 11.). '기본소득'보다 '전 국민 고용보험'이 먼저다. 프레시안.

노대명(2002). 한국 자활사업의 평가와 전망. 동향과 전망, 53, 62-99.

노대명, 이현주, 강신욱, 김문길, 신현웅, 신화연, 황덕순, 홍경준, 손병돈, 장덕호, 임완섭, 이주미(2013). 국민기초생활보장제도의 맞춤형 급여체계 개편방안 마련을 위한 연구. 한국보건사회연구원.

노동부(2004). 산재보험 40년사: 1964~2004.

노동부(2005). 고용보험 10년사: 1995~2005.

노사관계부문 실무대책반(1993). 신경제 5개년계획: 노사관계 재정립부문.

노성준(2020). 예술인 고용보험 도입의 현황과 과제. 국회입법조사처, NARS 현황분석.

노연희(1992). 사회정책형성과정에서의 정당역할변화에 관한 연구: 한국의료보험법의 형성과정을 중심으로. 서울대학교 석사학위논문.

대한민국 정부(1992). 제7차 경제사회개발 5개년 계획: 1992-1996.

류재린(2020). 국민연금제도의 사각지대와 지역가입자의 관리강화 및 지원 필요성. 연금포럼, 77호.

류재린(2021). 국민연금의 지역 납부예외자 감소 요인 검토. 사회복지정책, 48(1), 123-150.

류진석(1989). 일제시대의 빈곤정책. 하상락 편, 한국사회복지사론. 박영사.

명재일(1997). NHS와 시장원리의 통합: 영국과 뉴질랜드의 의료개혁. 보건경제연구, 3, 137-163.

문기상(1983). 비스마르크의 사회정책. 한국사회과학연구소 편, 복지국가의 형성. 민음사.

문옥륜(1997). 한국의료보험의 발전과 역사적 함의. 보건학논집, 34(1), 9-34.

문용필(2021). 노인장기요양보험을 둘러싼 노인돌봄 정책변화의 쟁점 분석. 인문사회 21,

12(5), 2201-2214.

문은영(2021. 5. 17). 현행 산재보험 의료기관 지정제도의 문제점. 매일노동뉴스.

민재성, 김중수, 이덕훈, 서상목, 이혜경, 구성렬(1986). 국민연금제도의 기본구상과 경제사회 파급효과. 한국개발연구원.

문준혁(2019). 국민기초생활 보장법상 조건부 수급 제도와 근로능력평가에 대한 비판적 검토. 사회보장법연구, 8(2), 125-169.

문진영(2015). 빈곤선 측정방식에 대한 비교연구. 비판사회정책, 46, 202-236.

박내선(2006). 노동자연대 강화를 위한 국민연금개혁, 지금이 기회!. 노동사회, 115, 80-86.

박노호(2019). 스웨덴 실업보험의 역사적 전개 과정. 국제지역연구, 23(1), 127-160.

박능후(2003). EITC 특성과 소득보장기능. 보건복지포럼, 78, 5-15.

박능후(2005). 미국 근로소득보전세제(EITC)의 특성과 정책적 함의. 국제노동브리프, 3(3), 4-12.

박병현(2016). 사회복지의 역사(제2판). 공동체.

박선권(2018). 육아휴직 활성화를 위한 부모보험 도입방안. 국회입법조사처, NARS 입법·정책보고서 Vol. 15.

박순일, 김미곤, 이수연, 정희태, 이경신, 하길웅(1994). 최저생계비 계측조사연구. 한국보건사회연구원.

박영아(2015). 소득이 있다고 추정하고 기초생활을 보장해주지 않는 정부. 월간 복지동향, 198, 24-26.

박준식, 김영범(2009). 적극적 노동시장 정책의 다양성 복지국가 유형에 따른 차이를 중심으로. 경제와사회, 81, 188-217.

박정호(1996). 한국 의료보험 정책과정에서의 정부 역할. 서울대학교 박사학위논문.

박진빈(2006). 뉴딜 정책과 국민의료보험 부재의 기원: 1910대부터 1930년대까지 국민의료보험 논의를 중심으로. 미국사연구, 23, 85-113.

박진우(2020). 장애인 소득보장 급여수준의 현황과 개선방향. 국회입법조사처, NARS 현안분석 제130호.

박찬임(2001). 산재보험제도의 국제비교연구. 한국노동연구원.

방하남, 김진욱, 이성균, 심규범, 정연택, 박혁(2008). 일용근로자 실업급여 수급실태와 제도개선 과제-건설업을 중심으로-. 한국노동연구원.

배무기(1989). 노동경제학(제2판). 경문사.

배영수(1983). 미국 뉴딜 행정부의 사회정책. 한국사회과학연구소 편, 복지국가의 형성. 민음사.

변용찬, 김성희, 김영미, 심석순, 윤상용, 이병화, 최미영(2007). 저소득 장애인 선정 기준 연구. 한국장애인복지진흥회·한국보건사회연구원.

보건복지부(1999). 1998년판 보건복지백서.

보건복지부(2012). 통계로 본 2012년 기초노령연금.

보건복지부(2013. 9. 26.). 국민연금 장기 가입자 손해보는 일 없다. 보도자료.

보건복지부(2014). 2013년 장애(아동)수당 관련 통계.

보건복지부(2018a). 제4차 국민연금종합운영계획안(요약본).

보건복지부(2018b). 2017년 장애(아동)수당 관련 통계.

보건복지부(2020). 국민기초생활보장제도 20년사. 한국보건사회연구원.

보건복지부(2021a). 아동분야 사업안내 1.

보건복지부(2021b). 2020 국민기초생활보장 수급자현황.

보건복지부(각 년도). 보육사업안내.

보건복지부(각 년도). 보육통계.

보건복지부(각 년도). 보건복지부소관 세입세출결산보고서.

보건복지부, 한국보건사회연구원(2020). 국민기초생활보장제도 20년사. 한국보건사회연구원.

보건사회부(1962). 보건사회통계연보-1961-.

보건복지부 자립지원과(2022). 2022년 자활사업 안내(Ⅰ).

빈곤사회연대(2019). 공공부조의 신청 및 이용과정에서 나타나는 '빈곤의 형벌화' 조치 연구. 한국 도시연구소.

서상목(1981). 빈곤의 실태와 영세민대책. 한국개발연구원.

서정희(2013). 신 사회위험 대응 전략으로서 복지정책 방향 전환의 타당성 검토:「사회보장기 본법」을 중심으로. 법과 정책 연구, 13(2), 647-674.

서채완(2019). 노동연계복지제도가 노동빈곤층에게 미치는 영향: '국민취업지원제도'에서 발 생할 수급권자 등의 기본권 침해 우려를 중심으로. 한국형 실업부조 평가와 개선방향 모색 토론회 자료집.

석재은(2002). 경로연금제도의 정책과제와 발전방향. 보건복지포럼, 71, 47-62.

석재은(2003). 산재보험의 '원인주의'적 접근방식의 문제점과 정책과제. 상황과 복지, 14, 147-175.

석재은(2010). 공급자 관점에서의 노인장기요양보험제도의 개선방안. 보건복지포럼, 168, 34-44.

석재은(2015). 기초연금 도입과 세대 간 이전의 공평성. 보건사회연구, 35(2), 64-99.

석재은(2017). 장기요양서비스의 공공성 강화를 위한 규제의 합리화 방안 연구. 보건사회연구, 37(2), 423-451.

성경륭, 김태성(1993). 복지국가론. 나남.

성은미(2005). EITC 도입 이래서 위험하다: 저임금노동 고이는 웅덩이를 파는 꼴. 노동사회, 99, 36-41.

소광섭(2006). 영국 NHS의 성립 배경에 관한 연구. 보건과 복지, 8, 135-147.

손영래(2018). 건강보험 보장성 강화정책 방향. HIRA 정책동향 12권 1호 7-18.

손준규(1983). 사회보장 사회개발론. 집문당.

송규범(1983). 신자유주의의 복지국가 이념. 한국사회과학연구소 편, 복지국가의 형성. 민음사.

송문선(2021). 장기요양 보험제도의 도입, 현황, 대안으로의 유기적 흐름. 사회복지연구, 52(4), 63-97.

송선영(2019). 한국형실업부조, 국민취업지원제도 정책분석: 자활제도와의 관계성을 중심으로. 한국자활복지개발원.

송옥주의원실(2019). 특수형태근로종사자 산재보험 가입률 13.7%, 실효성 저조(보도자료).

송은희(2020). 한국형 실업부조가 아닌 실업부조가 필요하다. 월간복지동향, 265, 56-60.

신동면(2015). 싱가폴 사회보장제도: 국민적립기금을 중심으로. 보건복지포럼, 222, 44-56.

신라대학교 산학협력단(2017). 산재보험 비급여 의료비 실태조사. 근로복지공단.

신수식(1986). 사회보장론(개정판). 박영사.

신영란(2010). 의료보험 통합논쟁의 주요논점과 논점의 변화과정: 정책결정과정의 민주화를 중심으로. 비교민주주의연구, 6(2), 159-183.

신윤정(2017). 프랑스 가족수당의 현황과 시사점. 국제사회보장리뷰, 2, 25-33.

신윤정, 이현주, 김태완, 최성은, 최숙희, 권지은, 이수형(2009), 양육수당 도입방안 마련, 한국보건사회연구원.

심재호(1989). 영국 의료보장정책의 형성과정에 대한 연구. 보건과사회연구회 편, 한국의료보장연구. 청년세대.

양재진(2007). 유신체제하 복지연금제도의 형성과 시행유보에 관한 제고찰. 한국거버넌스학회보, 14(1), 87-108.

양재진, 민효상(2008). 공적연금의 구조적개혁 필요성과 유형화에 관한 연구. 사회과학논집, 39(2), 93-108.

여성가족부(2021). 2022년 한부모가족사업안내.

여영현, 이건형, 박정원, 이세진(2018). 미국 보건의료개혁의 정책 연혁 및 공공성 분석. 한국공공관리학보, 32(2), 211-236.

여유진(2011). 영국 활성화정책(Activation Policy)의 주요 내용 및 시사점. 보건 · 복지 Issue & Focus, 69, 1-8.

오건호(2013. 9. 27.). 박근혜, '공약 사기' 기획 알면서 국민 속였다. 프레시안.

오민홍, 정남기(2020). 겐트시스템이 우리나라 자영업자 고용보험에 주는 시사점. 질서경제저널, 23(3), 23-41.

원석조(2018). 사회복지발달사(제5판). 공동체.

우명숙(2007). 한국의 복지제도 발전에서 산재보험 도입의 의의: 복지제도 형성과 발전주의적 국가개입. 한국사회학, 41(3), 154-185.

유광호(1985). 사회보장의 개념에 관한 연구: 개념성립과 변천을 중심으로. 사회보장연구, 1, 1-23.

유길상, 어수봉, 윤조덕, 김소영, 이해종, 고승범, 김우기(1995). 근로복지공사의 공단화에 따른 기존사업 및 산재보험업무의 효율적 추진방안 연구. 한국노동연구원.

유동철(1993). 일본 고용보험 변천상의 결정요인에 관한 연구. 서울대학교 석사학위논문.

유동철(2009). 기초장애연금의 동향과 쟁점. 월간복지동향, 128, 19-23.

유동철(2010). 장애인연금 도입의 의의와 향후 과제. 보건복지포럼, 164, 40-45.

유은주(2008). 노인장기요양보험의 정책과정에 관한 연구. 한국정책과학학회 동계학술대회 발표논문집, 165-185.

유태균(2000). 미국 소득세액공제제도(EITC)의 효과 및 도입가능성에 대한 연구. 황덕순 편, 생산적 복지를 위한 노동정책연구. 한국노동연구원.

유해미(2012). 양육수당의 효과와 개선 과제. 육아정책포럼, 29, 6-14.

유해미(2017). 저출산 극복을 위한 보육료 지원, 그 역설과 향후 과제. 한국가정관리학회 학술 발표대회 자료집, 121-128.

윤상용(2007). 2007년 장애수당제도 개편의 의의와 중장기 개선 방향. 보건복지포럼, 127, 41-54.

윤상용, 김태완, 최현수, 이정우, 이민경(2010). 장애인연금 시행 방안 연구: 법·제도를 중심으로. 한국보건사회연구원.

윤석명, 강성호, 권문일, 원종욱, 신화연, 이은혜(2009). 저소득 지역가입자에 대한 국민연금 보험료 지원방안 연구. 한국보건사회연구원.

윤성원(2002). 영국 의료제도의 형성과정에 관한 연구: 국가와 의료전문직을 중심으로. 보건과 사회과학, 11, 5-39.

윤성주(2013). 노인장기요양보험제도 현황 및 향후과제. 재정포럼, 206, 22-37.

윤성주(2014). 기초연금제도의 쟁점과 과제. 재정포럼, 211, 8-24.

윤성주(2021). 기초연금에 대한 소고. 재정포럼 299권. 26-47.

윤지영(2015). 온 국민의 이익이 달린 문제, 노인장기요양보험법을 개정하라. 월간복지동향, 203, 11-14.

윤태호(2013). 영국 노동당 정부의 국영보건서비스 개혁(1998-2010)에 대한 고찰. 비판사회정책, 40, 220-250.

윤찬영(2018. 5. 17.). 왜 '사회보장'기본법인가?. 복지타임즈.

윤희숙(2012). 근로장려세제로 본 복지정책 결정과정의 문제점. KDI FOCUS, 24.

은민수(2019). 한국형 실업부조 국민취업지원제도의 개요, 한계, 대안. 한국형 실업부조 평가와 개선방향 모색 토론회 자료집.

은민수(2020). 코로나 이후 '실질적 실업부조'의 도입 필요성과 방향. 월간복지동향, 259, 43-49.

이두호, 차흥봉, 엄영진, 배상수, 오근식(1992). 국민의료보장론. 나남

이두호, 최일섭, 김태성, 나성린(1991). 빈곤론. 나남.

이미진(2009). 노인장기요양보험의 공공성 확보방안. 월간복지동향, 130, 21-25.

이미진(2012). 이명박 정부 노인복지정책에 대한 평가. 월간복지동향, 168, 29-34.

이병희(2013). 한국형 실업부조 도입의 쟁점과 과제. 한국사회정책, 20(1), 123-144.

이병희(2017). 실업부조의 필요성과 도입 방향. 노동리뷰, 146, 40-45.

이병희(2018a). 근로빈곤 특성과 한국형 실업부조 도입 방향. 노동리뷰, 165, 35-52.

이병희(2018b). 한국형 실업부조의 도입 방향. 월간복지동향, 242, 5-12.

이병희, 장지연, 황덕순, 김혜원, 반정호, Jerome Gautie, Regina Konle-Seidl, Paul Bivand (1993). 한국형 실업부조 도입 방안. 한국노동연구원.

이상국(1994). 업무상 재해의 인정기준과 판단요령. 노무관리, 68.

이선우(1997). 미국의 사회복지: 1996년의 복지개혁에 대한 쟁점과 분석. 동향과 전망, 33, 182-215.

이선우(2010). 장애급여의 빈곤 완화 효과. 한국사회정책, 17(2), 135-162.

이선주, 박선영, 김은정(2006). 아동수당제도의 국제비교 및 도입방안에 관한 연구. 한국여성개발원.

이선희(2017). 노인장기요양보험제도 재가서비스 활성화를 위한 가족수발자 지원 정책 현황 및 개선방안. 보건복지포럼, 253, 89-101.

이승윤, 김윤영(2016). 박근혜정부의 국민기초생활보장법 급여체계 개편 논쟁에 대한 비판적 고찰. 비판사회정책, 51, 92-132.

이원필(2007). 노인장기요양보험법 제정활동과 쟁점. 월간복지동향, 106, 24-32.

이윤경(2012). 노인장기요양보험 등급판정 현황 및 문제점. 보건·복지 Issue & Focus 제137호.

이인재, 이성수(2002). 자활사업의 현황과 쟁점. 동향과 전망, 53, 38-61.

이인재, 류진석, 권문일, 김진구(2010). 사회보장론(개정3판). 나남.

이정우(2007). 산재보험제도 휴업급여의 개선방안에 관한 연구. 사회보장연구, 23(1), 81-111.

이정우(2020. 8. 9.). 기본소득 빼먹은 '사회보장기본법의 오류'. 더스쿠프.

이정우, 김희년(2017). 스위스 산재보험제도 민영화 개혁의 성과 평가와 정책과제. 질서경제 저널, 20(2), 25-48.

이정희(2011). 영국 NHS 개혁과 쟁점 및 논란. 국제노동브리프, 9(5), 56-66.

이진숙, 이석형(2010). 장애인연금법의 정책결정과정 분석. 사회복지정책, 37(3), 1-25.

이진숙, 조은영(2012). 노인장기요양보험법의 정책결정과정 분석. 사회과학연구, 23(1), 3-22.

이태진, 장기원(2000). 일차의료 중심의 NHS 개혁에 대한 고찰. 보건경제연구, 6(1), 163-180.

이혜경(1993). 경제성장과 아동복지정책의 변용: 한국의 경험. 한국아동복지학, 1, 199-223.

이홍재(2011). 사회보장법 형성의 풍토적 특징: 전문집단 헌신 주도 속의 국민저항과 집권층 대응의 정치적 산물. 서울대학교법학. 52(3), 381-414.

이희선, 송창석(1992). 한국의료보험제도의 통합일원화 방안에 관한 쟁점. 정책분석평가학회보, 2(1), 145-166.

임영상(1983). 자유당 정부의 사회입법. 한국사회과학연구소 편, 복지국가의 형성. 민음사.

임 준(2014). 인권적 측면에서 바라본 산재보험제도 개선 과제. 국가인권위원회, 산재보험제도 개선방안 마련을 위한 토론회.

장성인(2019). 문재인 케어 성과 및 평가. 2019 한국사회보장학회 학술대회자료집.

장종원(2020). 비급여 모니터링 결과와 비급여 현황, 한국보건행정학회 학술대회논문집 2020권 2호. 1-33.

장지연(2004). 모성휴가제도의 변화과정과 여성노동권: 2001년 '모성보호3법' 개정과정을 중심으로. 여성연구, 1(66), 5-40.

장지연, 홍민기(2020). 전 국민 고용안전망을 위한 취업자 고용보험. 노동리뷰, 183, 72-84.

장하진, 장미경, 신경아, 오정진(2001). 근로 여성 50년사의 정리와 평가. 한국여성정책연구원.

재정경제부(2007). 근로장려세제(EITC) 해설.

재정경제부(각 년도). 국세통계연보.

전광석(1999). 한국사회보장법론(제2판). 법문사.

전남진(1987). 사회정책학강론. 서울대학교 출판부.

전용호(2020). 커뮤니티케어와 노인장기요양보험에 관한 연구. 한국사회복지학회 학술대회 자료집, 287-302.

정영호, 고숙자(2005). 미국과 영국의 보건의료개혁 동향 비교분석. 보건복지포럼, 102, 77-87.

정진호(2008). 최저임금 수준은 어떠한가?. 노동리뷰, 37, 69-73.

정태인(1994). 가트 역사에 비춰 본 우루과이 라운드의 성격. 동향과 전망, 1004, 별책부록.

정해식, 주은선(2019). 2018년-2019년 한국의 연금개혁 논쟁과 연금정치 계층: 세대담론의 시작과 사회적 대화. 비판사회정책, 64, 241-286.

정해식, 이다미, 이병재, 한겨레(2020). 노후소득보장제도 개혁 담론 분석. 한국보건사회연구원.

정형준(2017). 문재인케어에 대한 Q&A. 의료와사회, 7, 176-181.

정형준(2020). 문재인 케어, 모순의 보장성강화 정책. 의료와사회, 10, 68-79.

정희선(2012). 노인장기요양보험법 제정사. 사회보장법 연구, 1, 163-187.

제18대 대통령직인수위원회(2013). 제18대 대통령직인수위원회 제안 박근혜정부 국정과제.

제갈현숙, 주은선(2020). 노인장기요양보험의 보험자 역할 강화를 위한 시론적 분석. 시민사회와 NGO, 18(1), 357-401.

조기원(2007). 국민연금 개혁추진 현황과 쟁점. 노동리뷰, 2007(1월호), 102-107.

조만형(2013). 개정된 사회보장기본법에 따른 사회보장법체계의 재검토. 공법연구, 41(3),

461-495.

조성은(2019). 국민기초생활보장법 제정 이전 빈곤정책의 역사. 보건복지포럼, 275, 7-20.

조성은, 이상정, 전진아, 주보혜, 김현진(2018). 아동수당 제도 발전 방안에 관한 연구. 한국보건 사회연구원.

조순경(1989). 한국 여성노동시장 분석을 위한 시론: 생산직 여성노동력 부족현상을 중심으로. 여성, 3, 98-130.

조영훈(2016). 자유당 정부의 출범과 캐나다 아동급여제도의 재편성. 입법과 정책, 8(2), 451-471.

주은선(2004). 금융자본의 자유화와 스웨덴 연금개혁의 정치. 서울대학교 박사학위논문.

주은선(2013). 기초연금 개혁 조삼모사(朝三暮四)의 정치. 월간복지동향, 180, 4-8.

주은선(2017). 보편적 수당으로서의 기초연금 확대 방안. 월간복지동향, 222, 18-24.

주현, 원성연(1994). 우루과이 라운드가 한국경제에 미치는 영향. 동향과 전망, 1004, 별책부록.

지역사회탁아소연합(1995). 지역사회탁아소연합 10년 활동.

지은정(2006). 베버리지 보고서의 사회보장 원칙과 가정에 대한 비판의 타당성 검토. 한국사회복지학, 58(1), 175-207.

차흥봉(1996). 의료보험의 정책결정과정: 제1차 의료보험통합 논의과정을 중심으로. 사회복지정책연구, 3, 179-189.

최경숙(2009). 비영리요양기관에서 바라본 노인장기요양보험 1년. 월간복지동향, 130, 15-20.

최경숙(2011). 노인장기요양보험제도 3년 평가와 법개정 운동. 월간복지동향, 158, 11-14.

최병호(1998). DRG 분류에 의한 선지불제도 고찰. 보건사회연구, 18(2), 54-82.

최병호(2011). 미국 의료개혁의 정치경제학. 보건경제와 정책연구, 17(1), 71-101.

최병호, 신윤정(2004). 국민건강보험 총액 예산제 도입을 위한 소고. 보건사회연구, 24(1), 53-91.

최성은, 신윤정, 김미숙, 임완섭(2009). 아동수당 도입방안 연구. 보건복지가족부 · 한국보건사회연구원.

최영(2017). 세계 각국 아동수당제도의 성격 및 유형. 국제사회보장리뷰, 2, 5-15.

최영(2019). 보편적 아동수당의 시작과 향후 발전 방향. 월간 복지동향 244. 31-35.

최옥금(2020). 기초연금과 국민연금 제도의 관계를 둘러싼 쟁점과 발전방향. 국민연금공단 국민연금연구원.

최은영(2010). 한국 아동양육의 난맥상: 양육수당의 문제점. 월간복지동향, 143, 4-7.

최현수(2002). EITC(Earned Income Tax Credit) 도입의 빈곤감소효과. 사회복지연구, 20, 201-245.

최현수(2003). EITC제도의 기본원리 및 운영체계. 보건복지포럼, 78, 16-29.

최현수(2007). 근로장려세제(EITC) 시행방안의 주요내용 분석 및 정책과제. 보건복지포럼, 134, 97-123.

최현수(2011). 근로장려세제(EITC) 확대 개편방안의 의미와 정책과제. 보건·복지 Issue & Focus, 108, 1-8.

최현수(2013). 근로장려세제(EITC) 개편 및 자녀장려세제(CTC) 도입방안과 정책과제. 보건·복지 Issue & Focus, 221, 1-8.

최혜지(2009). 노인장기요양보험 1년 성과와 한계. 월간복지동향, 130, 4-8.

최혜지(2010). 노인장기요양보험, 연계와 통합을 거부하는 단절의 문제. 월간복지동향, 141, 52-55.

탁현우(2016). 기초연금제도 평가. 국회예산정책처.

통계청(2003). 2002년 사회통계조사결과(가족, 복지, 노동부문).

하세정(2008). 영국 뉴딜정책 시행 10년: 평가와 전망. 국제노동브리프, 6(3), 68-73.

한국고용정보원(2006). 고용보험통계월보 2006.6.

한국고용정보원(2022). 2022년 1월 고용보험통계 현황.

한국고용정보원(2021). 2020년 고용보험통계 연보.

한국고용정보원(각 년도). 고용보험통계연보.

한국노동연구원(1997). 고용보험동향 1997 가을호.

한국사회과학연구소(1993). 신경제정책과 한국경제의 미래. 녹두.

한국은행 런던사무소(2020). 코로나위기 속 영국 국립보건원(NHS) 현황. 동향분석.

한유미(2010). 양육수당 도입에 대한 어머니와 보육시설장의 인식. 아동학회지, 31(2), 263-275.

허남순(2000). 가정위탁보호제도의 활성화 방안에 관한 연구. 한국아동복지학, 9, 57-91.

허영란(2010). 해방 이후 식민지 법률의 정리와 탈식민화: '구법령' 정리 사업과 시장 관계 법령의 개편을 중심으로. 제2기 한일역사공동연구보고서 제5권, 13-36.

허은(2019). 사회서비스 정책결정의 트릴레마와 노인돌봄노동의 저임금. 산업노동연구, 25(3), 195-238.

홍경준(1993). 복지국가의 재구조화와 실업보험제도의 재편. 한국사회복지학연구회 노동복지연구부 편, 고용보험제도연구. 한울아카데미.

홍덕률(1991). 87년 이후 대자본의 노동통제에 관한 연구. 한국노동문제연구소 편, 한국의 노동문제. 비봉.

홍승아(2011). 양육수당제도의 젠더효과에 관한 연구 핀란드 가정양육수당제도를 중심으로. 상황과 복지, 31, 85-119.

황덕순(2000). 생산적 복지를 위한 노동정책의 기본방향과 과제. 황덕순 편, 생산적 복지를 위한 노동정책연구. 한국노동연구원.

황덕순, Ivar Lødemel, Heather Trickey(2002). 근로연계 복지정책의 국제비교. 한국노동연구원.

황덕순, 허선, 류정순, 심창학, 유태균, 이해영, 정연택(1999). 저소득 장기실업자 보호방안 연구. 한국노동연구원.

황병주(2011). 1970년대 의료보험 정책의 변화와 복지담론. 의사학, 20(2), 425-462.

ACC (2003). https://www.acc.co.nz/about-us/who-we-are/our-history/

Alber, J. (1982). Government responses to the challenge of unemployment: The development of unemployment insurance in Western Europe. In P. Flora & A. J. Heindenheimer (Eds.), *The development of welfare state in Europe and America*. Transaction Books.

Atkinson, A. B. (1989). *Poverty and social security*. Harvester Wheatsheaf.

Beveridge, W. (1942). *Social insurance and allied services*. Her Majesty's Stationary Office.

Chelius, J. R. (1982). The influence of workers compensation on safety incentives. *Industrial and Labor Relation Review, 35*(2) 235-242.

Christianson, J. B. (2014). Managed care. In A. J. Culyer (Ed.), *Encyclopedia of health economics* (1st ed.). Elsevier.

Cohen, W. J. (1984). The development of the Social Security Act of 1935: Reflections some fifty years later. *Minnesota Law Review, 68*, 379.

Cooter, R. (1992). *In the name of the child*. Routledge.

Dionne, G., & Pierre, S. (1991). Workers' compensation and moral hazard. *Review of Economics and Statistics, 73*(2), 236-244.

Dolton, P., & Jeffrey S. (2011). The impact of the UK New Deal for lone parents on benefit receipt. *IZA DP, 5491*, 1-54.

Donzelot, J. (1984). The promotion of the social. In M. Gane & T. Johnson (Eds.), *Foucault's New Domains*. Routledge.

Ellwood, D. (2001). *Welfare reform as I knew it: When bad things happen to good policies*. The American Prospect. https://prospect.org/economy/welfare-reform-knew-it-bad-things-happen-good-policies/

Fishback, P. (2008). *Workers' compensation*. EH.Net Encyclopedia. Edited by R. Whaples.

Flora, P., & Heindenheimer, A. J. (1984). The historical core and changing boundaries of the welfare state. In P. Flora & A. J. Heindenheimer (Eds.), *The development of welfare state in Europe and America*. Transaction Books.

Fraser, D. (1984). *The evolution of the British welfare state* (2nd ed.). Macmillan Publishers Ltd.

Freindler, W. A., & Robert, Z. A. (1980). *Introduction to social welfare* (5th ed.). Prentice-Hall Inc.

Friedman, M. (1962). *Capitalism and freedom*. 최정표 역(1990). 자본주의와 자유. 형설출판사.

Furniss, N., & Tilton, T. A. (1977). *The case for the welfare state*. 김한주, 황진수 역(1983). 현대복지국가론. 고려원.

Garfield, R., Orgera, K. & Damico, A. (2021). *The coverage gap: Uninsured poor adults in States that do not expand medicaid*. https://www.kff.org/

Gilbert, N., & Terrell, P. (2005). *Dimensions of social welfare policy* (6th ed.). 남찬섭, 유태균 역(2007). 사회복지정책론. 나눔의 집.

Glyn, A., Hughes, A., Lipietz, A., & Singh, A. (1988). The rise and fall of the golden age. *WIDER Working Papers, 43*.

Gordon, M. S. (1988). *Social security policies in industrial countries: A comparative analysis*. Cambridge University Press.

Guinnane, T., & Streb, J. (2012). Incentives that saved lives: Government regulation of accident insurance associations in Germany, 1884-1914. *Center Discussion Paper, 1013*. Yale University, Economic Growth Center.

Guyton, G. P. (1999). A brief history of workers' compensation. *Iowa Orthopedic Journal, 19*, 106-110.

Hamel, L., Kirzinger, A., Muñana, C., Lopes, L., Kearney, A., & Brodie, M. (2020). *5 charts about public opinion on the affordable care act and the supreme court*. https://www.kff.org/

Harris, J. (1994). Beveridge's social and political thought. In J. Hills, J. Ditch & H. Glennerster (Eds.), *Beveridge and social security*. Clarendon Press.

Hasluck, C. (2000a). The new deal for lone parents: A review of evaluation evidence. Institute for Employment Research. The University of Warwick.

Hasluck, C. (2000b). The new deal for the long-term unemployed: A summary of process. Institute for Employment Research. The University of Warwick.

ILO. (1984). *Introduction to social security* (2nd ed.). ILO.

ILO. (2003). *Facts on social security*. ILO.

Jessop, B. (1993). Towards a Shumpeterian warfare state?: Preliminary remarks on post-fordist political economy. *Studies in Political Economy, 40*, 7-39.

Jones, K. (1991). *The making of social policy in Britain 1830-1990*. The Athlone Press.

KFF. (2019). *2019 employer health benefits survey*. https://www.kff.org/report-section/ehbs-2019- section-4-types-of-plans-offered/

Lampman Jr., R. (1969). Nixon's family assistance plan. Discussion Papers, 57-69. Institute for Research on Poverty, University of Wisconsin.

Le Fanu, J. (1999). *The rise and fall of modern medicine*. 강병철 역(2016). 현대의학의 거의

모든 역사. 알마.

Lee, S. S. (2012). Examining the risk shifts in 18 post-industrial economies with fuzzy-set ideal type approach. *GCOE ワーキングペーパー 次世代研究 72*.

Lewis, J., Corden, A., Dillon, L., Hill, K., Kellard, K., Sainsbury, R., & Thornton, P. (2005). New deal for disabled people an in-depth study of job broker service delivery. Department for Work and Pensions Research Report, 246.

Maag, E. (2018). 미국의 근로장려세제. 국제노동브리프. 2018년 8월호, 7-18.

Marx, K. (1867). *Das Kapital: Kritik der politischen Ökonomie*. 김수행 역(1989). 자본론 I (下). 비봉출판사.

Massey, A. (1955). Industrial injuries under the national insurance scheme in Great Britain. *American Journal of Public Health, 45*(3), 347-353.

Midwinter, E. (1994). *The development of social welfare in Britain*. Open University Press.

Moffit, R. E. (1993). A guide to the Clinton Health Plan. Talking Point, The Heritage Foundation.

Moore, J. D., & Smith, D. G. (2005). Legislating medicaid: Considering medicaid and its origins. *Health Care Financing Review, 27*(2), 45-52.

Murray, C. (1984). *Losing ground: American social policy, 1950-1980*. Basic Books

Myles, J. (1984). *Old age in the welfare state: The political economy of public pensions*. 김혜순 역(1992). 복지국가의 노년. 한울.

Obinger, H., Petersen, K., & Starke, P. (2018). *Warfare and welfare: Military conflict and welfare state development in western countries*. Oxford Univ. Press.

OECD. (1984). *High unemployment: A challenge for income support policies*. OECD.

OECD. (1999). *A caring world: The new social policy agenda*. OECD.

Pierson, C. (1991). *Beyond the welfare state?: The new political economy of welfare*. Polity Press.

Pieters, D. (1994). *Introduction into the basic principles of social security*. Kluwer Law & Taxation Publishers.

Polanyi, K. (1957). *The great transformation: The political and economic origins of our time*. 박현수 역(1991). 거대한 변환: 우리시대의 정치적 · 경제적 기원. 민음사.

Popple, P. R. (2018). *Social work practice and social welfare policy in the United States: A history*. Oxford University Press.

Powell, T. (2020). The structure of the NHS in England. Briefing Paper, No. CBP 07206.

Purdy, D. (1988). *Social power and the labor market: A radical approach to labor economics*. Macmillan.

Redja, G. E. (1994). *Social insurance and economic security* (5th ed.). Prentice Hall.

Rein, M. (1973). The thirty and one-third earnings exemption in AFDC: What was its effect?. Social Welfare Regional Research Institute, Region I, Boston College.

Reubens, B. (1990). Unemployment insurance in Western Europe: Resposes to high unemployment, 1973-1983. In W. E. Hansen & J. F. Byers (Eds.), *Unemployment insurance: The second half-century*. Madison, Univ. of Wisconsin Press.

Rimlinger, G. V. (1971). *Welfare policy and industrialisation in Europe, America and Russia*. 한국사회복지학연구회 역(1997). 사회복지의 사상과 역사. 한울아카데미.

Ritter, G. A. (1983). *Sozialversicherung in Dewutschland und England*. 전광석 역(1992). 복지국가의 기원. 교육과학사.

Rivett, G. (2019). 1948-1957: Establishing the national health service. *The history of the NHS*. NHShistory.net

Roosevelt, F. D. (1934). Message of the president of June 8, 1934 related to drought relief and recovery. Records of the U.S. Senate, National Archives and Records Administration.

Rosen, H., & Gayer, T. (2008). *Public finance* (8th ed.). 이영, 전영준, 이철인, 김진영 역 (2009). Rosen의 재정학. 한국맥그로힐.

Sarenski, T. J. (2020). *Social security and medicare: Maximizing retirement benefits*. Wiley.

Schmid, G., & Reissert, B. (1988). Do institutions make a difference? Financing systems of labor market policy. *Journal of Public Policy, 8*(2), 125-149.

Sloman, P. (2016). Beveridge's rival Juliet Rhys-Williams and the campaign for basic income, 1942-55. *Contemporary British History, 30*(2), 203-223.

Spicker, P. (1993). *Poverty and social security: Concepts and principles*. Routledge.

SSA (2018). *Social security programs throughout the world: Europe, 2018*. Social Security Administration.

SSA (2020). *Social security programs throughout the world: The Americas, 2019*. Social Security Administration.

SSA (2019a). *Social security programs throughout the world: Asia and the Pacific, 2018*. Social Security Administration.

Stack, M. (1941). The meaning of social security. *Journal of Comparative Legislation and International Law, 23*(4), 113-129.

Standing, G. (1990). Labor flexibility and insecurity: Toward an alternative strategy. In R. Brunetta & C. Dell'Aringa (Eds.), *Labour relations and economic performance*. New York University Press.

Titmuss, R. M. (1974). *Social policy: An introduction*. Pantheon Books.

Titmuss, R. M. (1987). *The philosophy of welfare: Selected writings of Richard M. Titmuss*. Edited by B. Abel-smith & K. Titmuss. Allen & Unwin.

Trattner, W. I. (1999). *From poor law to welfare state: A history of social welfare in America* (6th ed.). The Free Press.

Urban-Brookings Tax Policy Center (2021). *Key Elements of the U.S. Tax System: What is the child tax credit?*. https://www.taxpolicycenter.org/briefing-book/what-child-tax-credit.

Webster, C. (1998). *National health service reorganisation: Learning from history*. Socialist Health Association Website.

Williams Jr., C. A. (1991). *An international comparison of worker's compensation*. Kluwer.

Witte, E. E. (1936). An historical account of unemployment insurance in the social security act. *Law and Contemporary Problems, 3*(1), 157-169.

경향신문(2014. 5. 2.). 기초연금 백기 든 새정치 '관제 야당' 자초.

경향신문(2018. 9. 3.). 문 대통령 "'아동수당 상위 10% 제외' 행정부담…국회 전향적 논의 당부".

국민일보(2018. 1. 23.). 아동수당 시행 8개월 앞으로… 지급기준도 못정한 정부.

국민일보(2018. 7. 12.). 경북도 아동수당 지급 두고 '반인권적인 행정' 제기.

뉴스타파(2013. 9. 27.). 공약 때부터 '국민연금과 연계'였다.

동아일보(1959. 11. 14.) 아동의 복리를 보장.

동아일보(1961. 7. 16.). 구법 사백건 연내로 정비.

동아일보(1972. 8. 12.). 치료거부 의사, 첫 구속.

동아일보(1975. 11. 26.). 의료수가 또 올린다는데.

동아일보(1985. 12. 13.) 보사부 전국 소년소녀가장 만 여명 생활보호대상자로 지정.

동아일보(2001. 12. 28.). 장애아수당 월 4만5000원 지급.

동아일보(2018. 7. 3.). 은수미, 아동수당 100% 지급 논란에 "원래 문재인 정부 목적".

동아일보(2021. 9. 8.). 자영업자 60%, 고용보험 존재 자체 아예 몰라.

라포르시안(2021. 1. 21.). 재난적 의료비 지원사업 운영 현황 들여다보니…'재난적 상황'.

매일경제신문(1996. 1. 31.). 실업급여 지급요건 완화.

매일경제신문(2001. 11. 20.). 健保지역가입자 19.8% 보험료 체납 혜택 정지.

매일경제신문(2020. 3. 25.). 외환위기땐 한달새 실업자 27만명 급증.

메디포뉴스(2021. 4. 8.). 건강증진개발원 "건강증진기금 건보 지원 부담 돼".

미래한국(2016. 10. 24.). 오바마 케어 실패로 끝나나?

미주한국일보(2015. 1. 7.). 무보험자 벌금 작년보다 3배 이상 올라.

연합뉴스(1999. 2. 12.). 국민연금 소득신고 민원 엿새동안 6만2천건.

연합뉴스(1999. 4. 15.). 국민연금 마감, 가입대상의 39%만 순수소득신고.

연합뉴스(2018. 2. 23.). 올해 아동수당 지급대상 238만명 확정…15만명 못받는다.

연합뉴스(2021. 10. 19.). 월 30만원 기초연금, 7년째 지급 목표치 못채운 이유.

오마이뉴스(2007. 4. 2.). 현애자 VS 유시민, 국민연금 수정동의안 공방전.

의학신문(2017. 6. 28.). 근로복지공단, 작년 한 해 비급여 2억7175만원 지원.

조선일보(1961. 12. 17.). 구법정리 얼마나 진척됐나.

조선일보(1986. 9. 2.). 3대복지대책 88년 실시 확정.

조선일보(2021. 9. 8.). 존슨 英 총리, 공약 깨고 세금 대폭 인상… 코로나 · 고령화 비용 불가피.

중앙일보(1991. 5. 17.). 탁아소 운영시간 늘렸으면….

중앙일보(2017. 8. 27.) [문재인케어 vs 오바마케어 뭐가 다른가] 보장 항목 늘리자(문재인케어) vs 보험 가입자 늘리자(오바마케어).

퍼블릭뉴스(2021. 8. 17.). "고용보험 '사각지대' 놓인 자발적 이직자도 구직급여 줘야".

프라임경제(2017. 6. 1.) 실적 치중 '취업성공패키지'…초기 상담은 '부족'.

프레시안(2017. 9. 18.). 국제입양시장에서 한국 아동은 '5만 달러'.

한겨래신문(2019. 5. 31.). 요양기관 4%만 조사했는데 착복액 '152억' 이르렀다.

한겨레신문(1996. 12. 28.). 실업률증가 7년만에 최고.

한겨레신문(1997. 7. 24.). 일용직 고용보험 2002년까지 혜택.

한겨레신문(2017. 4. 19.). '기초연금 30만원'깎이는 일 없게…둘다 "국민연금 연계 폐지".

한겨레신문(2018. 1. 15.). 선별복지의 덫…아동수당 미지급자 선별에만 1150억.

한겨레신문(2018. 11. 7.). 문 대통령, 국민연금 개편안 퇴짜… "국민뜻 담아 보완".

한겨레신문(2018. 8. 14.). 문 대통령, '국민연금 혼선' 복지부 질타하며 직접 진화.

한겨레신문(2021. 2. 16.). 미, 월 300달러 아동수당 추진…복지체계 '혁명적 변화' 예고.

한겨레신문(2021. 8. 21.). 예술인 고용보험 적용대상 7만명 중 6만명 이상 가입.

한국경제신문(2001. 1. 26.). 국민연기금 1조2천억원 손실.

한국일보(2019. 6. 6.). 해외입양의 숨겨진 진실… 한국은 돈, 미국은 도덕이 필요했다.

한국일보(2021. 11. 9.). "요양센터들 인건비 담합에 눈감은 정부… 우리도 알지만 속을 수밖에".

한국일보(2021. 11. 9.). 한 해 400만원 떼이는 요양보호사… "원래 그런 줄 알았는데".

한국일보(2021. 8. 29.). 구멍난 고용보험, 더 내는 게 답일까… "국고부터 열어라".

CBS 노컷뉴스(2021. 9. 2.). 건강보험료 싹 바꾼다.."지역가입자 부담 완화".

찾아보기

인명

내용

저자 소개

김진구 (Jingu Kim)

서울대학교 사회복지학과 졸업
서울대학교 사회복지학과 석사 및 박사
현 협성대학교 사회복지학과 교수

주요 저서
사회보장론(개정3판, 공저, 나남출판, 2010)
한국 사회복지의 이해(공저, 동풍, 1995)
고용보험제도연구(공저, 한울, 1994)

주요 논문
2009~2015년 의료이용 불평등 변화 추이와 영향요인(사회보장연구, 2019)
소득계층에 따른 노인들의 건강 불평등 측정: EQ-5D 척도를 중심으로(한국노년학, 2012)
소득계층에 따른 의료이용 불평등의 지역 간 차이(사회보장연구, 2012)
2005~2010년 건강불평등의 변화와 영향요인(사회보장연구, 2012)
저소득층의 의료 이용과 욕구 미충족에 영향을 미치는 요인(사회복지연구, 2008)
산재보상제도의 유형에 대한 연구: 원인주의와 결과주의의 대립을 중심으로(사회복지연구, 2003)
IMF 경제위기 이후 실업자들의 재취업 결정요인(사회보장연구, 1999)

사회보장론: 제도와 역사
Social Security Policies in Korea

2022년 8월 25일 1판 1쇄 인쇄
2022년 8월 30일 1판 1쇄 발행

지은이 • 김진구

펴낸이 • 김진환

펴낸곳 • ㈜ **학 지 사**

04031 서울특별시 마포구 양화로 15길 20 마인드월드빌딩

대표전화 • 02-330-5114   팩스 • 02-324-2345

등록번호 • 제313-2006-000265호

홈페이지 • http://www.hakjisa.co.kr

페이스북 • https://www.facebook.com/hakjisabook

ISBN 978-89-997-2725-2 93330

정가 24,000원

출판미디어기업 **학 지 사**

간호보건의학출판 **학지사메디컬** www.hakjisamd.co.kr
심리검사연구소 **인싸이트** www.inpsyt.co.kr
학술논문서비스 **뉴논문** www.newnonmun.com
교육연수원 **카운피아** www.counpia.com